пушкин

поэмы
и
повести

пушкин
сочинения
комментированное издание
под общей редакцией
дэвида м. бетеа
выпуск 1

новое издательство
москва

ПУШКИН

ПОЭМЫ
И
ПОВЕСТИ

ЧАСТЬ

УДК 821.161.1
ББК 84(2Рос=Рус)1
П91

Комментарий к поэмам
«Руслан и Людмила»,
«Кавказский пленник»,
«Бахчисарайский фонтан»
составлен
Олегом Проскуриным
при участии Никиты Охотина

Редакторы
Дэвид М. Бетеа
и Никита Охотин

Рецензенты
Александр Осповат
и Евгений Тоддес

Издание осуществлено
при поддержке
Пушкинского центра,
Университет Висконсин-Мэдисон

Издатель
Евгений Пермяков

Продюсер
Андрей Курилкин

Дизайн
Анатолий Гусев

В оформлении авантитула
использована
гравюра Николая Уткина
с оригинала
Ореста Кипренского

П91 Пушкин А. С.
Сочинения / Комментированное издание под ред. Дэвида М. Бетеа
Вып. 1: Поэмы и повести. Ч. I.
М.: Новое издательство, 2007. — 248 + 400 с.

ISBN 978-5-98379-076-6

Репринтное воспроизведение последнего прижизненного издания поэм А. С. Пушкина (Поэмы и повести. СПб., 1835. Ч. I) с историко-литературным комментарием к «Руслану и Людмиле», «Кавказскому пленнику» и «Бахчисарайскому фонтану».

УДК 821.161.1
ББК 84(2Рос=Рус)1

ISBN 978-5-98379-076-6   © Новое издательство, 2006

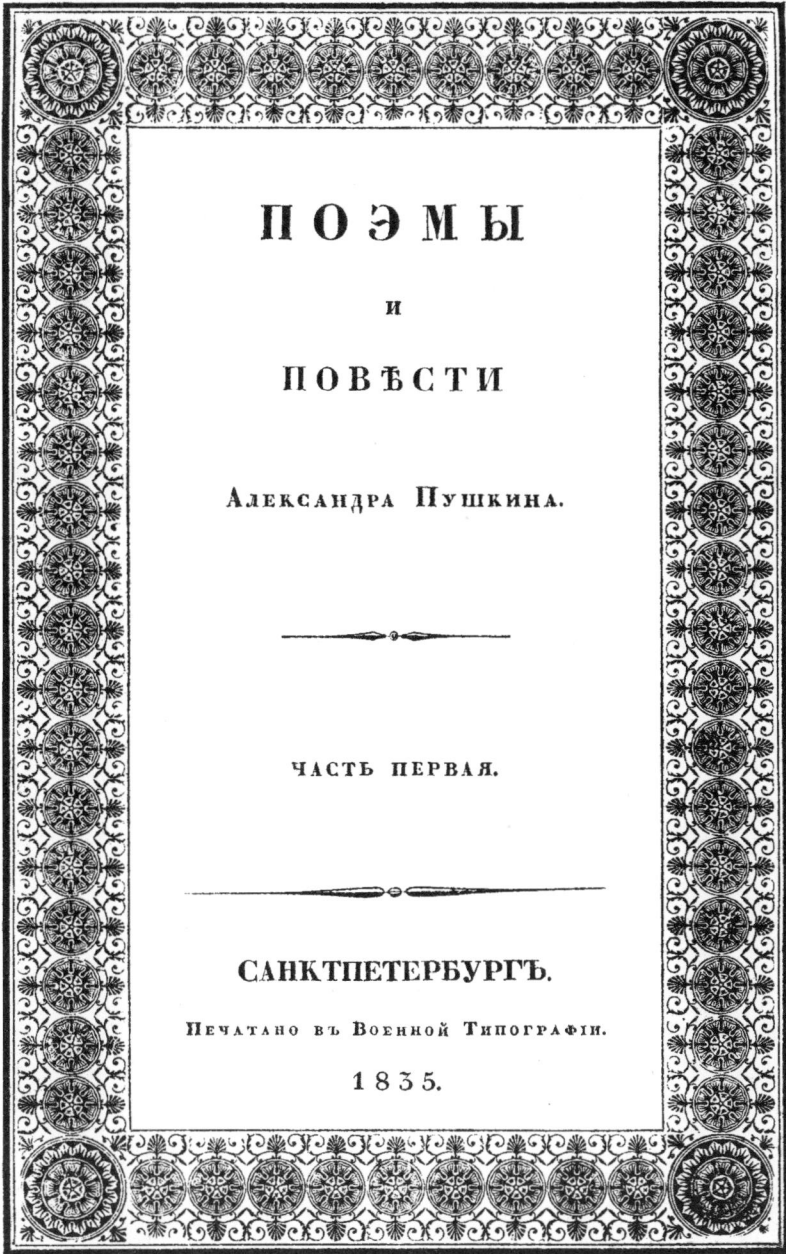

ПОЭМЫ
и
ПОВѢСТИ
Александра Пушкина.

ЧАСТЬ ПЕРВАЯ.

САНКТПЕТЕРБУРГЪ.

Печатано въ Военной Типографіи.

1835.

ПОЭМЫ и ПОВѢСТИ
ПУШКИНА.

I.

ПОЭМЫ
и
ПОВѢСТИ
Александра Пушкина.

ЧАСТЬ ПЕРВАЯ

С.-ПЕТЕРБУРГЪ.
Печатано въ Военной Типографіи.
1835.

ПЕЧАТАТЬ ПОЗВОЛЯЕТСЯ:

Съ тѣмъ чтобы по напечатаніи представлены были въ Ценсурный Комитетъ три экземпляра. Санктпетербургъ. Генваря 12-го дня 1835 года.

Ценсоръ Никитенко.

ОГЛАВЛЕНІЕ.

Стран.

I. РУСЛАНЪ И ЛЮДМИЛА . . . . 5.

II. КАВКАЗСКІЙ ПЛѢННИКЪ . . . . 147.

III. БАХЧИСАРАЙСКІЙ ФОНТАНЪ . . . . 197.

Изданіе Книгопродавца А. Смирдина.

РУСЛАНЪ и ЛЮДМИЛА.

ПОЭМА.

ПОСВЯЩЕНІЕ.

Для васъ, души моей царицы,
Красавицы, для васъ однихъ
Временъ минувшихъ небылицы,
Въ часы досуговъ золотыхъ,
Подъ шопотъ старины болтливой,
Рукою вѣрной я писалъ;
Примите жъ вы мой трудъ игривой!
Ни чьихъ не требуя похвалъ,
Счастливъ ужъ я надеждой сладкой,
Что дѣва съ трепетомъ любви
Посмотритъ, можетъ быть, украдкой
На пѣсни грѣшныя мои.

ПѢСНЬ ПЕРВАЯ.

У лукоморья дубъ зеленый;
Златая цѣпь на дубѣ томъ:
И днемъ и ночью котъ ученый
Все ходитъ по цѣпи кругомъ;
Идетъ направо — пѣснь заводитъ,
Налѣво — сказку говоритъ.

Тамъ чудеса: тамъ лѣшій бродитъ,
Русалка на вѣтвяхъ сидитъ;
Тамъ на невѣдомыхъ дорожкахъ
Слѣды невиданныхъ звѣрей;
Избушка тамъ на курьихъ ножкахъ
Стоитъ безъ оконъ, безъ дверей;
Тамъ лѣсъ и долъ видѣній полны;
Тамъ о зарѣ прихлынутъ волны
На брегъ песчаный и пустой,
И тридцать витязей прекрасныхъ
Чредой изъ водъ выходятъ ясныхъ,
И съ ними дядька ихъ морской;

Там королевичь мимоходомъ
Пленяетъ грознаго царя;
Там въ облакахъ передъ народомъ
Через леса, через моря
Колдунъ несетъ богатыря;
Въ темнице тамъ царевна тужитъ,
А бурый волкъ ей верно служитъ;
Тамъ ступа съ Бабою Ягой
Идетъ, бредетъ сама собой;
Тамъ царь Кащей надъ златомъ чахнетъ;
Тамъ Руской духъ... тамъ Русью пахнетъ!
И тамъ я былъ, и медъ я пилъ;
У моря виделъ дубъ зеленый;
Подъ нимъ сиделъ, и котъ ученый
Свои мне сказки говорилъ.
Одну я помню: сказку эту
Поведаю теперь я свету...

Дѣла давно минувшихъ дней,
Преданья старины глубокой.

Въ толпѣ могучихъ сыновей,
Съ друзьями, въ гридницѣ высокой
Владиміръ-солнце пировалъ;
Меньшую дочь онъ выдавалъ
За князя храбраго Руслана,
И медъ изъ тяжкаго стакана
За ихъ здоровье выпивалъ.
Не скоро ѣли предки наши,
Не скоро двигались кругомъ
Ковши, серебряныя чаши
Съ кипящимъ пивомъ и виномъ.
Они веселье въ сердце лили,
Шипѣла пѣна по краямъ,
Ихъ важно чашники носили
И низко кланялись гостямъ.

Слилися речи въ шумъ невнятный;
Жужжитъ гостей веселый кругъ;
Но вдругъ раздался гласъ пріятный
И звонкихъ гуслей бѣглый звукъ;
Всѣ смолкли, слушаютъ Баяна:
И славитъ сладостный пѣвецъ
Людмилу-прелесть и Руслана
И Лелемъ свитый имъ вѣнецъ.

Но, страстью пылкой утомленный,
Не ѣстъ, ни пьетъ Русланъ влюбленный;
На друга милаго глядитъ,
Вздыхаетъ, сердится, горитъ
И, щипля усъ отъ нетерпѣнья,
Щитаетъ каждыя мгновенья.
Въ уныньи, съ пасмурнымъ челомъ,
За шумнымъ, свадебнымъ столомъ
Сидятъ три витязя младые;
Безмолвны, за ковшемъ пустымъ,
Забыли кубки круговые
И брашна непріятны имъ;
Не слышатъ вѣщаго Баяна,
Потупили смущенный взглядъ:
То три соперника Руслана;

Въ душѣ несчастные таятъ
Любви и ненависти ядъ.
Одинъ — Рогдай, воитель смѣлый,
Мечемъ раздвинувшій предѣлы
Богатыхъ Кіевскихъ полей;
Другой — Фарлафъ, крикунъ надменный,
Въ пирахъ никѣмъ непобѣжденный,
Но воинъ скромный средь мечей;
Послѣдній, полный страстной думы,
Младой Хазарскій ханъ Ратмиръ:
Всѣ трое блѣдны и угрюмы,
И пиръ веселый имъ не въ пиръ.

Вотъ конченъ онъ; встаютъ рядами,
Смѣшались шумными толпами,
И всѣ глядятъ на молодыхъ:
Невѣста очи опустила,
Какъ будто сердцемъ пріуныла,
И свѣтелъ радостный женихъ.
Но тѣнь объемлетъ всю природу,
Ужъ близко къ полночи глухой;
Бояре, задремавъ отъ мёду,
Съ поклономъ убрались домой.
Женихъ въ восторгѣ, въ упоеньѣ:

Ласкаетъ онъ въ воображеньѣ
Стыдливой дѣвы красоту;
Но съ тайнымъ, грустнымъ умиленьемъ
Великій князь благословеньемъ
Даруетъ юную чету.

И вотъ невѣсту молодую
Ведутъ на брачную постель;
Огни погасли... и ночную
Лампаду зажигаетъ Лель.
Свершились милыя надежды,
Любви готовятся дары;
Падутъ ревнивыя одежды
На Цареградскіе ковры...
Вы слышите ль влюбленный шопотъ
И поцѣлуевъ сладкій звукъ
И прерывающійся ропотъ
Послѣдней робости?... Супругъ
Восторги чувствуетъ заранѣ;
И вотъ они настали... Вдругъ
Громъ грянулъ, свѣтъ блеснулъ въ туманѣ,
Лампада гаснетъ, дымъ бѣжитъ,
Кругомъ все смерклось, все дрожитъ,
И замерла душа въ Русланѣ...

Все смолкло. Въ грозной тишинѣ
Раздался дважды голосъ странной,
И кто-то въ дымной глубинѣ
Взвился чернѣе мглы туманной...
И снова теремъ пустъ и тихъ;
Встаетъ испуганный женихъ,
Съ лица катится потъ остылой;
Трепеща, хладною рукой
Онъ вопрошаетъ мракъ нѣмой...
О горе: нѣтъ подруги милой!
Хватаетъ воздухъ онъ пустой;
Людмилы нѣтъ во тмѣ густой,
Похищена безвѣстной силой.

Ахъ, если мученикъ любви
Страдаетъ страстью безнадёжно;
Хоть грустно жить, друзья мои,
Однако жить еще возможно.
Но послѣ долгихъ, долгихъ лѣтъ
Обнять влюбленную подругу,
Желаній, слезъ, тоски предметъ,
И вдругъ минутную супругу
Навѣкъ утратить... о друзья,
Конечно лучше бъ умеръ я!

Однако живъ Русланъ несчастной.
Но что сказалъ великій князь?
Сраженный вдругъ молвой ужасной,
На зятя гнѣвомъ распалясь,
Его и дворъ онъ созываетъ:
«Гдѣ, гдѣ Людмила?» вопрошаетъ
Съ ужаснымъ, пламеннымъ челомъ.
Русланъ неслышитъ. «Дѣти, други!
«Я помню прежнія заслуги:
«О, сжальтесь вы надъ старикомъ!
«Скажите, кто изъ васъ согласенъ
«Скакать за дочерью моей?
«Чей подвигъ будетъ ненапрасенъ,
«Тому — терзайся, плачь, злодѣй!
«Не могъ сберечь жены своей! —
«Тому я дамъ ее въ супруги
«Съ полцарствомъ прадѣдовъ моихъ.
«Кто жъ вызовется, дѣти, други?...
— Я! молвилъ горестный женихъ.
«Я! я! воскликнули съ Рогдаемъ
Фарлафъ и радостный Ратмиръ:
Сей часъ коней своихъ сѣдлаемъ;
Мы рады весь изъѣздить міръ.

Отецъ нашъ, не продлимъ разлуки;
Не бойся: ѣдемъ за Княжной.»
И съ благодарностью нѣмой
Въ слезахъ къ нимъ простираетъ руки
Старикъ, измученный тоской.

Всѣ четверо выходятъ вмѣстѣ:
Русланъ уныньемъ какъ убитъ;
Мысль о потерянной невѣстѣ
Его терзаетъ и мертвитъ.
Садятся на коней ретивыхъ;
Вдоль береговъ Днѣпра счастливыхъ
Летятъ въ клубящейся пыли;
Уже скрываются вдали;
Ужъ всадниковъ не видно болѣ...
Но долго все еще глядитъ
Великій князь въ пустое поле
И думой имъ во слѣдъ летитъ.

Русланъ томился молчаливо,
И смыслъ и память потерявъ.
Черезъ плечо глядя спѣсиво
И важно подбочась, Фарлафъ
Надувшись ѣхалъ за Русланомъ.

Онъ говоритъ: «насилу я
«На волю вырвался, друзья!
«Ну, скоро ль встрѣчусь съ великаномъ?
«Ужъ то-то крови будетъ течь,
«Ужъ то-то жертвъ любви ревнивой!
«Повеселись, мой вѣрный мечь,
«Повеселись, мой конь ретивой!»

Хазарскій Ханъ, въ умѣ своемъ
Уже Людмилу обнимая,
Едва не пляшетъ надъ сѣдломъ;
Въ немъ кровь играетъ молодая,
Огня надежды полонъ взоръ:
То скачетъ онъ во весь опоръ,
То дразнитъ бѣгуна лихаго,
Кружитъ, подьемлетъ на дыбы,
Иль дерзко мчитъ на холмы снова.

Рогдай угрюмъ, молчитъ — ни слова...
Страшась невѣдомой судьбы
И мучась ревностью напрасной,
Всѣхъ больше безпокоенъ онъ,
И часто взоръ его ужасной
На князя мрачно устремлёнъ.

Соперники одной дорогой
Всѣ вмѣстѣ ѣдутъ цѣлый день.
Днѣпра сталъ теменъ брегъ отлогой;
Съ востока льется ночи тѣнь;
Туманы надъ Днѣпромъ глубокимъ;
Пора конямъ ихъ отдохнуть.
Вотъ подъ горой путемъ широкимъ
Широкій пересѣкся путь.
«Разъѣдемся, пора!» сказали,
Безвѣстной ввѣримся судьбѣ.»
И каждый конь, не чуя стали,
По волѣ путь избралъ себѣ.

Что дѣлаешъ, Русланъ несчастный,
Одинъ въ пустынной тишинѣ?
Людмилу, свадьбы день ужасный,
Все, мнится, видѣлъ ты во снѣ.
На брови мѣдный шлемъ надвинувъ,
Изъ мощныхъ рукъ узду покинувъ,
Ты шагомъ ѣдешь межъ полей,
И медленно въ душѣ твоей
Надежда гибнетъ, гаснетъ вѣра.

Но вдругъ предъ витяземъ пещера;
Въ пещерѣ свѣтъ. Онъ прямо къ ней
Идетъ подъ дремлющіе своды,
Ровесники самой природы.
Вошелъ съ уныньемъ: что-же зритъ?
Въ пещерѣ старецъ; ясный видъ,
Спокойный взоръ, брада сѣдая;
Лампада передъ нимъ горитъ;
За древней книгой онъ сидитъ,
Ее внимательно читая.
«Добро пожаловать, мой сынъ!»
Сказалъ съ улыбкой онъ Руслану:
«Ужъ двадцать лѣтъ я здѣсь одинъ
Во мракѣ старой жизни вяну;
Но наконецъ дождался дня,
Давно предвидѣннаго мною.
Мы вмѣстѣ сведены судьбою;
Садись и выслушай меня.
Русланъ, лишился ты Людмилы;
Твой твердый духъ теряетъ силы;
Но зла промчится быстрый мигъ:
Навремя рокъ тебя постигъ.
Съ надеждой, вѣрою веселой
Иди на все, не унывай;

Впередъ! мечемъ и грудью смѣлой
Свой путь на полночь пробивай.

«Узнай, Русланъ: твой оскорбитель
Волшебникъ страшный Черноморъ,
Красавицъ давній похититель,
Полноцныхъ обладатель горъ.
Еще ничей въ его обитель
Не проникалъ донынѣ взоръ;
Но ты, злыхъ козней истребитель,
Въ нее ты вступишь, и злодѣй
Погибнетъ отъ руки твоей.
Тебѣ сказать не долженъ болѣ:
Судьба твоихъ грядущихъ дней,
Мой сынъ, въ твоей отнынѣ волѣ. »

Нашъ витязь старцу палъ къ ногамъ,
И въ радости лобзаетъ руку.
Свѣтлѣетъ міръ его очамъ,
И сердце позабыло муку.
Вновь ожилъ онъ; и вдругъ опять
На вспыхнувшемъ лицѣ кручина...
« Ясна тоски твоей причина;
Но грусть не трудно разогнать,

Сказалъ старикъ: тебѣ ужасна
Любовь сѣдаго колдуна;
Спокойся, знай: она напрасна
И юной дѣвѣ не страшна.
Онъ звѣзды сводитъ съ небосклона,
Онъ свиснетъ — задрожитъ луна;
Но противъ времени закона
Его наука не сильна.
Ревнивый, трепетный хранитель
Замковъ безжалостныхъ дверей,
Онъ только немощный мучитель
Прелестной плѣнницы своей.
Вокругъ нея онъ молча бродитъ,
Клянетъ жестокій жребій свой...
Но, добрый витязь, день проходитъ,
А нуженъ для тебя покой.

Русланъ на мягкій мохъ ложится
Предъ умирающимъ огнёмъ;
Онъ ищетъ позабыться сномъ,
Вздыхаетъ, медленно вертится...
Напрасно! Витязь наконецъ:
«Не спится что-то, мой отецъ!
Что дѣлать: боленъ я душою,

И сонъ не въ сонъ, какъ тошно жить.
Позволь мнѣ сердце освѣжить
Твоей бесѣдою святою.
Прости мнѣ дерзостный вопросъ.
Откройся: кто ты, благодатный,
Судьбы наперсникъ непонятный?
Въ пустыню кто тебя занёсъ?»

Вздохнувъ съ улыбкою печальной,
Старикъ въ отвѣтъ: «любезный сынъ,
Ужъ я забылъ отчизны дальной
Угрюмый край. Природный Финъ,
Въ долинахъ, намъ однимъ извѣстныхъ,
Гоняя стадо селъ окрестныхъ,
Въ безпечной юности я зналъ
Однѣ дремучія дубравы,
Ручьи, пещеры нашихъ скалъ,
Да дикой бѣдности забавы.
Но жить въ отрадной тишинѣ
Дано не долго было мнѣ.

Тогда близъ нашего селенья,
Какъ милый цвѣтъ уединенья,
Жила Наина. Межъ подругъ

Она гремѣла красотою.
Однажды утренней порою
Свои стада на темный лугъ
Я гналъ, волынку надувая;
Передо мной шумѣлъ потокъ.
Одна, красавица младая
На берегу плела вѣнокъ.
Меня влекла моя судьбина...
Ахъ, витязь, то была Наина!
Я къ ней — и пламень роковой
За дерзкій взоръ мнѣ былъ наградой,
И я любовь узналъ душой
Съ ея небесною отрадой,
Съ ея мучительной тоской.

Умчалась года половина;
Я съ трепетомъ открылся ей,
Сказалъ: люблю тебя, Наина.
Но робкой горести моей
Наина съ гордостью внимала,
Лишь прелести свои любя;
И равнодушно отвѣчала:
Пастухъ, я не люблю тебя!

И все мнѣ дико, мрачно стало:
Родная куща, тѣнь дубровъ,
Веселы игры пастуховъ —
Ничто тоски не утѣшало.
Въ уныньи сердце сохло, вяло.
И наконецъ задумалъ я
Оставить Финскія поля;
Морей невѣрныя пучины
Съ дружиной братской переплыть,
И бранной славой заслужить
Вниманье гордое Наины.
Я вызвалъ смѣлыхъ рыбаковъ
Искать опасностей и злата.
Впервые тихій край отцовъ
Услышалъ бранный звукъ булата
И шумъ немирныхъ челноковъ.
Я вдаль уплылъ, надежды полный,
Съ толпой безстрашныхъ земляковъ;
Мы десять лѣтъ снѣга и волны
Багрили кровію враговъ.
Молва неслась: цари чужбины
Страшились дерзости моей;
Ихъ горделивыя дружины
Бѣжали сѣверныхъ мечей.

Мы весело, мы грозно бились,
Дѣлили дани и дары,
И съ побѣжденными садились
За дружелюбные пиры.
Но сердце, полное Наиной,
Подъ шумомъ битвы и пировъ,
Томилось тайною кручиной,
Искало Финскихъ береговъ.
Пора домой, сказалъ я, други!
Повѣсимъ праздныя кольчуги
Подъ сѣнью хижины родной.
Сказалъ — и весла за шумѣли;
И, страхъ оставя за собой,
Въ заливъ отчизны дорогой
Мы съ гордой радостью влетѣли.

Сбылись давнишнія мечты,
Сбылися пылкія желанья!
Минута сладкаго свиданья,
И для меня блеснула ты!
Къ ногамъ красавицы надменной
Принесъ я мечь окровавленной,
Кораллы, злато и жемчугъ;
Предъ нею, страстью упоенный,

Безмолвнымъ роемъ окруженный
Ея завистливыхъ подругъ,
Стоялъ я плѣнникомъ послушнымъ;
Но дѣва скрылась отъ меня,
Примолвя съ видомъ равнодушнымъ:
Герой, я не люблю тебя!

Къ чему разсказывать, мой сынъ,
Чего пересказать нѣтъ силы?
Ахъ, и теперь одинъ, одинъ,
Душой уснувъ, въ дверяхъ могилы,
Я помню горесть, и порой,
Какъ о минувшемъ мысль родится,
По бородѣ моей сѣдой
Слеза тяжелая катится.

Но слушай: въ родинѣ моей
Между пустынныхъ рыбарей
Наука дивная таится.
Подъ кровомъ вѣчной тишины,
Среди лѣсовъ, въ глуши далекой
Живутъ сѣдые колдуны;
Къ предметамъ мудрости высокой
Всѣ мысли ихъ устремлены;

Все слышитъ голосъ ихъ ужасный,
Что было и что будетъ вновь,
И грозной волѣ ихъ подвластны
И гробъ и самая любовь.

И я, любви искатель жадной,
Рѣшился въ грусти безотрадной
Наину чарами привлечь,
И въ гордомъ сердцѣ дѣвы хладной
Любовь волшебствами зажечь.
Спѣшилъ въ объятія свободы;
Въ уединенный мракъ лѣсовъ;
И тамъ, въ ученьи колдуновъ,
Провелъ невидимые годы.
Насталъ давно желанный мигъ,
И тайну страшную природы
Я свѣтлой мыслію постигъ:
Узналъ я силу заклинаньямъ.
Вѣнецъ любви, вѣнецъ желаньямъ!
Теперь, Наина, ты моя!
Побѣда наша: думалъ я.
Но въ самомъ дѣлѣ побѣдитель
Былъ рокъ, упорный мой гонитель.

Въ мечтахъ надежды молодой,
Въ восторгѣ пылкаго желанья,
Творю поспѣшно заклинанья,
Зову духовъ — и въ тмѣ лѣсной
Стрѣла промчалась громовая,
Волшебный вихорь поднялъ вой,
Земля вздрогнула подъ ногой...
И вдругъ сидитъ передомной
Старушка дряхлая, сѣдая,
Глазами впалыми сверкая,
Съ горбомъ, съ трясучей головой,
Печальной ветхости картина.
Ахъ, витязь, то была Наина!...
Я ужаснулся и молчалъ,
Глазами страшный призракъ мѣрилъ,
Въ сомнѣньи все еще не вѣрилъ,
И вдругъ заплакалъ, закричалъ:
Возможно ль! ахъ, Наина, ты ли!
Наина, гдѣ твоя краса?
Скажи, уже ли небеса
Тебя такъ страшно измѣнили?
Скажи, давно ль, оставя свѣтъ,
Разстался я съ душой и съ милой?
Давно ли?... «Ровно сорокъ лѣтъ,

Былъ дѣвы роковый отвѣтъ:
Сегодня семдесятъ мнѣ било.
Что дѣлать, мнѣ пищитъ она,
Толпою годы пролетѣли,
Прошла моя, твоя весна —
Мы оба постарѣть успѣли.
Но, другъ, послушай: не бѣда
Невѣрной младости утрата.
Конечно, я теперь сѣда,
Немножко, можетъ быть, горбата;
Не то, что встарину была,
Не такъ жива, не такъ мила;
За то (прибавила болтунья),
Открою тайну: я колдунья!»

И было въ самомъ дѣлѣ такъ.
Нѣмой, недвижный передъ нею,
Я совершенный былъ дуракъ
Со всей премудростью моею.

Но вотъ ужасно: колдовство
Вполнѣ свершилось по несчастью.
Мое сѣдое божество
Ко мнѣ пылало новой страстью.

Скривив улыбкой страшный рот,
Могильным голосом урод,
Бормочет мне любви признанье.
Вообрази мое страданье!
Я трепетал, потупя взор;
Она сквозь кашель продолжала
Тяжелый, страстный разговор:
«Так, сердце я теперь узнала;
Я вижу, верный друг, оно
Для нежной страсти рождено;
Проснулись чувства, я сгараю,
Томлюсь желаньями любви...
Приди в объятия мои...
О милый, милый! умираю...»

И между тем она, Руслан,
Мигала томными глазами;
И между тем за мой кафтан
Держалась тощими руками;
И между тем — я обмирал,
От ужаса, зажмуря очи;
И вдруг терпеть не стало мочи;
Я с криком вырвался, бежал.

Она во слѣдъ: «о недостойный!
Ты возмутилъ мой вѣкъ спокойный,
Невинной дѣвы ясны дни!
Добился ты любви Наины,
И презираешь — вотъ мущины!
Измѣной дышутъ всѣ они!
Увы, сама себя вини;
Онъ обольстилъ меня, несчастной!
Я отдалась любови страстной...
Измѣнникъ, извергъ! о позоръ!
Но трепещи, дивичій воръ!»

Такъ мы разстались. Съ этихъ поръ
Живу въ моемъ уединеньѣ
Съ разочарованной душой;
И въ мірѣ старцу утѣшенье
Природа, мудрость и покой.
Уже зоветъ меня могила;
Но чувства прежнія свои
Еще старушка не забыла,
И пламя позднее любви
Съ досады въ злобу превратила.
Душою черной зло любя,
Колдунья старая конечно

Возненавидитъ и тебя;
Но горе на землѣ не вѣчно.»

Нашъ витязь съ жадностью внималъ
Разсказы старца; ясны очи
Дремотой легкой не смыкалъ,
И тихаго полета ночи
Въ глубокой думѣ не слыхалъ.
Но день блистаетъ лучезарный...
Со вздохомъ витязь благодарный
Обьемлетъ старца-колдуна;
Душа надеждою полна;
Выходитъ вонъ. Ногами стиснулъ
Русланъ заржавшаго коня;
Въ сѣдлѣ оправился, присвиснулъ.
«Отецъ мой, не оставь меня.»
И скачетъ по пустому лугу.
Сѣдой мудрецъ младому другу
Кричитъ во слѣдъ: «счастливый путь!
Прости, люби свою супругу,
Совѣтовъ старца не забудь!»

ПѢСНЬ ВТОРАЯ.

Соперники въ искуствѣ брани,
Не знайте мира межъ собой;
Несите мрачной славѣ дани,
И упивайтеся враждой!
Пусть міръ предъ вами цѣпенѣетъ,
Дивясь грознымъ торжествамъ:
Никто о васъ не пожалѣетъ,
Никто не помѣшаетъ вамъ.
Соперники другаго рода,
Вы, рыцари Парнасскихъ горъ,
Старайтесь не смѣшить народа
Нескромнымъ шумомъ вашихъ ссоръ;
Бранитесь — только осторожно.
Но вы, соперники въ любви,
Живите дружно, если можно!
Повѣрьте мнѣ, друзья мои:
Кому судьбою непремѣнной
Дѣвичье сердце суждено,
Тотъ будетъ милъ на зло вселенной;
Сердиться глупо и грѣшно.

*

Когда Рогдай неукротимый,
Глухимъ предчувствіемъ томимый,
Оставя спутниковъ своихъ,
Пустился въ край уединенный
И ѣхалъ межъ пустынь лѣсныхъ,
Въ глубоку думу погруженный —
Злой духъ тревожилъ и смущалъ
Его тоскующую душу,
И витязь пасмурный шепталъ:
«Убью!.. преграды всѣ разрушу...
Русланъ!.. узнаешъ ты меня...
Теперь-то дѣвица поплачетъ...»
И вдругъ, поворотивъ коня,
Во весь опоръ назадъ онъ скачетъ.

Въ то время доблестный Фарлафъ,
Все утро сладко продремавъ,
Укрывшись отъ лучей полдневныхъ,
У ручейка, наединѣ,
Для подкрѣпленья силъ душевныхъ,
Обѣдалъ въ мирной тишинѣ.
Какъ вдругъ, онъ видитъ: кто-то въ полѣ,
Какъ буря, мчится на конѣ;
И, времени не тратя болѣ,

Фарлафъ, покинувъ свой обѣдъ,
Копье, кольчугу, шлемъ, перчатки,
Вскочилъ въ сѣдло, и безъ оглядки
Летитъ — а тотъ за нимъ во слѣдъ.
«Остановись, бѣглецъ безчестный!»
Кричитъ Фарлафу неизвѣстный.
«Презрѣнный, дай себя догнать!
Дай голову съ тебя сорвать!»
Фарлафъ, узнавши гласъ Рогдая,
Со страха скорчась, обмиралъ,
И, вѣрной смерти ожидая,
Коня еще быстрѣе гналъ.
Такъ точно заяцъ торопливой,
Прижавши уши боязливо,
По кочкамъ, полемъ, сквозь лѣса
Скачками мчится отъ пса.
На мѣстѣ славнаго побѣга
Весной растопленнаго снѣга
Потоки мутные текли
И рыли влажну грудь земли.
Ко рву примчался конь ретивой,
Взмахнулъ хвостомъ и бѣлой гривой,
Бразды стальныя закусилъ
И черезъ ровъ перескочилъ;

Но робкій всадникъ вверхъ ногами
Свалился тяжко въ грязный ровъ,
Земли не взвидѣлъ съ небесами,
И смерть принять ужъ былъ готовъ.
Рогдай къ оврагу подлетаетъ;
Жестокій мечь ужъ занесёнъ;
Погибни, трусъ! умри! вѣщаетъ...
Вдругъ узнаетъ Фарлафа онъ;
Глядитъ, и руки опустились;
Досада, изумленье, гнѣвъ
Въ его чертахъ изобразились;
Скрытя зубами, онѣмѣвъ,
Герой, съ поникшею главою
Скорѣй отъѣхавъ отъ рва,
Бѣсился... но едва, едва
Самъ не смѣялся надъ собою.

Тогда онъ встрѣтилъ подъ горой
Старушечку чуть-чуть живую,
Горбатую, совсѣмъ сѣдую.
Она дорожною клюкой
Ему на сѣверъ указала.
Ты тамъ найдешь его, сказала.

Рогдай весельемъ закипѣлъ
И къ вѣрной смерти полетѣлъ.

А нашъ Фарлафъ? Во рву остался,
Дохнуть не смѣя; про себя
Онъ, лежа, думалъ: живъ ли я?
Куда соперникъ злой дѣвался?
Вдругъ слышитъ прямо надъ собой
Старухи голосъ гробовой:
«Встань, молодецъ; все тихо въ полѣ;
«Ты никого не встрѣтишь болѣ;
«Я привела тебѣ коня;
«Вставай, послушайся меня.»

Смущенный витязь по неволѣ
Ползкомъ оставилъ грязный ровъ;
Окрестность робко озирая,
Вздохнулъ и молвилъ оживая:
«Ну, слава Богу, я здоровъ!»

«Повѣрь! старуха продолжала:
«Людмилу мудрено сыскать;
«Она далеко забѣжала;
«Не намъ съ тобой ее достать.

« Опасно разъѣзжать по свѣту;
« Ты, право, будешь самъ не радъ.
« Послѣдуй моему совѣту,
« Ступай тихохонько назадъ.
« Подъ Кіевомъ, въ уединеньѣ,
« Въ своемъ наслѣдственномъ селеньѣ
« Останься лучше безъ заботъ:
« Отъ насъ Людмила не уйдетъ. »

Сказавъ, изчезла. Въ нетерпѣньѣ
Благоразумный нашъ герой
Тотчасъ отправился домой,
Сердечно позабывъ о славѣ
И даже о княжнѣ младой;
И шумъ малѣйшій по дубравѣ,
Полетъ синицы, ропотъ водъ
Его бросали въ жаръ и въ потъ.

Межъ тѣмъ Русланъ далеко мчится;
Въ глуши лѣсовъ, въ глуши полей
Привычной думою стремится
Къ Людмилѣ, радости своей,
И говоритъ: « найду ли друга?
« Гдѣ ты, души моей супруга?

«Увижу ль я твой свѣтлый взоръ?
«Услышу ль нѣжный разговоръ?
«Иль суждено, чтобъ чародѣя
«Ты вѣчной плѣнницей была,
«И, скорбной дѣвою старѣя,
«Въ темницѣ мрачной отцвѣла?
«Или соперникъ дерзновенный
«Придетъ?... Нѣтъ, нѣтъ, мой другъ безцѣнный:
«Еще при мнѣ мой вѣрный мечъ,
«Еще глава не пала съ плечъ.»

Однажды, темною порою,
По камнямъ берегомъ крутымъ
Нашъ витязь ѣхалъ надъ рѣкою.
Все утихало. Вдругъ за нимъ
Стрѣлы мгновенное жужжанье,
Кольчуги звонъ и крикъ и ржанье
И топотъ по полю глухой.
Стой! грянулъ голосъ громовой.
Онъ оглянулся: въ полѣ чистомъ,
Поднявъ копье, летитъ со свистомъ
Свирѣпый всадникъ, и грозой
Помчался князь ему на встрѣчу.
«Ага! догналъ тебя! постой!»
Кричитъ наѣздникъ удалой:

«Готовься, другъ, на смертну сѣчу;
«Теперь ложись средь здѣшнихъ мѣстъ;
«А тамъ ищи своихъ невѣстъ.»
Русланъ вспылалъ, вздрогнулъ отъ гнѣва;
Онъ узнаетъ сей буйный гласъ...

Друзья мои! а наша дѣва?
Оставимъ витязей на часъ;
О нихъ опять я вспомню вскорѣ.
А то давно пора бы мнѣ
Подумать о младой княжнѣ
И объ ужасномъ Черноморѣ.

Моей причудливой мечты
Наперсникъ иногда нескромной,
Я разсказалъ, какъ ночью тёмной
Людмилы нѣжной красоты
Отъ воспаленнаго Руслана
Сокрылись вдругъ среди тумана.
Несчастная! когда злодѣй,
Рукою мощною своей
Тебя сорвавъ съ постели брачной,
Взвился, какъ вихорь, къ облакамъ
Сквозь тяжкій дымъ и воздухъ мрачной,

И вдругъ умчалъ къ своимъ горамъ —
Ты чувствъ и памяти лишилась
И въ страшномъ замкѣ колдуна
Безмолвна, трепетна, блѣдна,
Въ одно мгновенье очутилась.

 Съ порога хижины моей
Такъ видѣлъ я, средь лѣтнихъ дней,
Когда за курицей трусливой
Султанъ курятника спѣсивой,
Пѣтухъ мой по двору бѣжалъ
И сладострастными крылами
Уже подругу обнималъ;
Надъ ними хитрыми кругами
Цыплятъ селенья старый воръ,
Пріявъ губительныя мѣры,
Носился, плавалъ коршунъ сѣрый,
И палъ какъ молнія на дворъ.
Взвился, летитъ. Въ когтяхъ ужасныхъ
Во тму разсѣлинъ безопасныхъ
Уноситъ бѣдную злодѣй.
Напрасно, горестью своей
И хладнымъ страхомъ пораженный,
Зоветъ любовницу пѣтухъ...

Онъ видитъ лишь летучій пухъ,
Летучимъ вѣтромъ занесенный.

До утра юная княжна
Лежала, тягостнымъ забвеньемъ,
Какъ будто страшнымъ сновидѣньемъ,
Объята — наконецъ она
Очнулась, пламеннымъ волненьемъ
И смутнымъ ужасомъ полна;
Душой летитъ за наслажденьемъ,
Кого-то ищетъ съ упоеньемъ;
Гдѣ жъ, милый, шепчетъ, гдѣ супругъ?
Зоветъ и помертвѣла вдругъ.
Глядитъ съ боязнію вокругъ.
Людмила, гдѣ твоя свѣтлица?
Лежитъ несчастная дѣвица
Среди подушекъ пуховыхъ,
Подъ гордой сѣнью балдахина;
Завѣсы, пышная перина
Въ кистяхъ, въ узорахъ дорогихъ;
Повсюду ткани парчевыя;
Играютъ яхонты, какъ жаръ;
Кругомъ курильницы златыя
Подъемлютъ ароматный паръ;

Довольно... благо мнѣ не нада
Описывать волшебный домъ:
Уже давно Шехеразада
Меня предупредила въ томъ.
Но свѣтлый теремъ не отрада,
Когда не видимъ друга въ нёмъ.

Три дѣвы, красоты чудесной,
Въ одеждѣ легкой и прелестной
Княжнѣ явились, подошли,
И поклонились до земли.
Тогда неслышными шагами
Одна поближе подошла;
Княжнѣ воздушными перстами
Златую косу заплела
Съ искуствомъ, въ наши дни не новымъ,
И обвила вѣнцомъ перловымъ
Окружность блѣднаго чела.
За нею, скромно взоръ склоняя,
Потомъ приближилась другая;
Лазурный, пышный сарафанъ
Одѣлъ Людмилы стройный станъ;
Покрылись кудри золотыя,
И грудь, и плечи молодыя

Фатой, прозрачной, какъ туманъ,
Покровъ завистливый лобзаетъ
Красы, достойныя небесъ,
И обувь легкая сжимаетъ
Двѣ ножки, чудо изъ чудесъ.
Княжнѣ послѣдняя дѣвица
Жемчужный поясъ подаетъ.
Межъ тѣмъ незримая пѣвица
Веселы пѣсни ей поетъ.
Увы, ни камни ожерелья,
Ни сарафанъ, ни перловъ рядъ,
Ни пѣсни лести и веселья
Ея души не веселятъ;
Напрасно зеркало рисуетъ
Ея красы, ея нарядъ;
Потупя неподвижный взглядъ,
Она молчитъ, она тоскуетъ.

Тѣ, кои, правду возлюбя,
На темномъ сердца днѣ читали,
Конечно знаютъ про себя,
Что если женщина въ печали
Сквозь слезъ, украдкой, какъ нибудь,
На зло привычкѣ и разсудку,

Забудетъ въ зеркало взглянуть —
То грустно ей ужъ не на шутку.

Но вотъ Людмила вновь одна.
Не зная, что начать, она
Къ окну рѣшетчату подходитъ,
И взоръ ея печально бродитъ
Въ пространствѣ пасмурной дали.
Все мертво. Снѣжныя равнины
Коврами яркими легли;
Стоятъ угрюмыхъ горъ вершины
Въ однообразной бѣлизнѣ,
И дремлютъ въ вѣчной тишинѣ;
Кругомъ не видно дымной кровли,
Не видно путника въ снѣгахъ,
И звонкій рогъ веселой ловли
Въ пустынныхъ не трубитъ горахъ;
Лишь изрѣдка съ унылымъ свистомъ
Бунтуетъ вихорь въ полѣ чистомъ,
И на краю сѣдыхъ небесъ
Качаетъ обнаженный лѣсъ.

Въ слезахъ отчаянья, Людмила
Отъ ужаса лице закрыла.

Увы, что ждетъ ее теперь!
Бѣжитъ въ серебряную дверь;
Она съ музыкой отворилась,
И наша дѣва очутилась
Въ саду. Плѣнительный предѣлъ:
Прекраснѣе садовъ Армиды
И тѣхъ, которыми владѣлъ
Царь Соломонъ, иль князь Тавриды.
Предъ нею зыблются, шумятъ
Великолѣпныя дубровы,
Аллеи пальмъ и лѣсъ лавровый,
И благовонныхъ миртовъ рядъ,
И кедровъ гордыя вершины,
И золотыя апельсины
Зерцаломъ водъ отражены;
Пригорки, рощи и долины
Весны огнемъ оживлены;
Съ прохладой вьется вѣтеръ майскій
Средь очарованныхъ полей,
И свищетъ соловей Китайскій
Во мракѣ трепетныхъ вѣтвей;
Летятъ алмазные фонтаны
Съ веселымъ шумомъ къ облакамъ;
Подъ ними блещутъ истуканы,

И, мнится, живы; Фидій самъ,
Питомецъ Феба и Паллады,
Любуясь ими, наконецъ
Свой очарованной рѣзецъ
Изъ рукъ бы выронилъ съ досады.
Дробясь о мраморны преграды,
Жемчужной, огненной дугой
Валятся, плещутъ водопады;
И ручейки въ тѣни лѣсной
Чуть вьются сонною волной.
Пріютъ покоя и прохлады,
Сквозь вѣчну зелень здѣсь и тамъ
Мелькаютъ свѣтлыя бесѣдки;
Повсюду розъ живыя вѣтки
Цвѣтутъ и дышутъ по тропамъ.
Но безутѣшная Людмила
Идетъ, идетъ и не глядитъ;
Волшебства роскошь ей постыла,
Ей грустенъ нѣги свѣтлый видъ;
Куда, сама не зная, бродитъ,
Волшебный садъ кругомъ обходитъ,
Свободу горькимъ давъ слезамъ,
И взоры мрачные возводитъ
Къ неумолимымъ небесамъ.
Т. I.

Вдругъ освѣтился взоръ прекрасный;
Къ устамъ она прижала перстъ;
Казалось, умыселъ ужасный
Раждался... Страшный путь отверстъ:
Высокій мостикъ надъ потокомъ
Предъ ней виситъ на двухъ скалахъ;
Въ уныньи тяжкомъ и глубокомъ
Она подходитъ — и въ слезахъ
На воды шумныя взглянула,
Ударила, рыдая, въ грудь,
Въ волнахъ рѣшилась утонуть —
Однако въ воды не прыгнула
И далѣ продолжала путь.

Моя прекрасная Людмила,
По солнцу бѣгая съ утра,
Устала, слёзы осушила,
Въ душѣ подумала: пора!
На травку сѣла, оглянулась —
И вдругъ надъ нею сѣнь шатра,
Шумя, съ прохладой развернулась;
Обѣдъ роскошный передъ ней;
Приборъ изъ яркаго кристалла;
И въ тишинѣ изъ-за вѣтвей
Незрима арфа заиграла.

Дивится пленная княжна,
Но втайне думает она:
«Вдали отъ милаго, въ неволѣ,
Зачѣмъ мнѣ жить на свѣтѣ болѣ?
О ты, чья гибельная страсть
Меня терзаетъ и лелѣетъ,
Мнѣ не страшна злодѣя власть:
Людмила умереть умѣетъ!
Не нужно мнѣ твоихъ шатровъ,
Ни скучныхъ пѣсень, ни пировъ —
Не стану ѣсть, не буду слушать,
Умру среди твоихъ садовъ!»
Подумала — и стала кушать.

Княжна встаетъ, и вмигъ шатёръ,
И пышной роскоши приборъ,
И звуки арфы... все пропало;
Попрежнему все тихо стало;
Людмила вновь одна въ садахъ
Скитается изъ рощи въ рощи;
Межъ тѣмъ въ лазурныхъ небесахъ
Плыветъ луна, царица ночи,
Находитъ мгла со всѣхъ сторонъ
И тихо на холмахъ почила;

Княжну невольно клонитъ сонъ,
И вдругъ не вѣдомая сила
Нѣжнѣй, чѣмъ вешній вѣтерокъ,
Ее на воздухъ поднимаетъ,
Несетъ по воздуху въ чертюгъ,
И осторожно опускаетъ
Сквозь ѳиміамъ вечернихъ розъ
На ложе грусти, ложе слёзъ.
Три дѣвы вмигъ опять явились
И вкругъ нея засуетились,
Чтобъ на ночь пышный снять уборъ;
Но ихъ унылый, смутный взоръ
И принужденное молчанье
Являли въ тайнѣ состраданье
И немощный судьбамъ укоръ.
Но поспѣшимъ: рукой ихъ нѣжной
Раздѣта сонная княжна;
Прелестна прелестью небрежной,
Въ одной сорочкѣ бѣлоснѣжной
Ложится почивать она.
Со вздохомъ дѣвы поклонились,
Скорѣй какъ можно удалились,
И тихо притворили дверь.
Что жъ наша плѣнница теперь!

Дрожитъ какъ листъ, дохнуть несмѣетъ;
Хладѣютъ перси, взоръ темнѣетъ;
Мгновенный сонъ отъ глазъ бѣжитъ;
Не спитъ, удвоила вниманье,
Недвижно въ темноту глядитъ...
Все мрачно, мертвое молчанье!
Лишь сердца слышитъ трепетанье...
И мнится... шепчетъ тишина;
Идутъ — идутъ къ ея постелѣ;
Въ подушки прячется княжна —
И вдругъ... о страхъ!.. и въ самомъ дѣлѣ
Раздался шумъ; озарена
Мгновеннымъ блескомъ тма ночная,
Мгновенно дверь отворена;
Безмолвно, гордо выступая,
Нагими саблями сверкая,
Араповъ длинный рядъ идетъ
Попарно, чинно, сколь возможно,
И на подушкахъ осторожно
Сѣдую бороду несетъ;
И входитъ съ важностью за нею,
Подъявъ величественно шею,
Горбатый карликъ изъ дверей:
Его-то головѣ обритой,

Высокимъ колпакомъ покрытой
Принадлежала борода.
Ужъ онъ приближился: тогда
Княжна съ постели соскочила,
Сѣдаго карлу за колпакъ
Рукою быстрой ухватила,
Дрожащій занесла кулакъ,
И въ страхѣ завизжала такъ,
Что всѣхъ Араповъ оглушила.
Трепеща, скорчился бѣднякъ,
Княжны испуганной блѣднѣе;
Зажавши уши поскорѣе,
Хотѣлъ бѣжать, но въ бородѣ
Запутался, упалъ и бьется;
Встаетъ, упалъ; въ такой бѣдѣ
Араповъ черный рой мятется;
Шумятъ, толкаются, бѣгутъ,
Хватаютъ колдуна въ охапку,
И вонъ распутывать несутъ,
Оставя у Людмилы шапку.

Но что-то добрый витязь нашъ?
Вы помните ль неждану встрѣчу?
Бери свой быстрый карандашъ,

Рисуй, Орловскій, ночь и сѣчу!
При свѣтѣ трепетномъ луны,
Сразились витязи жестоко;
Сердца ихъ гнѣвомъ стѣснены,
Ужъ копья брошены далёко,
Уже мечи раздроблены,
Кольчуги кровію покрыты,
Щиты трещатъ, въ куски разбиты...
Они схватились на коняхъ;
Взрывая къ небу черный прахъ,
Подъ ними борзы кони бьются;
Борцы, недвижно сплетены,
Другъ друга стиснувъ, остаются,
Какъ бы къ сѣдлу пригвождены;
Ихъ члены злобой сведены;
Переплелись и костенѣютъ;
По жиламъ быстрый огнь бѣжитъ;
На вражьей груди грудь дрожитъ —
И вотъ колеблются, слабѣютъ —
Кому-то пасть... вдругъ витязь мой,
Вскипѣвъ, желѣзною рукой
Съ сѣдла наѣздника срываетъ,
Подъемлетъ, держитъ надъ собой
И въ волны съ берега бросаетъ.

Погибни! грозно восклицаетъ;
Умри, завистникъ злобный мой!

Ты догадался, мой читатель,
Съ кѣмъ бился доблестный Русланъ:
То былъ кровавыхъ битвъ искатель,
Рогдай, надежда Кіевлянъ,
Людмилы мрачный обожатель.
Онъ вдоль Днѣпровскихъ береговъ
Искалъ соперника слѣдовъ;
Нашелъ, настигъ, но прежня сила
Питомцу битвы измѣнила,
И Руси древній удалецъ
Въ пустынѣ свой нашелъ конецъ.
И слышно было, что Рогдая
Тѣхъ водъ Русалка молодая
На хладны перси приняла,
И, жадно витязя лобзая,
На дно со смѣхомъ увлекла,
И долго послѣ, ночью тёмной,
Бродя близъ тихихъ береговъ,
Богатыря призракъ огромной
Пугалъ пустынныхъ рыбаковъ.

ПѢСНЬ ТРЕТІЯ.

Напрасно вы въ тѣни таились
Для мирныхъ, счастливыхъ друзей,
Стихи мои! Вы не сокрылись
Отъ гнѣвныхъ зависти очей.
Ужъ блѣдный критикъ, ей въ услугу,
Вопросъ мнѣ сдѣлалъ роковой:
Зачѣмъ Руланову подругу,
Какъ бы на смѣхъ ея супругу,
Зову и дѣвой и княжной?
Ты видишь, добрый мой читатель,
Тутъ злобу черную печать!
Скажи, Зоилъ, скажи, предатель,
Ну какъ и что мнѣ отвѣчать?
Краснѣй, несчастный, Богъ съ тобою!
Краснѣй, я спорить не хочу;
Довольный тѣмъ, что правъ душою,
Въ смиренной кротости молчу.
Но ты поймешь меня, Климена,
Потупишь томные глаза
Ты, жертва скучнаго Гимена...

Я вижу: тайная слеза
Падетъ на стихъ мой, сердцу внятный;
Ты покраснѣла, взоръ погасъ;
Вздохнула, молча... вздохъ понятный!
Ревнивецъ: бойся, близокъ часъ;
Амуръ съ Досадой своенравной
Вступили въ смѣлый заговоръ,
И для главы твоей безславной
Готовъ ужъ мстительный уборъ.

Ужъ утро хладное сіяло
На темени полнощныхъ горъ;
Но въ дивномъ замкѣ все молчало.
Въ досадѣ скрытой Черноморъ,
Безъ шапки въ утреннемъ халатѣ,
Зѣвалъ сердито на кровати.
Вокругъ брады его сѣдой
Рабы толпились молчаливы,
И нѣжно гребень костяной
Разчесывалъ ея извивы;
Межъ тѣмъ, для пользы и красы,
На безконечные усы
Лились восточны ароматы,
И кудри хитрые вились;

Какъ вдругъ, откуда ни возмись,
Въ окно влетаетъ змій крылатый;
Гремя желѣзной чешуёй,
Онъ въ кольца быстрыя согнулся,
И вдругъ Наиной обернулся
Предъ изумленною толпой.
«Привѣтствую тебя, сказала,
Собратъ, издавна чтимой мной!
Досель я Черномора знала
Одною громкою молвой;
Но тайный рокъ соединяетъ
Теперь насъ общею враждой;
Тебѣ опасность угрожаетъ,
Нависла туча надъ тобой;
И голосъ оскорбленной чести
Меня къ отмщенію зоветъ.»

Со взоромъ, полнымъ хитрой лести,
Ей карла руку подаетъ,
Вѣщая: «дивная Наина!
Мнѣ драгоцѣненъ твой союзъ.
Мы посрамимъ коварство Финна;
Но мрачныхъ козней не боюсь:
Противникъ слабый мнѣ не страшенъ;

Узнай чудесный жребій мой:
Сей благодатной бородой
Недаромъ Черноморъ украшенъ.
Доколь власовъ ея сѣдыхъ
Враждебный мечъ не перерубитъ,
Никто изъ витязей лихихъ,
Никто изъ смертныхъ не погубитъ
Малѣйшихъ замысловъ моихъ;
Моею будетъ вѣкъ Людмила,
Русланъ же гробу обречёнъ!»
И мрачно вѣдьма повторила:
« Погибнетъ онъ! погибнетъ онъ!»
Потомъ три раза прошипѣла;
Три раза топнула ногой,
И чернымъ зміемъ улетѣла.

Блистая въ ризѣ парчевой,
Колдунъ, колдуньей ободренной,
Развеселясь; рѣшился вновь
Нести къ ногамъ дѣвицы плѣнной
Усы, покорность и любовь.
Разряженъ карликъ бородатый,
Опять идетъ въ ея палаты;
Проходитъ длинный комнатъ рядъ:

Княжны въ нихъ нѣтъ. Онъ далѣ въ садъ,
Въ лавровый лѣсъ, къ рѣшеткѣ сада,
Вдоль озера, вкругъ водопада,
Подъ мостики, въ бесѣдки... нѣтъ!
Княжна ушла, пропалъ и слѣдъ!
Кто выразитъ его смущенье,
И ревъ, и трепетъ изступленья!
Съ досады дня не взвидѣлъ онъ.
Раздался карлы дикій стонъ:
«Сюда, невольники, бѣгите!
Сюда, надѣюсь я на васъ!
Сей часъ Людмилу мнѣ сыщите!
Скорѣе, слышите ль? сей часъ!
Не то — шутите вы со мною —
Всѣхъ удавлю васъ бородою!»

Читатель, разскажу ль тебѣ
Куда красавица дѣвалась!
Всю ночь она своей судьбѣ
Въ слезахъ дивилась и — смѣялась.
Ее пугала борода,
Но Черноморъ ужъ былъ извѣстенъ,
И былъ смѣшонъ, а никогда
Со смѣхомъ ужасъ несовмѣстенъ.

Навстрѣчу утреннимъ лучамъ
Постель оставила Людмила,
И взоръ невольный обратила
Къ высокимъ, чистымъ зеркаламъ;
Невольно кудри золотые
Съ лилейныхъ плечь приподняла;
Невольно волосы густые
Рукой небрежной заплела;
Свои вчерашніе наряды
Нечаянно въ углу нашла;
Вздохнувъ, одѣлась и съ досады
Тихонько плакать начала;
Однако съ вѣрнаго стекла
Вздыхая не сводила взора,
И дѣвицѣ пришло на умъ,
Въ волненьи своенравныхъ думъ,
Примѣрять шапку Черномора.
Все тихо, никого здѣсь нѣтъ;
Никто на дѣвушку не взглянетъ...
А дѣвушкѣ въ семнадцать лѣтъ
Какая шапка не пристанетъ!
Рядиться никогда не лѣнь!
Людмила шапкой завертѣла;
На брови, прямо, на бекрень,

И задомъ напередъ надѣла.
И что жъ? о чудо старыхъ дней!
Людмила въ зеркалѣ пропала;
Перевернула — передъ ней
Людмила прежняя предстала;
Назадъ надѣла — снова нѣтъ;
Сняла — и въ зеркалѣ! «Прекрасно!
Добро, колдунъ, добро мой свѣтъ!
Теперь мнѣ здѣсь ужъ безопасно;
Теперь избавлюсь отъ хлопотъ!»
И шапку стараго злодѣя
Княжна, отъ радости краснѣя,
Надѣла задомъ напередъ.

Но возвратимся же къ герою.
Не стыдно ль заниматься намъ
Такъ долго шапкой, бородою,
Руслана поруча судьбамъ?
Свершивъ съ Рогдаемъ бой жестокій,
Проѣхалъ онъ дремучій лѣсъ;
Предъ нимъ открылся долъ широкій,
При блескѣ утреннихъ небесъ.
Трепещетъ витязь по неволѣ:
Онъ видитъ старой битвы поле.

Вдали все пусто; здѣсь и тамъ
Желтѣютъ кости; по холмамъ
Разбросаны колчаны, латы;
Гдѣ збруя, гдѣ заржавый щитъ;
Въ костяхъ руки здѣсь мечь лежитъ;
Травой обросъ тамъ шлемъ косматый
И старый черепъ тлѣетъ въ немъ;
Богатыря тамъ оставъ цѣлый
Съ его поверженнымъ конемъ
Лежитъ не движный; копья, стрѣлы
Въ сырую землю вонзены,
И мирный плющъ ихъ обвиваетъ...
Ничто безмолвной тишины
Пустыни сей не возмущаетъ,
И солнце съ ясной вышины
Долину смерти озаряетъ.

Со вздохомъ витязь вкругъ себя
Взираетъ грустными очами.
«О поле, поле, кто тебя
Усѣялъ мертвыми костями?
Чей борзый конь тебя топталъ
Въ послѣдній часъ кровавой битвы?
Кто на тебѣ со славой палъ?

Чьи небо слышало молитвы;
За чѣмъ же, поле, смолкло ты
И поросло травой забвенья?...
Временъ отъ вѣчной темноты,
Быть можетъ, нѣтъ и мнѣ спасенья!
Быть можетъ, на холмѣ нѣмомъ
Поставятъ тихій гробъ Руслановъ,
И струны громкія Баяновъ
Не будутъ говорить о нёмъ!»

Но вскорѣ вспомнилъ витязь мой,
Что добрый мечь герою нуженъ
И даже панцырь; а герой
Съ послѣдней битвы безоруженъ.
Обходитъ поле онъ вокругъ;
Въ кустахъ, среди костей забвенныхъ,
Въ громадѣ тлѣющихъ кольчугъ,
Мечей и шлемовъ раздробленныхъ
Себѣ доспѣховъ ищетъ онъ.
Проснулись гулъ и степь нѣмая,
Поднялся въ полѣ трескъ и звонъ;
Онъ поднялъ щитъ, не выбирая,
Нашелъ и шлемъ и звонкій рогъ;
Но лишь меча сыскать не могъ.

*

Долину брани объѣзжая,
Онъ видитъ множество мечей,
Но всѣ легки, да слишкомъ малы,
А князь красавецъ былъ не вялый,
Не то, что витязь нашихъ дней.
Чтобъ чѣмъ нибудь играть отъ скуки,
Копье стальное взялъ онъ въ руки,
Кольчугу онъ надѣлъ на грудь,
И далѣе пустился въ путь.

Ужъ поблѣднѣлъ закатъ румяный
Надъ усыпленною землёй;
Дымятся синія туманы
И всходитъ мѣсяцъ золотой;
Померкла степь. Тропою тёмной
Задумчивъ ѣдетъ нашъ Русланъ,
И видитъ: сквозь ночной туманъ
Вдали чернѣетъ холмъ огромной
И что-то страшное храпитъ.
Онъ ближе къ холму, ближе — слышитъ:
Чудесный холмъ какъ будто дышитъ.
Русланъ внимаетъ и глядитъ
Безтрепетно, съ покойнымъ духомъ;
Но, шевеля пугливымъ ухомъ,

Конь упирается, дрожитъ,
Трясетъ упрямой головою,
И грива дыбомъ поднялась.
Вдругъ холмъ, безоблачной луною
Въ туманѣ блѣдно озарясь,
Яснѣетъ; смотритъ храбрый князь —
И чудо видитъ предъ собою.
Найду ли краски и слова?
Предъ нимъ живая голова.
Огромны очи сномъ объяты;
Храпитъ, качая шлемъ пернатый,
И перья въ темной высотѣ,
Какъ тѣни, ходятъ, развѣваясь.
Въ своей ужасной красотѣ
Надъ мрачной степью возвышаясь,
Безмолвіемъ окружена,
Пустыни сторожъ безымянной,
Руслану предстоитъ она
Громадой грозной и туманной.
Въ недоумѣньи хочетъ онъ
Таинственный разрушить сонъ.
Вблизи осматривая диво,
Объѣхалъ голову кругомъ,
И сталъ предъ носомъ молчаливо;

Щекотитъ ноздри копіёмъ,
И, сморщась, голова зѣвнула,
Глаза открыла и чихнула...
Поднялся вихорь, степь дрогнула,
Взвилася пыль; съ рѣсницъ, съ усовъ,
Съ бровей слетѣла стая совъ,
Проснулись рощи молчаливы,
Чихнуло эхо — конь ретивый
Заржалъ, запрыгалъ, отлетѣлъ,
Едва самъ витязь усидѣлъ,
И вслѣдъ раздался голосъ шумный:
«Куда ты, витязь неразумный?
Ступай назадъ, я не шучу!
Какъ разъ нахала проглочу!»
Русланъ съ презрѣньемъ оглянулся,
Браздами удержалъ коня,
И съ гордымъ видомъ усмѣхнулся.
«Чего ты хочешь отъ меня?
Нахмурясь, голова вскричала.
«Вотъ гостя мнѣ судьба послала!
«Послушай, убирайся прочь!
«Я спать хочу, теперь ужъ ночь,
«Прощай!» Но витязь знаменитой,
Услыша грубыя слова,

Воскликнулъ съ важностью сердитой:
— Молчи, пустая голова!
Слыхалъ я истину бывало:
Хоть лобъ широкъ, да мозгу мало!
Я ѣду, ѣду, не свищу,
А какъ наѣду, не спущу! —

Тогда, отъ ярости нѣмѣя,
Стѣсненной злобой пламенѣя,
Надулась голова; какъ жаръ,
Кровавы очи засверкали;
Напѣнясь, губы задрожали,
Изъ устъ, ушей поднялся паръ —
И вдругъ она, что было мочи,
Навстрѣчу князю стала дуть;
Напрасно конь, зажмуря очи,
Склонивъ главу, натужа грудь,
Сквозь вихорь, дождь и сумракъ ночи
Невѣрный продолжаетъ путь;
Объятый страхомъ, ослѣпленный,
Онъ мчится вновь, изнеможенный,
Далече въ полѣ отдохнуть.
Вновь обратиться витязь хочетъ —
Вновь отраженъ, надежды нѣтъ!

А голова ему вослѣдъ,
Какъ сумасшедшая, хохочетъ,
Гремитъ: «ай, витязь! ай, герой
«Куда ты? тише, тише, стой!
«Эй, витязь, шею сломишь даромъ;
«Не трусь, наѣздникъ, и меня
«Порадуй хоть однимъ ударомъ,
«Пока не заморилъ коня.»
И между тѣмъ она героя
Дразнила страшнымъ языкомъ.
Русланъ, досаду въ сердцѣ кроя,
Грозитъ ей молча копіёмъ,
Трясетъ его рукой свободной,
И, задрожавъ, булатъ холодной
Вонзился въ дерзостный языкъ.
И кровь изъ бѣшенаго зѣва
Рѣкою побѣжала вмигъ.
Отъ удивленья, боли, гнѣва,
Въ минуту дерзости лишась,
На князя голова глядѣла,
Желѣзо грызла и блѣднѣла.
Въ спокойномъ духѣ горячась,
Такъ иногда средь нашей сцены
Плохой питомецъ Мельпомены,

Внезапнымъ свистомъ оглушёнъ,
Ужъ ничего не видитъ онъ,
Блѣднѣетъ, ролю забываетъ,
Дрожитъ, поникнувъ головой,
И заикаясь умолкаетъ
Передъ насмѣшливой толпой.
Счастливымъ пользуясь мгновеньемъ,
Къ объятой головѣ смущеньемъ,
Какъ ястребъ, богатырь летитъ
Съ подъятой, грозною десницей,
И въ щеку тяжкой рукавицей
Съ размаха голову разитъ;
И степь ударомъ огласилась;
Кругомъ росистая трава
Кровавой пѣной обагрилась,
И, зашатавшись, голова
Перевернулась, покатилась,
И шлемъ чугунный застучалъ.
Тогда на мѣстѣ опустѣломъ
Мечь богатырскій засверкалъ.
Нашъ витязь въ трепетѣ веселомъ
Его схватилъ, и къ головѣ
По окровавленной травѣ
Бѣжитъ съ намѣреньемъ жестокимъ
Ей носъ и уши обрубить;

Уже Русланъ готовъ разить,
Уже взмахнулъ мечемъ широкимъ —
Вдругъ, изумленный, внемлетъ онъ
Главы молящей жалкій стонъ...
И тихо мечь онъ опускаетъ,
Въ немъ гнѣвъ свирѣпый умираетъ,
И мщеніе бурное падетъ
Въ душѣ, моленьемъ усмиренной:
Такъ на долинѣ таетъ ледъ,
Лучемъ полудня пораженной.

«Ты вразумилъ меня, герой,
Со вздохомъ голова сказала:
Твоя десница доказала,
Что я виновенъ предъ тобой;
Отнынѣ я тебѣ послушенъ;
Но, витязь, будь великодушенъ!
Достоинъ плача жребій мой.
И я былъ витязь удалой!
Въ кровавыхъ битвахъ супостата
Себѣ я равнаго не зрѣлъ;
Счастливъ, когда бы не имѣлъ
Соперникомъ меньшаго брата!
Коварный, злобный Черноморъ,

Ты, ты всѣхъ бѣдъ моихъ виною!
Семейства нашего позоръ,
Рожденный карлой, съ бородою,
Мой дивный ростъ отъ юныхъ дней
Не могъ онъ безъ досады видѣть,
И сталъ за то въ душѣ своей
Меня, жестокій, ненавидѣть.
Я былъ всегда немного простъ,
Хотя высокъ; а сей несчастной,
Имѣя самый глупый ростъ,
Уменъ какъ бѣсъ — и золъ ужасно.
Притомъ же, знай, къ моей бѣдѣ,
Въ его чудесной бородѣ
Таится сила роковая,
И, все на свѣтѣ презирая —
Доколѣ борода цѣла —
Измѣнникъ не страшится зла.
Вотъ онъ однажды съ видомъ дружбы,
Послушай, хитро мнѣ сказалъ,
Не откажись отъ важной службы:
Я въ черныхъ книгахъ отыскалъ,
Что за восточными горами
На тихихъ моря берегахъ,
Въ глухомъ подвалѣ, подъ замками

Хранится мечъ — и что же? страхъ!
Я разобралъ во тмѣ волшебной,
Что волею судьбы враждебной
Сей мечъ извѣстенъ будетъ намъ;
Что насъ онъ обоихъ погубитъ:
Мнѣ бороду мою отрубитъ,
Тебѣ главу; суди же самъ,
Сколь важно намъ пріобрѣтенье
Сего созданья злыхъ духовъ!
«Ну, что же? гдѣ тутъ затрудненье
Сказалъ я карлѣ, я готовъ;
Иду, хоть за предѣлы свѣта.»
И сосну на плечо взвалилъ,
А на другое для совѣта
Злодѣя брата посадилъ;
Пустился въ дальную дорогу,
Шагалъ, шагалъ и, слава Богу,
Какъ бы пророчеству на зло,
Все счастливо сначала шло.
За отдаленными горами
Нашли мы роковой подвалъ;
Я разметалъ его руками,
И потаенный мечъ досталъ.
Но нѣтъ! судьба того хотѣла:

Межъ нами ссора закипѣла —
И было, признаюсь, о чемъ!
Вопросъ: кому владѣть мечемъ?
Я спорилъ, карла горячился;
Бранились долго; наконецъ
Уловку выдумалъ хитрецъ,
Притихъ и будто бы смягчился.
— Оставимъ безполезный споръ,
Сказалъ мнѣ важно Черноморъ:
Мы тѣмъ союзъ нашъ обезславимъ;
Разсудокъ въ мірѣ жить велитъ;
Судьбѣ рѣшить мы предоставимъ,
Кому сей мечъ принадлежитъ.
Къ землѣ приникнемъ ухомъ оба
(Чего не выдумаетъ злоба!),
И кто услышитъ первый звонъ
Тотъ и владѣй мечемъ до гроба. —
Сказалъ и легъ на землю онъ.
Я сдуру также растянулся;
Лежу, не слышу ничего,
Смѣкая: обману его!
Но самъ жестоко обманулся.
Злодѣй въ глубокой тишинѣ,
Привставъ, на цыпочкахъ ко мнѣ

Подкрался сзади, размахнулся;
Какъ вихорь свиснулъ острый мечь,
И прежде, чѣмъ я оглянулся,
Ужъ голова слетѣла съ плечь —
И сверхъестественная сила
Въ ней жизни духъ остановила.
Мой оставъ терніемъ обросъ;
Вдали, въ странѣ, людьми забвенной,
Истлѣлъ мой прахъ непогребенной;
Но злобный карла перенёсъ
Меня въ сей край уединенной,
Гдѣ вѣчно долженъ былъ стеречь
Тобой сегодня взятый мечь.
Возми его, и Богъ съ тобою!
Быть можетъ, на своемъ пути
Ты карла-чародѣя встрѣтишь —
Ахъ, если ты его замѣтишь;
Коварству, злобѣ отомсти!
И наконецъ я счастливъ буду,
Спокойно міръ оставлю сей —
И въ благодарности моей
Твою пощечину забуду.»

ПѢСНЬ ЧЕТВЕРТАЯ.

Я каждый день, возставъ отъ сна,
Благодарю сердечно Бога
За то, что въ наши времена
Волшебниковъ не такъ ужъ много.
Къ томуже — честь и слава имъ! —
Женитьбы наши безопасны...
Ихъ замыслы не такъ ужасны
Мужьямъ, дѣвицамъ молодымъ.
Но есть волшебники другіе,
Которыхъ ненавижу я:
Улыбка, очи голубыя
И голосъ милый — о друзья!
Не вѣрьте имъ: они лукавы!
Страшитесь, подражая мнѣ,
Ихъ упоительной отравы,
И почивайте въ тишинѣ.

Поэзии чудесный гений,
Певец таинственных видений,
Любви, мечтаний и чертей,
Могил и рая верный житель,
И музы ветреной моей
Наперсник, пестун и хранитель!
Прости мне, северный Орфей,
Что в повести моей забавной
Теперь вослед тебе лечу,
И лиру музы своенравной
Во лжи прелестной обличу.

Друзья мои, вы все слыхали,
Как бесу в древни дни злодей
Предал сперва себя с печали,
А там и души дочерей;
Как после щедрым подаяньем
Молитвой, верой, и постом,
И непритворным покаяньем
Снискал заступника в Святом;
Как умер он, и как заснули
Его двенадцать дочерей:
И нас пленили, ужаснули
Картины тайных сих ночей,

Сіи чудесныя видѣнья,
Сей мрачный бѣсъ, сей Божій гнѣвъ,
Живыя грѣшника мученья
И прелесть непорочныхъ дѣвъ.
Мы съ ними плакали, бродили
Вокругъ зубчатыхъ замка стѣнъ,
И сердцемъ тронутымъ любили
Ихъ тихій сонъ, ихъ тихій плѣнъ;
Душой Вадима призывали,
И пробужденье зрѣли ихъ,
И часто инокинь святыхъ
На гробъ отцовскій провожали.
И чтожъ, возможно ль?... намъ солгали!
Но правду возвѣщу ли я?...

Младый Ратмиръ, направя къ югу
Нетерпѣливый бѣгъ коня,
Ужъ думалъ предъ закатомъ дня
Нагнать Руслапову супругу.
Но день багряный вечерѣлъ;
Напрасно витязь предъ собою
Въ туманы дальніе смотрѣлъ:
Все было пусто надъ рѣкою.
Зари послѣдній лучь горѣлъ

Надъ ярко-позлащеннымъ боромъ.
Нашъ витязь мимо черныхъ скалъ
Тихонько проѣзжалъ и взоромъ
Ночлега межъ деревъ искалъ.
Онъ на долину выѣзжаетъ,
И видитъ: замокъ на скалахъ
Зубчаты стѣны возвышаетъ;
Чернѣютъ башни на углахъ;
И дѣва по стѣнѣ высокой,
Какъ въ морѣ лебедь одинокой,
Идетъ, зарей освѣщена;
И дѣвы пѣснь едва слышна
Долины въ тишинѣ глубокой.

«Ложится въ полѣ мракъ ночной;
Отъ волнъ поднялся вѣтеръ хладный.
Ужъ поздно, путникъ молодой!
Укройся въ теремъ нашъ отрадный.

«Здѣсь ночью нѣга и покой,
А днемъ и шумъ и пированье.
Приди на дружное призванье,
Приди, о путникъ молодой!

«У насъ найдешь красавицъ рой;
Ихъ нѣжны рѣчи и лобзанье.
Приди на тайное призванье,
Приди, о путникъ молодой!

«Тебѣ мы съ утренней зарёй
Наполнимъ кубокъ на прощанье.
Приди на мирное призванье,
Приди, о путникъ молодой!

«Ложится въ полѣ мракъ ночной;
Отъ волнъ поднялся вѣтеръ хладный.
Ужъ поздно, путникъ молодой!
Укройся въ теремъ нашъ отрадный.»

Она манитъ, она поётъ:
И юный ханъ ужъ подъ стѣною;
Его встрѣчаютъ у воротъ
Дѣвицы красныя толпою;
При шумѣ ласковыхъ рѣчей
Онъ окруженъ; съ него не сводятъ
Онѣ плѣнительныхъ очей;
Двѣ дѣвицы коня уводятъ;
Въ чертоги входитъ ханъ младой,

За нимъ отшельницъ милыхъ рой;
Одна снимаетъ шлемъ крылатый,
Другая кованыя латы,
Та мечь беретъ, та пыльный щитъ;
Одежда нѣги замѣнитъ
Желѣзные доспѣхи брани.
Но прежде юношу ведутъ
Къ великолѣпной Руской бани.
Ужъ волны дымныя текутъ
Въ ея серебряные чаны,
И брызжутъ хладные фонтаны;
Разостланъ роскошью коверъ;
На немъ усталый ханъ ложится;
Прозрачный паръ надъ нимъ клубится;
Потупя нѣги полный взоръ,
Прелестныя, полунагія,
Въ заботѣ нѣжной и нѣмой,
Вкругъ хана дѣвы молодыя
Тѣснятся рѣзвою толпой.
Надъ рыцаремъ иная машетъ
Вѣтвями молодыхъ березъ,
И жаръ отъ нихъ душистый пашетъ;
Другая сокомъ вешнихъ розъ
Усталы члены прохлаждаетъ,

И въ ароматахъ потопляетъ
Темнокудрявые власы.
Восторгомъ витязь упоенной
Уже забылъ Людмилы плѣнной
Недавно милыя красы;
Томится сладостнымъ желаньемъ;
Бродящій взоръ его блеститъ,
И, полный страстнымъ ожиданьемъ,
Онъ таетъ сердцемъ, онъ горитъ.

Но вотъ выходитъ онъ изъ бани.
Одѣтый въ бархатныя ткани,
Въ кругу прелестныхъ дѣвъ, Ратмиръ
Садится за богатый пиръ.
Я не Омеръ: въ стихахъ высокихъ
Онъ можетъ воспѣвать одинъ
Обѣды Греческихъ дружинъ
И звонъ и пѣну чашъ глубокихъ.
Милѣе, по слѣдамъ Парни,
Мнѣ славить лирою небрежной
И наготу въ ночной тѣни,
И поцѣлуй любови нѣжной!
Луною замокъ озарёнъ;
Я вижу теремъ отдаленный,

Гдѣ витязь томный, воспаленный
Вкушаетъ одинокій сонъ;
Его чело, его ланиты
Мгновеннымъ пламенемъ горятъ;
Его уста полуоткрыты
Лобзанье тайное манятъ;
Онъ страстно, медленно вздыхаетъ,
Онъ видитъ ихъ — и въ пылкомъ снѣ
Покровы къ сердцу прижимаетъ.
Но вотъ въ глубокой тишинѣ
Дверь отворилась; полъ ревнивой
Скрыпитъ подъ ножкой торопливой,
И при серебряной лунѣ
Мелькнула дѣва. Сны крылаты,
Сокройтесь, отлетите прочь!
Проснись — твоя настала ночь!
Проснися — дорогъ мигъ утраты!...
Она подходитъ, онъ лежитъ,
И въ сладострастной нѣгѣ дремлетъ;
Покровъ его съ одра скользитъ,
И жаркій пухъ чело объемлетъ.
Въ молчаньи дѣва передъ нимъ
Стоитъ недвижно, бездыханна,
Какъ лицемѣрная Діана
Предъ милымъ пастыремъ своимъ;

И вотъ она, на ложѣ Хана
Колѣномъ опершись однимъ,
Вздохнувъ, лице къ нему склоняетъ
Съ томленьемъ, съ трепетомъ живымъ,
И сонъ счастливца прерываетъ
Лобзаньемъ страстнымъ и нѣмымъ...

Но, други, дѣвственная лира
Умолкла подъ моей рукой;
Слабѣетъ робкій голосъ мой —
Оставимъ юнаго Ратмира;
Не смѣю пѣсней продолжать:
Русланъ насъ долженъ занимать,
Русланъ, сей витязь безпримѣрный,
Въ душѣ герой, любовникъ вѣрный.
Упорнымъ боемъ утомлёнъ,
Подъ богатырской головою
Онъ сладостный вкушаетъ сонъ.
Но вотъ ужъ раннею зарёю
Сіяетъ тихій небосклонъ;
Все ясно; утра лучь игривый
Главы косматый лобъ златитъ.
Русланъ встаетъ, и конь ретивый
Ужъ витязя стрѣлою мчитъ.

И дни бѣгутъ; желтѣютъ нивы;
Съ деревъ спадаетъ дряхлый листъ;
Въ лѣсахъ осенній вѣтра свистъ
Пѣвицъ пернатыхъ заглушаетъ;
Тяжелый, пасмурный туманъ
Нагіе холмы обвиваетъ;
Зима приближилась — Русланъ
Свой путь отважно продолжаетъ
На дальный сѣверъ; съ каждымъ днемъ
Преграды новыя встрѣчаетъ:
То бьется онъ съ богатыремъ,
То съ вѣдьмою, то съ великаномъ,
То лунной ночью видитъ онъ,
Какъ будто сквозь волшебный сонъ,
Окружены сѣдымъ туманомъ,
Русалки, тихо на вѣтвяхъ
Качаясь, витязя младаго
Съ улыбкой хитрой на устахъ
Манятъ, не говоря ни слова...
Но тайнымъ промысломъ хранимъ,
Безстрашный витязь невредимъ;
Въ его душѣ желанье дремлетъ,
Онъ ихъ не видитъ, имъ не внемлетъ,
Одна Людмила всюду съ нимъ.

Но между тѣмъ, никѣмъ незрима,
Отъ нападеній колдуна
Волшебной шапкою хранима,
Что дѣлаетъ моя княжна,
Моя прекрасная Людмила?
Она, безмолвна и уныла,
Одна гуляетъ по садамъ,
О другѣ мыслитъ и вздыхаетъ,
Иль, волю давъ своимъ мечтамъ,
Къ родимымъ Кіевскимъ полямъ
Въ забвеньи сердца улетаетъ;
Отца и братьевъ обнимаетъ,
Подружекъ видитъ молодыхъ
И старыхъ мамушекъ своихъ —
Забыты плѣнъ и разлученье!
Но вскорѣ бѣдная княжна
Свое теряетъ заблужденье,
И вновь уныла и одна.
Рабы влюбленнаго злодѣя,
И день и ночь, сидѣть не смѣя,
Межъ тѣмъ по замку, по садамъ
Прелестной плѣнницы искали,
Метались, громко призывали,
Однако все попустякамъ.

Людмила ими забавлялась:
Въ волшебныхъ рощахъ иногда
Безъ шапки вдругъ она являлась,
И кликала: сюда, сюда!
И всѣ бросались къ ней толпою;
Но въ сторону — незрима вдругъ —
Она неслышною стопою
Отъ хищныхъ убѣгала рукъ.
Вездѣ всечасно замѣчали
Ея минутныя слѣды:
То позлащенные плоды
На шумныхъ вѣтвяхъ исчезали,
То капли ключевой воды
На лугъ измятый упадали:
Тогда навѣрно въ за́мкѣ знали
Что пьетъ иль кушаетъ княжна.
На вѣтвяхъ кедра иль березы
Скрываясь по ночамъ, она
Минутнаго искала сна —
Но только проливала слезы,
Звала супруга и покой,
Томилась грустью и зѣвотой,
И рѣдко, рѣдко предъ зарёй,
Склонясь ко древу головой,

Дремала тонкою дремотой;
Едва редела ночи мгла,
Людмила къ водопаду шла
Умыться хладною струею:
Самъ карла утренней порою
Однажды видѣлъ изъ палатъ,
Какъ подъ невидимой рукою
Плескалъ и брызгалъ водопадъ.
Съ своей обычною тоскою
До новой ночи, здѣсь и тамъ,
Она бродила по садамъ;
Нерѣдко подъ вечеръ слыхали
Ея пріятный голосокъ;
Нерѣдко въ рощахъ поднимали
Иль ею брошенный вѣнокъ,
Или клочки Персидской шали,
Или заплаканной платокъ.

Жестокой страстью уязвленный,
Досадой, злобой омраченный,
Колдунъ рѣшился наконецъ
Поймать Людмилу непремѣнно.
Такъ Лемноса хромый кузнецъ,
Пріявъ супружескій вѣнецъ

Изъ рукъ прелестной Цитереи,
Раскинулъ сѣть ея красамъ,
Открывъ насмѣшливымъ богамъ
Киприды нѣжныя затѣи...

Скучая, бѣдная княжна
Въ прохладѣ мраморной бесѣдки
Сидѣла тихо близъ окна,
И сквозь колеблемыя вѣтки
Смотрѣла на цвѣтущій лугъ.
Вдругъ слышитъ — кличутъ: «милый другъ!»
И видитъ вѣрнаго Руслана.
Его черты, походка, станъ;
Но блѣденъ онъ, въ очахъ туманъ
И на бедрѣ живая рана —
Въ ней сердце дрогнуло. «Русланъ!
Русланъ!... онъ точно!» И стрѣлою
Къ супругу плѣнница летитъ,
Въ слезахъ, трепеща, говоритъ:
«Ты здѣсь... ты раненъ... что съ тобою?»
Уже достигла, обняла:
О ужасъ... призракъ исчезаетъ!
Княжна въ сѣтяхъ; съ ея чела
На землю шапка упадаетъ.

Хладѣя, слышитъ грозный крикъ:
« Она моя!» и въ тотъ же мигъ
Зритъ колдуна передъ очами.
Раздался дѣвы жалкій стонъ,
Падетъ безъ чуствъ — и дивный сонъ
Объялъ несчастную крылами.

Что будетъ съ бѣдною княжной!
О страшный видъ: волшебникъ хилый
Ласкаетъ дерзостной рукой
Младыя прелести Людмилы!
Уже ли счастливъ будетъ онъ?
Чу... вдругъ раздался рога звонъ,
И кто-то карлу вызываетъ.
Въ смятеньи, блѣдный чародѣй
На дѣву шапку надѣваетъ;
Трубятъ опятъ; звучнѣй, звучнѣй!
И онъ летитъ къ безвѣстной встрѣчѣ,
Закинувъ бороду за плечи.

ПѢСНЬ ПЯТАЯ.

Ахъ, какъ мила моя княжна!
Мнѣ нравъ ея всего дороже:
Она чувствительна, скромна,
Любви супружеской вѣрна,
Немножко вѣтрена... такъ чтоже?
Еще милѣе тѣмъ она.
Всечасно прелестію новой
Умѣетъ насъ она плѣнить;
Скажите: можно ли сравнить
Ее съ Дельфирою суровой?
Одной — судьба послала даръ
Обворожать сердца и взоры;
Ея улыбка, разговоры
Во мнѣ любви раждаютъ жаръ.
А та — подъ юпкою гусаръ,
Лишь дайте ей усы да шпоры!
Блаженъ, кого подъ вечерокъ
Въ уединенный уголокъ
Моя Людмила поджидаетъ
И другомъ сердца назоветъ:

*

Но, вѣрьте мнѣ, блаженъ и тотъ,
Кто отъ Дельфиры убѣгаетъ
И даже съ нею незнакомъ.
Да впрочемъ дѣло не о томъ!
Но кто трубилъ? Кто чародѣя
На сѣчу грозну вызывалъ?
Кто колдуна перепугалъ?
Русланъ. Онъ, местью пламенѣя,
Достигъ обители злодѣя.
Ужъ витязь подъ горой стоитъ,
Призывный рогъ, какъ буря, воетъ,
Нетерпѣливый конь кипитъ
И снѣгъ копытомъ мочнымъ роетъ.
Князь карлу ждетъ. Внезапно онъ
По шлему крѣпкому стальному
Рукой незримой пораженъ;
Ударъ упалъ подобно грому;
Русланъ подъемлетъ смутный взоръ,
И видитъ — прямо надъ главою —
Съ подъятой, страшной булавою
Летаетъ карла Черноморъ.
Щитомъ покрывшись, онъ нагнулся,
Мечемъ потрясъ и замахнулся;
Но тотъ взвился подъ облака;

Намигъ исчезъ — и свысока
Шумя летитъ на князя снова.
Проворный витязь отлетѣлъ,
И въ снѣгъ съ размаха роковаго
Колдунъ упалъ — да тамъ и сѣлъ;
Русланъ, не говоря ни слова,
Съ коня долой, къ нему спѣшитъ,
Поймалъ, за бороду хватаетъ,
Волшебникъ силится, кряхтитъ,
И вдругъ съ Русланомъ улетаетъ...
Ретивый конь во слѣдъ глядитъ;
Уже колдунъ подъ облаками;
На бородѣ герой виситъ;
Летятъ надъ мрачными лѣсами,
Летятъ надъ дикими горами,
Летятъ надъ бездною морской;
Отъ напряженья костенѣя,
Русланъ за бороду злодѣя
Упорной держится рукой.
Межъ тѣмъ, на воздухѣ слабѣя
И силѣ Руской изумясь,
Волшебникъ гордому Руслану
Коварно молвитъ: слушай, князь!
Тебѣ вредить я перестану;

Младое мужество любя,
Забуду все, прощу тебя,
Спущусь — но только съ уговоромъ...
«Молчи, коварный чародѣй!
Прервалъ нашъ витязь: съ Черноморомъ,
Съ мучителемъ жены своей,
Русланъ не знаетъ договора!
Сей грозный мечь накажетъ вора.
Лети хоть до ночной звѣзды,
А быть тебѣ безъ бороды!»
Боязнь объемлетъ Черномора;
Въ досадѣ, въ горести нѣмой,
Напрасно длинной бородой
Усталый карла потрясаетъ:
Русланъ ея не выпускаетъ
И щиплетъ волосы порой.
Два дни колдунъ героя носитъ,
На третій онъ пощады проситъ:
«О рыцарь, сжалься надо мной;
Едва дышу; нѣтъ мочи болѣ;
Оставь мнѣ жизнь, въ твоей я волѣ;
Скажи — спущусь, куда велишь...»
— Теперь ты нашъ: ага, дрожишь!

Смирись, покорствуй Руской силѣ!
Неси меня къ моей Людмилѣ. —

Смиренно внемлетъ Черноморъ;
Домой онъ съ витяземъ пустился;
Летитъ — и мигомъ очутился
Среди своихъ ужасныхъ горъ.
Тогда Русланъ одной рукою
Взялъ мечь сраженной головы,
И, бороду схвативъ другою,
Отсѣкъ ее, какъ горсть травы.
«Знай нашихъ! молвилъ онъ жестоко,
Что, хищникъ, гдѣ твоя краса?
Гдѣ сила?» и на шлемъ высокой
Сѣдые вяжетъ волоса;
Свистя зоветъ коня лихаго;
Веселый конь летитъ и ржетъ;
Нашъ витязь карлу чуть живаго
Въ котомку за сѣдло кладетъ,
А самъ, боясь мгновенья траты,
Спѣшитъ на верхъ горы крутой,
Достигъ, и съ радостной душой
Летитъ въ волшебныя палаты.
Вдали завидя шлемъ брадатый,

Залогъ побѣды роковой,
Предъ нимъ Араповъ чудный рой,
Толпы невольницъ боязливыхъ,
Какъ призраки, со всѣхъ сторонъ
Бѣгутъ — и скрылись. Ходитъ онъ
Одинъ средь храминъ горделивыхъ,
Супругу милую зоветъ —
Лишь эхо сводовъ молчаливыхъ
Руслану голосъ подаетъ;
Въ волненьи чувствъ нетерпѣливыхъ
Онъ отворяетъ двери въ садъ —
Идетъ, идетъ — и не находитъ;
Кругомъ смущенный взоръ обводитъ —
Все мертво: рощицы молчатъ,
Бесѣдки пусты; на стремнинахъ,
Вдоль береговъ ручья, въ долинахъ,
Нигдѣ Людмилы слѣду нѣтъ,
И ухо ничего не внемлетъ.
Внезапный князя хладъ объемлетъ,
Въ очахъ его темнѣетъ свѣтъ,
Въ умѣ возникли мрачны думы...
«Быть можетъ, горесть... плѣнъ угрюмый...
«Минута... волны...» Въ сихъ мечтахъ
Онъ погруженъ. Съ нѣмой тоскою

Поникнулъ витязь головою;
Его томитъ невольный страхъ;
Недвижимъ онъ, какъ мертвый камень;
Мрачится разумъ; дикій пламень
И ядъ отчаянной любви
Уже текутъ въ его крови.
Казалось — тѣнь княжны прекрасной
Коснулась трепетнымъ устамъ...
И вдругъ, неистовый, ужасной,
Стремится витязь по садамъ;
Людмилу съ воплемъ призываетъ,
Съ холмовъ утесы отрываетъ,
Все рушитъ, все крушитъ мечемъ —
Бесѣдки, рощи упадаютъ,
Древа, мосты въ волнахъ ныряютъ,
Степь обнажается кругомъ!
Далеко гулы повторяютъ
И ревъ, и трескъ, и шумъ, и громъ;
Повсюду мечь звенитъ и свищетъ,
Прелестный край опустошёнъ —
Безумный витязь жертвы ищетъ,
Съ размаха вправо, влѣво онъ
Пустынный воздухъ разсѣкаетъ...
И вдругъ — нечаянный ударъ

Съ княжны невидимой сбиваетъ
Прощальный Черномора даръ...
Волшебства вмигъ исчезла сила:
Въ сѣтяхъ открылася Людмила!
Не вѣря самъ своимъ очамъ,
Нежданнымъ счастьемъ упоенной,
Нашъ витязь падаетъ къ ногамъ
Подруги вѣрной, незабвенной,
Цѣлуетъ руки, сѣти рветъ,
Любви, восторга слезы льетъ,
Зоветъ ее — но дѣва дремлетъ,
Сомкнуты очи и уста,
И сладострастная мечта
Младую грудь ея подъемлетъ.
Русланъ съ нея не сводитъ глазъ,
Его терзаетъ вновь кручина...
Но вдругъ знакомый слышитъ гласъ,
Гласъ добродѣтельнаго Финна:

«Мужайся, князь! Въ обратный путь
Ступай со спящею Людмилой;
Наполни сердце новой силой,
Любви и чести вѣренъ будь.
Небесный громъ на злобу грянетъ,

И воцарится тишина —
И въ свѣтломъ Кіевѣ княжна
Передъ Владиміромъ возстанетъ
Отъ очарованнаго сна.»

Русланъ, симъ гласомъ оживленной,
Беретъ въ объятія жену,
И тихо съ ношей драгоцѣнной
Онъ оставляетъ вышину,
И сходитъ въ долъ уединенной.

Въ молчаньи, съ карлой за сѣдломъ,
Поѣхалъ онъ своимъ путёмъ;
Въ его рукахъ лежитъ Людмила,
Свѣжа, какъ вешняя заря,
И на плечо богатыря
Лице спокойное склонила.
Власами, свитыми въ кольцо,
Пустынный вѣтерокъ играетъ;
Какъ часто грудь ея вздыхаетъ!
Какъ часто тихое лицо
Мгновенной розою пылаетъ!
Любовь и тайная мечта
Руслановъ образъ ей приносятъ,

И съ томнымъ шопотомъ уста
Супруга имя произносятъ...
Въ забвеньи сладкомъ ловитъ онъ
Ея волшебное дыханье,
Улыбку, слезы, нѣжный стонъ
И сонныхъ персей волнованье...

Межъ тѣмъ, по доламъ, по горамъ,
И въ бѣлый день, и по ночамъ,
Нашъ витязь ѣдетъ непрестанно.
Еще далекъ предѣлъ желанной,
А дѣва спитъ. Но юный князь,
Безплоднымъ пламенемъ томясь,
Уже ль, страдалецъ постоянной,
Супругу только сторожилъ,
И въ цѣломудренномъ мечтаньѣ,
Смиривъ нескромное желанье,
Свое блаженство находилъ?
Монахъ, который сохранилъ
Потомству вѣрное преданье
О славномъ витязѣ моемъ,
Насъ увѣряетъ смѣло въ томъ:
И вѣрю я! Безъ раздѣленья
Унылы, грубы наслажденья:

Мы прямо счастливы вдвоёмъ.
Пастушки, сонъ княжны прелестной
Не походилъ на ваши сны,
Порой томительной весны,
На муравѣ, въ тѣни древесной.
Я помню маленькой лужокъ
Среди березовой дубравы,
Я помню темной вечерокъ,
Я помню Лиды сонъ лукавый...
Ахъ, первый поцѣлуй любви
Дрожащій, легкій, торопливой
Не разогналъ, друзья мои,
Ея дремоты терпѣливой...
Но полно, я болтаю вздоръ!
Къ чему любви воспоминанье?
Ея утѣха и страданье
Забыты мною съ давнихъ поръ;
Теперь влекутъ мое вниманье
Княжна, Русланъ и Черноморъ.

Предъ ними стелется равнина,
Гдѣ ели изрѣдка взошли;
И грознаго холма вдали
Чернѣетъ круглая вершина

Небесъ на яркой синевѣ.
Русланъ глядитъ — и догадался,
Что подъѣзжаетъ къ головѣ;
Быстрѣе борзый конь помчался;
Ужъ видно чудо изъ чудесъ;
Она глядитъ недвижнымъ окомъ;
Власы ея какъ черный лѣсъ,
Поросшій на челѣ высокомъ;
Ланиты жизни лишены;
Свинцовой блѣдностью покрыты,
Уста огромныя открыты,
Огромны зубы стѣснены...
Надъ полумертвой головою
Послѣдній день ужъ пятотѣлъ.
Къ ней храбрый витязь прилетѣлъ
Съ Людмилой, съ карлой за спиною.
Онъ крикнулъ: « здравствуй, голова!
« Я здѣсь! наказанъ твой измѣнникъ!
« Гляди: вотъ онъ, злодѣй нашъ плѣнникъ! »
И князя гордыя слова
Ее внезапно оживили,
Намигъ въ ней чувство разбудили,
Очнулась будто отъ сна,
Взглянула, страшно застонала...

Узнала витязя она,
И брата съ ужасомъ узнала.
Надулись ноздри; на щекахъ
Багровый огнь еще родился,
И въ умирающихъ глазахъ
Послѣдній гнѣвъ изобразился.
Въ смятеньи, въ бѣшенствѣ нѣмомъ
Она зубами скрежетала,
И брату хладнымъ языкомъ
Укоръ невнятный лепетала...
Уже ея въ тотъ самый часъ
Кончалось долгое страданье:
Чела мгновенный пламень гасъ,
Слабѣло тяжкое дыханье,
Огромный закатился взоръ,
И вскорѣ князь и Черноморъ
Узрѣли смерти содроганье...
Она почила вѣчнымъ сномъ.
Въ молчаньи витязь удалился;
Дрожащій карликъ за сѣдломъ
Не смѣлъ дышать, не шевелился,
И чернокнижнымъ языкомъ
Усердно демонамъ молился.

На склонѣ темныхъ береговъ
Какой-то рѣчки безымянной,
Въ прохладномъ сумракѣ лѣсовъ,
Стоялъ поникшей хаты кровъ,
Густыми соснами вѣнчанной.
Въ теченьи медленномъ рѣка
Вблизи плетень изъ тростника
Волною сонной омывала,
И вкругъ него едва журчала
При легкомъ шумѣ вѣтерка.
Долина въ сихъ мѣстахъ таилась,
Уединенна и темна;
И тамъ, казалось, тишина
Съ начала міра воцарилась.
Русланъ остановилъ коня.
Все было тихо, безмятежно;
Отъ разсвѣтающаго дня
Долина съ рощею прибрежной
Сквозь утренній сіяла дымъ.
Русланъ на лугъ жену слагаетъ,
Садится близъ нея, вздыхаетъ
Съ уныньемъ сладкимъ и нѣмымъ;
И вдругъ онъ видитъ предъ собою
Смиренный парусъ челнока,

И слышитъ пѣсню рыбака
Надъ тихоструйною рѣкою.
Раскинувъ неводъ по волнамъ,
Рыбакъ, на весла наклоненной,
Плыветъ къ лѣсистымъ берегамъ,
Къ порогу хижины смиренной.
И видитъ добрый князь Русланъ:
Челнокъ ко брегу приплываетъ;
Изъ темной хаты выбѣгаетъ
Младая дѣва; стройный станъ,
Власы, небрежно распущенны,
Улыбка, тихій взоръ очей,
И грудь, и плечи обнаженны,
Все мило, все плѣняетъ въ ней.
И вотъ они, обнявъ другъ друга,
Садятся у прохладныхъ водъ,
И часъ безпечнаго досуга
Для нихъ съ любовью настаётъ.
Но въ изумленьи молчаливомъ
Кого же въ рыбакѣ счастливомъ
Нашъ юный витязь узнаетъ?
Хазарскій ханъ, избранный славой,
Ратмиръ, въ любви, въ войнѣ кровавой
Его соперникъ молодой,

Ратмиръ, въ пустынѣ безмятежной
Людмилу, славу позабылъ,
И имъ навѣки измѣнилъ
Въ объятіяхъ подруги нѣжной.

Герой приближился, и вмигъ
Отшельникъ узнаетъ Руслана,
Встаетъ, летитъ. Раздался крикъ...
И обнялъ князь младаго хана.
Что вижу я! спросилъ герой,
Зачѣмъ ты здѣсь, зачѣмъ оставилъ
Тревоги жизни боевой,
И мечь, который ты прославилъ?
« Мой другъ, отвѣтствовалъ рыбакъ,
Душѣ наскучилъ бранной славы
Пустой и гибельный призракъ.
Повѣрь: невинныя забавы,
Любовь и мирныя дубравы
Милѣе сердцу во сто кратъ —
Теперь, утративъ жажду брани,
Престалъ платить безумству дани,
И, вѣрнымъ счастіемъ богатъ,
Я все забылъ, товарищъ милый,
Все, даже прелести Людмилы. »

— Любезный ханъ, я очень радъ!
Сказалъ Русланъ: она со мною. —
«Возможно ли, какой судьбою?
Что слышу? Руская княжна...
Она съ тобою, гдѣ жъ она?
Позволь... но нѣтъ, боюсь измѣны;
Моя подруга мнѣ мила;
Моей счастливой перемѣны
Она виновницей была;
Она мнѣ жизнь, она мнѣ радость!
Она мнѣ возвратила вновь
Мою утраченную младость,
И миръ, и чистую любовь.
Напрасно счастье мнѣ сулили
Уста волшебницъ молодыхъ;
Двѣнадцать дѣвъ меня любили:
Я для нея покинулъ ихъ;
Оставилъ теремъ ихъ веселый,
Въ тѣни хранительныхъ дубровъ;
Сложилъ и мечь и шлемъ тяжельій,
Забылъ и славу и враговъ.
Отшельникъ мирный и безвѣстный,
Остался въ счастливой глуши,

Съ тобой, другъ милый, другъ прелестный,
Съ тобою, свѣтъ моей души!»

Пастушка милая внимала
Друзей открытый разговоръ,
И, устремивъ на хана взоръ,
И улыбалась и вздыхала.

Рыбакъ и витязь на брегахъ
До темной ночи просидѣли
Съ душей и сердцемъ на устахъ —
Часы невидимо летѣли.
Чернѣетъ лѣсъ, темна гора;
Встаетъ луна — все тихо стало;
Герою въ путь давно пора —
Накинувъ тихо покрывало
На дѣву спящую, Русланъ
Идетъ и на коня садится;
Задумчиво безмолвный ханъ
Душей вослѣдъ ему стремится,
Руслану счастія, побѣдъ
И славы и любви желаетъ...
И думы гордыхъ, юныхъ лѣтъ
Невольной грустью оживляетъ...

Зачѣмъ судьбой не суждено
Моей непостоянной лирѣ
Геройство воспѣвать одно,
И съ нимъ (незнаемыя въ мірѣ)
Любовь и дружбу старыхъ лѣтъ?
Печальной истины поэтъ,
Зачѣмъ я долженъ для потомства
Порокъ и злобу обнажать,
И тайны козни вѣроломства
Въ правдивыхъ пѣсняхъ обличать?

Княжны искатель недостойный,
Охоту къ славѣ потерявъ,
Никѣмъ незнаемый Фарлафъ
Въ пустынѣ дальной и спокойной
Скрывался и Наины ждалъ.
И часъ торжественный насталъ.
Къ нему волшебница явилась,
Вѣщая: «знаешь ли меня?
«Ступай за мной; сѣдлай коня!»
И вѣдьма кошкой обратилась;
Осѣдланъ конь, она пустилась;
Тропами мрачными дубравъ
За нею слѣдуетъ Фарлафъ.

Долина тихая дремала,
Въ ночной одѣтая туманъ,
Луна во мглѣ перебѣгала
Изъ тучи въ тучу, и курганъ
Мгновеннымъ блескомъ озаряла.
Подъ нимъ въ безмолвіи Русланъ
Сидѣлъ съ обычною тоскою
Предъ усыпленною княжною.
Глубоку думу думалъ онъ,
Мечты летѣли за мечтами,
И непримѣтно вѣялъ сонъ
Надъ нимъ холодными крылами.
На дѣву смутными очами
Въ дремотѣ томной онъ взглянулъ,
И, утомленною главою
Склонясь къ ногамъ ея, заснулъ.

И снится вѣщій сонъ герою:
Онъ видитъ, будто бы княжна
Надъ страшной бездны глубиною
Стоитъ недвижна и блѣдна...
И вдругъ Людмила исчезаетъ,
Стоитъ одинъ надъ бездной онъ...
Знакомый гласъ, призывный стонъ

Изъ тихой бездны вылетаетъ...
Русланъ стремится за женой;
Стремглавъ летитъ во тмѣ глубокой...
И видитъ вдругъ передъ собой:
Владимiръ, въ гридницѣ высокой,
Въ кругу сѣдыхъ богатырей,
Между двѣнадцатью сынами.
Съ толпою названныхъ гостей
Сидитъ за браными столами.
И также гнѣвенъ старый князь,
Какъ въ день ужасный разставанья,
И всѣ сидятъ не шевелясь,
Не смѣя перервать молчанья.
Утихъ веселый шумъ гостей,
Не ходитъ чаша круговая...
И видитъ онъ, среди гостей,
Въ бою сраженнаго Рогдая:
Убитый, какъ живой, сидитъ;
Изъ опѣненнаго стакана
Онъ, веселъ, пьетъ и не глядитъ
На изумленнаго Руслана.
Князь видитъ и младаго хана,
Друзей и недруговъ... и вдругъ
Раздался гуслей бѣглый звукъ

И голосъ вѣщаго Баяна,
Пѣвца героевъ и забавъ.
Вступаетъ въ гридницу Фарлафъ,
Ведетъ онъ за руку Людмилу;
Но старецъ, съ мѣста не привставъ,
Молчитъ, склонивъ главу унылу,
Князья, бояре — всѣ молчатъ,
Душевныя движенья кроя.
И все исчезло — смертный хладъ
Объемлетъ спящаго героя.
Въ дремоту тяжко погружёнъ,
Онъ льетъ мучительныя слезы,
Въ волненьи мыслитъ: это сонъ!
Томится, но зловѣщей грезы,
Увы, прервать не въ силахъ онъ.

Луна чуть свѣтитъ надъ горою;
Объяты рощи темнотою,
Долина въ мертвой тишинѣ...
Измѣнникъ ѣдетъ на конѣ.

Предъ нимъ открылася поляна;
Онъ видитъ сумрачный курганъ;
У ногъ Людмилы спитъ Русланъ,

И ходитъ конь кругомъ кургана.
Фарлафъ съ боязнію глядитъ;
Въ туманѣ вѣдьма исчезаетъ,
Въ немъ сердце замерло, дрожитъ,
Изъ хладныхъ рукъ узду роняетъ,
Тихонько обнажаетъ мечь,
Готовясь витязя безъ боя
Съ размаха надвое разсѣчь...
Къ нему подъѣхалъ. Конь героя;
Врага почуя, закипѣлъ,
Заржалъ и топнулъ. Знакъ напрасный!
Русланъ не внемлетъ; сонъ ужасный,
Какъ грузъ, надъ нимъ отяготѣлъ!...
Измѣнникъ, вѣдьмой одобренный,
Герою въ грудь рукой презрѣнной
Вонзаетъ трижды хладну сталь...
И мчится боязливо въ даль
Съ своей добычей драгоцѣнной.

Всю ночь безчувственный Русланъ
Лежалъ во мракѣ подъ горою.
Часы летѣли. Кровь рѣкою
Текла изъ воспаленныхъ ранъ.
Поутру, взоръ открывъ туманной,

122

Пуская тяжкій, слабый стонъ,
Съ усильемъ приподнялся онъ,
Взглянулъ, поникъ главою бранной —
И палъ недвижный, бездыханной.

ПѢСНЬ ШЕСТАЯ.

Ты мнѣ велишь, о другъ мой нѣжной,
На лирѣ легкой и небрежной
Старинны были напѣвать,
И музѣ вѣрной посвящать
Часы безцѣннаго досуга...
Ты знаешь, милая подруга:
Поссорясь съ вѣтренной молвой,
Твой другъ, блаженствомъ упоенный,
Забылъ и трудъ уединенный,
И звуки лиры дорогой.
Отъ гармонической забавы
Я, нѣгой упоенъ, отвыкъ...
Дышу тобой — и гордой славы
Невнятенъ мнѣ призывный кликъ!
Меня покинулъ тайный геній
И вымысловъ, и сладкихъ думъ;
Любовь и жажда наслажденій
Однѣ преслѣдуютъ мой умъ.

Но ты велишь, но ты любила
Разсказы прежніе мои,
Преданья славы и любви;
Мой богатырь, моя Людмила,
Владиміръ, вѣдьма, Черноморъ,
И Финна вѣрныя печали
Твое мечтанье занимали;
Ты, слушая мой легкій вздоръ,
Съ улыбкой иногда дремала;
Но иногда свой нѣжный взоръ
Нѣжнѣе на пѣвца бросала...
Рѣшусь; влюбленный говорунъ,
Касаюсь вновь лѣнивыхъ струнъ;
Сажусь у ногъ твоихъ, и снова
Бренчу про витязя младаго.

Но что сказалъ я? Гдѣ Русланъ?
Лежитъ онъ мертвый въ чистомъ полѣ;
Ужъ кровь его не льется болѣ,
Надъ нимъ летаетъ жадный вранъ,
Безгласенъ рогъ, недвижны лапы,
Не шевелится шлемъ косматый!

Вокругъ Руслана ходитъ конь,
Поникнувъ гордой головою,
Въ его глазахъ исчезъ огонь!
Не машетъ гривой золотою,
Не тешится, не скачетъ онъ,
И ждетъ, когда Русланъ воспрянетъ...
Но князя крѣпокъ хладный сонъ,
И долго щитъ его не грянетъ.

А Черноморъ? Онъ за сѣдломъ,
Въ котомкѣ, вѣдьмою забытый,
Еще на знаетъ ни о чёмъ;
Усталый, сонный и сердитый
Княжну, героя моего
Бранилъ отскуки молчаливо;
Не слыша долго ничего,
Волшебникъ выглянулъ — о диво!
Онъ видитъ, богатырь убитъ;
Въ крови потопленный лежитъ;
Людмилы нѣтъ, все пусто въ полѣ;
Злодѣй отъ радости дрожитъ
И мнитъ: свершилось, я на волѣ!
Но старый карла былъ неправъ.

Межъ тѣмъ, Наиной осѣненный,
Съ Людмилой, тихо усыпленной,
Стремится къ Кіеву Фарлафъ:
Летитъ, надежды, страха полный;
Предъ нимъ уже Днѣпровски волны
Въ знакомыхъ пажитьяхъ шумятъ;
Ужъ видитъ златоверхій градъ;
Уже Фарлафъ по граду мчится,
И шумъ на стогнахъ возстаётъ;
Въ волненьи радостномъ народъ
Валитъ за всадникомъ, тѣснится;
Бѣгутъ обрадовать отца:
И вотъ измѣнникъ у крыльца.

Влача въ душѣ печали бремя,
Владимірь-солнышко въ то время
Въ высокомъ теремѣ своёмъ
Сидѣлъ, томясь привычной думой.
Бояре, витязи кругомъ
Сидѣли съ важностью угрюмой.
Вдругъ внемлетъ онъ: передъ крыльцомъ
Волненье, крики, шумъ чудесный;
Дверь отворилась; передъ нимъ
Явился воинъ неизвѣстный;

Все встали съ шопотомъ глухимъ,
И вдругъ смутились, зашумѣли:
«Людмила здѣсь! Фарлафъ... уже ли?»
Въ лицѣ печальномъ измѣнясь,
Встаетъ со стула старый князь,
Спѣшитъ тяжелыми шагами
Къ несчастной дочери своей,
Подходитъ; отчими руками
Онъ хочетъ прикоснуться къ ней;
Но дѣва милая не внемлетъ,
И очарованная дремлетъ
Въ рукахъ убійцы — всѣ глядятъ
На князя въ смутномъ ожиданьи;
И старецъ безпокойный взглядъ
Вперилъ на витязя въ молчаньи.
Но, хитро перстъ къ устамъ прижавъ,
«Людмила спитъ,» сказалъ Фарлафъ:
«Я такъ нашелъ ее недавно
«Въ пустынныхъ Муромскихъ лѣсахъ
«У злаго лѣшаго въ рукахъ;
«Тамъ совершилось дѣло славно;
«Три дня мы билися; луна
«Надъ боемъ трижды подымалась;
«Онъ палъ, а юная княжна

«Мнѣ въ руки сонною досталась;
«И кто прерветъ сей дивный сонъ?
«Когда настанетъ пробужденье?
«Не знаю — скрытъ судьбы законъ!
«А намъ надежда и терпѣнье
«Однѣ остались въ утѣшенье.»

И вскорѣ съ вѣстью роковой
Молва по граду полетѣла;
Народа пестрою толпой
Градская площать закипѣла;
Печальный теремъ всѣмъ открытъ;
Толпа волнуется, валитъ
Туда, гдѣ на одрѣ высокомъ,
На одѣялѣ парчевомъ
Княжна лежитъ во снѣ глубокомъ;
Князья и витязи кругомъ
Стоятъ унылы; гласы трубны,
Рога, тимпаны, гусли, бубны
Гремятъ надъ нею; старый князь,
Тоской тяжелой изнурясь,
Къ ногамъ Людмилы сѣдинами
Приникъ съ безмолвными слезами;
И блѣдный близъ него Фарлафъ

Въ нѣмомъ раскаяньи, въ досадѣ,
Трепещетъ, дерзость потерявъ.

Настала ночь. Никто во градѣ
Очей безсонныхъ не смыкалъ;
Шумя, тѣснились всѣ другъ къ другу;
О чудѣ всякой толковалъ;
Младой супругъ свою супругу
Въ свѣтлицѣ скромной забывалъ.
Но только свѣтъ луны двурогой
Исчезъ предъ утренней зарёй,
Весь Кіевъ новою тревогой
Смутился. Клики, шумъ и вой
Возникли всюду. Кіевляне
Толпятся на стѣнѣ градской...
И видятъ: въ утреннемъ туманѣ
Шатры бѣлѣютъ за рѣкой;
Щиты, какъ зарево, блистаютъ,
Въ поляхъ наѣздники мелькаютъ,
Вдали подъемля черный прахъ;
Идутъ походныя телеги,
Костры пылаютъ на холмахъ.
Бѣда: возстали Печенѣги!

*

Но въ это время вѣщій Финнъ,
Духовъ могучій властелинъ,
Въ своей пустынѣ безмятежной,
Съ спокойнымъ сердцемъ ожидалъ,
Чтобъ день судьбины неизбѣжной,
Давно предвидѣнный, возсталъ.

Въ нѣмой глуши степей горючихъ,
За дальной цѣпью дикихъ горъ,
Жилища вѣтровъ, бурь гремучихъ,
Куда и вѣдьмы смѣлый взоръ
Проникнуть въ поздній часъ боится,
Долина чудная таится,
И въ той долинѣ два ключа:
Одинъ течетъ волной *живою*,
По камнямъ весело журча,
Тотъ льется *мертвою* водою;
Кругомъ все тихо, вѣтры спятъ,
Прохлада вѣшняя не вѣетъ,
Столѣтни сосны не шумятъ,
Не вьются птицы, лань не смѣетъ
Въ жаръ лѣтній пить изъ тайныхъ водъ;
Чета духовъ съ начала міра,
Безмолвная на лонѣ мира,

Дремучій берегъ стережетъ...
Съ двумя кувшинами пустыми
Предсталъ отшельникъ передъ ними;
Прервали духи давній сонъ,
И удалились страха полны.
Склонившись, погружаетъ онъ
Сосуды въ дѣвственныя волны;
Наполнилъ, въ воздухѣ пропалъ,
И очутился въ два мгновенья
Въ долинѣ, гдѣ Русланъ лежалъ
Въ крови, безгласный, безъ движенья;
И стадъ надъ рыцаремъ старикъ,
И вспрыснулъ мертвою водою,
И раны засіяли вмигъ,
И трупъ чудесной красотою
Процвѣлъ; тогда водой живою
Героя старецъ окропилъ,
И бодрый, полный новыхъ силъ,
Трепеща жизнью молодою,
Встаетъ Русланъ, на ясный день
Очами жадными взираетъ,
Какъ безобразный сонъ, какъ тѣнь,
Предъ нимъ минувшее мелькаетъ.
Но гдѣ Людмила? Онъ одинъ!

Въ немъ сердце вспыхнувъ замираетъ.
Вдругъ витязь вспрянулъ; вѣщій Финнъ
Его зоветъ и обнимаетъ:
«Судьба свершилась, о мой сынъ!
Тебя блаженство ожидаетъ;
Тебя зоветъ кровавый пиръ;
Твой грозный мечь бѣдою грянетъ;
На Кіевъ снидетъ кроткій миръ,
И тамъ она тебѣ предстанетъ.
Возми завѣтное кольцо,
Коснися имъ чела Людмилы,
И тайныхъ чаръ исчезнутъ силы,
Враговъ смутитъ твое лицё,
Настанетъ миръ, погибнетъ злоба.
Достойны счастья будьте оба!
Прости надолго, витязь мой!
Дай руку... тамъ, за дверью гроба —
Не прежде — свидимся съ тобой!»
Сказалъ, исчезнулъ. Упоенный
Восторгомъ пылкимъ и нѣмымъ,
Русланъ, для жизни пробужденный,
Подъемлетъ руки вслѣдъ за нимъ...
Но ничего не слышно болѣ!
Русланъ одинъ въ пустынномъ полѣ;

Запрыгавъ, съ карлой за сѣдломъ,
Руслановъ конь нетерпѣливой
Бѣжитъ и ржетъ, махая гривой;
Ужъ князь готовъ, ужъ онъ верхомъ,
Ужъ онъ летитъ живой и здравый
Черезъ поля, черезъ дубравы.

Но между тѣмъ какой позоръ
Являетъ Кіевъ осажденный?
Тамъ, устремивъ на нивы взоръ,
Народъ, уныньемъ пораженный,
Стоитъ на башняхъ и стѣнахъ,
И въ страхѣ ждетъ небесной казни;
Стенанья робкія въ домахъ,
На стогнахъ тишина боязни;
Одинъ, близъ дочери своей,
Владиміръ въ горестной молитвѣ;
И храбрый сонмъ богатырей
Съ дружиной вѣрною князей
Готовится къ кровавой битвѣ.

И день насталъ. Толпы враговъ
Съ зарею двинулись съ холмовъ;
Неукротимыя дружины,

Волнуясь, хлынули съ равнины
И потекли къ стѣнѣ градской;
Во градѣ трубы загремѣли,
Бойцы сомкнулись, полетѣли
На встрѣчу рати удалой,
Сошлись — и заварился бой.
Почуя смерть, взыграли кони,
Пошли стучать мечи о брони;
Со свистомъ туча стрѣлъ взвилась,
Равнина кровью залилась;
Стремглавъ наѣздники помчались,
Дружины конныя смѣшались;
Сомкнутой, дружною стѣной
Тамъ рубится со строемъ строй;
Со всадникомъ тамъ пѣшій бьется;
Тамъ конь испуганный несется;
Тамъ Рускій палъ, тамъ Печенѣгъ;
Тамъ клики битвы, тамъ побѣгъ;
Тотъ опрокинутъ булавою;
Тотъ легкой пораженъ стрѣлою;
Другой, придавленный щитомъ,
Растоптанъ бѣшенымъ конемъ...
И длился бой до темной ночи;
Ни врагъ, ни нашъ не одолѣлъ!

За грудами кровавыхъ тѣлъ
Бойцы сомкнули томны очи,
И крѣпокъ былъ ихъ бранный сонъ;
Лишь изрѣдка на полѣ битвы
Былъ слышенъ падшихъ скорбный стонъ,
И Рускихъ витязей молитвы.

Блѣднѣла утренняя тѣнь,
Волна сребрилася въ потокѣ,
Сомнительный раждался день
На отуманенномъ востокѣ.
Яснѣли холмы и лѣса,
И просыпались небеса.
Еще въ бездѣйственномъ покоѣ
Дремало поле боевое;
Вдругъ сонъ прервался: вражій станъ
Съ тревогой шумною воспрянулъ,
Внезапный крикъ сраженій грянулъ;
Смутилось сердце Кіевлянъ;
Бѣгутъ нестройными толпами
И видятъ: въ полѣ межъ врагами,
Блистая въ латахъ, какъ въ огнѣ,
Чудесный воинъ на конѣ
Грозой несется, колетъ, рубитъ,

Въ ревущій рогъ, летая, трубитъ...
То былъ Русланъ. Какъ Божій громъ
Нашъ витязь палъ на басурмана;
Онъ рыщетъ съ карломъ за сѣдломъ
Среди испуганнаго стана.
Гдѣ ни просвищетъ грозный мечь,
Гдѣ конь сердитый ни промчится,
Вездѣ главы слетаютъ съ плечь,
И съ воплемъ строй на строй валится;
Въ одно мгновенье бранный лугъ
Покрытъ холмами тѣлъ кровавыхъ,
Живыхъ, раздавленныхъ, безглавыхъ,
Громадой копій, стрѣлъ, кольчугъ.
На трубный звукъ, на голосъ боя
Дружины конныя Славянъ
Помчались по слѣдамъ героя,
Сразились... гибни, басурманъ!
Объемлетъ ужасъ Печенѣговъ;
Питомцы бурные набѣговъ
Зовутъ разсѣянныхъ коней,
Противиться не смѣютъ болѣ,
И съ дикимъ воплемъ въ пыльномъ полѣ
Бѣгутъ отъ Кіевскихъ мечей,
Обречены на жертву аду;

Ихъ сонмы Рускій мечь казнитъ;
Ликуетъ Кіевъ... Но по граду
Могучій богатырь летитъ;
Въ десницѣ держитъ мечь побѣдной;
Копье сіяетъ какъ звѣзда;
Струится кровь съ кольчуги мѣдной;
На шлемѣ вьется борода;
Летитъ, надеждой окриленный,
По стогнамъ шумнымъ въ княжій домъ.
Народъ, восторгомъ упоенный,
Толпится съ кликами кругомъ,
И князя радость оживила.
Въ безмолвный теремъ входитъ онъ,
Гдѣ дремлетъ чуднымъ сномъ Людмила;
Владиміръ, въ думу погружёнъ,
У ногъ ея стоялъ унылый.
Онъ былъ одинъ. Его друзей
Война влекла въ поля кровавы.
Но съ нимъ Фарлафъ, чуждаясь славы,
Вдали отъ вражескихъ мечей,
Въ душѣ презрѣвъ тревоги стана,
Стоялъ на стражѣ у дверей.
Едва злодѣй узналъ Руслана,
Въ немъ кровь остыла, взоръ погасъ,

Въ устахъ открытыхъ замеръ гласъ,
И палъ безъ чувствъ онъ на колѣна...
Достойной казни ждетъ измѣна!
Но, помня тайный даръ кольца,
Русланъ летитъ къ Людмилѣ спящей,
Ея спокойнаго лица
Касается рукой дрожащей...
И чудо: юная княжна,
Вздохнувъ, открыла свѣтлы очи!
Казалось, будто бы она
Дивилася столь долгой ночи;
Казалось что какой-то сонъ
Ее томилъ мечтой неясной,
И вдругъ узнала — это онъ!
И князь въ объятіяхъ прекрасной.
Воскреснувъ пламенной душой,
Русланъ не видитъ, не внимаетъ,
И старецъ въ радости нѣмой,
Рыдая, милыхъ обнимаетъ.

Чѣмъ кончу длинный мой разсказъ?
Ты угадаешь, другъ мой милой!
Неправый старца гнѣвъ погасъ;
Фарлафъ предъ нимъ и предъ Людмилой

У ногъ Руслана объявилъ
Свой стыдъ и мрачное злодѣйство;
Счастливый князь ему простилъ;
Лишенный силы чародѣйства,
Былъ принятъ карла во дворецъ;
И, бѣдствій празднуя конецъ,
Владиміръ въ гридницѣ высокой
Запировалъ въ семьѣ своей.

Дѣла давно минувшихъ дней
Преданья старины глубокой.

ЭПИЛОГЪ.

Такъ, мира житель равнодушной,
На лонѣ праздной тишины,
Я славилъ лирою послушной
Преданья темной старины.
Я пѣлъ — и забывалъ обиды
Слѣпаго счастья и враговъ,
Измѣны вѣтреной Дориды,
И сплетни шумныя глупцовъ.
На крыльяхъ вымысла носимой,
Умъ улеталъ за край земной;
И между тѣмъ грозы незримой
Сбиралась туча надо мной!...
Я погибалъ... Святой хранитель
Первоначальныхъ, бурныхъ дней,
О дружба, нѣжный утѣшитель
Болѣзненной души моей!
Ты умолила непогоду;
Ты сердцу возвратила миръ;
Ты сохранила мнѣ свободу,
Кипящей младости кумиръ!

Забытый свѣтомъ и молвою,
Далече отъ бреговъ Невы,
Теперь я вижу предъ собою
Кавказа гордыя главы.
Надъ ихъ вершинами крутыми,
На скатѣ каменныхъ стремнинъ,
Питаюсь чувствами нѣмыми
И чудной прелестью картинъ
Природы дикой и угрюмой;
Душа, какъ прежде, каждый часъ
Полна томительною думой —
Но огнь поэзіи погасъ.
Ищу напрасно впечатлѣній:
Она прошла, пора стиховъ,
Пора любви, веселыхъ сновъ,
Пора сердечныхъ вдохновеній!
Восторговъ краткій день протекъ —
И скрылась отъ меня навѣкъ
Богиня тихихъ пѣснопѣній...

КАВКАЗСКІЙ
ПЛѢННИКЪ.
ПОВѢСТЬ.

ПОСВЯЩЕНІЕ.

Прими съ улыбкою, мой другъ,
Свободной музы приношенье:
Тебѣ я посвятилъ пустынной лиры пѣнье
И вдохновенный свой досугъ.
Когда мнѣ бѣдствія грозили;
Я при тебѣ еще спокойство находилъ,
Я сердцемъ отдыхалъ: другъ друга мы любили.
И бури надо мной свирѣпость утомили:
Я въ мирной пристани боговъ благословилъ.
Во дни печальные разлуки
Мои задумчивые звуки
Напоминали мнѣ Кавказъ,
Гдѣ пасмурный Бешту (1), пустынникъ величавый,
Ауловъ (2) и полей властитель пятиглавый,
Былъ новый для меня Парнасъ.
Забуду ли кремнистыя вершины,
Гремучіе ключи, увядшія равнины,
Пустыни знойныя, края, гдѣ ты со мной
Дѣлилъ души младыя впечатлѣнья;

Гдѣ рыскаетъ въ горахъ воинственный разбой,
И дикій геній вдохновенья
Таится въ тишинѣ глухой!
Ты здѣсь найдешь воспоминанья,
Быть можетъ, милыхъ сердцу дней,
Противорѣчія страстей,
Мечты знакомыя, знакомыя страданья,
И тайный гласъ души моей.
Мы въ жизни разно шли: въ объятіяхъ покоя
Едва, едва разцвѣлъ, и слѣдъ отца-героя
Въ поля кровавыя, подъ тучи вражьихъ стрѣлъ
Младенецъ избранный, ты гордо полетѣлъ;
Отечество тебя ласкало съ умиленьемъ,
Какъ жертву милую, надежды вѣрный цвѣтъ.
Я рано скорбь узналъ, узналъ людей и свѣтъ:
Но, сердце укрѣпивъ терпѣньемъ,
Я ждалъ безпечно лучшихъ дней,
И счастіе моихъ друзей
Мнѣ было сладкимъ утѣшеньемъ.

ЧАСТЬ I.

Въ аулѣ, на своихъ порогахъ,
Черкесы праздные сидятъ.
Сыны Кавказа говорятъ
О бранныхъ, гибельныхъ тревогахъ,
О красотѣ своихъ коней,
О наслажденьяхъ дикой нѣги;
Воспоминаютъ прежнихъ дней
Неотразимые набѣги,
Обманы хитрыхъ узденей, (3)
Удары шашекъ (4) ихъ жестокихъ,
И мѣткость неизбѣжныхъ стрѣлъ,
И пепелъ разоренныхъ селъ,
И ласки плѣнницъ черноокихъ.

Текутъ бесѣды въ тишинѣ;
Луна плыветъ въ ночномъ туманѣ:
И вдругъ предъ ними на конѣ
Черкесъ. Онъ быстро на арканѣ
Младаго плѣнника влачилъ.
Вотъ Руской! хищникъ возопилъ.

Аулъ на крикъ его сбѣжался
Ожесточенною толпой;
Но плѣнникъ хладный и нѣмой,
Съ обезображенной главой,
Какъ трупъ, недвижимъ оставался.
Лица враговъ не видитъ онъ,
Угрозъ и криковъ онъ не слышитъ;
Надъ нимъ летаетъ смертный сонъ
И холодомъ тлетворнымъ дышитъ.

И долго плѣнникъ молодой
Лежалъ въ забвеніи тяжеломъ.
Ужъ полдень надъ его главой
Пылалъ въ сіяніи веселомъ;
И жизни духъ проснулся въ немъ,
Невнятный стонъ въ устахъ раздался;
Согрѣтый солнечнымъ лучемъ,
Несчастный тихо приподнялся;
Кругомъ обводитъ слабый взоръ...
И видитъ: неприступныхъ горъ
Надъ нимъ воздвигнулась громада,
Гнѣздо разбойничьихъ племенъ,
Черкеской вольности ограда.
Воспомнилъ юноша свой плѣнъ,

Какъ сна ужаснаго тревоги,
И слышитъ: загремѣли вдругъ
Его закованныя ноги...
Все, все сказалъ ужасный звукъ;
Затмилась передъ нимъ природа.
Прости, священная свобода!
Онъ рабъ.
   За саклями (5) лежитъ
Онъ у колючаго забора.
Черкесы въ полѣ, нѣтъ надзора,
Въ пустомъ аулѣ все молчитъ.
Предъ нимъ пустынныя равнины
Лежатъ зеленой пеленой;
Тамъ холмовъ тянутся грядой
Однообразныя вершины;
Межъ нихъ уединенный путь
Вдали теряется угрюмой:
И плѣнника младаго грудь
Тяжелой взволновалась думой...

Въ Россію дальній путь ведётъ,
Въ страну, гдѣ пламенную младость
Онъ гордо началъ безъ заботъ;
Гдѣ первую позналъ онъ радость,

Гдѣ много милаго любилъ,
Гдѣ обнялъ грозное страданье,
Гдѣ бурной жизнью погубилъ
Надежду, радость и желанье,
И лучшихъ дней воспоминанье
Въ увядшемъ сердцѣ заключилъ.

Людей и свѣтъ извѣдалъ онъ,
И зналъ невѣрной жизни цѣну.
Въ сердцахъ друзей нашедъ измѣну,
Въ мечтахъ любви безумный сонъ,
Наскуча жертвой быть привычной
Давно презрѣнной суеты,
И непріязни двуязычной,
И простодушной клеветы,
Отступникъ свѣта, другъ природы,
Покинулъ онъ родной предѣлъ
И въ край далекій полетѣлъ
Съ веселымъ призракомъ свободы.

Свершилось... цѣлью упованья
Не зритъ онъ въ мірѣ ничего.
И вы, послѣднія мечтанья,
И вы сокрылись отъ него.

Онъ рабъ. Склонясь главой на камень,
Онъ ждетъ, чтобъ съ сумрачной зарёй
Погасъ печальной жизни пламень
И жаждетъ сѣни гробовой.

Ужъ меркнетъ солнце за горами:
Вдали раздался шумный гулъ,
Съ полей народъ идетъ въ аулъ,
Сверкая свѣтлыми косами.
Пришли; въ домахъ зажглись огни,
И постепенно шумъ нестройной
Умолкнулъ; все въ ночной тѣни
Объято нѣгою спокойной;
Вдали сверкаетъ горный ключъ,
Сбѣгая съ каменной стремнины;
Одѣлись пеленою тучь
Кавказа спящія вершины...
Но кто, въ сіяніи луны,
Среди глубокой тишины
Идетъ, украдкою ступая?
Очнулся Руской. Передъ нимъ,
Съ привѣтомъ нѣжнымъ и нѣмымъ,
Стоитъ Черкешенка младая.
На дѣву, молча, смотритъ онъ,

И мыслитъ: это лживый сонъ,
Усталыхъ чувствъ игра пустая.
Луною чуть озарена,
Съ улыбкой жалости отрадной
Колѣна преклонивъ, она
Къ его устамъ кумысъ (6) прохладной
Подноситъ тихою рукой.
Но онъ забылъ сосудъ цѣлебный;
Онъ ловитъ жадною душой
Пріятной рѣчи звукъ волшебный
И взоры дѣвы молодой.
Онъ чуждыхъ словъ не понимаетъ;
Но взоръ умильный, жаръ ланитъ,
Но голосъ нѣжный говоритъ:
Живи! и плѣнникъ оживаетъ.
И онъ, собравъ остатокъ силъ,
Велѣнью милому покорной,
Привсталъ, и чашей благотворной
Томленье жажды утолилъ.
Потомъ на камень вновь склонился
Отягощенною главой;
Но все къ Черкешенкѣ младой
Угасшій взоръ его стремился.
И долго, долго передъ нимъ

Она, задумчива, сидѣла;
Какъ бы участіемъ нѣмымъ
Утѣшить плѣнника хотѣла;
Уста невольно каждый часъ
Съ начатой рѣчью открывались;
Она вздыхала, и не разъ
Слезами очи наполнялись.

За днями дни прошли какъ тѣнь.
Въ горахъ, окованный, у стада
Проводитъ плѣнникъ каждый день.
Пещеры темная прохлада
Его скрываетъ въ лѣтній зной;
Когда же рогъ луны сребристой
Блеснетъ за мрачною горой,
Черкешенка, тропой тѣнистой,
Приноситъ плѣннику вино,
Кумысъ, и ульевъ сотъ душистой,
И бѣлоснѣжное пшено;
Съ нимъ тайный ужинъ раздѣляетъ;
На немъ покоитъ нѣжный взоръ;
Съ неясной рѣчію сливаетъ
Очей и знаковъ разговоръ;
Поетъ ему и пѣсни горъ,

И пѣсни Грузіи счастливой,
И памяти нетерпѣливой
Передаетъ языкъ чужой.
Впервые дѣвственной душой
Она любила, знала счастье;
Но Руской жизни молодой
Давно утратилъ сладострастье:
Не могъ онъ сердцемъ отвѣчать
Любви младенческой, открытой —
Быть можетъ, сонъ любви забытой
Боялся онъ воспоминать.

Не вдругъ увянетъ наша младость,
Не вдругъ восторги бросятъ насъ,
И неожиданную радость
Еще обнимемъ мы не разъ:
Но вы, живыя впечатлѣнья,
Первоначальная любовь,
О первый пламень упоенья,
Не прилетаете вы вновь.

Казалось, плѣнникъ безнадежный
Къ унылой жизни привыкалъ.
Тоску неволи, жаръ мятежный,

Въ душѣ глубоко онъ скрывалъ.
Влачася межъ угрюмыхъ скалъ,
Въ часъ ранней, утренней прохлады,
Вперялъ онъ неподвижный взоръ
На отдаленныя громады
Сѣдыхъ, румяныхъ, синихъ горъ.
Великолѣпныя картины!
Престолы вѣчные снѣговъ,
Очамъ казались ихъ вершины
Недвижной цѣпью облаковъ,
И въ ихъ кругу колоссъ двуглавый,
Въ вѣнцѣ блистая ледяномъ,
Эльбрусъ огромный, величавый,
Бѣлѣлъ на небѣ голубомъ.(8)
Когда, съ глухимъ сливаясь гуломъ,
Предтеча бури, громъ гремѣлъ,
Какъ часто плѣнникъ надъ ауломъ,
Недвижимъ на горѣ сидѣлъ!
У ногъ его дымились тучи,
Въ степи взвивался прахъ летучій;
Уже пріюта между скалъ
Елень испуганный искалъ;
Орлы съ утесовъ подымались
И въ небесахъ перекликались;

*

Шумъ табуновъ, мычанье стадъ
Ужъ гласомъ бури заглушались...
И вдругъ на долы дождь и градъ
Изъ тучъ сквозь молній извергались;
Волнами роя крутизны,
Сдвигая камни вѣковые,
Текли потоки дождевые —
А плѣнникъ, съ горной вышины,
Одинъ, за тучей громовою,
Возврата солнечнаго ждалъ,
Недосягаемый грозою,
И бури немощному вою
Съ какой-то радостью внималъ.

Но Европейца все вниманье
Народъ сей чудный привлекалъ.
Межъ Горцевъ плѣнникъ наблюдалъ
Ихъ вѣру, нравы, воспитанье,
Любилъ ихъ жизни простоту,
Гостепріимство, жажду брани,
Движеній вольныхъ быстроту,
И легкость ногъ, и силу длани;
Смотрѣлъ по цѣлымъ онъ часамъ,
Какъ иногда Черкесъ проворной,

Широкой степью, по горамъ,
Въ косматой шапкѣ, въ буркѣ чёрной,
Къ лукѣ склонясь, на стремена
Ногою стройной опираясь,
Леталъ по волѣ скакуна,
Къ войнѣ заранѣ пріучаясь.
Онъ любовался красотой
Одежды бранной и простой.
Черкесъ оружіемъ обвѣшенъ;
Онъ имъ гордится, имъ утѣшенъ:
На немъ броня, пищаль, колчанъ,
Кубанскій лукъ, кинжалъ, арканъ,
И шашка, вѣчная подруга
Его трудовъ, его досуга.
Ничто его не тяготитъ,
Ничто не брякнетъ: пѣшій, конный —
Все тотъ же онъ; все тотъ же видъ
Непобѣдимый, непреклонный.
Гроза безпечныхъ казаковъ,
Его богатство — конь ретивый,
Питомецъ горскихъ табуновъ,
Товарищъ вѣрный, терпѣливый.
Въ пещерѣ иль травѣ глухой
Коварный хищникъ съ нимъ таится,

И вдругъ, внезапною стрѣлой,
Завидя путника, стремится;
Во одно мгновенье вѣрный бой
Рѣшитъ ударъ его могучій,
И странника въ ущелья горъ
Уже влечетъ арканъ летучій.
Стремится конь во весь опоръ,
Исполненъ огненной отваги;
Все путь ему: болото, боръ,
Кусты, утесы и овраги;
Кровавый слѣдъ за нимъ бѣжитъ,
Въ пустынѣ топотъ раздается;
Сѣдой потокъ предъ нимъ шумитъ —
Онъ въ глубь кипящую несется;
И путникъ, брошенный ко дну,
Глотаетъ мутную волну,
Изнемогая смерти проситъ
И зритъ ее передъ собой...
Но мощный конь его — стрѣлой
На берегъ пѣнистый выноситъ.

Иль ухвативъ рогатый пень,
Въ рѣку низверженный грозою,
Когда на холмахъ пеленою

Лежитъ безлунной ночи тѣнь,
Черкесъ на корни вѣковые,
На вѣтви вѣшаетъ кругомъ
Свои доспѣхи боевые,
Щитъ, бурку, панцырь и шеломъ,
Колчанъ и лукъ — и въ быстры волны
За нимъ бросается потомъ
Неутомимый и безмолвный.
Глухая ночь. Рѣка реветъ;
Могучій токъ его несетъ
Вдоль береговъ уединенныхъ,
Гдѣ на курганахъ возвышенныхъ,
Склонясь на копья, казаки
Глядятъ на темный бѣгъ рѣки —
И мимо нихъ, во мглѣ чернѣя,
Плыветъ оружіе злодѣя...
О чемъ ты думаешь, казакъ?
Воспоминаешь прежни битвы,
На смертномъ полѣ свой бивакъ,
Полковъ хвалебныя молитвы
И родину?... Коварный сонъ!
Простите, вольныя станицы,
И домъ отцовъ, и тихій Донъ,
Война и красныя дѣвицы!

Къ брегамъ причалилъ тайный врагъ,
Стрѣла выходитъ изъ колчана —
Взвилась — и падаетъ казакъ
Съ окровавленнаго кургана.

Когда же съ мирною семьёй
Черкесъ въ отеческомъ жилищѣ
Сидитъ ненастною порой
И тлѣютъ угли въ пепелищѣ;
И спрянувъ съ вѣрнаго коня,
Въ горахъ пустынныхъ запоздалый,
Къ нему войдетъ пришлецъ усталый
И робко сядетъ у огня:
Тогда хозяинъ благосклонной
Съ привѣтомъ, ласково, встаетъ,
И гостю въ чашѣ благовонной
Чихирь (9) отрадный подаетъ.
Подъ влажной буркой, въ саклѣ дымной,
Вкушаетъ путникъ мирный сонъ,
И утромъ оставляетъ онъ
Ночлега кровъ гостепріимной. (10)

Бывало, въ свѣтлый Байранъ (11)
Сберутся юноши толпою;

Игра сменяется игрою:
То полный разобравъ колчанъ,
Они крылатыми стрѣлами
Пронзаютъ въ облакахъ орловъ;
То съ высоты крутыхъ холмовъ
Нетерпѣливыми рядами,
При данномъ знакѣ, вдругъ падутъ,
Какъ лани землю поражаютъ,
Равнину пылью покрываютъ
И съ дружнымъ топотомъ бѣгутъ.

Но скученъ миръ однообразной
Сердцамъ, рожденнымъ для войны,
И часто игры воли праздной
Игрой жестокой смущены.
Нерѣдко шашки грозно блещутъ
Въ безумной рѣзвости пировъ,
И въ прахъ летятъ главы рабовъ,
И въ радости младенцы плещутъ.

Но Руской равнодушно зрѣлъ
Сіи кровавыя забавы.
Любилъ онъ прежде игры славы
И жаждой гибели горѣлъ.

Невольникъ чести безпощадной,
Вблизи видалъ онъ свой конецъ,
На поединкахъ твердый, хладной,
Встрѣчая гибельный свинецъ.
Быть можетъ, въ думу погруженный,
Онъ время то воспоминалъ,
Когда, друзьями окруженный,
Онъ съ ними шумно пировалъ...
Жалѣлъ ли онъ о дняхъ минувшихъ,
О дняхъ надежду обманувшихъ,
Иль, любопытный, созерцалъ
Суровой простоты забавы,
И дикаго народа нравы
Въ семъ вѣрномъ зеркалѣ читалъ —
Таилъ въ молчаньи онъ глубокомъ
Движенья сердца своего,
И на челѣ его высокомъ
Не измѣнялось ничего.
Безпечной смѣлости его
Черкесы грозные дивились,
Щадили вѣкъ его младой
И шопотомъ между собой
Своей добычею гордились.

ЧАСТЬ II.

Ты ихъ узнала, дѣва горъ,
Восторги сердца, жизни сладость;
Твой огненный невинный взоръ
Высказывалъ любовь и радость.
Когда твой другъ во тмѣ ночной
Тебя лобзалъ нѣмымъ лобзаньемъ,
Сгарая нѣгой и желаньемъ,
Ты забывала міръ земной,
Ты говорила: плѣнникъ милый,
Развесели свой взоръ унылый,
Склонись главой ко мнѣ на грудь,
Свободу, родину забудь.
Скрываться рада я въ пустынѣ
Съ тобою, царь души моей!
Люби меня; никто донынѣ
Не цѣловалъ моихъ очей;
Къ моей постелѣ одинокой
Черкесъ младой и черноокой
Не крался въ тишинѣ ночной;

Слыву я девою жестокой,
Неумолимой красотой.
Я знаю жребій мне готовый:
Меня отецъ и братъ суровый
Немилому продать хотятъ
Въ чужой аулъ ценою злата;
Но умолю отца и брата;
Не то — найду кинжалъ иль ядъ.
Непостижимой, чудной силой
Къ тебе я вся привлечена;
Люблю тебя, невольникъ милой,
Душа тобой упоена...

Но онъ съ безмолвнымъ сожаленьемъ
На деву страстную взиралъ,
И полный тяжкимъ размышленьемъ
Словамъ любви ея внималъ.
Онъ забывался: въ немъ теснились
Воспоминанья прошлыхъ дней,
И даже слезы изъ очей
Однажды градомъ покатились.
Лежала въ сердце какъ свинецъ
Тоска любви безъ упованья.

Предъ юной дѣвой наконецъ
Онъ излiялъ свои страданья.

«Забудь меня: твоей любви,
Твоихъ восторговъ я не спою.
Безцѣнныхъ дней не трать со мною;
Другаго юношу зови.
Его любовь тебѣ замѣнитъ
Моей души печальный хладъ;
Онъ будетъ вѣренъ, онъ оцѣнитъ
Твою красу, твой милый взглядъ,
И жаръ младенческихъ лобзанiй,
И нѣжность пламенныхъ рѣчей;
Безъ упоенья, безъ желанiй
Я вяну жертвою страстей.
Ты видишь слѣдъ любви несчастной,
Душевной бури слѣдъ ужасной;
Оставь меня; но пожалѣй
О скорбной участи моей!
Несчастный другъ, зачѣмъ не прежде
Явилась ты моимъ очамъ,
Въ тѣ дни, какъ вѣрилъ я надеждѣ
И упоительнымъ мечтамъ!
Но поздно: умеръ я для счастья,

Надежды призракъ улетѣлъ;
Твой другъ отвыкъ отъ сладострастья,
Для нѣжныхъ чувствъ окаменѣлъ...

«Какъ тяжко мертвыми устами
Живымъ лобзаньямъ отвѣчать,
И очи полныя слезами
Улыбкой хладною встрѣчать!
Измучась ревностью напрасной,
Уснувъ безчувственной душой,
Въ объятіяхъ подруги страстной,
Какъ тяжко мыслить о другой!...

«Когда такъ медленно, такъ нѣжно,
Ты пьешь лобзанія мои,
И для тебя часы любви
Проходятъ быстро, безмятежно;
Снѣдая слезы въ тишинѣ,
Тогда, разсѣянный, унылый,
Передъ собою, какъ во снѣ,
Я вижу образъ вѣчно милый;
Его зову, къ нему стремлюсь,
Молчу, не вижу, не внимаю;
Тебѣ въ забвеньи предаюсь

И тайный призракъ обнимаю;
О немъ въ пустынѣ слезы лью;
Повсюду онъ со мною бродитъ
И мрачную тоску наводитъ
На душу сирую мою.

«Оставь же мнѣ мои желѣзы,
Уединенныя мечты,
Воспоминанья, грусть и слезы:
Ихъ раздѣлить не можешь ты.
Ты сердца слышала признанье;
Прости... дай руку — на прощанье.
Недолго женскую любовь
Печалитъ хладная разлука:
Пройдетъ любовь, настанетъ скука,
Красавица полюбитъ вновь.»

Раскрывъ уста, безъ слезъ рыдая,
Сидѣла дѣва молодая:
Туманный, неподвижный взоръ
Безмолвный выражалъ укоръ;
Блѣдна какъ тѣнь, она дрожала;
Въ рукахъ любовника лежала
Ея холодная рука;

И наконецъ любви тоска
Въ печальной рѣчи излилася.

«Ахъ, Руской, Руской, для чего,
Не зная сердца твоего,
Тебѣ навѣкъ я предалася!
Недолго на груди твоей
Въ забвеньи дѣва отдыхала;
Немного радостныхъ ночей
Судьба на долю ей послала!
Придутъ ли вновь когда нибудь?
Уже ль навѣкъ погибла радость?...
Ты могъ бы, плѣнникъ, обмануть
Мою неопытную младость,
Хотя бъ изъ жалости одной,
Молчаньемъ, ласкою притворной;
Я услаждала бъ жребій твой
Заботой нѣжной и покорной;
Я стерегла бъ минуты сна,
Покой тоскующаго друга;
Ты не хотѣлъ... Но кто жъ она,
Твоя прекрасная подруга?
Ты любишь, Руской? ты любимъ?...
Понятны мнѣ твои страданья...

Прости жъ и ты мои рыданья,
Не смѣйся горестямъ моимъ. »

Умолкла. Слезы и стенанья
Стѣснили бѣдной дѣвы грудь.
Уста безъ словъ роптали пѣни.
Безъ чувствъ, обнявъ его колѣни,
Она едва могла дохнуть.
И плѣнникъ, тихою рукою
Поднявъ несчастную, сказалъ:
«Не плачь: и я гонимъ судьбою,
И муки сердца испыталъ.
Нѣтъ, я не зналъ любви взаимной:
Любилъ одинъ, страдалъ одинъ,
И гасну я, какъ пламень дымной,
Забытый средь пустыхъ долинъ.
Умру вдали бреговъ желанныхъ;
Мнѣ будетъ гробомъ эта степь;
Здѣсь на костяхъ моихъ изгнанныхъ
Заржавитъ тягостная цѣпь...»

Свѣтила ночи затмевались;
Въ дали прозрачной означались
Громады свѣтлоснѣжныхъ горъ;

*

Главу склонивъ, потупя взоръ,
Они въ безмолвіи разсталсь.

Унылый плѣнникъ съ этихъ поръ
Одинъ окрестъ аула бродитъ.
Заря на знойный небосклонъ
За днями новы дни возводитъ;
За ночью ночь вослѣдъ уходитъ;
Вотще свободы жаждетъ онъ.
Мелькнетъ ли серна межъ кустами,
Проскачетъ ли во мглѣ сайгакъ:
Онъ, вспыхнувъ, загремитъ цѣпями,
Онъ ждетъ, не крадется ль казакъ,
Ночный ауловъ разоритель,
Рабовъ отважный избавитель.
Зоветъ... но все кругомъ молчитъ;
Лишь волны плещутся бушуя,
И человѣка звѣрь почуя
Въ пустыню темную бѣжитъ.

Однажды слышитъ Руской плѣнный,
Въ горахъ раздался кликъ военный:
«Въ табунъ, въ табунъ!« Бѣгутъ, шумятъ;
Уздечки мѣдныя гремятъ,

Чернѣютъ бурки, блещутъ брони,
Кипятъ осѣдланныя кони,
Къ набѣгу весь аулъ готовъ,
И дикіе питомцы брани
Рѣкою хлынули съ холмовъ,
И скачутъ по брегамъ Кубани
Сбирать насильственныя дани.

 Утихъ аулъ; на солнцѣ спятъ
У саклей псы сторожевые.
Младенцы смуглые, нагіе
Въ свободной рѣзвости шумятъ;
Ихъ прадѣды въ кругу сидятъ:
Изъ трубокъ дымъ віясь синѣетъ.
Они безмолвно юныхъ дѣвъ
Знакомый слушаютъ припѣвъ,
И старцевъ сердце молодѣетъ.

Черкеская пѣсня.

1.

Въ рѣкѣ бѣжитъ гремучій валъ;
Въ горахъ безмолвіе ночное;
Казакъ усталый задремалъ,
Склонясь на копіе стальное.

Не спи казакъ: во тмѣ ночной
Чеченецъ ходитъ за рѣкой.

2.

Казакъ плыветъ на челнокѣ,
Влача по дну рѣчному сѣти.
Казакъ, утонешь ты въ рѣкѣ,
Какъ тонутъ маленькія дѣти,
Купаясь жаркою порой:
Чеченецъ ходитъ за рѣкой.

3

На берегу завѣтныхъ водъ
Цвѣтутъ богатыя станицы;
Веселый пляшетъ хороводъ.
Бѣгите, Руския пѣвицы;
Спѣшите, красныя, домой:
Чеченецъ ходитъ за рѣкой.

Такъ пѣли дѣвы. Сѣвъ на брегѣ,
Мечтаетъ Руской о побѣгѣ;
Но цѣпь невольника тяжка,
Быстра глубокая рѣка...
Межъ тѣмъ, померкнувъ, степь уснула,
Вершины скалъ омрачены.
По бѣлымъ хижинамъ аула

Мелькаетъ блѣдный свѣтъ луны;
Елени дремлютъ надъ водами,
Умолкнулъ поздній крикъ орловъ,
И глухо вторится горами
Далекій топотъ табуновъ.

Тогда кого-то слышно стало,
Мелькнуло дѣвы покрывало,
И вотъ — печальна и блѣдна
Къ нему приближилась *она*.
Уста прекрасной ищутъ рѣчи;
Глаза исполнены тоской,
И черной падаютъ волной
Ея власы на грудь и плечи.
Въ одной рукѣ блеститъ пила,
Въ другой кинжалъ ея булатный:
Казалось, будто дѣва шла
На тайный бой, на подвигъ ратный.

На плѣнника возведши взоръ,
«Бѣги, сказала дѣва горъ:
Нигдѣ Черкесъ тебя не встрѣтитъ.
Спѣши, не трать ночныхъ часовъ;

Возми кинжалъ: твоихъ слѣдовъ
Никто во мракѣ не замѣтитъ.»

Пилу дрожащей взявъ рукой,
Къ его ногамъ она склонилась:
Визжитъ желѣзо подъ пилой,
Слеза невольная скатилась —
И цѣпь распалась и гремитъ.
«Ты воленъ, дѣва говоритъ,
Бѣги!» Но взглядъ ея безумный
Любви порывъ изобразилъ.
Она страдала. Вѣтеръ шумный,
Свистя, покровъ ея клубилъ.
«О другъ мой! Руской возопилъ,
Я твой навѣкъ, я твой до гроба.
Ужасный край оставимъ оба,
Бѣги со мной...» — Нѣтъ, Руской, нѣтъ!
Она исчезла, жизни сладость;
Я знала все, я знала радость,
И все прошло, пропалъ и слѣдъ.
Возможно ль? ты любилъ другую!...
Найди ее, люби ее;
О чемъ же я еще тоскую?
О чемъ уныніе мое?...

Прости! любви благословенья
Съ тобою будутъ каждый часъ.
Прости — забудь мои мученья,
Дай руку мнѣ... въ послѣдній разъ. —

Къ Черкешенкѣ простеръ онъ руки,
Воскресшимъ сердцемъ къ ней летѣлъ,
И долгій поцѣлуй разлуки
Союзъ любви запечатлѣлъ.
Рука съ рукой, унынья полны,
Сошли ко брегу въ тишинѣ —
И Руской въ шумной глубинѣ
Уже плыветъ и пѣнитъ волны,
Уже противныхъ скалъ достигъ,
Уже хватается за нихъ...
Вдругъ волны глухо зашумѣли,
И слышенъ отдаленный стонъ...
На дикій брегъ выходитъ онъ,
Глядитъ назадъ... брега яснѣли
И опѣненные бѣлѣли;
Но нѣтъ Черкешенки младой
Ни у береговъ, ни подъ горой....
Все мертво... на брегахъ уснувшихъ
Лишь вѣтра слышенъ легкій звукъ,

И при лунѣ въ водахъ плеснувшихъ
Струистый исчезаетъ кругъ.

Все понялъ онъ. Прощальнымъ взоромъ
Объемлетъ онъ въ послѣдній разъ
Пустой аулъ съ его заборомъ,
Поля, гдѣ плѣнный стадо пасъ,
Стремнины, гдѣ влачилъ оковы,
Ручей, гдѣ въ полдень отдыхалъ,
Когда въ горахъ Черкесъ суровый
Свободы пѣсню запѣвалъ.

Рѣдѣлъ на небѣ мракъ глубокой,
Ложился день на темный долъ,
Взошла заря. Тропой далёкой
Освобожденный плѣнникъ шёлъ,
И передъ нимъ уже въ туманахъ
Сверкали Рускіе штыки
И окликались на курганахъ
Сторожевые казаки.

ЭПИЛОГЪ.

Такъ муза, легкой другъ мечты,
Къ предѣламъ Азіи летала
И для вѣнка себѣ срывала
Кавказа дикіе цвѣты.
Ее плѣнялъ нарядъ суровой
Племенъ, возросшихъ на войнѣ,
И часто въ сей одеждѣ новой
Волшебница являлась мнѣ;
Вокругъ ауловъ опустѣлыхъ
Одна бродила по скаламъ
И къ пѣснямъ дѣвъ осиротѣлыхъ
Она прислушивалась тамъ;
Любила бранныя станицы,
Тревоги смѣлыхъ казаковъ,
Курганы, тихія гробницы,
И шумъ, и ржанье табуновъ.
Богиня пѣсень и разсказа,
Воспоминанія полна,
Быть можетъ, повторитъ она
Преданья грознаго Кавказа;

Разскажетъ повѣсть дальнихъ странъ,
Мстислава (12) древній поединокъ,
Измѣны, гибель Россіянъ
На лонѣ мстительныхъ Грузинокъ:
И воспою тотъ славный часъ,
Когда, почуя бой кровавый,
На негодующій Кавказъ
Подъялся нашъ орелъ двуглавый;
Когда на Терекѣ сѣдомъ
Впервые грянулъ битвы громъ
И грохотъ Рускихъ барабановъ,
И въ сѣчѣ, съ дерзостнымъ челомъ,
Явился пылкій Циціановъ;
Тебя я воспою, герой,
О Котляревскій, бичь Кавказа!
Куда ни мчался ты грозой —
Твой ходъ, какъ черная зараза,
Губилъ, ничтожилъ племена...
Ты днесь покинулъ саблю мести,
Тебя не радуетъ война;
Скучая миромъ, въ язвахъ чести,
Вкушаешь праздный ты покой
И тишину домашнихъ доловъ...
Но се — востокъ подьемлетъ вой!...

Поникни снежною главой,
Смирись, Кавказъ: идетъ Ермоловъ!

И смолкнулъ ярый крикъ войны:
Все Рускому мечу подвластно.
Кавказа гордые сыны,
Сражались, гибли вы ужасно;
Но не спасла васъ наша кровь,
Ни очарованныя брони,
Ни горы, ни лихіе кони,
Ни дикой вольности любовь!
Подобно племени Батыя,
Измѣнитъ прадѣдамъ Кавказъ,
Забудетъ алчной брани гласъ,
Оставитъ стрѣлы боевыя.
Къ ущельямъ, гдѣ гнѣздились вы,
Подъѣдетъ путникъ безъ боязни,
И возвѣстятъ о вашей казни
Преданья темныя молвы.

ПРИМѢЧАНІЯ.

(1.) *Бешту*, или, правильнѣе, *Бештау*, Кавказская гора въ 40 верстахъ отъ Георгіевска. Извѣстна въ нашей исторіи.

(2.) *Аулъ*. Такъ называются деревни Кавказскихъ народовъ.

(3.) *Узденъ*, начальникъ или князь.

(4.) *Шашка*, Черкеская сабля.

(5.) *Сакля*, хижина.

(6.) *Кумысъ* дѣлается изъ кобыльяго молока: напитокъ сей въ большомъ употребленіи между всѣми Горскими и кочующими народами Азіи. Онъ довольно пріятенъ вкусу и почитается весьма здоровымъ.

(7.) Счастливый климатъ Грузіи не вознаграждаетъ сей прекрасной страны за всѣ бѣдствія, вѣчно ею претерпѣваемыя. Пѣсни Грузинскія пріятны и по большой части заунывны. Онѣ славятъ минутные успѣхи Кавказскаго оружія, смерть нашихъ героевъ: Бакунина и Циціанова — измѣны, убійства, иногда любовь и наслажденія.

(8.) Державинъ, въ превосходной своей одѣ графу Зубову, первый изобразилъ въ слѣдующихъ строфахъ дикія картины Кавказа:

    О юный вождь, сверша походы,
    Прошелъ ты съ воинствомъ Кавказъ,
    Зрѣлъ ужасы, красы природы:
    Какъ съ реб ръ тамъ страшныхъ горъ ліясь,
    Ревутъ въ мракъ безднъ сердиты рѣки;
    Какъ съ челъ ихъ съ грохотомъ снѣга
    Падутъ, лежавши цѣлы вѣки;
    Какъ серны, внизъ склонивъ рога,

Зрятъ въ мглѣ спокойно подъ собою
Рожденье молній и громовъ.

Ты зрѣлъ, какъ ясною порою
Тамъ солнечны лучи, средь льдовъ,
Средь водъ, играя, отражаясь,
Великолѣпный кажутъ видъ;
Какъ, въ разноцвѣтныхъ разсѣваясь
Тамъ брызгахъ, тонкій дождь горитъ;
Какъ глыба тамъ сизоянтарна,
Навѣсясь, смотритъ въ темный боръ;
А тамъ заря златобагряна
Сквозь лѣсъ увеселяетъ взоръ.

Жуковскій, въ своемъ посланіи къ г-ну Воейкову, также посвящаетъ нѣсколько прелестныхъ стиховъ описанію Кавказа:

Ты зрѣлъ, какъ Терекъ въ быстромъ бѣгѣ
Межъ виноградниковъ шумѣлъ,
Гдѣ, часто притаясь на брегѣ,
Чеченецъ иль Черкесъ сидѣлъ,
Подъ буркой, съ гибельнымъ арканомъ;
И вдалекѣ передъ тобой,
Одѣты голубымъ туманомъ,
Гора вздымалась надъ горой,
И въ сонмѣ ихъ гигантъ сѣдой,
Какъ туча, Эльборусъ двуглавой.
Ужасною и величавой
Тамъ все блистаетъ красотой:
Утесовъ мшистыя громады,
Бѣгущи съ ревомъ водопады

Во мракъ пучинъ съ гранишныхъ скалъ;
Лѣса, кошорыхъ сна отъ вѣка
Ни стукъ сѣкиръ, ни человѣка
Веселый гласъ не возмущалъ,
Въ кошорыхъ сумрачныя сѣни
Еще лучъ дневный не проникъ,
Гдѣ изрѣдка одни елени,
Орла послышавъ грозный крикъ,
Тѣснясь въ толпу, шумятъ вѣтвями,
И козы легкими ногами
Перебѣгаютъ по скаламъ.
Тамъ все является очамъ
Великолѣпіе творенья!
Но тамъ, среди уединенья
Долинъ, таящихся въ горахъ,
Гнѣздятся и Балкаръ, и Бахъ,
И Абазехъ, и Камуцинецъ,
И Корбулакъ, и Албазинецъ,
И Чечереецъ, и Шапсукъ.
Пищаль, кольчуга, сабля, лукъ,
И конь, сорашникъ быстроногій —
Ихъ и сокровища и боги;
Какъ серны скачутъ по горамъ,
Бросаютъ смершь изъ-за утеса;
Или по тонкимъ берегамъ,
Въ травѣ высокой въ чащѣ лѣса
Разсыпавшись, добычи ждутъ;
Скалы свободы ихъ пріютъ.
Но дни въ аулахъ ихъ бредутъ
На костыляхъ угрюмой лѣни:
Тамъ жизнь ихъ — сонъ; стѣснясь въ кружокъ,
И въ братскій съ табакомъ горшокъ

*

Воткнувши чубуки, какъ тѣни
Въ дыму клубящемся сидятъ
И объ убійствахъ говорятъ;
Иль хвалятъ мѣткія пищали,
Изъ коихъ дѣды ихъ стрѣляли;
Иль сабли на кремняхъ острятъ,
Готовясь на убійства новы.

(9.) *Чихирь*, красное Грузинское вино.

(10.) Черкесы, какъ и всѣ дикіе народы, отличаются предъ нами гостепріимствомъ. Гость становится для нихъ священною особою. Предать его или не защищать, почитается межъ ними за величайшее безчестіе. *Кунакъ* (т. е. пріятель, знакомецъ) отвѣчаетъ жизнію за вашу безопасность, и съ нимъ вы можете углубиться въ самую средину Кабардинскихъ горъ.

(11.) *Байранъ* или *Байрамъ*, праздникъ розговѣнья. *Рамазанъ*, Музульманскій постъ.

(12.) Мстиславъ, сынъ св. Владиміра, прозванный *Удалымъ*, удѣльный князь Тмутаракана (островъ Тамань). Онъ воевалъ съ Косогами (по всей вѣроятности, нынѣшними Черкесами) и въ единоборствѣ одолѣлъ князя ихъ Редедю. *Ист. Гос. Росс. Томъ II.*

БАХЧИСАРАЙСКІЙ
ФОНТАНЪ.

Гирей сидѣлъ, потупя взоръ;
Янтарь въ устахъ его дымился;
Безмолвно раболѣпный дворъ
Вкругъ хана грознаго тѣснился.
Все было тихо во дворцѣ;
Благоговѣя, все читали
Примѣты гнѣва и печали
На сумрачномъ его лицѣ.
Но повелитель горделивой
Махнулъ рукой нетерпѣливой:
И всѣ, склонившись, идутъ вонъ.

Одинъ въ своихъ чертогахъ онъ;
Свободнѣй грудь его вздыхаетъ.
Живѣе строгое чело
Волненье сердца выражаетъ.
Такъ бурны тучи отражаетъ
Залива зыбкое стекло.

Что движет гордою душою?
Какою мыслью занят онъ?
На Русь ли вновь идетъ войною,
Несетъ ли Польше свой законъ,
Горитъ ли местію кровавой,
Открылъ ли въ войске заговоръ,
Страшится ли народовъ горъ,
Иль козней Генуи лукавой?

Нетъ, онъ скучаетъ бранной славой,
Устала грозная рука;
Война отъ мыслей далека.

Уже ль въ его гаремъ измена
Стезей преступною вошла,
И дочь неволи, негъ и плена
Гяуру сердце отдала?

Нетъ, жены робкія Гирея,
Ни думать, ни желать не смея,
Цветутъ въ унылой тишине;
Подъ стражей бдительной и хладной
На лоне скуки безотрадной
Измѣнъ не ведаютъ онѣ.

Въ тѣни хранительной темницы
Утаены ихъ красоты:
Такъ аравійскіе цвѣты
Живутъ застеклами теплицы.
Для нихъ унылой чередой
Дни, мѣсяцы, лѣта проходятъ
И неприметно за собой
И младость и любовь уводятъ.
Однообразенъ каждый день,
И медленно часовъ теченье.
Въ гаремѣ жизнью правитъ лѣнь;
Мелькаетъ рѣдко наслажденье.
Младыя жены, какъ нибудь
Желая сердце обмануть,
Мѣняютъ пышные уборы,
Заводятъ игры, разговоры,
Или при шумѣ водъ живыхъ,
Надъ ихъ прозрачными струями
Въ прохладѣ яворовъ густыхъ
Гуляютъ легкими роями.
Межъ ними ходитъ злой эвнухъ,
И убѣгать его напрасно:
Его ревнивый взоръ и слухъ
За всѣми слѣдуетъ всечасно.

Его стараньемъ заведёнъ
Порядокъ вѣчный. Воля хана
Ему единственный законъ;
Святую заповѣдь Корана
Не строже наблюдаетъ онъ.
Его душа любви не проситъ;
Какъ истуканъ, онъ переноситъ
Насмѣшки, ненависть, укоръ,
Обиды шалости нескромной,
Презрѣнье, просьбы, робкій взоръ,
И тихій вздохъ, и ропотъ томной.
Ему извѣстенъ женскій нравъ;
Онъ испыталъ, сколь онъ лукавъ
И на свободѣ и въ неволѣ:
Взоръ нѣжный, слезъ упрекъ нѣмой
Невластны надъ его душой;
Онъ имъ уже не веритъ болѣ.

Раскинувъ легкіе власы,
Какъ идутъ плѣнницы младыя
Купаться въ жаркіе часы,
И льются волны ключевыя
На ихъ волшебныя красы,
Забавъ ихъ сторожъ неотлучный,

Онъ туть; онъ видитъ, равнодушный,
Прелестницъ обнаженный рой;
Онъ по гарему въ тмѣ ночной
Неслышными шагами бродитъ:
Ступая тихо по коврамъ,
Къ послушнымъ крадется дверямъ,
Отъ ложа къ ложу переходитъ;
Въ заботѣ вѣчной, ханскихъ жёнъ
Роскошный наблюдаетъ сонъ,
Ночной подслушиваетъ лепетъ;
Дыханье, вздохъ, малѣйшій трепетъ,
Все жадно примѣчаетъ онъ:
И горе той, чей шопотъ сонной
Чужое имя призывалъ,
Или подругѣ благосклонной
Порочны мысли довѣрялъ!

Чтожъ полонъ грусти умъ Гирея?
Чубукъ въ рукахъ его потухъ;
Недвижимъ и дохнуть не смѣя,
У двери знака ждетъ эвнухъ.
Встаетъ задумчивый властитель:
Предъ нимъ дверь настежь. Молча, онъ

Идетъ въ завѣтную обитель
Еще недавно милыхъ жёнъ.

Безпечно ожидая хана,
Вокругъ игриваго фонтана
На шелковыхъ коврахъ онѣ
Толпою рѣзвою сидѣли
И съ дѣтской радостью глядѣли,
Какъ рыба въ ясной глубинѣ
На мраморномъ ходила днѣ.
Нарочно къ ней на дно иныя
Роняли серги золотыя.
Кругомъ невольницы межъ тѣмъ
Шербетъ носили ароматной
И пѣснью звонкой и пріятной
Вдругъ огласили весь гаремъ.

Татарская пѣсня.

1.

«Даруетъ небо человѣку
Замѣну слезъ и частыхъ бѣдъ:
Блаженъ факиръ, узрѣвшій Мску
На старости печальныхъ лѣтъ.

2.

«Блаженъ, кто славный брегъ Дуная
Своею смертью освятитъ:
Къ нему навстрѣчу дѣва рая
Съ улыбкой страстной полетитъ.

3.

«Но тотъ блаженнѣй, о Зарема,
Кто, миръ и нѣгу возлюбя,
Какъ розу, въ тишинѣ гарема
Лелѣетъ, милая, тебя.»

Онѣ поютъ. Но гдѣ Зарема,
Звѣзда любви, краса гарема?
Увы, печальна и блѣдна,
Похвалъ не слушаетъ она;
Какъ пальма, смятая грозою,
Поникла юной головою;
Ничто, ничто не мило ей:
Зарему разлюбилъ Гирей.

Онъ измѣнилъ!.. Но кто съ тобою,
Грузинка, равенъ красотою?
Вокругъ лилейнаго чела
Ты косу дважды обвила;

Твои пленительныя очи
Яснѣе дня, чернѣе ночи.
Чей голосъ выразитъ сильнѣй
Порывы пламенныхъ желаній?
Чей страстный поцѣлуй живѣй
Твоихъ язвительныхъ лобзаній?
Какъ сердце, полное тобой,
Забьется для красы чужой?
Но, равнодушный и жестокой,
Гирей презрѣлъ твои красы
И ночи хладные часы
Проводитъ мрачный, одинокой
Съ тѣхъ поръ, какъ Польская княжна
Въ его гаремъ заключена.

Недавно юная Марія
Узрѣла небеса чужія;
Недавно милою красой
Она цвѣла въ странѣ родной;
Сѣдой отецъ гордился ею
И звалъ отрадою своею.
Для старика была законъ
Ея младенческая воля.
Одну заботу вѣдалъ онъ,

Чтобъ дочери любимой доля
Была, какъ вешній день, ясна,
Чтобъ и минутныя печали
Ея души не помрачали,
Чтобъ даже замужемъ она
Воспоминала съ умиленьемъ
Дѣвичье время, дни забавъ,
Мелькнувшихъ легкимъ сновидѣньемъ.
Все въ ней плѣняло: тихій нравъ,
Движенья стройныя, живыя
И очи томно-голубыя.
Природы милые дары
Она искуствомъ украшала;
Она домашніе пиры
Волшебной арфой оживляла;
Толпы вельможъ и богачей
Руки Маріиной искали,
И много юношей по ней
Въ страданьѣ тайномъ изнывали.
Но въ тишинѣ души своей
Она любви еще не знала
И независимый досугъ
Въ отцовскомъ замкѣ межъ подругъ
Однѣмъ забавамъ посвящала.

Давно ль? И что же! Тмы Татаръ
На Польшу хлынули рѣкою:
Не съ столь ужасной быстротою
По жатвѣ стелется пожаръ.
Обезображенный войною,
Цвѣтущій край осиротѣлъ;
Исчезли мирныя забавы;
Уныли села и дубравы,
И пышный замокъ опустѣлъ.
Тиха Маріина свѣтлица...
Въ домовой церкви, гдѣ кругомъ
Почіютъ мощи хладнымъ сномъ,
Съ короной, съ княжескимъ гербомъ,
Воздвиглась новая гробница...
Отецъ въ могилѣ, дочь въ плѣну.
Скупой наслѣдникъ въ замкѣ правитъ
И тягостнымъ ярмомъ безславитъ
Опустошенную страну.

Увы! Дворецъ Бахчисарая
Скрываетъ юную княжну:
Въ неволѣ тихой увядая,
Марія плачетъ и груститъ.
Гирей нещастную щадитъ:

Ея унынье, слезы, стоны
Тревожатъ хана краткій сонъ,
И для нея смягчаетъ онъ
Гарема строгіе законы.
Угрюмый сторожъ ханскихъ жёнъ
Ни днемъ, ни ночью къ ней не входитъ;
Рукой заботливой не онъ
На ложе сна ее возводитъ;
Не смѣетъ устремиться къ ней
Обидный взоръ его очей;
Она въ купальнѣ потаенной
Одна съ невольницей своей;
Самъ ханъ боится дѣвы плѣнной
Печальный возмущать покой;
Гарема въ дальнемъ отдѣленьѣ
Позволено ей жить одной:
И, мнится, въ томъ уединеньѣ
Сокрылся нѣкто неземной.
Тамъ день и ночь горитъ лампада
Предъ ликомъ Дѣвы Пресвятой;
Души тоскующей отрада,
Тамъ упованье въ тишинѣ
Съ смиренной вѣрой обитаетъ,
И сердцу все напоминаетъ

О близкой лучшей сторонѣ...
Тамъ дѣва слезы проливаетъ
Вдали завистливыхъ подругъ;
И между тѣмъ, какъ все вокругъ
Въ безумной нѣгѣ утопаетъ,
Святыню строгую скрываетъ
Спасенный чудомъ уголокъ.
Такъ сердце, жертва заблужденій,
Среди порочныхъ упоеній,
Хранитъ одинъ святый залогъ,
Одно божественное чувство...

Настала ночь; покрылись тѣнью
Тавриды сладостной поля;
Вдали подъ тихой лавровъ сѣнью
Я слышу пѣнье соловья;
За хоромъ звѣздъ луна возходитъ;
Она съ безоблачныхъ небесъ
На долы, на холмы, на лѣсъ
Сіянье томное наводитъ.
Покрыты бѣлой пеленой,
Какъ тѣни легкія мелькая,
По улицамъ Бахчисарая,
Изъ дома въ домъ, одна къ другой,

Простыхъ Татаръ спѣшатъ супруги
Дѣлить вечерніе досуги.
Дворецъ утихъ; уснулъ гаремъ,
Объятый нѣгой безмятежной;
Не прерывается ничѣмъ
Спокойство ночи. Стражъ надежной,
Дозоромъ обошелъ эвнухъ.
Теперь онъ спитъ; но страхъ прилѣжной
Тревожитъ въ немъ и спящій духъ.
Измѣнъ всечасныхъ ожиданье
Покоя не даетъ уму.
То чей-то шорохъ, то шептанье,
То крики чудятся ему;
Обманутый невѣрнымъ слухомъ,
Онъ пробуждается, дрожитъ,
Напуганнымъ приникнувъ ухомъ...
Но все кругомъ него молчитъ;
Одни фонтаны сладкозвучны
Изъ мраморной темницы бьютъ,
И съ милой розой неразлучны
Во мракѣ соловьи поютъ;
Эвнухъ еще имъ долго внемлетъ,
И снова сонъ его объемлетъ.

*

212

Какъ милы темныя красы
Ночей роскошнаго востока!
Какъ сладко льются ихъ часы
Для обожателей Пророка!
Какая нѣга въ ихъ домахъ,
Въ очаровательныхъ садахъ,
Въ тиши гаремовъ безопасныхъ,
Гдѣ подъ вліяніемъ луны
Все полно тайнъ и тишины
И вдохновеній сладострастныхъ!

Всѣ жены спятъ. Не спитъ одна.
Едва дыша, встаетъ она;
Идетъ; рукою торопливой
Открыла дверь; во тмѣ ночной
Ступаетъ легкою ногой...
Въ дремотѣ чуткой и пугливой
Предъ ней лежитъ эвнухъ сѣдой.
Ахъ, сердце въ немъ неумолимо:
Обманчивъ сна его покой!...
Какъ духъ, она проходитъ мимо.

Предъ нею дверь; съ недоумѣньемъ
Ея дрожащая рука
Коснулась вѣрнаго замка...

Вошла, взираетъ съ изумленьемъ...
И тайный страхъ въ нее проникъ.
Лампады свѣтъ уединенный,
Кивотъ, печально озаренный,
Пречистой Дѣвы кроткій ликъ
И Крестъ, любви сvмволъ священный...
Грузинка, все въ душѣ твоей
Родное что-то пробудило,
Все звуками забытыхъ дней
Невнятно вдругъ заговорило,
Предъ ней покоилась княжна,
И жаромъ дѣвственнаго сна
Ея ланиты оживлялись
И, слезъ являя свѣжій слѣдъ,
Улыбкой томной озарялись:
Такъ озаряетъ лунный свѣтъ
Дождемъ отягощенный цвѣтъ;
Спорхнувшій съ неба, сынъ эдема,
Казалось, ангелъ почивалъ
И сонный слезы проливалъ
О бѣдной плѣнницѣ гарема...
Увы, Зарема, что съ тобой!
Стѣснилась грудь ея тоской,
Невольно клонятся колѣни,

И молит: «сжалься надо мной,
Не отвергай моих молений!»...
Ея слова, движенье, стон
Прервали девы тихій сон.
Княжна со страхом пред собою
Младую незнакомку зрит;
В смятеньѣ, трепетной рукою
Ее подъемля, говорит:
«Кто ты?... Одна, порой ночною,
Зачѣм ты здѣсь?» — Я шла к тебѣ:
Спаси меня; в моей судьбѣ
Одна надежда мнѣ осталась...
Я долго счастьем наслаждалась,
Была безпечнѣй день оть дня...
И тѣнь блаженства миновалась;
Я гибну. Выслушай меня.

Родилась я не здѣсь, далеко,
Далеко... но минувших дней
Предметы в памяти моей
Донынѣ врѣзаны глубоко.
Я помню горы в небесах,
Потоки жаркіе в горах,
Непроходимыя дубравы,

Другой законъ, другіе нравы;
Но почему, какой судьбой
Я край оставила родной,
Не знаю; помню только море
И человѣка въ вышинѣ
Надъ парусами...
     Страхъ и горе
Донынѣ чужды были мнѣ;
Я въ безмятежной тишинѣ
Въ тѣни гарема расцвѣтала
И первыхъ опытовъ любви
Послушнымъ сердцемъ ожидала.
Желанья тайныя мои
Сбылись. Гирей для мирной нѣги
Войну кровавую презрѣлъ,
Пресѣкъ ужасные набѣги
И свой гаремъ опять узрѣлъ.
Предъ хана въ смутномъ ожиданье
Предстали мы. Онъ свѣтлый взоръ
Остановилъ на мнѣ въ молчаньѣ,
Позвалъ меня.... и съ этихъ поръ
Мы въ безпрерывномъ упоеньѣ
Дышали счастьемъ; и не разъ
Ни клевета, ни подозрѣнье,

Ни злобной ревности мученье,
Ни скука не смущала насъ.
Марія, ты предъ нимъ явилась...
Увы, съ тѣхъ поръ его душа
Преступной думой омрачилась!
Гирей, измѣною дыша,
Моихъ не слушаетъ укоровъ;
Ему докученъ сердца стонъ;
Ни прежнихъ чувствъ, ни разговоровъ
Со мною не находитъ онъ.
Ты преступленью не причастна;
Я знаю, не твоя вина...
И такъ послушай: я прекрасна;
Во всемъ гаремѣ ты одна
Могла бъ еще мнѣ быть опасна;
Но я для страсти рождена,
Но ты любить, какъ я, не можешь;
Зачѣмъ же хладной красотой
Ты сердце слабое тревожишь?
Оставь Гирея мнѣ: онъ мой;
На мнѣ горятъ его лобзанья,
Онъ клятвы страшныя мнѣ далъ,
Давно всѣ думы, всѣ желанья
Гирей съ моими сочеталъ;

Меня убьетъ его измѣна...
Я плачу? видишь, я колѣна
Теперь склоняю предъ тобой,
Молю, винить тебя не смѣя,
Отдай мнѣ радость и покой,
Отдай мнѣ прежняго Гирея...
Не возражай мнѣ ничего;
Онъ мой; онъ ослѣпленъ тобою.
Презрѣньемъ, просьбою, тоскою,
Чѣмъ хочешь, отврати его;
Клянись... (хоть я для Алкорана,
Между невольницами хана,
Забыла вѣру прежнихъ дней;
Но вѣра матери моей
Была твоя) клянись мнѣ ею
Зарему возвратить Гирею...
Но слушай: если я должна
Тебѣ... кинжаломъ я владѣю,
Я близъ Кавказа рождена.»

Сказавъ, исчезла вдругъ. За нею
Не смѣетъ слѣдовать княжна.
Невинной дѣвѣ непонятенъ
Языкъ мучительныхъ страстей:

Но голосъ ихъ ей смутно внятенъ,
Онъ страненъ, онъ ужасенъ ей.
Какія слезы и моленья
Ее спасутъ отъ посрамленья?
Что ждетъ ее? Уже ли ей
Остатокъ горькихъ юныхъ дней
Провесть наложницей презрѣнной?
О Боже! если бы Гирей
Въ ея темницѣ отдаленной
Забылъ несчастную навѣкъ,
Или кончиной ускоренной
Унылы дни ея пресѣкъ;
Съ какою бъ радостью Марія
Оставила печальный свѣтъ!
Мгновенья жизни дорогія
Давно прошли, давно ихъ нѣтъ!
Что дѣлать ей въ пустынѣ міра?
Ужъ ей пора, Марію ждутъ,
И въ небеса на лоно мира
Родной улыбкою зовутъ.

Промчались дни; Маріи нѣтъ.
Мгновенно сирота почила.
Она давно-желанный свѣтъ,

Какъ новый ангелъ, озарила.
Но что же въ гробъ ее свело?
Тоска ль неволи безнадежной,
Болѣзнь, или другое зло,
Кто знаетъ? Нѣтъ Маріи нѣжной!...
Дворецъ угрюмый опустѣлъ;
Его Гирей опять оставилъ;
Съ толпой Татаръ въ чужой предѣлъ
Онъ злой набѣгъ опять направилъ;
Онъ снова въ буряхъ боевыхъ
Несется мрачный, кровожадный:
Но въ сердцѣ хана чувствъ иныхъ
Таится пламень безотрадный.
Онъ часто въ сѣчахъ роковыхъ
Подъемлетъ саблю, и съ размаха
Недвижимъ остается вдругъ,
Глядитъ съ безуміемъ вокругъ,
Блѣднѣетъ, будто полный страха,
И что-то шепчетъ, и порой
Горючи слезы льетъ рѣкой.

Забытый, преданный презрѣнью,
Гаремъ не зритъ его лица;
Тамъ, обреченныя мученью,

Подъ стражей хладнаго скопца
Стареютъ жены. Между ними
Давно Грузинки нѣтъ; она
Гарема стражами нѣмыми
Въ пучину водъ опущена.
Въ ту ночь, какъ умерла княжна,
Свершилось и ея страданье.
Какая бъ ни была вина,
Ужасно было наказанье!

Опустошивъ огнемъ войны
Кавказу близкія страны
И села мирныя Россіи,
Въ Тавриду возвратился ханъ
И, въ память горестной Маріи,
Воздвигнулъ мраморный фонтанъ
Въ углу дворца уединенный.
Надъ нимъ Крестомъ осѣнена
Магометанская луна
(Сѵмволъ конечно дерзновенный,
Незнанья жалкая вина).
Есть надпись: ѣдкими годами
Еще не сгладилась она.
За чуждыми ея чертами

Журчитъ во мраморѣ вода
И каплетъ хладными слезами,
Не умолкая никогда.
Такъ плачетъ мать во дни печали
О сынѣ, падшемъ на войнѣ.
Младыя дѣвы въ той странѣ
Преданье старины узнали,
И мрачный памятникъ онѣ
Фонтаномъ слезъ именовали.

Покинувъ сѣверъ наконецъ,
Пиры надолго забывая,
Я посѣтилъ Бахчисарая
Въ забвеньѣ дремлющій дворецъ;
Среди безмолвныхъ переходовъ
Бродилъ я тамъ, гдѣ, бичь народовъ,
Татаринъ буйный пировалъ
И послѣ ужасовъ набѣга
Въ роскошной лѣни утопалъ,
Еще понынѣ дышетъ нѣга
Въ пустыхъ покояхъ и садахъ;
Играютъ воды, рдѣютъ розы,
И вьются виноградны лозы,
И злато блещетъ на стѣнахъ.

Я видѣлъ ветхія рѣшетки,
За коими, въ своей веснѣ,
Янтарны разбирая четки,
Вздыхали жены въ тишинѣ.
Я видѣлъ ханское кладбище,
Владыкъ послѣднее жилище.
Сіи надгробные столбы,
Вѣнчанны мраморной чалмою,
Казалось мнѣ, завѣтъ судьбы
Гласили внятною молвою.
Гдѣ скрылись ханы? Гдѣ гаремъ?
Кругомъ все тихо, все уныло,
Все измѣнилось... но не тѣмъ
Въ то время сердце полно было:
Дыханье розъ, фонтановъ шумъ
Влекли къ невольному забвенью,
Невольно предавался умъ
Неизъяснимому волненью,
И по дворцу летучей тѣнью
Мелькала дѣва предо мной!...

Чью тѣнь, о други, видѣлъ я?
Скажите мнѣ: чей образъ нѣжный
Тогда преслѣдовалъ меня

Неотразимый, неизбѣжный?
Маріи ль чистая душа
Являлась мнѣ, или Зарема
Носилась, ревностью дыша,
Средь опустѣлаго Гарема?

Я помню столь же милый взглядъ
И красоту еще земную...

Поклонникъ музъ, поклонникъ мира,
Забывъ и славу и любовь,
О, скоро васъ увижу вновь,
Брега веселые Салгира!
Приду на склонъ приморскихъ горъ,
Воспоминаній тайныхъ полный,
И вновь Таврическія волны
Обрадуютъ мой жадный взоръ.
Волшебный край, очей отрада!
Все живо тамъ: холмы, лѣса,
Янтарь и яхонтъ винограда,
Долинъ пріютная краса,
И струй и тополей прохлада;
Все чувство путника манитъ,
Когда, въ часъ утра безмятежной,

Въ горахъ, дорогою прибрежной,
Привычный конь его бѣжитъ,
И зеленѣющая влага
Предъ нимъ и блещетъ и шумитъ
Вокругъ утесовъ Аю-дага...

Выписка изъ путешествія по Тавридѣ И. М. Муравьева-Апостола.

I.

«Вчера ввечеру, подъѣхавъ къ Бахчисараю и спустившись въ ущелину, въ которой онъ лежитъ, я засвѣтло успѣлъ только проѣхать длинную улицу, ведущую къ Хан-сараю (т. е. къ ханскому дворцу,) на восточномъ концѣ города находящемуся. Солнца давно уже не видно было за горами, и сумракъ начиналъ сгущаться, когда я вступилъ на первый дворъ *сарая*. Это не помѣшало мнѣ пробѣжать по теремамъ и дворамъ Таврической *Аламбры;* и чѣмъ менѣе видимы становилися предметы, тѣмъ живѣе дѣлалась игра воображенія моего, наполнившагося радужными цвѣтами восточной поэзіи.

Я поведу тебя, мой другъ, не изъ покоевъ, но, такъ какъ должно, отъ внѣшнихъ воротъ, въ которыя проѣздъ съ улицы, по мосту, чрезъ узкую *грязную рѣчку* Су-рукъ-су. Прошедъ въ ворота, ты на первомъ дворѣ, на пространномъ паралелограмѣ, коего противоположный входу, малый бокъ граничитъ съ садовыми терасами; оба же большіе заняты на лѣвой сторонѣ мечетью и службами, а съ правой дворцемъ, состоящимъ изъ смѣжныхъ не одинаковой высоты зданій. На этой правой сторонѣ, чрезъ ворота, подъ строеніемъ находящіяся, ты проходишь во внутренній дворъ, гдѣ тотчасъ на лѣвой рукѣ представляются тебѣ желѣзныя двери, пестро въ Аравскомъ вкусѣ украшенныя, съ двухглавымъ надъ ними орломъ, занявшимъ мѣсто Оттоманской луны.

Переступивъ за порогъ, мы въ пространныхъ сѣняхъ на марморномъ помостѣ и на правой рукѣ видишь широкое крыльцо, ведущее на верхнія палаты. Но сперва остановимся въ сѣняхъ и посмотримъ на два прекрасные фонтана, безпрестанно лющіе воду изъ стѣны, и бѣлыя марморныя чаши, одинъ на супротивъ дверей, другой тотчасъ налѣво.

Дабы не оставить ничего недосказаннымъ о семъ нижнемъ помостѣ, замѣтимъ широкій корридоръ отъ лѣваго угла противоположно входу стѣны, ведущей прямо въ домовую ханскую божницу, надъ дверью коей начертано:

Селамидъ-Гирей ханъ, сынъ Гаджи-Селимъ Гирея хана (*).

Другая дверь тогоже корридора налѣво даетъ входъ въ большую комнату, гдѣ диванъ вокругъ стѣнъ до половины покоя, съ марморнымъ посреди онаго водометомъ. Это убѣжище прелестно прохладою въ знойные часы, когда раскаляются отъ жара окружающія Бахчисарай горы. Третья дверь ведетъ въ ханскій диванъ, т. е. въ комнату, гдѣ собирался государственный совѣтъ; въ нее есть входъ и чрезъ переднюю, снаружи отъ большаго двора.

Когда я опишу тебѣ одну изъ залъ верхняго жилья, ты будешь имѣть понятіе о всѣхъ прочихъ, разнствующихъ между собою однимъ только большимъ или меньшимъ украшеніемъ на стѣнахъ. Какъ фасадъ строенія не по прямой чертѣ, а городками, то первое должно замѣтить, что главныя залы освѣщены съ трехъ сторонъ, т. е. всѣ изъ фасада выступающія оныхъ стѣны всплошь окончатыя. Другаго входа въ залу нѣтъ, кромѣ одной двери боковой, непримѣтной, между пиластрами Аравскаго вкуса, между коими и шкафы, также не примѣтные, находятся по всей

(*) Селамидъ владѣлъ отъ 1587 по 1610.

темной этой стѣнѣ. Надъ оными стекла (въ лучшихъ залахъ) снутри и снаружи покоя, до потолка, между коими стоятъ украшенія лѣпной работы, какъ то: чаши съ плодами, съ цвѣтами, или деревца, съ чучелами разныхъ птицъ. Потолки также, какъ и темная стѣна, столярной работы и весьма красивы: это тоненькая вызолоченая рѣшетка, лежащая на лаковомъ грунтѣ, густаго краснаго цвѣта; на полу я увидѣлъ знакомые мнѣ по Испаніи *эстеры*, т. е. рогожки весьма искусно сплетенныя изъ просника, родъ *гениста* и употребляемыя вмѣсто ковровъ на полахъ кирпичныхъ или каменныхъ. Для защиты отъ яркости лучей въ комнатѣ, съ трехъ сторонъ освѣщенной, кромѣ ставней служатъ еще и цвѣтныя, узорчатыя стекла въ окнахъ, любимое рыцарскихъ замковъ украшеніе, безъ сомнѣнія занятое Европейцами отъ восточныхъ народовъ, во время крестовыхъ походовъ. Если въ заключеніе сего общаго описанія ты представишь себѣ диванъ, т. е. подушки, нѣкогда изъ шелковыхъ тканей на полу лежащія вокругъ всѣхъ стѣнъ, исключая темной, ты будешь имѣть понятіе о лучшихъ залахъ дворца, кромѣ трехъ или четырехъ, передѣланныхъ для Императрицы Екатерины II, въ Европейскомъ вкусѣ, съ высокими диванами, креслами и столами. Сія послѣдняя утварь особливо драгоцѣнна для насъ *крещеныхъ*, ибо во всѣхъ странахъ, гдѣ проповѣдуется Коранъ, правовѣрные вмѣсто столовъ употребляютъ низкія круглыя скамьи, на которыя ставятъ подносы и ѣдятъ на нихъ сидя, поджавъ подъ себя ноги на полу.

Ты легко догадаться можешь, что въ сторонѣ отъ сего строенія находился гаремъ, неприступный для всѣхъ, кромѣ хана, и для одного имѣющій сообщеніе чрезъ коридоръ съ дворцемъ. Эта часть болѣе всѣхъ въ упадкѣ

Разные домики, въ коихъ нѣкогда жертвы любви, или лучше сказать, любострастія, томились въ неволѣ, представляютъ теперь печальную картину разрушенія; обвалившіеся потолки, изломанные полы. Время сокрушило узилище; но что въ томъ пользы, когда то же время, рокомъ узницамъ опредѣленное, протекло для нихъ безотрадно въ рабскихъ угожденіяхъ *одному*, не по сердцу избранному другу, но жестокому властелину! На краю сего гарема стоитъ на большомъ дворѣ высокая шестиугольная бесѣдка, съ рѣшетками вмѣсто оконъ, изъ которой, какъ сказываютъ, ханскія жены, невидимыя, смотрѣли на игры, въѣзды пословъ и другія позорища. Иные говорятъ, будто тутъ ханъ любовался Фазанами и показывалъ ихъ любимцамъ своимъ. Это послѣднее потому только вѣроятно, что пѣтухъ съ семействомъ своимъ есть единственная картина, которую супругъ-мусульманъ можетъ представлять невольницамъ своимъ въ оправданіе многоженства. Между сею полусогнившею бесѣдкою и комнатою, о которой я говорилъ на нижнемъ помостѣ, съ мраморнымъ фонтаномъ, есть прекрасный цвѣтничекъ, гдѣ мирты и розы могли нѣкогда внушать пѣсни Татарскому Анакреону.

Но пора оставить сіи, грудь тѣснящіе памятники невольничества и выйти подышать на чистомъ воздухѣ. Вотъ насупротивъ большихъ воротъ, на концѣ двора, къ горѣ примыкающагося, терасы въ четыре уступа, на коихъ плодоносныя деревья, виноградъ на рѣшеткахъ и прозрачные источники, съ уступа на другой льющіеся въ каменные басейны. Можетъ быть, нѣкогда мурзы-царедворцы, уподобляя Гиреевъ владыкамъ Вавилона, сравнивали и терасы ихъ съ висящими садами Семирамиды: но теперь Крымское чудо сіе представляетъ видъ опустѣнія, такъ какъ и всѣ памятники въ Тавридѣ. Болѣе всего жаль драгоцѣннѣйшаго здѣсь сокровища, воды: многія трубы уже засорились, а нѣкоторые источники и совсѣмъ исчезли.

За мечетью, внѣ двора, кладбище хановъ и султановъ владѣтельнаго дома Гиреевъ. Прахъ ихъ покоится подъ бѣлыми, мраморными гробницами, осѣненными высокими тополями, орѣховыми и шелковичными деревьями. Тутъ лежатъ Менгли и отецъ его, основатель могущества царства Крымскаго. Всѣ памятники покрыты надписями.

Прежде, нежели оставимъ сію юдоль сна непробуднаго, я укажу тебѣ отъ сюда на холмъ, влѣво отъ верхней садовой терасы, на коемъ стоитъ красивое зданіе съ круглымъ куполомъ: это мавзолей прекрасной Грузинки, жены хана Керимъ-Гирея. Новая Заира, силою прелестей своихъ, она повелѣвала тому, кому все здѣсь повиновалось; но не долго: увялъ райскій цвѣтъ въ самое утро жизни своей, и безотрадный Керимъ соорудилъ *любезной* памятникъ сей, дабы ежедневно входить въ оный и утѣшаться слезами надъ прахомъ незабвенной. Я самъ хотѣлъ поклониться гробу красавицы, но нѣтъ уже болѣе входа къ нему; дверь наглухо заложена. Странно очень, что всѣ здѣшніе жители непремѣнно хотятъ, чтобы эта красавица была не Грузинка, а Полячка, именно какая-то Потоцкая, будто бы похищенная Керимъ-Гиреемъ. Сколько я ни спорилъ съ ними, сколько ни увѣрялъ ихъ, что преданіе сіе не имѣетъ никакого историческаго основанія и что во второй половинѣ XVIII вѣка не такъ легко было Татарамъ похищать Полячекъ; всѣ доводы мои остались безполезными: они стоятъ въ одномъ: красавица была Потоцкая; и я другой причины упорству сему не нахожу, какъ развѣ принятое и справедливое мнѣніе, что красота женская есть, такъ сказать, принадлежность рода Потоцкихъ.»

Отрывокъ изъ письма.

II.

Изъ Азіи переѣхали мы въ Европу (*) на кораблѣ. Я тотчасъ отправился на такъ названную *Митридатову гробницу* (развалины какой-то башни); тамъ сорвалъ цвѣтокъ для памяти и на другой день потерялъ безъ всякаго сожалѣнія. Развалины Пантикапеи не сильнѣе подѣйствовали на мое воображеніе. Я видѣлъ слѣды улицъ, полузаросшій ровъ, старые кирпичи и только. Изъ Ѳеодосіи до самаго Юрзуфа ѣхалъ я моремъ. Всю ночь не спалъ; луны не было; звѣзды блистали; передо мною въ туманѣ тянулись полуденныя горы..... «Вотъ Чатырдагъ,» сказалъ мнѣ Капитанъ. Я не различилъ его, да и не любопытствовалъ. Передъ свѣтомъ я заснулъ. Между тѣмъ корабль остановился въ виду Юрзуфа. Проснувшись, увидѣлъ я картину плѣнительную: разноцвѣтныя горы сіяли; плоскія кровли хижинъ татарскихъ издали казались ульями, прилѣпленными къ горамъ, тополи, какъ зеленыя колонны, стройно возвышались между ними; справа огромный Аю-дагъ..... и кругомъ это синее, чистое небо, и свѣтлое море, и блескъ, и воздухъ полуденный.....

Въ Юрзуфѣ жилъ я *сиднемъ*, купался въ морѣ и объѣдался виноградомъ; я тотчасъ привыкъ къ полуденной природѣ и наслаждался ею со всѣмъ равнодушіемъ и безпечностію Неаполитанскаго Lazzaroni. Я любилъ, проснувшись ночью, слушать шумъ моря и заслушивался цѣлые часы. Въ двухъ шагахъ отъ дома росъ молодой кипарисъ; каждое утро я посѣщалъ его и къ нему привязался чувствомъ,

(*) Изъ Тамани въ Керчь.

жимъ на дружество. Вотъ все, что пребываніе мое въ Уфѣ оставило у меня въ памяти.

объѣхалъ полуденный берегъ, и путешествіе М. оживо мнѣ много воспоминаній, но страшный переходъ по скаламъ Кикенеиса не оставитъ ни малѣйшаго слѣда оей памяти. По горной лѣстницѣ взобрались мы пѣш, держа за хвостъ татарскихъ лошадей нашихъ. Это вляло меня чрезвычайно, и казалось какимъ-то тайненнымъ, восточнымъ обрядомъ. Мы переѣхали горы, и ый предметъ, поразившій меня, была береза, сѣверная за! Сердце мое сжалось: я началъ ужъ тосковать о мъ полудне, хотя все еще находился въ Тавридѣ, все видѣлъ и тополи и виноградныя лозы. Георгіевской монырь и его крутая лѣстница къ морю оставили во мнѣ ное впечатлѣніе. Тутъ же видѣлъ я и баснословныя разны храма Діаны. Видно миѳологическія преданія счастли для меня воспоминаній историческихъ, по крайней мѣрѣ тъ посѣтили меня риѳмы.

ь Бахчисарай пріѣхалъ я больной. Я прежде слыхалъ о анномъ памятникѣ влюбленнаго хана. К** поэтически ывала мнѣ его, называя *la fontaine des larmes*. Во ь во дворецъ, увидѣлъ я испорченный фонтанъ; изъ кавой желѣзной трубки по каплямъ падала вода. Я обо ь дворецъ съ большой досадою на небреженіе, въ кото ь онъ истлѣваетъ, и на полуевропейскія передѣлки нѣ орыхъ комнатъ. N. N. почти насильно повелъ меня по хой лѣстницѣ въ развалины гарема и на ханское клад е:

Но не тѣмъ

Въ то время сердце полно было:
радка меня мучила.

что касается до памятника ханской любовницы, о комъ говоритъ М., я о немъ не вспомнилъ, когда писалъ поэму, а то бы непремѣнно имъ воспользовался.

Конецъ первой части.

Продается въ книжномъ магазинѣ *А. Смирдина*, по 20 руб. экземпляръ.

комментарии

Preface

After two centuries and countless scholarly efforts (many of the highest quality) there is no "ideal" edition of Pushkin. Let us be the first to say that the *Sochineniia Pushkina* we are initiating with the present volume is no exception. Clearly, as the title announces, we are not offering a *Polnoe sobranie sochinenii Pushkina* and in no way is our project intended to supplant the "large" or "small" Academy editions of the past or the new "complete works" now underway at Pushkinskii Dom. Our intentions are both more modest and, to the extent that our editorial philosophy departs from longstanding practice, more ambitious.

To begin with, our edition will have two series of texts: the first series will treat works published in Pushkin's lifetime, the second works appearing only posthumously. The reader will note that, with regard to the reprinted texts in the first series, there are numerous instances where the versions published in Pushkin's lifetime differ from the versions established subsequently by scholarly practice. These changes can be explained by various reasons: censorship (or self-censorship), typographical error, subsequent editorial decision/intervention. It is not our goal to debate these changes, but rather to present to the reader these published texts as "literary facts" of the Pushkin epoch. At the same time, we have attempted to accompany these texts with historico-literary commentary reflective of current scholarly awareness. This entails, on the one hand, general essays on a work's "creative history," on the Russian and European literary context — including concrete sources — surrounding it, and on its reception by contemporaries of Pushkin; and on the other, interlinear glosses whose purpose it is to explain the literary and, where necessary, biographical "subtexts" underlying separate sections of text.

Let us be plain: every word of Pushkin's magnificent corpus should be carefully examined. This holds true of course both for the poet's printed and for his handwritten legacy. Thus, we begin from the position that textology is one (but only one) of the cornerstones of modern Pushkin studies and should be a component of any serious edition of the poet. After all, no prominent Pushkinist of the prior two centuries could ignore such issues as: the poet's handwriting and orthography, his rough and fair copies, the paleontological examination of ink and paper, the timing of changes in a given compositional history. To repeat, all this is necessary to take into account, particularly when we are dealing with works, say *Kamennyi gost'* or *Mednyi vsadnik* or many of Pushkin's poems of the 1830's, that were never printed in the Pushkin's lifetime.

But we also begin from the position that we do not live in an ideal world, nor is there much chance that one will be appearing any time soon. Purely objectively, and without minimizing prior accomplishments, it can be argued that too much time and effort have been spent on assuming how Pushkin censored himself, sometimes for political reasons, sometimes for personal ones, when it is difficult if not impossible to say how much, and in what precise form, he would have allowed into print had he total freedom to do so. Censorship, whether imposed from without or from within, was by no means always Pushkin's enemy. And no scholar, no matter how meticulous and sensitive, can "read" the poet's mind correctly in every case as to what he would have preferred to exclude or include in a text, especially when that text went unpublished in his lifetime. In this respect the "Soviet" episteme, with its positivist bent and centralizing fervor, did, despite all the best efforts of scholars, seep into previous parsings of Pushkin's creative thinking. To repeat, some version, preferably an exacting one, of a work's *tvorcheskaia istoriia* is needed, but if we wait until the "definitive" *tvorcheskie istorii* of everything in Pushkin's oeuvre are codified into empirical fact before we address other components of a scholarly apparatus, we may be postponing the "ideal" edition into the utopian future. At some point, and we believe that point has been reached, the law of diminishing returns enters the picture.

Preface

This then is the principal *raison d'être* for our project: *Sochineniia Pushkina* seeks, without sacrificing scholarly seriousness, a balance among the history of a work's conception and publication, its contextualization and background in literary sources, its initial reception, and interlinear annotations to its text. To reiterate, because we prefer to situate Pushkin in his historical milieu, we are presenting the reader with reprinted versions of his books as they appeared in his lifetime (obviously this desideratum applies only to the poet's published works). Not only do these reprints give the reader the handsome "artifactual" feel of an original Pushkin text, they avoid the vexed issue of orthography, by showing how the texts actually looked before they were modernized by Soviet convention. Now the reader can follow along and decide for himself as to the validity of certain changes (some are straightforward but not all). Finally, one of the distinct pleasures of working on this edition is that it has allowed contemporary Pushkin scholars to acknowledge the contributions of the great Pushkinists of the past, several of whom suffered because their ideas of a properly annotated Pushkin were not what the "Soviet reader" wanted at the time the Jubilee Edition was being prepared for publication. Our annotations build on the findings (properly acknowledged) of these scholars who for reasons out of their control did not have the opportunity to see into print what they started (or in some instances virtually finished).

The present edition is in every sense of the word a joint publication, bringing together scholars from different backgrounds, generations, and scholarly viewpoints. Financial support for the project has been generously provided by the Vilas Trust and the Pushkin Center at the University of Wisconsin-Madison.

David M. Bethea

Предисловие

Два века неустанных научных трудов (часто в высшей степени достойных) не дали «идеального» собрания сочинений Пушкина. Этот том кладет начало еще одному, которое мы сами не смеем считать исключением из правила. Как видно из заглавия, это не «Полное собрание сочинений Пушкина», и мы не ставили себе целью подменить уже существующие академические издания (большое и малое) или новое издание, публикуемое Пушкинским Домом. Наши намерения скромны, хотя — в той мере, в какой выработанная нами издательская философия расходится с устоявшейся практикой, — в чем-то более честолюбивы.

Прежде всего, наше собрание включает два разряда текстов: сперва идут сочинения, имевшие *прижизненную публикацию*, затем — те, что были *напечатаны посмертно*. В репринтном воспроизведении текстов первого разряда читатель заметит расхождения, имеющиеся между прижизненными публикациями и их более привычными версиями, установленными научной традицией. Тому есть много причин: вмешательство цензуры (или самоцензуры), типографские ошибки, решение издателя. Мы не собираемся обсуждать их правомерность; наша цель — представить эти тексты в качестве «литературного факта» пушкинской эпохи. При этом мы постарались сопроводить их историко-литературным комментарием, соответствующим современному состоянию научной пушкинистики. В состав комментария входят, с одной стороны, общие очерки о творческой истории того или иного произведения, о его русском и европейском литературном контексте и конкретных литературных источниках, о восприятии пушкинского текста современниками, а с другой — построчный комментарий, выявляющий литературные и, в необходимых случаях, биографические подтексты отдельных фрагментов.

Каждое слово пушкинского корпуса текстов должно быть тщательно изучено. Это относится не только к опубликованному, но и к рукописному наследию поэта. Мы исходим из того, что текстология является основой (точнее, одной из основ) современной пушкинистики и потому должна играть существенную роль в любом серьезном издании поэта. Ни один крупный пушкинист минувших столетий не мог пройти мимо таких центральных текстологических проблем, как пушкинский почерк и орфография, черновые и беловые списки, палеонтологический анализ чернил и бумаги, историческая хронология внесенной правки. Игнорировать их невозможно, особенно в тех случаях, когда произведение (как, например, «Каменный гость», «Медный всадник» и целый ряд пушкинских стихотворений 1830-х гг.) при жизни поэта не публиковалось.

Но еще мы исходим из того, что действительность далека от идеала и расстояние между ними вряд ли внезапно сократится. Сохраняя объективность и отнюдь не умаляя достижения предшественников, задумаемся: не слишком ли много времени и сил было затрачено на выявление случаев пушкинской — политической или сугубо личной — самоцензуры, когда мы не можем точно сказать, как много и в какой именно форме он бы опубликовал, будь его воля. Внешняя и внутренняя цензура не всегда была для Пушкина враждебным фактором. И ни один самый тонкий и дотошный ученый не способен всегда безошибочно угадать, что именно поэт хотел включить в текст или, наоборот, вычеркнуть, особенно в случае посмертной публикации. В этом отношении позитивистский уклон и централизаторство советской эпистемы, несмотря на самые лучшие намерения пушкинистов, привели к своего рода грамматическому разбору творческого мышления Пушкина. Никто не спорит: нам необходима творческая история — причем, желательно, самая точная — каждого пушкинского сочинения, но если мы будем ждать полной и окончательной кодификации

Комментарии

пушкинского корпуса и эмпирических данных и лишь тогда возьмемся за остальные части научного аппарата, то «идеальное» собрание сочинений останется достоянием утопического будущего. В какой-то момент — и, как мы полагаем, он уже наступил — в действие вступает закон целесообразности.

Таков основной смысл нашего предприятия. «Сочинения Пушкина» — попытка, не жертвуя научной основательностью, найти *равновесие* между историей замысла и публикации, литературным контекстом и источниками, первоначальной рецепцией и построчным комментарием к тексту. Как уже было сказано, мы предпочли представить Пушкина в его историческом обличье, а потому предлагаем читателю репринтное воспроизведение его прижизненных изданий (естественно, это относится только к публиковавшимся произведениям). Это позволяет придать своеобразную «артефактность» оригинальным вариантам текстов, а также избежать вечной проблемы орфографии: они предстают перед нами такими, какими были до советской модернизации. Теперь, имея под рукой оба варианта правописания, читатель может сам отслеживать и оценивать степень желательности тех или иных изменений (многие из них очевидны, но отнюдь не все).

И последнее. Работа над этим изданием позволила нам отдать дань благодарности великим пушкинистам прошлого, в том числе и тем, кто пострадал за свой замысел комментированного собрания сочинений Пушкина, якобы чуждый «советскому читателю», предполагаемому адресату юбилейного издания. Наш комментарий во многом опирается на эти работы, которые, по причинам от авторов не зависящим, не дошли до печати, и продолжает то, что было ими начато (а в некоторых случаях почти доведено до завершения). Разумеется, мы по возможности постарались учесть и комментаторский материал, накопившийся в процессе научного изучения творчества Пушкина за последующие десятилетия.

Настоящее издание — в полном смысле слова «совместное». Его подготовка объединила ученых с разным культурным опытом и не во всем придерживающихся сходных взглядов. Издание осуществлено благодаря финансовой поддержке Vilas Trust и Пушкинского центра Университета Висконсин-Мэдисон.

Дэвид Бетеа

От комментаторов

Комментарий к текстам первого тома составлен О. А. Проскуриным при участии Н. Г. Охотина (преамбула, участие в комментировании «Бахчисарайского фонтана»).

Настоящий комментарий посвящен прежде всего историко-литературным аспектам пушкинского текста. При этом комментаторы не стремились, да и не имели возможности учесть все множество мнений, сложившихся в пушкинистике за полтора века ее существования, — объем подобного реферирования превысил бы все разумные пределы. Сходными соображениями мотивирован и отказ от реального комментария — можно надеяться, что совокупность пушкинистических и универсальных справочных изданий поможет читателям преодолеть возможные затруднения (частичной компенсацией, возможно, станут вспомогательные указатели, которые предполагается включить во второй том настоящего издания). Огорчительное отсутствие лингвистических нотаций, к сожалению, входит в традицию комментирования Пушкина — мы не сочли себя достаточно компетентными, чтобы преодолеть эту печальную традицию, и вынуждены отослать читателя к многочисленным исследовательским работам о языке Пушкина и пушкинской эпохи в целом. Наконец, данный комментарий нередко отступает от академической строгости: причина этого коренится отчасти в экспериментальном характере издания, а отчасти — в условиях работы над томом и личностных свойствах комментаторов, которые, разумеется, не снимают с себя ответственности за все допущенные ошибки и недочеты.

Ссылки на тексты Пушкина, кроме специально оговоренных случаев, даются по так называемому Большому академическому изданию: *Пушкин А. С.* Полное собрание сочинений, 1837–1937: В 17 т. М.; Л.: Изд-во АН СССР, 1937–1959 (далее: ПСС 1937–1959). В ссылках указываются лишь номера томов и страниц — первые обозначены римскими, а вторые — арабскими цифрами.

Пользуемся случаем выразить благодарность за помощь в работе А. С. Бодровой, И. Л. Великодной, Ю. Ю. Гречиховой, Т. А. Китаниной, Е. О. Ларионовой, Н. Н. Мазур, В. А. Степановой и, особенно, Т. И. Краснобородько и С. Б. Федотовой, чьи постоянные консультации позволили усовершенствовать публикуемый комментарий.

О.П., Н.О.

«Поэмы и повести»

В основу настоящего издания положено репринтное воспроизведение последней прижизненной публикации пушкинских поэм, выпущенных издателем и книгопродавцем А. Ф. Смирдиным в 1835 г.:

[Т. 1] Поэмы и повести Александра Пушкина. Часть первая. — С.-Петербург. Печатано в Военной Типографии. 1835. — [4 с. — издат. обложка] + [2 с. — фронтиспис с портретом] + [8 с. ненумерованных] + 232 с. — 8°.

[Т. 2] Поэмы и повести Александра Пушкина. Часть вторая. — С.-Петербург. Печатано в Военной Типографии. 1835. — [4 обл.] + [8 ненум.] + 221 с. + [1 с. ненум.] — 8°.

Библиографическое описание издания и отдельных его экземпляров см., например: Синявский, Цявловский 1938: 120–121, 123–124; Смирнов-Сокольский 1962: 372–373; Смирнов-Сокольский 1969: 403; Тимофеева 1997: 123; Великодная 1999: 175–181. В данном репринте воспроизводятся также издательские обложки, сохранившиеся лишь в нескольких экземплярах (описание см.: Смирнов-Сокольский 1962: 372–373).
  Портрет А. С. Пушкина, вплетенный в качестве фронтисписа в некоторых из сохранившихся экземпляров, был гравирован Н. И. Уткиным по оригиналу О. А. Кипренского в 1827 г. и впервые напечатан по заказу А. А. Дельвига в альманахе «Се-

верные цветы на 1828 год» (СПб., 1827). Позднее включался в издание «Руслана и Людмилы» 1828 г. (с увеличением цены за книгу на 2 рубля) и в альманах А. А. Дельвига и О. М. Сомова «Подснежник» (СПб., 1829); оттиски гравюры (с медной доски) продавались также отдельно (об истории гравюры см., например: Принцева 1983: 74–79). Помещение портрета в экземплярах «Поэм и повестей», видимо, не было предусмотрено издательским замыслом (определить же, является наличие портрета в конкретном экземпляре следствием воли книгопродавца или книговладельца, не представляется возможным).

История издания «Поэм и повестей» 1835 г. (далее — ПП1–2) документирована весьма скудно — нам практически ничего не известно (по крайней мере, в деталях) ни о подготовке рукописи, ни об условиях договора с А. Ф. Смирдиным, ни о прохождении двухтомника через цензуру, ни о том, как книга продавалась. Отсутствие каких бы то ни было упоминаний о новом издании поэм в бумагах Пушкина может объясняться, в частности, тем, что для него это переиздание было скорее рутинным коммерческим предприятием, нежели самостоятельным литературным проектом. Экономическая мотивация прослеживается еще в первом замысле Пушкина выпустить собрание своих поэм, который можно датировать началом 1829 г. Судя по письму П. А. Плетнева от 29 марта 1829 г. (XIV: 41), Пушкин, воодушевленный выгодами, полученными от продажи Смирдину права на переиздание «Бахчисарайского фонтана» (1827), «Руслана и Людмилы» (1828) и «Кавказского пленника» (1828), планировал выпустить три тома своих сочинений, из которых в первые два, как можно предположить, должны были войти, кроме упомянутых трех поэм, «Цыганы» (1827), «Братья-разбойники» (1827), «Граф Нулин» (1828) и «Полтава» (1829); третий том, вероятно, должен был состоять из мелких стихотворений (см.: Гессен 1930: 103–104; Смирнов-Сокольский 1962: 219–220). Критические выкладки Плетнева, справедливо указавшего на коммерческую бесперспективность такого проекта (недавние издания и переиздания поэм еще не были раскуплены), в тот момент были учтены Пушкиным, однако не помешали ему впоследствии не раз возвращаться к мысли о перепечатке поэм в рамках собрания сочинений. Свидетельством этому могут почитаться некоторые списки произведений, сохранившиеся в его черновых рукописях (см.: Рукою Пушкина 1935: 264–268). Если перечень, предположительно датируемый апрелем 1832 г. (Там же, 264), содержит лишь подсчет объема всех изданных до того времени произведений*, то в следующем списке сочинений, сформированном к сентябрю 1834 г.**, поэмы выделены в три отдельные группы: «Руслан и Людмила», «Кавказский пленник» и «Братья-разбойники» составляют первую из них; «Бахчисарайский фонтан», «Цыганы», «Граф Нулин» и «Полтава» — вторую, а «Домик в Коломне» и «Анджело» вместе с «Евгением Онегиным» — третью (этой группе присвоен номер: 3ій <томѣ>» [Там же, 265]; первый публикатор списка произвольно отделил «Онегина» от поздних поэм [Якушкин 1884: 643]). Приблизительный подсчет объема (в страницах), произведенный автором для первых двух групп, давал явную диспропорцию в распределении поэм: первой группе был приписан объем всего в 226 страниц, а второй — в 550. Возможно, это превышение (в значительной мере кажущееся***)

* Заметим кстати, что публикаторы не смогли объяснить в комментарии один из фрагментов записи: «$100 \times 8 = 800$» (в автографе написано в столбик). Поскольку Пушкин считал объем произведений списка в печатных листах, то данное умножение обозначает пересчет листов в страницы (при формате in 8°).
** Кроме перечисленных нами произведений, в список были включены «Борис Годунов», «мелкие стихотворения», повести, «История Пугачевского бунта», роман («Дубровский»? «Капитанская дочка»?) и сказки. Список записывался в два приема, последние приписки датируются сентябрем 1834 г. по положению в тетради (Рукою Пушкина 1935: 264). Как раз осенью 1834 г., судя по всему, должна была готовиться издательская рукопись ПП1–2 (если стандартные сроки издательского цикла 1830-х гг. в данном случае соблюдались).
*** Число страниц каждого произведения Пушкин определял приблизительно, иногда опираясь на пагинацию предшествующих изданий, иногда пересчитывая их формат (отдельные издания поэм выходили в форматах in 16°, in 12°, in 8°; сводное издание 1835 г. вышло in 8°), а иногда и явным образом беря произвольную цифру. Поскольку неизвестно, всегда ли при этом учитывался объем сопровождающих текстов, перепроверить эти подсчеты не представляется возможным, однако на самом деле вторая группа поэм по объему практически не превышала первую. Фактическое соотношение объемов позволило — при помене местами «Бахчисарайского фонтана» и «Графа Нулина» — вместить во второй том и «Домик в Коломне» с «Анджело».

и побудило Пушкина в издании 1835 г. поменять местами «Братьев-разбойников» и «Бахчисарайский фонтан», тем самым нарушив отраженный в списке хронологический порядок поэм. Следующий план собрания сочинений составлен, вероятно, уже после издания 1835 г. — здесь значатся «2 тома повѣстей / 2 тома стихотв.<орений> / Онѣг.<ин> и Траг.<едіи> / Проза — » (Рукою Пушкина 1935: 268; публикаторы датируют текст 1836 г. на основании экспертного допущения, что бумагу с водяным знаком „1834Г" „Пушкин употреблял в 1836 г.»). Подразумевался ли под «2 томами повестей» двухтомник 1835 г., или имелись в виду готовившиеся тома прозаических «Романов и повестей» 1837 г. (об этом уничтоженном издании см.: Модзалевский 1933: 246–253; Смирнов-Сокольский 1962: 402–406), — остается только гадать (в пользу первого предположения говорит упоминание «прозы» в конце списка, в пользу второго — планирование двух томов прозаических повестей в перечне 1834 г.: Рукою Пушкина 1935: 265–266)*.

Стабильность сотрудничества Пушкина с издателем Смирдиным (начиная с известного договора 1830 г. до конца 1835 г. [см.: XIV: 86–87, 89–90, 93; Гессен 1930: 103–104; Смирнов-Сокольский 1962: 213–214, 332–337, 384]) делает трудноразрешимым вопрос о том, кто из них был инициатором издания «Поэм и повестей» (нельзя исключать и участия Плетнева, многолетнего советчика и агента Пушкина в издательских про-

---

* В письме А. И. Тургенева к В. А. Жуковскому от 28 марта 1837 г. (Москва) содержится загадочное замечание: «Пушкин за день до дуэли подарил мне свои повести с отметкою его руки на заглавии (вместо 1-й части написано 2-я), отыщите и ее и пришлите ко мне» (Цявловский 1927: 28). Публикатор письма, идентифицировавший эту книгу как первый том «Поэм и повестей» 1835 г., благоразумно уклонился от интерпретации пушкинского жеста (Там же, 32). Позволим себе, однако, высказать осторожное предположение, что перемена нумерации могла была связана с перекомпоновкой уже цитированного плана собрания сочинений, которое обдумывалось Пушкиным в 1836 г. (с «повестями» на первом месте). Любопытно, что «Поэмы и повести» занимают второе место и в посмертном собрании сочинений (1838), в котором первый том отдан «Евгению Онегину» и «Борису Годунову», объединенным уже в пушкинском плане 1836 г. (при этом такое распределение появилось не сразу: первоначально поэмами планировалось открыть издание [см.: Архив опеки 1939: 162–163, 172–173]).

ектах). Условия, заключенные между книгопродавцем и поэтом, по правдоподобной реконструкции Н. П. Смирнова-Сокольского, были стандартны: Пушкин получал примерно 50% от продажной стоимости тиража, что при цене двух томов 20 рублей и обычном тираже 1200 экземпляров составляло 12 тысяч рублей ассигнациями (Смирнов-Сокольский 1962: 374–375; не слишком убедителен тезис исследователя, что для Смирдина публикация собрания была нерентабельной — спрос на отдельные издания за 5–8 лет, прошедших с момента их выхода в свет, должен был исчерпаться, да и прибыль от продажи более дешевого и полного собрания заведомо компенсировала возможные убытки).

Данные о сроках подготовки рукописи ПП1–2 у нас отсутствуют, первое достоверное свидетельство о ее существовании — входящая запись в Журнале поступления рукописей Санкт-Петербургского цензурного комитета от 15 января 1835 г. (РГИА. Ф. 777. Оп. 27. Д. 199; см.: Вацуро, Гиллельсон 1986: 368). Уже 22 января рукопись была одобрена и получена Смирдиным для напечатания (тем самым дата цензурного разрешения 12 января, означенная на обороте титульного листа, признается фиктивной [Там же]). В цензурной истории «Поэм и повестей» никак не отразилась та особая процедура, которой подвергались книги Пушкина с 1826 г. (они рассматривались лично императором Николаем I и/или III Отделением Е. И. В. канцелярии [см., например: Лемке 1909: 468–526; Вацуро, Гиллельсон 1986: 184–240, 367–371]). В апреле 1834 г. претензии на цензурование пушкинских произведений предъявило Министерство народного просвещения, которому подчинялись цензурные комитеты; в результате книги Пушкина подчас должны были получать двойное разрешение на публикацию. В отличие от части IV «Стихотворений Александра Пушкина», которая готовилась и издавалась в тот же период, следов прохождения «Поэм и повестей» через высочайшую или жандармскую цензуру не сохранилось (это могло объясняться тем, что в двухтомник входили исключительно републикации, ранее уже «дозволенные правительством»). Обычную цензуру книги осуществлял А. В. Никитенко, который, судя по всему, никаких претензий к рукописи не предъявил — тексты поэм по сравнению с последними из предшествующих изданий остались без изменений; некоторые сопроводительные тексты — предисловия и примечания — были изъяты или сокращены, однако нет никаких оснований считать, что это сделано по настоянию цензуры. Исключением, возможно, является «Анджело»: в свое время В. Э. Вацуро и М. И. Гиллельсон выдвинули гипотезу, что Пушкин хотел в ПП2 восстановить цензурные купюры, при первой публикации поэмы (1834) сделанные тем же Никитенко по настоянию министра С. С. Уварова, но натолкнулся на жесткое сопротивление цензурного ведомства (Вацуро, Гиллельсон 1986: 186–190); несмотря на свое остроумие и косвенные подтверждения, гипотеза эта не может пока считаться полностью доказанной — распоряжение Уварова об одобрении неких двух стихотворений Пушкина «…в том же виде, в каком сии пиесы были дозволены в первый раз» (Там же, 188) датировано 24 января 1835 г., т. е. двумя днями позже даты одобрения рукописи обоих томов и выдачи их издателю (не исключено, что замечание министра относилось к каким-либо текстам из части IV «Стихотворений», которая находилась в цензуре одновременно с собранием поэм).

ПП1 была отпечатана в Военной типографии 4 апреля 1835 г., а 10 апреля получила цензурный выпускной билет. Свидетельство фактора и выпускной билет второй части датируются соответственно 19 и 25 июля (Модзалевский 1933: 243–244). Объявление о выходе первой книги появилось уже в десятом (апрельском) томе «Библиотеки для чтения» и сопровождалось кратким отзывом: «Изданию „Поэм и Повестей" А. С. Пушкина мы предсказываем большой успех. Оно отличается особенною изящностью и весьма умеренною ценою. Творения знаменитого нашего поэта, до сих пор рассеянные по брошюрам, были нестерпимо дороги для собирателей. Теперь они представляются в целом, и доступны всякому. В этой первой части заключаются — „Руслан и Людмила", „Кавказский пленник" и „Бахчисарайский фонтан"» (БдЧ. 1835. Т. X. № 5. Отд. VI. С. 1). 8 мая «Московские ведомости» сообщали о подписке на оба тома в лавке московского книгопродавца А. С. Ширяева (по цене 25 рублей, с выдачей первого тома: МВед. 1835. 8 мая. № 37. С. 1812; см. также книгопродавческие объявления: МВед. 1835. 6 июля. № 54; СПч. 1835. 11 июля. № 152). В июньском объявлении «Северной пчелы», подписанном инициалами *М. М.*, повторялись рекламные формулировки «Библиотеки для чтения»: «Издание этих „Поэм и Повестей" было необходимо; почитатели поэта давно уже его ожидали, потому что не в состоянии были приобресть по одиночке эти disjecta membra его фантазии. А. Ф. Смирдин удовлетворил их ожиданию, издав собрание Поэм А. С. Пушкина, которое, как и все его издания, отличается красивостью и вместе умеренностию цены. Хотя, конечно, нельзя назвать дешевым издание двух томов посредственной величины, продающихся по двадцати рублей; но в сравнении с прежнею непомерною ценою поэтических брошюр, его составляющих, эта цена очень умеренна. Первая часть, вышедшая в свет, заключает в себе три поэмы: „Руслан и Людмила", „Кавказский пленник" и „Бахчисарайский фонтан". Во второй части будут: „Полтава", „Цыганы", „Граф Нулин", „Братья разбойники", „Домик в Коломне" и „Анджело"» (СПч. 1835. 18 июня. № 134. С. 553; в сноске: «Продается у издателя А. Ф. Смирдина; в книжных лавках братьев Ильи и Николая Глазуновых, и у других книгопродавцев. Цена экземпляру двадцать рублей»). ПП2 впервые анонсирована в «Северной пчеле» от 27 августа: «Это вторая и последняя часть собрания больших стихотворных произведений А. С. Пушкина, издаваемого нашим неутомимым Смирдиным. Мы уже говорили о первой; в вышедшей на днях второй части заключаются следующие поэмы и повести: „Братья разбойники", „Цыганы", „Граф Нулин", „Полтава", „Домик в Коломне" и „Анджело"» (СПч. 1835. 27 августа. № 191. С. 759; в сноске: «Цена двум частям двадцать рублей»). В Москве первое объявление о продаже ПП2 у Ширяева появилось 31 августа (МВед. 1835. № 70; цена 23 рубля, в переплете — 25 рублей). Развернутые отзывы на издание, насколько нам известно, в печати не появлялись.

Н. О.

«Руслан и Людмила»

Сохранившиеся автографы

1   Черновой автограф в Лицейской тетради (ПД 829. Л. 45, 47–49, 50, 51–54, 56, 59–59 об., 62–64 об., 65 об. — 69, 70 об. — 76 об.; воспроизведено: Рабочие тетради 1995–1997, II).

2   Эпилог в Лицейской тетради (ПД 829. Л. 54 об.: черновой набросок) и в Записной книжке 1820–1823 гг. (ПД 830. Л. 1 об. — 4: первоначальная и окончательная редакции); воспроизведено: Рабочие тетради 1995–1997, II.

3   Пролог ко 2-му изданию поэмы: черновой автограф начала в Третьей масонской тетради (ПД 836, задний форзац; воспроизведено: Рабочие тетради 1995–1997, IV).

4   Планы поэмы в Лицейской тетради (ПД 829. Л. 63, 75, 75 об.; воспроизведено: Рабочие тетради 1995–1997, II).

5   Поправки к тексту на экземпляре 1-го издания РЛ (1820) (ПД 97).

Прижизненные публикации

ОТДЕЛЬНЫЕ ИЗДАНИЯ

1   Русланъ и Людмила. Поэма въ шести пѣсняхъ. Соч. А. Пушкина. Санктпетербургъ. Въ Типографіи Н. Греча, 1820. Далее: РиЛ1.

2   Русланъ и Людмила. Поэма Александра Пушкина. Изданіе второе, исправленное и умноженное. Санктпетербургъ,

Въ Типографіи Департам. народнаго просвѣщенія, 1828. Далее: РиЛ2.

3   Русланъ и Людмила // Поэмы и повѣсти Александра Пушкина. Часть первая. С.-Петербургъ. Печатано въ Военной Типографіи, 1835 (репринт см. в настоящем издании). Далее: РиЛ3.

АВТОРИЗОВАННЫЕ ЖУРНАЛЬНЫЕ ПУБЛИКАЦИИ

1   Отрывок из первой песни поэмы Руслан и Людмила (Руслан едет отыскивать свою молодую супругу, похищенную волшебником Черномором, находит старого пустынника, который открывает ему будущее и приглашает остаться ночевать в своей пещере) <от стиха «Руслан на мягкой мох ложится» до «Природа, мудрость и покой»> // Невский зритель. 1820. Т. I. № 3. С. 44–52.

2   Отрывок из третьей песни поэмы Людмила и Руслан // СО. 1820. № 15. С. 120–128 <от стиха «Уж утро хладное сияло» до «А как наеду — не спущу»>; № 16. С. 160–165 <от стиха «Тогда, от ярости немея» до «Твою пощечину забуду»>.

3   Прибавления к поэме: Руслан и Людмила. В шестой песни, стр. 132 и 133 <от стиха «Но только свет луны двурогой» до «Беда! восстали печенеги»!>. После стиха стр. 141 <от стиха «И пал без чувств он на колена» до «Руслан летит к Людмиле спящей» и пр.>. Эпилог // СО. 1820. № 38. С. 229–231.

Отрывки из РиЛ при жизни Пушкина перепечатывались в сборниках и хрестоматиях (подробную роспись см.: Синявский, Цявловский 1938).

В собрания сочинений Пушкина РиЛ входит начиная с так называемого «посмертного издания» (Сочинения 1838–1841, II: 1–116). Наиболее полный свод вариантов см.: ПСС 1937–1959, IV: 213–280; предисловие к РиЛ2 — с. 280–284.

Творческая история

Изучение творческой истории РиЛ затруднено слабой сохранностью рукописных материалов. Основная черновая рукопись поэмы находится в первой рабочей тетради Пушкина — так называемой Лицейской тетради (ПД 829). Тетрадь эта была начата в 1817 г. для записывания стихотворений лицейской поры. Однако в 1818 г. назначение ее изменилось: значительная часть тетради (с л. 45 до л. 76 об. включительно) оказалась занята черновым текстом РиЛ, перемежающимся текстами других сочинений. В рукописи представлен главным образом текст 3–6 песней (причем неполный; в частности, здесь отсутствует более половины Четвертой песни); две первые песни представлены только небольшими фрагментами-дополнениями. Судя по всему, Пушкин начал использовать Лицейскую тетрадь уже после того, как часть поэмы была им завершена и записана в каком-то другом месте (следует, впрочем, учитывать, что из тетради вырвано в разных местах до 50 листов; какая-то часть раннего текста могла находиться и на них). П. В. Анненков, в распоряжении которого были позднее утраченные пушкинские рукописи, сообщает, что текст РиЛ находился как в Лицейской тетради, «так и в отдельных листах, составляющих ее дополнение»; «перекрещенные и опять восстановленные строфы „Руслана и Людмилы" занимают в тех и других огромное место» (Анненков 1998: 103). В настоящее время ни один из этих «листов» не найден.

О характере и хронологии работы над песнями, не отразившимися в рукописи, можно судить только по косвенным данным.

В предисловии ко второму изданию «Руслана и Людмилы» (1828; см. ниже, раздел «Ранняя рецепция поэмы») Пушкин утверждал, что начал писать поэму еще в Лицее (следовательно, не позже первой половины 1817 г.). П. И. Бартенев подкрепил это сообщение биографическим преданием: Пушкин будто бы писал стихи РиЛ на стенах комнаты, куда он был посажен в наказание за шалость (Бартенев 1992: 93; это событие в «Летописи...» приурочено к январю–маю 1817 г. [см.: Летопись 1999, I: 92]). Однако ни заявление Пушкина, во многом продиктованное тактическими причинами (об этом см. ниже), ни апокрифические воспоминания не могут служить надежным документальным основанием для датировки начальной стадии работы над РиЛ. Туманные и не очень определенные свидетельства вступают в противоречие с самим содержанием поэмы.

Б. В. Томашевский установил тесную связь Первой песни РиЛ с «Историей Государства Российского» Карамзина, которую Пушкин впервые прочел в феврале 1818 г., сразу по выходе ее первых восьми томов (см.: XII: 305). На этом основании исследователь заключил, что начало систематической работы над текстом поэмы «относится ко времени не ранее 1818 г.»; «к лицейскому периоду могли относиться только первоначальные планы и какие-нибудь наброски» (Томашевский 1956: 296). С. А. Фомичев, отстаивая датировку начала работы над РиЛ 1817 г., напомнил, что, по некоторым данным, фрагменты «Истории…» Карамзин читал лицеистам еще в 1816 г.; кроме того, по мнению исследователя, некоторые «исторические реалии», отсылающие к тексту Карамзина, могли быть вставлены в Первую песнь уже в начале 1820 г., при перечитывании Пушкиным текста «Истории…» (Фомичев 1986b: 50). Однако отнесение начала работы над поэмой к февралю 1818 г. все же более вероятно: к «Истории…» восходят не только многочисленные детали Первой песни (иногда на уровне дословных цитат), но и имена всех трех соперников Руслана. Датировку начала работы 1818 г. подкрепляет и еще одно биографическое обстоятельство. Знакомство Пушкина с первыми восемью томами «Истории Государства Российского» (февраль 1818 г.) совпало по времени с его выздоровлением после первой венерической болезни (на это есть прямое указание в его автобиографических набросках — без точного обозначения болезни, которая именуется в них «гнилою горячкою» [XII: 305]). Меж тем А. И. Тургенев (в силу ряда обстоятельств лучше других осведомленный о ходе работы Пушкина над РиЛ) в письме Вяземскому от 18 декабря 1819 г. свидетельствовал: «Первая <- - -> болезнь была и первою кормилицею его поэмы» (ОА I: 174).

Первые свидетельства современников о РиЛ появляются весной 1818 г. Самое раннее из них содержится в письме В. Л. Пушкина князю П. А. Вяземскому от 17 апреля 1818 г.: «<А. И.> Тургенев <…> мне сказывал, что мой племянник пишет прекрасную поэму и читал из нее отрывки в последнем Арзамасе…» (Ильин-Томич 1979: 151; Арзамас 1994, I: 440; судя по всему, чтение состоялось 7 апреля, на заседании Арзамаса, приуроченном к отъезду Д. Н. Блудова в Англию [см. письмо А. И. Тургенева Вяземскому от 7 апреля 1818 г.: ОА I: 99]). Работа над поэмой продолжилась в мае, о чем свидетельствует письмо

К. Н. Батюшкова П. А. Вяземскому от 9 мая 1818 г.: «Забыл о Пушкине молодом: он пишет прелестную поэму и зреет» (Батюшков 1989, II: 485). В письме от 17 мая об успехах племянника на новом поприще сообщал Вяземскому и В. Л. Пушкин: «Он теперь пишет новую поэму, от которой Тургенев в восхищении» (Ильин-Томич 1979: 151).

Видимо, во всех этих отзывах речь идет о Первой песни; Вторая песнь, судя по некоторым содержательным особенностям (позволяющим предположить в описании садов Черномора игровое отражение впечатлений Пушкина от поездок в Петергоф и присутствия его на Петергофском празднике 1 июля 1818 г.; см. подробнее в построчном комментарии), вряд ли могла быть начата раньше июля.

К осени Пушкин основательно продвинулся в своей работе. В начале ноября 1818 г. Батюшков писал Д. Н. Блудову: «Сверчок начинает третью песню поэмы своей. Талант чудесный, редкий! Вкус, остроумие, изобретение, веселость. Ариост в девятнадцать лет не мог бы писать лучше. С прискорбием вижу, что он предается рассеянию со вредом себе и нам, любителям прекрасных стихов» (Батюшков 1989, II: 485).

Только начиная с Третьей песни работа Пушкина над РиЛ получает отражение в Лицейской тетради*. Записывать

---

* К сожалению, текстологический комментарий С. М. Бонди, готовившего текст РиЛ для ПСС 1937–1959, утрачен. В соответствии с общей установкой издания, в разделе «Черновые редакции» ПСС 1937–1959 материал из разных мест черновика поэмы расположен в соответствии с композицией ее окончательного текста (IV: 213–276). Поэтому для изучения творческой истории РиЛ этот раздел оказался менее полезным, чем мог бы быть. Оригинальную концепцию творческой истории РиЛ предложил С. А. Фомичев (Фомичев 1986b: 44–50). Исследователь считал, что хронологически первые записи к поэме в Лицейской тетради появляются на л. 46 и что порядок расположения фрагментов поэмы в тетради точно отражает последовательность работы над ней Пушкина. Радикальное отличие вычлененного таким образом «первоначального» текста от окончательной версии и возникающие при этом сюжетные несообразности (например, появление сцены с убитым Русланом задолго до эпизода с его готовящимся убийством) исследователь считал результатом напряженных композиционных поисков Пушкина. Хотя представление о линейном характере заполнения Лицейской тетради противоречит хорошо известным пушкинистам фактам, концепцию Фомичева в общем безоговорочно принял В. А. Кошелев, основав на ней текстологическую часть

«Руслан и Людмила»

Третью песнь Пушкин начал не сразу после лицейских стихотворений, а в *середине* тетради: между блоком стихов и поэмой он оставил свободными около двадцати листов, рассчитывая использовать их либо для продолжения записей лицейских стихов, либо для переписывания туда набело первых двух песней РиЛ.

Текст песни начинался, видимо, на вырванном листе между л. 61 и 62 (от него сохранилась только узкая незаполненная полоска); л. 62 также оборван; от него сохранился обрывок верхней части, позволяющий заключить, что лицевая сторона листа была занята явлением Наины во дворец Черномора, а оборотная — рассказом об обнаружении Людмилой чудесных свойств шапки Черномора. Затем Пушкин переписал финальный фрагмент (от стихов «Рядиться никогда не лѣнь!» до «Ничто теперь мнѣ не опасно») на л. 63 и поставил под ним витиеватый росчерк. На этом работа над поэмой на какое-то время прервалась. Она была возобновлена на том же листе, но уже новыми (черными) чернилами и доведена до л. 67: новая часть текста посвящена прибытию Руслана на поле битвы, поискам меча и встрече с Головой. Часть листов из рукописи Третьей песни Пушкиным была вырвана — видимо, для последующего перебеливания; от некоторых листов (с текстом и сопровождавшими его пушкинскими рисунками-иллюстрациями) сохранились лишь незначительные фрагменты.

Возобновление работы над Третьей песнью оказалось связано с уточнением общих представлений Пушкина о поэме, ее сюжете и композиции. На л. 63, в нижней части левой полосы (сразу за стихами о Людмиле, узнавшей чудесные свойства потерянной Черномором шапки), Пушкин провел черными чернилами черту, а под ней набросал следующий *план*:

своей книги о РиЛ (см.: Кошелев 1997: 12–26). Исследование Н. Н. Петруниной (Петрунина 1992) во многом полемично по отношению к этой концепции. Работа Петруниной — прочный фундамент для дальнейшего изучения проблемы. Исследовательница детально и в целом очень убедительно реконструировала творческую историю РиЛ; но некоторые ее выводы требуют дополнений и уточнений (Петрунина, в частности, не приняла во внимание свидетельство Батюшкова и датировала завершение Третьей песни «ранней весной 1818 года», что привело к хронологическим смещениям).

> [(Людмила, обманута призракомъ; попадаетъ въ сѣти и усыплена Черноморомъ)—
> — Полѣ битвы; Наина (?) —*
> *Русланъ и голова.*]
> Фарлафъ, въ загородной дачѣ
> Ратмиръ, у двѣнадц. сп. дѣ.
> Русланъ [*Русалки*], [*соловей-разбойникъ*] (— —) Русланъ и Черноморъ —
> — Убійство — конецъ. —
> (ср.: IV: 213)

Как видно, на первоначальной стадии разработки замысел поэмы отличался от окончательного текста. Усыпление Людмилы должно было, вероятно, следовать непосредственно за обретением волшебной шапки. Приключения Руслана и встреча его с Головой должны были занять место *после* этого эпизода. Но затем — видимо, уже после завершения Третьей песни — Пушкин производит в плане композиционные перестановки: для поддержания сюжетного интереса усыпление Людмилы перемещается на место *после* приключений героев. Первый пункт плана берется в скобки и переносится на место, обозначенное скобками с прочерком внутри. Получившийся в результате перекомпоновки блок «Ратмир — Руслан — Людмила» в точности соответствует композиции Четвертой песни поэмы в окончательной редакции.

К этой песни Пушкин приступил в начале декабря. 3 декабря 1818 г. А. И. Тургенев извещал Вяземского: «Пушкин уже на четвертой песне своей поэмы, которая будет иметь всего шесть» (ОА I: 160). 18 декабря 1818 г. А. И. Тургенев, по обыкновению сокрушаясь о легкомысленном поведении Пушкина, сообщает тому же корреспонденту: «Но при всем беспутном образе жизни его, он кончает четвертую песню поэмы. Если бы еще два или три <- - ->, так и дело в шляпе» (ОА I: 174).

---

* Вставлено позже, в уже написанный план, более мелким почерком; в ПСС 1937–1959 читается: «— поле битвы, Наина —» (IV: 213).

Четвертая песнь, о которой говорит Тургенев в декабре 1818 г., — это, скорее всего, разделы об усыплении Людмилы и о путешествии Руслана. Никаких следов этой части песни в Лицейской тетради не сохранилось. Скорее всего, они были записаны Пушкиным где-то в другом месте, еще до корректировки плана. Косвенным подтверждением тому может служить то обстоятельство, что при повторном обращении к плану Пушкин перечеркнул (наряду с пунктами, уже реализованными в Третьей песни) пункты о Людмиле и приключениях Руслана: в планах своих поэм Пушкин нередко зачеркивал уже выполненные разделы (см., например, комментарий к КП в настоящем томе). Кроме того, других частей Четвертой песни в декабре 1818 г. попросту еще не существовало; в это время Пушкин был занят совсем другими эпизодами поэмы.

В процессе работы над Третьей песнью уточнились представления Пушкина не только о перспективах *продолжения* поэмы, но и о составе и композиции *уже написанного* текста. Судя по всему, в уже написанных к концу 1818 г. песнях действие концентрировалось вокруг двух заглавных героев (об отличиях от печатного текста первых глав РиЛ, читанных Пушкиным в зиму 1818/19 г. у кн. А. Шаховского, свидетельствует в своих воспоминаниях А. Е. Асенкова [Пушкин в воспоминаниях 1998, I: 473]). Но при составлении плана продолжения поэмы, в которой немало места должно было быть уделено Ратмиру и Фарлафу, Пушкин решил детальнее прописать сюжетные линии соперников Руслана и в уже готовой части. Кроме того, сделав Наину в Третьей песни союзницей Черномора, Пушкин решил активизировать и усложнить ее роль в первых песнях (первоначально Наина, судя по всему, выступала исключительно как героиня трагикомического «романа» Финна).

Сюжетные дополнения к первым песням Пушкин начинает вписывать на незаполненных листах между блоком лицейских стихотворений и Третьей песнью РиЛ. Он добавляет ко *Второй* песни встречу Рогдая (точнее — в соответствии с рукописью — еще *Рахдая*) с Фарлафом — комическую параллель поединка Рахдая с Русланом (последний поединок уже, бесспорно, был в поэме описан, о чем свидетельствует строка в черновике Третьей песни: «Рахдая [грозный побѣдитель]», исправленная потом на: «Сразивъ ужаснаго Рахдая» (л. 63; ср.: IV: 225). Сцена завершается появлением «старушки» (Наины), направляющей Рогдая к месту роковой встречи с Русланом (л. 47–48 об.). На л. 50 Пушкин вносит дополнения и в Первую песнь: Финн предупреждает Руслана о грядущих кознях Наины («Старушка [злобная] хитрая конечно / Возненавидитъ и тебя»).

Видимо, в ходе работы над дополнениями Пушкин попутно делает три мелкие поправки к первым песням: на л. 45 — к Первой: «Я молв. горестн. женихъ» и «Потупили смущенный взглядъ»; на л. 50 — ко Второй: «члены грозно» (это, видимо, вариант стиха «Их члены, злобно сведены» в картине боя Руслана и Рогдая).

По завершении Третьей песни Пушкин решает усложнить поэму и структурно-композиционно; по новому замыслу каждая песнь должна теперь начинаться с шутливого авторского вступления, не связанного непосредственно с фабулой. Сразу после текста Третьей песни Пушкин набрасывает черновики двух таких вступлений: на л. 67 об. — «Какъ я люблю мою Княжну…», на л. 68 об. — «Соперники въ искуствѣ браней…» (второе — первоначально карандашом, затем чернилами). Правленый текст стихов о «соперниках» Пушкин переписывает (причем в двух вариантах и с новыми исправлениями) на л. 48 — сразу после дополнения ко Второй песни (встреча Рогдая с Наиной). В окончательном тексте эти стихи стали зачином Второй песни; скорее всего, такое предназначение было уготовано им изначально.

Судьба отрывка «Какъ я люблю мою Княжну…» оказалась сложнее. По завершении черновой редакции на л. 67 об. отрывок этот был переписан на л. 68 и получил такой вид (ср.: IV: 243–244):

ПѢСНЬ IV

Какъ я люблю мою Княжну
Мою прекрасную Людмилу —
[Ея] въ печаляхъ сердца тишину
[Ея любви невинной] Невинной страсти, огнь и силу
[Въ бѣдахъ] Затѣи, вѣтреность, покой

>   Улыбку, сквозь нѣмыя слезы…
>   И съ этимъ юности златой
>   Всѣ нѣжны прелести, всѣ розы!….
>   [Амуръ]! найду ли наконецъ
>   Моей Людмилы образецъ! —
>   Къ тебѣ я сердцемъ улетаю…
>   Дозволь увидѣть хоть одну
>   Людмилу, то есть не жену
>   (Жены я вовсе не желаю).
>   А вы Людмилы нашихъ дней
>   [Повѣрьте совѣсти] моей
>   [Душой открытой] вамъ желаю
>   Такова точно жениха
>   Какова здѣсь изображаю
>   По волѣ легкаго стиха! — —

Этот отрывок мотивно перекликается с текстом вступления к Пятой песни в окончательной редакции РиЛ, что и побудило исследователей говорить о первоначальных отличиях композиции поэмы от окончательного варианта и о последующих изменениях: «В черновике четвертой песнью названа окончательная пятая» (Томашевский 1956: 297). Меж тем отдаленные переклички отрывка с вступлением к Пятой песни вообще не дают основания для вывода о том, что перед нами две редакции одного и того же текста. Н. Н. Петрунина вполне убедительно заключила, что в редакции Лицейской тетради эти стихи никакого отношения к Пятой песни не имели, а могли относиться к запланированной (возможно, уже начатой) Четвертой песни, в которой пока не предполагалось делать событийным центром приключения Ратмира (Петрунина 1992: 192).

Большинство дополнений к первым двум песням, а также зачин Четвертой по ряду признаков относятся ко второй половине декабря 1818 — началу 1819 г. Ряд записей к РиЛ на л. 48 об., 49, 50 выполнен одинаковыми чернилами и одним и тем же пером; такими же чернилами на л. 49 (непосредственно под предупреждением Финна о грядущих кознях Наины) набросан черновик послания к актрисе Колосовой, которое не могло быть написано ранее 30 декабря 1818 г. — только в этот день Колосова дебютировала в упомянутой в послании роли Моины (Летопись 1999, I: 487; установлено Т. Г. Цявловской). Вряд ли другие дополнения сделаны много раньше.

Только после создания дополнений к песням 2 и 1 и вступлений к песням 2 и 4 Пушкин обращается к намеченному в плане пункту «Ратмир, в замке двенадцати дев», ставшему в итоге началом Четвертой песни*. Раздел начинается на л. 52 (после вырванного л. 51), сначала карандашом (нечитаемые следы карандашных записей сохранились и на обороте вырванного листа 51), затем чернилами. Работа продолжена до л. 56; в двух местах она выходит за пределы блока — на л. 50 и л. 69. Важным датирующим признаком фрагментов о Ратмире могут служить рыжевато-коричневые чернила, использованные Пушкиным практически во всех записях к этому сюжету. Запись текста к РиЛ на листе 69 («Онъ окруженъ! съ него не сводятъ…») датируется очень точно: сразу под нею Пушкин набросал (теми же пером и чернилами) черновик стихотворения «За старые грѣхи наказанъ я судьбой — / Я стражду 8 дней, съ Мѣркуріемъ въ желудкѣ» (вариант: «Съ поэмой на умѣ, съ Мѣркуріемъ въ желудкѣ»). Эти стихи, несомненно, были вызваны *второй* венерической болезнью Пушкина, о которой А. И. Тургенев сообщал П. А. Вяземскому 12 февраля 1819 г. как о свежей новости: «Пушкин слег: старое пристало к новому, и пришлось ему опять за поэму приниматься» (ОА I: 191; там же — приводившееся выше свидетельство о том, что начало работы Пушкина над поэмой было связано с *первой* аналогичной болезнью). Н. Н. Петрунина убедительно заключает: «Значит и стихи и фрагмент поэмы на л. 69 ЛТ появились в конце десятых чисел февраля 1819 г. Остальные же записи, связанные с историей Ратмира

---

* От первоначально намеченного пункта «Фарлаф, в загородной даче» Пушкин отказался. С. А. Фомичев предположил, что этот пункт реализовывался на вырванном листе 51 (см.: Фомичев 1986b: 46; подробнее — в его неопубликованной работе о Лицейской тетради, фрагменты из которой приведены в кн.: Кошелев 1997: 21–22; см. также: Денисенко, Фомичев 2001: 20). Это предположение не имеет под собой достаточных оснований, а местами просто противоречит пушкинской рукописи (так, С. А. Фомичев предполагает, что «профиль улыбающегося дурака» внизу сохранившейся части страницы — это портрет Фарлафа; между тем «улыбающийся дурак» одет по моде 1810-х гг.).

и дев замка, сделаны в тетради около того же времени...» (Петрунина 1992: 193).

Таким образом, работа над Четвертой песнью, начатая, по свидетельству Тургенева, в начале декабря 1818 г., была возобновлена — после перерыва — *не ранее середины февраля 1819 г.* Работа велась с трудом: в рукописи Ратмир оказался доведен лишь до «великолепной русской бани»; никаких следов «соблазнительной» ночной сцены в Лицейской тетради нет.

После выздоровления Пушкина (см. письмо А. И. Тургенева Вяземскому от 12 марта 1819 г.: ОА I: 202) и нового погружения его в светскую жизнь систематическая работа над поэмой приостанавливается. Однако в июне 1819 г. Пушкин вновь заболевает, тяжело и опасно (на этот раз, по всей видимости, воспалением легких), и оправляется от болезни лишь к началу июля. Во время выздоровления он возвращается к работе над поэмой (см. свидетельство В. А. Эртеля, опубликованное при жизни Пушкина: Пушкин в воспоминаниях 1998, I: 165). Около 13 июля Пушкин, рассчитывая поправить расстроенное здоровье сельским воздухом, прибыл в с. Михайловское, где провел около месяца. 19 августа 1819 г. А. И. Тургенев сообщал Вяземскому: «...явился обритый Пушкин из деревни и с шестою песнью» (ОА I: 293). В письме от 26 августа Тургенев сообщал, что Пушкин читал ему и Жуковскому (а возможно, и Карамзину) «пятую песнь своей поэмы, в деревне сочиненную» (ОА I: 296). Несомненно, Тургенев говорит в обоих письмах *об одном и том же* тексте: упомянув в первом письме о *Шестой* песни, он либо оговорился, либо еще не располагал точной информацией о степени готовности пушкинской поэмы (предположение В. А. Кошелева, что это сам Пушкин, «путаясь, называл то пятой, то шестой» новую песнь [Кошелев 1997: 24], менее правдоподобно).

На первый взгляд, свидетельство Тургенева вступает в формальное противоречие с данными Лицейской тетради: текст *Пятой песни* начинает писаться на л. 70 об. (от этого листа сохранился узкий корешок с остатками текста); на лицевой же стороне л. 70 набросано начало послания «К Всеволожскому» (продолжение которого перенесено на л. 69 об.). В беловом автографе (ПД 31) послание это датировано: *1819 27 ноя<бря>*.

Однако возникающее недоумение хронологического порядка легко разъясняется: характерно, что послание, начатое на л. 70, продолжено Пушкиным не на следующей странице (л. 70 об.), а на предшествующей (л. 69 об.); естественнее всего произойти это могло в том случае, если следующая страница была *уже заполнена*. Следовательно, послание Всеволожскому записывалось в тетради уже после того, как последующие листы оказались заняты Пятой песнью РиЛ.

Начало текста Пятой песни на обрывке л. 70 об. (на нем сохранились окончания отдельных слов и стихов) в ПСС 1937–1959 не расшифровано; однако «Вступления» на этом листе определенно не было: оно там не могло уместиться физически (ср.: Петрунина 1992: 196–197). Судя по сохранившимся обрывкам, лист был заполнен описанием битвы Руслана с Черномором; фрагменты текста в нижней части оборванного листа примерно соответствуют стихам печатной версии, посвященным началу полета Черномора с Русланом (до: «Русланъ за бороду злодѣя / Упорной держится рукой»). На л. 71 дано продолжение этой сцены (вплоть до отрубания бороды Черномора), на л. 71 об. — дополнения к сцене полета.

Судя по всему, материал для «Вступления» к Пятой песни был у Пушкина готов уже накануне отъезда в Михайловское. На л. 59 тетради, на свободном месте, остававшемся под черновиком стихотворения «Напрасно, милый друг…», Пушкин перебелил с неизвестного черновика фрагмент, связанный с авторской партией (от «Но ты велишь — но ты любила…» до «Пою про витязя младова!»). Впоследствии эти стихи войдут в зачин Шестой песни, но в момент перебеливания в Лицейской тетради они к этой песни относиться еще не могли. Н. Н. Петрунина справедливо отметила, что по целому ряду палеографических признаков запись очень близка посланию «Орлову» — черновику (л. 56 об.) и беловой рукописи, датированной «1819 4 июля» (ПД 880; это листок, вырванный из Лицейской тетради). Вероятность того, что фрагмент РиЛ был вписан в Лицейскую тетрадь около этого же времени, очень велика. Текст мог мыслиться как лирическое отступление к любой из глав, но все же, вероятнее, выступал как часть зачина к Пятой песни.

При работе над Пятой песнью существенно изменился первоначальный план поэмы. Изменения коснулись прежде всего ее финальных сюжетных перипетий. По предположению Н. Н. Петруниной, при составлении плана на л. 63 планируемая развязка поэмы отличалась от окончательной версии: пункт «убийство» указывал не на смерть Руслана, а на гибель Черномора; Фарлафу в этом плане еще не была отведена роль коварного убийцы и похитителя Людмилы (Петрунина 1992: 189). Догадка исследовательницы подтверждается печатным текстом РиЛ. В Первой песни Финн пророчествует Руслану: «злодей / Погибнетъ отъ руки твоей»; меж тем пророчество это — вопреки законам сказки — в поэме не сбывается: Черномор *не* погибает. Видимо, противоречие объясняется тем, что в соответствующем месте поэмы по недосмотру Пушкина оказался неустраненным реликт первоначального замысла.

В черновике Пятой песни также сохранился подобный реликт, правда тут же устраненный. Руслан отрубает бороду побежденного чародея — «И въ мигъ — волшебныя стѣны / Падутъ…..!» (поправлено затем на: «И въ мигъ — волшебныхъ башенъ стѣны / Дымятся… сыплются — падутъ…..!») (л. 71). За уничтожением чар, в соответствии с законами сказки, должно было последовать *пробуждение* Людмилы. Это приближало поэму к заключительному пункту прежнего плана («конец»), каковой вернее всего означал пробуждение усыпленной Людмилы и счастливое воссоединение ее с Русланом. Однако теперь, чтобы выдержать задуманную шестичастную композицию, Пушкину необходимо было развязку отдалить. В ходе обработки фрагмента на л. 71 об. рухнувшие «волшебные палаты» восстанавливаются; Руслан отправляется в них искать жену.

В сохранившейся верхней части корешка вырванного л. 72 прочитываются начальные буквы отдельных стихов, по которым можно приблизительно реконструировать утраченный текст. Он примерно соответствовал ст. 122–134 окончательной версии Пятой песни, посвященным бесплодным поискам Людмилы — от «Ли<шь эхо сводовъ молчаливыхъ> / Рус<лану голосъ подаетъ>» до: «Въ <очахъ его темнѣетъ свѣтъ>». Окончания стихов на л. 72 об. не позволяют восстановить текст с достаточной уверенностью; лишь в нижней части сохранившегося обрывка выделяется фрагмент, примерно соответствующий ст. 177–180 окончательной редакции: от «[Русланъ съ нея не с]водитъ глазъ» до «[Гласъ добродѣтельнаго] фина». Нижняя часть листа утрачена, но предшествующий текст не позволяет сомневаться в том, что на ней содержалось пророчество Финна о воскрешении Людмилы в Киеве.

Л. 73 начинается с описания Руслана, отправляющегося в путь со спящей Людмилой. Пушкин начал здесь прорисовывать словесный портрет Людмилы «во вкусе Жуковского», но тут же вернулся к сцене обнаружения Людмилы Русланом (из-за утраты текста мы не можем судить о степени обработанности этой сцены на л. 72) и стал рисовать портрет найденной героини в манере Батюшкова (в окончательный текст поэмы этот эпизод вошел лишь частично):

> Онъ видитъ — милыя красы,
> [Рукою дерзкой обнаженны]
> Вр<агомъ> коварнымъ похищенны
> И грудь и ноги обнаженны,
> И распущенныя власы.
> [Восторгомъ] Нежданымъ щастьемъ упоенный
> Р<усланъ> въ восторгѣ слезы льетъ
> Лобзаетъ [ноги] руки, сѣти рветъ…
>   (ср.: IV: 249)

Описанием путешествия Руслана, доведенным до встречи с Головой (и сопутствующими «отступлениями»), заняты л. 73 и л. 73 об. На л. 73 об. — судя по тому, что густо исчерканная черновая рукопись становится здесь трудночитаемой, — работа затрудняется и замедляется. На л. 74 Пушкин переписал набело стихи, предваряющие встречу с Головой, но и их подверг затем сильной правке.

Судя по всему, примерно до этого места и была доведена Пятая песнь в августе 1819 г., когда Пушкин читал ее Тургеневу и Жуковскому.

Пушкин пока не очень ясно понимал, как дальше развертывать сюжет поэмы и какие новые препятствия выстроить на пути Руслана. Но некоторые детали текста позволяют догадываться, что в плане поэмы наметился новый поворот. В середине правой колонки текста на л. 73 об. сохранился густо исчерканный «элегический» отрывок (реконструкция текста — С. М. Бонди):

[Быть] может, на брегу <?>
Безгласен будет гроб <Русланов>
И гусли громкие Боянов
Не станут говорить об нем
─────
Что нужды —
    (IV: 230)

В окончательном варианте эти стихи будут использованы в Третьей песни (там они станут концовкой элегических раздумий Руслана на поле боя), однако первоначальное появление их в Пятой песни может косвенно свидетельствовать о том, что с ними было связано зарождение важного тематического мотива, не предусмотренного первоначальным планом, — смерти Руслана.

В итоге Пушкин решил использовать в роли убийцы Руслана комического героя — Фарлафа (после бесславного бегства, оставшегося за пределами повествования), а в роли организатора убийства — коварную Наину. Эпизод явления перед Фарлафом Наины, направляющей своего подопечного на убийство уснувшего героя, появляется на л. 74 об. Сцена записана новыми, розовато-лиловыми чернилами, резко отличающими ее от предшествующего текста. Эти специфические чернила служат надежным датирующим признаком: ими в Лицейской тетради записан ряд стихотворений, относящихся к концу ноября — декабрю 1819 г. (см. комментарий М. Н. Виролайнен: ПСС 1999, II/1: 650; ср.: Петрунина 1992: 195). Этим же временем можно датировать и соответствующую сцену в конце Пятой песни.

После л. 74 об. из тетради вырезано шесть листов (л. 74а–74е); что на них находилось — неизвестно. Но вырезаны они были еще *до* начала работы Пушкина на л. 75: «На л. 74 об. попал отпечаток непросохших чернил с л. 75» (Петрунина 1992: 197).

КОММЕНТАРИИ

Текст Шестой песни начинался на л. 75 об. — на оборотной стороне листа (как и в случае с Пятой песнью)* — с реакции князя Владимира, увидевшего перед собой спящую дочь. Было ли к тому времени уже описано прибытие Фарлафа в Киев — неизвестно. Вступление к песни, скорее всего, уже было готово: к написанным летом 1819 г. стихам, заготовленным для зачина Пятой песни (л. 59; см. выше), Пушкин приписал сюжетное продолжение, занявшее и часть л. 59 об. (от ст. «Но что сказалъ я? гдѣ Русланъ?» до: «Но карло въ этомъ былъ не правъ»). Продолжение фрагмента (как и сама идея превратить его в зачин Шестой песни) могло возникнуть *не ранее* того, как определились обстоятельства смерти Руслана, т. е. не ранее декабря 1819 г.

Текст на л. 75 об. доведен до появления у стен Киева печенегов. Заполнялся лист не единовременно, о чем свидетельствуют его палеографические особенности: перемежаются правленый чистовик и рабочий черновик; меняются чернила. На том же листе, в пробеле между двумя столбцами текста, Пушкин набросал план дальнейшего повествования:

Набѣгъ печен<ѣговъ>
Живой и мертв<ый источники>.

После этого работа перенеслась на первоначально незаполненную лицевую сторону л. 75. В левой верхней части листа план был расширен, продолжен и уточнен:

Источн. воды живой и мерт<вой> —
Воскреш<еніе>
Битва —
Заключенье

В соответствии с уточнившимся замыслом Пушкин разрабатывает на том же л. 75 сцену чудесного воскрешения Руслана Финном. Между черновой и перебеленной версиями фрагмента

---

* Утверждение, что текст Шестой песни начинается на л. 75 и продолжен на л. 75 об. (см.: Кошелев 1997: 25), ошибочно.

о Финне-воскресителе, посередине листа, Пушкин вставил ламентацию по поводу осады Киева (не вошедшую в окончательный текст поэмы):

> Злощастный градъ! Увы! рыдай —
> Твой свѣтлый опуст<ѣетъ край> <?>
> Ты станешь бранная <?> пустыня! ——
> Гдѣ [твой неистовый] [грозный, пламенный] Рогдай!
> И гдѣ Русланъ, и [твой] гдѣ Добрыня!
> [Кто *Князя Солнце* оживитъ —]

Далее из тетради вырван лист, на котором, несомненно, находилось описание битвы и подвигов Руслана: в начале л. 76 содержатся стихи, завершающие соответствующий эпизод («Обречены на жертву аду — / Ихъ съ тыла руской мечь разитъ»). С этого листа повествование (продолженное и завершенное на л. 76 об.) развивается в общем последовательно — от рассказа о триумфальном въезде Руслана в Киев до заключительного стиха — «Преданья старины глубокой».

Параллельная доработка Пятой и Шестой песней велась уже в *феврале* 1820 г., когда Пушкин вновь занемог (характер болезни остался неизвестен). См. мемуарное свидетельство Н. А. Маркевича: «В дни моей свободы, т. е. от 1 февраля по 20-е 1820 года, я у него бывал почти ежедневно. Он был болен, никуда не выезжал, обработывал 5-ю песнь „Руслана и Людмилы", дописывал шестую» (Пушкин в воспоминаниях 1998, I: 160).

25 февраля 1820 г. А. И. Тургенев писал Вяземскому: «Племянник почти кончил свою поэму, и на сих днях я два раза слушал ее» (ОА II: 23–24). Однако прежде чем Пушкин поставит под текстом (на л. 76 об.) датирующую помету: «26 ночью» — пройдет еще месяц. Только 26 марта 1820 г. Пушкин читал Шестую песнь «Руслана и Людмилы» на литературном вечере у В. А. Жуковского (Летопись 1999, I: 174), после чего Жуковский преподнес Пушкину свой литографированный портрет работы Е. Эстеррейха (портрет этот сохранился в музее-квартире Пушкина в Петербурге) с автографической надписью:

Комментарии

Побѣдителю — ученику отъ побѣжденнаго — учителя.
въ тотъ высокоторжественный день въ которой онъ окончилъ свою поэму Русланъ и Людмилла.
                    1820 Марта 26 Великая пятница.

Но и после этого чтения и получения от Жуковского символического подарка Пушкин еще не считал свою поэму вполне завершенной. 28 марта он сообщил П. А. Вяземскому, что поэма его «на исходе» и что предполагается «кончить последнюю песнь на этих днях» (XIII: 14). Видимо, только на поздней стадии работы были оформлены отсутствующие в черновике ночная сцена в замке двенадцати дев (Четвертая песнь) и большой эпизод «пасторальной» любви Ратмира (Пятая песнь): в обоих эпизодах использованы детали портрета спящей Людмилы из черновика Пятой песни в Лицейской тетради. Доделка поэмы проводилась в не дошедших до нас рукописях.

Лишь 21 апреля 1820 г. — когда первые фрагменты из РиЛ уже появились в печати — Пушкин известил Вяземского: «Поэму свою я кончил. И только последний, т. е. окончательный стих ее принес мне истинное удовольствие» (XIII: 15).

Эпилог к поэме (не успевший войти в первое издание РиЛ) был написан Пушкиным уже на Кавказе. В нем был использован не поддающийся точной датировке набросок в Лицейской тетради (л. 54 об.): от «Такъ я бывало [забывалъ]» до «И сладострастья» (см.: IV: 273). В Записной книжке (ПД 830) на л. 1 об. — 2 об. находится рукопись ранней редакции «Эпилога» (перебеленный текст начальных 20 стихов, переходящий в черновик); там же, на л. 3–4, — перебеленный автограф полного текста с незначительной правкой (под заглавием: «Эпилогъ поэмы *Русланъ*. *Кавказъ 26 іюля 1820*»).

Прижизненные издания

Первые журнальные публикации фрагментов из РиЛ относятся к первой половине апреля 1820 г.: «Отрывок из первой песни поэмы Руслан и Людмила» (история Финна) увидел свет в «Невском зрителе» (1820. Т. I. № 3. С. 44–52; дата фактического выхода — 12 апреля; см.: Могилянский 1956: 392)*. Одним из фактических руководителей журнала в эту пору был лицейский друг Пушкина В. К. Кюхельбекер (Глассе 1967); через Кюхельбекера, видимо, фрагмент поэмы и попал в «Невский зритель». Еще более обширный «Отрывок из третьей песни поэмы Людмила и Руслан» (вся сцена с Головой) был напечатан в «Сыне Отечества» (1820. № 15. С. 120–128; № 16. С. 160–165; 10 и 17 апреля) — журнале, близком к арзамасскому кружку.

Журнальные публикации отрывков из РиЛ почти совпали по времени с разразившейся над Пушкиным политической «грозой», чреватой арестом и ссылкой (подробнее см. комментарий к «Эпилогу»). 5 мая 1820 г. Тургенев, сообщая Вяземскому о том, что гроза миновала и что участь Пушкина решена, добавляет: «Мы постараемся отобрать у него поэму, проч‹итаем› и предадим бессмертию, т. е., тиснению» (ОА II: 37). «Отобрать» поэму у Пушкина, отправившегося из Петербурга на юг между 6 и 9 мая, удалось: переписыванием Шестой песни перед сдачей поэмы в цензуру занимались младший брат Пушкина Лев и его соученик по Благородному пансиону С. А. Соболевский (Летопись 1999, I: 172; Летописи Гос. лит. музея. М., 1936. Кн. 1. С. 130).

14 мая поэма была передана В. А. Жуковским в Цензурный комитет, а 15 мая 1820 г. уже было получено цензурное разрешение на издание, подписанное И. А. Тимковским. Судя по авторскому свидетельству в позднейшем письме Пушкина к Вяземскому от 14 октября 1823 г. («Руслан напечатан исправно»; подробнее см. ниже), никаких цензурных изменений в тексте поэмы сделано не было.

Беспрецедентная быстрота прохождения поэмы через цензуру и необычная покладистость известного своей осторожностью Тимковского позволили некоторым исследователям заключить, что «существовало высочайшее разрешение на выпуск поэмы в том виде, в каком она была представлена» (Кошелев 1997: 147). Эта остроумная гипотеза требует дальнейших подтверждений.

---

* Здесь и далее даты фактического выхода различных изданий обозначаются, где возможно, по исследованию А. П. Могилянского (Могилянский 1956), основанному на фронтальном изучении цензурных документов.

КОММЕНТАРИИ

17 мая Жуковский под расписку вручил С. Л. Пушкину 1000 рублей за «издаваемо<ю> поэму, Руслан и Людмила», для пересылки этой суммы Пушкину в Екатеринослав (Оксман 1936: 195)*.

Подготовка издания РиЛ была препоручена Жуковским Н. И. Гнедичу. Тот обратился к президенту Академии художеств А. Н. Оленину с просьбой изготовить рисунок для виньетки и получил согласие. Фронтиспис с несколькими сценами из поэмы, рисованный И. Ивановым и гравированный М. Ивановым, появился в РиЛ1 с монограммой Оленина. Хлопоты по созданию и гравированию виньетки задерживали издание (см. недатированное письмо Гнедича Жуковскому: РА. 1875. № 11. С. 365), и в результате гравюра выдавалась читателям уже после выхода книги.

Поэма увидела свет 10 августа 1820 г. в типографии Н. И. Греча. Уже после выхода поэмы отдельной книжкой в «Сыне Отечества» (1820. 18 сентября. № 38. С. 229–231) появились «Прибавления к поэме: Руслан и Людмила. В Шестой песни, стр. 132 и 133 <от стиха „Но только свѣтъ луны двурогой" до „Бѣда! возстали печенѣги!"> После стиха стр. 141 <от стиха „И палъ безъ чувствъ онъ на колѣна" до „Русланъ летитъ къ Людмилѣ спящей" и пр.>. Эпилог». В этих прибавлениях содержались коррективы к книжному изданию. Так, вместо стихов 143–154 Шестой песни окончательной редакции в РиЛ1 было (ср.: IV: 280):

> Смутился! Клики, шумъ и вой
> Повсюду разнеслись! Граждане
> Бѣгутъ, стѣснились на стѣнахъ;
> И видятъ: въ утреннемъ туманѣ
> Шатры бѣлѣютъ на холмахъ...
> ....

---

* Высказывалось предположение, что речь идет о сумме, неофициально выданной на издание поэмы из Кабинета императора Александра (см.: Кошелев 1997: 147–148), и что именно об этой сумме 17 мая Карамзин сообщает Вяземскому, рассказывая о судьбе Пушкина и упоминая о «великодушии» государя («Ему дали рублей 1000 на дорогу» [Старина и новизна. 1897. Кн. 1. С. 101]). Однако более вероятно, что Карамзин говорит о 1000 рублях, которые были официально выделены Пушкину «на проезд» «из наличных в коллегии на курьерские отправления денег» по приказу Нессельроде от 4 мая (см.: Летопись 1999, I: 181). Происхождение денег, выданных Жуковским С. Л. Пушкину, остается не вполне ясным.

В. Е. Якушкин считал отсутствие в книжном издании РиЛ нескольких стихов, замененных точками, следствием цензурного вмешательства; он был уверен, что напечатанное в «Сыне Отечества» «дополнение есть восстановление текста, искаженного цензурой» (Сочинения 1900–1929, II: 293). Однако для такого вывода нет достаточных оснований. Правдоподобнее другое объяснение: по позднейшему свидетельству С. А. Соболевского, вместе с Л. С. Пушкиным готовившего текст РиЛ для печати, Шестая песнь «была в рукописи очень небрежно написана, и им стоило большого труда ее печатать (т. е., видимо, переписать для отдачи в печать. — *О.П.*)» (Летописи Гос. лит. музея. М., 1936. Кн. 1. С. 130). Очень вероятно, что пропуск соответствующих стихов в первом издании объяснялся тем, что переписчики попросту не разобрали в этом месте неудобочитаемого текста. Состоянием авторской рукописи можно объяснить и вторую погрешность книжного издания, устраненную в поправках «Сына Отечества»: в РиЛ1 стих 343 Шестой песни (о Фарлафе) «И палъ безъ чувствъ онъ на колѣни» не имел рифмующейся пары. В «Сыне Отечества» Пушкин поправил грамматическую форму и добавил к стиху рифмующуюся строку: «И палъ безъ чувствъ онъ на колѣна… / — Достойной казни ждетъ измѣна!» В действительности Пушкин, судя по всему, не восстановил испорченный текст, а дал его новую редакцию: в черновике (в этом месте крайне неразборчивом и неотделанном) читается: «Въ немъ кровь остыла [взоръ] погасъ — / Уста раскрыты замеръ гласъ / На нихъ явились кровь <и> пѣна / И палъ безъ чувствъ онъ на колѣна» (ПД 829. Л. 76; иное чтение: IV: 271).

За издание РиЛ1 Пушкин получил от Гнедича весьма скромную сумму — 500 рублей. Еще 2 января 1822 г. Пушкин иронически писал Вяземскому: «Меркантильный успех моей прелестницы Людмилы отбивает у меня охоту к изданиям» (XII: 34). Исследователи долго были склонны обвинять Гнедича в недобросовестности и приписывать ему присвоение чистой прибыли в 4000 рублей (Гессен 1930: 31–35; Смирнов-Сокольский 1964: 48–50). В действительности представления о финансовой бесцеремонности Гнедича, видимо, преувеличены: не следует, в частности, сбрасывать со счетов таинственных 1000 рублей, переданных Жуковским «за издание» поэмы (см. выше). Кроме того, издание РиЛ вовсе не было столь доходным, как долго считалось; расходилось оно достаточно медленно. В 1822 г. оставшиеся экземпляры поэмы были запроданы книгопродавцу И. Сленину. Часть из них он снабдил новой обложкой с фиктивным указанием даты (1822), что позволяло предлагать ее неосведомленным читателям как свежую новинку — на фоне имевшего шумный успех КП. Тем не менее еще в середине 1825 г. первое издание РиЛ не было целиком распродано (Смирнов-Сокольский 1964: 51–52). Если деньги шли Пушкину как комиссионный процент с продаж, то финансовые поступления не могли быть значительными. К тому же Сленин обычно медлил с выплатами (см. переписку Пушкина с братом Львом за июль–октябрь 1822 г.).

Около февраля 1823 г., когда большая часть тиража РиЛ1 разошлась, Гнедич обратился к Пушкину с предложением переиздать РиЛ и КП, на что Пушкин вежливо отвечал 3 мая 1823 г.: «Ваши предложения останавливают меня по многим причинам. 1) Уверены ли вы, что цензура по неволе пропустившая в 1-й раз Руслана, нынче не ополчится и не заградит пути второму его пришествию? Заменять же прежнее новым в ее угоду я не в силах и не намерен» (XIII: 62). Пушкин склонялся к тому, чтобы новым издателем его поэм стал князь Вяземский, о чем писал ему из Одессы 19 августа 1823 г. (XIII: 66) и особенно обстоятельно — 14 октября 1823 г.: «По твоему совету, милый Асмодей, я дал знать Гнедичу, что поручаю тебе издание Русл.<ана> и Плен.<ника>, следственно дело сделано. <...> О каких переменах говорил тебе Раич? я никогда не мог поправить раз мною написанное. В Руслане должно только прибавить эпилог и несколько стихов к 6-той песне, слишком поздно доставленные мною Жуковскому. Руслан напечатан исправно, ошибок нет, кроме *свежий сон* в самом конце. Не помню, как было в рукописи, но свежий сон тут смысла не имеет» (XIII: 68–69; в рукописи, судя по черновику, было: «Казалось, будто страшной сонъ»; см.: ПД 829. Л. 76)*.

---

* Рефлексом этих издательских замыслов, возможно, являются иллюстрации к РиЛ, над которыми предположительно в конце 1823 г. работал художник О.-Ф. Игнациус, впоследствии близкий к кругу «Северных цветов» (о сохранившихся акварелях Игнациуса см.: Калаушин 1962).

Желая переиздать поэму, Пушкин вместе с тем не без оснований опасался, что в новых обстоятельствах — при резком похолодании политической атмосферы в последние годы александровского царствования и с распространением духа официального пиетизма (на который намекает шутливое использование в письме Гнедичу апокалипсических мотивов) — «вольности» РиЛ могут вызвать цензурные затруднения (ср. более раннее письмо к брату Льву, от августа 1822 г.: «Что мой Руслан? <…> Не запретила ли его Цензура?» [XIII: 42]). В первой половине 1820-х гг. переиздание «Руслана и Людмилы» так и не осуществилось.

Положение изменилось в новое царствование, когда император Николай I принял на себя роль первого читателя и личного цензора Пушкина. В октябре 1827 г. Пушкин продал право на второе издание РиЛ и КП А. Ф. Смирдину за 7000 рублей (Анненков 1855: 75, 192). В середине февраля 1828 г. он через А. Х. Бенкендорфа обратился к императору за разрешением перепечатать «Руслана и Людмилу» и «Кавказского пленника» вторым изданием. Пушкин, видимо, был уверен в благоприятном исходе его просьбы: уже 18 февраля в «Дамском журнале» (1828. № 4. С. 212–214) появилось объявление о скором выходе вторых изданий поэм. Однако формальное разрешение III Отделения на выпуск было получено Типографией Министерства народного просвещения только 22 марта (Дела III Отделения 1906: 70).

РиЛ2 вышел в свет 23 марта 1828 г. под грифом: «С дозволения Правительства». К части тиража был приложен портрет Пушкина работы Ореста Кипренского, гравированный Н. И. Уткиным. В новое издание был включен «Эпилог» (не успевший попасть в РиЛ1), в текст были внесены поправки по публикации СО. Был исправлен и отмеченный в письме Вяземскому 353-й стих Шестой песни (вместо «Казалось, будто свежий сон» стало: «Казалось, что какой-то сон»). По сравнению с РиЛ1 издание было дополнено прозаическим предисловием (подробнее см. ниже) и стихотворным вступлением («У Лукоморья дуб зеленый…»), написанным, видимо, в конце 1827 — начале 1828 г.: текст начальных стихов вступления (до «Налево сказку говорит») набросан на заднем форзаце так называемой Третьей масонской тетради (ПД 836), заключающей в себе записи

1824 — осени 1827 г. (в том числе и записи фольклорных сказок, использованных во вступлении-прологе).

Помимо этого, Пушкин внес в текст РиЛ2 более 60 изменений: он подверг текст интенсивной стилистической правке и сделал в нем 12 значительных купюр (объемом от 4 до 8 стихов). Ничего подобного Пушкин никогда не делал с другими своими поэмами (для сравнения: во втором издании КП, вышедшем почти одновременно с РиЛ2, Пушкин восстановил два цензурных искажения и внес шесть мелких стилистических поправок; подробнее см. комментарий к КП в настоящем томе). Самой радикальной переработке подверглись фривольные (эротически откровенные или двусмысленные) и «вольнодумные» (политически острые и либеральные) места (подробнее см. в разделе «Построчный комментарий»).

Причины коренной переработки поэмы до сих пор не получили сколько-нибудь единодушного объяснения исследователей. П. В. Анненков, первым изучавший этот вопрос, пришел к такому заключению: «Изменения, сделанные Пушкиным в своей поэме при втором издании и особенно выпуски целых мест <…> свидетельствуют о строгости его взгляда на свои произведения. Все они сделаны к лучшему» (Сочинения 1855–1857, III: 536; следует, однако, иметь в виду, что Анненков, стесненный цензурою, не имел возможности высказаться вполне откровенно). Большинство позднейших исследователей, напротив, полагали, что наиболее значительные изменения были сделаны Пушкиным вынужденно. Характерно мнение Б. В. Томашевского: «…По существу „Руслан и Людмила" 1828 г. есть какой-то компромисс, легко объяснимый биографическими условиями этого года, когда Пушкин, преследуемый за старые „грехи", чтобы получить право на спокойное существование, принужден был отрекаться от увлечений юности. Таким образом с литературной стороны цельностью обладает только первая редакция» (Томашевский 1934: 1073). Однако с 1980-х гг. выводы Анненкова стали вновь пользоваться кредитом у ряда пушкинистов. М. В. Строганов уже не сомневался в том, что в РиЛ2 «все замены были сделаны не по причинам цензурным или тактическим, но по чисто художественным» (Строганов 1988: 71; ср.: Строганов 1982: 91). В. А. Кошелев для подкрепления подобного же мнения апеллировал к внешним обстоятельствам публикации РиЛ2: «Переработка эта не была связана с необходимостью цензурных изменений: поэма печаталась *„с дозволения правительства"*, т. е. входила в число тех произведений, которые Пушкин мог представлять к печати, пользуясь высочайшим разрешением. Необходимость изменений диктовалась собственно *литературными* причинами»; «поэма разрешалась к переизданию автоматически („с дозволения правительства"), и пуристические придирки конкретного цензора не могли служить препятствием» (Кошелев 1997: 194, 205; курсив оригинала).

Однако парадоксальным образом эти аргументы могут свидетельствовать скорее в пользу концепции *вынужденной* замены. Пушкин, действительно, мог не опасаться трусости обычного цензора, но «дозволение правительства» вовсе не означало *автоматического* разрешения на переиздание: в игру вступал высочайший цензор — император Николай Павлович. После того как в феврале 1828 г. Пушкин через А. Х. Бенкендорфа обратился к Николаю за разрешением перепечатать «Руслана и Людмилу» и «Кавказского пленника» вторым изданием, тексты обеих поэм были направлены императору Бенкендорфом «с прибавлением приложенных при сем пиес» («en y annexant les pièces ci-jointes») — видимо, предисловий, специально написанных для новых изданий. О том, что Николай решил лично просмотреть пушкинские тексты, свидетельствует его помета на докладной записке Бенкендорфа: «Je l'ai gardé» («Оставил у себя») (Старина и новизна. 1903. Кн. 6. С. 6). Перспективы возможного чтения поэм самим Николаем Пушкин, бесспорно, учитывал. В это время он был крайне заинтересован в восстановлении кредита доверия у правительства, надеясь играть роль поэтического союзника и советчика императора (а не только «получить право на спокойное существование», как писал Томашевский). Чтобы успешно притязать на такую роль, Пушкин должен был предстать перед монархом в облике зрелого мужа, избавившегося от «заблуждений молодости». Фривольная и «вольтерианская» юношеская поэма менее всего подходила для выполнения этой задачи. Пушкин имел уже достаточно ясные представления о том, где в сознании императора проходили границы морально допустимого: совсем недавно Николай потребовал изменить — как слишком рискованные — стихи в тексте «Графа Нулина»: «Порою с барином шалит» и «Коснуться хочет одеяла» (подробнее см. комментарии к «Графу Нулину» в соответствующем выпуске настоящего издания). Оказавшись в затруднительном положении, Пушкин в итоге нашел неординарный выход: он тщательно и последовательно устранил из поэмы наиболее рискованные «шалости» (либертинские и либеральные), но сделал это таким образом, чтобы не *скрыть* от высочайшего читателя сделанные изменения, а максимально их *подчеркнуть*.

В настоящее время в ПД хранится экземпляр РиЛ1, использованный Пушкиным при подготовке второго издания (ПД 95; экземпляр принадлежал А. Ф. Онегину); в нем Пушкиным сделаны многочисленные вставки и исправления (см.: ЛН 16–18: 1021). Сейчас трудно сказать, отправлялся ли *именно этот* экземпляр на просмотр Николаю, или был использован какой-то другой. Но в любом случае ясно, что в печатном тексте поэмы, отправленном на высочайшее одобрение, зачеркивания и замены прежних стихов смягченными вариантами должны были резко бросаться в глаза. Тем самым Николаю I в высшей степени наглядно демонстрировался контраст между «прежним» и «новым» Пушкиным. Тактические цели во многом преследовало и специальное «Предисловие», акцентировавшее (и даже преувеличивавшее) молодость автора в пору создания поэмы, чем, по подсказке самого Пушкина, «до некоторой степени можно извинить ее недостатки» (см. подробнее раздел «Ранняя рецепция поэмы»).

В конце февраля 1828 г., вскоре после отправки на высочайшую цензуру «Руслана…», Пушкин посылает императору программное стихотворение «Друзьям», обосновывающее роль поэта как союзника государя-реформатора. Около того же времени он обращается к Николаю с просьбой о зачислении на службу. Предпринятые усилия не принесли ожидаемых плодов: просьба не была удовлетворена. Однако в свете приведенных фактов наличие у Пушкина плана самореабилитации (как и особая роль, отводившаяся в нем «исправленной» версии поэмы «Руслан и Людмила») вряд ли может подлежать сомнению.

Сказанное, конечно, не снимает вопроса об отражении в сделанных Пушкиным поправках эволюции его эстетических представлений и идеологических установок, равно как и о связи поправок с актуальным литературным контекстом. Однако последовательно разграничить «вынужденные» изменения и купюры и «чисто художественные поправки, явно улучшающие текст первой поэмы Пушкина» (Бонди 1971: 73), в принципе не представляется возможным. Ни одна из многочисленных попыток (исследовательских и издательских) разрешить эту задачу не привела к удовлетворительному результату.

В ПП текст поэмы был воспроизведен по изданию 1828 г., но без прозаического «Предисловия». Немногочисленные разночтения, возможно, не были авторизованы: в двух местах по образцу РиЛ1 возвращено чтение слова «карл» в мужском роде («карла-чародѣя» вместо «карлу-чародѣя» — Третья песнь, ст. 460; «съ карломъ» вместо «съ карлой» — Шестая песнь, ст. 297), а слово «ободренный» заменено на «одобренный» (Пятая песнь, ст. 522).

Литературный фон

Поэма «Руслан и Людмила» явилась в свет как ответ на запрос эпохи в поэме нового типа, призванной стать адекватным литературным выражением «века Александра». Требование это обострилось в 1810-е гг., особенно после войн 1812–1814 гг., стимулировавших активизацию национального политического самосознания и, как следствие, национальной культурной мифологии. Жанровые поиски в области большой формы, захватившие литераторов разных лагерей, особую значимость приобрели в кругу «арзамасцев», к которому принадлежал и молодой Пушкин. Замыслами «русской поэмы» волшебно-сказочного типа с конца 1800 — начала 1810-х гг. были захвачены крупнейшие поэты арзамасского круга — К. Н. Батюшков и В. А. Жуковский. Поэма молодого Пушкина оказалась непосредственно связана с литературными исканиями старших современников (подробнее см.: Слонимский 1937: 183–187; Соколов 1955: 386–410; Ветшева 1983; Ветшева 1988; Ebbinghaus 2004: 77–80).

Ранняя критика определяла поэму Пушкина как «романтическую» или «романическую». Соответствующая терминология закрепилась в русских теоретических трактатах по поэтике начала 1820-х гг. (А. Мерзляков, Н. Греч, Н. Остолопов; в двух последних случаях — с прямой апелляцией к РиЛ как к русскому образцу жанра). Б. В. Томашевский в этой связи заметил, что «при своем рождении поэма Пушкина обогатила схоластическую пиитику новым разделом „романической поэмы"» (Томашевский 1956: 346). Эта реплика несколько искажает историко-литературную перспективу. В европейской традиции понятие оформилось задолго до поэмы Пушкина. Жуковский еще в 1810 г. сообщал А. И. Тургеневу, что задуманная им поэма о Владимире будет «не героическая, а то, что немцы называют romantisches Heldengedicht» (Жуковский 1959, IV: 471). Понятие romantisches Heldengedicht (или Ritterepopöe) ближайшим образом восходило к эстетике Эшенбурга (см.: Соколов 1955: 390). Немецкий эстетик в свою очередь опирался на утвердившееся в европейской теории с XVII в. противопоставление «poésie héroique» (поэзия, основанная на «правилах» древних, использующая топику поэм Гомера и Вергилия) и «poésie romanesque» (поэзия, заимствующая темы, приемы и персонажей не у античных классиков, а из средневековых романов). К «романической» (или «романтической») поэзии относили ренессансные итальянские поэмы Пульчи, Боярдо и Ариосто. В XVIII в. прежде несколько уничижительный термин стал номенклатурным, нейтрально-описательным. Прямого отношения к европейскому «романтическому движению» конца XVIII — начала XIX в. понятия «romantisches Heldengedicht», «poésie romanesque (или romantique)», «romantick poetry» и т. п. не имели, хотя новейшее понятие «романтизм» и опирается на старый понятийный аппарат. Обширную сводку материалов по соответствующему словоупотреблению (с XVII в. до 1810 г.) см. в статье: *Baldensperger F.* "Romantique" — ses analogues et équivalents // Harvard Studies and Notes in Philology and Literature. 1937. Vol. 19. P. 13–105. Попытки рассматривать РиЛ как *романтическую* поэму в новом значении слова, утвердившемся в России только в 1820-е гг., искажают историческую перспективу.

Подобно старшим современникам, Пушкин в качестве жанровой модели выбрал волшебно-рыцарскую поэму (вариант Ritterepopöe) — стихотворное повествование, отнесенное в баснословную «богатырскую древность» (эпоха князя Владимира), с разнообразными рыцарскими приключениями, с присутствием «чудесного» и активным участием «волшебников». Непревзойденным образцом «романической» поэмы, задавшим границы жанрового канона, в XIX в. считался «Неистовый Роланд» («Orlando Furioso») Лодовико Ариосто (XVI в.). Связь РиЛ с Ариосто отмечалась уже в первых откликах на поэмы.

Пушкин, не владевший итальянским языком, читал «Неистового Роланда» во *французском прозаическом переводе*; таких переводов существовало несколько; из них наиболее популярным был многократно переиздававшийся перевод Трессана, впервые опубликованный в 1780 г. (Arioste 1780), вернее всего, именно с ним был знаком молодой Пушкин. В этом переводе поэма Ариосто была, в сущности, превращена в рыцарский роман: текст был переведен прозой, деление на октавы не было сохранено. Поэтому параллели РиЛ с теми или иными «октавами» ариостовской поэмы, которые любят устанавливать исследователи-компаративисты, имеют достаточно условный характер: сам молодой Пушкин ариостовских октав вероятнее всего не видел. Из романизированного французского перевода, из популярных пособий и даже, вероятно, из лицейских курсов (см.: Слонимский 1937: 199) Пушкин почерпнул представления об основных тематических и композиционных «свойствах» эпоса Ариосто: «приключения» нескольких героев как основа фабулы; важная роль в событиях волшебников и волшебниц, шутливые авторские комментарии, неожиданные тематические перебивы и отступления в сюжетно напряженных местах.

С ориентацией на Ариосто обрисованы в РиЛ и сцена действия, и герои: двор князя Владимира (с его разноплеменными богатырями), несомненно, спроецирован на двор Карла Великого в «Неистовом Роланде», а русские богатыри стилизованы под ариостовских рыцарей.

Такое «ариостовское» перетолкование национального материала было подготовлено давней традицией. Еще М. М. Херасков в поэме «Владимир» рисовал двор князя Владимира в общем по модели ариостовского рыцарства: «Для вящшихъ на бою Владимиру услугъ, / Сомкнулись рыцари въ особый тѣсный кругъ...» (Херасков 1787: 154). Прочно утвердилось такое отношение к «национально-историческому» материалу и в «предарзамасском» кругу. В. А. Жуковский, обосновывая выбор эпохи Владимира в качестве идеального предмета для русской поэмы, писал 12 сентября 1810 г. А. И. Тургеневу: «...Владимир есть наш Карл Великий, а богатыри его — те рыцари, которые были при дворе Карла; сказки и предания приучили нас окружать Владимира каким-то баснословным блеском, который может заменить самое историческое вероятие <...> Благодаря древним романам ни Ариосту, ни Виланду никто не поставил в вину, что они окружили Карла Великого рыцарями, хотя в его время рыцарства еще не существовало» (Жуковский 1959, IV: 470–471). В послании «К Ж<уковскому>» (1813) А. Ф. Воейков характеризовал «в русском вкусе повесть древнюю», к созданию которой призывал своего друга, в точном соответствии с представлениями самого Жуковского: «Мы имели славных витязей, / Святослава со Добрынею, / А Владимир — русско солнышко, / Наш Готфред или великий Карл» (Арзамас 1994, II: 242). Наконец, Н. М. Карамзин в «Истории Государства Российского» легитимизировал подобное сближение, заметив по поводу народных преданий о Владимире: «Сказки не История; но сие сходство в народных понятиях о временах Карла Великого и Князя Владимира достойно замечания» (Карамзин 1989, I: 161–162). Все эти высказывания были так или иначе приняты во внимание Пушкиным.

Наряду с обыгрыванием общих структурных принципов ариостовского эпоса, в РиЛ используются и некоторые конкретные эпизоды «Неистового Роланда». Наиболее откровенные, «цитатные» отсылки к Ариосто появляются на сравнительно поздней стадии работы: таковы описание попыток Черномора овладеть спящей Людмилой (Четвертая песнь), битва Руслана с Черномором, поиски Людмилы в замке, «безумие» Руслана (Пятая песнь). Пушкин, по-видимому, сознательно усиливал к концу поэмы ее «ариостовское» звучание — чтобы соответствовать читательским представлениям о том, какой *должна* быть волшебно-рыцарская поэма. «Те моменты „сходства", которые наблюдаются при сравнении поэмы Ариосто с поэмой Пушкина, есть не более как рассчитанные сигналы, придающие рассказу Пушкина мнимо эпический характер» (Томашевский 1956: 359). Сохраняя некоторые *внешние* черты поэмы ариостовского типа, Пушкин отходил от образцового творца «романической поэзии» достаточно далеко, значительно упростив сюжет и композицию и внеся в поэму элементы, в общем чуждые Ариосто.

В еще меньшей степени, чем с самим Ариосто, поэма Пушкина связана с его европейскими подражателями и последователями. Н. Сушков сообщил, что среди источников РиЛ Пушкина должен быть отмечен «Ричардет — поэма в роде Роландов, из которой он включил кой-что в свою сказку» (Сушков 1854: 331). Речь идет о стихотворном переводе на французский язык («Richardet, poème») сказочной поэмы «в духе Ариосто» Н. Фортегуэрри «Ричардетто» («Il Ricardetto»; впервые издана в 1737 г.). Ранние исследователи, обратившиеся к этому тексту, не смогли обнаружить никаких «следов влияния» Фортегуэрри на РиЛ (Шеффер 1902: 505). Недавняя попытка пересмотреть вопрос (Криницын 1999) подтверждает, вопреки намерениям автора, старые выводы: отмеченные новейшим исследователем мотивные параллели не идут далее самых общих совпадений с эпосом ариостовского типа, а все указания на «сходство образов» (в том числе стремление возвести генезис Фарлафа к одному из персонажей «Ришардета», Феррагусу) неубедительны. Современная Пушкину критика вспоминала в связи с РиЛ и поэму Х.-М. Виланда «Оберон» (образец наиболее совершенной адаптации принципов Ариосто эстетикой рококо, сохранивший свой авторитет и в начале XIX в.). Однако остается непоколебленным вывод Н. И. Черняева о том, что самые общие переклички между РиЛ и «Обероном» («параллельность некоторых мест обеих поэм, доброжелательное вмешательство в дела их героев и героинь Оберона и Финна и т. д.») объясняется не «заимствованиями», а «общими чертами» квазиариостовского стиля (Черняев 1900: 612). Попытки Шеффера установить связь между эпизодом похищения Людмилы и некоторыми сценами «Оберона» (Шеффер 1902: 507–508) отмечены большими натяжками.

Тот же Н. Сушков рассказал (с сомнительными биографическими подробностями), что, вскоре после выхода Пушкина из Лицея, подарил ему поэму М. М. Хераскова «Бахарияна» (1803), выразив надежду на то, что она, может быть, пригодится для РиЛ: «Кажется, мой подарок отчасти ему и пригодился» (Сушков 1854: 331). Обширная полиметрическая поэма Хераскова, обозначенная самим автором как «волшебная повесть, почерпнутая из русских сказок», имеет к «русским сказкам» самое отдаленное отношение (о ней см.: Соколов 1955: 337–347). «Бахарияна» — грандиозная масонская аллегория, разыгранная в волшебно-сказочных декорациях (герой поэмы, Неизвестный, проходит через ряд испытаний инициативного свойства, чтобы в конце обрести имя — Орион — и мистически соединиться с возлюбленной Феланой). Идеологическая сторона концепции «Бахарияны» была молодому Пушкину вполне чужда, но поэма действительно «пригодилась» ему — как образчик «среднего стиля» в волшебно-сказочном повествовании, а также как источник некоторых мотивов и словесных деталей (Владимиров 1899: 10–11; Шеффер 1902: 504–505, 508–510; Лобикова 1974: 26–27; см. также «Построчный комментарий»).

Ориентальная декоративность и театрализованность сцен, связанных с замком Черномора, в свое время вдохновили Л. П. Гроссмана на то, чтобы рассматривать РиЛ как «поэму-балет»; исследователь заключил, что эстетика пушкинской поэмы навеяна балетами Дидло, их темами, декорациями и машинерией (Гроссман 1926: 125–131). Эта эффектная концепция получила в свое время достаточно широкое распространение; не утратила она своего обаяния и по сей день (см.: Böhmig 2001: 108). Б. В. Томашевский, однако, оспорил Гроссмана, объяснив видимое «сходство» поэмы с балетом *литературностью* балетов Дидло: «Эпизоды для своих балетов Дидло черпал из тех же сказочных положений и сцен, которые являлись характерной приметой всякой волшебной сказки» (Томашевский 1956: 365). А. А. Гозенпуд, поддержавший выводы Томашевского, не исключил тем не менее известного воздействия театральных впечатлений на отдельные детали «черноморской» линии поэмы. Однако он связал это воздействие не с балетом, а с волшебной оперой (Гозенпуд 1986: 56–58). С волшебно-комической оперой связывал РиЛ и С. А. Фомичев (Фомичев 1986b: 52–55); однако его предположение о том, что РиЛ первоначально задумывалась как «арзамасская» пародия на волшебные оперы Шаховского, не подтверждается ни документальным материалом, ни характером арзамасского пародийного творчества, ни текстом поэмы.

Традиции волшебно-сказочной поэмы были деформированы в РиЛ воздействием произведений, относящихся к нескольким этапам развития европейской литературы.

Линию «Людмила в плену у Черномора» современники склонны были связывать с шутливой стихотворной повестью И. Ф. Богдановича «Душенька»*. Б. В. Томашевский доказал, что Пушкин в наибольшей степени опирался на роман Ж. Лафонтена «Любовь Психеи и Купидона» («Les Amours de Psyché et de Cupidon»), использовавший (как и стихотворная повесть Богдановича) материал вставной новеллы из романа Апулея «Золотой осел» (детальный анализ см.: Томашевский 1937). Обыгрывая Лафонтена, Пушкин шутливо переосмысливал, в некоторых отношениях — «пародировал» французский текст (подробнее см. построчный комментарий к Третьей песни). В этой игре Пушкин опирался на прецеденты: в частности, шутливо-ироническую интерпретацию лафонтеновского сюжета дал Вольтер в стихотворной сказке (conte morale) «La Béguelle». И. И. Дмитриев переложил Вольтера в стихотворной сказке «Причудни-

---

* Сам сюжет похищения невесты в первую брачную ночь каким-либо волшебным существом (духом, джинном) с дальнейшими поисками и приключениями нередко встречается и в восточной и в европейской литературной традиции. Так, отмечались параллели с несколькими текстами из сказок «Тысячи и одной ночи» в переводе А. Галлана (Le mille et une nuits: Contes arabes traduits par A. Galland. Paris, 1704–1717. Vol. 1–12; собрание Галлана неоднократно переиздавалось, в течение XVIII в. несколько раз публиковались и его русские переводы) — помимо сюжетных пересечений, исследователи отмечали и некоторые сходные детали в описаниях (подробнее см.: Лобикова 1974: 16–23). Тот же расхожий сюжет используется и в первой «Легенде о Рюбецале» И. К. А. Музеуса (1783), опубликованной по-русски в 1811 и 1822 гг. (см.: Листов 2000: 228). В связи с упомянутыми здесь литературными текстами следует отметить еще один малоисследованный жанровый пласт, вероятно, релевантный для Пушкина при создании РиЛ, — это французская фантастическая сказка (conte) квазивосточной или квазифольклорной ориентации, расцвет которой пришелся на конец XVII — первую половину XVIII в. Показательно, что к фривольной ветви этой традиции Пушкин обращается при написании своей сказки «Царь Никита и 40 его дочерей» (1822), используя сюжетные ходы, мотивы и даже словесные формулы из стихотворных и прозаических сказок Ж.-Б.-Ж. Грекура, аббата К.-Ф. де Вуазенона, К. П. Кребийона (сына) и Д. Дидро (об этом см., например: Левинтон, Охотин 2004), однако, может быть, для сопоставления с РиЛ важнее не потенциальные сюжетные схождения, а та насыщенная литературная и политическая аллюзионность, которая во французских contes скрывается под покровом «восточной» фантастики.

ца». Сохранив вольтеровскую иронию, Дмитриев русифицировал материал и включил в текст некоторые образы из русского фольклора. В общем по этому же пути пошел и Пушкин.

Исключительно важна оказалась связь РиЛ с любимой Пушкиным поэмой Ф. М. Аруэ де Вольтера «Орлеанская девственница» («La Pucelle d'Orléans»). А. Л. Слонимский, называя РиЛ поэмой, «написанной в ариостовско-вольтеровском духе» (Слонимский 1937: 202), нивелировал принципиальную разницу в самом характере работы Пушкина с двумя авторами. Точнее был П. А. Катенин, в своих мемуарных замечаниях о РиЛ проницательно противопоставивший две традиции: «Из чужих образцов в роде волшебно-богатырском, выбран не лучший: Ариост, а едва ли не худший: M-r de Voltaire» (Пушкин в воспоминаниях 1998, I: 187). Вольтер в «Pucelle» использовал ариостовские приемы в новых функциях, придав тексту остро ироническое звучание. Вольтеровское переосмысление ариостовских приемов отразилось и в структуре РиЛ. К Вольтеру (в значительно большей степени, чем к Ариосто) восходит у Пушкина образ автора; вольтеровский генезис имеют иронические обращения к читателям в начале каждой главы, с Вольтером же связаны иронические комментарии к изображаемым волшебно-сказочным событиям, злободневные намеки, двусмысленные (часто эротические) шутки и т. п. Некоторые эпизоды и сентенции РиЛ близко варьируют эпизоды и сентенции из поэмы Вольтера либо построены по «вольтеровской» модели: вопреки неоднократно высказывавшемуся мнению (ср.: Слонимский 1937: 200; Кошелев 1997: 75), таких мест в РиЛ довольно много. Игра с «Орлеанской девственницей» в РиЛ дополнялась обыгрыванием других сочинений Вольтера, стихотворных (вроде шутливой «моральной повести» «Ce qui plaot aux dames» [«Что нравится дамам»]) и прозаических (повести «Кандид, или Оптимизм»; см. подробнее в разделе «Построчный комментарий»). «Литературное вольтерьянство» Пушкина в РиЛ было подчеркнутым и демонстративным приемом; отсылки к широко известной поэме Вольтера должны были *узнаваться* читателями так же легко, как и отсылки к Ариосто. Такая игра призвана была закрепить литературную и бытовую репутацию сочинителя, которую Пушкин старательно культивировал в конце 1810-х гг., — репутацию насмешливого, остроумного и язвительного вольнодумца. Ср. свидетельство Катенина: «Я в шутках называл его <...> le jeune Mr. Arouet; сближение с Вольтером и каламбур: a rouer, где бранное слово, как у нас *лихой*, *злодей* и тому подобное, принимается в смысле льстивом, крайне тешили покойника, и он хохотал до упада» (Пушкин в воспоминаниях 1998, I: 182).

Одной из основных целей Вольтера — автора «Девственницы» была насмешка над историей и, главное, над традиционными *репрезентациями* истории. Между тем задача Пушкина в РиЛ во многом была противоположной: он намеревался дать в поэме не столько ироническую «деконструкцию», сколько (в соответствии с требованиями времени) поэтическую «реконструкцию» русской старины. Вольтер здесь помочь не мог — Пушкину в этих целях пришлось обратиться к материалам «старинных русских преданий». Круг использованных Пушкиным источников в этой области достаточно узок и вместе с тем эклектичен: лубочные книжки (в частности, сказка о Еруслане Лазаревиче), сборник Кирши Данилова «Древние российские стихотворения» и — с меньшей степенью вероятности — «Русские сказки» В. А. Левшина (авторство которого в пушкинскую эпоху не было раскрыто). К этому же кругу материалов следует отнести и «Историю Государства Российского» (1818) Н. М. Карамзина. В пору создания РиЛ сочинение Карамзина воспринималось Пушкиным не столько как аналитический труд и научное исследование, сколько как кладезь сведений о «древностях», отличающийся от полуфантастических компендиумов XVIII в. большей авторитетностью. Характерно, что из Карамзина заимствуются не только внешние исторические реалии (названия, имена, некоторые факты), призванные придать волшебно-сказочному повествованию мнимо «древнерусский» колорит, но и вполне легендарные сведения (например, о колдовских способностях финнов). Метод работы Пушкина с «Историей...» в пору написания РиЛ во многом еще *противоположен* методу работы с карамзинским текстом в период создания «Бориса Годунова».

Отчетливо «книжное» происхождение волшебно-фантастического элемента в РиЛ давало основание позднейшей критике говорить об ограниченной или даже «ложной» народности первой пушкинской поэмы. Ее в этом отношении нередко противопоставляли «подлинно народным» произведениям зрелого Пушкина. В советскую эпоху в качестве реакции на такие оценки утвердилась противоположная тенденция: всячески преувеличивать аутентичность фольклоризма РиЛ, масштабы воздействия *русского* фольклора на структуру пушкинской поэмы (Волков 1955; Аникин 1977; ср.: Ахметшин 1999). Обе тенденции исходят из оформившегося в романтическую и закрепившегося в позитивистскую эпоху представления о том, что подлинно фольклорными, выражающими «национальный дух», являются только тексты, записанные из уст «народа» (в первую очередь — крестьянства). Молодому Пушкину такое представление о простонародной поэзии было чуждо. Чуждо оно было и критикам 1820 г., сразу отметившим в пушкинской поэме элементы «простонародности» и не ставившим вопроса об аутентичности ее фольклоризма. См.: Томашевский 1956: 335–340; ср.: Ebbinghaus 2004: 80–84.

Известную роль в формировании структуры РиЛ сыграли русские «богатырские» поэмы конца XVIII — начала XIX в. Среди них — неоконченная шутливая «богатырская сказка» Н. М. Карамзина «Илья Муромец» (1794), в которой материал «древних русских преданий» оказался впервые соединен с иронической манерой Виланда и с «русским размером» (Пушкиным, впрочем, в РиЛ отвергнутым). Пушкин знал и неоконченную — тоже экспериментальную — «богатырскую песнь» Н. А. Львова «Добрыня» (1796; опубл. посмертно, 1804). Были им приняты во внимание и опыты произведений, лишенных шутливой окраски и использующих «древнерусский» материал в качестве декорума для развертывания романического конфликта. Таковы стихотворный «романс» (в сущности — небольшая стихотворная повесть) А. Х. Востокова «Светлана и Мстислав» (1802; опубл. 1806) и прозаическая повесть молодого В. А. Жуковского «Марьина роща» (1808). В РиЛ обнаруживаются отсылки ко всем этим произведениям.

Особенно важны для генезиса РиЛ были «богатырские песнотворения» Н. А. Радищева — «Альоша Попович» и «Чурила Пленкович» (опубл. 1801; впервые значение их для пушкинской поэмы показано в работе: Владимиров 1895; см. также: Аксенова

1999). Пушкин, судя по его позднейшему замечанию (см.: XII: 35), считал автором этих поэм А. Н. Радищева (*отца* действительного сочинителя), автора «Путешествия из Петербурга в Москву». Мнимое авторство знаменитого опального писателя, несомненно, придавало богатырским поэмам в глазах Пушкина дополнительный интерес. Особенно ценен оказался для Пушкина радищевский «Альоша Попович».

Эта поэма давала прецедент *упрощения* эпического сюжетостроения (по сравнению с ариостовским каноном); в центре «Альоши…» — одна сюжетная линия: похищение и поиски героини, украденной колдуном (героиню, между прочим, зовут Людмилой). Действие «песнотворения» приурочено ко временам князя Владимира, изображенным, впрочем, вполне «баснословно» (обе поэмы Радищева вольно используют сюжеты из «Русских сказок» В. Левшина). Немаловажен для Пушкина оказался и стилистический строй поэм Радищева-младшего, попытки (не всегда удачные, но небезынтересные) создать шутливый повествовательный слог*.

Однако «богатырские» поэмы и повести конца XVIII — начала XIX в. были для Пушкина все же явлением литературного *прошлого*, хотя и не очень далекого. Ближайшим (и важнейшим) литературным контекстом РиЛ стало творчество старших современников Пушкина — К. Н. Батюшкова и В. А. Жуковского. В РиЛ Пушкин искусно обыграл как их *нереализованные* эпические замыслы, так и их вполне успешные опыты в различных поэтических жанрах. «Металитературное» обыгрывание мотивов Батюшкова и Жуковского в РиЛ означало более углубленное (по сравнению с лицейскими годами) освоение главных поэтических систем 1810-х гг.; «пародичность» оказалась одним из инструментов для такого изучения. Эта литературная игра составляет важнейший компонент содержания и структуры

---

* А. Л. Слонимский, считавший мнение о роли Радищева-младшего в генезисе РиЛ преувеличенным, указывает на ошибку, якобы допущенную П. В. Владимировым при изложении сюжета «Алеши Поповича». На этой ошибке будто бы и основано большинство обнаруженных исследователем «параллелей» (см.: Слонимский 1937: 193; мнение Слонимского некритически повторено: Кошелев 1997: 91–92). В действительности Владимиров совершенно точен, а ошибся как раз его критик, слишком бегло просмотревший радищевскую поэму. Ср.: Радищев 1801а: 21, 26.

РиЛ, практически не распознанный современной Пушкину критикой и слабо отрефлектированный в позднейших литературоведческих исследованиях.

К. Н. Батюшков мечтал написать поэму с начала 1810-х гг. Замысел поэмы в течение десяти лет эволюционировал, приобретал новые очертания, но так и не был воплощен. Изначально Батюшков намеревался создать «северную поэму» на материале русской древности (позднейший план поэмы «Русалка» — одна из модификаций первоначального проекта). От раннего замысла сохранился набросок-проспект (Батюшков 1989, II: 56–57). Действие поэмы предполагалось отнести к легендарным временам «начала Руси»; главным ее героем должен был стать «Синеус, брат Рурика, или другой Герой» (впоследствии — сам «Рурик»). Пушкин, тесно общавшийся с Батюшковым в 1818 г., имел о замысле «северной поэмы», судя по всему, довольно точное представление. К плану Батюшкова, вероятно, восходит парадоксальный тематический ход в РиЛ — решение поместить волшебные сады Черномора среди «ужасных» северных гор (Батюшков предполагал развернуть сады «северной Армиды» «на льдах биармских, посреди вихрей и непогод» [Там же, 56]). Батюшков намеревался сделать «мстительным, мрачным соперником <…> Героя, соперником в любви» некоего «царя варягов» (Там же). Это противопоставление отчасти реализовалось в оппозиции «Руслан — Рогдай». Наконец, в сохранившемся проекте Батюшков специально подчеркивал: «Я буду подражать в подробностях, а не в плане, *Парни*, после его *Isnel et Asléga*» (Там же). «Скандинавскую поэму» Э. Парни «Isnel et Asléga» Пушкин (знакомый с нею с лицейских лет) использовал в РиЛ с редкостной интенсивностью. На первую песнь этой поэмы спроецирована история Финна и Наины: у Пушкина она дается в ретроспекции, как вставная новелла в первую главу — так же, как история Ольбровна и Руслы в «Иснеле и Аслеге». Вместе с тем в историю любви Финна инкорпорируются аллюзии и на «Песнь Гаральда Смелого» Батюшкова, и на его лирическое (в первую очередь элегическое) творчество. Во Второй песни РиЛ многоплановая игра усиливается: интенсивно обыгрывая эпизод Второй песни «Иснеля и Аслеги», Пушкин использует не французский оригинал, а его русскую обработку — стихотворение Батюшкова «Сон воинов». Так игра с Парни переходит в игру с творчеством его русского последователя. В Пятой песни идиллический эпизод (Ратмир, презревший славу и превратившийся в рыбака) строится как инсценировка «тибуллианских» элегий Батюшкова. Игра с Батюшковым ведется на протяжении всей пушкинской поэмы, причем в двух планах: драма любви северного героя к суровой деве неожиданно заканчивается комической развязкой; аллюзии на «Сон воинов» представлены в двух регистрах — героическом (сцена битвы Руслана и Рогдая) и комическом (первая встреча Людмилы с Черномором). Даже умиливший критику эпизод счастливой любви Ратмира граничит с пародией. Пушкин, реализуя в РиЛ «проект» Батюшкова, вместе с тем иронически его травестирует.

Связь РиЛ с творчеством Жуковского давно является предметом исследовательского внимания — прежде всего благодаря тому, что в Четвертую песнь поэмы (Ратмир в замке двенадцати прелестниц) вставлена эксплицитная пародия на «Вадима» (1817), вторую часть «повести в двух балладах» Жуковского «Двенадцать спящих дев». Однако и самой «пародии», и обозначенному в ней отношению Пушкина к творчеству Жуковского, и масштабам (и характеру) диалога с Жуковским за пределами Четвертой песни часто давались (и даются) взаимоисключающие оценки.

Жуковский был занят обдумыванием и сбором материалов для поэмы из древней русской истории «Владимир» с конца 1800-х гг.; уже к 1810 г. контуры замысла определились (см. письмо Жуковского А. И. Тургеневу от 12 сентября 1810 г.: Жуковский 1959, IV: 468–471). Однако на протяжении десятилетия замысел, как это было и в случае Батюшкова, существенно эволюционировал (обзор работы Жуковского над замыслом «Владимира» см.: Веселовский 1904: 523–534). Высказывалось предположение о том, что Пушкин был знаком с планами «Владимира» (Назарова 1956). Имеющиеся материалы не дают достаточных оснований для подтверждения такого вывода. Вероятнее предположить, что Пушкин знал о проекте поэмы Жуковского только в самых общих чертах. Куда важнее для него оказались *тексты* Жуковского, отпочковавшиеся от нереализованного замысла, — послание «Воейкову» (1814), где дан был поэтический конспект некоторых сюжетных линий «русской поэмы», и баллада «Вадим» (1817). Положив в основание своей «повести в балладах» роман Шписа (см.: Langer 1983), Жуковский во второй ее части «русифицировал» материал, частично использовав заготовки для ненаписанного «Владимира».

В пародической инверсии сюжета «Вадима» (Ратмир в замке двенадцати прелестниц) исследователи зачастую видели острую полемику с Жуковским, «протест против германского мистического романтизма» (Слонимский 1937: 201). Представление о пародийно-полемическом характере сцены распространено и доныне (см.: Ленина 1992). Между тем и первые исследователи, еще живо воспринимавшие литературную обстановку недавно минувшей эпохи (и имевшие возможность опираться на свидетельства современников), и вдумчивые пушкинисты последующих эпох подвергали такое представление сомнению (Бартенев 1992: 118; Эйгес 1941: 204; Томашевский 1956: 331–335). Само слово «пародия» имело в пушкинскую эпоху значение, существенно отличавшееся от нынешнего. «Пародия» предполагала шутливое использование структуры *авторитетного* текста, наполнение его новым, в значительной степени «сниженным» содержанием — вне установки на компрометацию и деконструкцию объекта имитации (см. в этой связи: Проскурин 2000: 152–187). Сцена с Ратмиром сродни по заданию ирои-комической поэме; «пародическое» в ней не несет пародийной, разоблачительной функции. Подобная пародичность широко культивировалась в арзамасском кругу. В аналогичном плане построено шуточное переложение «Певца во стане русских воинов» Жуковского — «Певец, или Певцы в Беседе славенороссов» К. Н. Батюшкова (1813; написано при участии А. Е. Измайлова). Показательна и стихотворная «пародия» Жуковского на *собственную* «Балладу, в которой описывается, как одна старушка ехала на черном коне...», снабженная предложением Батюшкову закончить эту пародию (см. письмо Жуковского П. А. Вяземскому от 12 января 1816 г.: Арзамас 1994, II: 345–346). Вряд ли стоит сомневаться в аутентичности зафиксированного П. Бартеневым свидетельства, что Жуковский «сердечно радовался» пушкинской шутке в РиЛ (Бартенев 1992: 118).

Точность этих выводов, по видимости, колеблется позднейшим комментарием Пушкина к своей "пародии" в РиЛ (в <«Опровержении на критики»>, 1830): «Непростительно было (особенно в мои лета) пародировать, в угождение черни, девственное, поэтическое создание» (XI: 145). Однако смысл этого заявления может быть адекватно понят только с учетом изменившейся литературной ситуации. В 1829–1830 гг. Николай Полевой в «Московском телеграфе» печатал одну за другой пародии на литераторов «аристократического» лагеря. Эти пародии выполняли уже новые функции — они призваны были именно *дискредитировать* враждебную литературную школу. В новом контексте — и с учетом новой, более массовой аудитории, утратившей живые связи с атмосферой дружеского кружка, — шутливая «домашняя» пародия могла быть воспринята как попытка компрометации образца. Пушкинское высказывание — пример ретроспективного переосмысления текста одной эпохи из контекста другой.

Однако одной, пусть и знаменитой, «пародией» связь РиЛ с «Вадимом» не исчерпывается. Основной сюжет «Вадима» (путь героя для выполнения высшего предназначения — пробуждения к новой жизни спящих дев и искупления грехов их отца) находит отражение в РиЛ в пародически окрашенном вставном эпизоде. Зато побочное сюжетное ответвление в балладе Жуковского (освобождение Вадимом киевской княжны из рук великана-похитителя и возвращение ее отцу) превращается Пушкиным в сюжетный стержень РиЛ. На глубинную структурную связь сюжета РиЛ с «Вадимом» указал еще А. И. Незеленов (Незеленов 1882: 48–49), однако — из-за неразработанности методики анализа интертекстуальных отношений (которые тогда всецело сводились к «заимствованиям» и «влияниям») — он изложил свои соображения довольно неуклюже; его гипотеза вызвала многочисленные возражения и насмешки. Между тем в этом вопросе более прав Незеленов, чем его критики. В РиЛ содержатся не только многочисленные *мотивные* переклички с «Вадимом»; Пушкин нередко использует целые фразеологические блоки из повести Жуковского, на что проницательно обратил внимание еще П. Н. Шеффер (Шеффер 1902: 515–522). Б. В. Томашевский попытался оспорить Шеффера, заметив, что его сближения не учитывают контекста, а «некоторая общность лексики» обусловлена «вообще близостью лексики поэзии Жуковского (в такой же мере, как и Батюшкова) к данной поэме Пушкина» (Томашевский 1956: 333; выводы Томашевского повторены в исследовании: Кошелев 1997: 110). Однако возражения Томашевского справедливы по отношению лишь к некоторым сближениям Шеффера; в большинстве случаев именно *контекстуальный* анализ позволяет говорить о значимости отмечавшихся перекличек и об их диалогической насыщенности.

Мотивно-словесные комплексы, отсылающие к Жуковскому, нередко используются Пушкиным в контекстах, *противоположных* контекстам оригинала: так, из словесных блоков Жуковского оформилась «гедонистическая» сцена ночного свидания Ратмира у дев. Из одного и того же материала (приезд Вадима в Киев в балладе Жуковского) выстраиваются две сцены — прибытие в Киев коварного убийцы Фарлафа и героя-освободителя Руслана. Можно говорить об интенсивном присутствии в РиЛ диалога и, одновременно, полемики с Жуковским, об игровом выведении его поэтического языка и поэтической образности за пределы идеологии моралистического пиетизма. Так — парадоксально — демонстрировались универсализм и литературная перспективность «школы Жуковского». Открывшийся в РиЛ диалог Пушкина с Жуковским будет продолжен в «южных» поэмах.

Поэма «Руслан и Людмила» успешно выполнила важную жанровую задачу: после ее появления «волшебно-сказочная поэма» как продуктивный жанр фактически исчезла из русской литературы. В то же время в РиЛ берут начало несколько новых линий пушкинского творчества: именно здесь обнаруживаются и генезис персонажей «южных поэм», и многие повествовательные принципы романа в стихах «Евгений Онегин».

Ранняя рецепция поэмы

При своем появлении первая пушкинская поэма вызвала ряд откликов и оживленную журнальную полемику. Полемика вокруг РиЛ подробно рассмотрена в исследованиях: Томашевский

1956: 340–365; Мордовченко 1959: 157–165; Строганов 1982; Кошелев 1997: 154–178. Материалы полемики почти исчерпывающе представлены в ППК 1, где публикации снабжены полезными комментариями.

Печатные отклики на РиЛ появились еще до полной публикации поэмы — после обнародования фрагмента Третьей песни в «Сыне Отечества» (эпизод «Руслан и голова»). 28 июня 1820 г. на эту публикацию откликнулся «Вестник Европы» заметкой «Еще критика (Письмо к Редактору)» (№ 11; помечено «30 мая»). Автором ее был молодой историк, теоретик словесности и фольклорист А. Г. Глаголев, скрывшийся под литературной маской престарелого «Жителя Бутырской слободы» (авторство статьи не было известно ни Пушкину, ни читателям-современникам, полагавшим наиболее вероятным сочинителем статьи редактора «Вестника Европы» М. Т. Каченовского; авторство Глаголева было раскрыто только в середине XX в., после публикации свидетельства М. П. Погодина; см.: ЛН 58: 352). Статья Глаголева отражала критерии позднеклассической нормативной эстетики и была направлена против «новой школы» в русской поэзии (в первую очередь — против преромантизма «школы Жуковского»). Основным объектом критики оказался в ней жанр *баллады*, широко открывший доступ в литературу отвратительно-ужасным продуктам кладбищенской фантазии; раздражение критика вызывали и «низкие» слова, сопутствующие низменным предметам. Тем более резко Глаголев должен был выступить против попыток экспансии «младенческих» простонародных фантазий в *большую* жанровую форму. Примером такой неоправданной экспансии и послужила для критика поэма Пушкина. Саркастически определив новую поэму как «подражание Еруслану Лазаревичу», он сопоставил ее появление с вторжением мужика в Московское благородное собрание (ППК 1: 27). Тем не менее, по точному замечанию исследователя, в этой статье Пушкин явился не главным героем, а «как бы эпизодическим персонажем в развертывавшейся борьбе классиков и романтиков» (Томашевский 1956: 342).

Первый (и самый обширный) специальный критический отклик на отдельное издание РиЛ вышел из-под пера «арзамасца» А. Ф. Воейкова. В № 33 «Сына Отечества» за 1820 г.

появилось сообщение о вступлении Воейкова (только что переехавшего из Дерпта в Петербург) в должность соредактора журнала (в «помощь» Н. И. Гречу) и о фактическом переходе в его ведение литературного отдела. В том же номере появилось и первое печатное сообщение о выходе РиЛ1 («сего прекрасного произведения»), с обещанием напечатать подробный разбор поэмы в следующей книжке. В сущности, это был анонс большой статьи Воейкова — его дебютного выступления в новой роли. Разбор РиЛ, опубликованный за подписью «В.», занял несколько номеров «Сына Отечества»: № 34 (вышел в свет 21 августа). С. 12–32; № 35 (вышел 28 августа). С. 66–83; № 36 (вышел 4 сентября). С. 97–114; № 37 (вышел 11 сентября). С. 145–155.

Статья Воейкова традиционно считается «более чем двусмысленной» (Горобцова 1988: 17), «ядовитой» (Лотман 1996: 485) и враждебной Пушкину. Между тем позиция Воейкова в отношении пушкинской поэмы была много сложнее и во всяком случае не исчерпывается однозначными формулировками. Как следует из письма И. Вилламова В. К. Кюхельбекеру от 17 апреля 1820 г. (из Дерпта), реакция Воейкова на публикацию фрагментов поэмы в «Сыне Отечества» была благожелательной (Щукинский сборник. М., 1910. Ч. 9. С. 353). Изначально позитивной была и установка его статьи-обзора: Воейков намеревался показать, что Пушкин в общем выполнил одну из главных задач современной литературы — создал ожидаемую «богатырскую» поэму. Воейков отнес поэму к тому роду поэзии, который ныне «называется романтическим» (т. е. поэма богатырская, волшебная, шуточная). Сводя жанровые особенности РиЛ к этому типу, Воейков таким образом нейтрализовывал претензии к Пушкину со стороны «Вестника Европы». Чтобы утвердить успех поэмы не только в качестве «кружкового» сочинения, ему важно было доказать, что РиЛ в общем соответствует основным требованиям нормативной позднеклассической эстетики. Доказательствам такого соответствия посвящена бо́льшая часть статьи-трактата. Разбирая поэму в соответствии с номенклатурой тогдашней «литературной теории» (сюжет, «характеры», слог, описания, подробности, картины и проч.), Воейков демонстрирует, что РиЛ удовлетворяет необходимым жанровым требованиям. Придирки к слогу, сюжету и т. п. в первых трех частях обзора единичны и непринципиальны (впрочем, некоторое недовольство началом статьи Воейкова высказано в письме Вяземского А. И. Тургеневу от 9 сентября: ОА II: 64).

Резкое изменение тона происходит только в заключительной части статьи Воейкова, сосредоточенной на «погрешностях» поэмы. Языковые и стилистические придирки увеличиваются здесь количественно и изменяются качественно: они переходят в откровенные обвинения молодого автора в безнравственности. Этот неожиданный поворот в позиции критика вызвал осуждение в арзамасском кругу — см. резкие оценки «окончания разбора Пушкина поэмы» в дневнике Н. И. Тургенева (запись от 14 сентября: Архив Тургеневых III: 239) и письмо А. И. Тургенева Вяземскому от 15 сентября («Каков Воейков? Я вчера сказал ему в глаза, что думаю о его разборе и о его ответе Блудову» [ОА II: 68]). Перемена тона сразу бросилась в глаза и читателям-современникам. 23 сентября издатель журнала «Благонамеренный» А. Е. Измайлов писал П. Л. Яковлеву: «Воейков хвалил, хвалил Пушкина, но наконец разругал его по-мужичьи» (Левкович 1978: 156; видимо, в ответ Воейкову в 17-м номере «Благонамеренного» появился за подписью «Н… Н…» мадригал Пушкину — стихотворение «Новость на Олимпе» с похвалами РиЛ).

По мнению Б. В. Томашевского, «последнюю часть статьи Воейков писал в явно раздраженном состоянии» (Томашевский 1956: 347); раздражение это было вызвано конфликтом с некоторыми из «арзамасцев» (в частности, с Д. Блудовым, которого Воейков задел в том же номере «Сына Отечества», где было напечатано окончание его разбора РиЛ). По заключению В. А. Кошелева, Воейков вообще был вынужден хвалить пушкинскую поэму только по партийной обязанности, но «этот хвалебный тон ему внутренне оказался глубоко чужд». В результате «личное недоброжелательное мнение» Воейкова о РиЛ выплеснулось на страницы журнала (Кошелев 1997: 159, 176). Меж тем немалую роль в таком неожиданном завершении статьи сыграло особое обстоятельство: в сентябре Воейкову стало известно мнение о пушкинской поэме И. И. Дмитриева — второго (после Карамзина) корифея арзамасского кружка. Ю. М. Лотман вообще считал, что вся статья Воейкова «была прямо инспирирована Дмитриевым» (Лотман 1996: 485).

Этот вывод, однако, нуждается в коррекции. Сохранившаяся переписка Дмитриева с А. И. Тургеневым за 1819 г. свидетельствует об исключительной заинтересованности маститого поэта ходом работы над РиЛ; он неоднократно выражает желание познакомиться с поэмой хотя бы в отрывках: см. письма Дмитриева от 22 июля и 30 июля 1819 г. (РС. 1903. Декабрь. С. 717, 718), письмо А. И. Тургенева от 7 августа (РА. 1867. № 4. Стлб. 651), письмо Дмитриева от 10 августа (в нем Дмитриев просит прислать хотя бы несколько стихов из поэмы: «Батюшков раздразнил мое любопытство» [РС. 1903. Декабрь. С. 704–705]) и от 4 сентября 1819 г. (РА. 1867. № 7. Стлб. 1113–1114). Лишь в апреле–мае (?) 1820 г. Дмитриев сообщает Тургеневу, что ему удалось увидеть два отрывка из «Руслана…» (по всей вероятности, речь идет о публикации отрывков в «Сыне Отечества»). Письмо было снабжено уклончивым комментарием, из которого, тем не менее, следовало, что отрывки не привели Дмитриева в восторг: «Дядя В. Л. Пушкин восхищается, но я думаю оттого, что племянник этими отрывками еще не раздавил его» (Там же, 1117). Более определенный отзыв о РиЛ содержался в утраченном письме Дмитриева Карамзину, писанном, видимо, в самом конце мая. В ответном письме (от 7 июня 1820 г.) Карамзин брал Пушкина под защиту: «Ты не отдаешь справедливости таланту или *поэмке* молодого Пушкина, сравнивая ее с Энеидою Осипова; в ней есть живость, легкость, остроумие, вкус; только нет искусного расположения частей, нет или мало интереса; все сметано на живую нитку» (Карамзин 1866: 290; определение «поэмка» по отношению к РиЛ сам Карамзин использует и в письме Вяземскому от 17 мая 1820 г.: Старина и новизна. 1897. Кн. 1. С. 101). Из письма Карамзина следует, что Дмитриев сравнивал поэму Пушкина с травестийной поэмой Н. Осипова «Виргилиева Енеида, вывороченная на изнанку». Мнения Дмитриева о «Руслане…» (возможно, в пересказе Карамзина) скоро становятся известными в литературном Петербурге. 23 июля А. И. Тургенев пишет Дмитриеву: «На сих днях явится в свет поэма молодого Пушкина. Не смею послать вам ее, ибо вы, как слышу, осудили ее по отрывкам почти на ничтожество» (РА. 1867. № 4. Стлб. 656). 2 августа Дмитриев отвечал: «Позвольте дружески попенять вам, что вы не прислали ко мне Руслана. Я не уничтожал ее, а только отозвался, что в напечатанных отрывках еще ничего не видел чудесного или необыкновенно хорошего. Может быть, в целом она и прекрасна; по крайней мере я искренно того желаю» (РА. 1867. № 7. Стлб. 1125). Тургенев, однако, медлил с высылкой, что Дмитриев отметил не без яда в письме от 1 сентября: «Руслана все еще не вижу и не слышу. Какое мщение» (Там же, 1127). 19 сентября, уже после завершения публикации статьи Воейкова, Дмитриев спрашивал А. И. Тургенева: «Кто поссорил меня с Воейковым, будто я сердит на него, что он расхвалил молодого Пушкина? Не только не думал о том, но еще хвалил его, что он умел выставить удачнее автора лучшие стихи из его поэмы. Я не критиковал и прежних образчиков, а только давал вам чувствовать, что по предварительной молве ожидал чего-то большего. Пушкин был поэт еще до поэмы. Я, хотя и инвалид, но еще не лишился чутья к изящному. Как же мне хотеть унижать талант его» (Там же, 1129–1130). Судя по содержанию письма (Дмитриев сравнивает фрагменты, приведенные в статье Воейкова, с оригинальным пушкинским текстом), к этому времени поэма уже была в руках Дмитриева. А. И. Тургенев счел это письмо примирительным; 6 октября в письме Вяземскому (в Варшаву) он упоминает о «нелепой и отлично глупой критике» Воейкова, которую, однако, «Дмитриев хвалит, хотя Пушкина уже и не хулит» (ОА II: 82). Тургенев поторопился с выводами. Уже 20 октября 1820 г. Дмитриев направляет Вяземскому письмо, в котором дает наиболее ядовитое из известных суждений о РиЛ: «Мне кажется, что это недоносок пригожего отца и пригожей матери (музы). Я нахожу в нем очень много блестящей поэзии, легкости в рассказе: но жаль, что часто впадает в *бюрлеск*, и еще больше жаль, что не поставил в эпиграф известный стих с легкою переменой: La mère en défendra la lecture à sa fille. Без этой предосторожности поэма его с четвертой страницы выпадет из рук добрыя матери» (Старина и новизна. 1898. Кн. 2. С. 141).

Судя по всему, подобное же саркастическое суждение Дмитриева о пушкинской поэме дошло до Воейкова, причем именно в ту пору, когда он дописывал *последнюю* часть своего разбора РиЛ, — на второй неделе сентября. (Этого не могло произойти раньше: когда третья часть разбора готовилась к печати, Дмитриев еще не располагал экземпляром поэмы.) Воейков истолковал сарказмы Дмитриева по поводу Пушкина в том смысле, что влиятельный литератор на него «сердит» за похвалы Пушкину. Воейков поспешил оправдаться — эпистолярно (реакцией на оправдание Воейкова и является, судя по всему, письмо Дмитриева А. И. Тургеневу от 19 сентября) и печатно. Стилистические придирки и, особенно, сетования на безнравственность поэмы в четвертой части обзора прямо соотносятся с известными нам замечаниями Дмитриева. Внутрикружковый конфликт лишь стимулировал остроту и раздраженность новых оценок.

Статья Воейкова была быстро взята на вооружение недоброжелателями Пушкина: сочувственные ссылки на нее появятся в «Невском зрителе» (№ 7. С. 67–80; вышел 21 сентября), в анонимной статье «Замечания на поэму Руслан и Людмила…». Кюхельбекер, уехавший за границу, к тому времени прекратил участие в издании, и журнал принял новое направление, враждебное Пушкину. Бегло похвалив молодого сочинителя за «чрезвычайную легкость и плавность стихов», анонимный автор сосредоточил свою критику на двух моментах: с одной стороны, на низменном «предмете», противоречащем хорошему вкусу (такого рода фантазии «могут нравиться более грубому, необразованному народу»), с другой — на приверженности сочинителя к соблазнительным и сладострастным сценам. Из поэмы приводятся обширные куски, «при которых невозможно не краснеть» и которые невозможно читать «прекрасным» (в число нравственно сомнительных мест попали даже стихи про шапку-невидимку — от «А девушке в семнадцать лет» до «И задом наперед надела!»). По ходу дела были высказаны многозначительные суждения морально-политического характера: «Тогда как во Франции в конце минувшего столетия стали в великом множестве появляться подобные сему произведения, произошел не только упадок словесности, но и самой нравственности» (ППК 1: 73). Поскольку «Невский зритель» сдвинулся на периферию литературной жизни и скоро прекратил свое существование, антипушкинская статья не вызвала особого резонанса; лишь год спустя эта рецензия была весьма саркастически помянута в повести П. Л. Яковлева «Молодые журналисты» — своего рода памфлетной истории «Невского зрителя» (Благонамеренный. 1821. № 15).

В № 38 «Сына Отечества» (18 сентября) появился целый «пушкинский блок» материалов: на с. 229–231 — пушкинские «Прибавления к поэме»; на с. 226–229 — «Письмо к Сочинителю Критики на Поэму: Руслан и Людмила» (подписано: N. N.); на с. 221–233 — послание Ф. Н. Глинки (за подписью: Ф…..Г…..) «К Пушкину»; на с. 233 — две анонимные «Эпиграммы рецензенту поэмы: Руслан и Людмила» (первая из них принадлежала А. А. Дельвигу, вторая — И. А. Крылову).

Современники, в том числе редактор «Сына Отечества» Н. И. Греч, были уверены в том, что автором «Письма к Сочинителю Критики на Поэму: Руслан и Людмила» был П. А. Катенин. По заверению самого Катенина, настоящим автором «Письма…» был рано умерший Д. П. Зыков (Пушкин в воспоминаниях 1998, I: 182–183). В любом случае прямое или косвенное участие Катенина в составлении вопросов практически не подлежит сомнению: на статье лежит отпечаток катенинских эстетических представлений. Поэма Пушкина именуется в письме «одним из лучших произведений сего года», однако за похвалами следуют придирки-вопросы. Почти все они относятся к недоработанности «плана». Намереваясь вскрыть «пороки» поэмы, Зыков и стоявший за ним Катенин проницательно обозначили важнейшую структурную особенность всех вообще пушкинских поэм — факультативную роль фабулы, «плана». На вопросы Зыкова ответил, однако, не Воейков (к которому они формально были обращены), а молодой чиновник А. Перовский, будущий известный писатель Антоний Погорельский. В «Сыне Отечества» появилось его «Замечание на письмо к сочинителю критики на поэму Руслан и Людмила» (СО. № 41. 9 октября. С. 39–44. Подпись: *Село Хмарино. К. Григорий Б–в*. Авторство Перовского раскрыто в письме Тургенева Вяземскому от 22 сентября 1820 г.: ОА II: 74). Статья-реплика была исполнена насмешек над эстетическим педантизмом безымённого «вопрошателя». Требование мотивировать сюжетной необходимостью *каждое* описание и *каждое* действие того или иного персонажа объявлялось необоснованным педантизмом.

Вторая статья Перовского — «Замечание на разбор поэмы Руслан и Людмила, напечатанный в 34, 35, 36 и 37 книжках Сына Отечества (Письмо к издателю)» — появилась в № 42 «Сына Отечества» (С. 72–86; помета и подпись: *Павловск, 1820 г. Сентября 5 дня. П. К–в.*; номер вышел 16 октября). Подпись и помета в этом «Замечании...» в точности повторяли подпись и помету в статье Воейкова с выходкой против Блудова (помещенной в одном номере с окончанием разбора РиЛ). Видимо, одним из инициатором статьи выступил А. И. Тургенев. «Замечания...» были переданы Перовским Тургеневу 19 сентября; тогда же Тургенев сообщил Вяземскому о том, что отправит «замечания» в «Сын Отечества» (ОА II: 72). Возможно, статья была напечатана в «Сыне Отечества» не без сопротивления со стороны Воейкова.

В своем «Замечании...» Перовский берет Пушкина под защиту от обвинений в эстетическом и моральном экстремизме: «Люди, одаренные слишком пужливою совестью, могут, опираясь на остроумное изречение г. В., подумать, что стихи Пушкина в самом деле *грешные*; другие опасаться будут, что нежный слух их потерпит от рифм, кои примерная учтивость г. Разбирателя назвала мужицкими; — зачем же, милостивый государь, и тех и других лишать удовольствия читать превосходное сочинение?» (ППК 1: 75). Сосредоточившись на *последней* части разбора Воейкова (вызвавшей наибольшее негодование в арзамасском кругу), Перовский осмеял большинство придирок Воейкова к «погрешностям языка» и взял под защиту вольные эпизоды поэмы: «...робкое целомудрие г. В. строго вооружается против некоторых шуточных эпизодов Пушкина <...> положим, что девственный слух г. В. справедливо оскорбился описанием приключений Ратмира в замке, все не надлежало ему упускать, что самая строгая нравственность не исключает учтивости <...>. Называть стихи Пушкина *площадными шутками* — значит не иметь понятия о достоинстве критика» (ППК 1: 77). В этом месте, помимо прочего, содержался двусмысленный намек, распознанный в «домашнем» кругу. М. А. Протасова-Мойер (родная сестра жены Воейкова), познакомившаяся со статьей Перовского, спрашивала А. П. Елагину из Дерпта 2 ноября 1820 г.: «...Скажи, каково должно быть его (Воейкова. — *О.П.*) расположение, когда он читал такие ужасные насмешки над его девственностью?» (Уткинский сборник. М., 1904. Ч. 1. С. 247).

Ответ Перовскому — «Скромный ответ на нескромное замечание г. К–ва» появился в следующем, № 43 «Сына Отечества» (вышел 23 октября), за подписью *М. К–в*. Долгое время считалось, что ответ принадлежит самому Воейкову; поэтому исследователи усматривали в нем «бесстыдное самохвальство» (Томашевский 1956: 352). Однако действительным автором «Скромного ответа…» был М. С. Кайсаров — давний приятель Воейкова, один из участников Дружеского литературного общества 1801 г. (установлено В. Э. Вацуро [см.: ППК 1: 360]). Участие Воейкова в создании статьи, однако, не подлежит сомнению: он определенно направлял перо приятеля и снабдил его необходимыми материалами для ответа. Кайсаров двинул против Пушкина тяжелую артиллерию: он практически раскрыл инкогнито Воейкова (вряд ли без согласия последнего), всячески восхвалив его литературные и ученые заслуги; в качестве аргумента против Пушкина использовались не предназначенные для печати письма авторитетного библиографа и духовного писателя митрополита Евгения (Болховитинова) В. Г. Анастасевичу. Наконец, в статье появилась ссылка на мнение автора, не названного по имени, но легко узнаваемого: «Увенчанный, первоклассный отечественный писатель, прочитав „Руслана и Людмилу", сказал: „Я тут не вижу ни мыслей, ни чувств: вижу одну чувственность"» (ППК 1: 86). Несомненно, речь здесь идет об И. И. Дмитриеве — сентенция восходила либо к пересказам ходивших по обеим столицам язвительных дмитриевских суждений, либо прямо к несохранившемуся письму Дмитриева к Воейкову. «Тем самым в представлении читателей частное выступление анонимного журнального рецензента получало значение приговора, вынесенного наиболее компетентными судьями литературного мира» (Вацуро 1966: 49).

Исчерпав аргументы, подтверждающие соблазнительность поэмы, М. К–в задает критику вопрос: «Неужели решились бы вы прочесть поэму вслух *целомудренной* вашей матушке, *целомудренным* сестрицам, *целомудренным* дочерям, если вы их имеете?» (ППК 1: 88). За видимо простодушным тоном вопроса «содержится грубый личный выпад. Реплика о „целомудренных сестрицах и матерях" намекает на незаконнорожденность Перовских — побочных детей графа А. К. Разумовского и М. М. Соболевской» (ППК 1; комментарий В. Э. Вацуро). Взбешенный Перовский написал ответную статью — «Ответ на скромный ответ г-на М. К–ва», — которая фактически заканчивалась угрозой вызова на дуэль. Статья эта напечатана не была — А. И. Тургеневу удалось примирить оппонентов (последняя статья Перовского впервые увидела свет в публикации: Вацуро 1966; перепечатана: ППК 1: 361–364).

Сгладить остроту полемики попытался сам Воейков. В обзоре «Историческое и критическое обозрение российских журналов» (СО. 1821. № 4. С. 174) он писал: «В последней половине минувшего 1820 года всем наскучили читателям Сына Отечества разбор, критика, антикритика, вопросы, ответы, осада и оборона поэмы Руслан и Людмила, сочиненной Александром Пушкиным. Бранные выражения, тупые остроты, плохие насмешки, коими осыпали друг друга защитники и хулители сего стихотворения, заставляют жалеть о потерянном масле и чернилах». Воейков лукавил: последнее слово в «Сыне Отечества» осталось все же за «хулителями» поэмы. Полемику вокруг Руслана фактически завершила статья Н. И. Кутузова «Аполлон с семейством» (СО. 1821. № 5; вышел в свет 29 января). Фигура последнего хулителя Пушкина была подобрана очень удачно: Кутузов, активный деятель Вольного общества любителей российской словесности, успешно разыгрывал роль «русского Катона», сурового патриота, обличителя порочных нравов и учителя добродетели. Дата под статьей («20 сентября 1820 г.») могла означать, что статья действительно увидела печать только четыре месяца спустя после написания. Не исключено, однако, что датировка имеет мистифицирующий характер: примечательно, что одно из центральных положений статьи — «Пожалеем, что перо Пушкина, юного питомца муз, одушевлено не чувствами, а чувственностию» (ППК 1: 93) — дословно совпадает с приведенным в статье М. Кайсарова мнением «увенчанного, первоклассного отечественного писателя»: «Я тут не вижу ни мыслей, ни чувств: вижу одну чувственность»*.

Запоздалым откликом на РиЛ оказалась статья В. Олина (скрывшегося под маской стороннего читателя NN) «Мои

---

* Несколько позднее схожие претензии к поэме предъявил А. М. Мансуров (по некоторым данным — член Союза благоденствия), в своих стихах призывавший Пушкина воспеть не «любовь и забавы», а гражданские добродетели (*А. М.* К сочинителю Поэмы: Руслан и Людмила // СО. 1822. Ч. 76. № 10. С. 129–131; стихотворение приписывалось А. А. Бестужеву — атрибуцию Мансурову см.: Томашевский 1955).

мысли о романтической поэме г. Пушкина „Руслан и Людмила"» в газете «Рецензент» (1821. 2 февраля. № 5; фактически номер вышел только в июне 1821 г.). По мнению рецензента, основное достоинство поэмы «заключается в прелести слога», основной недостаток — в «бедности интересов». Рассматривая РиЛ на фоне традиций волшебно-рыцарской поэмы, Олин не без проницательности замечает, что в действительности Пушкин отступает от нее, значительно упростив действие и отказавшись от «тысяч различных препятствий». Отметил критик и отсутствие «описаний патетических» и появление насмешек там, где читатель хотел бы проливать слезы. Вместе с тем Олин осторожно берет под защиту пушкинские «вольности» и защищает его от упреков в «безнравственности», высказанных «одним из почтенных и первоклассных литераторов наших» (подразумевается, видимо, Дмитриев): «...должно отличать вольности непростительные от позволительных, в особенности стихотворцу романтическому. Тинторет и Альбани не могут назваться нескромными живописцами потому, что они изображали прелестною кистью наготу тела» (ППК 1: 105).

Первые отклики на поэму вызвали эпистолярную реакцию Пушкина. 4 декабря 1820 г. из Каменки он сообщал Гнедичу, что опубликованные в № 41 «Сына Отечества» стихи Гнедича оживили в нем «чувство прекрасного» — «но не примирили меня с критиками, которые нашел я в том же Сыне Отечества. Кто такой этот В., который хвалит мое целомудрие, укоряет меня в бесстыдстве, говорит мне: *красней*, несчастный? (что между проччим очень неучтиво), говорит, что *характеры* моей поэмы писаны *мрачными* красками этого нежного, чувствительного Корреджио и *смелою кистию Орловского*, который кисти в руки не берет, а рисует только почтовые тройки да киргизских лошадей? Согласен со мнением неизвестного эпиграммиста — критика его для меня *ужасно как тяжка*. Допрощик умнее, а тот, кто взял на себя труд отвечать ему (благодарность и самолюбие в сторону), умнее всех их» (XIII: 21).

Обзор ранних критических откликов на РиЛ заставляет признать вполне справедливым вывод исследователя: «Ожидавшегося достойного критического разбора поэма Пушкина <…> не получила» (Томашевский 1956: 354).

Этот вывод следует распространить и на читательскую рецепцию РиЛ. Исследователи часто говорят о «громадном успехе поэмы» у читателей (Шлионский 1960: 382). Иные из них связывают этот «громадный успех» с особенностями содержания и построения поэмы. В. В. Сиповский, исходя из ошибочного литературно-социологического тезиса (РиЛ — продукт переработки «массовой литературы»), заключал: «Поэма Пушкина потому и была встречена с энтузиазмом, что она вся целиком вышла из этой богатой литературы рыцарско-волшебных произведений <…> в „Руслане и Людмиле" русский читатель увидел все давно знакомое, но изложенное не в грубой прозе XVIII в. архаистическим, топорным, стилем, а в легких, прекрасных стихах…» (Сиповский 1906: 73, 75, 76). Мнение Сиповского было недавно, в сущности, повторено и развито: «Принципиально новое произведение не было бы воспринято публикой. Пушкин же по-иному подавал привычное, знакомое. Сумев представить уже существовавшее ранее как новое, удачно аранжировать знакомые мотивы, Пушкин точно угадал желания публики и ответил на них» (Рейтблат 2001: 58).

Эти выводы не подтверждаются дошедшими до нас читательскими откликами. В большинстве своем (за исключением благожелательных отзывов, вышедших из окружения Пушкина) они более чем сдержанны и во всяком случае свидетельствуют о том, что новые принципы построения поэмы не были вполне приняты даже самыми квалифицированными читателями. Характерно письмо митрополита Евгения (Болховитинова) к литератору и библиографу В. Г. Анастасевичу от 3 сентября 1820 г.: «А Еруслановщину Воейкова читал я. Кажется, сия глупая поэма не стоила бы и анализа» (РА. 1889. № 7. С. 369). 1 ноября молодой М. П. Погодин пересказывает в дневнике свой разговор с молодым Ф. И. Тютчевым: «Восхищался описаниями в пушкинском „Руслане"; в целом же такие несообразности, нелепости, что я не понимаю, каким образом они могли прийти ему в голову» (Барсуков 1888: 194–195). К. Я. Булгаков 3 ноября 1820 г. в письме брату, А. Я. Булгакову, отзывается о РиЛ весьма иронически: «Я нахожу, что довольно занимательно, но не стóит ни шуму, который наделали, ни войны, которая зажглась между литераторами. Раз прочесть забавно, только не вечером, чтоб не видеть во сне ни горбатую волшебницу, ни Черномора, ни Голову» (РА. 1902. № 11. С. 390).

На этом фоне выделяется мнение М. М. Сперанского (в ту пору генерал-губернатора Сибири), высказанное в письме дочери от 16 октября: «Руслана я знаю по некоторым отрывкам. Он действительно имеет замашку и крылья гения. <…> вкус придет; он есть дело опыта и упражнения. Самая неправильность полета означает тут силу и предприимчивость. Я так же, как и ты, заметил сей метеор. Он не без предвещения для нашей словесности» (РА. 1868. № 11. Стлб. 1790; ср. свидетельство Ф. Ф. Матюшкина о его беседе со Сперанским о РиЛ в сентябре 1820 г.: *Корф М.* Жизнь графа Сперанского. СПб., 1861. Ч. 2. С. 220).

Полемика вокруг РиЛ, не раскрыв эстетической новизны поэмы, сразу приняла оборот, крайне невыгодный для опального Пушкина. Обсуждение (и осуждение) «вольностей» и «чувственности» поэмы (с прямыми указаниями на Французскую революцию как следствие подобного преступного легкомыслия), в сущности, легитимизировало меры властей по удалению из столицы дерзкого либерала. Этот акцент в рецепции РиЛ был воспринят Пушкиным крайне болезненно. (К проблеме «нравственности» в поэзии, актуализированной полемикой вокруг РиЛ, он специально обратится в «Евгении Онегине»; см.: Кошелев 1997: 178–193; Кошелев 1999; Проскурин 1999: 148–161.)

К полемике вокруг РиЛ Пушкин вернулся много лет спустя, при переиздании поэмы в 1828 г. Для нового издания он подготовил специальное предисловие, в котором воспроизвел (и отчасти прокомментировал) некоторые из полемических выступлений 1820 г.:

> Автору было двадцать лет от роду, когда кончил он Руслана и Людмилу. Он начал свою поэму, будучи еще воспитанником Царскосельского лицея, и продолжал ее среди самой рассеянной жизни. Этим до некоторой степени можно извинить ее недостатки.
>
> При ее появлении в 1820 году тогдашние журналы наполнились критиками более или менее снисходительными. Самая пространная

Комментарии

писана г. В. и помещена в Сыне Отечества. Вслед за нею появились вопросы неизвестного. Приведем из них некоторые.

Начнем с первой песни. Commençons par le commencement.

Зачем Финн дожидался Руслана?

Зачем он рассказывает свою историю, и как может Руслан в таком несчастном положении *с жадностию внимать рассказы* (или по-русски *рассказам*) старца?

Зачем Руслан *присвистывает*, отправляясь в путь? Показывает ли это огорченного человека? Зачем Фарлаф с своею трусостию поехал искать Людмилы? Иные скажут: затем, чтобы упасть в грязный ров: et puis on en rit et cela fait toujours plaisir.

Справедливо ли сравнение, стр. 46, которое вы так хвалите? Случалось ли вам это видеть?

Зачем маленький карла с большою бородою (что, между прочим, совсем не забавно) приходил к Людмиле? Как Людмиле пришла в голову странная мысль схватить с колдуна шапку (впрочем, в испуге чего не наделаешь?), и как колдун позволил ей это сделать?

Каким образом Руслан бросил Рогдая как ребенка в воду, когда

Они схватились на конях;

………………….

Их члены злобой сведены;

Объяты, молча, костенеют, и проч.?

Не знаю, как Орловский нарисовал бы это.

Зачем Руслан говорит, увидевши поле битвы (которое совершенный hors d'œuvre), зачем говорит он:

О поле, поле, кто тебя

Усеял мертвыми костями?

……………………..

……………………..

Зачем же, поле, смолкло ты

И поросло *травой забвенья*?..

Временем от вечной темноты,

Быть может, нет и мне спасенья! и проч.?

Так ли говорили русские богатыри? И похож ли Руслан, говорящий о *траве забвенья о вечной темноте времен*, на Руслана, который чрез минуту после восклицает с *важностью сердитой*:

> Молчи, пустая голова!
> ………………
> Хоть лоб широк, да мозгу мало!
> Я еду, еду, не свищу,
> А как наеду, не спущу!
> …… Знай наших! и проч.?

Зачем Черномор, доставши чудесный меч, положил его на поле, под головою брата? Не лучше ли бы было взять его домой?

Зачем будить двенадцать спящих дев и поселять их в какую-то степь, куда, не знаю как, заехал Ратмир? Долго ли он пробыл там? Куда поехал? Зачем сделался рыбаком? Кто такая его новая подруга? Вероятно ли, что Руслан, победив Черномора и пришед в отчаяние, не находя Людмилы, махал до тех пор мечом, что сшиб шапку с лежащей на земле супруги?

Зачем карла не вылез из котомки убитого Руслана? Что предвещает сон Руслана? Зачем это множество точек после стихов:

> Шатры белеют на холмах?

Зачем, разбирая Руслана и Людмилу, говорить об Илиаде и Энеиде? Что есть общего между ними? Как писать (и кажется сериозно), что речи Владимира, Руслана, Финна и проч. нейдут в сравнение с Омеровыми? Вот вещи, которых я не понимаю, и которых многие другие также не понимают. Если вы нам объясните их, то мы скажем: cujusvis hominis est errare: nullius, nisi insipientis, in errore perseverare (Philippis, XII. 2).

Tes pourquoi, dit le dieu, ne finiront jamais.

Конечно, многие обвинения сего допроса основательны, особенно последний. Некто взял на себя труд отвечать на оные. Его антикритика остроумна и забавна.

Впрочем, нашлись рецензенты совсем иного разбора. Наприм. в Вестнике Европы, № 11, 1820, мы находим следующую благонамеренную статью.

Теперь прошу обратить ваше внимание на новый ужасный предмет, который, как у Камоэнса Мыс бурь, выходит из недр морских и показывается посреди океана российской словесности. Пожалуйте напечатайте мое письмо: быть может, люди, которые грозят нашему терпению новым бедствием, опомнятся, рассмеются, и оставят намерение сделаться изобретателями нового рода русских сочинений.

Комментарии

Дело вот в чем: вам известно, что мы от предков получили небольшое бедное наследство литературы, т.е. *сказки и песни* народные. Что о них сказать? Если мы бережем старинные монеты, даже самые безобразные; то не должны ли тщательно хранить и остатки словесности наших предков? Без всякого сомнения. Мы любим воспоминать всё, относящееся к нашему младенчеству, к тому счастливому времени детства, когда какая-нибудь песня или сказка служила нам невинною забавой и составляла все богатство познаний. Видите сами, что я не прочь от собирания и изыскания русских сказок и песен; но когда узнал я, что ваши словесники приняли старинные песни совсем с другой стороны, громко закричали о величии, плавности, силе, красотах, богатстве наших старинных песен, начали переводить их на немецкий язык, и, наконец, так влюбились в *сказки и песни*, что в стихотворениях XIX века заблистали *Ерусланы и Бовы* на новый манер; то я вам слуга покорный.

Чего доброго ждать от повторения более жалких, нежели смешных лепетаний?… Чего ждать, когда наши поэты начинают пародировать *Киршу Данилова*?

Возможно ли просвещенному, или хоть немного сведущему человеку терпеть, когда ему предлагают новую поэму, писанную в подражание *Еруслану Лазаревичу*? Извольте же заглянуть в 15 и 16 № *Сына Отечества*. Там неизвестный пиит *на образчик* выставляет нам отрывок из поэмы своей *Людмила и Руслан* (не Еруслан ли?). Не знаю, что будет содержать целая поэма; но образчик хоть кого выведет из терпения. Пиит оживляет мужичка сам с ноготь, а борода с локоть, придает ему еще бесконечные усы (С. От., стр. 121), показывает нам ведьму, шапочку невидимку и проч. Но вот, что всего драгоценнее: Руслан наезжает в поле на побитую рать, видит богатырскую голову, под которою лежит меч-кладенец; *голова с ним разглагольствует, сражается*… Живо помню, как всё это, бывало, я слушал от няньки моей; теперь на старости сподобился вновь то же самое услышать от поэтов нынешнего времени!.. Для большей точности, или чтобы лучше выразить всю прелесть *старинного* нашего песнословия, поэт и в выражениях уподобился Ерусланову расказчику, например:

…Шутите вы со мною —
Всех *удавлю* вас бородою!

Каково?..
>...Объехал голову кругом
>И стал *пред* носом молчаливо.
>*Щекотит* ноздри копием...

Картина, достойная Кирши Данилова! Далее: чихнула голова за нею и эхо *чихает*... Вот, что говорит рыцарь:
>Я еду, еду не свищу,
>А как наеду, не спущу...

Потом витязь ударяет *в щеку* тяжкой *рукавицей*... Но увольте меня от подробного описания, и позвольте спросить: если бы в Московское Благородное Собрание как-нибудь втерся (предполагаю невозможное возможным) гость с бородою, в армяке в лаптях, и закричал бы зычным голосом: *здорово, ребята*: Неужели бы стали таким проказником любоваться? Бога ради, позвольте мне старику сказать публике, посредством вашего журнала, чтобы она каждый раз жмурила глаза при появлении подобных странностей. Зачем допускать, чтобы плоские шутки старины снова появлялись между нами! Шутка грубая, не одобряемая вкусом просвещенным, отвратительна, а ни мало не смешна и не забавна. Dixi.

Долг искренности требует также упомянуть и о мнении одного из *увенчанных, первоклассных отечественных писателей*, который, прочитав Руслана и Людмилу, сказал: я тут не вижу ни мыслей, ни чувства; вижу только чувственность. Другой (а может быть и тот же) увенчанный, первоклассный отечественный писатель приветствовал сей первый опыт молодого поэта следующим стихом:
>Мать дочери велит на эту сказку плюнуть.

12 февраля, 1828.
1) Одна из них подала повод к эпиграмме, приписываемой К***:
>Напрасно говорят, что критика легка:
>Я критику читал Руслана и Людмилы:
>Хоть у меня довольно силы,
>Но для меня она ужасно как тяжка.
>>(IV: 280–284)

Несомненно тактическое назначение этого «Предисловия» (адресованного как публике, так и первому читателю и цензору поэмы — императору Николаю Павловичу; см. подробнее раздел «Прижизненные издания»). Из всех откликов на поэму Пушкиным были выбраны для воспроизведения только *два* — А. Глаголева (в эпоху расцветшего романтического фольклоризма его придирки должны были выглядеть совершенно смехотворными)* и Д. Зыкова (Пушкин, видимо, считал автором Катенина; его отношения с последним в 1828 г. очень напряженны и двусмысленны [см.: Тынянов 1969: 73–85; Виноградов 1941: 422–428]). Эти отзывы, мало сходные между собою, объединяло одно качество: они были *единственными*, в которых не обсуждалась проблема «нравственности» поэмы. Разбор Воейкова в предисловии только упомянут (без раскрытия криптонима, хотя авторство Воейкова, обнаружившееся еще в ходе полемики, было Пушкину прекрасно известно). Относительное легкомыслие поэмы как бы оправдывалось в предисловии указанием на школьный возраст сочинителя (что *не* соответствовало действительности; см. выше).

Вместе с тем Пушкин не мог отказать себе в удовольствии ответить — хоть и с запозданием — былому хулителю, И. И. Дмитриеву, закулисно участвовавшему в полемике. Последний не назван в предисловии по имени, но — как и в самой полемике 1820 г. — должен был узнаваться безошибочно. Первое приведенное Пушкиным мнение «первоклассного увенчанного писателя» — *дословная цитата* из статьи М. К–ва (оттуда же — и характеристика «увенчанного, первоклассного нашего писателя», которая в контексте предисловия приобретает откровенно ироническое звучание). Вторая шутка находит соответствие в письме Дмитриева П. А. Вяземскому от 20 октября 1820 г. (может быть, от Вяземского Пушкин о нем и узнал). В письме Вяземскому Дмитриев переиначил известную сентенцию из комедии А. Пирона «Метромания» на языке оригинала («...жаль, что не поставил в эпиграф известный стих с легкою переменой: La mère en défendra la lecture à sa fille» [Старина и но-

---

* Ответ на слова Глаголева «Шутка грубая <...> отвратительна, а ни мало не смешна и не забавна», возможно, содержится и в заключительном четверостишии сказки «Царь Никита и 40 его дочерей» (1822): «Многие меня поносят / И теперь пожалуй спросят / Глупо так зачем шучу? / Что за дело им? Хочу!» (II, 749; ср.: Левинтон, Охотин 2004: 38).

визна. 1898. Кн. 2. С. 141]). Пушкин дал вольный «перевод» этой остроты Дмитриева на русский язык: «Мать дочери велит на эту сказку плюнуть». При этом он остроумно использовал уже существующий, ставший классическим перевод сентенции Пирона, инкорпорированный в стихотворную надпись к портрету М. Н. Муравьева И. И. Дмитриева: «Я лучшей не могу хвалы ему сказать: / Мать дочери велит труды его читать» (Дмитриев 1967: 135). Не названный по имени «увенчанный писатель» был, по сути, Пушкиным в предисловии точно указан.

Пересказ мнения неназванного хулителя искусно (и чрезвычайно обидно для Дмитриева) нейтрализовался упоминанием эпиграммы *в защиту* Пушкина. Эпиграмма названа «приписываемой К.» — меж тем об авторстве И. А. Крылова знали уже в сентябре 1820 г. Помещая рядом отзывы двух баснописцев (некогда соперников), Пушкин недвусмысленно дал понять, кто из них оказался действительно великим писателем, живо чувствующим тенденции *современного* литературного процесса, а кто — запоздалым (хотя и «увенчанным») представителем прошедшей литературной эпохи. Так в предисловии ко второму изданию поэмы Пушкин остроумно поставил точку к спорам, вызванным ее первым изданием.

В рецензии на РиЛ2 Ореста Сомова (Северная пчела. 1828. 14 апреля. № 45; подпись: *С.*) отмечались сделанные Пушкиным изменения в тексте («Таким образом, песни его сделались не столь грешными») и воздавалось должное «Прологу», позволяющему, по мнению критика, разрешить старые споры о жанровом статусе пушкинской поэмы — «назвать его просто русскою сказкою» (ППК 2: 86, 87). Как «драгоценное дополнение» к поэме охарактеризовал новое начало РиЛ анонимный автор (скорее всего Н. А. Полевой) библиографического обзора в «Московском телеграфе» (1828. Ч. 20. № 5; вышел в свет 15–18 апреля): «Здесь целый мир русских сказок, в эскизе представленный рукою великого мастера русских былей и небылиц» (ППК 2: 87). Анонимный библиограф «Сына Отечества» (1828. Ч. 118. № 6; вышел 6–8 мая) отметил, что сделанные Пушкиным поправки обличают «более и более приобретаемую им чистоту и верность вкуса, равно как благородную его строгость к самому себе»; высокую оценку получило «вступление, или пролог, поэмы» («прекрасная, живая фантасмагория из русских сказочных преданий» [ППК 2: 90]).

Поэма Пушкина быстро завоевала музыкальную сцену: 16 декабря 1821 г. в Москве, в театре на Моховой (дом Пашкова) состоялось первое представление «большого героическо-волшебного пантомимного балета в пяти действиях» А. П. Глушковского на музыку Ф. Шольца «Руслан и Людмила, или Низвержение Черномора, злого волшебника», успешно выдержавшего ряд постановок до 1824 г. (Летопись 1999, I: 266, 267, 272, 275, 348, 387). 8 декабря 1824 г. состоялся первый спектакль балета в Петербурге (в бенефис А. Л. Огюста; в роли Людмилы — Авдотья Истомина) (Там же, 466). В 1824 г. выходит и либретто «волшебно-героического балета». В 1829 г. балет шел на сцене Большого театра в Петербурге, «по программе» А. П. Глушковского, в переделке А. Л. Огюста и Ш.-Л. Дидло; хотя балет шел на петербургской сцене уже 17 февраля, премьерный спектакль его состоялся 19 мая (Там же, III: 22, 23, 55); в представлении 30 декабря автором либретто был обозначен А. А. Шаховской (Там же, 124). В январе 1831 г. балет, переделанный Глушковским в одноактную «героико-трагическую пантомиму», встречает прохладный прием в Москве; в мае, в бенефис балерины Т. Глушковской, «пантомима» ставится на петербургском Большом театре, и вновь без успеха (Там же, 289, 336). Тем не менее в мае либретто вышло отдельным изданием: Героико-драматическая пантомима в одном акте, извлеченная из балета «Руслан и Людмила, или Низвержение Черномора, злого волшебника», сочинение Глушковского, музыка Шольца. М.: В тип. Степанова, 1831. О балете Глушковского см., в частности: Красовская 1967: 255–258; Денисенко 2002: 226–227.

3 ноября 1824 г. в Петербурге, в бенефис Е. И. Ежовой, состоялось первое представление пьесы (музыка К. Кавоса, постановка Ш. Дидло) «Фин, волшебная комедия в стихах. Соч. <А. А.> Шаховского, из эпизода поэмы „Руслан и Людмила" (г. Пушкина)» (Летопись 1999, I: 454). Пьеса имела большой успех и не сходила со сцены до 1835 г. В 1825 г. была поставлена и в Москве (пьеса частично опубликована в альманахе «Русская Талия на 1825 г.» [с. 211–241]; полностью, под заглавием «Фин.

Волшебная трилогия в трех частях с прологом и интермедией, заимствована из поэмы Пушкина: „Руслан и Людмила"» — в журнале «Пантеон русского и всех европейских театров» [1840. Ч. 2. С. 1–35]). О трилогии Шаховского см.: Реппо-Шабарова 1998; Щербакова 1999: 10–39; Денисенко 2002: 226–227.

«Песнь Девы» («Ложится в поле мрак ночной…»), положенная на музыку А. Н. Верстовским, была опубликована особым приложением к журналу «Телескоп» (1831. Часть первая. № 4. Февраль; ценз. разрешение: 20 марта 1831 г.).

Полных переводов РиЛ при жизни Пушкина не появилось. В 1823 г. в Париже был напечатан (в составе антологии) французский перевод фрагмента из первой песни поэмы с кратким изложением содержания и биографической справкой об авторе: Episode du premier chant de Rouslan et Ludmila. Poeme / Anthologie russe, suivie de poésies originales, dediée à S. M. l'Empereur de toutes les Russies, par P. I. Emile Dupré de Saint-Maure, chevalier de l'ordre royal de la Légion d'honneur, ex-membre du corps législatif, etc. Avec 6 dessins lithografiés. Paris: Chez C. I. Trouvé, imprimeur-libraire. 1823. P. 82–90. Перевод первых двух песен поэмы на немецкий язык появился лишь в 1833 г. в издании: Metrische Uebersetzungen aus dem Russischen. Von Erhard Goring. Moskau, 1833 (рецензия с цитатами: Молва. 1833. № 44).

Построчный комментарий

Русланъ и Людмила. Заголовок, в котором используются имена двух героев повествования (обычно двоих влюбленных), традиционен для мировой литературы. Не исключено, что публикация фрагментов поэмы в «Сыне Отечества» («Отрывок из третьей песни поэмы Людмила и Руслан») отражала первоначальный вариант названия пушкинской поэмы. В этой связи указывалось на сходный по конструкции заголовок «старинного романса» А. Х. Востокова «Светлана и Мстислав» (1802; опубл. 1806), раннего опыта стихотворного повествования на «древнерусском материале» (Соколов 1955: 336).

Первые критики поэмы сближали имя Руслан с именем персонажа популярной лубочной сказки о Еруслане Лазаревиче. А. Глаголев, приведя название разбираемой им поэмы, саркастически спрашивал: «Не Еруслан ли?» Ему вторил критик «Невского зрителя»: «Кто бы подумал до появления сего произведения, что, при нынешнем состоянии просвещения, старинная сказка „Еруслан Лазаревич" найдет подражателей?» (ППК 1: 27, 69). Впоследствии было установлено, что имя Руслан фигурирует в пьесе И. Ф. Богдановича «Славяне» (1787) (Владимиров 1899: 12). Это обстоятельство заставило некоторых исследователей пересмотреть выводы ранней критики: «Имя главного героя <…> вероятно заимствовано из повести Богдановича „Славяне" (1787), в которой выведен Руслан, посол славянский, защитник славянских доблестей перед Александром Македонским <…>. Мало вероятным представляется теперь мнение о том, что имя Руслан есть изменение Еруслана сказки об Еруслане Лазаревиче» (Халанский 1907: 581). «Историческая повесть» Богдановича упоминается в связи с именем пушкинского героя и в новейшем исследовании (Кошелев 1997: 54). Однако в действительности сочинение Богдановича — это не историческая повесть, а «драма в трех действиях, с хором и балетом в конце представления», написанная для придворного спектакля к 25-летию правления Екатерины II. Молодого Пушкина эта «драма» (в которой Руслан выступает как панегирист Екатерины) привлечь ничем не могла, да и вряд ли была им читана. Вероятнее, имя заглавного героя у Пушкина имеет каламбурно-двусмысленную природу. Внутренняя форма имени связывает персонажа одновременно с «русским» сказочным колоритом («Еруслан») и с колоритом «скандинавским». В имени Руслан можно предположить игровую маскулинизацию имени героини поэмы Э. Парни «Иснель и Аслега» («Isnel et Asléga») — Русла (Rusla).

Людмила. Искусственное «славянороссийское» имя, придуманное и введенное в литературный оборот в эпоху раннего русского фольклоризма. Н. М. Карамзин в оссианическом «романсе» «Раиса» (1791) дал это имя счастливой сопернице заглавной героини. Особенно популярным в литературе оно стало после появления первой баллады Жуковского — «Людмила» (1808). Поскольку «план Жуковского» в поэме вообще исключительно значим, балладные коннотации имени не могли не приниматься Пушкиным в расчет. Вместе с тем Пушкин соотносил свою героиню и с другой Людмилой — героиней «богатырского песнотворения» Н. А. Радищева «Альоша Попович» (1801), сыгравшего немалую роль в генезисе пушкинской поэмы.

с. 3 *Посвященіе.* Посвящение поэмы «красавицам» противостоит традиции посвящений эпических сочинений высокопоставленным покровителям или членам царствующей фамилии. Противостоит оно и получившему распространение в арзамасском кругу обыкновению посвящать поэтические труды друзьям: «Вадим» Жуковского открывался посвящением Д. Н. Блудову, вторая, поэтическая часть итогового собрания К. Н. Батюшкова «Опыты в стихах и прозе» (1817) — посвятительным стихотворением «К друзьям» (в автографе озаглавленным «Дмитрию Николаевичу Блудову»). Предпринимались попытки сблизить пушкинское посвящение с обращением к читательнице в финале баллады В. А. Жуковского «Светлана» (Кошелев 1997: 99). Меж тем шутливо-эротизированная адресация к «красавицам» ближе по характеру пассажам в «Орлеанской девственнице» Вольтера. Ср. в Песни двадцатой: «Sexe adorable, a qui j'ai consacré / Le don des vers dont je fus honoré, / Pour vous instruire…» и т. д. (Voltaire 1877, IX: [310]). Современники восприняли посвящение как смелое и рискованное. А. И. Тургенев 27 августа 1820 г. писал П. А. Вяземскому: «Ценсура становится час-от-часу не строже, но произвольнее, ибо, пропуская введение к песням поэмы Пушкина, она запрещает осуждать стихи действительного тайного советника Хераскова» (ОА II: 34).

ПѢСНЬ ПЕРВАЯ

с. 7 *У лукоморья дубъ зеленый; ~ Повѣдаю теперь я свѣту…* Эти стихи (которые принято именовать «Прологом», хотя сам Пушкин никогда их так не называл) отсутствовали в первом издании поэмы и появились только в РиЛ2. Написаны они не ранее 1824 г., поскольку используют пушкинскую запись народной сказки, сделанную в Михайловском (см. ниже). Предположение, что стихи так называемого «Пролога» «имеют прототипом» «Вступление» к «Бахарияне» Хераскова (Шеффер 1902: 504–505), не вполне обоснованно. Некоторое сходство между текстами обнаруживается в самой конструкции — у Хераскова перечисляются сказочные мотивы, изображенные на «покрове» волшебницы: «Видимы кони крылатые, / Люди въ камень обращенные; <...> Тамо латы очарованны / Къ тѣлу ранъ не допускающи...» (Херасков 1803: 9) и т. д. Однако структурно и тематически пушкинские стихи теснее связаны с посланием В. А. Жуковского «К Воейкову» (1814; Халанский 1907: 582; ср.: Томашевский 1956: 300–302), в котором, по-видимому, в свою очередь обыгрывался текст Хераскова. Несомненная связь «Пролога» с литературной традицией обнаруживает непродуктивность устоявшегося противопоставления «подлинно народного» вступления условному фольклоризму самой поэмы. На некорректность такого противопоставления указывалось достаточно давно (Шеффер 1902: 505; Сандомирская 1966: 360), но без особого успеха.

с. 7 *У лукоморья дубъ зеленый; ~ Налѣво — сказку говоритъ*. В зачине «Пролога» использованы мотивы и словесные формулы сказки, записанной Пушкиным в Михайловском (как предполагается — из уст няни Арины Родионовны) осенью 1824 г., послужившей сюжетным основанием для позднейшей «Сказки о... царе Салтане»: «...вотъ что чудо: у моря лукоморья стоитъ дубъ а на томъ дубу золотыя цѣпи и по тѣмъ цѣпямъ ходитъ котъ въ верхъ идетъ сказки сказываетъ внизъ идетъ пѣсни поетъ» (Рукою Пушкина 1935: 406). Недавно была предпринята попытка географически локализовать пушкинское «лукоморье»: «историческим Лукоморьем, воспетым Пушкиным» объявлена «излучина между нижним течением Днепра и Азовским морем» (упоминается в летописях как «лука моря»); «дуб зеленый» будто бы отражает предания о священном дубе на острове Хортице (так называемый Запорожский дуб); творческой фантазией Пушкин будто бы «соединил в прологе <....> ранее независимые друг от друга сюжеты» (Михайлов 1995: 194–196). Это объяснение несостоятельно: во-первых, *все* использованные во вступлении мотивы находились в сказке, записанной Пушкиным; ничего «соединять» ему поэтому не требовалось; во-вторых, «лукоморье» Пролога располагается не в географически реальном, а в сказочном пространстве (ср.: Медриш 1993)*. Между прочим, в оде И. Голеневского «На день рожденія… Великаго Князя Павла Петровича…» (1754) *лукоморцы* перечисляются среди *северных* народов: «Сія во всѣ предѣлы Вѣсть, / Къ народамъ дикимъ достигаетъ / Что въ сѣверѣ имъ лѣта нѣсть; / Ту Угры, Пермы, Лукоморцы / Ту Скіѳы, Лопари, Кондорцы / Принять душею всѣ бѣгутъ…» (Собр. соч. с переводами Ивана Голеневского. СПб., 1777. С. 41; сообщено А. Л. Осповатом). «Лукоморье», не имеющее никакого отношения к Днепру и Азовскому морю, но скорее связанное с побережьем Финского залива, упоминается в «романсе» Г. Р. Державина «Царь-Девица» (опубл. 1816): «Въ рощахъ злачныхъ, въ лукоморьѣ / Въявь гуляла и въ саду» (Державин 1870, III: 86). На текст Державина обратил внимание В. В. Сиповский, предположивший, что из него Пушкиным заимствован «кот ученый» («И по вѣткамъ птички райски, / Скакивалъ заморскій котъ» [см.: Сиповский 1906: 78, примеч.]). Предположение это безосновательно: заморский кот Царь-Девицы — кот самый обычный, не наделенный никакими чудесными свойствами.

с. 7 *Тамъ чудеса: тамъ лѣшій бродитъ, / Русалка на вѣтвяхъ сидитъ…* Эти образы отсылают к популярной литературе XVIII в., вольно адаптировавшей фольклорный материал. Представление о леших как о славянских сильванах и сатирах, а о русалках как о «славянских нимфах лесов и рек», качающихся на ветвях деревьев, восходит к квазифольклорным имитациям XVIII в. (так соответствующие персонажи обрисованы, например, в «Русских сказках» В. А. Левшина).

---

* О широком распространении этого топонима говорил еще В. Н. Татищев в не опубликованных до середины XX в. примечаниях (1739) к своей «Истории Российской»: «Лукоморье — древнее русское название, так называли Сибирь или все, что лежит по ту сторону Уральских, или Рифейских, гор. Избранд в его карте помещает Лукоморье на западной стороне Тазовской губы, где обитают самоеды. Однако здесь, у Черного моря, мы находим другое Лукоморье» (Татищев 1968: 116).

КОММЕНТАРИИ

с. 7 *Избушка тамъ на курьихъ ножкахъ / Стоитъ безъ оконъ, безъ дверей…* По мнению В. А. Кошелева, «Пушкин, кажется, не связывает эту „избушку" с Бабой-Ягой (которая в сказочных повестях и „богатырской поэме" представлена как обыкновенная ведьма)» (Кошелев 1997: 201). Это утверждение необоснованно; ср. описание жилища Бабы-Яги в «богатырском песнотворении» Н. А. Радищева «Чурила Пленкович»: «Изба ея извнѣ заборомъ окружалась, / На ножкахъ куречьихъ вертѣлась, обращалась» (Радищев 1801b: 82).

с. 7 *Тамъ о зарѣ прихлынутъ волны ~ И съ ними дядька ихъ морской…* Мотив заимствован из записанной Пушкиным устной сказки: «…изъ моря выходятъ 30 отроковъ точь вточь [один] ровны и голосомъ и волосомъ и лицомъ и ростомъ. А выходятъ они изъ моря только на одинъ часъ <…> море всколыхалося, и вышли 30 юношей и съ ними старикъ» (Рукою Пушкина 1935: 406–407).

с. 8 *Тамъ королевичь мимоходомъ / Плѣняетъ грознаго царя…* Здесь содержится отсылка к популярной лубочной сказке о Бове-королевиче (переделке итальянского «рыцарского романа»), которой Пушкин остро интересовался на разных этапах своей литературной биографии. Подробнее см.: Цявловский 1962: 90–104; Кошелев 1993; см. также комментарий к ПСС 1999, I: 602–603.

с. 8 *Тамъ въ облакахъ передъ народомъ / Черезъ лѣса, через моря / Колдунъ несетъ богатыря…* Мотив полета колдуна с богатырем отсылает, видимо, к «богатырскому песнотворению» Н. А. Радищева «Альоша Поповичъ», широко использовавшемуся в РиЛ (в сказке об Алеше Поповиче из сборника В. А. Левшина, послужившей одним из источников поэмы Радищева, этого мотива нет).

с. 8 *Въ темницѣ тамъ царевна тужитъ…* Использована формула из пушкинской записи устной сказки: «Тужитъ Царевна объ остальныхъ своихъ дѣтяхъ» (Рукою Пушкина 1935: 407).

с. 8 *А бурый волкъ ей вѣрно служитъ…* Исследователей поныне смущает необычность использованного Пушкиным эпитета: «Происхождение этого образа не совсем понятно. <…> в сказочном фольклоре волк не „бурый", а „серый" (устойчивый эпитет)» (Кошелев 1997: 202). Между тем на Псковщине многократно отмечено употребление слова «бурый» в составе выражения «работать как бурый волк» (см.: Псковский областной словарь. Л., 1973. Вып. II. С. 109, 110, 221; Л., 1979. Т. 4. С. 110–111). В данном случае можно предположить либо искаженную форму идиоматического выражения «работать как бурый вол» (она также зафиксирована в «Псковском областном словаре»; вол — животное для Псковщины экзотическое, что и допускает возможность трансформации), либо — что вероятнее — влияние польского «bury wilk» (где «bury» имеет значение «темно-серый»). Подробнее см.: Рейсер 1982. Областное словоупотребление Пушкин осознал как окрашенное ярким «простонародным» колоритом и предпочел необычный эпитет «бурый» привычному (и, бесспорно, знакомому ему) эпитету «серый».

с. 8 *Тамъ ступа съ Бабою Ягой / Идетъ, бредетъ сама собой...* Баба-Яга — персонаж русских фольклорных и литературных сказок; сведения о ее «ступе» Пушкин мог почерпнуть из богатырской поэмы Н. А. Радищева «Чурила Пленкович»: «Единъ ударъ песта ворота отворилъ, / И ступу гласъ Яги тотчасъ остановилъ. / Она метлой слѣды дорогой заметала, / И неизвѣстнымъ домъ отъ смертныхъ сохраняла»; «Яга вдругъ руку поднимаетъ, / Желѣзну ступу бьетъ претягостнымъ пестомъ»; «Подвигнута пестомъ, такъ ступа поскакала; / Колдунья помеломъ дорогу заметала» (Радищев 1801b: 82, 189, 190).

с. 8 *Тамъ царь Кащей надъ златомъ чахнетъ...* Среди пушкинских записей сказок есть и такая, где Кащей выступает в обычном для фольклоре амплуа «бессмертного» колдуна (Кащеева смерть спрятана в различных животных и предметах). См.: Рукою Пушкина 1935: 410. Однако, описывая Кащея в «Прологе» к РиЛ, Пушкин использовал не фольклор, а литературную традицию: *Кащей* — распространенное имя скупца в русской сатире XVIII — начала XIX в. Сведения, почерпнутые из фольклора, не смогли вытеснить из сознания Пушкина привычных литературных стереотипов.

с. 9 *Дѣла давно минувшихъ дней, / Преданья старины глубокой.* Эти же два стиха заключают повествовательную часть РиЛ. Пушкин обыгрывает здесь сентенцию, которой открывается «Картон» — одна из самых популярных «песен Оссиана» («The poems of Ossian, translated by James MacPherson»): «A tale of the times of old! The deeds of days of other years». Пушкин с лицейских лет хорошо знал Оссиана по французскому переводу П. Летурнера (Ossian, Fils de Fingal, Barde du troisième siècle: Poésies galliques, traduites sur l'Anglois de M. Macpherson, par M. Le Tourneur. Paris, 1777) и по русскому переводу, выполненному Е. Костровым с текста Летурнера (Оссиан, сын Фингалов, бард третьего века: Гальские [иначе эрские или ирландские] стихотворения, переведены с французского Е. Костровым. М., 1792). «Картона» Пушкин наверняка читал и в переводе с английского Н. М. Карамзина (1791; вошел в ч. I издания «Разные повести, переведенные Карамзиным», 1816). Наконец, Пушкин знал и адаптацию оссиановской формулы в поэме Парни «Иснель и Аслега»: «Parle, retrace à mon esprit charmé / Des temps passés les nobles aventures» (Parny 1808, III: 102). Однако и оригинал, и все переводы и переложения вербально достаточно далеки от пушкинских стихов. Для словесного воплощения «оссиановской» сентенции Пушкин использовал формулу из «Тибулловой Элегии XI из I книги» К. Н. Батюшкова: «Я б юность вспомянул за чашей круговою, / И были и дела давно протекших дней!» (Батюшков 1977: 226; отмечено в комментарии И. М. Семенко на с. 541).

с. 9 *Въ толпѣ могучихъ сыновей, / Съ друзьями, въ гридницѣ высокой / Владимiръ-солнце пировалъ...* В экспозиции РиЛ развернута многоплановая интертекстуальная игра. С одной стороны, Пушкин отсылает к зачину баллады П. А. Катенина «Певец Услад» (вольная и «русифицированная» вариация романса Гете «Der Sänger»): «В стольном Киеве великом, / Князь Владимир пировал; / Окружен блестящим ликом, / В светлой гридне заседал» (Катенин 1954: 73). В свою очередь Катенин — для создания «национального» колорита — использовал былину «О женитьбе князя Владимера» из сборника «Древние Российские стихотворения, собранные Киршею Даниловым»: «В стольном в городе во Киеве, / Что у ласкова сударь-князя Владимера / А и было пированье-почестной пир, / Было столованье-почестной стол. / Много на пиру было князей и бояр / И русских могучих богатырей. /

<…> Владимер-князь распотешился, / По светлой гридне похаживает…» (Древние российские стихотворения 1977: 54; та же запевка — в былине «Добрыня чудь покорил»; с небольшими вариациями — в былине «Чурила Пленкович»; элементы запевки встречаются и в других текстах собрания [Там же, 106, 86, 71 и др.]). Вероятно, Пушкин был знаком и с текстами сборника Кирши Данилова (отсюда в экспозицию поэмы мог прийти эпитет «могучие», отсутствовавший у Катенина). Однако уточнение формы слова (не «гридня», а «гридница») свидетельствует о том, что он уже прочел первый том «Истории Государства Российского» Карамзина и в качестве «фона» для экспозиции использовал информацию из главы IX: «С того времени сей Князь всякую неделю угощал в *Гриднице,* или в прихожей дворца своего, Бояр, *Гридней* (меченосцев Княжеских), воинских Сотников, Десятских и всех людей именитых или *нарочитых*» (Карамзин 1989, I: 157; ср.: Томашевский 1956: 296–297).

с. 9 *Владимiръ-солнце.* Пушкин использовал формулу-характеристику князя Владимира, которая широко использовалась (в разных модификациях) в русской словесности XVIII — начала XIX в. См., например, в послании А. Ф. Воейкова «К Ж<уковскому>»: «А Владимир — русско солнышко, / Наш Готфред или Великий Карл» (Арзамас 1994, II: 240). В послании «К Воейкову» Жуковский откликнулся: «Вот наше солнышко-краса / Владимир-князь с богатырями» (Жуковский 1999, II: 311). Пушкин, однако, ближе здесь не к арзамасской номинации, а к более ранней традиции. Ср. в стилизованной «богатырской песни» Н. Львова «Добрыня»: «Слава ратных дел, доблесть русская, / Володимир — князь солнце Киевский!» (Поэты XVIII века 1972, II: 234). Наиболее близкую РиЛ формулу дает «Светлана и Мстислав» А. Х. Востокова: «Люби меня, девица красна! — / Владимир-солнце ей твердит» (Поэты-радищевцы 1979: 80; ср.: Кошелев 1997: 55). Переиначивание «древнерусского» материала на европейский лад привело к тому, что фольклорная формула трансформировалась в идеологему французского абсолютизма (прилагавшуюся чаще всего к Людовику XIV) — король-солнце (le Roi Soleil).

с. 9 *Не скоро ѣли предки наши...* Здесь содержится отсылка к сообщениям Н. М. Карамзина в «Истории Государства Российского» о необычайной длительности Владимировых пиров — в частности, к рассказу о пире по случаю чудесного спасения от печенегов (т. I, гл. IX): «Желая изобразить его роскошь, Летописец говорит, что Владимир приказал сварить *триста варь меду*, и восемь дней пировал с Боярами в Василеве» (Карамзин 1989, I: 157).

с. 9 *Серебряныя чаши.* Деталь обыгрывает эпизод из того же рассказа Карамзина: «Однажды — как рассказывает Летописец — гости Владимировы, упоенные крепким медом, вздумали жаловаться, что у знаменитого Государя Русского подают им к обеду деревянные ложки. Великий князь, узнав о том, велел сделать для них *серебряные*...» (Карамзин 1989, I: 157).

с. 10 *Всѣ смолкли, слушают Баяна: / И славит сладостный пѣвец...* Имя загадочного певца Баяна упомянуто в «Слове о полку Игореве». О Баяне Пушкин знал, однако, не по первоисточнику (он, судя по всему, в 1810-е гг. не читал «Слова...»), а из многочисленных пересказов и литературных адаптаций, превративших Баяна в «славянского скальда» (см.: Цявловский 1962: 207–210).

с. 10 *И Лелем свитый им вѣнец.* Лель — «славянский Купидон», фиктивный («баснословный») «славянороссийский» бог любви, созданный фантазией русских любителей древностей в XVIII в. Пушкин использует имя Леля исключительно как элемент «национально» окрашенной метафоры любви. Меж тем у Н. А. Радищева в «Чуриле Пленковиче» Лель («Лельо») выступает как антропоморфное божество, покровительствующее героине.

с. 10 *Но, страстью пылкой утомленный, / Не ѣст, ни пьет Руслан влюбленный...* Отмечалась мотивно-тематическая перекличка этих стихов с «Громобоем» В. А. Жуковского: «Не пьет кипящего вина / Из чаши круговыя» (Жуковский 1959, II: 95; ср.: Шеффер 1902: 518). С этим же эпизодом баллады Жуковского перекликаются и предшествующие стихи из описания пира у Владимира (см. выше): «Ковши, серебряные чаши / С кипящим пивом и вином».

с. 11 *...Рогдай, воитель смѣлый.* Имя (и образ) пушкинского героя имеют довольно сложную генеалогию. Гордый, вспыльчивый и самолюбивый Рогдай — один из главных героев «эпической поэмы» М. М. Хераскова «Владимир». С соответствующими характеристиками Рогдай перешел в «чувствительно-ужасную» квазиисторическую повесть молодого В. А. Жуковского «Марьина роща» (1809; Жуковский 1959, IV: 369). «Грозный Рогдай», жестокий, мрачный, ревнивый и «неукротимый во мщении», «долго служил могущественною мышцею великому Новугороду», но после убийства одного из знатнейших посадников «пошел <...> в знаменитый Киев, к великому князю Владимиру, дабы служить ему вместе с богатырями Ильей, Чурилою и Добрынею» (Там же, 375). По пути в Киев «явился он на берегах Москвы-реки», где влюбился в прекрасную Марию, не ответившую взаимностью на любовь богатыря и отдавшую свое сердце певцу Усладу. Ревнивец злодейски убивает Марию, но «небесное правосудие наказало Рогдая: он утонул во глубине Яузы, куда занесен был конем своим, испугавшимся дикого волка» (Там же, 389). Об игровой связи поэмы Пушкина с давней повестью Жуковского сигнализируют не только мотивные и характерологические параллели, но и некоторые текстуальные переклички: «неукротимый во мщении» (Там же, 375) — «Рогдай неукротимый» (Вторая песнь); «боялась ужасного Рогдая» (Там же, 383) — «Сразивъ ужаснаго Рахдая» (ПД 829. Л. 63; черновик) и т. п. «Суровый *Рогдай*» (варяжский воин) появляется и в оссианической повести М. Н. Муравьева «Оскольд» (Западов 1999: 310), опубликованной впервые в 1810 г. и переизданной в 1819-м. Первоначально Пушкин намеревался «историзировать» имя популярного персонажа, характер которого уже превращался в литературное клише. Об этом со всей очевидностью свидетельствует рукопись. В сохранившемся черновом тексте соперник Руслана именуется *Рахдай* (ПД 829. Л. 47, 48, 63) и *Рохдай* (Л. 67; в ПСС 1937–1959, IV написание во всех случаях необоснованно унифицировано по последней форме). Эта форма имени, несомненно, восходит к «Истории Государства Российского» Н. М. Карамзина (т. I, гл. IX): перечисляя «могучих богатырей» времен Владимира, о которых сохранилась память «в сказках народных», историк среди прочего упоминает о «сильном Рахдае (который будто бы один ходил на 300 воинов)» (Карамзин 1989, I: 161). Видимо, готовя поэму к печати, Пушкин приблизил написание имени Рогдай к устоявшейся литературной традиции (в рукописи первое и единственное употребление имени героя в форме «Рогдай» появляется только в черновике Шестой песни: ПД 829. Л. 75).

с. 11 *Мечемъ раздвинувшій предѣлы*... В РиЛ1: «Мечемъ расширившій предѣлы» (с. 11). Ранняя редакция стиха верифицирует тесную связь персонажа с карамзинской «Историей Государства Российского». Пушкин применил к Рогдаю формулу из «Истории...», характеризующую итоги правления князя Владимира (в параграфе, непосредственно предшествующем упоминанию «сильного Рахдая»): «Сей Князь <...> расширил пределы государства на западе» (Карамзин 1989, I: 161). На близость характеристики Рогдая в РиЛ тексту карамзинской «Истории...» обратил внимание Б. В. Томашевский (Томашевский 1956: 297); он, однако, не отметил *прямой цитаты* из «Истории...» в первом издании поэмы.

с. 11 *Ратмиръ*. Видимо, основной источник и этого имени — «История Государства Российского». В восходящем к новгородской летописи рассказе о сражении Александра Невского со шведами (т. IV, гл. I) Карамзин сообщал: «Ратмир, верный слуга Князя, не уступал никому в храбрости: бился пеший, ослабел от ран и пал мертвый, к общему сожалению наших» (Карамзин 1989, IV: 19). Модификация имени встречается (вместе с Людмилой и Рогдаем) в «Оскольде» М. Н. Муравьева: «нежный *Радмир*» (Западов 1999: 310). Тот же вариант находим у К. Н. Батюшкова в повести «Преслава и Добрыня» (Халанский 1907: 575): там действует болгарский князь *Радмир*, соперник Добрыни и его убийца. Однако повесть Батюшкова была опубликована лишь в «Северных Цветах на 1832 г.»; знакомство Пушкина с ее рукописным текстом маловероятно. Отмечалось, что *Ратмир* — имя одного из персонажей волшебной оперы К. Кавоса и А. Антонолини «Добрыня Никитич, или Страшный замок» (1818), некоторыми мотивами перекликающейся с РиЛ (Гозенпуд 1986: 57). Вариант «Ратміръ» зафиксирован в балладе «Предчувствіе (Подражаніе Беркеню)», опубликованной в «Северном наблюдателе» в 1817 г. (Ч. 2. № 26. С. 382–389; подпись: *V. Б***), однако никаких сходств с РиЛ баллада не обнаруживает (расставание героя и героини накануне свадьбы — стандартный балладный мотив). В. Набоков считал, что *Ратмир* — это русифицированное *Reuthamir* — имя персонажа Оссиана, отца Моины (Nabokov 1964, II: 255; Набоков 1997: 242). Наличие имени *Ратмир* у Карамзина и *Радмир* у Муравьева делает избыточным поиск его генезиса у Оссиана, хотя двупланная семантическая игра (подобная игре с другими именами) возможна и в данном случае.

с. 11 *Фарлафъ*. Фарлаф упоминается в «Истории Государства Российского» Карамзина (пересказывавшего Несторову летопись) в числе дружинников князя Олега, отправленных с посольством к византийскому императору и в 907 г. заключивших с ним устный договор, а в 911-м — письменный (ср.: Черняев 1900: 599–600). Имя это, однако, оказалось камнем преткновения для тех, кто — в соответствии с позднейшим пушкинским «свидетельством» — пытался датировать начало работы над поэмой лицейским периодом. А. Л. Слонимский объявил наблюдение Н. Черняева «ошибочным» и предложил альтернативное объяснение: «Так как история Карамзина, где напечатан этот договор (т. I, гл. V), вышла только в 1818 г., а Фарлаф у Пушкина фигурирует уже в Первой песни, написанной раньше, то следует предположить, что имя Фарлафа взято непосредственно из летописи» (Слонимский 1937: 197). Однако в летописях (знакомство с которыми молодого Пушкина вообще проблематично) такого имени *нет*; для защиты своей гипотезы исследователю пришлось поэтому выстраивать сложную систему аргументации: «В числе послов Олега двое носят имена, сходные с именем пушкинского героя: Фарлов и Флелаф. Из этих двух имен, по-видимому, и составлено имя „Фарлаф“» (Там же). Меж тем Пушкину не было нужды прибегать к столь хитроумным комбинациям; форму «Фарлаф» использует в своем повествовании Карамзин (при этом воспроизводя аутентичное написание в цитатах из договора, «сохраненного в нашей летописи»): «Летопись сохранила Норманские имена сих вельмож: Карла, Фарлафа, Веремида, Рулава, Стемида» (Карамзин 1989, I: 105).

с. 12 *Падутъ ревнивыя одежды / На Цареградскiе ковры*… Ср.: «Изысканный образ „Руслана": „ревнивые одежды" принадлежит поэме Парни „La journée champêtre": „je vois tomber les jaloux vêtements"» (Заметки на полях // Пушкин и его современники: Мат-лы и исследования. Л.: Изд-во АН СССР, 1927. Вып. XXXI–XXXII. С. 67; заметки не подписаны, но снабжены пометой: *г. Новгородъ. 1916 г. Ноябрь*). Однако более вероятен другой источник этой фразеологической формулы (вообще распространенной во французской поэзии) — Четвертая песнь поэмы Парни «Иснель и Аслега», где героиня восклицает: «Pour lui je veille, et pour lui ma faiblesse / Vient d'écarter les jaloux vêtemens» (Parny 1808, III: 140). Фрагмент четвертой песни «Иснеля и Аслеги» Пушкин вольно перевел еще в 1814 г. (стихотворение «Эвлега»); соответствующее речение было передано там выражением «завистливый покров» (I: 34). В той же форме калька представлена и во Второй песни «Руслана и Людмилы»: «Покров завистливый лобзает / Красы, достойные небес». Ср.: Виноградов 1941: 139. «Ревнивые одежды» — уже не вариация, а точный перевод выражения *les jaloux vêtements*.

с. 12 <…> *Супругъ / Восторги чувствуетъ заранѣ; / И вотъ они настали… Вдругъ / Громъ грянулъ, свѣтъ блеснулъ въ туманѣ, / Лампада гаснѣтъ, дымъ бѣжитъ, / Кругомъ все смерклось, все дрожитъ…* Исследователи обращали внимание на ситуативный параллелизм между зачином РиЛ и шутливой поэмой В. Л. Пушкина «Опасный сосед»; утверждалось, что племянник, вступив в состязание с дядей, «превзошел» его, поскольку дал более откровенное описание прерванного сексуального акта (Scheffler 1968: 32). Картина похищения Людмилы, видимо, действительно соотнесена с кульминационным эпизодом «Опасного соседа» (сценой переполоха в публичном доме), но эта соотнесенность имеет более тонкий игровой характер, поскольку в одном случае речь шла о заведомо неподцензурном тексте, в другом — о предназначенном для печати. Сполна ощутить эту игру могли, конечно, только немногие посвященные читатели. В поэме дяди ожидаемые «восторги» неожиданно прерываются пьяным дебошем Буянова, в поэме племянника — вмешательством волшебных сил. Кроме того, игра Пушкина с «Опасным соседом» поддерживается и закрепляется повторением и обыгрыванием в сцене исчезновения новобрачной ключевых слов (в том числе рифмующихся) из соответствующей сцены «Опасного соседа»: «Свет в черепке погас, и близок был сундук… / Но что за шум? Кричат. Несется вопль в светлицу, / Прелестница моя <…> по лестнице бежит; / Я вслед за ней. Весь дом колеблется, дрожит» (Арзамас 1994, I: 138).

с. 13 *Встаетъ испуганный женихъ, ~ Похищена безвѣстной силой.* Отмечались параллели к этому эпизоду во французском переложении А. Галлана сказок «Тысячи и одной ночи», во французском переложении А. Галлана, в частности, в «Истории второго каллендера, царского сына» (Томашевский 1937: 233, примеч.; ср.: Лобикова 1974: 20–21). Однако бóльшую мотивную и лексико-фразеологическую близость с пушкинским текстом демонстрирует «Альоша Попович» Н. А. Радищева: «Альоша вѣжды растворяетъ, / Еще, смущенной сномъ, глядитъ; / Къ супругѣ руки простираетъ, / Людмилу лѣпую манитъ. / Но — ахъ! сокрылась ужь она / Злодѣемъ вдаль унесена» (Радищев 1801а: 40; ср.: Владимиров 1895: 4–5).

с. 13 *Трепеща, хладною рукой / Онъ вопрошаетъ мракъ нѣмой…* Обыгрываются как характерное для «карамзинской школы» словоупотребление (Виноградов 1934: 269), так и характерный для новейшей поэзии (в частности, поэзии Батюшкова) мотивный репертуар (Проскурин 1999: 28–29). Ср. в «Воспоминаниях» (1814) К. Н. Батюшкова: «Как странник, брошенный на брег из ярых волн, / Встает и с ужасом разбитый видит челн, / Рукою трепетной он мраки вопрошает, / Ногой скользит над пропастями он, / И ветер буйный развевает / Молений глас его, рыдания и стон <…> На крае гибели так я зову в спасенье / Тебя, последняя надежда, утешенье!..» (Батюшков 1977: 212). Ср. в пушкинском стихотворении «Выздоровление», создававшемся параллельно началу работы над РиЛ (1818): «Я слабою рукой искал тебя во мгле <…> / И скрылась ты прелестным сновиденьем!» (II: 58). Отмечалась и возможность игры в данном эпизоде с поэмой В. И. Майкова «Елисей, или Раздраженный Вакх» (в Песни третьей Елисей исчезает из постели влюбившейся в него надзирательницы Калинкина дома — исправительного заведения для блудниц): «Ан слѣд уже простыл, любовник убежал. / Подушку хвать рукой, нашла подушку хладну…» (Ирои-комическая поэма 1933: 155; Altshuller 1992: 10; Альтшуллер 2002: 203–204). Возможность ирои-комической подсветки сцены подтверждается фразеологическими перекличками пушкинского описания с продолжением соответствующей сцены в поэме Майкова: «Старухе между тем хотелося на двор; / Она *трепещущей рукою* таз достала…» (Ирои-комическая поэма 1933: 155; курсив мой. — О.П.).

с. 14 *Его и дворъ онъ созываетъ: ~ Тому я дамъ ее въ супруги / Съ полцарствомъ прадѣдовъ моихъ.* Вызов женихов на поиски царевны и обещание руки спасителю — распространенные сказочные мотивы. В данном случае в качестве второго плана выступает прежде всего «Вадим» Жуковского. Князь Киевский сокрушается о пропаже дочери: «И смелых вызывает он / В погоню за княжною / И избавителю свой трон / Сулит с ее рукою» (Жуковский 1959, II: 125; ср.: Шеффер 1902: 519).

с. 17 *«Разъѣдемся, пора!» сказали, / Безвѣстной ввѣримся судьбѣ.» / И каждый конь, не чуя стали, / По волѣ путь избралъ себѣ.* Ср. в «Вадиме» Жуковского: «„…Куда и как привесть меня. / То вождь мой знает болѣ". / Так он подумал — и коня / Пустил бежать по волѣ» (Жуковский 1959, II: 116; ср.: Шеффер 1902: 519).

с. 18 *Но вдругъ предъ витяземъ пещера; ~ Сказалъ съ улыбкой онъ Руслану…* Встреча с добрым волшебником-старцем (выступающим в роли чудесного помощника) — распространенный мотив волшебно-сказочной литературы. Наиболее детальный параллелизм обнаруживается с «Альошей Поповичем» Н. А. Радищева: «Едва Зимцерла возсіяла — / Пещеру мрачну онъ узрѣлъ; / Ее дуброва осѣняла / И старецъ изъ нее изшелъ; / Онъ рекъ: о богатырь! постой/ Вкуси ты у меня покой» (Радищев 1801а: 44).

с. 18 *Идетъ подъ дремлющіе своды…* Спуск в пещеру, сопутствующий встрече со старцем-волшебником, — распространенный мотив волшебно-сказочной литературы. Ср. в «Бахарияне» М. М. Хераскова: «Идетъ онъ во внутренность земли» (Херасков 1803: 62).

с. 18 *За древней книгой онъ сидитъ*... Чудесная книга — популярный волшебно-сказочный мотив. Ср. в «Альоше Поповиче» Н. А. Радищева: «Въ волшебной книгѣ прочитаю, / Когда Людмилу ты спасешь. / Прочелъ.... Твою я участь знаю: / Ее ты въ скорости найдешь» (Радищев 1801а: 47). У Пушкина соответствующий мотив ослаблен: «древняя книга» — аксессуар мудреца, а не основной источник магического знания о грядущей судьбе героя.

с. 19 *Узнай, Русланъ: твой оскорбитель / Волшебникъ страшный Черноморъ, / Красавицъ давній похититель, ~ Еще ничей въ его обитель / Не проникалъ донынѣ взоръ*... Ср. в «Вадиме» Жуковского (вопрос героя к киевской княжне, спасенной им из рук похитителя-великана): «Скажи мне, девица, кто ты? / Кто буйный оскорбитель / Твоей девичьей красоты? / И где твоя обитель?» (Жуковский 1959, II: 118; ср.: Шеффер 1902: 518).

с. 19 *Черноморъ*. Имя злого волшебника (как и часть его сюжетных функций) заимствовано Пушкиным из «богатырской сказки» Н. М. Карамзина «Илья Муромец». Впоследствии, в «Сказке о... царе Салтане...», имя Черномор будет передано начальнику выходящих из моря «тридцати трех богатырей» (в «Прологе» к РиЛ «морской дядька» тридцати витязей еще безымянен, как и в записанной Пушкиным фольклорной сказке). Черняев остроумно отметил, что внешнее тождество имен двух персонажей — в сущности, явление омонимии: «Черномор из „Руслана и Людмилы" напоминает *черный мор*, а Черномор из „Сказки о царе Салтане" — *Черное море*» (Черняев 1900: 606).

с. 20 *Русланъ на мягкій мохъ ложится ~ Не спится что-то, мой отецъ!* Ср. в «Альоше Поповиче» Н. А. Радищева (Альоша приготовляется слушать старца): «Онъ тамъ на камнѣ мшистомъ сѣлъ, / Печальной къ старцу взоръ возвелъ» (Радищев 1801а: 45).

с. 21 *Природный Финъ*. Именование героя — «Финнъ» (в ПП1 правописание имени варьируется: «Финъ» — «коварство

Фина», с. 61 — и «Финнъ»: «Гласъ добродѣтельнаго Финна», с. 106; «Финна вѣрныя печали», с. 126; «вѣщій Финнъ», с. 132, 134) — заключает в себе литературную игру. С одной стороны, «Финъ» — это указание на *национальность* персонажа. С другой стороны, здесь возможна проекция на имя персонажа древнего ирландского эпоса (прототип и субстрат оссиановского Фингала) — «Finn mac Cumhail» (Nabokov 1964, II: 255; Набоков 1997: 242). Необходимо, однако, отметить, что в большинстве европейских сочинений XVIII — начала XIX в., посвященных «оссиановскому вопросу», имя героя ирландских сказаний обозначалось несколько иначе: «Fion Mac Comnal». Распространенная репутация финнов как недалеких и туповатых увальней бросала специфический отсвет на героический и «оссианический» колорит последующего рассказа о военных подвигах Финна и его романтической любви. Ср. сведения о финнах в главе II «Истории Государства Российского» Карамзина: «Сей народ <…> никогда не славился победами, не отымал чуждых земель, но всегда уступал свои….» (Карамзин 1989, I: 50). Двуплановое и двусмысленное обозначение героя создавало дополнительную возможность для колебания повествования между героикой и пародией на нее.

с. 21 *Наина*. По предположению Е. Боброва, имя героини могло восходить к финскому слову «Naenen» (значащему просто «женщина») либо к его эстонскому аналогу «Naene»; Пушкин имел возможность слышать эти слова от финнов и эстонцев, во множестве проживавших в Петербурге и его окрестностях (Бобров 1919: 5–7). С другой стороны, по-видимому, и здесь заключена игра Пушкина с топикой «северной» поэзии. Отмечалась связь имени *Наина* с именем популярнейшей героини Оссиана (дочери Рейтамира и матери Картона) — *Моина* (*Moina*) (см.: Nabokov 1964, II: 255; Набоков 1997: 242). Не менее литературно актуальным для Пушкина было имя одной из героинь «скандинавской» поэмы Парни «Иснель и Аслега», интенсивно обыгрывавшейся в РиЛ (см. ниже), — *Аина* (*Aina*) (ср.: Шарыпкин 1972: 90). Конструируя имя Наины, Пушкин использует тот же прием двойной экспозиции, что и при создании имени Финна.

с. 22 *И равнодушно отвѣчала: / Пастухъ, я не люблю тебя!* Канвой для истории Финна и отвергшей его Наины послужила песня Гаральда Смелого, норвежского князя (конунга), рассказывающая о его подвигах и о равнодушии к ним русской девы. Песня эта во французском переводе («Ode de Harald le Vaillant») вошла в книгу П. А. Малле «Monumens de la mythologie et de la poesie des Celtes, et particulierement des anciens Scandinaves: pour servir de supplement et de preuves a l'introduction a l'histoire de Dannemarc» (Copenhagen, 1756). Благодаря изданию Малле песня стала известна в России и получила исключительную популярность: предполагалось, что песня посвящена любви Гаральда к дочери киевского князя Ярослава Мудрого Елисавете (впоследствии ставшей женой Гаральда). В XVIII — начале XIX в. песня послужила материалом для многочисленных переводов, подражаний и переделок (см.: Шарыпкин 1980: 94–97). Один из таких переводов — «Песнь храброго шведского короля Гарольда» — принадлежал И. Ф. Богдановичу. П. В. Владимиров предположил, что именно этот перевод отразился в пушкинской истории Финна (Владимиров 1899: 12). В действительности Пушкин вряд ли читал тогда «Песнь...» Богдановича. Сведения о «Гаральде, Принце Норвежском» он, скорее всего, почерпнул даже не у Малле (никаких следов знакомства с которым у Пушкина не обнаруживается), а во втором томе «Истории Государства Российского» (Карамзин 1989, II–III: 23–24). В примечании 41 ко второму тому Карамзин поместил и прозаический перевод (с французского) «Гаральдовой песни» (Карамзин 1989, II–III: 206). Из всех же русских поэтических переложений песни Гаральда для Пушкина бесспорное значение имело одно — «Песнь Гаральда Смелого» К. Н. Батюшкова (с рефреном: «А дева русская Гаральда презирает»); в переложении Батюшкова «Песнь...» превратилась в разновидность современной унылой элегии о неразделенной любви. В РиЛ обнаруживаются несомненные отсылки к этому сочинению (см. ниже).

с. 23 *И все мнѣ дико, мрачно стало: / Родная куща, тѣнь дубровъ, / Веселы игры пастуховъ* — / *Ничто тоски не утѣшало.* В этом месте рассказа Финна обыграны мотивы и конструкция «Пробуждения» К. Н. Батюшкова (безутешность и равнодушие к красотам природы и радостям жизни, вызванные несчастной любовью): «Ни кроткий блеск лазури неба, / Ни запах, веющий с полей, / Ни быстрый бег коня ретива <…> / Ничто души не веселит…» (Батюшков 1977: 231).

с. 23 *И наконецъ задумалъ я / Оставить Финскія поля…* Пушкин обыгрывает и встраивает в новый смысловой контекст стихи из «Оды на прибытие… Елисаветы Петровны из Москвы в Санктпетербург 1742 года по коронации» М. В. Ломоносова: «На нивах жатву оставляет / От мести устрашенный Фин…» (Ломоносов 1959: 93). У Ломоносова мирный финн оставляет поля, будучи устрашен войною (русско-шведской); у Пушкина финн, в соответствии с общей установкой поэмы, сам превращается в доблестного воина.

с. 23 *Мы десять лѣтъ снѣга и волны / Багрили кровію враговъ. / Молва неслась: цари чужбины / Страшились дерзости моей; ~ И съ побѣжденными садились / За дружелюбные пиры.* В рассказе Финна о его военных подвигах использован (местами дословно) эпизод из Первой песни «скандинавской» поэмы Э. Парни «Иснель и Аслега» — рассказ скальда Эгиля о подвигах Олбровна (Шарыпкин 1972: 83–84): «Pendant neuf mois sur des rives lointaines / Il promena son glaive destructeur; / De l'océan les orageuses plaines / Ne firent point reculer sa valeur. / Les rois tremblans l'invitaient à ses fêtes, / Et leurs trésors achetaient son oubli» (Parny 1808, III: 101–102).

с. 24 *Пора домой, сказалъ я, други! / Повѣсимъ праздныя кольчуги / Подъ сѣнью хижины родной. ~ Въ заливъ отчизны дорогой / Мы съ гордой радостью влетѣли.* Используется — вплоть до прямых лексических заимствований — конец Первой песни поэмы Парни «Иснель и Аслега». Иснель, выслушав рассказ скальда Эгиля о Русле и Олбровне, обращается к своим воинам с призывом остановить подвиги и вернуться на родину; те с радостью повинуются и решают, «сняв победоносную броню», предаться любви: «"Amis, la gloire a suivi nos drapeaux, / Et nos succès passent notre espérance; / Arrêtons-nous, et que notre imprudence / Ne risque point le fruit de nos travaux." / Avec transport les guerriers obéissent. / Au champ natal ils retournent joyeux; / Et, déposant l'acier victorieux, / Devant l'amour leurs courages fléchissent» (Parny 1808, III: 110; Шарыпкин 1972: 88–89). Однако, обыгрывая поэму Парни, Пушкин параллельно обыгрывает и «Песнь Гаральда Смелого» Батюшкова. Ср.: «С Гаральдом, о други, вы страха не знали, / И в мирную пристань влетели с челном» (Батюшков 1977: 277–288; сходство обозначено в работе: Элиаш 1914: 5–6). Ср. передачу «Amis» утвердившимся в русской поэзии псевдооссианическим «други»; образ *залива* (отсутствующий в соответствующем месте «Иснеля и Аслеги»), в который герои «влетают», и пр. Связь с Батюшковым обнаруживается и на уровне звуковой организации стихового материала. Ср.: Проскурин 1999: 30–31.

с. 24 *Къ ногамъ красавицы надменной / Принесъ я мечь окровавленной…* Ср. в «Иснеле и Аслеге» Парни рассказ о дарах Олбровна Русле: «A ses genoux il portait chaque jour / D'un sanglier la hure menaçante, / Et d'un chevreuil la dépouille sanglante» (Parny 1808, III: 103).

с. 25 *Герой, я не люблю тебя!* В «Иснеле и Аслеге» Олбровн, приносящий охотничьи трофеи Русле, легко добивается взаимности («Il méritait, il obtint son amour» [Parny 1808, III: 103]). У Пушкина сюжет модифицируется; в действие вступает мотив равнодушия «девы», восходящий к «Песне Гаральда Смелого» (см. выше). В РиЛ1 в рассказе Финна (с. 24) далее следовали «элегические» строки, выпущенные в последующих изданиях:

Русланъ, не знаешь ты мученья

Любви, отверженной на вѣкъ.

Увы! ты не сносилъ презрѣнья.

И что же, странный человѣкъ!

И ты жъ тоскою сердце губишь.

Счастливецъ! ты любимъ, какъ любишь.

с. 25 *Среди лѣсовъ, въ глуши далёкой / Живутъ сѣдые колдуны…* Н. М. Карамзин в «Истории Государства Российского» (т. I, гл. II) пересказывает сведения из «Древней Истории Скандинавов» «о двух особенных странах Финских, вольных и независимых: Кириаландии и Биармии. Первая от Финского залива простиралась до самого Белого моря <…> Жители ее беспокоили набегами земли соседственные, и славились мнимым волшебством еще более, чем храбростию» (Карамзин 1989, I: 51). В примечании к этому месту Карамзин сообщает: «Финские чародейства подробно описываются в северных сказках» (Там же, 201–202; ср.: Томашевский 1956: 339).

с. 26 *Все слышитъ голосъ ихъ ужасный, / Что было и что будетъ вновь, / И грозной волѣ ихъ подвластны / И гробъ и самая любовь.* Ф. Е. Корш отнес эти стихи к числу редких у Пушкина смысловых «темных мест». По его мнению, конструкция фразы «исключает возможность понимания местоимения „все" в смысле именительного падежа, а существительного „голос" в смысле винительного…». Он предложил следующее толкование (которое, впрочем, сам признал «более или менее натянутым и спорным»): «Мыслимо, пожалуй, объяснение, что „голос их ужасный" сказано вместо „они, которых голос так ужасен по причине их всеведения, позволяющего им обнаруживать перед людьми прошедшее и будущее"» (Известия Отделения русского языка и словесности Императорской академии наук. 1898. Т. III. Кн. 3. С. 686–687). Это толкование было оспорено: «Здесь несомненно именительный падеж, и понимать приведенные стихи, очевидно, надо так: все [подлежащее] слышит [сказуемое] голос их ужасный [винительный падеж — дополнение к слову „слышит"], что было и что будет вновь [эти слова — определение к слову „все"]. Дальнейшие слова: „и грозной силе их подвластны и гроб и самая любовь" подтверждают, что Пушкин имел в виду мысль: могущество финских колдунов столь велико, их голос так ужасен, что его слышит все, что было, что умерло, и что только еще будет» (Шеффер 1926: 78). Адекватность толкования Шеффера подтверждается стихами оды «Вольность», относящейся к тому же периоду творчества Пушкина, что и РиЛ: «И слышит Клии страшный глас / За сими страшными стенами, / Калигуллы последний час / Он видит живо пред очами» (II/1: 47). Могуществом «страшного гласа» истории (ср. «ужасный голос» колдунов) события минувшего являются наблюдателю в будущем.

с. 27 *Въ мечтахъ надежды молодой, ~ Стрѣла промчалась громовая…* В РиЛ1 (с. 26) это место читалось так:

> Въ надеждѣ сладостныхъ наградъ,
> Въ восторгѣ пылкаго желанья,
> Творю поспѣшно заклинанья,
> Зову духовъ — и виноватъ! —
> Безумный, дерзостный грабитель,
> Достойный Черномора братъ,
> Я сталъ Наины похититель.
> Лишь загадалъ — во тмѣ лѣсной
> Стрѣла промчалась громовая…

с. 27 *И вдругъ сидитъ передо мной / Старушка дряхлая, сѣдая…* Мотив «влюбленной старухи» принадлежит к числу распространенных со времен архаической древности. В комическом завершении рассказа о любви Финна Пушкин использует коллизию повести Вольтера «Кандид, или Оптимизм»: когда, преодолев многочисленные препятствия, Кандид соединяется со своей возлюбленной Кунигундой, она оказывается сварливой старухой (Строганов 1988: 64–66). Вольтер пародировал структуру авантюрных романов, в которых время было невластно над влюбленными героями; Пушкин использовал соответствующую модель для пародирования элегической лирики, с ее темами вечной любви, которую не в силах победить ни пространство, ни время. П. А. Катенин, кроме того, отмечал: «Наина-колдунья нарисована с подробностью слишком отвратной, почти как в виде старухи la Fée Urgèle в сказке того же Вольтера» (Пушкин в воспоминаниях 1998, I: 188; имеется в виду стихотворная сказка Вольтера «Ce qui plaît aux dames» [«Что нравится дамам»], которую Пушкин начал переводить в 1825 г.). Наблюдение Катенина очень проницательно: в монологе Наины откровенно обыграны речи вольтеровской феи (см. ниже).

с. 28 *Сегодня семдесятъ мнѣ било.* Видимо, парафраз шутливой оды Г. Р. Державина «На счастие»: «А ныне пятьдесят мне било» (Державин 2002: 142).

с. 28 *Мое сѣдое божество / Ко мнѣ пылало новой страстью.* Использовано и комически переосмыслено сообщение в «Истории Государства Российского» Карамзина (т. II, гл. II; примеч. 41) о том, что в пору службы Гаральда в Византии в него влюбилась византийская императрица: «Греческая

Комментарии

Императрица Зоя, воспламененная к нему страстию, не хотела отпускать его...» (Карамзин 1989, II–III: 206).

с. 29 *Томлюсь желаньями любви... ~ О милый, милый! умираю...* Использованы любовные восклицания старухи из сказки Вольтера «Ce qui plaît aux dames»: «Régnez sur eux ainsi que sur mon âme; / Je meurs, je meurs! Ciel! à quoi réduis-tu / Mon naturel qui combat ma vertu?» (Voltaire 1877, X: 48).

с. 29 *И между тѣмъ за мой кафтанъ / Держалась тощими руками; ~ Я съ крикомъ вырвался, бѣжалъ.* Пушкин пародически обыгрывает эпизод из Библии (Быт 39: 12): жена египтянина Потифара, возжелав прекрасного Иосифа и намереваясь увлечь его на ложе, схватила его за одежду, но тому удалось спастись бегством («И оухвати его за ризы, глаголющи: лязи со мною. И оставивъ ризы своя въ рукахъ ея, оубеже и изыде вонъ»). Отказ Иосифа вызвал жестокую месть отвергнутой женщины.

с. 30 *Добился ты любви Наины, / И презираешъ — вотъ мущины!* Почти дословно использована сентенция старухи из сказки Вольтера «Ce qui plaît aux dames»: «Vous le voyez, ô reine! il me méprise; / Il est ingrat; les hommes le sont tous» (Voltaire 1877, X: 45).

с. 30 *Душою черной зло любя...* Для характеристики Наины, данной Финном, использован рассказ о волшебнице Злодуме в «Бахарияне» М. М. Хераскова: «Свары и вражды любя» (Херасков 1803: 227).

ПѢСНЬ ВТОРАЯ

с. 35 *Сердиться глупо и грѣшно.* В РиЛ1 (с. [35]–36) далее следовало:

Ужели Богъ намъ далъ одно
Въ подлунномъ мiрѣ наслажденье?
Вамъ остаются въ утѣшенье
Война и Музы и вино.

По всей вероятности, Пушкин убрал эти стихи, признав справедливым критическое замечание А. Воейкова: «Вторая песнь начинается обращением к соперникам в военном искусстве: автор позволяет им браниться и драться сколько угодно; далее говорит к соперникам в искусстве писать и также позволяет им браниться, и заключает слово обращением к соперникам в любви, которых убеждает жить между собою дружно. „Поверьте мне, — говорит он к последним, — если вы несчастливы в любви, то

    Вамъ остаются въ утешенье
    Война и музы и вино".

То же самое можно сказать и соперникам-воинам:

    Вамъ остаются въ утешенье
    Любовь и музы и вино.

И опять то же еще раз повторить можно к соперникам-поэтам:

    Вамъ остаются въ утешенье
    Война, любовь, вино.

Где же логика?» (ППК 1: 64).

с. 41   <…> *Нѣтъ, нѣтъ, мой другъ безцѣнный: / Еще при мнѣ мой вѣрный мечъ…* — По наблюдению И. А. Пильщикова, «сочетание „друг бесценной" (применительно к возлюбленной) восходит к элегическому лексикону К. Н. Батюшкова» (Боратынский 2002: 345–346); ср. «Привидение. Из Парни», «Ложный страх. Подражание Парни», «Элегия из Тибулла. Вольный перевод» (Батюшков 1977: 218, 293, 209).

с. 42   *Друзья мои! а наша дѣва? ~ А то давно пора бы мнѣ / Подумать о младой княжнѣ…* Перерыв повествования в кульминационном месте и резкий переход к другой сюжетной линии — универсальный прием волшебно-сказочных поэм, восходящий к Ариосто. В русской традиции наиболее близкая параллель — в «Альоше Поповиче» Н. А. Радищева: «Но намъ не худобъ также было / Къ Людмилѣ въ повѣсть заглянуть; / Узнать, гдѣ Небо прекратило / Ея подземной, страшной путь. / Ея мы книгу разогнемъ, / О ней вѣщать теперь начнемъ» (Радищев 1801а: 74; ср.: Владимиров 1895: 5).

с. 42   *Людмилы нѣжной красоты / Отъ воспаленнаго Руслана / Сокрылись вдругъ среди тумана.* Ср. «Альошу Поповича» Н. А. Радищева: «Людмила, Бесомъ унесенна, / Сокрылась въ пропастяхъ земли; / Изъ рукъ супруга похищенна…» (Радищев 1801а: 75).

с. 43   *И въ страшномъ замкѣ колдуна / Безмолвна, трепетна, блѣдна, / Въ одно мгновенье очутилася.* Б. В. Томашевский установил, что эпизод «Людмила в замке Черномора» восходит к роману Лафонтена «Les Amours de Psyché et de Cupidon»: «В „Руслане" несомненно в этом эпизоде пародируется (в том смысле этого слова, в каком его употреблял Пушкин, говоря, что в „Руслане" он пародировал Жуковского) эпизод похищения Психеи и первый день ее пребывания во дворце Амура. Из трех источников, знакомых Пушкину, он ближе всего к Лафонтену» (Томашевский 1937: 237). В связи с начальной частью эпизода Томашевский заметил: «Характерным отличием Богдановича от Лафонтена является то, что по Лафонтену Психея очутилась внутри дворца. Богданович, очевидно неправильно поняв слово („средь двора"), переносит ее, подобно Апулею, в сад и в дальнейшем ведет Психею из сада в „чертоги". Пушкин следует Лафонтену, перенеся Людмилу во дворец и располагая соответствующим образом описание» (Там же, 231).

с. 43 *Съ порога хижины моей ~ Летучимъ вѣтромъ занесенный*. В этом квазиэпическом сравнении использован «Неистовый Роланд» Ариосто — рассказ Пинабеля о похищении его возлюбленной волшебником Атлантом, заканчивающийся сравнением похитителя с ястребом, который похищает цыпленка у наседки, повергая ее в скорбь и вызывая ее жалобное кудахтанье (песнь II, окт. 37–39; Поливанов 1904: 11). Есть основания полагать, что описание скорбящего петуха иронически спроецировано у Пушкина на мотивы скорбных элегий Батюшкова (Проскурин 1999: 28–29).

с. 44 *Людмила, гдѣ твоя свѣтлица?* В РиЛ1 (с. 44) за этим стихом следовало:

> Гдѣ ложе радости младой?
> Одна, съ ужасной тишиной
> Лежитъ несчастная дѣвица
> Среди подушекъ пуховыхъ…

с. 45 *Когда не видимъ друга въ нёмъ*. В РиЛ1 (с. 45) далее следовали фривольные строки, выпущенные в последующих изданиях:

> Вы знаете, что наша дѣва
> Была одѣта въ эту ночь,
> По обстоятельствамъ, точь въ точь
> Какъ наша прабабушка Ева. —

> Нарядъ невинный и простой!
> Нарядъ Амура и природы!
> Какъ жаль, что вышелъ онъ изъ моды!
> Предъ изумленною Княжной…

с. 46 *Увы, ни камни ожерелья, / Ни сарафанъ, ни перловъ рядъ, / Ни пѣсни лести и веселья / Ея души не веселятъ…* Томашевский связывает эти стихи с описанием одежды, в которую облекают Психею после купания в романе Лафонтена (ср.: La Fontaine 1818: 43), и заключает: «Характерно, что единственно конкретные черты Лафонтена „diamants et pierreries" включены в описание Пушкина» (Томашевский 1937: 233). На самом деле система литературных аллюзий у Пушкина здесь сложнее и многообразнее. См. в «Бахарияне» М. М. Хераскова описание Феланы, страдающей от разлуки с Неизвестным: «Ни цвѣтущія долины, / Ни журчащи ручейки, / Ни зеленой садъ, — ни рощи / Плѣнницу не веселятъ…» (Херасков 1803: 35). Ср. там же сетования Лелы, разлученной с Велесом (глава VII): «Ни житейскія прохлады, / Ни веселыя мѣста, / Не приносятъ мнѣ отрады, / Ни уборовъ красота…» (Херасков 1803: 215). Весьма вероятно также, что Пушкиным пародически используются мотивы и конструкция элегии К. Н. Батюшкова «Пробуждение»: «Ни кроткий блеск лазури неба, / Ни запах, веющий с полей, / Ни быстрый лет коня ретива <…> — / Ничто души не веселит…» (Батюшков 1977: 231). Характерные для элегии пессимистические резиньяции передаются Пушкиным от традиционного элегического *субъекта* (мужчины) элегическому *объекту* (женщине). Отвергаемые из-за разлуки с любимым красоты мира превращаются в красоты модной и ювелирной лавки; сама коллизия приобретает травестийно-комический оттенок.

с. 47 *И звонкій рогъ веселой ловли / Въ пустынныхъ не трубитъ горахъ…* Здесь интертекстуальная игра (включающая в себя не только использование сходной лексики, но и цитатное обыгрывание сходных акустических эффектов, позволяющих создать «образ эха») развертывается Пушкиным в нескольких планах. С одной стороны, используется «Описание торжества, бывшего… в доме Генерал-Фельдмаршала Князя Потемкина-Таврического…» Г. Р. Державина (одна из стиховых интерполяций): «Великолепные чертоги / На столько расстоят локтях, / Что глас в трубы, в ловецки роги / Едва в их слышатся концах» (Державин 2002: 507). Одновременно обыгрывается элегия Батюшкова «Пробуждение», в свою очередь использующая державинскую образность и принципы державинской звукописи: «И гончих лай, и звон рогов / Вокруг пустынного залива» (Батюшков 1977: 231; об игре с Батюшковым подробнее см.: Проскурин 1999: 33–34).

с. 48 *И наша дѣва очутилась / Въ саду. Плѣнительный предѣлъ: / Прекрасные сады Армиды…* Некоторых исследователей эти описания «наводят на мысль, что Пушкин хотел дать ряд сцен и картин во вкусе главы XVI „Освобожденного Иерусалима" Торквато Тассо, описывающей сады волшебницы Армиды» (Черняев 1900: 613). Однако здесь скорее не столько реальная связь с поэмой Тассо, сколько знак литературной традиции; сравнение с «садами Армиды» стало «общим местом» при описании чудесных садов в европейской поэзии (см.: *Giamatti A. B.* The Earthly Paradise and the Renaissance Epic. Princeton, N.J., 1966). Ср. в обыгранном в РиЛ эпизоде романа Лафонтена: «A ce défaut, vous aurez recours au palais d'Apollidon ou bien à celui d'Armide; ce m'est tout un. Quant aux jardins, voyez ceux de Falerine; ils vous pourront donner quelque idée des lieux que j'ai à décrire» (La Fontaine 1818: 53–54; Томашевский 1937: 234).

с. 48 *И тѣхъ, которыми владѣлъ / Царь Соломонъ, иль князь Тавриды.* Пушкин искусно соединяет здесь реальные и «поэтические» сады. Сады царя Соломона упоминаются в Библии (Еккл 2: 5–6). Упоминание садов «князя Тавриды» (т. е. светлейшего князя Г. А. Потемкина-Таврического) отсылает, с одной стороны, к Таврическому саду в Петербурге (где Пушкин не раз бывал), с другой — к «Описанию торжества… в доме Генерал-Фельдмаршала Князя Потемкина-Таврического…» Державина, изображавшему специально устроенный к празднеству зимний сад в Таврическом дворце. В эпоху Пушкина этот сад уже не существовал, превратившись из реального в «литературный» факт.

с. 48 *Алеи пальмъ и лѣсъ лавровый, / И благовонныхъ миртовъ рядъ, / И кедровъ гордыя вершины, / И золотыя апельсины / Зерцаломъ водъ отражены…* Несомненна связь этого описания со стихотворной интерполяцией в романе Лафонтена: «Des canaux à perte de vue, / Bordez-les d'orangers, de myrtes, de jasmins, / Qui soient aussi géants que les nôtres sont nains» (La Fontaine 1818: 54; ср.: Томашевский 1937: 235). Ср. вместе с тем «Описание торжества, бывшего… в доме Генерал-Фельдмаршала Князя Потемкина-Таврического…» Державина: «…приступив ближе, увидишь живые лавры, мирты и другие благорастворенных климатов древа, не токмо растущия, но иныя цветами, а другия плодами обремененныя» (Державин 2002: 596).

с. 48 *Летятъ алмазные фонтаны / Съ веселымъ шумомъ къ облакамъ*… Ср. в том же описании у Лафонтена: «Cela fait, de tous les côtés, / Placez en ces lieux enchantés / Force jets affrontant la nue…» (La Fontaine 1818: 54; ср.: Томашевский 1937: 235). Вместе с тем сады Черномора скомбинированы из образов как литературного, так и конкретно-топографического порядка. «Алмазные фонтаны» отсылают не только к роману Лафонтена (где соответствующее описание довольно прозрачно намекает на Версаль), но и к знаменитым фонтанам Петергофского парка. Пушкин часто бывал в Петергофе в первую половину июля 1818 г.; 1 июля в обществе Н. М. Карамзина, Жуковского и А. И. Тургенева он присутствовал здесь на великолепном празднике по случаю дня рождения вел. кн. Александры Федоровны и годовщины ее брака с великим князем Николаем Павловичем — см. письмо Карамзина Дмитриеву от 11 июля (Карамзин 1866: 243–244) и письмо А. И. Тургенева Вяземскому от 12–18 июля 1818 г. (ОА I: 108). В описании прогулки Людмилы по садам Черномора можно усмотреть шутливое состязание Пушкина не только с Лафонтеном и Богдановичем, но и со стихотворениями Жуковского, «мифологизирующими» пригородные дворцы и парки, в особенности Павловск (см. в этой связи: Виницкий 2006: 141–148).

с. 48 *Подъ ними блещутъ истуканы, / И, мнится, живы*… Описание скульптурных изображений встречается и у Лафонтена, и у Богдановича. Однако, присоединяясь к литературной традиции, Пушкин вместе с тем точно описывает характерный оптический эффект Большого каскада в Петергофе: позолоченные статуи различных мифологических персонажей («блещущие истуканы»), установленные у Большого каскада в 1806 г., кажутся движущимися, если смотреть на них сквозь струи фонтанов.

с. 49 *Фидiй самъ, / Питомецъ Феба и Паллады...* «Лафонтен дает довольно подробное описание дворца, где в частности упоминает "les raretés, les tableaux, les bustes, non de la main des Apelles et des Phidias, mais de la main même des fées". <...> Имя Фидия, опущенное Богдановичем, появляется у Пушкина...» (Томашевский 1937: 234; ср.: La Fontaine 1818: 48).

с. 49 *Дробясь о мраморны преграды, ~ Валятся, плещутъ водопады...* Описание точно соответствует устройству Большого каскада Петергофского парка: водные потоки низвергаются по ступенчатым водопадным лестницам.

с. 49 *И ручейки въ тѣни лѣсной ~ Мелькаютъ свѣтлыя бесѣдки...* Здесь, видимо, даны намеки на пейзажный «английский» парк в Петергофе, распланированный в 1779 г. садовым мастером Д. Медерсом. Мостики через ручьи и разнообразные беседки были спроектированы Д. Кваренги (в своем первоначальном виде английский парк не сохранился).

с. 49 *Повсюду розъ живыя вѣтки / Цвѣтутъ и дышутъ по тропамъ.* В РиЛ1 (с. 49) далее следовали стихи:

> Цвѣтутъ и дышутъ по тропамъ,
> Усѣяннымъ пескомъ алмазнымъ;
> Игривымъ и разнообразнымъ
> Волшебствомъ дивный садъ блеститъ.
> Но безутѣшная Людмила
> Идетъ, идетъ и не глядитъ;
> Ей роскошь свѣтлая постыла,
> Ей грустенъ нѣги пышной видъ;
> Куда, сама не зная, бродитъ...

Ср. в державинском «Описании торжества, бывшего... в доме Генерал-Фельдмаршала Князя Потемкина-Таврического...»: «...там цветы пестреют, здесь излучистыя песчаныя дороги пролегают...» (Державин 2002: 506). «Блеск» волшебства и «светлая роскошь» чудесного сада, особенно подчеркнутые в первой редакции, отчетливо указывают на связь «садов Черномора» с петергофскими впечатлениями: кульминацию Петергофского праздника составляла иллюминация парка (см. письмо Карамзина Дмитриеву от 11 июля 1818 г.; Карамзин, впрочем, считал иллюминацию не вполне удавшейся: Карамзин 1866: 243). Ср. в записи Д. Н. Блудова: «Глядя на пышное освещение Петергофского сада, мы всего более любовались необыкновенным цветом зелени. От огня плошек в ней является чудесная, пленительная нежность, коей она не имеет при естественном свете. Так искусство может украсить природу…» (Арзамас 1994, II: 133).

с. 50 *Высокій мостикъ надъ потокомъ / Предъ ней виситъ на двухъ скалахъ…* Переход Психеи через мост изображен и у Лафонтена, но безо всяких деталей. Характерные подробности пушкинского изображения заставляют предположить, что образ навеян не текстом, а гравированной *иллюстрацией* к другому месту романа Лафонтена в «дидотовском» издании его Сочинений: Психея с помощью старца переходит по узенькому мостику, висящему над водопадом; мостик опирается на две скалы (см.: La Fontaine 1818, вклейка между с. 124–125).

с. 50 *Она подходитъ — и въ слезахъ / На воды шумныя взглянула, / Ударила, рыдая, въ грудь, / Въ волнахъ рѣшилась утонуть / Однако въ воды не прыгнула…* Колебание Людмилы имеет источником эпизод из второй книги лафонтеновского романа — размышление перед пропастью Психеи, покинутой Купидоном: «…elle regarda encore le précipice; et en même temps la mort se montra à elle sous sa forme la plus affreuse. Plusieurs fois elle voulut s'élancer, plusieurs fois aussi un sentiment naturel l'en empêcha» (La Fontaine 1818: 127; Томашевский 1937: 236). Неожиданная развязка — ироническая инвенция Лафонтена, оцененная и поддержанная только Пушкиным: и апулеевская Психея, и Душенька Богдановича бросаются в пропасть. Так же поступила Людмила в «Альоше Поповиче» Н. А. Радищева: «Коль нѣтъ супруга, жизнь мнѣ мука; / Сей часъ, сей часъ ее прерву! / Приди со свѣтомъ мнѣ разлука! / Оковы тяжки разорву. / Теперь мнѣ жизнь и смерть одно… / Съ симъ словомъ бросилась въ окно» (Радищев 1801а: 52).

с. 50 *И далѣ продолжала путь.* В РиЛ1 (с. 50) за этой строкой следовали стихи, выпущенные в последующих изданиях (они были выделены отбивками в особую квазистрофу):

> О люди, странныя созданья!
> Межъ тѣмъ, какъ тяжкія страданья
> Тревожатъ, убиваютъ васъ,
> Обѣда лишь наступитъ часъ —
> И вмигъ вамъ жалобно доноситъ
> Пустой желудокъ о себѣ,
> И имъ заняться тайно проситъ.
> Что скажемъ о такой судьбѣ?

Стихи этой ранней редакции варьировали «Орлеанскую девственницу» Вольтера (песнь X): «Fallut dîner: car, malgré leurs chagrins / (Chétif mortel, j'en ai l'expérience), / Les malheureux ne font point abstinence…» (Voltaire 1877, IX: 164; отмечено: Кирпичников 1899: 440).

с. 50 *И въ тишинѣ изъ-за вѣтвей / Незрима арфа заиграла.* «В соответствующем месте Лафонтен <…> говорит про сопровождавшую обед игру невидимой лютни: „Après le repas, une musique de luths et de voix se fit entendre à l'un des coins du plafond, sans qu'on vît ni chantres ni instruments"» (Томашевский 1937: 236; ср.: La Fontaine 1818: 43). Мотив этот, однако, был прочно усвоен и европейской, и русской «сказочной» литературой. Ср. в «Причуднице» И. И. Дмитриева (Ветрана погружается в послеобеденный сон): «И в тот же миг смычок невидимый запел, / Как будто бы сам Диц за пологом сидел» (Дмитриев 1967: 182).

с. 51 *Подумала — и стала кушать.* Традиционно стихи сближались с «Душенькой» Богдановича: «Когда же смерть отнюдь ее не хочет слушать, / Хоть свет ей был постыл, / Потребно было ей ко укрепленью сил, / Ломотик хлебца скушать» (Богданович 1957: 102). Впрочем, Томашевский по этому поводу заметил: «Сближать это место с „Русланом", пожалуй, нет достаточных оснований. Обычное основание для таких сближений — общность рифм „слушать — кушать" вряд ли здесь может иметь место, так как эти два слова других рифм не имеют…» (Томашевский 1937: 238, примеч.). Высказывалось также предположение, что Пушкиным использован мотив «Бахарияны» Хераскова: «Нѣчто въ тайнѣ ей сказало: / Успокойся! — другъ твой живъ! — / Живъ! тебя онъ страстно любитъ / Будетъ нѣкогда твоимъ. / Успокоилась

Фелана, / Слезъ потоки отеревъ; / Пожелала сладкой пищи, / Столбъ растворится и дастъ» (Херасков 1803: 40; в «поправках» в конце книги последний стих изменен: «Столпъ раскрылся, пища тутъ»; ср.: Шеффер 1902: 508–509). Если Пушкин и обыгрывал Хераскова, то с несомненной иронией: у Хераскова возвращение аппетита объяснялось внушением «тайного голоса», у Пушкина (как и у Лафонтена, см. выше) — голосом природы (= желудка).

с. 53 *И входитъ съ важностью за нею...* В этой сцене можно усмотреть своего рода пародию встречи Психеи с прекрасным Купидоном в романе Лафонтена. Ср. наблюдение Б. В. Томашевского: «В этой замене Купидона Черномором, может быть, сквозит ирония Лесажа, представившего Купидона в безобразной форме „Хромого чорта" Асмодея» (Томашевский 1937: 237, примеч.).

с. 53 *Горбатый карликъ.* Злой волшебник нередко выступал в волшебно-сказочной традиции в образе уродливого карлика. Ср. описание Кривида в «Чуриле Пленковиче» Н. А. Радищева: «Онъ ростомъ въ поларшина; / До груди страшной носъ, / И сзади горбъ возросъ» (Радищев 1801b: 49).

с. 53 *Его-то головъ обритой, ~ Принадлежала борода.* Образ лысого бородатого карлика двусмыслен; во французской фривольной литературе длинная борода выступала как признак исключительной сексуальной силы (см. обыгрывание подобных представлений в стихотворении д'Оффервиля «Le pouvoir de la barbe»: Parnasse satyrique du XVIIIe siècle / Réimprimé d'après l'édition originale. Paris: Bibliothèque de curieux, 1912. P. 111–112). Сексуальные коннотации образа *бороды* сатирически обыграны в повести молодого И. А. Крылова «Каиб» (в образе вельможи Дурсана, намекающем, видимо, на Платона Зубова [подробнее см.: Проскурина 2006: 302–305]). На фоне традиции последующий рассказ о сексуальной *несостоятельности* Черномора, наделенного огромной бородой, приобретает дополнительный комический эффект.

с. 54 *И въ страхѣ завизжала такъ, / Что всѣхъ Араповъ оглушила.* В РиЛ1 было: «Что всѣхъ какъ громомъ оглушила» (с. 54). Ср. в «Альоше Поповиче» Н. А. Радищева: «Людмила громко закричала / И Бесу бороду рвала; / Пустыню воплемъ наполняла…» (Радищев 1801а: 62). В отличие от радищевской Людмилы пушкинская героиня выходит из столкновения с чародеем победительницей. Предположение, что «расправа Людмилы с Черномором» напоминает «расправу Орлеанской Девственницы с Гермафродитом из 4-й Песни „La Pucelle"» (Черняев 1900: 610), — большая натяжка.

с. 54 *Хотѣлъ бѣжать, но въ бородѣ / Запутался, упалъ и бьется; / Встаетъ, упалъ…* В первом издании поэмы стихи звучали несколько иначе: «Хотѣлъ бѣжать, и въ бородѣ…» (РиЛ1, 54). Эпизод пародически обыгрывает фрагмент из «Сна воинов» Батюшкова (вольного перевода отрывка из Третьей песни поэмы Парни «Иснель и Аслега»); герой во сне сражается с чудовищем: «Бежать хотел — его нога / Дрожит, недвижима, замлела; / Встает, и пал!» (Батюшков 1977: 290). Изобразительно экспрессивный «Сон воинов» произвел на Пушкина исключительно сильное впечатление; отголоски этого текста будут неоднократно возникать в пушкинских поэмах первой половины 1820-х гг. (см.: Проскурин 1999: 124–125, 130–131).

с. 54 *Араповъ черный рой мятется…* Пародическое обыгрывание стихов из «Оды на день восшествия… Елисаветы Петровны 1747 года» М. В. Ломоносова: «Плутон в расселинах мятется, / Что Россам в руки предается / Драгой его металл из гор» (Ломоносов 1959: 206).

с. 54 *Бери свой быстрый карандашъ, / Рисуй, Орловскій, ночь и сѣчу!* Александр Осипович Орловский (1777–1832), поляк по рождению, любимый Пушкиным художник-баталист и автор многочисленных жанровых зарисовок. Обращения к художникам (как указание на то, что одной только живописи под силу достойно изобразить сцену, которую автор намеревается описывать стихами) — обычный прием в «волшебно-рыцарских» поэмах. Ср. в «Бахарияне» М. М. Хераскова: «Естьлибъ зрѣлище такое / Ты Рафаель видѣть могъ, / Ты бы лучшую картину / Для потомства написалъ» (Херасков 1803: 57).

с. 55 *Ужъ копья брошены далёко, ~ Кольчуги кровію покрыты, / Щиты трещатъ, въ куски разбиты…* В описании битвы Руслана и Рогдая можно предположить литературное состязание с описанием единоборства двух героев в «древнем романсе» А. Х. Востокова «Светлана и Мстислав» (Песнь четвертая): «Уж остры копья притупили, / В листовые щиты вонзив; / И светлы сабли обнажили, / Поспешно с седел соскочив. / Сошлись для страшного сраженья. / Кольчуги, шлемы их звучат…» (Поэты-радищевцы 1979: 89). Востоков изображает единоборство пеших богатырей; Пушкин, вступая с ним в литературное состязание, рисует битву всадников.

с. 55 *Взрывая къ небу черный прахъ, / Подъ ними борзы кони бьются*… Образ и фразеология восходят к «Оде на прибытие… Елисаветы Петровны… 1742 года по коронации» М. В. Ломоносова: «Там кони бурными ногами / Взвивают к небу прах густой» (Ломоносов 1959: 89).

с. 55 *Ихъ члены злобой сведены; / Переплелись и костенѣютъ; / По жиламъ быстрый огнь бѣжитъ; / На вражьей груди грудь дрожитъ — И вотъ колеблются, слабѣютъ — / Кому-то пасть…* Использован эпизод из «Сна воинов» Батюшкова, уже обыгрывавшийся в сцене «победы» Людмилы над Черномором (с более широким охватом стихов оригинала): «Иный чудовище сражает — / Бесплодно меч его сверкает; / Махнул еще, его рука, / Подъята вверх… окостенела; / Бежать хотел — его нога / Дрожит, недвижима, замлела; / Встает — и пал!..» (Батюшков 1977: 290) Пушкин повторил синтаксические конструкции из стихотворения Батюшкова и ряд его ключевых слов.

с. 56 *Искалъ соперника слѣдовъ; / Нашелъ, настигъ, но прежня сила…* В этом месте можно предположить игровой отголосок формул из «Поэмы на победы Российского воинства…» В. П. Петрова (хорошо знакомого Пушкину с лицейских лет), воспевающей подвиги П. А. Румянцева: «Не зритъ числа враговъ, лишь ищетъ, гдѣ они. / Нашелъ, постигъ, разбилъ…» ([Петров В. П.] Поэма на побѣды Россійскаго воинства… [СПб.: Тип. Академии наук, 1771]. С. 15.).

с. 56 *И слышно было, что Рогдая / Тѣхъ водъ Русалка молодая / На хладны перси приняла…* Аллюзия на финал баллады В. А. Жуковского «Рыбак». О демонстративном обыгрывании в этом месте как мотивов, так и мелодических приемов Жуковского см.: Проскурин 1999: 45.

ПѢСНЬ ТРЕТІЯ

с. 59 *Ужъ блѣдный критикъ, ей въ услугу, / Вопросъ мнѣ сдѣлалъ роковой...* Пушкин варьирует ироническое отступление в «Илье Муромце» Н. М. Карамзина: «Здѣсь, любезные читатели, / должно будет изъясниться нам, / уничтожить возражения / строгих, бледнолицых критиков: „Как Илья, хотя и Муромец, / хоть и витязь Руси древния, / мог сидеть неделю целую, / не вставая, на одном месте; / мог ни маковыя росинки, / в рот не брать, дремы не чувствовать?"» (Карамзин 1966: 157). Образ генетически восходит к «Орлеанской девственнице» Вольтера (начало песни XV): «Censeurs malins, je vous méprise tous, / Car je connais mes défauts mieux que vous» (Voltaire 1877, IX: [243]).

с. 60 *На темени полнощныхъ горъ...* В РиЛ1 (с. 62) было: «На темѣ полунощныхъ горъ...»

с. 60 *Безъ шапки въ утреннемъ халатѣ, / Зѣвалъ сердито на кровати.* Сниженный бытовыми деталями портрет только что пробудившегося злодея-волшебника был дан в «Чуриле...» Н. А. Радищева (изображение Кривида): «Волшебникъ пробудился. / Со сна и въ торопяхъ, надѣлъ колпакъ, халатъ...» (Радищев 1801b: 65; ср.: Соколов 1955: 330).

с. 66 *Въ костяхъ руки здѣсь мечъ лежитъ; / Травой обросъ тамъ шлемъ косматый / И старый черепъ тлѣетъ въ немъ; / Богатыря тамъ оставъ цѣлый / Съ его поверженнымъ конемъ / Лежитъ не движный...* Пушкин развертывает и детализирует картину поля брани из «Оды на прибытие... Елисаветы Петровны... 1742 года по коронации» М. В. Ломоносова: «Здесь шлем с главой, там труп лежит, / Там мечь, с рукой отбит, валится» (Ломоносов 1959: 91; ср.: Элиаш 1914: 27). Прием будет повторен в Шестой песни.

с. 68 *Померкла степь. Тропою тёмной / Задумчивъ ѣдетъ нашъ Русланъ, / И видитъ: сквозь ночной туманъ / Вдали чернѣетъ холмъ огромной...* Ср. «Вадим» В. А. Жуковского: «Вдруг бор редеет темной; / Раздвинулся... и при луне / Явился холм огромной» (Жуковский 1959, II: 128; Шеффер 1902: 519). В балладе Жуковского на огромном холме будет располагаться «древний храм». У Пушкина дальнейшая картина строится на травестирующем эффекте обманутого ожидания.

с. 69 *Вдругъ холмъ, безоблачной луною / Въ туманѣ блѣдно озарясь, / Яснѣетъ;* <...> ~ *Предъ нимъ живая голова.* Ср. в «Вадиме» В. А. Жуковского: «Но вдруг... слетел с луны туман, / И бор засеребрился, / И замок весь, как великан, / Над бором осветился» (Жуковский 1959, II: 130; Шеффер 1902: 520). Пушкин осуществляет метафоризацию сравнения: замок, подобный великану, — «настоящий» великан. Одним из основных источников сцены встречи с головой послужила лубочная сказка о Еруслане Лазаревиче: «Еруслан же ѣхалъ полгода, и недоѣхавъ до Щетина града поприщъ за пять, наѣхалъ на рать силу битую, и въ той рати лежала богатырская голова, какъ великой бугоръ» (Шеффер 1902: 512; Шеффер цитирует сказку по изданию: Лекарство от задумчивости 1815: 47; см. также: Пушкарев 1980: 81–85)*. О теме «головы» в творчестве Пушкина подробнее см.: Кошелев 2001а.

с. 71 *И вдругъ она, что было мочи, / Навстрѣчу князю стала дуть...* Использована и весьма вольно обыграна сказка о Еруслане Лазаревиче — однако не эпизод встречи с богатырской головой, а встреча Еруслана с чудесным старцем-карликом — «малым человеком»: «...малъ старъ человѣкъ, узнавъ во умѣ своемъ что раздавить его хощетъ, сказалъ ему: бѣдной богатырь, ты меня хочешъ убить старова человѣка: малаго нѣкого убить, и съ меня старова нѣчего снять. Еруслану то слово не полюбилось, и взялъ мечь кладенецъ и хощетъ старова до смерти убить, и кинулся къ нему скоро, а старой приклонился и дунулъ единымъ духомъ на Еруслана такъ, что онъ неусидѣлъ на своемъ конѣ и палъ на сыру землю, что овсяной снопъ...» (Шеффер 1902: 512; цит. по: Лекарство от задумчивости 1815: 78–79). Пушкин здесь распоряжается своим материалом весьма свободно.

---

* Интересно, что именно эпизод с головой имел сильное «обратное» влияние на позднейшие редакции повести о Еруслане Лазаревиче (вплоть до включения прозаического пересказа отрывков из РиЛ) и на соответствующие иллюстрации и лубочные картинки (см.: Пушкарев 1980: 98–111).

Комментарии

с. 73 *И въ щеку тяжкой рукавицей / Съ размаха голову разитъ...* Видимо, Пушкин здесь травестирует один из эпизодов трагедии Пьера Корнеля «Сид», где Дон Гомес дает пощечину Дону Диего (д. I, явл. 3). Ср. письмо Пушкина П. А. Катенину от 19 июля 1822 г.: «Ты перевел Сида; поздравляю тебя и старого моего Корнеля. Сид кажется мне лучшею его трагедиею. Скажи: имел ли ты похвальную смелость оставить пощечину рыцарских веков на жеманной сцене 19-го столетия? Я слыхал, что она неприлична, смешна, ridicule. Ridicule! Пощечина, данная рукою гишпанского рыцаря воину, поседевшему под шлемом! ridicule! Боже мой, она должна произвести более ужаса, чем чаша Атреева. <...> Радуюсь, предвидя, что пощечина должна отяготеть на ланите Толченова или Брянского» (XIII: 41).

с. 74 *Уже Русланъ готовъ разить, / Уже взмахнулъ мечемъ широкимъ — / ~ И тихо мечь онъ опускаетъ, / Въ немъ гнѣвъ свирѣпый умираетъ...* Пушкин иронически обыгрывает мотив укрощения жестокости любовью, получивший широкое распространение в поэзии конца XVIII — начала XIX в. Ср. в «Послании женщинам» Н. М. Карамзина: «Ах! самый лютый воин <...> / Смягчается душой, восчувствовав любовь; / Услышав имя той, которою пылает, / Щадит врагов сраженных кровь / И меч подъятый... опускает» (Карамзин 1966: 173). Ср. в «Бахарияне» М. М. Хераскова: «Фелана духомъ возмутилась, / Обидную услыша рѣчь; / Приближилась, остановилась, / Хотѣла свой исторгнуть мечь, / Но мечь изъ рукъ ея валится. / Увы! кто любитъ — тотъ не злится!» (Херасков 1803: 263).

с. 78 *Тобой сегодня взятый мечь.* В РЛ1 далее следовал стих: «О витязь! Ты хранимъ судьбою...» В РЛ2 (и в РЛ3, использовавшем это издание) стих по случайности выпал. Тем самым разрушилась рифма.

ПѢСНЬ ЧЕТВЕРТАЯ

с. 81 *Я каждый день, возставъ отъ сна, ~ Волшебниковъ не такъ ужъ много. ~ Но есть волшебники другіе...* Мотив, использованный в зачине песни, восходит к «Orlando Furioso» Ариосто (песнь VIII, окт. 1): «Oh! que nous connoissons peu le nombre d'Enchanteurs et d'Enchanteresses qui sont parmi nous! changeant a tous momens de forme et de langage, ils trompent souvent l'homme le plus sage; ils séduisent la beauté simple et ingénue: ils n'ont pas besoin d'évoquer les ombres et les esprits malfaisans, ni d'observer le cours des astres; il leur suffit, pour s'assujettir les cœurs, d'une dissimulation profonde, de détours adroits et de ruses coupables» (Arioste 1780, I: 251). Поэма Ариосто послужила основанием для иронического зачина Песни семнадцатой «Орлеанской девственницы» Вольтера: «Oh! que ce monde est rempli d'enchanteurs! / Je ne dirai rien des enchanteresses. / Je t'ai passé, temps heureux des faiblesses, / Printemps des fous, bel âge des erreurs; / Mais à tout âge on trouve des trompeurs, / De vrais sorciers tout-puissants séducteurs, / Vêtus de pourpre, et rayonnants de gloire. / Au haut des cieux ils vous mènent d'abord. / Puis on vous plonge au fond de l'onde noire, / Et vous buvez l'amertume et la mort. / Gardez-vous tous, gens de bien que vous êtes, / De vous frotter à de tels nécromans; / Et s'il vous faut quelques enchantements, / Aux plus grands rois préférez vos grisettes» (Voltaire 1877, IX: [269]). Стихи Вольтера, в свою очередь, использованы М. М. Херасковым в «Бахарияне» (Херасков 1803: 19). Несмотря на факт широкой распространенности мотива, не подлежит сомнению, что Пушкин ближайшим образом опирался на Вольтера, окрасившего мотив «волшебников» политическими аллюзиями. Это подтверждается стихами, занимавшими в РиЛ1 (с. [83]) место двух стихов позднейшей редакции — «Их замыслы не так ужасны / Мужьям, девицам молодым»:

Мужьямъ, дѣвицамъ молодымъ
Ихъ замыслы не такъ ужасны.
Не правъ Фернейскій злой крикунъ!
Все къ лучшему: теперь колдунъ
Иль магнетизмомъ лѣчитъ бѣдныхъ
И дѣвушекъ худыхъ и блѣдныхъ,
Пророчитъ, издаетъ журналъ —
Дѣла достойныя похвалъ!

«Фернейскій злой крикунъ» — Вольтер. «Все к лучшему» — ироническое использование сентенции Панглосса, персонажа вольтеровского «Кандида» (предпринималась не очень убедительная попытка рассматривать эту цитату и как *серьезную* полемику с Вольтером [Строганов 1988: 67–68]). В стихах о современных колдунах, видимо, заключены намеки на атмосферу александровского мистицизма конца 1810-х гг. Животный магнетизм, «открытый» д-ром Ф. А. Месмером, имел громкий успех в Европе конца XVIII — начала XIX в. Месмер, начав с излечения недугов дам высшего общества, для закрепления успеха и популяризации своего метода стал применять магнетизм и при лечении бедняков. В стихах о лечении магнетизмом усматривался «отзвук знакомства Пушкина» с книгой: «Животный магнетизм, представленный в историческом, практическом и теоретическом содержании. Первые две части переведены из немецкого сочинения профессора Клуге, а третью сочинил Д. Велланский» (СПб., 1818) (Алексеев 1972b: 102, примеч. 247). Ср. также строки из стих. Г. Р. Державина «На счастие»: «Как ты лишь всем чудотворишь: / Девиц и дам магнизируешь» (Державин 2002: 139). Пророк, издающий журнал, — возможно, намек на журнал «Сионский вестник», выходивший в 1817–1818 гг. (после перерыва) под редакцией масона и известного мистика А. Ф. Лабзина под особым покровительством министра народного просвещения кн. А. Н. Голицына (см.: Шлионский 1962: 394–395).

с. 81 *Но есть волшебники другіе, ~ И почивайте въ тишинѣ.* В период тенденциозной радикализации образа Пушкина было высказано предположение, что эти строки метят в Александра I и обнажают его политическое лицемерие (Волков 1955: 33). Б. В. Томашевский назвал такое понимание текста «странным» и отнес его к разряду «рискованных интерпретаций» (Томашевский 1956: 339). Однако недавно политическое истолкование этих стихов оказалось реанимированным: С. А. Фомичев пришел к выводу, что стихи о «волшебниках иных» действительно метят в Александра, а весь эпизод с Ратмиром в замке «дев» намекает на любовные приключения монарха; «замок» дев указывает на Баболовский дворец, «в котором Александр I предавался любовным утехам» (Фомичев 1993: 25–34; ср.: Денисенко, Фомичев 2001: 22–31). Мнение Фомичева поддержал В. А. Кошелев (Кошелев 1997: 76).

Между тем выводы об антиалександровской направленности Четвертой песни строятся на положениях, которые сами нуждаются в доказательствах, а именно: что зарисовка трубящего существа с крылышками на л. 53 ПД 829 представляет собою карикатурный портрет Александра I; что записанное на том же листе слово «un comerage» заключает в себе «мысль об изустных преданиях о самодержце, о его грехах и промахах»; наконец, что зарисовка и помета вообще имеют какое-либо отношение к поэме. Следует добавить, что любвеобилие императора (отнюдь не одиозное) практически не было предметом сатирических нападок ни у Пушкина, ни у либералистов конца 1810-х гг. (ср. стихотворную надпись Пушкина «На Баболовский дворец» и комментарий к ней: ПСС 1999, I: 740–741). «Иные волшебники» — это, безусловно, *всего лишь* женщины; использование слова в мужском роде (чему сторонники «александровской» версии придают особое значение) объясняется и грамматическими особенностями русского языка, и эстетическими соображениями: антитеза *разных* родовых форм полностью разрушила бы художественный эффект со-противопоставления «волшебников». Если в приключениях Ратмира и можно усмотреть какие-то злободневные проекции, то естественнее увидеть в них автошарж: эпизод создавался в ту пору, когда сам автор залечивал последствия венерической болезни.

с. 82 *Поэзіи чудесный геній* — В. А. Жуковский.

с. 82 *Друзья мои, вы всѣ слыхали…* Пушкин далее излагает содержание «Двенадцати спящих дев» Жуковского. Приключения Ратмира представляют собой «пародию» на «Вадима» Жуковского (о смысле и природе ее см. подробнее раздел «Литературный фон поэмы»).

с. 83 *Но правду возвѣщу ли я?..* В РиЛ1 (с. 85) на месте этого стиха было:

> Дерзну ли истину вѣщать?
> Дерзну ли ясно описать
> Не монастырь уединенный,
> Не робкихъ инокинь соборъ,
> Но….. трепещу! въ душѣ смущенный,
> Дивлюсь — и потупляю взоръ.

с. 84 *Онъ на долину выѣзжаетъ, / И видитъ: замокъ на скалахъ / Зубчаты стѣны возвышаетъ…* Ср. в «Вадиме» В. А. Жуковского: «Вадим туда: уединен, / На груде скал мохнатых, / Над черным бором, обнесен / Оградой стен зубчатых, / Стоит там замок…» (Жуковский 1959, II: 129).

с. 84 *И дѣва по стѣнѣ высокой, / Какъ въ морѣ лебедь одинокой, / Идетъ, зарей освѣщена…* Отсылка к финалу баллады «Громобой» (первой части «Двенадцати спящих дев»), описывающему зачарованный замок и участь дев, погруженных в чудесный сон: в «торжественный час» ночи: «Одна из спящих восстает — / И, странник одинокой, / Свой срочный начинает ход / Кругом стены высокой» (Жуковский 1959, II: 109).

с. 84 *И дѣвы пѣснь едва слышна / Долины въ тишинѣ глубокой.* Пушкин шутливо обыгрывает (в соответствии с общей пародической атмосферой эпизода) стих из первой строфы «Оды… на взятие Хотина 1739 года» М. В. Ломоносова, отмеченный радикально инвертированным порядком слов: «В долине тишина глубокой» (Ломоносов 1959: 16).

с. 84 *Приди, о путникъ молодой!* Песня «девы» заключает в себе озорную игру. С одной стороны, в призывах ее содержатся аллюзии на финал «Громобоя» — зачарованная дева на стене «И смотрит вдаль и ждет с тоской: / „Приди, приди, спаситель!"» (Жуковский 1959, II: 109; ср.: Эйгес 1941: 203). С другой стороны, песня содержит в себе пародийный парафраз, в частности — арию русалки Лесты, обращенную к князю Видостану, из оперы «Днепровская русалка» (1804; стихи Н. Краснопольского): «Приди в чертог ко мне златой, / Приди, о князь ты мой драгой…» (ср.: Фомичев 1986b: 62–63, примеч. 44; Кошелев 1997: 114–115). Опера «Днепровская русалка» (переделка оперы Ф. Кауэра «Das Donauweibchen») имела громкий успех у массового зрителя; ее либретто считалось образцом низкопробной словесности. «Русалка», наряду с «Бовой» и «Ерусланом», включена В. Л. Пушкиным в «Опасном соседе» в круг чтения девиц из публичного дома. Широкая популярность арии Лесты (ставшей романсом) в русской провинции юмористически зафиксирована в «Евгении Онегине» (глава II, строфа XII): «И запищит она (бог мой!). / *Приди в чертог ко мне златой!*…» (VI: 36).

с. 85 *Она манитъ, она поётъ: / И юный ханъ ужъ подъ стѣною…* Перифразированная цитата из баллады В. А. Жуковского «Рыбак»: русалка своим пением успешно искушает рыбака: «Она поет, она манит — / Знать, час его настал! / К нему она, он к ней бежит…»(Жуковский 1959, II: 136). См.: Немзер 1988: 199. Скрещивая русалку Жуковского с русалкой Краснопольского и получая в результате этой процедуры легкомысленную «деву», Пушкин продолжает свою озорную игру с творчеством учителя.

с. 85 *Его встрѣчаютъ у воротъ / Дѣвицы красныя толпою…* Ср. в «Бахарияне» М. М. Хераскова (глава IV): «Явились въ яшмовыхъ вратахъ, / Сіяющія красотами / Двенадцать дѣвушекъ младыхъ, / Ихъ путь усыпали цвѣтами, / И пѣснями встрѣчаютъ ихъ» (Херасков 1803: 98). Четвертая глава «Бахарияны» («Софисты») посвящена встрече Неизвестного с царем Софантом — властелином области софистов, поклонников материалистического (а следовательно — внерелигиозного и аморального) гедонизма. Двенадцать девушек символизируют у Хераскова искушения чувственной любви, подстерегающие «внешнего человека». В РиЛ девиц тоже *двенадцать*, что следует из соотнесенности эпизода с «двенадцатью девами» Жуковского и прямо подтверждается в рассказе Ратмира (Пятая песнь): «Двенадцать дев меня любили…» Херасковский подтекст необходимо иметь в виду, чтобы оценить механизм трансформации «двенадцати дев» Жуковского в двенадцать «красных девиц» у Пушкина.

с. 86 *Но прежде юношу ведутъ / Къ великолѣпной Руской бани.* Указывалось на отголосок здесь стихов из Песни первой «Орлеанской девственницы» Вольтера, описывающих времяпрепровождение Агнес Сорель и короля: «A leur retour on les conduit aux bains. / Pâtes, parfums, odeurs de l'Arabie, / Qui font la peau douce, fraîche, et polie, / Sont prodigués sur eux à pleines mains» (Voltaire 1877, IX: 29–30; ср.: Черняев 1900: 611–612). Однако еще большую близость к пушкинскому тексту обнаруживает Песнь четвертая «Девственницы» (прибытие Иоанны и Дюнуа в замок Гермафродита): «Très-galammant deux jeunes écuyers / Dans le palais par la main les conduisent, / Dans des bains d'or filles les introduisent / Honnêtement» (Voltaire 1877, IX: 82).

Комментарии

с. 86 *Надъ рыцаремъ иная машетъ / Вѣтвями молодыхъ берёзъ, ~ Другая сокомъ вешнихъ розъ / Усталы члены прохлаждаетъ…* Ср. в «Бахарияне» М. М. Хераскова: «Иная бѣлыми руками / Вѣнецъ ему изъ розъ плететъ, / Иная вины подаетъ, / Убравъ сосудъ кругомъ цвѣтками; / Въ объятіяхъ онъ держитъ ихъ, / Лежитъ въ объятіяхъ у нихъ, / Отъ нихъ лобзанья получаетъ / И самъ лобзанья возвращаетъ…» (Херасков 1803: 121; ср.: Шеффер 1902: 509). Игра с Херасковым подчеркивается тем, что вместо *венца из роз* в действие вводится описанный с помощью изысканной перифразы *банный веник*.

с. 87 *Я не Омеръ…* В РиЛ1 было: «Я не Гомеръ» (с. 89). По мнению Л. Шлионского, «следовало бы сохранить написание *Гомер* уже потому, что поэт и впоследствии многократно писал так имя древнегреческого певца»; «написание *Омер* могло быть введено в РЛ 1828 (и отсюда — в „Поэмы и повести" 1835 года) даже без участия Пушкина, по почину типографских работников» (Шлионский 1962: 384). Вопрос этот, однако, не может быть разрешен однозначно; тем более неубедительна ссылка на инициативу типографских работников. Для культурной ситуации 1810-х гг. выбор между формами «Омер» («европейской») или «Омир» (церковнославянской) был исключительно значим; проблема правильного написания творца греческого эпоса оживленно обсуждалась в тогдашней печати. Предпочтение того или иного написания выступало как отчетливый знак культурной ориентации — западнической или «славенской». С. С. Уваров в «Письме к Николаю Ивановичу Гнедичу о греческом экзаметре» писал «Омер» и в специальном примечании обосновывал свой выбор: «Нельзя мне решиться изуродовать столь почтенное имя» (Арзамас 1994, II: 78). В послужившей поводом к основанию «Арзамаса» комедии А. А. Шаховского «Урок кокеткам, или Липецкие воды» (1815) форму «Омер» употребляет поэт-графоман Фиалкин (персонаж с пародийными чертами карамзиниста), ссылаясь при этом на журнальные дебаты. Написание «Гомер» в качестве общеупотребительного утвердилось позднее, в 1820-е гг., во многом благодаря авторитету переводчика «Илиады» Н. И. Гнедича. (Подробнее см.:

Егунов 1964, pass.) С учетом этого контекста нельзя исключить, что как раз форма *Омер* была авторской, а поправка *Гомер* принадлежала Н. И. Гнедичу, ведавшему технической стороной издания РиЛ. При переиздании поэмы первоначальная форма могла быть восстановлена самим Пушкиным.

с. 88 *Его чело, его ланиты / Мгновеннымъ пламенемъ горятъ; / Его уста полуоткрыты / Лобзанье тайное манятъ*… Стихи эти искусно смонтированы из словесного материала, взятого из «Вадима» Жуковского. Использованы формулы, изображающие спасенную киевскую княжну и искусительное влечение к ней Вадима: «Горящих персей младость, / И мягкий шелк кудрей густых <…> / И свежий блеск ланит младых, / И уст полуоткрытых / Палящий жар <…> Все чувства разжигало в нем <…> Уже, исполнены огнем / Кипящего лобзанья, / На девственных ее устах / Его уста горели…» (Жуковский 1959, II: 122–123). Стихов, посвященных ночному свиданию, в черновой рукописи РиЛ не было, но тот же стиховой материал, восходящий к Жуковскому, использовался для портрета спящей Людмилы: «Мгновенный пламень <фраза не закончена> / Румянит нежные ланиты / С улыбкой томной и немой / Горят уста полуоткрыты…» (IV: 250–251).

с. 88 *И при серебряной лунѣ / Мелькнула дѣва. <…> ~ И сонъ счастлива прерываетъ*… Сцена пародически перерабатывает эпизод четвертой главы «Бахарияны» М. М. Хераскова — искушения Неизвестного одной из «дев», обитающих во дворце Софанта: «Разсѣять Нимфа ночи тму, / Или здоровъ ли онъ провѣдать, / Иль щастья можетъ быть отвѣдать, / Вошла со свѣчкою къ нему; <…> / Она подкралась безъ огня, / Сама который потушила, / За чѣмъ, за чѣмъ ты звалъ меня? / Дрожащимъ голосомъ спросила. / Учтивый рыцарь отвѣчалъ: / Нѣтъ, Нимфа! — я тебя не звалъ; / Немножко Нимфа покраснѣла, / Вздохнувъ, у ногъ героя сѣла, / И запинаясь говоритъ: / Не жарко кровь твоя горитъ!» (Херасков 1803: 121–122). Неизвестный вспоминает долг верности (с помощью таинственно явившегося ему старца-чародея Макробия), отвергает притязания «Нимфы», а затем бежит из дворца. Ратмир решает не сопротивляться искушениям.

КОММЕНТАРИИ

с. 88 *Проснись — твоя настала ночь! ~ Она подходитъ, онъ лежитъ, / И въ сладострастной нѣгѣ дремлетъ…* Парафраз стихов из оды Г. Р. Державина «Вельможа»: «Проснися, Сибарит! — Ты спишь, / Иль только в сладкой неге дремлешь» (Державин 2002: 167; ср.: Виноградов 1941: 137, со ссылкой на Ф. Е. Корша).

с. 89 *Лобзаньемъ страстнымъ и нѣмымъ…* Использована формула, первоначально описывающая спящую Людмилу (см. выше): «С улыбкой томной <и> немой» (IV: 251).

с. 89 *Но, други, дѣвственная лира / Умолкла подъ моей рукой; / Слабѣетъ робкій голосъ мой — ~ Не смѣю пѣсней продолжать…* Ср. в «Бахаріяне» М. М. Хераскова: «Съ ея грудей свалился щитъ / И нѣжный полъ ея открылся! <…> / Но скромну, скромну должно быть; / Я стыдъ дѣвичей уважаю, / Красавицу не обнажаю» (Херасков 1803: 270–271).

с. 90 *То бьется онъ съ богатыремъ, / То съ вѣдьмою, то съ великаномъ, ~ Окружены сѣдымъ туманомъ, / Русалки, тихо на вѣтвяхъ / Качаясь, витязя младаго / Съ улыбкой хитрой на устахъ / Манятъ…* Согласно первоначальному плану поэмы (см. «Историю замысла и текста») приключения Руслана должны были составить отдельную песнь, но в итоге Пушкин ограничился весьма сжатым изложением. Испытания Руслана восходят к посланию В. А. Жуковского «К Воейкову» (Пушкин местами сохранил не только сказочных персонажей Жуковского, но и структурно-синтаксическую организацию перечисления): «Там бьется с Бабою-Ягой… <…> То вранов раздается рокот; / То слышится русалки хохот; / То вдруг из-за седого пня / Выходит леший козлоногий» (Жуковский 1999, II: 312). Описывая *манящих* витязя русалок, Пушкин вновь использует мотивы и фразеологию баллады Жуковского «Рыбак» («Она поет, она манит»).

с. 95 *О страшный видъ: волшебникъ хилый…* В РиЛ1 (с. 97) вместо стихов «О страшный видъ: волшебникъ хилый ~ Уже ли счастливъ будетъ онъ?» было:

> О страшный видъ! Волшебникъ хилый
> Ласкаетъ сморщенной рукой
> Младыя прелести Людмилы;
> Къ ея плѣнительнымъ устамъ

> Прильнувъ увядшими устами,
> Онъ, вопреки своимъ годамъ,
> Ужъ мыслитъ хладными трудами
> Сорвать сей нѣжный, тайный цвѣтъ,
> Хранимый Лелемъ для другаго;
> Уже….. но бремя позднихъ лѣтъ
> Тягчитъ безстыдника сѣдаго —
> Стоная, дряхлый чародѣй,
> Въ безсильной дерзости своей,
> Предъ сонной дѣвой упадаетъ;
> Въ немъ сердце ноетъ, плачетъ онъ;
> Но вдругъ раздался рога звонъ…

В <<«Опроверженiи на критики»> (1830) Пушкин писал: «Есть ли в Руслане хоть одно место, которое в вольности шуток могло бы быть сравнено с шалостями хоть, например, Ариоста, о котором поминутно твердили мне? Да и выпущенное мною место было очень, очень смягченное подражание Ариосту (Orlando, canto V, c. VIII)» (XII: 235). Эпизод представляет собой переложение (действительно, на первый взгляд, смягченное) 47, 49 и 50-й октав песни VIII «Неистового Роланда» (похотливый отшельник безуспешно пытается овладеть усыпленной им Анжеликой). Ср.: Arioste 1780, I: 272–273. Н. Б. Томашевский высказал предположение, что неточность в обозначении песни и строф может объясняться как «ошибкой памяти» поэта, так и «ошибкой публикаторов» (Томашевский 1987: 111). Говоря о «смягченном подражании» Ариосту, Пушкин, однако, несколько лукавит: откровенная ренессансная эротика Ариосто лишь заменяется в соответствующем эпизоде РиЛ двусмысленно-непристойной словесной игрой в духе французской поэзии XVIII в. Выпущенные в РиЛ2 стихи: «Въ безсильной дерзости своей, / Предъ сонной дѣвой упадаетъ; / Въ немъ сердце ноетъ, плачетъ онъ» — вполне понятны только в свете рукописной традиции «барковианы», в частности, описаний фаллоса, утратившего способность к эрекции. Так, в ходившей в рукописях срамной оде «Описание утренней зари» (не вполне основательно приписывающейся И. Баркову) формула «сердце ноет» также использовалась в специфически сексуальном контексте (Девичья игрушка 1992: 74). См. также в обсценной «балладе» «Тень Баркова» (возможно, принадлежащей перу Пушкина-лицеиста), которая в известном смысле подытоживает эту традицию: «...Елдак лишился сил <...> / Он пал, главу свою склонил / И плачет в нежной длани!» (Тень Баркова 2002: 133).

ПѢСНЬ ПЯТАЯ

с. 99 *Ахъ, какъ мила моя княжна! ~ И даже съ нею незнакомъ.* Противопоставление двух типов женщин восходит к Песни первой «Орлеанской девственницы» Вольтера: «Jeanne montra sous féminin visage, / Sous le corset et sous le cotillon, / D'un vrai Roland le vigoureux courage. / J'aimerais mieux, le soir, pour mon usage, / Une beauté douce comme un mouton; / Mais Jeanne d'Arc eut un cœur de lion» (Voltaire 1877, IX: 25–26). Формула: «А та — под юбкою гусар...» — восходит к Песни третьей поэмы Вольтера: «Ciel! que je hais ces créatures fières, / Soldats en jupe, hommasses chevalières, / Du sexe mâle affectant la valeur, / Sans posséder les agréments du nôtre, / A tous les deux prétendant faire honneur, / Et qui ne sont ni de l'un ni de l'autre!» (Ibid., 67; Шеффер 1902: 506–507). Пушкин использовал вариацию этой формулы в стихотворном переводе Песни первой «Орлеанской девственницы», начатом им в 1825 г.: «Она была под юбкою герой».

с. 100 *Призывный рогъ, какъ буря, воетъ, ~ Шумя летитъ на князя снова.* В сцене боя Руслана с Черномором использовано описание битвы волшебника Атланта с Руджиеро (Рожером) и царем Градассом в «Неистовом Роланде» Ариосто (песнь II, окт. 48–53). См.: Поливанов 1904: 8–9 (видимо, вследствие опечатки песнь указана неверно); Розанов 1937: 395–397; ср.: Arioste 1780, I: 56–59.

с. 100 *...Внезапно онъ / По шлему крѣпкому, стальному / Рукой незримой пораженъ; / Ударъ упалъ подобно грому...* Ср.: «Gradasse fut atteint du coup de sa lance, avant même d'avoir pu le prévoir» (Arioste 1780, I: 58).

с. 100 *Щитомъ покрывшись, онъ нагнулся, / Мечемъ потрясъ и замахнулся; / Но тотъ взвился подъ облака...* Ср.: «Roger plie les reins de la force du coup, qui fait reculer son cheval; et se retournant pour combattre son ennemi, il le voit déjà planer au plus haut des airs» (Arioste 1780, I: 58–59).

с. 101 *Шумя летитъ на князя снова. / Проворный витязь отлетѣлъ, / И въ снѣгъ съ размаха роковаго / Колдунъ упалъ — да там и сѣлъ…* В связи с последним стихом А. Ф. Воейков заметил: «Выражение слишком низкое» (ППК 1: 67). Замечание это (оставляя в стороне его оценочное наполнение) не лишено наблюдательности, причем не только в отношении языка. Заставляя своего героя не по-рыцарски хитрить и усаживать колдуна задом в снег, Пушкин переключает повествование из благородно-шутливого «ариостовского» плана в сниженный, комически-бурлескный. Ср. в ирои-комической поэме В. И. Майкова «Елисей, или Раздраженный Вакх» (Песнь пятая): «Исправился купец, идет из кабака, / Вторично он в бою попал на ямщика; / Тут паки на него насунулся Елеся, / И паки раз ему десятка два отвес / Сильняе прежнего он дал ему толчок, / Он паки задницей повергся на песок; / Но так уже ямщик купца туда запрятал, / Что весь седалища в нем образ напечатал» (Ирои-комическая поэма 1933: 177). Эта сцена «Елисея…» была одной из любимейших у Пушкина; см. его письмо к А. А. Бестужеву от 13 июня 1823 г. (XIII: 64).

с. 102 *Напрасно длинной бородой / Усталый карла потрясаетъ: / Русланъ ея не выпускаетъ / И щиплетъ волосы порой.* Пушкин использует описание мести волшебнику Астарату в «Альоше Поповиче» Н. А. Радищева (характерна сходная бурлескно-комическая деталь — победитель-богатырь «щиплет волосы» былого обидчика): «Когдажъ онъ съ нимъ одинъ остался, / Схватилъ онъ бѣса за власы; / Напрасно сей сопротивлялся, / Пришли ужасные часы; / Альоша волосы щипалъ, / И бедра плетью окроплялъ» (Радищев 1801а: 100).

с. 102 *Два дни колдунъ героя носитъ, / На третій онъ пощады проситъ: ~ Неси меня къ моей Людмилѣ.* Ближайший источник сцены — «Альоша Попович» Н. А. Радищева: «Ужъ Астаротъ власовъ лишился, / Просилъ пощады у него; / Къ ногамъ Альоши повалился — / Молилъ, чтобъ отпустилъ его. / Постой! Альоша вопіетъ, / Скажи, Людмила где живетъ?»

(Радищев 1801а: 100). Вполне произвольно и натянуто утверждение М. Н. Розанова: «Эта сцена напрашивается на сравнение с аналогичной сценой в „Orlando furioso" (canto IV, октавы 26 след.), когда Атлант, обезвреженный при помощи волшебного кольца, лежит у ног Брадаманты, сковавшей его» (Розанов 1937: 397).

с. 103 *Летитъ въ волшебныя палаты.* Пушкин использует и варьирует эпизод из «Неистового Роланда» Ариосто (песнь XII, окт. 9–16) — поиски Роландом Анжелики в очарованном замке Атланта (ср.: Поливанов 1904: 11; Розанов 1937: 398). Ср.: Arioste 1780, II: 4–8.

с. 105 *<…> дикiй пламень / И ядъ отчаянной любви / Уже текутъ въ его крови. ~ Повсюду мечъ звенитъ и свищетъ…* Здесь и далее Пушкин инсценирует знаменитый эпизод «Неистового Роланда»: Роланд, узнав, что Анжелика изменила ему ради Медора, впадает в безумие и рубит мечом грот, деревья и даже ручей (песнь XXIII, окт. 129–131). Ср.: Розанов 1937: 309–310 (в статье опечатка: номер песни указан неверно). Демонстративность игры подчеркивается эпитетом, характеризующим Руслана: «И вдруг неистовый, ужасной…» «Неистовый» — это отсылка и к самому заголовку поэмы Ариосто (во французском переводе — «Roland furieux»), и к характеристикам героя в соответствующей сцене: «Roland la reconnoot avec fureur; <…> tu ne seras point a l'abri des coups du furieux Roland» (Arioste 1780, III: 59–60). Впоследствии Пушкин перевел эпизод поэмы Ариосто, непосредственно предшествующий сцене безумия.

с. 106 *Подруги вѣрной, незабвенной…* Использована формула, описывающая недоступную возлюбленную в стихотворении К. Н. Батюшкова «Мой гений»: «И образ милый, незабвенный…» (Батюшков 1977: 221).

с. 107 *Власами, свитыми въ кольцо, / Пустынный вѣтерокъ играетъ…* Обыграно эротизированное описание героини в стихотворении К. Н. Батюшкова «Вакханка»: «Эвры волосы взвевали, / Перевитые плющом…» (Батюшков 1977: 289; ср. в том же стихотворении: «И свивали их клубком»).

с. 107 *Какъ часто тихое лицо / Мгновенной розою пылаетъ!* В черновых редакциях описание было более пространным:

«Мгновенный пламень <фраза не закончена> / Румянит нежные ланиты / С улыбкой томной и немой / Горят уста полуоткрыты…» (IV: 250–251). Описание спящей Людмилы восходит к «Вадиму» Жуковского (зарождение греховной страсти Вадима к спасенной им киевской княжне): «Горящих персей младость, / И мягкий шелк кудрей густых, / По раменам разлитых, / И свежий блеск ланит младых, / И уст полуоткрытых / Палящий жар…» (Жуковский 1959, II: 122–123). Эти формулы перешли затем в эпизод ночного свидания Ратмира в замке «двенадцати дев» (Четвертая песнь).

с. 108 *Безплоднымъ пламенемъ томясь, / Уже ль, страдалецъ постоянной, / Супругу только сторожилъ…* Вопрос читателя, сомневающегося в целомудрии отношений героев разных полов, отсылает к Песни шестой «Орлеанской девственницы» Вольтера: «Quelque censeur, interrompant le fil / De mon discours, dira: „Mais se peut-il / Qu'un étourdi, qu'un jeune Anglais, qu'un page, / Fût près d'Agnès respectueux et sage, / Qu'il ne prît point la moindre liberté?"» (Voltaire 1877, IX: 116–117). Пушкин обыгрывает здесь и мотив запрета на контакты с возлюбленной, имеющий фольклорно-мифологические корни. Этот мотив использован, в частности, в «Альоше Поповиче» Н. А. Радищева: «Доколь спасешься, дожидайся / Людмилу лѣпу лобызать; / Свой жаръ умѣрить къ ней старайся; / Ты можешь только соглядать / Ея прелестныя красы / И свѣтлорусые власы. / Но естьли ты совѣтъ забудешь: / Страшись! — погибнешь купно съ ней…» (Радищев 1801a: 47). У Вольтера в Песни четвертой «Девственницы» соответствующая тема приобретает ироническую мотивировку (от сохранения девственности Иоанны зависит спасение Франции): «Dunois lorgnait malgré lui la Pucelle; / Mais il savait qu'à son bijou caché / De tout l'État le sort est attaché, / Et qu'à jamais la France est ruinée, / Si cette fleur se cueille avant l'année. / Il étouffait noblement ses désirs, / Et préférait l'État à ses plaisirs» (Voltaire 1877, IX: 81).

с. 108 *Монахъ, который сохранилъ / Потомству вѣрное преданье ~ Насъ увѣряетъ смѣло въ томъ…* Вариант черновика: «Историк Никон говорит…» (IV: 253). Историко-литературные интерпретации этих стихов наглядно отразили перипетии эволюции пушкинистики. Компаративисты позитивистской школы в данном месте усматривали «заимствование» из старинных источников: «Этот „монах", без сомнения, заимствование с запада, из Франции, где авторы поздних Chansons de geste ссылались на несуществующие монашеские летописи и латинские повести. Пушкин мог быть знаком с ними еще в доме отца не непосредственно, конечно, а через „Bibliothèque des romans", где многие из старых поэм приводились в близком пересказе» (Кирпичников 1899: 440). А. Л. Слонимский связал самый прием отсылки к «старым повестям» с поэмой Ариосто (песнь VIII, окт. 52), но вместе с тем усмотрел здесь и «историческую аллюзию» (Слонимский 1937: 199, примеч.). В позднейшей работе «историзм» оказался выдвинут исследователем на первый план: в фиктивной ссылке на «историка Никона» усматривалась «историческая тенденция», знаменующая конечное торжество в поэме истории над сказкой (Слонимский 1963: 204, 205). Меж тем ни о каком «историзме» здесь говорить не приходится: само упоминание в черновике «историка Никона» свидетельствует о достаточно поверхностном знакомстве молодого Пушкина с историческими материалами. Использованное имя восходит к «Никоновой летописи», широко использовавшейся Карамзиным; Пушкин, однако, не обратил внимания на то, что летопись получила свое название не по автору, а по владельцу (патриарху Никону). В реальности ссылка на летописца-„монаха", будто бы засвидетельствовавшего факт воздержания Руслана, восходит к «Орлеанской девственнице» Вольтера. Как и в вольтеровской поэме, фиктивная ссылка у Пушкина имеет иронический смысл: Вольтер объясняет изображение в поэме самых невероятных (или достойных сожаления) событий тем, что сочинитель лишь смиренно следует хронике фиктивного «аббата Тритема» и точно воспроизводит его рассказ. Ср. в Песни пятнадцатой: «Mais vous savez que ces événements / Furent écrits par Trithême le sage; / Je le copie, et n'ai rien inventé» (Voltaire 1877, IX: [243]); в Песни двадцатой: «Ce n'est pas moi, c'est le sage Trithême, / Ce digne abbé, qui vous parle lui-même» (Ibid., 311).

с. 108 <…> *Безъ раздѣленья / Уныл́ы, грубы наслажденья…* Для итоговой мотивировки целомудрия Руслана вновь использована «Орлеанская девственница» Вольтера (Песнь десятая) — комментарий к эпизоду с монахом, овладевшим прекрасной Агнес Сорель: «Il ravissait des plaisirs imparfaits; / Transports grossiers, volupté sans tendresse, / Triste union sans douceur, sans caresse, / Plaisirs honteux qu'Amour ne connaît pas: / Car qui voudrait tenir entre ses bras / Une beauté qui détourne la bouche, / Qui de ses pleurs inonde votre couche? / Un honnête homme a bien d'autres désirs: / Il n'est heureux qu'en donnant des plaisirs» (Voltaire 1877, IX: 162). Связь с двумя последними стихами указана в заметке: Кирпичников 1899: 440. Вместе с тем Пушкин отсылает и к другому месту из «Девственницы» — к Песни шестой, авторскому ответу на вопрос «цензора» об отношениях Монроза и Агнес: «Ah! laissez là vos censures rigides; / Ce page aimait; et si la volupté / Nous rend hardis, l'amour nous rend timides» (Voltaire 1877, IX: 117).

с. 109 *Я помню Лиды сонъ лукавый…* ~ *Ея дремоты терпѣливой…* Это авторское отступление, как и одновременно написанный стихотворный набросок «Недавно тихим вечерком…» (1819; I: 116), травестийно трактует мотив из поэмы К.-М. Виланда «Первая любовь» («Die erste Liebe», 1774) (см.: Вацуро 1999: 211–214; ПСС 1999, I/1: 667–668).

с. 111 *Укоръ невнятный лепетала…* В РиЛ1 (с. 112–113) далее следовало:

> Въ рукахъ Руслана чародѣй
> Томился въ мукахъ ожиданья;
> И Князь не могъ отвесть очей
> Отъ непонятнаго созданья……

с. 113 *Изъ темной хаты выбѣгаетъ / Младая дѣва; стройный станъ, / Власы, небрежно распущенны, / Улыбка, тихiй взоръ очей, / И грудь, и плечи обнаженны, / Все мило, все плѣняетъ въ ней.* Картина явления «девы» восходит к «Элегии из Тибулла» К. Н. Батюшкова: «Беги навстречу мне, беги из мирной сени, / В прелестной наготе явись моим очам: / Власы развеяны небрежно по плечам, / Вся грудь лилейная и ноги обнаженны…» (Батюшков 1977: 209–210). «Власы, небрежно распущенны» отсылают и к другому месту той же батюшковской элегии: «И с распущенными по ветру волосами» (Батюшков 1977: 207). В черновике РиЛ (где эпизод с Ратмиром-рыбаком вообще отсутствует) по той же батюшковской модели (и на материале той же «Элегии из Тибулла») строился портрет спящей Людмилы, обнаруженной Русланом в саду Черномора: «Она в таинственных сетях / Плеча и ноги обнажены»; и после: «Он видит милые красы / Врагом коварным похищенны / И грудь и ноги обнаженны / И распущенные власы...» (IV: 249; ср.: ПД 829. Л. 73). Зарисовка *спящей* Людмилы не давала, однако, возможности развернуть динамический портрет героини на основании батюшковской поэтики — в итоге характеристика оказалась перенесена со спящей заглавной героини на бодрствующую периферийную.

с. 114 *Душѣ наскучилъ бранной славы / Пустой и гибельный призракъ. ~ Теперь, утративъ жажду брани, / Престалъ платить безумству дани...* Распространенный мотив волшебно-сказочного эпоса. Ср. в «Бахарияне» М. М. Хераскова рассказ Велеса (изгнанного властителя, сокрывшегося в лесной пещере со своей возлюбленной Лелой): «Мірскою жизнію наскучилъ, / Я душу суетностью мучилъ, / Теперь, теперь пріятно мнѣ / Съ любезной жить наединѣ» (Херасков 1803: 267). «Платить дань безумству» — галлицизм, впоследствии неоднократно использовавшийся в поэзии Пушкина.

с. 115 *Она мнѣ жизнь, она мнѣ радость! / Она мнѣ возвратила вновь / Мою утраченную младость, / И миръ, и чистую любовь.* Признание Ратмира отсылает к «Песне» Жуковского («Мой друг, хранитель-ангел мой...»): «С тобой, один, вблизи, вдали, / Тебя любить — одна мне радость; / Ты мне все блага на земли; / Ты сердцу жизнь, ты жизни сладость» (Жуковский 1999, I: 129).

с. 115 *Оставилъ теремъ ихъ веселый, / Въ тѣни хранительныхъ дубровъ; / Сложилъ и мечь и шлемъ тяжелый, / Забылъ и славу и враговъ.* А. Л. Слонимский предположил здесь искажающую смысл типографскую ошибку, по небрежности не исправленную Пушкиным в прижизненных изданиях: «Из-за одного только знака препинания: точки с запятой после „дубров", стоящей во всех прижизненных изданиях, — получается видимое противоречие. Выходит, что замок двенадцати дев находился среди „хранительных дубров". <...> Однако никаких „хранительных дубров" вокруг замка не было, потому что он возвышался „на скалах". Эти „хранительные дубровы" явно относятся к новой идиллической обстановке, окружающей Ратмира». Слонимский предложил для этого места конъектуру: «Стих „В тени хранительных дубров" не должен отделяться от следующего никаким знаком: „В тени хранительных дубров / Сложил и меч и шлем тяжелый..."» (Слонимский 1963: 198, примеч.). Эта пунктуационная конъектура была введена А. Л. Слонимским в издании стихотворений Пушкина в Большой серии Библиотеки поэта (1939), но не была поддержана в позднейших изданиях. Между тем правота исследователя подтверждается не только устранением отмеченного им «противоречия», но и тем, что в РиЛ в близком контексте (Первая песнь; рассказ Финна) использована сходная смысловая и грамматическая модель: «Повесим праздные кольчуги / Под сенью хижины родной». Использование подобной модели обусловлено влиянием фразеологии французской поэзии; ср. в поэме Парни «Isnel et Asléga»: «Déposant l'acier victorieux» (Parny 1808, III: 110). Ср. также лицейскую эпиграмму Пушкина «На Рыбушкина», где аналогичная модель использовалась в шутливом контексте: «Повесит меч войны средь отческия кущи» (I: 77).

с. 117 *Зачѣмъ судьбой не суждено / Моей непостоянной лирѣ / Геройство воспѣвать одно, ~ И тайны козни вѣроломства / Въ правдивыхъ пѣсняхъ обличать?* Пушкин варьирует авторское отступление в «Орлеанской девственнице» Вольтера, перифразируя Песнь пятнадцатую: «J'aurais voulu dans cette belle histoire, / Écrite en or au temple de Mémoire, / Ne présenter que des faits éclatants, / Et couronner mon roi dans Orléans / Par la Pucelle, et l'Amour, et la Gloire. / Il est bien dur d'avoir perdu mon temps / A vous parler de Cutendre et d'un page, / De Grisbourdon, de sa lubrique rage, / D'un muletier, et de tant d'accidents / Qui font grand tort au fil de mon ouvrage» (Voltaire 1877, IX: [243]).

с. 118 *И снится вѣщій сонъ герою...* Ср. мотив сна в «Бахарияне» М. М. Хераскова — Неизвестному во сне является его возлюбленная Фелана (Херасков 1803: 231–232).

с. 118 *Стоитъ одинъ надъ бездной онъ… / Знакомый гласъ, призывный стонъ / Изъ тихой бездны вылетаетъ…* Отсылка к элегии Батюшкова «Воспоминания», использованной в сцене похищения Людмилы: «Ногой скользит над пропастями он, / И ветер буйный развевает / Молений глас его, рыдания и стон…» (Батюшков 1977: 212).

с. 119 *Между двѣнадцатью сынами.* Деталь восходит, видимо, к «Истории Государства Российского» Карамзина (т. I, гл. IX): «Владимир имел 12 сыновей…» (Карамзин 1989, I: 154).

ПѢСНЬ ШЕСТАЯ

с. 128 *Стремится къ Кiеву Фарлафъ: / Летитъ, надежды, страха полный; / Предъ нимъ уже Днѣпровски волны / Въ знакомыхъ пажитьяхъ шумятъ; / Ужъ видитъ златоверхiй градъ…* Ср. в «Вадиме» В. А. Жуковского: «Вадим все дале; уж пред ним / Широкий Днепр сияет; / Он едет берегом крутым, / И взор его летает / С высот по злачным берегам: / Здесь видит луг цветущий, / Там златоверхий город, там / Близ вод рыбачьи кущи» (Жуковский 1959, II: 117; отмечено: Шеффер 1902: 521). Ср. также в послании Жуковского «К Воейкову» (в части, излагающей ненаписанную поэму на сюжет из русской древности): «Вот Днепр кипит между скалами; / Вот златоверхий Киев-град» (Жуковский 1999, II: 311).

с. 128 *Уже Фарлафъ по граду мчится, / И шумъ на стогнахъ возстаётъ; / Въ волненьи радостномъ народъ / Валитъ за всадникомъ, тѣснится; / Бѣгутъ обрадовать отца: / И вотъ измѣнникъ у крыльца.* Ср. в «Вадиме» Жуковского: «И видят, с девой на коне / Красивый всадник мчится. / Народ отхлынул, как волна; / Дружина расступилась; / И на руках отца княжна / При кликах очутилась» (Жуковский 1959, II: 125). Ср. в том же описании локализацию встречи героя и киевского князя: «…на высоком / Крыльце великий Князь стоит <…> Перед крыльцом народ кипит» (Там же, 124; ср.: Шеффер 1902: 521–522).

с. 131 *Весь Кiевъ новою тревогой / Смутился. <…> ~ Бѣда: возстали Печенѣги!* В РиЛ1 (с. 133) вместо этих стихов было:

> Весь Кіевъ новою тревогой
> Смутился! Клики, шумъ и вой
> Повсюду разнеслись! Граждане
> Бѣгутъ, стѣснились на стѣнахъ;
> И видятъ: въ утреннемъ туманѣ
> Шатры бѣлѣютъ на холмахъ...
> ....

Источником картины стали, по-видимому, стихи из незаконченной «богатырской песни» Н. Львова «Добрыня» (описание суматохи и тревоги в Киеве), о чем свидетельствуют лексические соответствия в описаниях: «В улицах теснятся, / В полуночь не спят, / На горах огни, / На полях шатры...» (Поэты XVIII века 1972, II: 236). Пушкин помнил это место поэмы Львова на протяжении своей творческой карьеры (см.: Кошелев 2001а). При доработке текста Пушкин в одном месте редуцировал связь стихов РиЛ с поэмой Львова (вместо «стеснились» стало «толпятся»), зато в другом дал дополнительный цитатный знак: появился стих: «Костры пылают на холмах». Тема осады Киева врагами предполагалась как центральная в нереализованной поэме В. А. Жуковского «Владимир»; намечена она и в послании Жуковского «К Воейкову»; там враги обозначены как «бусурмане»: «И бусурманов тьмы как пруги, / Вокруг зубчатых стен кипят» (Жуковский 1999, II: 311). Превращение бусурман в *печенегов* придало картине более выраженный «исторический» колорит. Сведения о печенегах, в том числе об их активизации в последние годы правления князя Владимира, видимо, в основном заимствованы Пушкиным из «Истории Государства Российского» Карамзина (т. I, гл. IX): «Владимир уже не искал славы Героев и жил в мире с соседственными Государями <...> но хищные печенеги, употребляя в свою пользу миролюбие его, беспрестанно опустошали Россию» (Карамзин 1989, I: 158).

с. 132 *За дальной цѣпью дикихъ горъ, / Жилища вѣтровъ, бурь гремучихъ, / Куда и вѣдьмы смѣлый взоръ / Проникнуть въ поздній часъ боится, / Долина чудная таится, ~ Дремучій берегъ стережетъ*... У этой чудной долины сложный интертекстуальный генезис. Пушкин, в частности, обыгрывает начало описания «царства Зимы» в «Россиаде» М. Хераскова (Песнь вторая-надесять); описание это считалось образцом «чудесного» в эпопее: «В пещерах внутренних Кавказских льдистых гор, / Куда не досягал отважный смертных взор <...> / Где молния мертва, где цепенеет гром, / Иссечен изо льда стоит обширный дом: / Там бури, тамо хлад, там вьюги, непогоды, / Там царствует Зима, снедающая годы» (Херасков 1961: 215). Вместе с тем фоном пушкинского рассказа служит и описание могилы Громобоя (в первой части «Двенадцати спящих дев» Жуковского): «И все как мертвое окрест, / Ни лист не шевелится, / Ни зверь близ сих не пройдит мест, / Ни птица не промчится» (Жуковский 1959, II: 108), а также рассказ о чудесно сохраняемом Вадиме (во второй части той же «повести»): «И конь, не дремля, сторожит; / И к стороне той, мнится, / И зверь опасный не бежит / И змей приползть боится» (Там же, 117; ср.: Шеффер 1902: 520).

с. 132 *И въ той долинѣ два ключа...* У Ариосто в «Неистовом Роланде» (песнь I, окт. 78) упоминаются протекающие в Арденнах «два ключа», один из которых возбуждает любовную страсть, а второй ее охлаждает (Розанов 1937: 404). Однако образ живой и мертвой воды у Пушкина бесспорно отсылает и к русским сказкам. Наложение двух планов обостряет литературную игру и позволяет изящно «русифицировать» мотив Ариосто.

с. 134 *Возми завѣтное кольцо, / Коснися имъ чела Людмилы, / И тайныхъ чаръ исчезнутъ силы...* Тема волшебного кольца встречается в ряде волшебно-сказочных сюжетов. Ближайшим образом Пушкин обыгрывает «богатырскую сказку» Н. М. Карамзина «Илья Муромец»: «Вижу перстень на руке твоей, / перстень добрыя волшебницы, / *Велеславы* благодетельной: / он своею тайной силою, / прикоснувшись к моему лицу, / уничтожил заклинание / *Черномора-ненавистника*» (Карамзин 1966: 159).

с. 135 *...какой позоръ / Являетъ Кіевъ осажденный?* Слово «позор» употреблено здесь в архаическом значении «зрелище». В таком значении слово использовалось в стихотворениях Пушкина, синхронных работе над РиЛ, — в оде «Вольность» (традиционно датируется 1817 г., не исключено — 1819; о проблеме датировки см. подробнее комментарий В. Э. Вацуро, Е. О. Ларионовой и А. И. Роговой в ПСС 1999, II/1: 484–486): «Увы! куда ни брошу взор — / Везде бичи, везде железы, / Законов гибельный позор, / Неволи немощные слезы» (II: 45) и «Деревня» (1819): «Среди цветущих нив и гор / Друг человечества печально замечает / Везде невежества убийственный позор» (II: 56). Впоследствии Пушкин будет употреблять слово «позор» только в значении «бесчестье» (см.: Словарь языка Пушкина 2000, III: 494).

с. 136 *Сомкнутой, дружною стѣной / Тамъ рубится со строемъ строй...* (Ср. выше: «Бойцы сомкнулись, полетѣли» — и ниже: «И съ воплемъ строй на строй валится».) Образ «сомкнутой стены» воинов имеет одический генезис. Ср. в «Оде… Екатерине Второй… на взятье Очакова» (1788) В. П. Петрова: «Тамъ каждый полкъ, стѣна сомкнута, / Ря, носится, какъ буря люта…» (Петров 1811, II: 31). Образ активизировался и трансформировался в военной поэзии антинаполеоновской эпохи. Ср. в послании «К Д<ашко>ву» К. Н. Батюшкова: «Перед врагов сомкнутым строем» (Батюшков 1977: 239) и в «Певце во стане русских воинов» В. А. Жуковского: «И строй сомкнулся с строем» (Жуковский 1999, I: 243).

с. 136 *Тамъ рубится со строемъ строй; / <...> Тамъ конь <...> / Тамъ Рускій палъ, тамъ Печенѣгъ; / Тамъ клики битвы, тамъ побѣгъ...* Детализированная картина боя чужда поэтике русской военной оды. Остроумно используя указательные местоимения, направлявшие в оде «умственный взор» читателя, Пушкин вместе с тем развертывает и конкретизирует предельно обобщенную одическую панораму. Ср. в «Оде на прибытие… Елисаветы Петровны… 1742 года по коронации» Ломоносова (строфа, уже использованная Пушкиным в описании путешествия Руслана через усеянное костьми поле брани): «Здесь шлем… там труп… Там мечь, с рукой отбит…» (Ломоносов 1959: 91). Ср. также у В. П. Петрова (опиравшегося на поэтику Ломоносова): «Здѣсь конь, там всадникъ, тамъ колчанъ» (*Петров В. П. Ода… Екатерине Второй… на взятие Яс и покорение всего Молдавского княжества*. СПб.: При Имп. Академии Наук, 1769. С. 4).

с. 137 *За грудами кровавыхъ тѣлъ / Бойцы сомкнули томны очи...* Образ мертвых тел, используемых в качестве оборонительного сооружения, восходит, по-видимому, к «Орлеанской девственнице» Вольтера (Песнь шестнадцатая): «On tue, on tombe, on poursuit, on recule, / De corps sanglants un monceau s'accumule; / Et des mourants l'Anglais fait un rempart» (Voltaire 1877, IX: 265). Однако стилистика описания (в частности, ключевой образ «груды тел») восходит к русской поэзии эпохи войн с Наполеоном. Ср. в послании «К Д‹ашко›ву» К. Н. Батюшкова: «Лишь груды тел кругом реки» (Батюшков 1977: 238) и в «Певце во стане русских воинов» Жуковского: «И мчит грозу ударов / Сквозь дым и огнь, по грудам тел…» (Жуковский 1999, I: 234).

с. 137 *Внезапный крикъ сраженiй грянулъ; ~ Чудесный воинъ на конѣ / Грозой несется, колетъ, рубитъ…* Ср. в «Певце во стане русских воинов» Жуковского (портрет Фигнера): «День светлый не проглянул — / А он уж, витязь, на коне, / Уже с дружиной грянул» (Жуковский 1999, I: 233).

с. 138 *Гдѣ ни просвищетъ грозный мечь, ~ Вездѣ главы слетаютъ съ плечъ…* Видимо, использована характеристика Всеволода из «Слова о полку Игореве», которое Пушкин знал по изложению (частично — переводу) в «Истории Государства Российского» Карамзина (т. III, гл. VII): «Где сверкнет златый шишак его, там лежат головы Половецкие» (Карамзин 1989, II–III: 476). Предположение, что образ заимствован непосредственно из «Слова» (Новиков 1951: 58), менее правдоподобно. Вероятна здесь и проекция на «Певца во стане русских воинов» Жуковского (в свою очередь обыгрывавшего «Слово…»): «Сеславин — где ни пролетит / С крылатыми полками: / Там брошен в прах и меч, и щит, / И устлан путь врагами» (Жуковский 1999, I: 233).

с. 138 *Въ одно мгновенье бранный лугъ / Покрытъ холмами тѣлъ кровавыхъ, / Живыхъ, раздавленныхъ, безглавыхъ, / Громадой копiй, стрѣлъ, кольчугъ.* Ср. в «Бахарияне» М. М. Хераскова (Глава осьмая. Желания; глава посвящена осаде города чародеем Злунгом): «Влажно поле не цвѣтами, / Трупами оно, щитами, / Шлемами покрылось вдругъ; / Сталъ багровъ зеленый лугъ…» (Херасков 1803: 239). Херасков, видимо, ориентировался на «образцовое» описание поля битвы в «Освобожденном Иерусалиме» Т. Тассо (песнь XX, строфы 50–52).

Прозаический перевод этого описания вошел в статью К. Н. Батюшкова «Ариост и Тасс»: «Все поле завалено переломанными копьями, разбитыми щитами и доспехами. Мечи вонзились в грудь, в прободенные панцыри; иные по земле разметаны <...> лежит враг близ врага своего и часто мертвый на живом, победитель на побежденном» (Батюшков 1977: 144–145). По-видимому, этот перевод был также принят Пушкиным во внимание.

с. 138 *Объемлетъ ужасъ Печенѣговъ; ~ Бѣгутъ отъ Кіевскихъ мечей…* Ср. изложение летописного рассказа в «Истории Государства Российского» Н. М. Карамзина (т. I, гл. IX): «Тогда дружина Княжеская, воскликнув победу, бросилась на устрашенное войско Печенегов, которое едва могло спастися бегством» (Карамзин 1989, I: 156).

с. 139 *Въ десницѣ держитъ мечь побѣдной; / Копье сіяетъ какъ звѣзда; / Струится кровь съ кольчуги мѣдной; / На шлемѣ вьется борода…* Ср. в «Орлеанской девственнице» Вольтера (Песнь шестнадцатая) портрет прекрасной Розамор, отправляющейся на последнюю битву: «Son casque est d'or, sa cuirasse est d'acier; / D'un perroquet la plume panachée / Au gré des vents ombrage son cimier» (Voltaire 1877, IX: 263).

с. 139 *Летитъ, надеждой окриленный, / По стогнамъ шумнымъ въ княжій домъ.* Описывая возвращение Руслана, Пушкин использует тот же самый словесный материал («Вадим» Жуковского), что и при описании прибытия в Киев Фарлафа («Летит, надежды, страха полный; / И шум на стогнах востает»). Какое из описаний было первоначальным — неизвестно (не сохранилось черновиков ни одной из соответствующих сцен). В РиЛ1 (с. 140–141) было:

    Едва злодѣй узналъ Руслана,
    Въ немъ кровь остыла, взоръ погасъ,
    Въ устахъ открытыхъ замеръ гласъ,
    И палъ безъ чувствъ онъ на колѣни;
    Но, вспомня тайный даръ кольца…

с. 140 *Но, помня тайный даръ кольца, ~ Ея спокойнаго лица / Касается рукой дрожащей… / И чудо: юная княжна, / Вздохнувъ, открыла свѣтлы очи!* Сцена пробуждения Людмилы от чудесного сна отсылает к «богатырской сказке» Н. М. Карамзина «Илья Муромец». В отличие от пушкинского Руслана карамзинский Илья не знает о «тайном даре» перстня; пробуждение героини производится «случайно»: отгоняя назойливую муху от изголовья спящей зачарованным сном красавицы-незнакомки, Илья — «машет пальцем указательным / (где сиял большой златой перстень / с талисманом *Велеславиным*) — / машет, тихо прикасается / к алым розам белолицыя — / и красавица любезная / растворяет очи ясные!» (Карамзин 1966: 158).

ЭПИЛОГЪ

«Эпилог» к РиЛ, видимо, начал писаться еще в Петербурге: черновой набросок его начальных стихов сохранился в ПД 829, на л. 54 об. Однако отделан и закончен «Эпилог» был уже на Кавказе: рукописи его сохранились в ПД 830 (начатой 15 июня 1820 г.), на л. 1 об. — 2 об. (первый беловик, переходящий в черновик) и на л. 3—4 (беловик окончательного текста с минимальной правкой, датированный: *26 июля 1820*). В РиЛ1 «Эпилог» попасть не успел; он был публикован в «Сыне Отечества» (1820. № 38), в составе дополнений и исправлений к поэме. Впервые в тексте поэмы — в РиЛ2.

В первой части «Эпилога» (записанной в ПД 830 почти без помарок и, следовательно, оформившейся раньше остального текста) содержатся намеки на обстоятельства, предшествовавшие отправке Пушкина на юг. В апреле 1820 г., вследствие доносов на Пушкина как автора вольных стихов, над поэтом нависла угроза ареста и ссылки. Благодаря «рыцарственному» поведению петербургского генерал-губернатора Милорадовича, помощи ряда друзей и знакомых — Ф. Н. Глинки, Н. И. Гнедича, П. Я. Чаадаева, хлопотам при дворе А. И. Тургенева, Н. М. Карамзина и, видимо, В. А. Жуковского участь его была смягчена. Он был прикомандирован к главному попечителю колонистов южного края России генерал-лейтенанту И. Н. Инзову и получил позволение до вступления в обязанности совершить долгосрочную поездку в Крым с семейством генерала Н. Н. Раевского. Одним из влиятельных покровителей Пушкина при дворе стал управляющий Министерством иностранных дел граф И. А. Каподистрия (почетный член «Арзамаса»). Обстоятельства «ссылки» Пушкина остаются не вполне ясными; к картине, набросанной первыми пушкинистами на основании свидетельств современников и скудных документальных материалов (Бартенев 1992: 133–136; Анненков 1998: 106–109), последующие разыскания добавили лишь немногочисленные, хотя порою и важные детали (сводку данных см.: Летопись 1999, I: 174–182; здесь, однако, учтены не все новейшие публикации).

Исключительная роль в благоприятном изменении судьбы Пушкина принадлежала Н. М. Карамзину (см.: Эйдельман 1987: 199–203), взявшему с поэта слово в течение двух лет «не писать ничего против правительства» (см. письма Карамзина И. И. Дмитриеву от 19 апреля и 7 июня 1820 г.: Карамзин 1866: 287, 290; письмо Пушкина В. А. Жуковскому от 20-х чисел апреля 1825 г.: XIII: 167). Исполнение обещания должно было служить гарантией скорого смягчения участи Пушкина. О своих беседах с Пушкиным Карамзин сообщал в письме Вяземскому от 17 мая 1820 г.: «Пушкин, быв несколько дней совсем не в пиитическом страхе от своих стихов на свободу и некоторых эпиграмм, дал мне слово уняться и благополучно поехал в Крым месяцев на пять. <...> Он был, кажется, тронут великодушием Государя, действительно трогательным. <...> Увидим, какой эпилог напишет он к своей поэмке» (Старина и новизна. 1897. Кн. 1. С. 101).

Пушкин, однако, не вполне оправдал надежды Карамзина: в «Эпилоге» нет ни темы провинности, ни мотива раскаяния. Видимо, именно это обстоятельство — отказ от ожидавшихся от него признаний собственной «вины» и воспевания великодушного монарха — Пушкин ретроспективно ставил себе в заслугу, когда противопоставлял собственное поведение поведению изгнанного Овидия (в письме Н. И. Гнедичу от 24 марта 1821 г.): «Октавию — в слепой надежде — / Молебнов лести не пою» (II: 170).

Само обозначение в журнальной публикации времени и места создания «Эпилога» («26 июня 1820. *Кавказъ*») могло прочитываться как вызывающий фрондерский жест, публично указывающий на постигшую поэта участь изгнанника. В письме императору Александру от 28 октября 1820 г. «временщик» граф А. А. Аракчеев, жалуясь на козни враждебной партии, писал: «Известного вам Пушкина стихи печатают в журналах, с означением из Кавказа, видно для того, чтобы известить об нем подобных его сотоварищей и друзей» (Летопись 1999, I: 207).

Вторая часть «Эпилога» переключала текст в новый жанровый и смысловой план. Мотив утраты поэтического дара («Но огнь поэзіи погасъ. ~ И скрылась отъ меня навѣкъ / Богиня тихихъ пѣснопѣній…») отчасти отражал реальное положение вещей: во время путешествия по Кавказу Пушкин пережил острый творческий кризис, преодоленный лишь осенью 1820 г. Вместе с тем введение мотива имело особое значение: заключительные стихи «Эпилога» содержат аллюзию на стихотворение К. Н. Батюшкова «Воспоминания (Отрывок)»: «Я чувствую, мой дар в поэзии погас, / И муза пламенник небесный потушила» (Батюшков 1977: 212)*. У Батюшкова угасание поэтического дара связывалось с безответной любовью; отсылка к Батюшкову активизировала соответствующий мотивный комплекс и в пушкинском «Эпилоге».

Так начинал выстраиваться пушкинский биографический миф, выдвинувший на первый план тему *неразделенной любви*. Эта тема займет центральное место в пушкинской мифологизированной биографии первой половины 1820-х гг. и станет важнейшим структурным компонентом так называемых южных поэм.

---

* В. В. Гиппиус (Гиппиус 1930: 41) усматривал в этих строках полемическую отсылку к стихам И. И. Дмитриева (1788): «Мой друг, судьба определила, / Чтоб я терзался всякий час / Душа моя во мне уныла / И жар к поэзии угас» (Дмитриев 1967: 251), однако этот фрагмент из переписки с Карамзиным был впервые опубликован лишь в 1866 г.

«Кавказский пленник»

Сохранившиеся автографы

1   Беловой (переходящий в черновой) автограф первоначальной редакции начала поэмы (под заглавием «Кавказ») в Записной книжке 1820–1823 гг. (ПД 830. Л. 9–11; воспроизведено: Рабочие тетради 1995–1997, II).

2   Основной черновой автограф и черновые наброски в Записной книжке 1820–1823 гг. (ПД 830. Л. 7 об., 8 об., 11 об. — 24, 26–28, 29 об. — 39, 40 об. — 42 об., 59 об., 62 об. — 63, 64 об.; воспроизведено: Рабочие тетради 1995–1997, II) и в Первой кишиневской тетради (ПД 831. Л. 23 об. — 24, 46 об.; воспроизведено: Рабочие тетради 1995–1997, III).

3   Первый беловой автограф (с поправками, местами переходящий в черновой) в Первой кишиневской тетради (ПД 831. Л. 1, 2–22 об.; воспроизведено: Рабочие тетради 1995–1997, III).

4   Второй беловой автограф (с поправками, местами переходящий в черновой) (так называемая «Чегодаевская рукопись»; ПД 46; воспроизведено: Рукописи Пушкина. I. Автографы Пушкинского музея Императорского Александровского лицея. СПб.: Изд. кн. Олега Константиновича, 1911).

5   Третий беловой автограф (так называемая «Гнедичевская рукопись»; ПД 887).

6   Планы поэмы в Записной книжке 1820–1823 гг. (ПД 830. Л. 24 об., 39 об.; воспроизведено: Рабочие тетради 1995–1997, II).

КОММЕНТАРИИ

7   Эпиграфы к разным редакциям поэмы (не вошедшие в основной текст) в Записной книжке 1820–1823 гг. (ПД 830. Л. 9 об.; воспроизведено: Рабочие тетради 1995–1997, II), в Первой кишиневской тетради (ПД 831. Л. 1; воспроизведено: Рабочие тетради 1995–1997, III) и в письме Пушкина к П. А. Вяземскому от 14 октября 1823 г.: беловой автограф (ПД 1269. Л. 2 об.) и черновой автограф в Первой масонской тетради (ПД 834. Л. 16; воспроизведено: Рабочие тетради 1995–1997, IV).

Прижизненные публикации

1   Кавказскій плѣнникъ, повѣсть. Соч. А. Пушкина. Санктпетербургъ. Въ Типографіи Н. Греча, 1822. Далее: КП1.
2   Кавказскій плѣнникъ. Повѣсть Александра Пушкина. Второе исправленное изданіе. Санктпетербургъ, Въ Типографіи Департам. народнаго просвѣщенія, 1828. Далее: КП2.
3   Кавказскій плѣнникъ. Повѣсть // Поэмы и повѣсти Александра Пушкина. Часть первая. С.-Петербургъ. Печатано въ Военной Типографіи, 1835 (репринт см. в настоящем издании). Далее: КП3.

Фрагменты из КП при жизни Пушкина перепечатывались в журналах, альманахах, сборниках, хрестоматиях и песенниках (роспись публикаций см.: Синявский, Цявловский 1938; Винокур, Каган 1974; Мельц 2000).
В собрания сочинений Пушкина КП входит начиная с так называемого «посмертного издания» (Сочинения 1838–1841, II: 117–155). Наиболее полный свод вариантов см.: ПСС 1937–1959, IV: 285–367.

Творческая история

КП создавался Пушкиным на юге в 1820–1821 гг. (стилистически дорабатывался, видимо, в 1822 г.). В поэме отразились впечатления от пребывания Пушкина на Кавказе летом 1820 г. вместе с семейством генерала Н. Н. Раевского. Работа над поэмой велась в Крыму, в Кишиневе, Каменке (имении В. Л. Давыдова) и, частично, в Одессе. Стадии реализации и трансформации замысла с большой полнотой отразились в сохранившихся рукописях — в рабочем черновике и в трех беловиках*.

Основной черновик КП находится в так называемой «Записной книжке 1820–1822 гг.» (ПД 830). На л. 9 чернилами изображен горный ландшафт; в верхней части листа каллиграфически выведен заголовок:

Кавказъ
Поэма.
1820

Внизу листа помета: «Юрзуфъ Августъ».

В самой верхней части л. 9 содержится аккуратная карандашная помета: «Владимiръ 1820 Августа 24». В истолковании этой пометы существует две традиции. Согласно первой, Владимир — первоначальное имя Пленника (Морозов 1908: 25); согласно второй, помета связана с замыслом поэмы из древнерусской истории (Якушкин 1905b: 382; Стефанович 1927: 10–11). Хотя ни одна из этих версий не может считаться вполне убедительной, несомненно, что запись во всяком случае не имеет отношения к замыслу КП: заголовок поэмы нанесен пером *поверх* карандашной пометы. Дату *24 августа 1820 г.* следует, таким образом, расценивать как время, *не раньше* которого выполнен титульный лист к поэме «Кавказ».

На л. 9 об. аккуратным почерком записаны два эпиграфа — из Гете и из неидентифицированного французского стихотворения:

Gieb meine Jugend mir zurück
Goethe. Faust.

---

* Значительную работу по изучению истории текста КП осуществил С. М. Бонди, подготовивший поэму для четвертого тома ПСС 1937–1959. Написанный им текстологический комментарий к поэме был частично пересказан, частично приведен в выдержках в работе ученицы Бонди С. Д. Селивановой (Селиванова 1980), что в некоторых отношениях придает ее книге статус первоисточника. В самое последнее время исключительно важные уточнения к истории текста КП (позволяющие во многом пересмотреть выводы Бонди) были сделаны В. Д. Раком (Рак 2003: 112–161).

Комментарии

C'est donc fini, comme une histoire
Qu'une grand' mère en ses vieux ans —
Vient de chercher dans sa mémoire
Pour la conter à ses enfants.

На следующих листах (л. 10–11) был вписан беловой текст (с минимальными исправлениями — зачеркнуто, а потом заменено одно четверостишие), обрывающийся буквально на середине фразы:

КАВКАЗЪ

I

Одинъ, въ глуши Кавказкихъ горъ,
Покрытый буркой боевою,
Черкесъ надъ шумною рѣкою
Въ кустахъ таился. Жадный взоръ
Онъ устремлялъ на путь далекой
Булатной шашкою сверкалъ,
И — грозно — въ тишинѣ глубокой
Своей добычи ожидалъ.
Товарищъ вѣрный, терпѣливый,
Питомецъ горныхъ табуновъ
2. Въ тѣни древесъ, у береговъ,
1. Стоялъ недвижно конь ретивый.

II

Прохлада вѣетъ надъ водами
Одѣлся тѣнью небосклонъ —— ...
И вдругъ пустыни мертвый сонъ
Прервался... — пыль взвилась клубами,
Чу! Громъ колесъ! Черкесъ кипитъ —
Ужъ онъ верьхомъ, ужъ онъ летитъ...

III

За чѣмъ, о юноша нещастной!
На встрѣчу гибели спѣшишь?
Порывомъ смѣлости напрасной
Главы своей незащитишь! —
Тебя настигнулъ врагъ летучій.
Нещастный палъ на чуждый брегъ
И слабаго питомца нѣгъ
Къ горамъ повлекъ орканъ могучій.

———-

Несется конь межъ дикихъ горъ
На крыльяхъ огненной отваги…
Все путь ему: долина, боръ, —
Ручьи, утесы и овраги….
Огнемъ и дымомъ пышетъ онъ
Чемъ далѣ, тѣмъ быстрѣе мчится
Кровавый слѣдъ за нимъ ложится
И тихой, тихой, слышенъ стонъ! — — —

IV

На темной синевѣ небесъ
Луна вечерняя блеснула — .
Вотъ кущи дальнаго аула
Бѣлѣютъ мѣжъ густыхъ древесъ.
Влекутся съ праздными сохами
Четы медлительныхъ валовъ <sic!>
И глухо вторятся горами
И шумъ и ржанье табуновъ. —
Въ косматыхъ буркахъ, съ чубуками
Черкесы дружными толпами
Въ дыму сидѣли огнѣй

Беловой характер рукописи свидетельствует о том, что Пушкин лишь *переписал* в тетрадь текст, творческая работа над которым велась в другом месте. Затем эта беловая рукопись подверглась интенсивной правке (правка отражена в ПСС 1937–1959, IV: 287–289) — изменения не коснулись только первых шестнадцати стихов. В конце л. 11 рукопись переходит в черновой текст: в недоработанный стих «Въ дыму сидѣли огнѣй» черновой скорописью вставлено слово «вкругъ» и перед ним поставлена точка. Конец фразы стал выглядеть так:

> Въ дыму сидѣли. Вкругъ огней
> Ярятся бьются подъ браздами
> Четы испуганныхъ коней….
>   (ср.: IV: 288)

Эта версия окончания Пушкина не удовлетворила; текст зачеркивается, на полях и в нижней части л. 11 набрасываются новые варианты. На л. 11 об. Пушкин начал переписывать сегмент о черкесах заново: «Въ косматыхъ [шапкахъ] [буркахъ] на порогахъ / Черкесы [бранные] мирные сидятъ» и т. д. Далее рукопись переходит в черновик.

 Исследовавший рукопись С. М. Бонди заключил, что беловой текст на л. 10–11 представляет собой *первоначальную версию* начала поэмы (сразу же отброшенную Пушкиным), а текст, начинающийся на л. 11 об., — заменившую его *новую редакцию*. Эта концепция творческой истории КП, намечавшаяся и до Бонди (см., например: Поливанов 1904: 55–56), закреплена в ПСС 1937–1959, IV (в разделе «Другие редакции и варианты» текст разделен на рубрики «Первоначальная редакция начала поэмы» и «Основной черновик поэмы»; см. также краткий комментарий к тому IV) и сделалась общепринятой. Эта же концепция изложена в книге С. Д. Селивановой (Селиванова 1980; названия соответствующих разделов в ней повторяют название рубрик ПСС 1937–1959); «по Бонди» ход работы над КП описан и в издании: Летопись 1999, I: 494–495.

 Впервые в адекватности интерпретации Бонди усомнился В. Д. Рак, пришедший к заключению, что черновой текст, начинающийся на л. 11 об., рассматривался Пушкиным не как новая редакция начала, а как непосредственное *продолжение* поэмы (исследователь сформулировал это несколько иначе: «перебеленное начало мыслилось Пушкиным входящим в общий черновик поэмы» [Рак 2003: 133]). В пользу такого заключения свидетельствуют особенности рукописи: в начале поэмы текст разбит на главки, которые пронумерованы римскими цифрами (нумерация доведена до IV). В черновике эта нумерация продолжена: от VI до VII (пропущена цифра V — либо по ошибке, либо из-за того, что Пушкин не решил, где провести границу между текстовыми сегментами); следовательно, новый текст не «отменял» предыдущий, а продолжал его. Мало того: хотя В. Д. Рак отметил, что Пушкин стал нумеровать главки, «начав писать текст поэмы» (Рак 2003: 131), в действительности нумерация была осуществлена не сразу; номера всех главок вписаны темными чернилами, отличающимися от светлых чернил первых беловых страниц. Перед главкой VII Пушкин поставил два ряда точек, имитирующих «пропущенный» текст, а над ними выставил цифру VI (л. 16); из-за нехватки места цифру пришлось отнести сильно влево и записать ее уменьшенным шрифтом; при этом нижняя строка точек частично «наехала» на номер следующей строфы. Все это означает, что Пушкин работал над нумерацией главок уже *после того*, как была написана значительная часть текста. Беловик и черновик в творческом сознании Пушкина составляли *единое целое* достаточно долго.

Против концепции Бонди свидетельствуют и первые сделанные Пушкиным дополнения к написанному тексту. На л. 11, на полях и в нижней части листа, помещена черновая вставка — набросок с многослойной правкой; в последнем слое он читается так:

> Оружья смерти путникъ ищетъ
> Готовитъ грозному конецъ —
> Раздался выстрѣлъ — но свинецъ
> По воздуху жужжитъ и свищетъ
> Кавказецъ дикой неврѣдимъ
>   (ср.: IV: 314–315)

Другая вставка сделана на л. 16 об. и 17 (недописанные слова убедительно реконструированы Бонди — на основании окончательного текста):

> Черкес хватает лук <заветный>
> Стрела взвилась — и в<след за ней>
> Приют оставя незаметный
> Убийца скачет средь полей.
>
> (IV: 315)

Еще одна вставка содержится на л. 12 (в нижней части листа, под чертой):

> Нещастный в гибельном плену
> Глотает мутную волну,
> Теряет чувства, смерти просит,
> И зрит ее перед <собой>,
> Но ярый <конь> его стрелой
> На берег пенистый выносит.
>
> (XVII: 38)

В ПСС 1937–1959 С. М. Бонди выделил обе первые вставки (наряду со стихами о черкесе, набросанными на л. 59 об.) в раздел «Наброски к описанию черкесов»; третья вставка, случайно пропущенная в ПСС 1937–1959, IV, была воспроизведена в справочном томе и отнесена там к тому же разделу (XVII: 38). Такое истолкование формально поддерживается *окончательным текстом* поэмы (похожие стихи действительно есть в «описаниях черкесов»), но противоречит динамике пушкинской рукописи: первое этнографическое «описание черкесов» появится в черновике поэмы только на л. 26–27; наброски к нему в самом начале поэмы, когда план и самый материал ее еще не определились, очень маловероятны. Пушкинский план поэмы, набросанный на л. 24 об. около 5 октября (о нем см. ниже), разъясняет, к чему *в действительности* относятся эти вставки: третьим пунктом в плане значится «Бой». О сражении, закончившемся пленением путника, и идет речь в двух первых набросках, которые должны были занять место между стихами «Главы своей не защитишь» и «Его настигнулъ врагъ могучiй», т. е. перед третьей главкой (л. 10 об.). Третья вставка, видимо, должна была занять место в третьей главке (в плане ей соответствует пункт «Бег»). Несколько иная интерпретация этих вставок содержится в работе: Рак 2003: 133–134.

С. М. Бонди полагал, что весь текст поэмы до л. 23 об. (здесь исследователь отметил смену чернил) создан во время пребывания Пушкина в Гурзуфе, т. е. до 5 сентября 1820 г. (см.: Селиванова 1980: 40). В. Д. Рак отметил, что «на рассматриваемый вопрос нельзя дать <...> однозначного ответа» (Рак 2003: 137), однако, руководствуясь биографическими соображениями (сомнительно, чтобы в условиях рассеянной крымской жизни Пушкин был способен «написать менее чем за две недели более 300 стихов»), склонился к другому заключению: в Гурзуфе написаны *только три начальные беловые страницы*, а текст на л. 11 об. — 23 об. написан уже в Кишиневе, после 21 сентября. В пользу последнего предположения можно выдвинуть не только косвенные аргументы биографического порядка, но и доказательства литературные: начиная с л. 19 об. (портрет Черкешенки) в тексте «Кавказа» начинают активно обыгрываться поэмы Байрона (в частности, «Корсар»), причем несомненно во *французском переводе* (см. ниже, в разделе «Литературный фон» и построчном комментарии). В Гурзуфе Пушкин французским переводом не располагал (см.: Рак 2003: 87–89) — возможность познакомиться с ним могла предоставиться ему только в Кишиневе.

Таким образом, вероятнее всего именно в Кишиневе в конце сентября — начале октября в поэме появились первые пейзажные зарисовки Кавказа, характеристика Пленника и рассказ о его юности, сцена прихода Черкешенки к Пленнику, стихи о зарождении у Черкешенки любовного влечения к герою. Затем работа над текстом приостановилась, что видно по характеру рукописи. На л. 24 Пушкин попытался развернуть зарисовку Кавказа сквозь призму восприятия пленника («Казалось — плѣнникъ [молчаливой] / Къ невольной жизни привыкалъ...»), но это оказалось трудной задачей: краткий фрагмент содержит очень большое количество исправлений и вариантов (см.: ПСС 1937–1959, IV: 310–311), однако так и не доведен до конца. Приостановив работу, Пушкин на л. 24 об. набрасывает *план поэмы*. План можно датировать временем около *5 октября* 1820 г.: этой датой помечено стихотворение «Дочери Георга Черного», записанное в тетради на л. 25–25 об. (частично на л. 24 об.; появление стихотворения *внутри* текста поэмы — наглядное свидетельство заминки в работе).

Комментарии

Строго говоря, Пушкин набросал на одном листе *два* плана: посередине листа — план начала (в основном совпадающий с уже написанным к тому времени текстом); над ним, в верхней части листа — план продолжения поэмы (еще не написанного). План начала (слегка перечеркнутый наискось — видимо, в знак того, что все обозначенные пункты автором выполнены) прочитывается так:

> Черкесъ
> Ждетъ <?>.
> Бой
> Бѣгъ
> Аулъ
> Плѣнъ
> Хата <?> или Хара<ктеръ> <?>
> Дѣва <?>

Два пункта в плане записаны крайне неразборчиво; их прочтение в ПСС 1937–1959 (IV: 285) гипотетично. Весьма сомнительно чтение «Ждет». Чтение «Хата» противоречит и графическому облику записи, и содержанию поэмы. Альтернативное чтение — «Характер <?>» (версия С. А. Фомичева, обнародованная в работе: Рак 2003: 141) — более правдоподобно: на л. 15 об. — 17 описывается именно «характер» героя.

План этот — последний и решающий аргумент *против* концепции истории текста КП, сформулированной С. М. Бонди. Он неопровержимо свидетельствует, что еще в октябре 1820 г. замысел Пушкина не изменился: поэма по-прежнему начиналась со сцены боя и пленения странника Черкесом.

Другая часть плана (записанная вверху листа) задает перспективу *продолжения* поэмы:

> [Буря — Бешту,]
> [Пѣсни] (поправлено из «Пѣснь»),
> [Игры]
> [Черкесъ] —
> [Дѣва] (предположительно поправлено из «Дѣвы»)
> [Воспоминанье]!

[Проща<нье>] [Портр<етъ?>] — Нападенье —
                                           [война]
[Прощанье] Побѣгъ —
           (ср.: IV: 285)

Однако реальная последовательность возобновившейся работы Пушкина над поэмой не вполне соответствовала намеченной композиции. На л. 26 появляется — пока очень эскизная — зарисовка горного пейзажа и вечерней бури (в соответствии с пунктом «Бешту»), сразу за ней (л. 26 об.) дается «этнографическое» описание черкеса (приблизительно на 60 стихов короче окончательного варианта; дополнения к нему будут вноситься позже и в несколько приемов). Потом (л. 27 об.) набрасывается начало описания «игр» юношей «въ свѣтлый Рамазанъ» (sic!), обрывающееся на полуфразе. Никаких *песен* в тексте черновика нет.

Между л. 27 и 28 в тетради вырваны три листа; чем они были заполнены — неизвестно. На л. 28 появляется несколько вариантов стихов, детализирующих вечерний пейзаж («Заря потухла, степь уснула…»). Согласно мнению С. М. Бонди, это «Наброски нового начала поэмы» (IV: 316; ср.: Селиванова 1980: 53–54). Однако вывод о *третьем* композиционном изменении поэмы («по времени это относится примерно ко второй половине октября 1820 г.» [Селиванова 1980: 54]) вполне произволен; куда вероятнее, что новые стихи прописывают кавказскую декорацию к пункту «Аул» и должны были заменить главку 4 первоначального беловика. Впоследствии эта пейзажная зарисовка уйдет из начальной в заключительную часть поэмы.

На этом месте в работе наступает новый небольшой перерыв, во время которого в тетради набрасываются черновик надписи к портрету Вяземского (внизу л. 28) и романс «Черная шаль» (л. 28 об. — 29) — последний текст традиционно датируется октябрем 1820 г.; В. Д. Рак по косвенным признакам уточняет датировку временем между 10 и 20–25 октября (Рак 2003: 144–146).

Пушкин подошел к важнейшей и труднейшей части поэмы. На следующих шести страницах (л. 29 об. — 32) он дал ретроспективную характеристику столичных лет Пленника, ввел любовное признание Черкешенки и подошел к началу «исповедального» монолога Пленника (соответствующие в плане пунктам «Дева» и, частично, пункту «Воспоминание»). По всем признакам это последние листы, заполненные в Кишиневе (Селиванова 1980: 40; Рак 2003: 147). Окончание поэмы создавалось уже в Каменке, украинском имении В. Л. Давыдова, куда Пушкин приехал между 18–22 ноября 1820 г. и где пробыл до конца февраля — начала марта 1821 г. Начало исповедального монолога Пленника (на л. 32 об. — 33) набросано карандашом — вполне возможно, что по дороге из Кишинева в Каменку. На л. 33 об. возобновляется запись пером.

Работа над центральной лирической частью поэмы — до л. 36 (исповедальный монолог Пленника) шла с исключительной напряженностью, о чем свидетельствует характер текста (ряд редакций одного и того же сегмента, множество недописанных стихов и интенсивная правка). Часть монолога Пленника в последнем слое черновой редакции реконструирована в работе: Бонди 1936: 464–465; ср.: Бонди 1971: 84–85 (этот текст несколько отличается от редакции, принятой в ПСС 1937–1959; ср.: IV: 323–326).

Написанные стихи в общем соответствовали намеченным пунктам плана «Дева — Воспоминанье — Портрет». По поводу последнего пункта В. Д. Рак высказал следующее предположение: «Что имелось в виду, возможны разные догадки; например, у пленника мог оказаться медальон с „образом девы милой", которая и в черновой, и в беловой редакциях ему является в видениях „чудным призраком"» (Рак 2003: 140). Такое предположение малоправдоподобно: медальонный портрет как мотив вступал бы в резкое противоречие с предельно обобщенной поэтикой КП (ср. роль миниатюрного портрета в пушкинском плане принципиально иного жанра — *комедии*: VII: 371). Вероятнее, Пушкин первоначально предполагал дать *поэтический портрет* таинственной возлюбленной Пленника, но остановился перед сложностью задачи (объективация элегической героини). Отголоски этого замысла — как и попытки мотивировать отказ от него — сохранились в монологе Пленника (в черновых стихах, не вошедших в окончательную редакцию):

О милый друг — когда б ты знала,
Когда б ты видела черты
[Неотразимой] красоты —

> Когда б ты их воображала —
> Но нет… словам не <передать> <?>
> Красу души ее небесной
> О если б мог я рассказать (б ты могла внимать)
> Ее <нрзб.> звук чудесной…
>   (IV: 325)

Видимо, часть черновой работы над этим куском велась за пределами записной книжки: начало ответной реакции Черкешенки на монолог Пленника на л. 36 об. записано набело; впоследствии сюда будут внесены только незначительные поправки (14 стихов от «Умолкнулъ онъ — безъ слезъ рыдая…» до «Не зная сердца твоего….»; некоторые стихи перейдут затем в окончание поэмы — в сцену последнего свидания). Работа над монологом Черкешенки продолжена на л. 37–39; на л. 38 текст перебивается карандашным черновиком «крымских октав» («Я помню край — роскошная природа…»; ср.: XVII: 18). На л. 38 об. — 39 Пушкин завершил вчерне сцену объяснения (от: «Конечно, Руской, ты любимъ!» до «Разтопчетъ мой безвѣстный прахъ»; ср.: IV: 332–333).

Завершив эту — труднейшую — часть поэмы, Пушкин приостановил работу. На л. 39 об. появляется последний, записанный набело (без каких-либо поправок и зачеркиваний) план поэмы (ср.: IV: 285–286):

> Аулъ
> Плѣнникъ
> Дѣва.
> Любовь.
> Бешту
> Черкесы
> Пиры
> Пѣсни
> Воспоминанье
> Тайна.
> Набѣгъ
> Ночь
> Побѣгъ.

Время создания этого плана по косвенным данным определяется как самое начало декабря 1820 г. (Селиванова 1980: 40; Рак 2003: 155–156). Таким образом, только к началу декабря Пушкин отказался от первоначальной композиции поэмы и выработал план, в основном соответствующий структуре КП в окончательной редакции.

Далее в тетради вырван лист с записью на французском языке, от которого сохранился корешок с обрывками отдельных слов (л. 39а); на л. 40 продолжение записи — четыре «анекдота» (три на французском, один на русском языке). В. Д. Рак правдоподобно связывает перерыв в работе над поэмой с болезнью Пушкина (видимо, пришедшейся на три первые недели декабря 1820 г.) (Рак 2003: 156–157).

Работа над КП возобновилась на л. 40 об.: Пушкин начал писать сцену побега. Очевидно, часть работы параллельно велась за пределами тетради (см. ниже): в тетради сразу *набело* вписаны первые четыре стиха на л. 40 об. (от «Задумчивый, возсѣвъ у брега» до «Быстра глубокая рѣка»), два обширных стиховых сегмента на л. 41 («Мелькнетъ-ли серна межъ горами» до «Въ пустыню темную бѣжитъ» и «Однажды слышитъ — Руской плѣнный» до «И поскакали [межъ холмовъ]») и первые пять стихов на л. 42 об. («Утихъ Аулъ — на солнце спятъ»). Эти беловые записи соединены черновыми «связками» и впоследствии подвергнуты правке. В это время Пушкин начинает перекомпоновывать готовый материал в соответствии с новым планом: в сцену побега переходят, в частности, «ночные» стихи, первоначально предназначенные для экспозиции. Основной текст черновика обрывается на словах «Все [спитъ]!» (л. 42 об.).

Начало работы над первым *беловиком* поэмы (ПД 831, так называемая «Первая кишиневская тетрадь») не поддается точной датировке. В конце текста беловика проставлена дата: «23 февр. 1821. *Каменка*» (л. 18). Однако несомненно, что между началом работы и ее окончанием прошло какое-то время. С. М. Бонди справедливо заметил: «Во всяком случае, и разные чернила, и разный почерк беловика показывают, что он был написан в несколько приемов» (Селиванова 1980: 66). В. Д. Рак датирует начало работы над беловиком «неопределенно декабрем (предпочтительно второй половиной) 1820 — первой половиной января 1821 г.» (Рак 2003: 159).

В. Д. Рак полагает, что Пушкин приступил к перебеливанию поэмы, «оставив на л. 42 об. черновик не доведенным до конца» (Там же). Однако первый беловик отличается от черновика не только существенными композиционными перестановками и наличием окончания, но и довольно большими текстовыми сегментами, которых еще не было в черновом тексте. Все это заставляет предположить, что между оставленной работой в черновике и перебеливанием имелась *промежуточная стадия доработки текста*. Заслуживает внимания свидетельство, восходящее к семейству В. Л. Давыдова, о том, что в Каменке Пушкин для записи своих сочинений пользовался отдельными листками (Лобода 1899: 90). Вполне возможно, что на таких листках создавались и черновики тех сегментов КП, которые не нашли отражения в Записной книжке ПД 830 (этим обстоятельством можно объяснить и появление ряда *беловых* записей в конце черновика поэмы). Наброски к поэме в ПД 830, далеко отстоящие от основного текста черновика, видимо, параллельны работе над записями на утраченных листках: это черновик сцены расставания и пересечения Пленником реки (от стиха «Рука съ рукой, унынья полны…» [л. 8 об.]), наброски к описанию черкеса (л. 59 об.), концовка (от «Все понялъ онъ — прощальнымъ взоромъ» до «Гдѣ пѣли наши казаки» [л. 62 об. — 63]) и варианты поправок к заключению монолога Пленника («Нѣтъ я не зналъ любви взаимной ~ Забытый средь нагихъ долинъ» и «Умру невольникъ безотрадный ~ Раба растопчетъ пепелъ хладной» [л. 64 об.]).

В первом беловом автографе меняется заголовок поэмы: текст теперь называется не «Кавказъ», а «Кавказкій плѣнникъ. Поэма». Происходит и перекомпоновка эпиграфов: *первым* эпиграфом становятся стихи из поэмы итальянского поэта И. Пиндемонте «Путешествия» (л. 1):

> Oh felice chi mai non pose il piede
> Fuori della natia sua dolce terra;
> Egli il cor non lascio fitto in oggetti

Комментарии

> Che di più riveder non ha speranza
> E cio, che vive ancor, morto non piange.
> *Pindemonti*

По всей вероятности (в частности, судя по написанию имени) отрывок взят из книги С. де Сисмонди «Литература южной Италии» (ПСС 1977–1979, IV: 413; примеч. Б. В. Томашевского). Цитата из «Фауста» Гете сохраняется, но становится *вторым эпиграфом*.

В беловой рукописи (л. 2–2 об.) впервые появляется стихотворное посвящение «Н. Н. Раевскому» (черновой текст его неизвестен). Датировка посвящения неясна: С. Д. Селиванова (следуя за Бонди) предполагает, что «посвящение, так же как и титульный лист, было, вероятно, написано не одновременно с началом поэмы, а, возможно, уже после окончания ее переписки, т. е. после 23 февраля 1821 г.» (Селиванова 1980: 68). П. В. Анненков полагал, что «Посвящение» написано одновременно с «Эпилогом» — в мае 1821 г., в Одессе (Анненков 1855: 80; по предположению Н. Г. Охотина, Анненков исходил из сходства чернил недатированного «Посвящения» и датированного «Эпилога» [Охотин, Осповат 1985: 85]). Между тем еще В. Н. Стефанович усомнилась в правомочности анненковской датировки: «Для того, чтобы принять ее, надо бы признать, что, записывая перед 20 (23. — *О.П.*) февраля поэму, Пушкин отмерил в начале тетради, после заглавного листа, пустые страницы, намереваясь впоследствии (в мае) заполнить их „посвященьем" <…> Естественней предположить, что посвящение было написано до беловой редакции I и II песни <…> т. е. приблизительно в середине февраля» (Стефанович 1927: 40).

В первом беловике композиция текста по сравнению с черновиком изменена. В финал оказались перенесены зарисовки ночного Кавказа и аула, первоначально находившиеся в начале поэмы (в беловике соответствующие стихи были записаны на вырванном листе; С. Бонди вполне убедительно реконструировал утраченный текст по обрывкам сохранившихся на корешке слов; см.: Селиванова 1980: 68–71). Оказался расчленен на элементы и рассредоточен по разным местам поэмы первоначальный портрет Черкешенки.

«КАВКАЗСКИЙ ПЛЕННИК»

В беловике текст поэмы был разбит на пронумерованные главки, но не сразу: номера были вписаны после того, как стихотворный текст был уже переписан, более темными чернилами. Еще позже на полях л. 11 об. (перед стихами «[Но] И ты вкушала, дѣва горъ…») было приписано: «Песнь II» (разделение поэмы на две «Песни» никак не отразилось на сквозной нумерации главок; следовательно, приписка была сделана после того, как эта нумерация уже была произведена).

В тексте беловика впервые появляются стиховые сегменты, которых не было в черновике. Самый значительный из них (л. 10–10 об.) соответствует пункту плана «Песни», в черновике не реализованному:

> Когда черкесы молодые
> Съ ковшами полными въ рукахъ,
> Пируютъ, сидя на коврахъ:
> Онъ внемлетъ [пѣсни] гимны боевые.
> Они поютъ [своихъ] войны Князей,
> [Набѣгъ и грозный] Поютъ измѣну, поединокъ,
> И [вѣчный] смертный сонъ богатырей
> На лонѣ мстительныхъ Грузинокъ.
> Они [клянутъ] поютъ ужасный часъ,
> Когда съ побѣдою кровавой
> На негодующій Кавказъ
> Орелъ подъялся двуеглавый,
> Когда [надъ ними грянулъ громъ] на Терекѣ родномъ
> Впервыя битвы грянулъ громъ
> И грохотъ рускихъ барабановъ
> И въ сѣчѣ, съ дерзостнымъ челомъ,
> Явился пылкій Циціановъ…
> Тебя клянутъ они, Герой.
> О Котляревской! бичь Кавказа,
> Куда ни мчался ты грозой,
> Твой ходъ, какъ смертная зараза
> [Губилъ Черкесовъ] Ничтожилъ Горцевъ* племена —
> [Но] И ты покинулъ саблю мести,

---

* Выноска на левом поле: «Губилъ восточны».

> Тебя не радуетъ война.
> Скучая миромъ, въ язвахъ чести
> Теперь вкушаешь ты покой
> И тишину домашнихъ доловъ —
> Но се — востокъ подъемлѣтъ вой;
> Поникни снѣжною главой!
>   Смирись, Кавказъ! идетъ Ермоловъ!
> ....
>   (ср.: IV: 355–356)

Эти стихи впоследствии перейдут (с модификациями) в «Эпилог»; однако факт первоначального их расположения в «этнографической» части поэмы важен для адекватного понимания политического смысла КП (см. подробнее комментарии к «Эпилогу»).

В беловике отшлифовывается «биография» Пленника: в ней появляются детали, которые будут повторены — с небольшими вариациями — в следующем беловике:

> Быть можетъ [въ думу погруженный] думой отягченный
> Онъ время то воспоминалъ
> Когда, друзьями окруженный,
> [До утра сладко утомленный,]
> Онъ пѣнилъ праздничной бокалъ.
> Когда роскошныхъ дѣвъ вѣселья
> Младыми розами вѣнчалъ
> И жаръ безумнаго похмѣлья
> Минутной страсти посвящалъ.
>   (л. 11–11 об.; ср.: IV: 356)

Тщательно отделывается, упорядочивается и сокращается исповедальный монолог Пленника: он приобретает форму близкую к окончательной.

Довольно многочисленные вставки внесены Пушкиным в уже перебеленный текст — на полях тетради, на незаполненных оборотных сторонах листов и, наконец, на листах *после* текста поэмы. Точной датировке вставки эти не поддаются, но, судя по всему, сделаны они разновременно. После ст. 55 Второй песни на полях л. 13 набросан текст (8 строк), начинающийся со стихов «Я пережилъ мои желанья / Я раз<любилъ> мои мечты» — большая часть стихов обозначена только начальными словами и начальными буквами (ср.: IV: 357)*.

На полях прощального монолога Черкешенки (ПД 831. Л. 16 об.) вставлены 7 стихов о возможной судьбе героини («Я знаю жребій мнѣ готовой…»). С. Д. Селиванова предположила, что Пушкин «ошибается местом вставки: стихи записаны <…> около текста прощальной речи героини. Конечно, сюда они никак не могли относиться» (Селиванова 1980: 80). Однако «ошибиться» несколькими листами Пушкин не мог: в рукописи точно обозначено место вставки — это графический значок между стихами «Къ чему-жъ уныніе мое…» и «Прости! любви благословенья». Вставка потребовалась для введения потенциально усложняющего действие драматического мотива (см. черновое письмо Гнедичу от 29 апреля 1822 г.: XIII: 370–373); мотив, однако, вступал в противоречие с сюжетом уже написанного текста. Заметив, что обещание Черкешенки убить нелюбимого мужа противоречит ее немедленному самоубийству, Пушкин перенес вставку в начало Второй песни: на полях л. 12 вписаны (отчасти сокращенно) первые четыре стиха отрывка об уготованном героине «жребии». Но и там эти стихи оказались довольно искусственно соединены с лирическим излиянием Черкешенки.

На л. 19–20, после вырванного листа, набрасываются примечания (под заголовком «Замѣчанія»); несомненно, они написаны спустя какое-то время после основного текста: цвет чернил в них отличается от чернил стихотворной части. На листах, следующих за текстом примечаний (л. 21 и 21 об.), Пушкин вписывает большую «описательную» зарисовку черкеса (бело-

---

* В Третьей кишиневской тетради (ПД 833) этому наброску соответствует стихотворение (л. 3–3 об.) под названием «Элегія (*изъ поэмы: Кавказъ*)», снабженное пометой: *Каменка. 22 февр. 1821 г.* Характер записи свидетельствует о том, что текст уже был готов к моменту, когда Пушкин обозначил его начальные слова на полях беловика поэмы. Гипотезы, касающиеся творческой истории элегии и причин устранения стихов из текста поэмы, см. в работах: Анненков 1855: 99; Стефанович 1927: 27–28; Селиванова 1980: 76–79 (критика некоторых соображений Стефанович в последней работе во многом справедлива, однако высказанное тут же предположение, что черновой текст элегии мог находиться на вырванных листах тетради ПД 831, совершенно неубедительно).

вик с правкой; в качестве материала использованы стихи из отброшенного начала поэмы). Зарисовка предназначалась для вставки после главки XII, о чем свидетельствуют особые значки в тексте. Бонди датирует эти дополнения февралем–мартом 1821 г. (Селиванова 1980: 86).

В письме от 23 марта 1821 г. Пушкин сообщал Дельвигу: «Что до меня, моя радость, скажу тебе, что кончил я новую поэму — *Кавказский Пленник*, которую надеюсь скоро вам прислать. Ты ею не совсем будешь доволен и будешь прав; еще скажу тебе, что у меня в голове бродят еще поэмы, но что теперь ничего не пишу» (XIII: 26). Из письма следует, что в это время Пушкин считал КП завершенным и уже обдумывал замыслы новых поэм.

Однако в действительности работа еще не была доведена до конца. На л. 22–22 об. появилась новая часть поэмы — «Эпилог»; с датирующей пометой: *Одесса 1821 15 мая* (Пушкин приезжал в Одессу на короткое время). В «Эпилоге» оказались использованы стихи о черкесских «песнях» (в основном тексте поэмы они аккуратно перечеркиваются). Черновик заключительных стихов «Эпилога» (дополняющих стихи, перенесенные из основного текста) набрасывается на л. 20 об.

Беловой текст КП (с учетом сделанных поправок) Пушкин еще раз переписывает в отдельную тетрадку (ПД 46; в пушкинистике она получила наименование «Чегодаевская рукопись», по имени одного из прежних владельцев, кн. Г. Н. Чегодаева). Это тетрадь в 18 листов (9 сложенных пополам и прошитых писчих полулистов), в которой отсутствует лист после нынешнего л. 6 (содержавший текст от стиха «Когда, съ глухимъ сливаясь гуломъ» до «Въ пещере иль въ траве глухой») и парный ему лист с с текстом от стиха «Мне будет гробом эта степь» до стиха «В свободной резвости шумит». Кроме того, в тетради отсутствуют наружные листы (С. М. Бонди высказывал предположение, что на двух страницах первого листа «были, вероятно, заглавие и эпиграфы, а на двух последних страницах — вставки и приложения» [Селиванова 1980: 80]). Текст поэмы занимает здесь л. 1–17 об.; на л. 18 расположены «Замечания» (порядок их несколько отличен от печатного текста; см.: IV: 364–365), на л. 18 об. — «Черкесская песня», также отличающаяся от окончательной редакции.

Датировка Чегодаевской рукописи не вполне ясна. В. Ф. Боцяновский, впервые описавший рукопись, ошибочно датировал ее временем путешествия Пушкина по Кубани и Кавказу, приняв относящуюся к примечаниям помету «Кубань» за обозначение места создания текста (Боцяновский 1902: 484). С. М. Бонди и вслед за ним С. Д. Селиванова датируют ее чрезвычайно широко: «между 15 мая 1821 г. (датировка эпилога в «Первой кишиневской тетради») и до апреля 1822 г., когда Пушкин послал „Кавказского пленника" Гнедичу для напечатания…» (Селиванова 1980: 88). Между тем рукопись — хотя и с оговорками — на основании некоторых косвенных данных может быть датирована более конкретно и точно.

В. Н. Стефанович по поводу Чегодаевской рукописи заметила следующее: «Возможно, что она близка по времени к рукописи М. (Первой кишиневской тетради. — *О.П.*), т. к. очень тесно связана с ней типом черновой работы» (Стефанович 1927:41). Справедливость этого заключения несомненна. Так, в Чегодаевской рукописи текст «Черкесской песни» записан *после* основного текста, на л. 18 об., и снабжен особым знаком вставки («b»), повторенным в соответствующем месте поэмы. Черновик же «песни» был набросан в тетради ПД 831 на л. 24, тоже после основного текста КП (в черновой версии песня длиннее, чем в окончательной редакции). В основном тексте Чегодаевской рукописи отсутствует и описание черкесского гостеприимства, но для него в тексте (после стиха «С окровавленного кургана») вписан знак вставки («а»). По предположению Бонди, «вставка была записана на несохранившемся последнем листе тетради» (Селиванова 1980: 89). Между тем *черновик* стихов о горском гостеприимстве был набросан Пушкиным на л. 23 об. тетради ПД 831 и перебелен скорописью в той же тетради на оставшемся свободным (между основным текстом и текстом примечаний) л. 20 об. (ср.: Там же). Следовательно, Чегодаевская рукопись начата *до* того, как в Первой кишиневской тетради (ПД 831) были сделаны соответствующие дополнения. Вставки в Чегодаевскую рукопись были внесены уже на основании этих дополнений.

Дополнения в Первой кишиневской тетради вряд ли значительно отстояли от времени вписания «Эпилога» и вряд ли сделаны много позже весны 1821 г. (следующие записи в тетради ПД 831 датируются *апрелем* 1821 г. — появление этих стихов после «Эпилога», датированного *маем*, объясняется, видимо, тем, что после окончания первой версии беловика КП Пушкин оставил несколько листов незаполненными, для дополнений и уточнений текста).

В качестве дополнительных оснований для датировки Стефанович привлекла пушкинские рисунки, которыми испещрена Чегодаевская рукопись. Исследовательница предположила, что изображение Наполеона на л. 2 Чегодаевской рукописи могло быть связано с получением Пушкиным известия о смерти Наполеона (отмечено в его дневнике — *18 июля*) и с началом работы над одой «Наполеон» (Стефанович 1927: 41). По-видимому, независимо от Стефанович к графической аргументации датировки обратился А. Эфрос: он предположил, что портреты Александра и Екатерины Раевских на л. 15 Чегодаевской рукописи (портретный характер этих зарисовок несомненен), скорее всего, связаны с летним пребыванием Раевского-старшего с семейством в Кишиневе (Эфрос 1946: 144–150; в настоящее время — по уточненным данным — кишиневский визит Раевских датируется июнем 1821 года: Летопись 1999, I: 253). В своей совокупности материалы творческой истории и материал графический приобретают доказательный смысл. С известной осторожностью можно заключить, что Чегодаевская рукопись была создана *около июля* 1821 г.

21 сентября 1821 г. Пушкин отправил Н. И. Гречу письмо с предложением издать КП: «Хотел было я прислать вам отрывок из моего Кавказского Пленника, да лень переписывать; хотите ли вы у меня купить весь кусок поэмы? длиною в 800 стихов; стих шириною — 4 стопы; разрезано на 2 песни. Дешево отдам, чтоб товар не залежался» (XIII: 32–33). Судя по всему, речь в письме идет именно о Чегодаевской рукописи.

Чегодаевская рукопись интересна, однако, не только сделанными в ней прибавлениями, но и произведенными в ней *сокращениями* (по сравнению с текстом первого беловика). Пушкин зачеркнул здесь три фрагмента Первой песни общим объемом в 16 стихов: четверостишие из характеристики Пленника в начале поэмы («Родился он среди снегов…»); восемь стихов о свободе («Свобода! он одной тебя…») и четыре стиха из воспоминаний Пленника о петербургских днях и «девах веселья». Убедительное истолкование сокращений дал еще П. О. Морозов: первый из пропусков обусловливался «личными отношениями к „американцу" — Толстому» (в характеристике Пленника использовано послание к Федору Толстому П. А. Вяземского; подробнее см. построчный комментарий); второй пропуск «сделан был, конечно, по цензурным соображениям». Третий пропуск Морозов объяснял так: «Здесь, может быть, Пушкину показалось слишком смелым и неуместным упоминание о «девах веселья» (буквальный перевод французского filles de joie)» (Морозов 1908: 31). Ср. аналогичную фразеологию в стихотворении Е. А. Баратынского «Прощанье» (1819): «Не смѣйтесь, дѣвы наслажденья» (Боратынский 2002, I: 1, 92). Следует заметить, что мотив «дев веселья», помимо общей его «смелости», противоречил теме всепоглощающей тайной любви Пленника, развернутой во второй части. Впоследствии Пушкин использовал выпущенные стихи в «Сцене из Фауста» (1825): «Скажи, когда ты не скучал?<…> / Тогда ль, как розами венчал / Ты благосклонных дев веселья / И в буйстве шумном посвящал / Им пыл вечернего похмелья?» (II/1: 435).

Невозможно сказать с точностью, когда были сделаны эти сокращения и были ли они сделаны единовременно. Можно, однако, с достаточной определенностью утверждать, что копия, посланная Пушкиным Гнедичу для напечатания в апреле 1822 г., делалась *не* с Чегодаевской рукописи и что последнюю известную нам рукопись поэмы некорректно называть «третьей беловой редакцией» (как называют ее Бонди и Селиванова). Существовал, судя по всему, и еще один промежуточный беловик, до нас не дошедший.

М. В. Юзефович свидетельствует, что на Кавказе в 1829 г. в походном чемодане Пушкина обнаружился «прекрасный, чистый автограф» КП: автограф перешел к Н. Н. Раевскому, но Юзефович получил позволение изучить рукопись и «выписать из нее места, пропущенные в печати» (Пушкин в воспоминаниях 1998, II: 111–112). Таких мест, по утверждению мемуариста, нашлось всего одно — стихи о свободе (вряд ли Юзефович не заметил бы стихов о петербургской молодости Пленника, если бы они содержались в рукописи). Именно по записи Юзефовича соответствующие стихи были воспроизведены в Сочинениях 1900–1929 (обоснование такого решения см.: Якушкин 1905b: 278–279); свидетельство Юзефовича признала важным и В. Стефанович (Стефанович 1927: 8–9). Однако в советских изданиях приведенная им версия не нашла никакого отражения. Между тем есть основания считать, что Юзефович видел *третью* беловую редакцию КП (пока не разысканную), в которой выпущены два места, зачеркнутые в Чегодаевской рукописи, но стихи о свободе сохранены. В приведенном Юзефовичем тексте стихи несколько отличаются от всех известных редакций, но ближе всего к Чегодаевской рукописи и, видимо, представляют собой ее уточненную версию. Дополнительным аргументом в пользу существования этой редакции служит то, что разночтения между последним слоем Чегодаевской рукописи и окончательным текстом КП довольно велики и многочисленны (их около сорока); трудно предположить, что Пушкин сделал все изменения непосредственно в процессе переписывания текста с Чегодаевской рукописи перед отправкой поэмы Гнедичу. Возможно, именно утраченный автограф послужил основанием для последней рукописной редакции поэмы. Пролить дополнительный свет на этот вопрос могло бы систематическое обследование ранних списков КП (пока не проведенное).

Прижизненные издания

2 января 1822 г. Пушкин сообщал Вяземскому: «Кавказский мой пленник кончен — хочу напечатать, да лени много, а денег мало — и меркантильный успех моей прелестницы Людмилы отбивает у меня охоту к изданиям» (XIII: 34–35). Сомнительный «меркантильный успех» — т. е. весьма скромный доход, полученный от предпринятого Н. И. Гнедичем издания РиЛ, — заставил Пушкина первоначально обратиться к Н. И. Гречу (см. выше письмо Гречу от 21 сентября 1821 г., а также письмо Л. С. Пушкину от 24 января 1822 г.: XIII: 35–36). Однако в конце концов Пушкин вернулся к своему первому издателю. 29 апреля 1822 г. он отправил Гнедичу текст поэмы в сопровождении письма: «Недостатки этой повести, поэмы или чего вам угодно, так явны, что я долго не мог решиться ее напечатать. Поэту воз-

вышенному, просвещенному ценителю поэтов, вам предаю моего Кавказского пленника <...> Назовите это стихотворение сказкой, повестию, поэмой или вовсе никак не называйте, издайте его в двух песнях или только в одной, с предисловием или без; отдаю вам его в полное распоряжение. Vale» (XIII: 37).

Отправленный Гнедичу текст (тетрадь ПД 877, так называемая «Гнедичевская рукопись») сохранился. По всей вероятности, тетрадь была подготовлена непосредственно перед отправкой рукописи в Петербург, т. е. в апреле 1822 г. В этой тетради не сохранилось начала (таким образом, остается неизвестным, содержалось ли в ней жанровое определение КП, — из письма Пушкина Гнедичу это не вполне ясно). Рукопись представляет собой беловой текст, не имеющий принципиальных отличий от КП1. Наибольший интерес Гнедичевская рукопись представляет внесенными рукою Гнедича поправками к «Посвящению», перешедшими в печатное издание (см.: IV: 365–366; Селиванова 1980: 92–94). Поправкам предшествовали карандашные пометы. В стихе «Тебе я посвятил изгнанной лиры пенье» карандашом был вычеркнут эпитет «изгнанной», последовательно замененный (рукой Гнедича) на «пустынной», «забытой» и вновь «пустынной» (последняя версия сохранилась и в печати; ср.: IV: 365). Карандашом же обведены ст. 5–7:

Когда я погибал безвинный, безотрадный,
И шепот клеветы внимал со всех сторон,
Когда кинжал измены хладный…

В квадратные карандашные скобки заключена вторая половина ст. 38 и целиком ст. 39:

…постигнут был гоненьем,
Я жертва клеветы, измены и невежд.

Помеченные стихи были Гнедичем переделаны, что повлекло за собой изменение соседних строк. Ст. 5–8 были заменены одним стихом (см.: IV: 365):

Когда гроза и вихрь мой челн о камни били.

Стали звучать иначе и ст. 37–41:

> Как жертву милую, надежды милый цвет,
> Я рано скорбь узнал, узнал людей и свет,
> И, сердце укрепив терпеньем,
> Я ждал беспечно лучших дней,
> И счастие друзей…

Вокруг этих помет и изменений накопилось много неразрешенных вопросов. В письме А. И. Тургенева Вяземскому, законченном 29 мая 1822 г., сообщалось: «У меня сидит Гнедич. В пятницу отдаст мне „Кавказского пленника". Повезу опять в Павловск. Уверяет, что прелесть, и даже цензура пропустила. Он спешит печатать его» (ОА II: 256). Однако список КП поступил в Санкт-Петербургский цензурный комитет только 1 июня 1822 г. На основании этого А. А. Карпов предположил, что еще до этой официальной передачи Гнедич «неофициально» представил рукопись в Комитет (либо непосредственно будущему цензору) для предварительного ознакомления и получил принципиальное согласие на публикацию. Соответственно, предполагается, что и карандашные пометы (а может быть, и произведенные на их основании перемены) были сделаны после проведенной консультации «по инициативе цензора или самого Гнедича» (Карпов 2002: 281). Сохранилось также письмо Жуковского к Гнедичу (недатированное, но, видимо, написанное около 1 июня), где он сообщает, что возвращает оригинал КП и, после похвал и замечаний, пишет: «Из посвящения надобно выбросить замеченные стихи…» (Кибальник 1986: 195). А. А. Карпов полагает, что Жуковский читал текст КП с пометами (или с исправлениями) и либо разрешает в своем письме сомнения Гнедича (что делать с отмеченными сомнительными строками?), либо «предлагает вариант, альтернативный уже реализованному Гнедичем: не исправлять, а просто изъять из текста „замеченные" строки (Карпов 2002: 286). В обоих вариантах предположение это маловероятно: «просто изъять» отмеченные места без разрушения всей фактуры текста было невозможно, и Жуковский это, конечно, не мог не понимать. Обозначение же выпущенных стихов (тем более *частей* стихов) отточиями было невозможно по цензурным причинам. Из письма естественнее заключить, что Жуковский получил от Гнедича чистую рукопись, безо всяких помет, а карандашные замечания в тексте «Посвящения» принадлежат самому Жуковскому. (Указывая Гнедичу на необходимость выбросить из «Посвящения» отмеченные места, Жуковский подразумевал, что для них нужно найти подходящую замену.) Сам характер отмеченных и подлежащих изменению мест носит на себе отпечаток обсуждения поэмы в арзамасском кругу, точнее — в доме Н. М. Карамзина в Царском Селе. Не исключено, что к этим пометам и замечаниям причастен и сам Карамзин (подробнее см. комментарий к «Посвящению»).

Никаких следов обсуждения перемен в «Посвящении» с самим Пушкиным не сохранилось. В письме В. П. Горчакову от октября–ноября 1822 г. Пушкин на особом листке восстановил (с одной поправкой: он изменил стих, в Гнедичевской рукописи звучавший как «Я жертва клеветы, измены и невежд») текст тех мест «Посвящения», которые подверглись в печати исправлениям (XIII: 52). Таким образом он санкционировал рукописное распространение стихов «Посвящения» в авторской редакции:

> 5 стр.
>
> Читайте: *изгнанной лиры.*
>
> Когда я погибал безвинный, безотрадный
> И шепот клеветы внимал со всех сторон,
> Когда кинжал измены хладный,
> Когда любви тяжелый сон
> Меня терзали и мертвили,
> Я близ тебя и проч.
>
> 7 стр.
> Как жертву милую, как верный цвет надежд.
> Я рано скорбь узнал, постигнут был гоненьем;
> Я жертва клеветы и мстительных невежд;
> Но сердце укрепив свободой и терпеньем,
>   Я ждал и проч.
>   (XIII: 52)

Комментарии

Поэма вышла из цензуры 12 июня 1822 г. Цензуровавший ее А. П. Бируков, знаменитый своим анекдотическим ханжеством, придрался не к политическому, а «нравственному» содержанию КП. О цензурных вторжениях Гнедич известил Пушкина сразу по получении поэмы из Цензурного комитета (текст его письма не сохранился). Пушкин (ожидавший более серьезных придирок) с ироническим благодушием отвечал Гнедичу 27 июня 1822 г.:

> Но какова наша цензура? признаюсь, никак не ожидал от нее таких больших успехов в эстетике. Ее критика приносит честь ее вкусу. Принужден с нею согласиться во всем: *Небесный пламень* слишком обыкновенно; *долгий поцелуй* поставлено слишком *на выдержку* (trop hasardé). *Его томительную негу вкусила тут она вполне* — дурно, очень дурно — и потому осмеливаюсь заменить этот киргиз-кайсацкий стишок следующими —:
>
> > какой угодно поцелуй разлуки
> > Союз любви запечатлел.
> > Рука с рукой, унынья полны,
> > Сошли ко брегу в тишине —
> > И Русской в шумной глубине
> > Уже плывет и пенит волны,
> > Уже противных скал достиг,
> > Уже хватается за них.
> > Вдруг и проч. —
>
> С подобострастием предлагаю эти стихи на рассмотрение цензуры — между тем поздравьте ее от моего имени — конечно иные скажут, что эстетика не ее дело; что она должна воздавать Кесареве Кесарю, а Гнедичеве Гнедичу, но мало ли что говорят (XIII: 39–40).

Пушкин не упоминает о четвертой придирке (к стихам «Немного радостных ночей / Судьба на долю ей послала»): либо он случайно ее пропустил, либо Гнедич забыл о ней сообщить (что маловероятно), либо придирка эта появилась уже после того, как изменения были согласованы с Пушкиным.

После обсуждения поэмы с Пушкиным Гнедич внес в текст поправки. Стих «Небесный пламень упоенья» (часть I, ст. 182) превратился в «О первый пламень упоенья». Стихи

«Немного радостных ночей / Судьба на долю ей послала» (часть II, ст. 116–117) трансформировались в «Немного радостных ей дней / Судьба на долю ниспослала»; стих «И долгий поцелуй разлуки» (часть II, ст. 267) стал звучать как «И горький поцелуй разлуки» (см.: IV: 366). Стихи, заменявшие «томительную негу», были перенесены из письма Пушкина.

Цензурные придирки были зафиксированы, видимо, в несохранившемся списке, представленном в цензуру; в Гнедичевской рукописи их следов нет. Лишь на полях прощальной сцены (с «томительной негой» поцелуя) в Гнедичевской рукописи поставлены карандашные крестики — стихи там звучали следующим образом:

> Его томительную негу
> Вкусили тут они вполне
> Потом, рука с рукой, ко брегу
> Сошли и русской в тишине
> Ревущей вверился волне.
> Плывет и быстры пенит волны.
> Живых надежд и силы полный, —
> Желанных скал уже достиг…
> (IV: 366)

А. А. Карпов вполне правдоподобно предполагает, что эти пометки «появились позднее других, имеющихся в „Посвящении", и отмечали границы текста, подлежащего замене на присланный автором вариант» (Карпов 2002: 283).

«Кавказский пленник» вышел в свет в последних числах августа — начале сентября 1822 г. (экземпляры на веленевой бумаге продавались по 7 рублей, на обычной — по 5). После получения печатного экземпляра поэмы Пушкин возвратился к «цензурному сюжету» в письме Гнедичу от 27 сентября 1822 г.: «Перемены, требуемые цензурою, послужили в пользу моего; признаюсь, что я думал увидеть знаки роковых ее когтей в других местах и беспокоился — например если б она переменила стих *простите, вольные станицы*, то мне было бы жаль. Но слава богу! *горькой поцелуй* прелесть. *Ей дней* ей-ей не благозвучнее *ночей; уповательных* мечтаний; *упоительных*. *На домы* дождь и град; *на долы* — вот единственные ошибки, замеченные мною (XIII: 48)*. Видимо, к числу «ошибок» Пушкин не относил редакторские грамматические поправки — вроде написания «О нем в пустыне слезы лью» (часть II, ст. 88) вместо оригинального: «Об нем…»; несколько подобных поправок сохранится во всех прижизненных изданиях КП.

В связи с успехом «Кавказского пленника» Пушкин в 1823 г. начал вынашивать план второго издания, на этот раз — после колебаний в пользу Гнедича — избрав в качестве издателя П. А. Вяземского. 19 августа 1823 г. он писал Вяземскому: «Мне до тебя дело есть: Гнедич хочет купить у меня второе издание Русл.<ана> и К.<авказского> Пле.<нника> — но timeo danaos, т. е. боюсь, чтоб он со мной не поступил, как прежде. Я обещал ему предисловие — но от прозы меня тошнит. Перепишись с ним — возьми на себя это 2 издание и освяти его своею прозой, единственною в нашем прозаическом отечестве» (XIII: 66). В письме Вяземскому от 14 октября 1823 г. Пушкин выразил пожелание исправить две опечатки и восстановить *одно* цензурное искажение в тексте (восстановить другие он, видимо, не надеялся); вместе с тем он сообщил здесь ряд планируемых редакционных поправок:

> *Остановлял он долго взор* — должно: вперял он неподвижный взор. *Живи — и путник оживает* — Живи — и пленник оживает. *Пещеры темная прохлада — влажная.* И вдруг *на домы* дождь и град — *долы.* В чужой аул *ценою злата* — за много злата (впрочем как хочешь).

---

* Далее в письме следует фраза: «Александр Пушкин мастерски литографирован, но не знаю, похож ли, примечание издателей очень лестно — не знаю, справедливо ли». Пушкин имел в виду свой портрет, приложенный к изданию, — гравюру Е. И. Гейтмана по рисунку К. П. Брюллова (художник опирался на акварель, вероятно, выполненную с натуры лицейским учителем рисования С. Г. Чириковым). В примечаниях к поэме было указано: «Издатели присовокупляют портрет автора, в молодости с него рисованный. Они думают, что приятно сохранить юные черты Поэта, которого первые произведения ознаменованы даром необыкновенным» (КП1. С. 49). Отраженный в литографии облик незрелого юноши, почти ребенка, видимо, не пришелся по душе Пушкину, и в приписке к тому же письму он воспретил отдельное тиражирование гравюры. Об истории гейтмановского портрета см., например: Февчук 1986: 121–127.

>   Не много радостных *ей дней*
>   Судьба на долю *ниспослала*.
>
> Зарезала меня цензура! я не властен сказать, я не должен сказать, я не смею сказать *ей дней* в конце стиха. Ночей, ночей — ради Христа, ночей *Судьба на долю ей послала*. То ли дело. *Ночей*, ибо днем она с ним не видалась — смотри поэму. И чем же ночь неблагопристойнее дня? которые из 24 часов имянно противны духу нашей цензуры? Бируков добрый малой, уговори его или я слягу.
>
>   *На смертном поле* свой бивак
>
> У меня прежде было *У стен Парижа*. Не лучше ли, как думаешь! *верил я надежде И уповательным мечтам*. Это что? *Упоительным мечтам* (XIII: 69).

Две поправки были вызваны рецензиями на КП1 — П. А. Плетнева (выражение «останавлял взор на вершины» отнесено к «числу небольших ошибок в стихах») и М. П. Погодина («Прилагательное *темная* лучше идет к пещере, нежели к прохладе…») (ППК 1: 123, 141).

Однако запланированная публикация так и не осуществилась, а 7 июня 1824 г. в Петербурге вышло в свет контрафактное издание Е. Ольдекопа, содержавшее, наряду с немецким переводом А. Вулфферта, оригинальный текст поэмы en regard (перепечатка из КП1): Der Berggefangene (Кавказский пленник). Von Alexander Puschkin. Aus dem Russischen übersetzt [von Alex. Wulffert]. St. Petersburg: Gedruckt in der Buchdruckerei der besondern Kanzellei des Ministeriums des Innern, 1824 (о первом издании перевода см. ниже, раздел «Ранняя рецепция поэмы»). «Плутня Ольдекопа» нанесла Пушкину значительный финансовый ущерб; на протяжении нескольких лет он безуспешно боролся за восстановление своих авторских прав (подробнее см.: Оксман 1925; Гессен 1930: 41–49; Городецкий 1936; Смирнов-Сокольский 1962: 85–94).

Афера Ольдекопа отодвинула переиздание КП на несколько лет: второе авторизованное издание поэмы вышло только в 1828 г.; его осуществил А. Ф. Смирдин почти одновременно с переизданием РиЛ. Текст поэмы (вместе с предисловием) был отправлен Николаю I; разрешение на печать было получено 22 марта 1828 г. (Дела III Отделения 1906: 70).

КП2 вышел из печати под грифом «С дозволения правительства».

В КП2 поэма предварялась небольшим предисловием — репликой на критические отклики, вызванные первой публикацией: «Сия повесть, снисходительно принятая публикою, обязана своим успехом верному, хотя слегка означенному, изображению Кавказа и горских нравов. Автор также соглашается с общим голосом критиков, справедливо осудивших характер пленника, некоторые отдельные черты и проч.» (IV: 367).

В двух случаях на месте цензурных поправок «нравственного» содержания было восстановлено авторское чтение («Немало радостных ночей» и «Долгий поцелуй разлуки»). Однако в одном случае Пушкин сохранил цензурную поправку: в тексте сохранился исправленный в угоду цензуре стих «О первый пламень упоенья» (вместо первоначального «Небесный пламень»). В «Посвящении» Раевскому сохранились практически все поправки Гнедича, за одним исключением: вместо абстрактно-перифрастического «Когда гроза и вихрь мой челн о камни били» Пушкин поставил: «Когда мне бедствия грозили». Одно исправление имело стилистический характер: вместо «И счастие друзей» — стало: «И счастие моих друзей».

Исправления в основном тексте КП2 были грамматическими, стилистическими или смысловыми. Помимо уже указанных в письме Вяземскому от 14 октября 1823 г. поправок (исправлены стихи «Останавливал он долго взор»; «Живи — и путник оживает») добавлены две новых. Стих «Там, на костях моих изгнанных» поправлен на: «Здесь на костях моих изгнанных». Вместо: «И жены робкие трепещут» — стало: «И радостно младенцы плещут» (из самого содержания поэмы определенно следовало, что черкесские «жены» — отнюдь не «робкие»). Три из возможных редакционных поправок, сообщенных в письме Вяземскому, в новое издание не были внесены. В КП2 перед заключительной частью стихотворного текста появилось слово «Эпилог» (название отсутствовало в Гнедичевской рукописи и в КП1, хотя имелось в двух беловиках).

В ПП текст печатался по КП2; предисловие было ликвидировано; никаких принципиальных изменений в тексте поэмы сделано не было.

Работа по изучению истории и установлению критического текста КП была подытожена С. М. Бонди в ПСС 1937–1959. Многие принятые им решения, до недавнего времени признававшиеся бесспорными, сейчас вызывают сомнения. Произошло это потому, что понятие «дефинитивного текста» и представления о «последней авторской воле» утратили свою однозначность и определенность.

Текст «Посвящения» Н. Н. Раевскому в ПСС 1937–1959 воспроизведен в авторской редакции (по Гнедичевской рукописи; подцензурные варианты приведены в ПСС 1937–1959, IV: 365–366). Это решение можно признать в общем правомерным, поскольку стихи о гонениях, клевете и мстительных невеждах — составная часть образа Автора. Это и составная часть *непечатной версии поэмы, дополнительной* по отношению к печатному тексту (в письме В. П. Горчакову от октября–ноября 1822 г. Пушкин восстанавливает измененные места, фактически санкционировав их распространение в списках). При публикации учтена авторская поправка в письме Горчакову («Я жертва клеветы и мстительных невежд» вместо «Я жертва клеветы, измены и невежд» прежней редакции). При этом принята и позднейшая поправка Пушкина, сделанная для КП2 (вместо «И счастие друзей» — «И счастие моих друзей»).

Однако текст КП2 (и основанное на нем издание поэмы в ПП) отражает не только политическую конъюнктуру, но и идеологическую эволюцию Пушкина во второй половине 1820-х гг.: вставленный в КП2 стих «Когда мне бедствия грозили» (заменивший гнедичевское «Когда гроза и вихрь мой челн о камни били») является собой не только вынужденный компромисс, но и достаточно точное выражение позиции Пушкина — лишенную демонстративного вызова оценку своего положения в прежнем царствовании. Разграничение «творческих» и «нетворческих» исправлений в подобных случаях всегда произвольно и подвержено конъюнктуре. Проблема осложняется тем, что в печатных переизданиях КП Пушкин принял не только «политические» поправки, предложенные Гнедичем, но и исправления сугубо стилистические; таким образом, в некотором отношении Пушкин *авторизовал* Гнедича.

Проблемы публикации «Посвящения» КП могут быть разрешены тем же путем, что и выбор той или иной редакции «Руслана и Людмилы»: издание КП как памятника 1820–1821 гг. предполагает восстановление первоначальной авторской версии «Посвящения» (с указанием в аппарате на позднейшие поправки, в том числе не пушкинские); издание КП в последней авторизованной версии (т. е. как текста одной эпохи, адаптированной для другой) делает более целесообразным воспроизведение «Посвящения» по последнему прижизненному изданию (с указанием в аппарате на первоначальные варианты). Принцип компромиссной контаминации здесь уместен менее всего.

Сходные проблемы возникают и в связи с произведенными в ПСС 1937–1959 изменениями в трех местах основного текста КП.

Наиболее значительная конъектура в тексте поэмы — восстановление стихов о свободе («Свобода! он одной тебя…»), отсутствующих во всех прижизненных изданиях Пушкина. Автоцензурный характер устранения этих стихов не подлежит сомнению. Неизвестно, однако, санкционировал ли сам Пушкин распространение этих стихов параллельно печатному тексту (подобно тому как это произошло с искаженными стихами «Посвящения»). Неизвестно, следовательно, существовали ли эти стихи хоть когда-либо как часть *законченной поэмы* — или их надлежит считать лишь промежуточным эпизодом (хотя и исключительно важным) ее творческой истории. Характерно, что, воспроизводя в ПСС 1937–1959 стихи о свободе по Чегодаевской рукописи, редакция не отметила, что соответствующее место в этой рукописи *зачеркнуто*. Вовсе не отмечено наличие списка Юзефовича (см. выше), хотя, видимо, именно его следует считать позднейшей редакцией текста, пусть и не авторизованной. Вопрос может быть разрешен сколько-нибудь удовлетворительно только при фронтальном изучении списков КП. Но даже в случае обнаружения списков с соответствующими стихами фрагмент о свободе может найти свое место в основном тексте поэмы только в случае установки на публикацию

КП как произведения начала 1820-х гг.; если издание преследует своей целью воспроизведение последней авторизованной версии поэмы, стихи уместнее печатать в «Приложениях».

Второе изменение текста в ПСС 1937–1959 еще менее оправданно. В ПСС 1937–1959 вместо «О первый пламень упоенья» восстановлено первоначальное авторское: «Небесный пламень упоенья». Замена текста в КП1 была вызвана цензурной придиркой «нравственного» характера. Однако Пушкин, устранив в КП2 два цензурных искажения, первоначальное чтение стихов об «упоеньи» восстанавливать не стал, как не стал восстанавливать стихов о «пленительной неге» поцелуя. Комментарий Пушкина к цензурной придирке в письме Гнедичу («Небесный пламень слишком обыкновенно») не был только ироническим. Вполне справедливым кажется вывод исследователя: «Очевидно, замечания цензуры послужили стимулом к изменениям, от которых Пушкин не счел нужным отказаться» (Томашевский 1959: 130; к сожалению, в так называемом Малом академическом издании под ред. Б. В. Томашевского [ПСС 1977–1979, IV: 87] повторена версия текста ПСС 1937–1959).

Наконец, совершенно неоправданна замена в ПСС 1937–1959 строкой «Пещеры влажная прохлада» авторского стиха «Пещеры темная прохлада» (так читалось во всех беловых рукописях и во всех прижизненных изданиях КП). Единственное основание для внесенного изменения — письмо Вяземскому от 14 октября 1823 г. (с поправками, предлагавшимися для второго издания). Тогдашнее намерение Пушкина было спровоцировано критическим отзывом М. П. Погодина («Прилагательное *темная* лучше идет к пещере, нежели к прохладе...»); по прошествии времени Пушкин в правоте своего критика разуверился, и планировавшаяся замена в текст КП2 (и соответственно в текст ПП) не вошла. Более того, сам Погодин свидетельствует, что в беседе с ним о старой рецензии (видимо, уже в начале 1830-х гг.) Пушкин «упомянул об одном замечании, там помещенном: вот, сказал он, меня обвиняли за перестановку эпитетов — это несправедливо, и проч.» (ЛН 58: 352). Несомненно, Пушкин оспаривал в беседе с Погодиным именно придирку к употреблению прилагательного «темная» применительно к «прохладе».

В примечании Г. Е. Потаповой к этому месту воспоминаний Погодина утверждается: «Имеется в виду замечание на строки „Там холмов тянутся грядой / Однообразные вершины"» (ППК 1: 383). Это неверно: в данном месте Погодин придрался к синтаксической инверсии, затемняющей, по его мнению, смысл высказывания («Слова расставлены, кажется, неясно»), а не к «перестановке эпитетов», которой здесь нет.

Появление в академическом издании отвергнутой Пушкиным «поправки» можно расценивать только как проявление субъективно-вкусового предпочтения редактора.

Литературный фон
1. ОПИСАТЕЛЬНАЯ ПОЭМА И УНЫЛАЯ ЭЛЕГИЯ

Вторая пушкинская поэма, как и «Руслан и Людмила», была связана с задачами, поставленными перед жанром поэмы «арзамасской» эстетикой, но в итоге далеко вышла за их пределы. В сущности, поэма «Кавказский пленник» радикально изменила сами представления о большой поэтической форме.

В начале XIX в. одной из альтернатив архаичной эпопее наряду с волшебно-сказочной поэмой считалась так называемая описательная поэма. А. Ф. Воейков в послании Жуковскому призывал последнего не только к созданию «ариостовской» поэмы, но и к созданию поэмы описательной — в духе Томсона или Делиля. Ответное послание Жуковского Воейкову в значительной части представляло собою «конспект» возможной описательной поэмы. Описательная поэма как актуальная литературная задача ощущалась и в 1820-е гг. (см.: Лотман 1996; наш комментарий к «Посланию жене и друзьям» в издании: Арзамас 1994, II: 547–549; Пильщиков 1995). Стимул для обострения интереса к описательной поэме был задан общеевропейским успехом «Паломничества Чайльд Гарольда» Байрона, в котором виделась высшая точка в развитии дескриптивного жанра.

Со стороны Пушкина, только что «победившего» Жуковского в жанре волшебно-рыцарской поэмы, обращение к описательной поэме было вполне закономерно. Экзотический Кавказ (по которому Жуковский в своем послании Воейкову совершил «воображаемое путешествие» и по которому Пушкин совершил путешествие реальное) расценивался как исключительно выигрышный материал для описательного жанра. Ср. дневниковую запись Г. Геракова, вызванную созерцанием быта кавказских горцев (20 июля 1821 г.): «…кажется, видишь Американцовъ въ самой дикости своей. Жаль, что единственный *Державинъ* скончался: только ему, его великому дару можно бы, въ стихахъ высокихъ, начертать Терекъ, и дать выспреннему своему разуму пiитическую пищу» (Гераков 1828: 75–76). Записи Геракова, путешествовавшего по Кавказу и Крыму одновременно с Пушкиным и нередко с ним пересекавшегося, несомненно отредактированы для печати; однако в основании их, видимо, подлинные дневниковые материалы — Гераков с ранних лет фиксировал в дневниках мельчайшие события своей жизни (см.: Невская 2002).

Ближайшим подступом Пушкина к кавказской теме стал набросок «Я видел Азии бесплодные пределы», предваряющий в записной книжке текст поэмы «Кавказ» и относящийся, судя по всему, к августу 1820 г. (о тексте его см.: Рак 2003: 162–182). Этот набросок тесно связан с основными «дескриптивными» опытами «арзамасцев» — в первую очередь с посланием «К Воейкову» Жуковского и, отчасти, с распространявшимся в рукописи «Посланием к друзьям и жене» Воейкова (см.: Гаспаров 1992: 184; Проскурин 1999: 110–112). Перейдя от описательного послания к поэме «Кавказ», Пушкин сохранил цитатную игру с посланием Жуковского «К Воейкову» в качестве важного структурного приема поэмы (см. построчный комментарий).

Герой, заменивший у Пушкина автора-повествователя европейских описательных поэм, оказывался мотивировкой для развертывания пейзажно-этнографического материала. На это указал еще Вяземский, вспомнивший в этой связи Чайльд Гарольда Байрона: «*Описательная поэма, описательное послание* придают невольно утомительное однообразие рассказу. Автор на сцене представляет всегда какое-то принужденное и холодное лицо: между им и читателем выгоднее для взаимной пользы иметь посредника» (ППК 1: 126). Исключительно удачным изобретением Пушкина было превращение героя из биографически окрашенного путешественника (как в «Паломничестве Чайльд

Гарольда» Байрона) в *пленника*. Прием этот не только усиливал сюжетный драматизм и иллюзию «документальности» кавказских зарисовок, но и вовлекал коллизии сюжета в злободневный культурно-бытовой и историко-политический контекст.

На исходе 1810-х гг. Северный Кавказ оказался местом столкновения геополитических интересов разных держав и, как следствие, местом постоянных локальных войн между Российской империей и горскими народами. По Ясскому мирному договору между Россией и Турцией (1792) границей Российской империи на Северо-Западном Кавказе стала река Кубань. Вдоль Кубани были расселены казаки (выходцы из Запорожья) и устроена Кавказская кордонная линия. За ней простиралась территория, заселенная по преимуществу адыгскими племенами, поддерживавшимися Турцией. Эти племена обычно назывались в начале XIX в. «черкесами», а заселенная ими территория — Черкесией. «Естественная» водная граница постоянно нарушалась — столкновения русских и черкесов были нередкими (см. сводку материалов в работе: Henze 1992). Набеги и захват пленных (для использования их в качестве домашних рабов, для получения выкупа или для продажи за границу) традиционно широко практиковались народами Северного Кавказа, в том числе адыгами (черкесами). Эта практика, составлявшая важнейшую часть местной экономики, была распространена и на русских соседей. По сведениям голландского консула француза шевалье Т. де Мариньи (неоднократно посещавшего Черкесию и опиравшегося как на русские источники, так и на информацию, полученную от расположенных к нему черкесских узденей), в конце 1810-х гг. в Черкесии находилось до 3000 русских пленных-рабов (Marigny 1837: 49). Цифру эту следует, видимо, признать преувеличенной, но она характерна как отражение специфической атмосферы, окружавшей Кавказ в сознании европейцев 1810-х гг.

Существует несколько преданий о том, что сюжет КП был «рассказан» Пушкину: согласно одному преданию — неким Немцовым, выдумавшим историю о своем пленении и спасении (Бартенев 1914: 69; Томашевский вполне справедливо признал этот рассказ недостоверным и объяснил включение его в пушкинскую биографию «лишь крайним легковерием

Бартенева» [Томашевский 1956: 395]), согласно другому — старым инвалидом, пережившим чеченское пленение (Мордовцев 1894: 26–33). Версия Мордовцева, ничуть не более достоверная, чем бартеневская, нашла свое место даже в последнем издании авторитетной «Летописи жизни и творчества Пушкина» (Летопись 1999, I: 192). Недавно список возможных прототипов Пленника пополнился: высказано предположение, что «реальным источником» для поэмы Пушкина могла стать нашумевшая история майора Павла Шевцова, взятого в плен чеченцами в 1816 г. (Маркелов 2000: 99–102; ср.: Семенов 1937: 45).

Высказывалось мнение, что одним из источников сюжета КП послужила повесть Ксавье де Местра «Кавказские пленники» («Le prisonniers du Caucase», 1815 [Некрасов 1934]). По замечанию Томашевского, «ничего общего рассказ и поэма между собой не имеют» (Томашевский 1956: 395; ср.: Жирмунский 1978: 53). Однако повесть де Местра интересна не как непосредственный «источник» пушкинской поэмы, а как элемент ее культурно-исторического контекста. Установлено, что повесть де Местра перекликается с документальной книгой Фредерики Фрейганг «Письма о Кавказе» (*Freygang F.* Lettres sur le Caucase et la Géorgie suivies d'une Rélation d'un voyage en Perse en 1812. Hambourg: Perthes et Besser, 1816); де Местр контаминировал сюжеты, изложенные у Фрейганг в двух отдельных историях. Поскольку книга Фрейганг была опубликована уже после появления повести де Местра, предполагалось, что де Местр мог встречаться с Фрейганг и воспользоваться ее устными рассказами; не исключено, однако, что оба автора независимо друг от друга использовали предания, циркулировавшие в русском обществе Кавказа (Семенов 1937: 40–45; Тахо-Годи 2001). Фрейганг сообщает имя одного из описанных ею пленников: это генерал И. П. Дельпоццо, в 1810–1815 гг. — комендант Владикавказа, в 1815–1818 гг. — командующий войсками Кавказской линии. В 1802 г. он, будучи полковником, попал в плен к горцам и был выкуплен в 1804 г. за 10 тысяч рублей. О том, что Пушкин мог знать историю Дельпоццо по изустному кавказскому преданию (вряд ли по книге Фрейганг), косвенно свидетельствует его письмо брату от 24 сентября 1820 г., рассказывающее, в частности, о путешествии вдоль Кавказской линии вместе с генералом Раевским: «Хотя черкесы нынче довольно смирны, но нельзя на них положиться; в надежде большого выкупа — они готовы напасть на известного русского генерала. И там, где бедный офицер безопасно скачет на перекладных, там высокопревосходительный легко может попасться на аркан какого-нибудь чеченца. Ты понимаешь, как эта тень опасности нравится мечтательному воображению» (XIII: 18). Истории о «кавказских пленниках», достаточно широко циркулировавшие как в изустных преданиях, так и в печатных сведениях (сводку материалов о «пленниках» в журналах 1810-х гг. см. в работе: Austin 1997: 44–45; см. также: Лейбов 2000; Китанина 2005: 602–604), составляли своего рода анекдотический фон пушкинской поэмы*.

Справедливо подчеркивалось, что связь КП с описательной поэмой теснее, чем это обычно представляется: «В замысле „Кавказа" связь с описательной поэмой обозначена отчетливо. <…> Влияние описательной поэмы проявилось здесь, в частности, в стремлении к географической и этнографической точности, своего рода „научности" текста, которому, видимо, предшествовали тщательные изучения» (Лотман 1996: 484–485). Вторая часть высказывания нуждается, однако, в уточнении: чтобы написать КП, Пушкину в общем не потребовалось *никаких* специальных «изучений». Поразившие современников кавказский пейзаж и картины горских «нравов» — это удачный монтаж разнородного цитатного материала, поэтических «описаний» Ломоносова и Державина, Жуковского и Батюшкова, даже А. Востокова. Иллюзия же достоверного «местного колорита» и «писания с натуры» создается посредством вкрапления в текст экзотических слов и реалий. «Ученые» примечания к поэме, разъясняющие эти реалии и усиливающие иллюзию достоверности, либо основаны на поверхностных впечатлениях фланера и пояснениях старожилов (не всегда точных), либо попросту заимствованы у Байрона (по-

---

* Т. А. Китанина, исследовав русскую и переводную новеллистику 1800–1830-х гг., сделала любопытное наблюдение: до появления КП в сюжетах о «пленниках» (в основном на американском материале) превалировала тема адаптации европейца к простоте «чужого», «дикарского» мира, решенная в руссоистском ключе; КП переломил эту традицию, вытеснив ее в травелоги и этнографические очерки («Естественный человек в массовой литературе конца XVIII — начала XIX вв.», доклад на XII Лотмановских чтениях, Москва, ИВГИ РГГУ, декабрь 2004).

дробнее см. в построчном комментарии). Однако именно описательная часть поэмы вызвала дружные и восторженные похвалы критики. Это свидетельствовало о том, что «описательная поэма» в 1820-х гг. была по-прежнему востребованным и актуальным жанром. Пушкин и сам всего одобрительнее отзывался об описательной части КП — ср. в письме В. П. Горчакову от октября–ноября 1822 г.: «Черкесы, их обычаи и нравы занимают большую и лучшую часть моей повести; но всё это ни с чем не связано и есть истинный hors d'œuvre» (XIII: 52). Однако дескриптивные компоненты поэмы (сразу же признанные «классическими») не были в ней главными. Подобно тому как в РиЛ Пушкин блестяще имитировал грандиозное волшебно-сказочное повествование в духе Ариосто, в действительности написав небольшую шутливую повесть, так и в КП он во многом успешно имитировал «ученую» описательную поэму, сделав действительным центром своего сочинения *лирический* компонент.

В КП Пленник выступает не только как мотивировка для связывания описательного материала, но и как персонаж, на который возложена ответственная литературная задача: служить одновременно «автопортретом» автора и «портретом души» современного человека. Показательна оценка героя в письме Пушкина В. П. Горчакову от октября–ноября 1822 г: «Характер Пленника не удачен; доказывает это, что я не гожусь в герои романтического стихотворения. Я в нем хотел изобразить это равнодушие к жизни и к ее наслаждениям, эту преждевременную старость души, которые сделались отличительными чертами молодежи 19-го века» (XIII: 52). Однако и «характер», и «душа» оказывались в той же степени *литературной* проблемой, в какой были ею кавказский пейзаж и черкесские нравы.

В черновике письма Гнедичу от 29 апреля 1822 г. Пушкин указал на «романическое» в природе своего героя: «Характер главного лица [(лучше сказать единственного лица)] (а [действ. лиц] всего-то [их] их двое) приличен более роману нежели поэме» (XIII: 371). Это заявление было принято некоторыми исследователями излишне буквально: поэма объявлялась «романом в миниатюре», в котором герой якобы претерпевает «полное развитие характера» (Ugrinsky 1980: 471). Подобные заявления страдают натяжками; все попытки отыскать литературный генезис Пленника в европейской *прозе* (в частности, в прозе Шатобриана) оказались неудачными.

Еще В. В. Сиповским была высказана мысль о том, что основными «источниками» Пушкина в КП были повесть Шатобриана «René» и роман «Les Natchez»: между ними и КП усматривался «целый ряд поразительных сходств». Шатобриан, по мнению исследователя, дал Пушкину и тип разочарованного пассивного героя, и «интригу» (любовь дикарки к европейцу) (Сиповский 1899: 27–32). Концепция Сиповского была вполне принята П. О. Морозовым (Морозов 1908: 33), однако подвергнута резкой критике А. Л. Бемом, показавшим, что близость в обрисовке «разочарованных героев» имеет весьма общий характер; иллюзия же сходства сюжетов обусловлена тем, что Сиповский в своем изложении произвольно *сконтаминировал* сюжеты двух повестей Шатобриана. При этом Бем не без язвительности отметил, что сам Пушкин в КП не мог проделать операцию, подобную проделанной Сиповским: «Натчезы» были опубликованы только в 1825 г. (Бем 1911, в особенности с. 156–160). К критике Бема присоединился В. М. Жирмунский (Жирмунский 1978: 50–53); позже, однако, Б. В. Томашевский отметил, что, хотя Сиповский своими подтасовками «несколько дискредитировал» проблему, все же при анализе КП творчество Шатобриана «нельзя обойти» (Томашевский 1960: 159, 452). С. Карлинский, вновь обратившийся к старой проблеме, не смог добавить к выводам Сиповского ничего принципиально нового — кроме заключения, что в КП «общий тон повествования ближе к более мягкому романтизму Шатобриана, чем к тону демонического громозвучия „Корсара"» (Karlinsky 1963: 103). Попытка представить «Аталу» Шатобриана и КП вариациями на темы «Histoire philosophique et politique des établissement et du commerce des Européens dans les deux Indes» Рейналя (в частности, истории любви индейской девушки к французскому офицеру на фоне заговора индейцев против французских оккупантов) привела к новым натяжкам: автору пришлось превратить Чактаса (героя «Аталы») в индейского «офицера», а Пленника — в русского офицера (уже безо всяких кавычек). Все эти рискованные операции имели своим итогом весьма скромный вывод: у Пушкина и Шатобриана (в отличие от Рейналя) герой автобиографически окрашен (Ugrinsky 1980). Следует признать, что на нынешнем этапе изучения проблемы попытки установить сколько-нибудь существенные связи КП с Шатобрианом привели к отрицательному результату.

В действительности «характер» Пленника имеет не прозаический, а *поэтический*, в первую очередь — элегический генезис. Герой пушкинской поэмы «автобиографичен» в той степени, в какой «автобиографичны» лирические герои элегий; он и выражает себя через лирический монолог прежде всего. Элегия в 1810-х гг. была основным жанром русской литературы (не только поэзии), обращенным к «душе» — к любовным, интеллектуальным и даже политическим переживаниям современного светского человека. Элегия создала тщательно разработанный и устойчивый мотивно-тематический и, как следствие, лексико-фразеологический репертуар, своего рода «язык страстей» (см. подробнее: Вацуро 1994). Почти все элегические мотивы поэмы несут на себе отпечаток творческих усилий предшественников и старших современников Пушкина; при поверхностном взгляде монологи Пленника могут производить впечатление центона (Жуковский, Батюшков, Денис Давыдов, М. Милонов). Характер «современного героя» в КП создается из комбинирования уже устоявшихся элегических мотивов — всепоглощающей, но безответной любви, страдания в разлуке, раздвоения объектов любви небесной и земной, разочарования в жизни и ожидания смерти, стремления к свободе и т. п. (многие из этих мотивов уже были апробированы Пушкиным в творчестве лицейского и петербургского периодов). Однако в поэме Пушкин стремится не механически воспроизводить, а *деформировать* сложившуюся элегическую систему, усложнять и освежать расхожие темы и мотивы. Переплетение разных, не всегда с легкостью сочетаемых элегических мотивов в прикреплении к *одному* герою создавало видимые «противоречия» и заставляло критику признавать характер Пленника «странным и вовсе непонятным» (М. П. Погодин). Между тем экспансия лирических приемов на построение эпического персонажа, апробированная в КП, станет основным принципом пушкинской работы с «большой формой» и найдет наиболее полное воплощение в романе в стихах «Евгений Онегин».

Неоднократно высказывалась мысль о том, что одна из центральных тем КП — столкновение в лице Пленника и черкесов культуры и «природы», просвещения и «первобытности». В связи с этим указывалось на рефлексию в поэме над идеями Руссо; в КП обнаруживалась полемика с руссоизмом, проверка «несомненно руссоистской по своему характеру» концепции, разрешение конфликта в антируссоистском духе («Культурному человеку нет пути назад, в природу» [Благой 1950: 267–268; Сандомирская 1969: 187–188 и др.]). Наличие в КП подобного «руссоистского» пласта (безусловно актуального в «Цыганах»; см. комментарий к поэме в соответствующем томе настоящего издания) представляется сильно преувеличенным: показательно, что его не отметил никто из первых рецензентов поэмы. Обоснованную полемику с «антируссоистским» толкованием КП и указание на то, что «антитеза природы и цивилизации» в поэме «еще только намечается», см. в работе: Гуревич 1993: 83–86. Действительный внутренний конфликт поэмы — не идеологический, а эстетический: это конфликт между эстетикой описательной поэмы (мир горцев) и унылой элегии (мир Пленника).

Для того чтобы скрепить описательный и лирический элементы (опирающиеся на разные жанровые традиции), Пушкину потребовалась особенная сюжетно-композиционная организация стихотворного материала. Для этого ему пригодилась поэзия Байрона.

2. «КАВКАЗСКИЙ ПЛЕННИК» И ПОЭМЫ БАЙРОНА

В истолковании КП давно господствуют представления, афористически сформулированные в положении: «Поэма „Кавказский пленник" вырастает из непосредственного осмысления поэмного творчества Байрона» (Костин 1988: 105). Эти представления связаны с устоявшимся пониманием проблемы «Байрон и Пушкин».

Сам Пушкин признавался, что КП (наряду с БФ) «отзывается чтением Байрона», от которого он в ту пору «с ума сходил». С Байроном (в частности, с «Шильонским узником» и с «Паломничеством Чайльд Гарольда») сравнивали КП первые рецензенты — П. А. Плетнев и П. А. Вяземский. Критика XIX —

начала XX в. накопила по этому вопросу много частных наблюдений (особенно интересны и убедительны такие наблюдения в работе: Поливанов 1904). В 1924 г. в классической работе «Байрон и Пушкин» В. М. Жирмунский предпринял попытку рассмотреть вопрос под принципиально новым углом зрения: южные поэмы Пушкина впервые предстали не как сумма «влияний» и случайных «заимствований» из Байрона, а как художественная система, соотнесенная с так называемыми «восточными поэмами» Байрона. Жирмунский попытался показать, что южные поэмы рождались из усвоения и деформации принципов построения «восточных поэм». Разумеется, КП занял свое место в структуре этих отношений (сводку мотивных, композиционных и других параллелей см. в специальной таблице в книге: Жирмунский 1978: 178–179; там же — постраничные отсылки на детальные аналитические сопоставления внутри книги). Выводы Жирмунского оказали решающее воздействие на изучение проблемы (и КП в частности) в мировой пушкинистике (ср.: Briggs 1983: 100).

Однако есть основания заключить, что воздействие Байрона на молодого Пушкина (и на замысел КП в частности) имело менее системный и куда менее тотальный характер.

До отъезда из Петербурга Пушкин, по-видимому, практически не был с Байроном знаком — во всяком случае, никаких следов этого знакомства не обнаруживается ни в его петербургской поэзии, ни в свидетельствах современников (высказывавшееся мнение о широкой осведомленности арзамасского круга, в том числе и молодого Пушкина, в творчестве Байрона, вполне голословно; см.: Баевский 1994). Изучение проблемы во многом запуталось представлением, будто Пушкин читал Байрона по-английски, — из этого представления исходил в своем анализе и В. М. Жирмунский, сопоставлявший пушкинские поэмы непосредственно с английскими текстами; из него же исходят исследователи, работающие в русле методики Жирмунского (см., в частности: Herdmann 1982). Между тем несомненно, что в 1820–1822 гг. Пушкин английским языком практически не владел. По преданию, восходящему к семейству Раевских, Пушкин пытался читать Байрона по-английски в Гурзуфе. Однако рассказы об этих попытках исполнены противоречий и в общем малодостоверны. Единственное, что Пушкин мог вынести из подобного «чтения», — составить самое общее представление о внешней структуре байроновских поэм (объем, стихотворный размер, роль посвящений и эпиграфов, нумерация главок в отдельных поэмах, «выпущенные» строки, примечания). Мог он попытаться разобрать (с лексиконом) два-три наиболее знаменитых места — но вряд ли с большим успехом. До конца 1820-х гг. Пушкин мог читать (и читал) Байрона только по-французски. Наиболее отчетливо и настойчиво на это указывал В. Набоков (Nabokov 1964, II: 156–163). В последнее время вопрос был по-новому рассмотрен в обстоятельной работе, во многом дополняющей и уточняющей Набокова, но в основном (отчасти — вопреки намерениям автора) подтверждающей набоковские выводы (см.: Рак 2003: 64–100). Сводку материалов по проблеме см.: Рак 2004а; ср. также: Долинин 2003: 64–69.

Пушкин получил возможность прочесть Байрона во французском переводе не ранее своего приезда в Кишинев в сентябре 1820 г. По косвенным данным можно заключить, что Пушкин, скорее всего, пользовался *вторым изданием* «полного собрания сочинений» французского Байрона: Œuvres complètes de lord Byron. Traduites de l'anglais. Par A. E. de Chastopalli. Seconde édition, revue, corrigée et augmentée de plusieurs poëmes. Paris: Chez ladvocat, Libraire, Éditeur des fastes de la gloire, MDCCCXX [=1820]. Т. 1–4. Под анаграмматическим псевдонимом A. E. de Chastopalli скрывались плодовитый переводчик А. Пишо (Amédeé Pichot) и его соавтор Э. де Саль (Eusèbe de Salle); впоследствии отношения между переводчиками осложнились; последние тома «Œuvres complètes» выходили только в переводе А. Пишо. Переводы всех произведений в этом собрании — прозаические и достаточно вольные: переводчики считали возможным подчищать, сокращать и стилизовать Байрона, приспосабливая его к господствующим во Франции «преромантическим» стилевым вкусам. Сквозь призму этих «шатобриановско-оссианических прозаических парафраз» (Karlinsky 1963: 98) и воспринимал творчество Байрона молодой Пушкин.

Из этого обстоятельства следует несколько важных заключений, корректирующих устойчивые представления о мощном влиянии поэзии Байрона, проявляющем себя в пушкинском творчестве *независимо* от воли автора. Те места КП, в которых Жирмунский и его предшественники обнаруживали «невольные реминисценции», следы бессознательного усвоения, в действительности представляют собой близкие парафразы, а иногда точные лексические и интонационно-синтаксические повторения конструкций из французского перевода Пишо — де Саля (фактически — «переводы перевода»). Поскольку прозаический текст не задает инерции метра и стиховых формул, можно с уверенностью говорить, что это не бессознательные, а сознательно рассчитанные и тщательно подобранные «знаки Байрона»: Пушкин очевидным образом стремился к тому, чтобы его поэма воспринималась на фоне Байрона, расценивалась в качестве русского аналога байроновских поэм — самого актуального поэтического явления европейской литературы.

Замысел поэмы, как показывает рукопись, первоначально формировался *вне связи* с Байроном, в ориентации на отечественную традицию и на отечественный литературный материал. Знакомство с Байроном заставило Пушкина несколько модифицировать первоначальный замысел и расчетливо внести в него «байронические» компоненты. Внедрение этих компонентов отражает постепенное знакомство Пушкина с байроновскими текстами, впервые оказавшимися у него в руках: видимо, знакомство началось с «Корсара» (чем объясняется преобладающее число отсылок к этим текстам в первой части КП); «Гяур» был прочитан в самом конце работы (тогда появляются поправки в «этнографической» части поэмы; см. ниже). В наибольшей степени Байрону («Корсару») оказалась обязана разработка линии Пленник–Черкешенка. Он позволил *сюжетно* оформить лирическую тему тайной неразделенной любви. Цитатны («байроничны») портрет и жесты Черкешенки. Большинство отсылок к Байрону, впрочем, не выходит за пределы броских частностей. Кое-что из Байрона (преимущественно из «Паломничества Чайльд Гарольда») используется для «описательных» частей поэмы — особенно для тех, что дописывались по окончании основной работы.

Знакомство с Байроном отразилось на некоторых структурно-композиционных компонентах поэмы: авторитет Байрона дал обоснование ослабленности композиционной связи между описательными и повествовательными кусками (в 1820-х гг. воспринимавшуюся еще очень остро); у Байрона Пушкин первоначально позаимствовал прием членения текста на пронумерованные главки (от которого он отказался в печатном тексте). По образцу Байрона (главным образом «Гяура») уже на заключительном этапе работы Пушкин снабдил поэму разъяснительными примечаниями.

Весь этот демонстративный «байронизм», однако, накладывался на иной субстрат — на систему русской поэзии: как отмечалось, самый лирический конфликт укоренен в русской элегии; «байронические» черты восточной девы соединяются в КП с чертами элегических красавиц стихотворений Батюшкова и Милонова; портреты «диких албанцев» из «Чайльд Гарольда» перекодируются по моделям Жуковского и т. п. (подробнее см. в построчном комментарии). Сама эффектная развязка поэмы не отсылает к Байрону, а смело использует сюжет классического русского текста, уже переходящего в разряд детского чтения, — повести Карамзина «Бедная Лиза». В 1820-х гг. (видимо, во многом под влиянием эксперимента Пушкина) парадигматика повести Карамзина начинает интенсивно использоваться и другими авторами в «больших» поэтических формах (см.: Зорин, Немзер 1989: 33–41; раздел написан А. С. Немзером).

В черновой и первой беловой редакции пушкинский текст имел жанровый подзаголовок «поэма»; в свет КП вышел с подзаголовком «повесть». В этом выборе был заключен двоякий смысл. Давно отмечалось, что подзаголовок цитатен — он проецируется на жанровое обозначение нескольких восточных поэм Байрона — «tale» (Жирмунский 1978: 44; ср.: Слонимский 1963: 217), точнее сказать — на «nouvelle» французских переводов. Вместе с тем подзаголовок «повесть» — не только калька с французского («европейского»), но одновременно и указание на русскую жанровую традицию — произведений, посвященных «происшествиям», случившимся между «обыкновенными людьми» (к этой жанровой традиции примыкала и карамзинская «Бедная Лиза»). Подзаголовок КП предстает как своего рода многоязычный каламбур; в этом отношении он выступает как ключ к пушкинскому сочинению, в котором оказались сведены воедино элементы разных художественных систем и разных художественных языков.

Пушкин изначально высказывался о КП двойственно. Отмечая известные достоинства описательной части поэмы, он особенно подчеркивал «неудачу» (или только относительную удачу) центрального «характера». В письме В. П. Горчакову от октября–ноября 1822 г. он давал своему сочинению довольно суровую оценку: «Вообще я своей поэмой очень недоволен и почитаю ее гораздо ниже Руслана — хоть стихи в ней зрелее» (XIII: 52). При всем том в КП Пушкин выполнил очень значительную литературную задачу: он сумел связать жанровые поиски в области большой формы с актуальным контекстом европейской поэзии, с литературой не вчерашнего, а сегодняшнего дня. Сам Пушкин далеко не сразу осознал историко-эволюционное значение КП, планируя по его завершении вернуться к «настоящим» поэмам — на волшебно-сказочные или мифологические сюжеты (см.: Томашевский 1956: 469–479). Но после КП вернуться к ним оказалось уже невозможно. С «Кавказским пленником» в русскую литературу вошел новый современный герой.

Ранняя рецепция поэмы

Специфика ранней рецепции пушкинской поэмы оказалась во многом обусловлена фактом почти одновременного выхода из печати КП и «Шильонского узника» Байрона в переводе Жуковского. Это, с одной стороны, необычайно актуализировало байронический контекст и заставляло многих критиков и читателей сопоставлять Пушкина с Байроном. С другой стороны, это же заставило сопоставлять Пушкина (более или менее явно) с крупнейшим современным русским поэтом — Жуковским.

Слухи о получении рукописи Гнедичем быстро распространились в арзамасском кругу (попытки восстановить картину распространения рукописи и датировать — более или менее убедительно — ряд недатированных писем современников см.: Карпов 2002). Видимо, около 20 мая 1822 г. Жуковский запрашивал Гнедича: «К тебе приехал, говорят, с Кавказа другой прекраснейший узник, которому дай ко мне прогуляться хоть на поруку» (Жуковский 1878: 445–446). Однако в следующем (недатированном) письме Гнедичу (видимо, 20-е числа мая 1822 г.) Жуковский сообщал: «А Узника кавказского я в глаза не видел; Тургенев, которому дела нет до того, чтоб самому читать, а только до того чтоб возить по домам чужие стихи, не рассудил мне прислать поэмы <…>. Прошу тебя мне ее поскорее доставить; продержу не более одного дня и тотчас возвращу» (Книжки недели. 1896. № 1. С. 9; см.: Кибальник 1986: 195–196). Жуковский получил текст через Тургенева, видимо, в самом конце мая и вскоре отослал его с оценкой: «Слог прелестный! Есть картины несравненные. Много локального. Есть длинное, однако нерастянутое. Конец, однако, и обрывист, и холоден. Если сочтешь нужным, чтобы я что-нибудь поправил, то пришли корректуру» (Кибальник 1986: 196; далее — указание на необходимость «выбросить замеченные стихи»; см. раздел «Публикации»). 28–29 мая Тургенев сообщает Вяземскому: «„Кавказский пленник" прелестен, но не в плане, а в стихах» (ОА II: 256, 258). Вяземский (в письме между 1 и 5 июня) умоляет Тургенева прислать хотя бы отрывки из КП. Тургенев 9 июня обещает попросить Гнедича выслать единственный экземпляр поэмы — с тем чтобы Вяземский вернул его по первой же почте (ОА II: 260). Предприимчивый Гнедич постарался, однако, чтобы рукопись поэмы не распространилась раньше выхода издания и не повредила его коммерческому успеху. Его стараниями рукописный текст КП не вышел за пределы Петербурга и не попал даже к Вяземскому (см. письма Вяземского Тургеневу от 15 июня и Тургенева Вяземскому от 19 июня и от 27 июня: ОА II: 263, 266, 267). 3 июля Вяземский обращался уже к самому Гнедичу: «Скоро ли выйдет Кавказский Пленник и какого <sic!> вышел он из альжирского плена цензуры? Нельзя ли порадовать меня хоть отрывками?» 12 июля Гнедич отвечал ему: «Кавказский пленник вышел из цензуры как обыкновенно выходят из кохтей, не без царапин: он уже под станком и в августе пустится по белому свету. Вот почему не имею способа удовлетворить желанию Вашему присылкою рукописи» (Ивинский 1995: 449, 450). Слухи о поэме между тем уже вышли за пределы арзамасского круга. 12 июля С. С. Петровский писал С. А. Соболевскому из Петербурга в Москву: «Выходит А. Пушкина поэма Кавказский пленник; говорят, что превзошел Бейрона в описании диких величественных картин природы и простых нравов жителей Кавказа» (ЛН 58: 728).

КП, прошедший цензуру 12 июня, после согласований с Пушкиным вынужденных перемен, вышел из печати 14 августа (Могилянский 1956: 393). 4 сентября Вяземский сообщал Гнедичу, что с нетерпением ждет посылки поэмы и с радостью возьмет на себя раздачу экземпляров в Москве (Ивинский 1995: 452). 7 сентября в Петербурге КП был прочитан на заседании Вольного общества любителей словесности, наук и художеств (СПб.) — несомненно, уже по изданной книжке (Кубасов 1899: 473). Заседание, впрочем, имело камерный характер: на нем присутствовали: А. Е. Измайлов (председательствующий), Н. Ф. Остолопов, А. Х. Востоков, А. П. Степанов, Б. М. Федоров (ОРК НБ СПбГУ. Архив ВОЛСНХ. Д. 1. Л. 70; см. также: http://www.lib.pu.ru/rus/Volsnx/prot/prot22.html).

В тот же день, 7 сентября, в «Русском инвалиде» появился первый печатный отзыв о КП — краткая хвалебная заметка В. И. Козлова (за подписью: *К.*). Здесь подчеркивалась биографическая основа повести и расточались несколько неопределенные, но щедрые похвалы («Мудрено решить, чему отдать преимущество в сем новом произведении молодого поэта: описательной ли части оного, где все истинно, все живописно и прелестно; или — повествовательной, в которой — говоря собственными его выражениями — „противоречия страстей, знакомые сердцу мечты и страдания" изображены столь совершенно и трогательно» [ППК 1: 114]). 18 сентября в № 36 «Благонамеренного» появилась другая небольшая заметка (за подписью: *И*, под которой скрывался издатель журнала А. Е. Измайлов). В ней провозглашалось: «Прекраснейшие картины, списанные с натуры мастерскою рукою, естественный и благородный рассказ, легкая и исправная версификация — вот главнейшие достоинства сей новой поэмы». В примечании к этому пассажу, впрочем, не без проницательности отмечалась связь фразеологии поэмы с новейшей элегической школой. В том же номере журнала был помещен отрывок из КП (с редакционным заголовком «Воинские упражнения и игры черкесов») — как пример *классического стихотворного описания* (ППК 1: 115, 116; курсив оригинала).

К сентябрю относятся первые *читательские* отклики на поэму за пределами арзамасского круга. 14 сентября почт-директор Литовского почтамта А. И. Бухарский пишет петербургскому почт-директору К. Я. Булгакову: «Маленькая поэма „Кавказский пленник", о которой я пред сим еще и не слышал, восхитительна. Какие чувства, какое сладкопение и особливо какая живопись!» (Долгова 1980: 177–178). Весьма благожелательным оказалось мнение И. И. Дмитриева, в свое время встретившего «Руслана и Людмилу» весьма прохладно. 19 сентября В. Л. Пушкин в письме к Вяземскому (находившемуся по делам в Варшаве) приводит цитату из письма И. И. Дмитриева к Карамзину (оригинал письма не сохранился): «Вот что пишет наш Лафонтен нашему Ливию: „Вчера я прочитал одним духом Кавказского пленника и от всего сердца пожелал молодому поэту долгие лета! Какая надежда! при самом начале уже две собственные поэмы, и какая сладость стихов! Все живопись, чувство и остроумие!" Признаюсь, что прочитав это письмо, я прослезился от радости» (Летопись 1999, I: 288). Теперь, однако, роли переменились. 25 сентября Карамзин, отвечая на письмо Дмитриева, отозвался о поэме куда более сдержанно: «В поэме либерала Пушкина „Кавказский пленник" слог живописен: я недоволен только любовным похождением. Талант действительно прекрасный: жаль, что нет устройства и мира в душе, а в голове ни малейшего благоразумия» (Карамзин 1866: 395; более ранний отзыв, в письме Карамзина Вяземскому, см. в комментарии к «Посвящению»).

5 октября в «Соревнователе просвещения и благотворения» (1822. № 10. С. 24–44) появилась первая значительная статья о КП — рецензия П. А. Плетнева «Кавказский пленник. Повесть. Соч. А. С. Пушкина». Статья эта была предварительно прочитана на заседании петербургского Вольного общества любителей российской словесности еще 11 сентября (Базанов 1949: 381) и проанонсирована 18 сентября в «Благонамеренном» (№ 36. С. 399).

Плетнев — видимо, под впечатлением от только что вышедшего «Шильонского узника» в переводе В. А. Жуковского — сразу же поставил пушкинскую поэму в современный европейский контекст: «Повесть „Кавказский пленник" написана в роде новейших английских поэм, каковые особенно встречаются у Байрона». Отличие ее от традиционной эпической поэмы — отказ от «вымыслов чудесного» и от обширного повествования, концентрация на одном эпизоде в жизни героя. «В подобных сочинениях выбор происшествия, местные описания и определенность характера действующих лиц составляют главное». Безусловной удачей Пушкина Плетнев счел ее описательную часть: «Местные описания в „Кавказском пленнике" решительно можно назвать совершенством поэзии»; по мнению Плетнева, швейцарские пейзажи, нарисованные в «Шильонском узнике» Байрона, рядом с кавказскими пейзажами Пушкина покажутся «легким, слабым очертанием, кинутым с самого общего взгляда»; КП «по своим местным описаниям есть совершеннейшее произведение нашей поэзии» (ППК 1: 117, 118, 119). Что касается собственно «рассказа», то он кажется Плетневу слишком кратким и недостаточным для понимания героев. В описании «характеров» решительное предпочтение отдается образу Черкешенки («он обдуманнее и совершеннее»); в Пленнике отмечаются противоречия, не поддающиеся рациональному объяснению («…воображение то представляет человека, утомленного удовольствиями любви, то возненавидевшего порочный свет и радостно оставляющего родину, чтоб сыскать лучший край»). Заканчивалась рецензия прокламацией убежденности в совершенствовании таланта Пушкина: «Можно ручаться, что постоянное внимание и любовь к своему искусству доведут его до того совершенства в планах, которое теперь так видно в частных отделках его произведений» (ППК 1: 123, 124). Статья Плетнева имела важное значение; в сущности, она задала тематическую парадигму для всех благожелательных рецензий на пушкинские «южные поэмы». (Подробнее о рецензии Плетнева см.: Яворская 1986.)

На протяжении двух с половиной месяцев готовилась к публикации статья Вяземского. 27 сентября 1822 г. Вяземский писал А. И. Тургеневу: «Я написал кое-что о „Кавказском пленнике": скоро пришлю» (ОА II: 274). 13 октября Вяземский пересылает статью в Петербург: «Вот и моя статья о „Кавказском пленнике". Перечтите ее в дружеском ареопаге, но не слишком обтесывайте ее, чтобы не задрать за живое. Отдай ее Гречу, и с письмом» (ОА II: 276). Просьба была выполнена: 31 октября Греч пишет Вяземскому: «Признаюсь, мне и для пользы литературы, и для выгод моего журнала, и для А. Пушкина желалось бы видеть вашу статью в „Сыне Отечества"» (ЛН 58: 37). В процессе подготовки из статьи были устранены выпады против П. А. Катенина, в это время высланного из Петербурга (см. письмо Вяземского от 18 ноября и письма А. И. Тургенева от 21 и 24 ноября: ОА II: 280, 281, 282). В письме от 21 ноября Тургенев пенял Вяземскому: «Ты слишком много уступил цензору» (ОА II: 281). 17 декабря, уже после публикации статьи, на обеде у С. П. Жихарева в присутствии С. И. Тургенева и А. Я. Булгакова, Вяземский жаловался на цензуру, сократившую его статью (РА. 1901. № 3. С. 468). Характер цензурных вмешательств и сокращений в статье Вяземского неизвестен.

Статья Вяземского «О „Кавказском пленнике", повести соч. А. Пушкина» увидела свет 11 декабря 1822 г. в «Сыне Отечества» (№ 45. С. 115–126). КП рассматривался также «на фоне» свежевышедшего «Шильонского узника» Байрона–Жуковского. В факте одновременного выхода двух этих сочинений Вяземский усмотрел «успехи посреди нас *поэзии романтической*». Он провозгласил необходимость отрешиться от оков «классической» французской словесности и с освоением новейшего романтизма связывал надежду на становление самобытной русской литературы. В соответствии со своей концепцией он причислил Пушкина к числу «отважных и пылких указателей новых путей». В связи с КП Вяземский вспомнил «Чайльд Гарольда» Байрона и в то же время отметил, что и Байрон и Пушкин отразили характер современного человека («подобные лица часто встречаются взору наблюдателя в нынешнем положении общества»). Отличие Пушкина от Байрона в том, что он дает характер не «во всей полноте»; «у нашего поэта он только обозначен слегка» (ППК 1: 126). Впрочем, Вяземский здесь же намекнул и на обстоятельства, приведшие к недоговоренностям и неясностям. Замечания Вяземского, в сущности, перекликались с Плетневым: «Жаль, что автор не приложил больше изобретения в драматической части своей поэмы»; «Автор представляет героя своего равнодушным, охлажденным, но не бесчеловечным, и мы с неудовольствием видим, что он, избавленный от плена рукою страстной Черкешенки <…> не посвящает памяти ее ни одной признательной мысли, ни одного сострадательного чувствования» (ППК 1: 127).

Пушкин, довольный помещением своей поэмы в европейскую перспективу, откликнулся на статью Вяземского письмом от 6 февраля 1823 г.: «Благодарю тебя, милый Вяземский! пусть утешит тебя бог за то, что ты меня утешил. Ты не можешь себе представить, как приятно читать о себе суждение умного человека. <…> Всё, что ты говоришь о романтической поэзии, прелестно, ты хорошо сделал, что первый возвысил за нее голос — французская болезнь умертвила б нашу отроческую словесность. <…> Видишь ли ты иногда Чедаева? он вымыл мне голову за пленника, он находит, что он недовольно blasé; Чедаев по несчастию знаток по этой части. <…> Еще слово об *Кавк.<азском> Пле.<ннике>*. Ты говоришь, душа моя, что он [м<ерзавец><?>] сукин сын за то, что не горюет о Черкешенки — но что говорить ему — *всё понял он* выражает всё; мысль об ней должна была овладеть его душою и соединиться со всеми его мыслями — это разумеется — иначе быть не льзя; не надобно всё высказывать — это есть тайна занимательности» (XIII: 58). Примечательно, что княжна Н. П. Голицына в письме тому же Вяземскому (?) от 18 марта 1823 г. нашла Пленника как раз *слишком* blasé: «Что вы скажете о „Кавказском пленнике"? Мне кажется, что он очень хорош. Жаль только, что прекрасная черкешенка расточает свои чувства ради такого пресыщенного героя» (ЛН 58: 37; подлинник по-французски).

25 января 1823 г. в № 1 «Вестника Европы» была анонимно напечатана рецензия М. П. Погодина, начатая еще 16 октября 1822 г. (Погодин 1914: 68–69). Редактор журнала М. Т. Каченовский не напечатал заключительной части рецензии — содержание ее неизвестно (ЛН 58: 352–353). По мнению критика, «характер Черкешенки отделан мастерски». Напротив того, «характер Пленника странен и вовсе непонятен. В нем замечаются постоянные противоречия»: «непонятно, что составляет его основу: любовь или желание свободы»; неизвинительна холодность его к Черкешенке; вообще непонятно в конечном итоге, плох герой или хорош. «Слог в повести превосходный, и касательно легкости в версификации (стихосложении) Пушкин станет наряду

с первыми нашими поэтами»; «…описание жизни черкесов <…> мастерское обращение к козакам ново и трогательно» (ППК 1: 137, 138). В сущности, отклик Погодина мало чем отличался от мнений других рецензентов — отличия прежде всего в предельно рационалистичном отношении к «характеру» героя и в сдвинутом балансе позитивных и негативных оценок. В соответствии с представлениями о назначении ученой критики (и в соответствии с естественным для вчерашнего студента желанием продемонстрировать свою филологическую ученость) Погодин закончил свою статью пространным перечнем смысловых и языковых «погрешностей» поэмы, противоречащих нормативам рационалистической эстетики. Пушкин, не знавший об авторстве молодого литератора и, судя по всему, подозревавший в авторстве М. Т. Каченовского, довольно болезненно воспринял критические замечания «Вестника Европы» — см. его письмо Вяземскому от 14 октября 1823 г. и позднейшее свидетельство самого Погодина о реакции Пушкина на критику спустя около десяти лет после публикации статьи (ЛН 58: 352).

Запоздалые придирки Погодина звучали, однако, диссонансом в хоре похвал. В статье «Взгляд на старую и новую словесность в России» («Полярная Звезда на 1823 год»; вышла в свет 22 декабря 1822 г.) А. А. Бестужев уже мог суммировать общее читательское впечатление о КП: «Не говорю уже о благозвучии стихов — это музыка; не упоминаю о плавности их — по русскому выражению, они *катятся по бархату жемчугом*. Две поэмы сего юного поэта „Руслан и Людмила" и „Кавказский пленник", исполнены чудесных, девственных красот; особенно последняя, писанная в виду седовласого Кавказа и на могиле Овидиевой, блистает роскошью воображения и всею жизнию местных красот природы. Неровность некоторых характеров и погрешности в плане суть его недостатки — общие всем пылким поэтам, увлекаемым порывами воображения». На основании этой оценки Бестужев совершил жест принципиальной важности: он перевел Пушкина из разряда молодых многообещающих авторов на высшую ступень литературной иерархии, провозгласив, что Пушкин вместе с Жуковским и Батюшковым «составляет наш поэтический триумвират» (ППК 1: 143). В рецензии на «Полярную звезду» (Русский инвалид. 1823. 8 января. № 5. С. 19–20) В. Козлов, вполне восторженно отзываясь о Пушкине, все же усомнился в правомочности составленного Бестужевым «поэтического триумвирата». На место Пушкина Козлов предлагал князя Вяземского; Пушкин в этом случае «был бы главою нового, позднейшего триумвирата». 27 января Бестужев в своем «Ответе на критику Полярной Звезды»…» (Сын Отечества. 1823. Ч. 83. № 4; статья помечена: 10 января) вежливо отвел кандидатуру князя Вяземского и по-прежнему «не колеблясь» отдавал первенство Пушкину (ср.: Декабристы: Эстетика и критика. М.: Искусство, 1991. С. 105–106).

К концу 1823 г. (когда стало ясно, что К. Н. Батюшков, впавший в умопомешательство, навсегда потерян для литературы) поэтический триумвират, актуализировавшийся в ходе обсуждения КП, трансформировался в литературное двоевластие. Орест Сомов в трактате «О романтической поэзии (статья III)» (Соревнователь просвещения и благотворения. Ч. 24. № 11; номер вышел в свет 10 декабря) сравнивал Пушкина уже исключительно с Жуковским; оба поэта объявлялись отринувшими «французский классицизм» и открывшими «новые пути в мир воображения» (ППК 1: 144). Таким образом, после выхода «Кавказского пленника» Пушкин (главным образом, усилиями деятелей нового литературного поколения) прочно утвердился на высшей ступени литературной иерархии и приблизился к тому, чтобы вступить в спор за *первое место* среди русских поэтов.

Из всех поэм Пушкина КП вызвал наибольшее число вариаций и подражаний (их обзор и анализ см.: Жирмунский 1978: 239–256).

Очень скоро резонанс от КП выходит за пределы литературной сферы. 15 января 1823 г. на сцене Большого каменного театра в Петербурге состоялось первое представление «древнего национально-пантомимного балета» Дидло на музыку Кавоса «Кавказский пленник, или Тень невесты» (в 4 действиях); роль Черкешенки исполняла А. И. Истомина (Летопись 1999, I: 302; Красовская 1967: 258–260; Денисенко 2002: 223–226)*.

---

* Позднее мотивы КП были в изобилии использованы (и опознаны зрителями) в драме К. А. Бахтурина «Пятнадцать лет разлуки» (1835), продержавшейся на Александрийской сцене до 1858 г. (ИРДТ III: 303; Денисенко 2002: 235–237).

«Черкесская песня» стала модным романсом. В № 1 «Дамского журнала» на 1823 г. (вышел 8 марта; см.: Летопись 1999, I: 317) была напечатана «Черкесская песня» («слова А. С. Пушкина, музыка г-на Геништы»; текст — с. 41, ноты — в особом приложении к первой части журнала). Песня, положенная на ноты И. И. Геништой, была известна уже к январю: о предстоящей публикации в «Дамском журнале» сообщалось в рецензии Погодина (ППК 1: 142); позднее это переложение было перепечатано отдельно (1829). В период между 1822 и 1829 гг. появилось еще одно подобное издание: «Черкесская песня. Слова А. Пушкина. Музыка А. Алябьева» (СПб.: Изд. Дальмаса, б. д.; после марта 1829 г. издательство прекратило свое существование; см.: Синявский, Цявловский 1938: 57, 61).

28 августа 1823 г. в Петербурге анонимно выходит стихотворный немецкий перевод почтового цензора А. Вулфферта: Der Berggefangene (Кавказский пленник). Von Alexander Puschkin. Aus dem russischen übersetzt [von Alex. Wulffert]. St. Petersburg: Gedruckt in der Buchdruckerei der besondern Kanzellei des Ministeriums des Innern, 1823. К изданию прилагалась партитура «Черкесской песни» (Tsherkessenlied. Musik von Louis Maurer). Перевод вызвал живой интерес в России: уже 14 сентября доброжелательная оценка перевода появляется в «Русском инвалиде» (№ 218). В тот же день, 14 сентября, похвалы переводу (раскрывая имя автора) расточает бывший директор Царскосельского Лицея Е. А. Энгельгардт в письме В. К. Кюхельбекеру (РС. 1875. Июль. С. 374). 15 сентября о переводе пишет Н. М. Языков А. М. Языкову (Языковский архив 1913: 94). Положительный отзыв об этом переводе дается в трактате О. Сомова «О романтической поэзии» (Соревнователь просвещения и благотворения. 1823. № 7. С. 264; вышел 15 ноября). Впрочем, за пределами самой России (в том числе в Германии) перевод этот особого распространения не получил (см.: Ершофф 1987).

В течение 1820–1830-х гг. появилось еще несколько переводов КП на европейские языки: шведский (Minne af Kaukasien. Öfversättning ifren Ryskan [Af Fredrik August von Platen]. Abo: Tryckt hos J. C. Frenckell & Son, 1825); польский (Jeniec Kaukazu. Poemat A. Puszkina w dwóch częściach tłomaczony z rossyjskiego.

Warszawa: W drukarni I. Wróblewskiego, 1828); французский (Le prisonnier du Caucase, nouvelle en vers de M. A. Pouchkine [traduit en prose par de Laveau] // Bulletin du Nord. M., 1829. T. II. № 8. P. 301–310; T. III. № 9. P. 36–46); итальянский (Il prigioniero del Caucaso poematto russo, A. Poushkine, tradotto in italiano da Ant. Rocchigiani. Napoli: Dalla Stamperia del Fibreno, 1834; Il prigioniero del Caucaso. Novella di A. Puschkin. Tradotta dalla lingua Russa [D. F. G. Toscano]. Odessa: Stamperia della Citta, 1837).

Также несколько раз отдельно переводилась «Черкесская песня»: [*Staniewicz M.*] Pieśń Czerkieska z Al. Puszkina z «Jeńca Kaukazu» // Dziennik Wileński. 1824. № 11; Czeczeniec (Piesn tatarska z A. Puszkina) // Chodzki Al. Poezye. Poznan, 1833. S. 153; Tschekessisches lied [Des stromes welle braus't und dröhnt] [Пер. К. Jaenisch] // Jaenisch K. Das nordlicht. Erste Lieferung. Dresden; Leipzig, 1833. S. 127–128.

Построчный комментарий

с. 151–152 *Посвященіе* [Н. Н. Раевскому]. Текст во всех прижизненных изданиях КП искажен; см. подробнее раздел «Прижизненные издания». Авторский текст воспроизведен в ПСС 1937—1959, IV по Гнедичевской рукописи, с учетом позднейших авторских поправок.
Как отмечалось (см. раздел «Творческая историю»), к исправлению «Посвящения» был причастен Жуковский. Сами поправки отражали мнение арзамасского круга. А. И. Тургенев писал Вяземскому 6 июня по поводу текста КП: «…жаль, что из предисловия должно выкинуть все то, что где он говорит о клевете и о гонении на него: и неправда, и неблагородно! Оттого и стихи сии нехороши, car rien n'est beau qui le vrai» (ОА II: 260). Необходимость переделки «предисловия» диктовалась как его политической дерзостью, так и тем, что текст в оригинальной его версии задевал людей из арзамасского круга (прежде всего — самого Карамзина).
Причина пушкинской дерзости может быть объяснена следующим образом. Когда Пушкин отправился на юг, он дал обещание Карамзину вести себя благонравно и в течение ближайших лет не писать ничего противоправительствен-

ного. Предполагалось, что «исправившийся» Пушкин сможет вернуться в Петербург через полгода (см. подробнее комментарий к «Эпилогу» РиЛ). Пушкин свое обещание сдержал — и ждал выполнения обещания другой стороной. 7 мая он пишет письмо А. И. Тургеневу, в котором просит выхлопотать у государя позволения приехать в Петербург хотя бы на несколько дней. Его просьба не имела последствий. «Командировка» на Юг обернулась фактической ссылкой. Пушкин был разочарован и раздражен (ср.: Немировский 2002; Немировский 2003: 36–40). Этими настроениями и объясняется тональность «Посвящения» КП. В «Посвящении» Пушкин описывал свою судьбу как гонение *невинного* («Когда я погибал безвинный, безотрадный…») и фактически представлял государя пособником «мстительных невежд». Мотивы вражды и гонений (в стилистическом воплощении, близком тексту «Посвящения») содержались уже в лицейском творчестве Пушкина. Ср. послание Пушкина «К Дельвигу» (1817): «Так рано зависти увидеть зрак кровавый / И низкой клеветы во тьме сокрытый яд / <…> …певец, / Враждою, завистью на жертву обреченный…» (I: 247). Однако в ситуации пребывания в Кишиневе те же мотивы приобретали политическое звучание. Заключительные стихи («И счастие друзей / Мне было сладким утешеньем») в этом контексте звучали как упрек петербургским друзьям в равнодушии к судьбе изгнанника. Потаенный смысл «Посвящения» вполне адекватно поняли Карамзин и арзамасский кружок, поспешившие через посредство Гнедича «обезвредить» стихи и спасти Пушкина от новых неприятностей. Резкая оценка КП в письме Н. М. Карамзина Вяземскому от 13 июня 1822 г. («слог жив, черты резкие, а сочинение плохо: как в его душе, так и в стихотворении нет порядка» [Старина и новизна. 1897. Кн. 1. С. 131]) объясняется, видимо, тем, что Карамзин почувствовал себя уязвленным и задетым «неправдой» стихов «Посвящения».

Н. Н. Раевский (младший) (1801–1843) — сын генерала Раевского. Впоследствии генерал-майор (с 1829 г.), начальник Первого отделения Черноморской береговой линии (1837–1841). Пушкин был дружески близок с Раевским еще в Петербурге, но особенно тесно сошелся с ним во время путешествия по югу России в мае—сентябре 1820 г. В письме брату Льву от 24 сентября 1820 г. Пушкин сообщал о каких-то «вечно незабвенных услугах», оказанных ему Раевским. Выбор Раевского в качестве объекта посвящения поэмы не лишен демонстративности: единственный друг, «близ которого» поэт находил «спокойство» во дни безвинного гоненья, фактически противопоставлен «бездействующим» столичным друзьям.

с. 152 *Ты здѣсь найдешь воспоминанья, / Быть можетъ, милыхъ сердцу дней, / Противорѣчія страстей, / Мечты знакомыя, знакомыя страданья, / И тайный гласъ души моей.* В этих стихах обыграно (и переосмыслено) посвящение к поэтическому разделу «Опытов в стихах и прозе» К. Н. Батюшкова — стихотворение «Друзьям»: «Но дружество найдет мои, в замену, чувства, / Историю моих страстей, / Ума и сердца заблужденья; / Заботы, суеты, печали прежних дней, / И легкокрылы наслажденья» (Батюшков 1977: 200). Впоследствии это стихотворение Батюшкова было обыграно в «Посвящении» «Евгения Онегина» (см.: Nabokov 1964, II: 26; Набоков 1997: 100).

с. 152 *Младенецъ избранный, ты гордо полетѣлъ...* Слово «младенец» в редком у Пушкина — и несомненно стилизованном — значении «подросток», «юноша» (см.: Словарь языка Пушкина 2000, II: 625–626) выступает как цитата-отсылка к «Певцу во стане русских воинов» В. А. Жуковского: «Раевский, слава наших дней, / Хвала! Перед рядами / Он первый грудь против мечей / С младенцами сынами». Начиная с редакции «Стихотворений» Жуковского (1815) последний стих был изменен и стал звучать иначе: «С отважными сынами». См. ироническое обыгрывание прежней и новой формул в шутливой стихотворной записке Пушкина Жуковскому от 1819 г.: «Раевский, *молоденец прежний*, / А там уже *отважный сын...*» (II: 108). Речь идет о легендарном подвиге генерала Н. Н. Раевского, в сражении под Дашковкой 11 июля 1812 г. якобы выступившего во главе русского отряда вместе с двумя юными сыновьями. По рассказу самого генерала, зафиксированному К. Н. Батюшковым (адъютантом Раевского в европейском походе), сыновья в сражении непосредственно не участвовали, а младший, Николай, и вовсе находился в обозе

Комментарии

(см. Батюшков 1989, II: 37)*. Скорее всего, Пушкин об этом знал (см.: Лекманов 2004), но по разным причинам, в том числе литературным, счел необходимым поддерживать легенду.

с. 152 *Отечество тебя ласкало съ умиленьемъ, / Какъ жертву милую, надежды вѣрный цвѣтъ.* По замечанию исследовательницы, «[к]лючевое слово в этой формуле — „жертва". Ключевым оно было и в закрепленных легендой словах Раевского-отца: „Вперед, ребята, за веру и за Отечество! Я и дети мои, коих приношу в жертву, откроем вам путь!"» (Виролайнен 1996: 358; цитата из апокрифической речи генерала Раевского приведена по: Русский вестник. 1812. № 10. С. 79; эта речь воспроизводились затем в разных источниках многократно). Пушкин включил образ в эффектную антитезу: с одной стороны, «милая жертва», принесенная отцом-героем для спасения Отечества (секуляризованная версия библейской истории об Аврааме, готовом принести в жертву своего сына Иакова), с другой — «жертва клеветы». О связях «Посвящения» и образа Раевского с мотивной структурой поэмы (в частности, с мотивом «мужского братства») см.: Sandler 1989: 158–161.

ЧАСТЬ I

с. 155 *Въ аулѣ, на своихъ порогахъ, / Черкесы праздные сидятъ.* Вариация стихов из послания Жуковского «К Воейкову» (Жуковский 1999, I: 309–310); вариация имеет демонстративный (состязательный) характер, поскольку использованные и обыгранные Пушкиным стихи (от «Но дни в аулах их бредут» до «Готовясь на убийства новы») включены Пушкиным в авторские примечания к поэме.

---

* Эта скептическая версия находится в некотором противоречии с письмами генерала, написанными через несколько дней после сражения, — в них подробно описывается поведение сыновей во время боя (см., например: Личные письма генерала Раевского // 1812–1814. [Документы]. Из собрания Государственного исторического музея. М.: Терра, 1992. С. 209–210, 215). Впрочем, остается неясным, отражали ли эти письма реальные события или были первым шагом в создании героической легенды, развенчать которую можно было лишь много лет спустя и только в келейной беседе с доверенным человеком.

с. 156 *Невнятный сонъ въ устахъ раздался.* Опечатка ПП, повторяющая опечатку КП2. Должно быть (как в КП1): «Невнятный стонъ въ устахъ раздался».

с. 157 *Предъ нимъ пустынныя равнины / Лежатъ зеленой пеленой; / Тамъ холмовъ тянутся грядой / Однообразныя вершины…* Пушкин перенес в КП условный пейзаж из «Руслана и Людмилы» — от мотивов и лексики до просодики и ритмики (Вторая песнь, ст. 278–281): «Все мертво. Снежные равнины / Коврами яркими легли; / Стоят угрюмых гор вершины / В однообразной белизне…» (IV: 30). Изменен лишь цветовой эпитет — сообразно времени действия.

с. 157 *Въ страну, гдѣ пламенную младость ~ Гдѣ первую позналъ онъ радость, / Гдѣ много милаго любилъ…* Эти стихи перекликаются с посланием «Ш-му (В Альбом)» Е. А. Баратынского (опубл.: СО. 1819. Ч. 58. № XLIX): «Ты помнишь милую страну, / Где жизнь и радость мы узнали, / Где зрѣли первую весну, / Где первой страстію пылали?» (Боратынский 2002, II/1: 94).

с. 158 *Людей и свѣтъ извѣдалъ онъ, / И зналъ невѣрной жизни цѣну.* В черновике этим стихам предшествовал фрагмент:

> Родился онъ среди снѣговъ
> Но въ немъ пылалъ восторговъ пламень —
> Въ [часы] минуты щастья — сынъ пировъ
> Во дни гоненья — [хладный] твердой камень
>
> (ПД 830. Л. 16; ср.: IV: 296)

В первом беловике ПД 831 второй стих потом был поправлен: «Но въ немъ страстей таился пламень» (ПД 831. Л. 4 об.). В Чегодаевской рукописи изменен последний стих: «Во дни гоненья [твердый] хладный камень» (IV: 354); затем все четверостишие было зачеркнуто. Стихи (построенные на антитезе-парадоксе) обыгрывают стихи из послания П. А. Вяземского «Толстому» (1818): «Которого душа есть пламень, / А ум — холодный эгоист; / Под бурей рока — твердый камень! / В волненьях страсти — легкий лист!» (Вяземский 1986: 114). Пушкин ценил эти стихи не только как яркую характеристику Толстого-Американца (с которым собирался стреляться за распущенную тем клевету), но и как выразительную формулу «современного человека».

Согласно утверждению Пушкина, заключительные два стиха этого четверостишия должны были стать эпиграфом к КП (см. письмо П. А. Вяземскому от 14 октября 1823 г.: «К стати об эпиграфах — знаешь ли эпиграф К.<авказского> Пле.<нника>?

> Под бурей рока твердый камень,
> В волненьях страсти — легкой лист. —

Понимаешь, почему не оставил его. Но за твои 4 стиха я бы отдал 3 четверти своей поэмы» [XIII: 70]). Однако предположение, что этот эпиграф находился в Гнедичевской рукописи (принятое в ПСС 1937–1959, IV: 365), — весьма сомнительно. Обыгрывая послание Вяземского, Пушкин искусно обнажает его поэтический субстрат (и в свою очередь обыгрывает его) — оду Г. Р. Державина «На взятие Измаила». Стих «Родился онъ среди снѣговъ» отсылает к державинской характеристике русских воинов: «В зиме рожденны под снегами…»; к той же оде восходит и противопоставление «снега» и «пламени»: «В одних душа рассудком льдяна, / У тех пылает огнь в сердцах» (Державин 2002: 98). Ср. еще в стихотворении Державина «На победы в Италии»: «Воспитанный в огнях, во льдах» (Там же, 280).

с. 158 *Въ сердцахъ друзей нашедъ измѣну, / Въ мечтахъ любви безумный сон…* Жирмунский сближал мотивы этих стихов с поэзией Байрона, в частности с началом первой песни «Паломничества Чайльд Гарольда» (Жирмунский 1978: 155). Однако генезис мотивов и фразеологии этой характеристики обнаруживается в русской поэзии. Ср. послание В. А. Жуковского «Филалету», сыгравшее важную роль в формировании русской элегической поэтики: «Любовь… но я в любви нашел одну мечту, / Безумца тяжкий сон, тоску без разделенья» (Жуковский 1999, I: 140; отмечено в книге: Виноградов 1941: 175). Отголоски соответствующей фразеологии звучат и в «Посвящении» КП («Когда любви тяжелый сон»). Формула «безумный сон» (в связи с темой неразделенной любви) уже использовалась в лицейской поэзии Пушкина. Ср. в послании «Князю А. М. Горчакову»: «Безумный сон покинул томны вежды» (I: 255). Тема *предательства друзей*, видимо, представляет собой трансформацию темы дружества как высшей ценности, характерной для русской преромантической поэзии — в частности, для Жуковского (ср. об этом: Вацуро 1994: 123–124).

с. 158 *Съ веселымъ призракомъ свободы.* Далее в Первом беловом автографе и первом слое Чегодаевской тетради следовало восьмистишие — стихи о свободе. В ПСС 1937–1959 оно приведено по последнему слою Чегодаевской рукописи. В версии, записанной М. Юзефовичем, стихи звучат с небольшими отличиями (в Чегодаевской рукописи второй стих читается: «Еще искал в пустынном мире», третий: «Страстями чувства истребя»):

>   Свобода! Он одной тебя
>   Еще искал в подлунном мире.
>   Страстями сердце погубя,
>   Охолодев к мечтам и к лире,
>   С волненьем песни он внимал,
>   Одушевленные тобою,
>   И с верой, пламенной мольбою
>   Твой гордый идол обнимал.
>   (IV: 95, 298)

Стихи о свободе оказались отброшены потому, что они слишком отчетливо проецировались на судьбу самого Пушкина и вызывали опасные ассоциации. Исследователь, справедливо отметивший демонстративный «автобиографизм» образа Пленника, указывал, что в выпущенных стихах содержатся намеки, которые «прямо указывают на связь пленника с автором»: «„Песни", одушевленные свободой, — это поэзия Байрона» (Слонимский 1963: 218). Однако как раз подчеркнутый биографизм выпущенного фрагмента не позволяет считать это заключение оправданным: весь пассаж овеян петербургскими ассоциациями, меж тем в Петербурге Пушкин Байрона практически не знал; плохо знал он его даже в начале работы над КП (см. выше). Кроме того, признание в любви к поэзии Байрона могло служить знаком либеральных симпатий, но не представляло собой ничего крамольного. Упомянутые в отброшенном фрагменте «песни», одушевленные свободой, отсылают не к поэзии Байрона, а к другому контексту — к французской политической поэзии, вдохновлявшей пушкинскую оду «Вольность» (широко известную также под названием «Свобода» или «Ода на свободу»); ср. обращения в этой оде к музе: «Открой мне благородный след / Того возвышенного галла, / Кому сама средь славных бед / Ты гимны смелые внушала» (II: 45). Запутанный вопрос о личности «возвышенного галла» остается открытым (см. подробнее комментарий В. Э. Вацуро, Е. О. Ларионовой и А. И. Роговой в ПСС 1999, II/1: 489–493). Б. В. Томашевский обстоятельно аргументировал кандидатуру французского поэта Понса Экушара Лебрена (Томашевский 1940; конспективно суммировано: Томашевский 1956: 156–159); его толкование остается доныне наиболее распространенным. Однако выдвинутые позднее аргументы в пользу отвергнутой было кандидатуры Андре Шенье представляются более весомыми и убедительными (см.: Слонимский 1962; Koehler 1971; Driver 1992). Кто бы, однако, ни имелся в виду, в любом случае намек на оду «Вольность» — главную причину высылки Пушкина из Петербурга — делал фрагмент о «свободолюбии» Пленника исключительно дерзким и совершенно невозможным в печати.

с. 159 *Онъ ждетъ, чтобъ съ сумрачной зарёй / Погасъ печальной жизни пламень…* Восходящая к традиции французской поэтической фразеологии метафора заканчивающейся жизни как угасающего пламени (= светильника, лампады) была широко распространена в русской поэзии XVIII — начала XIX в. Многочисленные примеры см.: Григорьева 1969: 161–163.

с. 159 *Ужъ меркнетъ солнце за горами; ~ Съ полей народъ идетъ въ аулъ…* Вечерний пейзаж (включающий в себя мотив «возвращения крестьян с полей») как фон для медитации рефлектирующего лирического героя задан «Сельским кладбищем» Жуковского (переводом-переработкой «Элегии» Т. Грея): «Уже бледнеет день, скрываясь за горою; / Шумящие стада толпятся за рекой; / Усталый селянин медлительной стопою / Идет, задумавшись, в шалаш спокойный свой» (Жуковский 1999, I: 53). Ср. повторение приема в его «Вечере»: «Уж вечер… облаков померкнули края…» (Там же, 76). Именно поэзия Жуковского (а не невольное вторжение «правды жизни» [Свирин 1935а: 195]) стимулировала появление в КП темы мирных поселян, резко контрастирующей с зарисовками воинственных занятий черкесов.

с. 159 *Умолкнулъ; все въ ночной тѣни / Объято нѣгою спокойной…* Ср. в «Вечере» Жуковского: «Все тихо: рощи спят; в окрестности покой…» (Жуковский 1999, I: 76). В черновой редакции далее должна была следовать характеристика ночного Кавказа, в свою очередь построенная на игре с пейзажной поэзией Жуковского. Впоследствии (в обработанном и модифицированном виде) она перешла во вторую часть поэмы.

с. 159 *Но кто, въ сіяніи луны, / Среди глубокой тишины / Идетъ, украдкою ступая?* В черновой рукописи варианты: «Но кто в глубокой тишине / Идет как легкое виденье…»; «Но кто в сиянии луны / Среди глубокой тишины / Идет как легкое виденье» (IV: 300, 301). Жирмунский отметил композиционную и мотивную близость этой сцены появлению Гюльнары у изголовья спящего Конрада в «Корсаре» Байрона: «He slept — Who o'er his placid slumber bends?» (Byron 1945: 291; Жирмунский 1978: 48). Однако бо́льшую фразеологическую и интонационно-синтаксическую близость пушкинскому описанию обнаруживает не оригинал, а французский перевод поэмы: «Mais qui s'avance dans le silence de sa prison?» (Byron 1820, I: 46; здесь появляются отсутствовавшие в оригинале «тишина» и противительное «но»). Вместе с тем Пушкин переводит не только с французского языка на русский, но и с языка *французской прозы* на язык *русской поэзии*. Он оформляет аллюзию на Байрона по модели стихотворения В. А. Жуковского «Утренняя звезда», где есть образ осторожно крадущейся девушки, освещенной небесным светилом: «Но кто там в утренних лучах / Мелькнул и спрятался в кустах?» (Жуковский 1999, II: 67).

с. 159 *Очнулся Руской. Перед нимъ ~ Стоитъ черкешенка младая.* Здесь и далее использован эпизод из «Дон Жуана» Байрона (Песнь вторая, окт. CXLIX и след.): Дон Жуан, очнувшийся после кораблекрушения, видит склонившуюся над ним прекрасную чужеземную девушку. Ср.: Жирмунский 1978: 49–50.

с. 160 *Онъ чуждыхъ словъ не понимаетъ…* Ср. в «Дон Жуане» Байрона: Песнь вторая, строфы CLI («Or Juan ne pouvait comprendre un mot de son discours, n'étant point né Grec») и CLXI («Haidée se mit alors à babiller: Juan ne comprenait pas un mot» [Byron 1820, II: 230, 233]). В оригинале: «Now Juan could not understand a word, Being no Grecian»; «And then fair Haidée tried her tongue at speaking, But not a word could Jouan comprehend. <...>» (Byron 1945: 678, 679).

с. 160 *Но взоръ умильный, жаръ ланитъ, / Но голосъ нѣжный говоритъ: / Живи! и плѣнникъ оживаетъ.* Развертывание темы «разговора без слов» на контрасте и соответствующий синтаксис (игра противительными конструкциями) опираются на поэтику Батюшкова. Ср. стихотворение Батюшкова «Ложный страх» (переложение Парни): «Но любви бесценны слезы, / Но улыбка на устах <...> Молча, новое свиданье / Обещали вечерком» (Батюшков 1977: 294). Другой мотивно-тематический компонент этого эпизода (воскрешение любовью) соотносится с «Выздоровлением» Батюшкова, перечисляющим «воскрешающие» жесты: «Но ты приближилась, о жизнь души моей, / И алых уст твоих дыханье, / И слезы пламенем пылающих очей, / И поцалуев сочетанье, / И вздохи страстные, и сила милых слов / Меня из области печали / От Орковых полей, от Леты берегов / Для сладострастия призвали. / Ты снова жизнь даешь; она — твой дар благой...» (Там же, 214).

с. 160 *И онъ, собравъ остатокъ силъ...* В черновике и первом беловике: «Собрав остаток слабых сил» (IV: 304, 354). Рукописные варианты обнажают литературный генезис стиха: Пушкин использует формулу, в элегической поэзии связанную с темой умирающего юноши. Ср. «Падение листьев» (перевод-переложение элегии Мильвуа) М. Милонова (первая редакция): «Собравъ остатокъ слабыхъ силъ, / Въ мѣстахъ сихъ юноша сраженный...» (Милонов 1812: 202; в позднейшей редакции строфа изменена).

с. 161 *Приноситъ плѣннику вино, / Кумысъ, и ульевъ сотъ душистой, / И бѣлоснѣжное пшено; / Съ нимъ тайный ужинъ раздѣляетъ...* Английский исследователь усмотрел в этой сцене неожиданное обыгрывание христианского таинства причастия (Andrew 1993: 28–29). Однако эротическое осмысление сакральной символики отсылает здесь не к таинству эвхаристии, а к Песни Песней (5: 1), которую Пушкин рассматривал как образец «восточной» поэзии (см. ниже): «Внидохъ въ вертоградъ мой, сестро моя невѣсто <…> ядохъ хлѣбъ мой съ медомъ моимъ, пихъ віно мое съ млекомъ моимъ».

с. 161 *На немъ покоитъ нѣжный взоръ; / Съ неясной рѣчію сливаетъ / Очей и знаковъ разговоръ.* Использованы мотивы и образы из Второй песни «Дон Жуана» Байрона (строфы CLXI–CLXII): «Haidée se mit alors á babiller: Juan ne comprenait pas un mot. <…> Elle s'avisa d'avoir recours aux signes, aux sourires et aux œillades expressives…» (Byron 1820, II: 233, 234). Ср. в оригинале: «And then fair Haidée tried her tongue at speaking, / But not a word could Jouan comprehend. <…> And then she had resourse to nods, and signs, / And smiles, and sparkles of the speaking eye...» (Byron 1945: 679).

с. 161 *Поетъ ему и пѣсни горъ, / И пѣсни Грузіи счастливой.* Пропущена цифра 7, обозначающая ссылку на соответствующее примечание (ссылка эта есть в КП1 и КП2). Ср. в позднейшем стихотворении: «Не пой, красавица, при мне / Ты песен Грузии печальной…» (1828; III: 109).

с. 162 *И памяти нетерпѣливой / Передаетъ языкъ чужой.* Первые читатели и критики поэмы, отметившие художественную выразительность образа (см. оценку М. П. Погодина: «Оборот в последних двух стихах новый и прекрасный…» [ППК 1: 138]), не сомневались в смысле этих стихов: Черкешенка учит Пленника своему языку. Ср. пересказ в статье Погодина: «Он с нетерпением учился языку грузинскому» (Там же, 135; путаница отражает туманные представления русской публики об этнографии Кавказа). Не сомневались в этом и пушкинисты, впрочем, расценивавшие лингвистические успехи Пленника как литературную условность. Ср.: «Едва ли пленник мог в короткое время настолько овладеть черкесским языком, чтобы объяснить черкешенке во всех тонкостях свое душевное состояние» (Слонимский 1963: 220). Однако в пушкинистике последних лет получило широкое распространение противоположное истолкование, согласно которому Пленник учит русскому языку Черкешенку (см.: Hokanson 1994: 348; Frank 1998: 73; Wanner 2000: 142; ср.: Ebbinghaus 2004: 28). В этом обычно усматривается символическое утверждение гендерного и геополитического доминирования (Hokanson 1994: 348–350). В такого рода ошибочных интерпретациях отразилось механическое приложение к поэме общих мест так называемой постколониальной и феминистической критики. В действительности Пушкин развивает мотивы «Дон Жуана» Байрона (см. выше), где Гайде выступает в роли учительницы, Дон Жуан — в роли ученика. Именно он выучивает незнакомый ему прежде греческий язык. См. строфу CLXIII второй главы: «Alors par le mouvement de ses noires prunelles, par le moyen de mots qu'il répétat après elle, Juan prit sa premier leçon dans la langue de Haïdée…» (Byron 1820, II: 234). Ср. в оригинале: «And now, by dint of fingers and of eyes, / And words repeated after her, he took / A lesson in her tongue…» (Byron 1945: 679). Сохранившиеся черновые версии эпизода в КП не оставляют сомнений в том, что ролевые отношения учительницы–ученика были распределены между Черкешенкой и Пленником изначально (ПД 830. Л. 22; ср.: IV: 307; Виноградов 1941: 209). Отмечалось, что формула «*Передаетъ языкъ чужой*» находится «в непосредственной связи с фразой — передавать звуки», широко использовавшейся в ранней лирике Пушкина (Виноградов 1941: 177–178) и, в свою очередь, восходящей к фразеологии французской поэзии (Щеголев 1911: 98–99).

с. 163 *Вперялъ онъ неподвижный взоръ / На отдаленны громады / Сѣдыхъ, румяныхъ, синихъ горъ.* В рукописях и в КП1: «Остановлялъ онъ долго взоръ». Пушкин попытался изобразить здесь несколько уровней Кавказских гор. Неоднородность кавказского ландшафта поражала наблюдателей — ср. впечатления Г. Геракова (дневниковая запись датирована 2 августа; в этот день Гераков впервые встретился с Пушкиным): «Здѣсь, у Подкумка, мы завтракали; здѣсь я обозрѣлъ вокругъ себя, и — стоя на колѣняхъ, написалъ слѣдующее: Цѣпь Кавказскихъ горъ можно раздѣлить на четыре разряда. Первыя горы покрыты зеленью и украшены древами разнородными огромной величины. Вторыя каменныя, съ торчащими по бокамъ большими деревьями, устланныя по мѣстамъ обгорѣлою отъ жаровъ травою и сѣдымъ мхомъ. Третьи, подъ коими необыкновенны красивыя облака плаваютъ, снѣжныя, взору пріятны; и четвертыя, ледяныя, душу возвышающія» (Гераковъ 1828: 95–96). Опуская первый ряд гор (ближних холмов), Пушкин описывает следующие три: каменные («седой мох»), снежные («румяные» от солнца) и «ледяные, душу возвышающие» (синие).

с. 163 *Великолѣпныя картины!* Парафраз (с повторением лексического и ритмического рисунка) стиха из послания Жуковского «Воейкову» (1814): «Великолепие творенья!» (Жуковский 1999, I: 309).

с. 163 *И въ ихъ кругу колоссъ двуглавый, / Въ вѣнцѣ блистая ледяномъ, / Эльбрусъ огромный, величавый, / Бѣлѣлъ на небѣ голубомъ.* Образ цитатно обыгрывает послание «Воейкову» Жуковского (в интонации, синтаксисе, лексике, системе рифм): «И в сонме их гигант седой, / Как туча, Эльборус двуглавый, / Ужасною и величавой / Там все блистает красотой…» (Жуковский 1999, I: 308–310).

с. 163 *Когда, съ глухимъ сливаясь гуломъ, / Предтеча бури, громъ гремѣлъ…* Акустический образ гулкого шума и грома опирается на опыт русской поэзии. Ср. в стихотворении Г. Р. Державина «На переход Альпийских гор» (1799): «Вдали там гулы ропщут, громы» и «Где ухо льдов лишь гулы слышит» (Державин 2002: 282, 283). Ср. также «Вечер» В. А. Жуковского (помимо лексических и фонетических перекличек примечательны синтаксические соответствия с текстом Пушкина): «Когда с холмов златых стада бегут к реке / И рева гул гремит звучнее над водами…» (1806; Жуковский 1999, I: 75).

с. 163 *У ногъ его дымились тучи, ~ А плѣнникъ, съ горной вышины, / Одинъ, за тучей громовою, / Возврата солнечнаго ждалъ…* Герой в горах заставлял исследователей вспомнить «альпийские» картины в «Паломничестве Чайльд Гарольда». Однако ближайшим литературным материалом для этого образа послужила поэтика русской оды. Ср. у М. В. Ломоносова: «Взнесись превыше молний, Муза <…> Дерзай ступить на сильны плечи / Атлантских к небу смежных гор <…> / Блюдись спустить свой в горы взор, / Над тучи оным простирайся, / И выше облак возвышайся…» («Ода на прибытие… Елисаветы Петровны из Москвы в Санктпетербург 1742 года по коронации» [Ломоносов 1959: 83]). Ср. у него же аллегорико-метафорическое сравнение русских войск с парящими орлами: «Орел когда шумя летит, / И там парит, где ветр не воет; / Превыше молний, бурь, снегов...» («Ода... на взятие Хотина, 1739 года» [Там же, 27]). Пушкин превращает разработанную в оде умозрительную точку зрения «сверху» (мотивированную «парением» Музы) в обоснованную физически. Промежуточную «точку зрения» иллюстрирует ода Державина «На возвращение графа Зубова из Персии» (1797; опубл. 1804), процитированная Пушкиным в примечаниях к поэме: «Как серны, вниз склонив рога, / Зрят в мгле спокойно под собою / Рожденье молний и громов» (Державин 2002: 274).

с. 163 *Въ степи взвивался прахъ летучiй...* Формула заимствована из стихотворения К. Н. Батюшкова «Переход через Рейн» (1817): «Взвивая к небу прах летучий, / По трупам вражеским летят» (Батюшков 1977: 323). Формула Батюшкова, в свою очередь, восходит к Ломоносову: «Там кони бурными ногами / Взвивают к небу прах густой» («Ода на прибытие... Елисаветы Петровны... 1742 года по коронации» [Ломоносов 1959: 89]).

с. 163 *Уже прiюта между скалъ / Елень испуганный искалъ...* «Елени» (как и «орлы») — цитатны; они явились из послания Жуковского «Воейкову». КП — единственное произведение Пушкина, где употребляется церковнославянская форма слова «елень» (см.: Словарь языка Пушкина 2000, I: 775). При переизданиях своих сочинений сам Жуковский модернизировал написание слова: вместо «еленей» стало «оленей». В пушкинском описании «еленей», между прочим, искусно использована характеристика горцев из послания Жуковского: «Скалы свободы их приют» (Жуковский 1999, I: 308). Комбинируя цитатные отсылки, Пушкин объединяет диких горных животных и «диких» горцев как обитателей мира «диких гор».

с. 164 *И вдругъ на долы дождь и градъ / Изъ тучъ сквозь молнiй извергались...* Ср. в стихотворении Державина «Гром» (1806): «Гул восшумел, и дождь и град...» (Державин 2002: 361; ср. выше мотив «гула»). «Дождь и град» — одическая квазибиблейская формула, восходящая к Ломоносову: «Внимай, как Юг пучину давит <...> И с морем дождь и град мешает» («Ода на прибытие... Елисаветы Петровны... 1742 года по коронации» [Ломоносов 1959: 90]).

с. 165 *На немъ броня, пищаль, колчанъ, / Кубанскій лукъ, кинжалъ, арканъ, / И шашка, вѣчная подруга / Его трудовъ, его досуга. ~ Его богатство — конь ретивый…* Давно отмечалось, что прообразом для портрета черкеса послужило описание воинственного албанца во Второй песни «Паломничества Чайльд Гарольда» Байрона (см., например: Поливанов 1904: 57). Однако основной материал для портрета дало послание Жуковского «Воейкову» (эти стихи приведены Пушкиным в «Примечаниях» к КП): «Пищаль, кольчуга, сабля, лук / И конь — соратник быстроногий / Их и сокровища и боги…» (Жуковский 1999, I: 309). Оттуда же позаимствован и аркан («Под буркой, с гибельным арканом»).

с. 165 *Питомецъ горскихъ табуновъ…* Перифрастическое описание черкесского коня соотносится с формулой из ценимой Пушкиным элегии Вяземского «Первый снег» (1819): «Красивый выходец кипящих табунов» (Вяземский 1986: 131).

с. 165 *Въ пещерѣ иль травѣ глухой / Коварный хищникъ съ нимъ таится…* Ср. в послании Жуковского «Воейкову»: «Где часто, притаясь на бреге <…> Или по топким берегам, / В траве высокой, в чаще леса / Рассыпавшись, добычи ждут…» (Жуковский 1999, I: 308–309).

с. 166 *Во одно мгновенье вѣрный бой / Рѣшитъ ударъ его могучій, / И странника въ ущелья горъ / Уже влечетъ арканъ летучій. ~ Кровавый слѣдъ за нимъ бѣжитъ…* Стихи — результат приспособления к новой композиции первоначального зачина поэмы «Кавказ». Хотя, как отмечалось, черкесский аркан заимствован из послания Жуковского, образ поверженного воина, которого победитель-всадник влачит по земле, оставляя на ней кровавый след, восходит к «<Элегии VII>» Дениса Давыдова (1817): «А я!.. мне жребий пасть в боях / Мечом победы пораженным; / И — может быть — врагом влеченну на полях, / Чертить кремнистый путь челом окровавленным» (Давыдов 1984: 84, 158; в позднейших публикациях стихи были незначительно изменены). Вероятно, в основе картины, нарисованной Давыдовым, — знаменитая сцена «Илиады» (Песнь XXII), где Ахилл влачит тело убитого Гектора вокруг стен Трои. Пушкин объективирует воображаемую элегическую картину и таким образом возвращает ее в эпическое пространство.

Комментарии

с. 166 *Все путь ему: болото, боръ, / Кусты, утесы и овраги...* В новой функции выступает старый (одический) прием: для изображения неудержимого конского бега использованы образность, синтаксическая модель и лексические компоненты из описания движения русских войск в «Оде... на взятие Хотина, 1739 года» М. В. Ломоносова: «Им воды, лес, бугры, стремнины, / Глухия степи — равен путь» (Ломоносов 1959: 20).

с. 166 *Сѣдой потокъ предъ нимъ шумитъ...* Ср. в «Эпилоге»: «Когда на Терекѣ сѣдомъ...» «Седой» означает здесь «пенистый», «покрытый белой пеной». Эпитет, отвлеченный от слова «пена», показался чрезмерно смелым одному из рецензентов КП — М. П. Погодину: *Седой прилагательное неприличное* (ППК 1: 141). Метафора, видимо, восходит к «Оде... на взятие Хотина, 1739 года»: «Седая пена вкруг шумит» (Ломоносов 1959: 18). Ср. также у Державина в «Водопаде»: «Седая пена по брегам» (Державин 2002: 174). Образ отозвался и у Дельвига: «Где в бездну с мрачного навеса / Седой поток шумит» («К фантазии», 1814–1817 [Дельвиг 1986: 112]).

с. 167 *Склонясь на копья, казаки / Глядятъ на темный бѣгъ рѣки...* (Образ повторен в «Черкесской песне»: «Казакъ усталый задремалъ, / Склонясь на копіе стальное».) Ср. у Батюшкова в элегии «Переход через Рейн»: «Там всадник, опершись на светлу сталь копья, / Задумчив и один, на береге высоком / Стоит и жадным ловит оком / Реки излучистой последние края» (Батюшков 1977: 323). Образ восходит к Оссиану, воспринятому сквозь призму стилистической системы Державина. Ср. державинское стихотворение «На победы в Италии» (1799): «Кто, на копье склонясь главою, / Событье слушает времен?» (Державин 2002: 280; отмечено в работе: Элиаш 1914: 8). В формуле «склонясь на копья / на копіе» Пушкин ближе к Державину, чем к Батюшкову.

с. 167 *О чемъ ты думаешь, казакъ? / Воспоминаешь прежни битвы ~ И родину?..* Мотив «воспоминания воина» (как и его лексическое оформление) восходит к описанию казака в «Переходе через Рейн» Батюшкова: «Быть может он воспоминает / Реку своих родимых мест...» (Батюшков 1977: 323). В обоих случаях предпринята попытка перенести типовую элегическую ситуацию «одинокого раздумья» в экзотическую, этнографически окрашенную («казацкую») среду.

с. 167 *На смертномъ полѣ свой бивакъ…* Образ восходит к посланию К. Н. Батюшкова «К Никите» (1817): «Но слаще мне среди полей / Увидеть первые биваки» (Батюшков 1977: 303). Один из первоначальных вариантов стиха у Пушкина звучал иначе: «У стен Парижа свой бивак».

с. 167 *Простите, вольныя станицы, / И домъ отцовъ, и тихiй Донъ…* В письме Н. И. Гнедичу от 27 сентября 1822 г. Пушкин с явным облегчением писал в связи с цензурными придирками к тексту поэмы: «Перемены, требуемые цензурою, послужили в пользу моего; признаюсь, что я думал увидеть знаки роковых ее когтей в других местах и беспокоился — например если б она переменила стих *простите, вольные станицы*, то мне было бы жаль. Но слава богу!» (XIII: 48). Пушкин, таким образом, предполагал возможность обнаружения в стихах о «вольных станицах» какого-то политически острого смысла (подразумевалось, что и Гнедич без труда поймет, о чем идет речь). Пушкинскому замечанию можно дать такое объяснение: в 1820 г. по землям Войска Донского (и частично Екатеринославской губернии) прокатились массовые волнения станичных крестьян (в основном новых поселенцев), рассчитывавших получить статус донских казаков, но вместо этого приписанных к помещикам в качестве крепостных (см.: Игнатович 1963: 322–351). Волнения были жестоко подавлены в июне–июле 1820 г., как раз в то время, когда совершалось путешествие Пушкина по Югу. Прощание с «вольными станицами», по мнению Пушкина, могло прочитываться как злободневный политический намек.

с. 168 *Подъ влажной буркой, въ саклѣ дымной, / Вкушаетъ путникъ мирный сонъ…* Ср. у Батюшкова в стихотворении «К Никите»: «И погрузиться до утра / Под теплой буркой в сон глубокий» (Батюшков 1977: 303) и у Жуковского (в свою очередь, видимо, опиравшегося на Батюшкова) в «Подробном отчете о луне»: «И ратник в лиственном биваке, / Вооруженный, мирно спал» (Жуковский 1999, II: 197). Тексты Батюшкова и Жуковского строятся на ситуативном парадоксе (мирный сон воина в условиях военного похода и в канун битвы); прием перенесен Пушкиным на новый материал (мирный сон путника в доме «кровожадного» горца).

с. 168 *Бывало, въ свѣтлый Баиранъ*... Долго господствовало представление, согласно которому материалом для сцены «игр» в КП послужил праздник байрама, будто бы наблюдавшийся Пушкиным в Бахчисарае. Однако недавно замечено, что Пушкин мог застать в Бахчисарае только праздник *курбан-байрам* (праздник жертвоприношения), тогда как праздник *ураза-байрам*, отмечающийся после окончания поста (если верить пушкинскому примечанию к поэме, именно о нем идет речь в КП), в 1820 г. начался «в то время, когда Пушкин был на Кавказе». На основании этого факта заключалось, что Пушкин описал кавказский быт «с точностью этнографа» (Желтухина 1996: 24). Между тем ни о какой этнографической точности здесь не может идти речи. Пушкин путался в восточных праздниках; об этом свидетельствует тот факт, что в черновом тексте допущена грубая этнографическая ошибка: «Бывало, въ свѣтлый Рамазанъ» (ПД 830. Л. 27 об.). Соответствующая поправка была сделана Пушкиным только после внимательного перечитывания французского перевода «Гяура» и отразилась в его «Примечаниях» (см. ниже). Черкесские «игры», видимо, не отражают никаких реальных «жизненных наблюдений»; Пушкин опирался не на «жизнь», а на литературу — на традицию описания героических состязаний, восходящую к «Илиаде».

с. 169 *Сердцамъ, рожденнымъ для войны*... Использована и скорректирована формула из стихотворения Батюшкова «К Никите»: «Что вы для них? Для сих сердец / Природой вскормленных для сечи?» (Батюшков 1977: 304). Примечательно, что в своем экземпляре «Опытов...» Батюшкова Пушкин подчеркнул слова «сердец» и «вскормленных» (XII: 279) — видимо, как порождающие неточный и двусмысленный образ.

с. 169 *Но Руской равнодушно зрѣлъ / Сіи кровавыя забавы*. Использован, развернут и локально окрашен образ из стихотворения В. А. Жуковского «Узник к мотыльку» (1813; переложение романса Ксавье де Местра): «Забав их зритель равнодушный» (Жуковский 1999, II: 256). Ср. обыгрывание этого же стихотворения в финале второй части КП.

с. 169 *Любилъ онъ прежде игры славы / И жаждой гибели горѣлъ.* В первой беловой редакции вместо этих стихов изначально было: «Не разъ подъ знаменами Славы / На смерть онъ весело летѣлъ» (ПД 831. Л. 11). В таком виде отчетливее проявлялся цитатный характер стихов. Ср. послание Жуковского «К Воейкову» (часть, не вошедшая в примечания к КП): «Ты был под знаменами славы; / Ты видел, друг, следы кровавы / На Русь нахлынувших врагов…» (Жуковский 1999, I: 306). Ср. «К Никите» Батюшкова: «Спокойся: с первыми громами / К знаменам славы полетишь» (Батюшков 1977: 304). В обеих своих модификациях образ был подготовлен уже петербургской лирикой Пушкина, соответствующим образом адаптировавшей достижения предшественников. Ср. в стихотворении «Мне бой знаком — люблю я звон мечей» (1820): «От первых лет поклонник бранной славы, / Люблю войны кровавые забавы, / И смерти мысль мила душе моей. <…> Перед собой кто смерти не видал, / Тот полного веселья не вкушал…» (II: 138). Варьирование стиха отражало колебание Пушкина в выборе статуса для Пленника. В Чегодаевской рукописи персонаж окончательно лишился военной биографии и превратился в гражданского путешественника, что позволяло теснее соотнести биографии героя и Автора. То обстоятельство, что пушкинский Пленник — не военный, подчеркивалось Б. В. Томашевским (Томашевский 1956: 393), но без особого успеха: в ряде работ Пленник упорно именуется «русским офицером».

с. 170 *Невольникъ чести безпощадной…* Галлицизм, восходящий к французскому фразеологическому клише — esclave de qch. По той же модели выстроен перифрастический образ в «Элегии» («Заснули рощи над потоком…») Е. А. Баратынского (опубл. в апреле 1820 г.): «Невольникъ истины угрюмой» (Боратынский 2002, I: 135). Ср.: Виноградов 1941: 141.

с. 170 *На поединкахъ твердый, хладной…* Образ демонстративно автобиографичен (Пушкин проявил себя как бретер и в Петербурге, и, особенно, в Кишиневе) и заключает в себе очень важный ход. В русской литературе XVIII — начала XIX в. (в отличие от европейской) дуэль выступала почти исключительно как объект сатиры или комедии (см.: Проскурин 1999а: 22–27). Пушкинские стихи — одна из самых ранних в русской литературе попыток лишить тему дуэли негативного (тем более комического) звучания и придать ей героический ореол. Об этом свидетельствует то, что описания дуэлей Пленника и схваток древних богатырей в «Эпилоге» одинаково лексически окрашены («Мстислава древний поединок»). Героизация дуэли бросает особый отсвет на поведение Пушкина на юге — в пору, когда он готовился к поединку с «клеветником» Ф. Толстым-Американцем и упражнял для этого свою волю и хладнокровие. Ср. относящееся к началу 1820-х гг. авторитетное свидетельство И. П. Липранди о Пушкине-дуэлянте (дословно совпадающее с пушкинской характеристикой Пленника): «Когда дело дошло до барьера, к нему он являлся холодным как лед <…> подобной натуры, как у Пушкина в таких случаях, я встречал очень немного» (Пушкин в воспоминаниях 1998, I: 313).

с. 170 *Безпечной смѣлости его / Черкесы грозные дивились, ~ Своей добычею гордились.* Жирмунский предполагал здесь «бессознательную реминисценцию» из «Корсара» Байрона (2, VIII): «And the grim guards that to his durance led, / In silence eyed him with a secret dread» (Byron 1945: 290; Жирмунский 1978: 149; ср.: Поливанов 1904: 59–60). Вероятнее, однако, что «реминисценция» эта представляет собой продуманный парафраз. Ср. во французском переводе, использованном Пушкиным: «Ceux que son bras avait tenus à distance commencent à se rassurer et à faire entendre leurs lâches clameurs; mais les braves qui l'ont vu de près n'insultent pas celui qui les a fait trembler, et les gardes féroces qui le conduisent l'admirent en silence, pénétrés d'une secrète terreur» (Byron 1820, I: 42). Мотив восхищения врагов смелостью противника приобретает у Пушкина особую стилистическую окраску, обусловленную русской одической традицией. См. у Г. Р. Державина в оде «Водопад» (1794): «луна» (аллегорическая персонификация мусульманского мира), взирая с небес на доблестного Румянцева, «Как бы с почтеньем познавала / В нем своего того врага, / Которого она страшилась, / Кому вселенная дивилась» (Державин 2002: 177). Ср. в похвале Потемкину: «И твердой дерзостью такой / Быть дивом храбрости самой» (Там же, 181).

ЧАСТЬ II

с. 173 *Когда твой другъ во тмѣ ночной / Тебя лобзалъ нѣмымъ лобзаньемъ...* В речь повествователя (тематически предваряющую и стилистически подготавливающую монолог Черкешенки) вставлен парафраз Песни Песней: «Да лобжетъ мя от лобзаній оустъ своихъ» (1: 1). Тонкие наблюдения А. А. Ахматовой над связью этих и некоторых последующих стихов КП с Песнью Песней зафиксированы П. Лукницким (запись от 11 марта 1927 г. [Лукницкий 1997: 238]).

с. 173 *Ты говорила: плѣнникъ милый, ~ Склонись главой ко мнѣ на грудь...* Стихи эти восходят к «Абидосской невесте» Байрона: «O mon cher Sélim! objet de ma plus tendre sollicitude! est-ce bien moi que tu hais ou que tu crains? Viens reposer ta tête sur mon sein» (Byron 1820, I: 285). Ср. оригинал: «Oh, Selim dear! oh, more than dearest! / Say, is it me thou hat'st or fearest? / Come, lay thy head upon my breast, / And I will kiss thee into rest...» (Byron 1945: 267). Сам Пушкин, судя по всему, воспринимал образ как элемент «восточного» слога; подобный же образ использован им в поэтическом переложении Песни Песней («В крови горит огонь желанья...»; 1825): «Склонись ко мне главою нежной...» (III: 442). Ср. ироническое (в известном смысле — автопародийное) обыгрывание в «Гаврилииаде» (написанной вскоре по завершении КП): «„...Где крылия? к Марии полечу / И на груди красавицы почию!..“ / И прочее... все, что придумать мог. — / Творец любил восточный, пестрый слог» (IV: 24). А. Ахматова, находившая в речи Черкешенки отголосок Песни Песней, по-видимому, помнила библейский текст по синодальному переводу («Мирровый пучок — возлюбленный мой у меня, у грудей моих пребывает»); в церковнославянском тексте это место чрезвычайно темно и весьма далеко от пушкинских формулировок: «Вязаніе стакти братъ мой мнѣ, посредѣ сосцу моею водворится» (1: 12). Однако Пушкин, скорее всего, опирался на французский перевод Песни Песней: «Mon bien-aimé est pour moi un bouquet de myrrhe, Qui repose entre mes seins» (1: 13). Французская Библия в творческом сознании Пушкина выступала как «ориентальный» второй план байроновского образа, в свою очередь воспринятого через французское посредство.

с. 174 *Я знаю жребій мнѣ готовый: ~ Въ чужой аулъ цѣною злата...* Позднейшая вставка в беловик (см. раздел «Творческая историю»). Стихи свидетельствуют о некотором знакомстве Пушкина с особенностями черкесских брачных обычаев: брак у черкесов был строго экзогамным (запрещались даже браки между однофамильцами) и, как правило, предполагал переселение жены в другой аул. Брак заключался посредством уплаты калыма родителями жениха отцу или близким родственникам невесты по отцовской линии. Вместе с тем эти стихи, по видимости густо окрашенные «местным колоритом», содержат почти цитатную аллюзию (замаскированную этнографической стилизацией) на «Бедную Лизу» Карамзина: «За меня сватается женихъ, сынъ богатаго крестьянина изъ сосѣдней деревни; матушка хочетъ, чтобы я за него вышла» (Карамзин 1803: 27). Примечательно, что стихи эти появляются уже *после того*, как Пушкин создал сцену самоубийства Черкешенки, мотивно ориентированную на «Бедную Лизу».

с. 174 *Лежала въ сердцѣ какъ свинецъ / Тоска любви безъ упованья.* Формула, вероятно, восходит к посланию Жуковского «Алексею Васильевичу Перовскому» (1819): «Болѣзнь любви без утоленья / Изображается на нем» (Жуковский 1999, II: 146). Это послание, не публиковавшееся до 1827 г., Пушкин знал в рукописи (подробнее см. ниже).

с. 175 *Ты видишь слѣдъ любви несчастной, / Душевной бури слѣдъ ужасной...* Использована образность, популярная у русских элегиков конца 1810-х гг. Ср. хорошо знакомый Пушкину «Первый снег» (1819) П. А. Вяземского: «И самая любовь, нам изменив, как ты, / Приводит к опыту безжалостным урокам / И, чувства истощив, на сердце одиноком / Нам оставляет след угаснувшей мечты. / Но в памяти души живут души утраты...» (Вяземский 1986: 132). Ср. «Прощанье» Е. А. Баратынского (опубл. 1819): «Слѣды печалей, изнуренья / Примѣтитъ въ страждущемъ она» (Боратынский 2002, I/1: 92), а также «Приютино» Н. И. Гнедича (1820; опубл. 1821): «Увы! не многие, но гибельные годы / Умчали молодость и жизнь моей души / <...> / Ударов роковых, мне мир опустошивших, / На бледном я челе ношу глубокий след» (Гнедич 1955: 119).

с. 175 *Несчастный другъ, зачѣмъ не прежде / Явилась ты моимъ очамъ, / Въ тѣ дни, какъ вѣрилъ я надеждѣ / И упоительнымъ мечтамъ!* В письме Вяземскому от 14 октября 1823 г. (в связи с предполагавшимся новым изданием поэмы) Пушкин поправил опечатку, допущенную в КП1, и дал пояснение к последнему стиху: «*Верил я надежде И упователъным мечтам*. Это чтó? *Упоителъным* мечтам. Твоя от твоих: помнишь свое прелестное послание Давыдову?» (XIII: 69). Обычное в арзамасском обиходе шутливое использование литургической формулы («Твоя от твоих») указывает на парафраз формулы из послания Вяземского «Д. В. Давыдову» («Давыдов, где ты? что ты? сроду...»; 1816): «Сказав *прости* очарованьям, / Назло пленительных грехов, / И упоительным мечтаньям / Весны, веселий и стихов, / Любви призыву ты не внемлешь...» (Вяземский 1986: 100). Послание Вяземского, напечатанное только в 1826 г., Пушкин знал в рукописи. Распространенность внутри арзамасского круга рукописных текстов неизданных стихотворений позволяет объяснить и переклички (интонационные, лексические, рифменные) этого места поэмы с опубликованной только в конце 1821 г. «Песней» («Минувших дней очарованье...»; 1818) В. А. Жуковского: «О милый гость, святое *Прежде*, / Зачем в мою теснишься грудь? / Могу ль сказать: живи, надежде? / Скажу ль тому, что было: *будь*?» (Жуковский 1999, II: 103).

с. 176 *Въ объятiяхъ подруги страстной, / Какъ тяжко мыслить о другой!..* Тема воспоминания о возлюбленной при созерцании красоты других женщин традиционна для европейской поэзии. Спиритуально-платоническое решение темы см. у Жуковского: «Прелестных вижу — в их чертах / Одну тебя воображаю» (Жуковский 1999, I: 129). Специфика мотива у Пушкина — в его резкой эротизированности (образ тайно желанной, но недоступной возлюбленной является воображению в момент чувственного наслаждения в объятиях другой женщины). Ср. в стихотворении «Дориде» (1819): «Я таял; но среди неверной пустоты / Другие милые мне виделись черты, / И весь я полон был таинственной печали, / И имя чуждое уста мои шептали» (II: 82). О связи монолога Пленника с этим стихотворением см.: Слонимский 1963: 219. По всей вероятности, оформлению мотива способствовала эпиграмма Павла Силенциария, переложенная Батюшковым для «Опытов из Греческой антологии» («В Лаисе нравится улыбка на устах…»). В этой эпиграмме, впрочем, реализуются несколько иные субъектно-объектные отношения: не элегический герой, а «дева» предается в объятиях возлюбленного печальной рефлексии (по всей вероятности, размышлениям о неизбежной измене): «Я таял и Лаиса млела… / Но вдруг уныла, побледнела… ~ …Я мыслию была встревожена одною: / Вы все обманчивы, и я… тебя страшусь» (Батюшков 1977: 346; ср.: Ботвинник 1979: 152–153). «Опыты из Греческой антологии» были опубликованы только в 1820 г., но Пушкин имел возможность познакомиться с ними еще в рукописи.

с. 176 *Снѣдая слезы въ тишинѣ…* Ср. в послании В. А. Жуковского «К Батюшкову» (1812): «А ты, осиротелой, / Дорогой опустелой, / Ко гробу осужден / Один, снедая слезы, / Тащить свои железы…» (Жуковский 1999, I: 193). Ср. стихотворение К. Н. Батюшкова (переложение Мильвуа) «Гезиод и Омир, соперники» (1817): «Омир скрывается от суетной толпы, / Снедая грусть свою в молчании глубоком» (Батюшков 1977: 249). Ср. вывод исследователя: «…в „Кавказском пленнике“ встречаются в большом количестве и формулы старого поэтического стиля, вмещенные в новый контекст. Таково, например, выражение «снедать слезы», ведущее к стилю Жуковского и к стилю Батюшкова <…> — выражение, больше уже не повторяющееся в стихах Пушкина» (Виноградов 1941: 210).

с. 176 *Передъ собою, какъ во снѣ, / Я вижу образъ вѣчно милый; ~ Повсюду онъ со мною бродитъ…* Пушкин дает изощренный игровой монтаж поэтических мотивов старших современников. «Образ милый» — образ Жуковского. См. его «Песню» («Мой друг, хранитель, ангел мой…»; 1808): «Во всех природы красотах / Твой образ милый я встречаю; / Прелестных вижу — в их чертах / Одну тебя воображаю» (Жуковский 1999,

I: 129). Здесь же возникает и мотив сна: «Твой образ, забываясь сном, / С последней мыслию сливаю» (Там же). На образно-стилистическую систему Жуковского опирался Батюшков в элегии «Мой гений» (1815), высоко ценимой Пушкиным: «И образ милой, незабвенной / Повсюду странствует со мной <...> / Усну ль? Приникнет к изголовью / И усладит печальный сон» (Батюшков 1977: 220, 221). Ср. также в его «Воспоминаниях» (1814): «И в мире и в войне, во всех земных краях / Твой образ следовал с любовию со мною, / С печальным странником он неразлучен стал» (Там же, 213). Формула «вечно милый» (семантический галлицизм) восходит к той же фразеологической традиции; ср. «Мщение. Из Парни» Батюшкова: «Неверный друг и вечно милый!» (1814; Там же, 215). Усваивая и разрабатывая этот мотивный комплекс, Пушкин еще в лицейские (и особенно в петербургские) годы резко смещает устоявшуюся систему и переключает ее из чувствительно-меланхолического регистра в чувственно-страстный. Любовь и привязанность к «милому образу» в истолковании Пушкина предстают как источник напряженного страдания. Ср. стихотворение «Мечтателю» (1818): «Отдайте, боги, мне рассудок омраченный, / Возьмите от меня сей образ роковой! / Довольно я любил; отдайте мне покой! / Но мрачная любовь и образ незабвенный / Остались вечно бы с тобой» (II: 64). В монологе Пленника — явный отголосок этого мотивного комплекса. Углубление и развитие темы продолжатся в стихах южного периода — 1822 г. («Таврида») и 1823 г. («Ночь» и др.).

с. 177 *И тайный призракъ обнимаю*... В. В. Виноградов отметил: «Из западноевропейской поэзии через посредство Карамзина <...> к Батюшкову и Жуковскому перешел образ ускользающего милого призрака» (Виноградов 1941: 178). См. стихотворение Н. М. Карамзина «К Прекрасной» (1791): «Глас твой божественный часто внимаю; / Часто сквозь облако образ твой вижу, / Руки к нему простираю — / Облако, воздух объемлю!» (Карамзин 1966: 100). Ср. его же балладу-романс «Раиса» (1791): «Когда мечтала о Крониде, / И мнила обнимать его! / Увы! Я воздух обнимала!..» (Там же, 103). Сквозь призму этой традиции Пушкин мог прочитывать и Байрона; ср. в «Гяуре» сетования героя о погибшей Леиле: «Ah! si tu n'es que glacée, n'importe, permets que mes bras serrent le seul objet qu'ils aient jamais désiré de retenir. Hélas! ils ne saisissent qu'une ombre, et se croisent en frémissant sur mon cœur solitaire» (Byron 1820, II: 46–47). Ср. оригинал: «Ah! Were thy beauties e'er so cold, / I care not so my arms enfold / The all they ever wish'd to hold / Alas! around a shadow prest / They shrink upon my lonely breast…» (Byron 1945: 263). Специфика разработки мотива у Пушкина в том, что Пленник обнимает «тайный призрак» не в печальном одиночестве, а в объятиях другой девушки (о литературных истоках образа см. выше).

с. 177 *Оставь же мнѣ мои желѣзы…* Ср. ту же рифму в послании Жуковского «Батюшкову», обыгранном выше в монологе Пленника: «Один, снедая слезы, / Тащить свои железы…» Пушкин реализует метафору: спиритуальные «железы» Жуковского превращаются в КП в настоящие металлические цепи. Ср. интонационно-лексическую параллель у К. Н. Батюшкова («Пленный»; 1814): «Отдайте ж мне мою свободу! / Отдайте край отцов <…> На родину, в сей терем древний, / Где ждет меня краса» (Батюшков 1977: 243). Пушкин, в соответствии с концепцией образа Пленника, трансформирует мотив: поскольку Пленника на родине никто не ждет, он объявляет о своем намерении умереть в плену. Наложение темы «стремления к свободе» на этот уныло-элегический пласт создало характерное «противоречие», отмеченное критикой.

с. 177 *Ты сердца слышала признанье; / Прости… дай руку — на прощанье.* Ср. стихотворение Е. А. Баратынского «Ш<ляхтинско>му» (опубл. 1819): «Не разъ я милыхъ покидалъ / И руку друга пожималъ / Въ прощаньѣ трепетной рукою» (Боратынский 2002, I: 94).

с. 177 *Блѣдна как тѣнь, она дрожала; / Въ рукахъ любовника лежала / Ея холодная рука…* Ср. «Мщение» (Из Парни) К. Н. Батюшкова: «Твоя рука в моей — то млела, то пылала…» (Батюшков 1977: 215). В. В. Виноградов, отметивший сходство «экспрессивно-смысловых форм» у Пушкина и Батюшкова, констатировал: «Изображение любви, ее зарождения, воспоминаний о ней у Батюшкова сосредоточено (кроме описания потупленного взора, вообще игры глаз) преимущественно на передаче выражений голоса и физических ощущений от женской руки» (Виноградов 1941: 182).

с. 179 *Нѣтъ, я не зналъ любви взаимной: / Любилъ одинъ, страдалъ одинъ...* На ранней стадии работы в монологе Пленника тема *неразделенной любви* была заявлена не так определенно, как в окончательной редакции: «И я постигнут был судьбою / И горе сердца испытал» (IV: 332–333). Вставка, заостряющая и проясняющая тему («Нет, я не знал любви взаимной...»), появится лишь на л. 64 ПД 830, уже после того, как работа над основным текстом черновика будет завершена. Мотив неразделенной любви (столь важный для творческой биографии Пушкина и послуживший предметом многочисленных гипотез) имеет, видимо, литературное (а не биографическое) происхождение. Он задан «унылой элегией» и широко эксплуатировался Пушкиным еще в сочинениях лицейского периода. Ср. элегическое послание «Князю А. М. Горчакову» (1817): «Я знал любовь, но не знавал надежды, / Страдал один, в безмолвии любил» (I: 255). Из элегической традиции пришел мотив и в финальный монолог Пленника: формулы лицейского стихотворения использованы в КП почти дословно.

с. 179 *И гасну я какъ пламень дымной, / Забытый средъ пустыхъ долинъ.* Перифрастическое изображение приближающейся смерти через образ гаснущего огня (светильника) было широко распространено в русской поэзии конца XVIII — начала XIX в. (см.: Иванова 1969: 343–346). Ср. в ранней лирике Пушкина — «Гасну пламенной душой» («Лиле», 1816), «И гаснет пламенной душой» («Недоконченная картина», 1819). Ср. близкое КП интонационно-синтаксическое решение в стихотворении М. В. Милонова «Весна Тибулла»: «И гаснетъ пламенникъ надежды / На гробѣ всѣхъ твоихъ отрадъ» (Милонов 1819: 31). В КП Пушкин, однако, не только использует, но и существенно трансформирует традиционную метафору, превращая ее в сравнение. Это позволило вернуть клишированному образу утраченную предметную выразительность. Возможно, решение было подсказано переводом К. Н. Батюшкова из Греческой антологии («Изнемогает жизнь в груди моей остылой...»); тема страдания от неразделенной любви давалась здесь именно через развернутое сравнение, выстроенное вокруг образа пламени: «Я вяну, но еще так пламенно люблю / И без надежды умираю! / Так, жертву обхватив кругом, / На алтаре огонь бледнеет, умирает / И, вспыхнув ярче пред концом, / На пепле погасает» (Батюшков 1977: 348).

с. 179 *Умру вдали бреговъ желанныхъ; / Мнѣ будетъ гробомъ эта степь; / Здѣсь на костяхъ моихъ изгнанныхъ / Заржавитъ тягостная цѣпь...* Финал монолога Пленника ориентирован на излюбленную русской «унылой элегией» тему ранней смерти и одинокой могилы (ср.: Вацуро 1994: 205–212). На соответствующую топику накладывается мотив смерти на чужбине. Ср., например, стихотворение Е. А. Баратынского «Ш<ляхтинско>му» (опубл. 1819): «Я кончу век въ странѣ чужой / И не увижу кровъ родимый» (Боратынский 2002, I: 94). Однако Пушкин и здесь оказался привлечен не стандартными решениями, а их оригинальными модификациями. В черновике стихи первоначально звучали иначе: «Умру, невольник безотрадный / Далеко <от> родных полей / И конь Чеченца средь степей / Раба растопчет пепел хладный» (IV: 334). Ср. <Элегию VII> Дениса Давыдова: «Так! Я паду в стране чужой, / Далеко родины, изгнанником невинным: / Никто не окропит холодный труп слезой... / И разбросает ветр мой прах с песком пустынным!» (Давыдов 1984: 84). В. Э. Вацуро отметил цитатность концовки элегии Давыдова: «Это парафраза „Веселого часа" Батюшкова: „... Ничьей слезой / Забвенный прах не окропится..."» (Вацуро 1994: 188). Давыдов драматизирует тему и заменяет элегическую одинокую могилу непогребенным прахом; следуя далее по проложенному Давыдовым пути, Пушкин окружает непогребенный прах кавказскими декорациями. В окончательной редакции Пушкин убирает чеченского коня, эффектно топчущего прах раба, и активизирует фоновый текст, важный для формирования всей элегической традиции, — раннее стихотворение Батюшкова «Веселый час» (1806/1810): «Ужели там, на ратном поле, / Судил мне рок сном вечным спать? / Свирель и чаша золотая / Там будут в прахе истлевать...» (Батюшков 1977: 229). В своем экземпляре «Опытов…» Батюшкова Пушкин подчеркнул в этих стихах слова «золотая» и «истлевать» (XII: 262) — видимо, как создающие образную неточность. В финале монолога Пленника перифрастический образ смерти тщательно мотивирован: железо, в отличие от золота, действительно ржавеет.

с. 180 *Въ горахъ раздался кликъ военный…* Возможно, реминисценция «Военной песни» Ф. Н. Глинки (опубл. 1818): «Раздался звук трубы военной» (Глинка 1957: 117). Отсылка могла играть роль поэтического привета Глинке, весной 1820 г. предупредившему Пушкина о готовящейся «грозе».

с. 181 *Ихъ прадѣды въ кругу сидятъ: / Изъ трубокъ дымъ віясь синѣетъ.* Вариация послания Жуковского «Воейкову»: «…стеснясь в кружок / И в братский с табаком горшок / Вонзивши чубуки, как тени, / В дыму клубящемся сидят…» (Жуковский 1999, I: 309).

с. 182 *Чеченецъ ходитъ за рѣкой.* Этот стих, ставший фактом русской фразеологии, в свое время вызвал комментарий П. О. Морозова: «Недостаточным знакомством с местными условиями объясняются <…> допущенные в поэме этнографические ошибки, — появление „чеченца" на берегу Кубани и смешение черкесов с грузинами (черкешенка поет грузинскую песню)» (Морозов 1908: 34). Последнее обвинение несправедливо: хотя в начале 1820-х гг. путаница такого рода была возможна (ср. рецензию М. Погодина), сам Пушкин отчетливо различает «песни гор» и «песни Грузии». «Чеченец» на брегах Кубани представляет собой более сложный случай. Смешение чеченцев и черкесов встречается у Пушкина неоднократно и достаточно регулярно. См. в письме Л. С. Пушкину от 24 сентября 1820 г.: «Хотя черкесы нынче довольно смирны, но нельзя на них положиться <…> высокопревосходительный легко может попасться на аркан какого-нибудь чеченца» (XIII: 18). Такое же смешение встречается в позднейшей незаконченной поэме Пушкина «<Тазит>» (1829–1830): «Потупил очи сын черкеса» — и там же: «Поди ты прочь — ты мне не сын, / Ты не чеченец — ты старуха, / Ты трус, ты раб, ты армянин!» (V: 75, 77). Из этих текстов следует, что в понимании Пушкина «чеченец» — не столько название определенной народности, сколько обозначение особых качеств воинственного горца: «чеченец» — это бесстрашный кавказский воин, удалец, вполне усвоивший дикие законы гор и посвятивший жизнь войне, мщению и набегам.

с. 182 *На берегу завѣтныхъ водъ...* В рецензии на КП М. П. Погодин задал недоуменный вопрос по поводу «прекрасной черкесской песни»: «В третьем куплете что значат *заветные воды?*» (ППК 1: 142). Пушкин ответил на вопрос критика в письме Вяземскому от 14 октября 1823 г.: «Кубань граница. На ней карантин и строго запрещается казакам переезжать *об он пол.* Изъясни это потолковее забавникам Вес.<тника> Евр.<опы>» (XIII: 69).

с. 182 *Межъ тѣмъ, померкнувъ, степь уснула...* Ночной пейзаж (до стиха «Далекiй топотъ табуновъ») — результат композиционной перегруппировки текста: в черновике «Кавказа» стихи (в иной редакции) находились в начальной части поэмы (ПД 830. Л. 11 [описание аула в момент прибытия всадника с пленным]); часть из них там и осталась, часть — перенесена в конец второй части.

с. 183 *Елени дремлютъ надъ водами, / Умолкнулъ позднiй крикъ орловъ...* Славянизированные «елени» и орлы явились из послания «Воейкову» В. А. Жуковского (ср. выше): «Где изредка одни елени, / Орла послышав грозный крик, / Теснясь в толпу, шумят ветвями...» Образ Жуковского в свою очередь восходит к Ломоносову: «Где в роскоше прохладных теней / На пастве скачущих еленей / Ловящих крик не разгонял» («Ода... на день восшествия... Елисаветы Петровны 1747 года» [Ломоносов 1959: 204]).

с. 183 *И глухо вторится горами / Далекiй топотъ табуновъ.* Сначала было: «И глухо вторятся горами / И шум и ржанье табунов» (IV: 288). Перерабатывая стихи и усиливая в них эффект звукоподражательности, Пушкин приблизил их к «богатырской повести» А. Х. Востокова «Светлана и Мстислав» (1802; опубл. 1806): «И эхо только конский топот / От гор горам передает» (Поэты-радищевцы 1979: 84; у Востокова, как и у Пушкина, стихи завершают описание ночного пейзажа). Эти стихи были памятны Пушкину; их несомненный отголосок обнаруживается в стихотворении «К ней» (1817): «И гул дубрав горам передавал / Мои задумчивые звуки» (II: 44). Видимо, под воздействием Востокова оформлена «поэтика эха» и в стихотворении Батюшкова «Мечта», также принятом Пушкиным во внимание (причем в обоих случаях): «И эхо по горам песнь звучну повторяет» (Батюшков 1977: 254). Впоследствии в своем экземпляре «Опытов…» Батюшкова Пушкин подчеркнул в этом стихе сочетание «песнь звучну» и надписал над стихом метрическую схему, демонстрирующую несоответствие замысла (эффект гулкого эха) и исполнения (утяжеляющие стих неуместные спондеи) (XII: 268).

с. 183 *Глаза исполнены тоской, / И черной падаютъ волной / Ея власы на грудь и плечи*. Портрет Черкешенки, который первоначально давался в начале поэмы, при первом появлении героини, переместился в финал только в первом беловике. В первоначальных черновых набросках портрет дан в нескольких сменяющих друг друга вариантах: «И кудри стелятся волнами / По юным персям и плечам»; «И черной стелятся волной / Власы по груди молодой»; «И черной падают волною / Власы на девственную грудь»; «Власы на перси молодые / Бежали <?> черною волной» (IV: 303). Генезис портрета достаточно сложен. «Волна» волос, падающая на грудь, восходит, судя по всему, к «Корсару» Байрона. Ср. портрет Гюльнары (последнее посещение пленного Конрада перед его освобождением [песнь III, IX]): «Elle fait un mouvement pour rejeter derrière elle les flots de ses cheveux épars qui vioilaient presque tout son visage et l'albâtre de son sein…» (Byron 1820, I: 68). Ср. оригинал: «She stopp'd — threw back her dark farfloating hair, / That nearly veil'd her face and bosom fair» (Byron 1945: 299). Однако, как и в других подобных случаях, «французский Байрон» переводился на язык русской поэтической традиции (в свою очередь адаптировавшей французский опыт). См. в «Падении листьев» у М. Милонова (переложении Мильвуа): «Когда жь къ нему, съ тоской, съ слезами, / И съ разпущенными придетъ / Вокругъ лилейныхъ плечь власами, / Моихъ подруга юныхъ лѣтъ…» (Милонов 1812: 203; портрет «подруги» остался неизменным и в позднейшей редакции элегии [см.: Милонов 1819: 20]). Ср. в «Элегии из Тибулла» (1811) К. Н. Батюшкова: «И с распущенными по ветру волосами, / Как дева чистая, во ткань облечена, / Воссядет на помост»; ср. там же: «Власы развеяны небрежно по плечам, / Вся грудь лилейная и ноги обнажены…» (Батюшков 1977: 207, 210). В портрете Черкешенки черты байронической восточной красавицы оказались совмещены с чертами элегической девы.

с. 184 *Визжитъ желѣзо подъ пилой, / Слеза невольная скатилась — / И цѣпь распалась и гремитъ.* Ср. в первоначальном варианте: «И молча твердою рукой / Его цепей она коснулась; / Упали слезы… — под пилой / Визжит железо, цепь согнулась / И падши на скалы гремит» (IV: 346; последующие версии см.: IV: 347). Невольная слеза Черкешенки, по-видимому, упала на цепь Пленника (так прочитал это место и К. Ф. Рылеев, подражавший КП в думе «Богдан Хмельницкий»: «И на заржавые оковы / Упали слезы из очей» [Рылеев 1987: 131]). Недоговоренность в описании — прием, использованный и в сцене гибели Черкешенки. Образ восходит к «Корсару» Байрона (сравнение текстов хорошо иллюстрирует отказ Пушкина от риторической избыточности источника): «Quelle est cette perle brillante qui est tombée sur ses fers? C'est une larme sacrée répandue sur les maux du malheureux, et que la pitié laisse échapper comme une perle pure, et déjà polie par une main céleste» (Byron 1820, I: 51–52; ср. оригинал: «What gem hath dropp'd and sparkles o'er his chain? / The tear most sacred, shed for others' pain, / That starts at once — bright — pure — from Pity's mine, / Already polish'd by the hand divine!» [Byron 1945: 293]). В дневнике 1829 г. С. П. Шевырев отмечал: «Пила визжит в Кавк<азском> плен<нике> не ново. Визг пил мы слышали еще в Водопаде Державина» (Шевырев 2006: 87); сопоставление правдоподобно: «визг пил» находится в той же строфе, что и «седая пена», коррелирующая с «седым потоком» в КП (Державин 2002: 175).

с. 184 *…Но взглядъ ея безумный / Любви порывъ изобразилъ. / Она страдала. Вѣтеръ шумный, / Свистя, покровъ ея клубилъ.* Первоначально эти стихи находились сразу после исповедального монолога Пленника и звучали несколько иначе: «Туманный, неподвижный взглядъ / Изображалъ укоръ безумный — / Она [молчала] — ветеръ шумный / Свистя, клубилъ ее нарядъ» (IV: 390). В качестве модели для портрета страдающей Черкешенки использована «Вакханка» К. Н. Батюшкова (1815): «Эвры волосы взвевали, / Перевитые плющом; / Нагло ризы поднимали / И свивали их клубком» (Батюшков 1977: 289). В своем экземпляре «Опытов…» Батюшкова Пушкин подчеркнул последний стих и приписал на полях: «Смело и счастливо» (XII: 277). «Пушкин воспользовался этим образом, придав ему яркую романтическую окраску, изменив его лексическую форму и его экспрессивное окружение» (Виноградов 1941: 179). «Ветер шумный» пришел из той же «Вакханки»: «Ветры с шумом разнесли / Громкий вой их, плеск и стоны» (Батюшков 1977: 288).

с. 184 *Возможно ль? ты любилъ другую!… ~ О чемъ же я еще тоскую? О чемъ унынiе мое?..* Черкешенка повторяет восклицание Гюльнары из «Корсара» Байрона (II, XIV). Ср. наблюдение Жирмунского: «В этой последней сцене черкешенка повторяет не только самые слова Гюльнары, но как бы воспроизводит интонацию этих слов — вопрос-восклицание, невольно вырывающийся у женщины, которая узнала, что у нее есть более счастливая соперница, и вслед за этим выражение кажущегося равнодушия, полного сдержанной обиды и горечи» (Жирмунский 1978: 48). Однако интонационное построение фразы неопровержимо свидетельствует о том, что Пушкин пользовался французским переводом: «— Tu en aimes donc une autre! Mais que m'importe? oui, dans doute, il m'importe peu; cependant tu aimes!» (Byron 1820, I: 50). Ср. оригинал: «Thou liv'st another then? — but what to me / In this — 'tis nothing — nothing e'er can be…» (Byron 1945: 292).

с. 185 *И долгiй поцѣлуй разлуки / Союзъ любви запечатлѣлъ.* В КП1 было поправлено по настоянию цензуры: «И горький поцелуй разлуки…» Восстановлено в КП2. Смутивший цензуру эротический образ отсылает к сцене из Второй песни «Дон Жуана» Байрона — первому поцелую Жуана и Гайде на морском берегу (песнь II, окт. CLXXXVI). См. во французском переводе: «C'était un baiser prolongé, brûlant des feux célestes de la jeunesse et de l'amour» (Byron 1820, II: 243). Переводчики здесь достаточно вольно обошлись с оригиналом; ср.: «A long, long kiss, a kiss of youth, and love, / And beauty, all concentrating like rays, / Into one focus, kindled from above» (Byron 1945: 682). Вместе с тем, превращая *первый* поцелуй героев Байрона в *прощальный*, Пушкин опирался на традицию французской поэзии (и соответствующей поэтической фразеологии); итоговая формула оказалась почти дословной цитатой из стихотворения Мильвуа «Le déjeuner»: «Un long baiser, le baiser du départ» (Millevoye 1823, III: 267).

с. 185 *Рука съ рукой, унынья полны, / Сошли ко брегу въ тишинѣ…* Сцена спроецирована на рассказ о морской прогулке Дон Жуана и Гайде в «Дон Жуане» Байрона (песнь II, окт. CLXXXIV; эпизод предшествует поцелую любви и юности): «Les deux amans marchaient en ce tenant par la main, sur les cailloux polis et les coquillages des bords de la mer…» (Byron 1820, II: 242). «Брег» появился только в переводе; ср. оригинал: «And thus they wandrer'd forth, and hand in hand, / Over the shining pebbled and the shells, / Gilded along the smooth and hardern'd sand…» (Byron 1945: 682). Однако Байрон вновь подстраивается Пушкиным к русской традиции: формула «рука с рукой» (особенно излюбленная Жуковским) в русской поэзии была тесно связана с устойчивыми тематическими и эмоциональными (в основном идиллическими) контекстами. (Подробнее см. в комментарии И. А. Пильщикова: Боратынский 2002, I: 354.)

с. 185 *И Руской въ шумной глубинѣ / Уже плыветъ и пѣнитъ волны…* В первом беловике: «Плыветъ и пѣнитъ бурны волны», потом поправлено на: «Плыветъ и быстры пѣнитъ волны» (ПД 831. Л. 17; ср.: IV: 362). Основной источник картины (и составляющих ее фразеологических компонентов) — «Сон воинов» К. Н. Батюшкова (1811, перевод фрагмента из оссианической поэмы Парни «Иснель и Аслега»), по меньшей мере дважды обыгранный в «Руслане и Людмиле» (см. комментарий к РиЛ в настоящем издании): «Иный плывет / Поверх прозрачных, тихих вод, / И пенит волны под рукою…» (Батюшков 1977: 291). Сохраняя батюшковский динамический образ, выстроенный на аллитерациях («плывет и пенит волны»), Пушкин платит старшему поэту дань литературного уважения и, одновременно, вступает с ним в своеобразное состязание: образ корректируется в соответствии с «местным колоритом» (кавказские реки не тихие!). В качестве материала для этой литературной коррекции Пушкиным использован «романс» М. В. Милонова «Освобожденные пленники»: «И, съ шумной пѣною, Луара / Ее скрываетъ въ глубинѣ» (Милонов 1819: 134).

с. 186 *И при лунѣ въ водахъ плеснувшихъ / Струистый исчезаетъ кругъ*. Формула «в водах плеснувших», видимо, восходит к Жуковскому; ср. его «Подробный отчет о луне» (1820): «Да легкий шум плеснувших вод» (Жуковский 1999, II: 201). Пушкин описывает смерть Черкешенки метонимической перифразой, для построения которой использует образ из «Гяура» Байрона: «Le fardeau précipité dans l'abîme disparut peu à peu; la vague recula doucement jusqu'au rivage; mon œil attentif crut voir quelque chose se mouvoir sur la plaine azurée…» (Byron 1820, II: 18). Как в первоначальном, так и в последнем плане КП нет никаких указаний на то, что спасшая пленника Черкешенка должна была *покончить жизнь самоубийством*. Отсутствие этого пункта могло быть обусловлено либо краткостью записи, либо — что более вероятно — тем, что первоначально поэму предполагалось закончить не смертью героини, а лишь печальным расставанием. Возможно, мысль о самоубийстве Черкешенки возникла только на заключительной стадии работы над черновой версией поэмы.

с. 186 *Когда въ горахъ Черкесъ суровый / Свободы пѣсню запѣвалъ*. В черновике стихи звучали иначе: «И горы гдѣ Черкесъ суровый / Пугливыхъ ланей поражалъ» (ПД 830. Л. 62 об.; ср.: IV: 337). Небольшая перемена насытила фразу новыми смыслами. С одной стороны, ближайший тематический и фразеологический фон последней версии — стихотворение Жуковского «Узник к мотыльку» (уже использовавшееся ранее, в первой части КП). Из него заимствуются тема (песнь свободы в горах) и ее лексическое воплощение: «Дай весть услышать о свободе; / Слыхал ли песнь ее в горах?» (Жуковский 1999, II: 255). Другим фоновым текстом выступает, видимо, фрондерская политическая элегия П. А. Вяземского «Негодование» (которую автор стал распространять в рукописи в начале января 1821 г.): «Свобода! пылким вдохновеньем / Я первый русским песнопеньем / Тебя приветствовать дерзал; / И звучным строем песней новых / Будил молчанье скал суровых...» (Вяземский 1986: 146; о распространении элегии см. там же комментарий К. А. Кумпан, с. 473–475). У обоих поэтов в горах поется песнь свободы; у Вяземского «суровый» — характеристика «скал»; у Пушкина — характеристика живущего «между скал» народа. Разумеется, эта аллюзия могла быть распознана только очень немногими посвященными — самому Пушкину было достаточно, чтобы ее распознал Вяземский.

с. 186 *И передъ нимъ уже въ туманахъ / Сверкали Рускіе штыки / И окликались на курганахъ / Сторожевые казаки.* Первоначально в первой беловой редакции было: «И передъ нимъ уже въ туманѣ / Сверкали рускіе штыки / И въ кучахъ на крутомъ курганѣ (сначала допущена описка: Аулѣ) / Сидѣли наши казаки» (ПД 831. Л. 18; ср.: IV: 363). В окончательном виде финал второй части представляет собою исключительно виртуозно выстроенный текст. С одной стороны, Пушкин дает исторически и этнографически точную зарисовку военизированного быта Кавказской линии. Ср. в дневнике Г. Геракова (запись датирована 10 августа 1820 г.; речь идет о «заветных водах» Кубани — т. е. о том именно месте, к которому отнесено действие КП): «...здѣсь какъ и на Терекѣ не надобно дремать, и всякой ложится спать съ оружіемъ у изголовья; непріятная жизнь! Наши солдаты окликиваются: „кто идетъ? кто идетъ? кто идетъ? говори! убью!" Попробуй не отвѣчать, такъ и будешь въ Елисейскихъ поляхъ!» (Гераков 1828: 107). Вместе с тем Пушкин эстетически преображает военизированный быт Кавказской линии, погружая его в особое *литературное* пространство, балладное в своем генезисе. Ср. в концовке (повторяющей зачин) баллады В. А. Жуковского «Ахилл» (1814): «...в тумане Ида; / Отуманен Илион / <...> И курясь, едва сверкает / Пламень гаснущих костров / И протяжно окликает / Стража стражу близ шатров» (Жуковский 1959, II: 71). По свидетельству В. К. Кюхельбекера, Пушкин знал «Ахилла» наизусть с лицейских лет (см. письмо Кюхельбекера Жуковскому от 10 ноября 1840 г.: РА. 1871. № 2. С. 0178).

В «Подробном отчете о луне» (1820) Жуковский приспособил топику своей баллады для изображения военного лагеря эпохи 1812 г.; при этом в балладный антураж оказались помещены этнографически конкретизированные персонажи («казак»): «И ратник в лиственном биваке, / Вооруженный, мирно спал; / Лишь стражу стража окликал; / Костры дымились, пламенея, / И кое-где перед огнем, / На ярком пламени чернея, / Стоял казак с своим конем…» (Жуковский 1999, II: 197). Пушкин использовал оба текста Жуковского, вводя, таким образом, коллизию своей поэмы в близкий историко-героический контекст (победы русского оружия в войнах с Наполеоном) и в перспективу фундаментальной для европейской культуры мифологии Троянской войны.

ЭПИЛОГЪ

Появление «русских штыков» в финале событийной части КП подготавливает переход к идеологически и политически насыщенному «Эпилогу» (ср.: Wanner 2000: 145). С момента публикации «Эпилог» стал предметом бурных споров и разноречивых толкований, не прекратившихся и по сей день (ср.: Ram 2003: 192). Сразу по выходе КП П. А. Вяземский писал А. И. Тургеневу (в письме от 27 сентября 1822 г.): «Мне жаль, что Пушкин окровавил последние стихи своей повести. Что за герой Котляревский, Ермолов? Что тут хорошего, что он,

> как черная зараза,
> Губил, ничтожил племена?

От такой славы кровь стынет в жилах и волосы дыбом становятся. Если мы просвещали бы племена, то было бы что воспеть. Поэзия не союзница палачей; политике они могут быть нужны, и тогда суду истории решить, можно ли ее оправдывать или нет; но гимны поэта не должны быть никогда славословием резни. Мне досадно на Пушкина: такой восторг — настоящий анахронизм. Досадно и то, что, разумеется, мне даже о том намекнуть нельзя будет в моей статье. Человеколюбие и нравственное чувство мое покажется движением мятежническим и бесовским в глазах наших христолюбивых цензоров» (ОА II: 274–275). А. И. Тургенев, однако, оценил «Эпилог» не столь сурово и в ответном письме (от 3 октября) Пушкина «оправдал»: «Замечания твои об *анахронизмах* Пушкина *почти* справедливы. Но я соглашусь, однако ж, скорее пустить их в поэму, чем в историю; ибо там искажать, хотя и украшением, еще менее позволено, а нам нужны герои. „Si Dieu n'existait pas il faudrait l'inventer". То же должны делать мы с великими людьми, и Кутузов, coûte que coûte, должен быть полубогом России. Иначе где взять вдохновения для будущих поэм и дифирамбов! Без своих не обойдешься» (ОА II: 275–276).

В советском литературоведении утвердилось истолкование «Эпилога» в духе этатизированного «исторического материализма»: «Пушкин признает историческую необходимость, закономерность торжества более высоких форм общественного развития над „природой", над первобытной патриархальностью» (Благой 1950: 269). Однако еще в начале 1930-х гг. Б. М. Эйхенбаум истолковывал «Эпилог» как своего рода тактический шаг, не отражавший подлинных политических взглядов Пушкина. По его убеждению, высказанные в письме Вяземского «воззрения, типичные для либерального слоя дворянской интеллигенции, разделялись и Пушкиным». Отсюда следовал вывод: «Эпилог „Кавказского пленника" был написан с дипломатическим расчетом — подействовать на власти и подготовить возможность возвращения из ссылки. <...> Я думаю поэтому, что эпилог <...> надо рассматривать как намеренную стилизацию («анахронизм», по выражению Вяземского), вызванную политическими соображениями и рассчитанную на определенный эффект» (Эйхенбаум 1969: 169). Это истолкование (находящее близкую параллель в интерпретации «Полтавы» Ю. Н. Тыняновым) отразило исторический опыт исследователя и его поколения, равно как и специфику формалистического «историзма» в целом: на Пушкина оказались распространены особенности отношений «либерального слоя новой интеллигенции» и советской власти. В последнее время, однако, к сходным выводам (иногда независимо от Эйхенбаума) стали приходить и западные исследователи. В «Эпилоге» усматриваются «попытка загладить вызывающее поведение в Петербурге» (Mann 1990: 116), «примирительный жест по адресу власти» (Layton 1994: 102) и т. п.

Несостоятельность подобных выводов удостоверяется творческой историей поэмы: стихи, составившие фундамент «Эпилога», созданы не позже февраля 1821 г. в Каменке, где царила либеральная атмосфера и велись оппозиционные политические разговоры, в которые был вовлечен и Пушкин (ср. свидетельство И. Д. Якушкина о надежде Пушкина связать свою судьбу с тайным обществом [Пушкин в воспоминаниях 1998, I: 357–358]). С другой стороны, Пушкин отправляет КП в печать только через год после завершения «Эпилога» — удивительная неоперативность для тактического жеста!.. Сомнительность вывода о тактически-примирительном назначении «Эпилога» усиливается, если принять во внимание резкий антиправительственный подтекст «Посвящения» (см. выше).

Нашли свое логическое завершение и предположения Эйхенбаума о «двусмысленности» «Эпилога» (по его наблюдению, процитированное Вяземским выражение «Как черная зараза, губил, ничтожил племена» «звучит как прямое осуждение — оно обезврежено только окружающим контекстом, который, однако, тоже не вполне прозрачен» (Эйхенбаум 1969: 161). Сейчас, в развитие этих положений, высказывается мысль, что Пушкин, *иронически* используя в «Эпилоге» одические клише, тем самым искусно вскрывает хищническую сущность российского империализма (Beaudoin 1997: 145–146). Такие интерпретации — следствие нарушения исторической перспективы и модернизации политических воззрений изучаемого автора. Убежденность в необходимости укрепления позиций России на Кавказе (и, соответственно, в необходимости боевых действий против горцев), несомненно, отражала *подлинные* взгляды Пушкина, не отличавшиеся в этом отношении от воззрений подавляющего большинства русского общества (ср.: Айрапетов 1988). Такие представления были выражением «европеизма мысли», следствием желания придать России статус великой *европейской* державы, владеющей колониями и цивилизующей дикие народы (ср.: Atkin 1980: 163). Подобные взгляды разделялись и деятелями тайных политических организаций левого толка: идеи «Эпилога» обоснованно сближались со взглядами М. Ф. Орлова (Свирин 1935а: 189) и П. И. Пестеля (Томашевский 1956: 405–408).

Однако актуальный контекст «Эпилога» (во многом объясняющий и его тон, и само выделение его в особую часть поэмы) — не кавказские войны, а европейские события 1821 г. КП писался накануне греческого восстания против Османской империи, начавшегося 22 февраля с выступления А. Ипсиланти. Одним из центров подготовки восстания был Кишинев. О живейшем интересе Пушкина к греческим делам свидетельствует, в частности, так называемое письмо к В. Л. Давыдову (?) от марта (?) 1821 г. (существует остроумное предположение, что это не подлинное письмо к реальному корреспонденту, а начало беллетристического произведения о восставшей Греции, облеченного в эпистолярную форму [Фейнберг 1955: 222–227]). Русские «либералисты» рассчитывали на то, что Россия поддержит восставших и вступит в войну с Турцией. С войной связывались надежды как на освобождение и «возрождение» Греции, так и на радикальное политическое обновление России (подробнее об этом этапе Восточного кризиса и о восприятии его русским обществом см.: Фадеев 1960: 36–91; Prousius 1994). В качестве вероятной кандидатуры главнокомандующего русской армией назывался кавказский наместник А. П. Ермолов, очень популярный в либеральных кругах. Александр Павлович, однако, не только не поддержал, но и официально осудил действия восставших, усматривая в них провокацию «парижского центра» тайных обществ. Это развязало руки турецким властям: в марте 1821 г. был опубликован фирман султана с призывом ко всем правоверным встать на защиту ислама. В апреле начались массовые погромы и резня греческого населения в городах Малой Азии и на островах; 24 апреля в Константинополе был повешен престарелый греческий патриарх Григорий. Эти события привели к новому всплеску филэллинистических и антитурецких настроений в русском обществе, с которыми вынужден был считаться и император (29 июля / 10 августа дипломатические отношения между Россией и Турцией были расторгнуты). «Эпилог» к КП понятен только в контексте событий весны 1821 г.: это своего рода реакция на всплеск конфессионально-этнического геноцида в Турецкой империи, подталкивание к ответным действиям. В «Эпилоге» Пушкин, в сущности, обосновывал необходимость скорейшей войны с «Востоком».

В современном контексте особое значение приобретало то, что Кавказ был зоной жизненных интересов (отчасти — владением) Османской империи; в этом качестве он и мог выступать как метонимия «Востока» (в самом тексте поэмы нет ничего специфически ориентального). Восхваляя Ермолова, Пушкин поэтически лоббировал выдвижение его в качестве главнокомандующего. Князь Вяземский, удаленный от театра греческих событий, этого актуального контекста КП не ощутил. Не поняли его и позднейшие исследователи, противопоставлявшие «вольнолюбивые» грекофильские сочинения Байрона «колонизаторской» поэме Пушкина (см.: Свирин 1935а: 199–200).

Россия, однако, так и не вступила в войну. К лету 1822 г. большинство центров греческого сопротивления было разгромлено. Разногласия в правительственных верхах по греческому вопросу привели к отстранению от дел и отставке наиболее влиятельного покровителя Пушкина в Петербурге — графа Каподистрии (середина августа 1822 г.; отставка совпала с выходом КП из печати). Воинственный «Эпилог» в этих условиях не мог быть воспринят властью с особой благожелательностью. Запечатленные в дневнике Погодина (23 сентября 1823 г.) слухи о якобы благосклонном приеме КП Александром I («Государь, прочтя Кавказского пленника, сказал: „надо помириться с ним"» [Погодин 1914: 70]) следует расценивать как малодостоверный апокриф.

с. 190 *Мстислава древній поединокъ...* Мстислав по прозвищу Храбрый — сын князя Владимира, князь Тьмутараканский и Черниговский (ум. 1036). Над замыслом поэмы о Мстиславе Пушкин работал в 1822 г., но так и не осуществил его (см.: Томашевский 1956: 473–479). Тема Мстислава открывает в «Эпилоге» тему неизбежного исторического противостояния России и «Кавказа». В «Примечаниях» к стиху Пушкин отсылает ко второй главе второго тома «Истории Государства Российского» Карамзина (в частности, к месту, описывающему события 1022 г.): «Чрез несколько лет Мстислав объявил войну Касогам или нынешним Черкесам, восточным соседям его области. Князь их Редедя, сильный великан, хотел, следуя обычаю тогдашних времен богатырских, решить победу единоборством. „Начто губить дружину? сказал он Мстиславу: одолей меня и возьми все, что имею; жену, детей и страну мою". Мстислав, бросив оружие на землю, схватился с великаном. Силы Князя Российского начали изнемогать: он призвал в помощь Богородицу — низвергнул врага и зарезал его ножем. Война кончилась: Мстислав вступил в область Редеди, взял семейство Княжеское и наложил дань на подданных» (Карамзин 1989, II–III: 16).

с. 190 *Измѣны, гибель Россiянъ / На лонѣ мстительныхъ Грузинокъ*... В первом беловике эти стихи описывали содержание черкесских песен и звучали иначе: «[Набѣгъ и грозный] Поютъ измѣну, поединокъ, / И [вѣчный] смертный сонъ богатырей / На лонѣ мстительныхъ Грузинокъ» (ПД 831. Л. 10). Эти стихи свидетельствовали о некотором знакомстве Пушкина с грузинским фольклором (в пересказах русских старожилов) — в частности, с преданием о разбойнице (= царевне, царице), заманивавшей в свой замок путников, разделявшей с ними ложе, а затем их убивавшей (сводку преданий см. в исследовании: Андроников 1977: 289–293). «Богатыри» этой версии — бесспорно, кавказцы. Однако в ходе работы над «Эпилогом» Пушкин приспособил эти стихи к теме исторических воспоминаний об отношениях России и Кавказа. В окончательной версии, судя по всему, заключен намек на драматические обстоятельства присоединения Восточной Грузии (Карталинско-Кахетинского царства) к Российской империи.

После кончины последнего грузинского царя Георгия XIII (1800) последовал рескрипт Александра I от 12 сентября 1801 года главнокомандующему в Грузии К. Ф. Кноррингу о целесообразности («для успокоения края и отвращения всякого соблазна к вредным каким-либо замыслам») перевести всех представителей грузинского царского дома из Тифлиса в Россию (Акты собранные Кавказской Археографической Комиссиею. Тифлис, 1866. Т. 1. С. 433–434). Реализовать высочайшее предписание выпало уже новому главнокомандующему, кн. П. Д. Цицианову. Провести акцию было поручено генералу И. П. Лазареву — командующему отрядом русских войск в Тифлисе. Однако вдова Георгия —

честолюбивая царица Мария — упорно отказывалась от переезда, «отговариваясь слабостью здоровья». После долгих препирательств Лазарев принял решение насильственно депортировать царицу вместе с ее дочерью. Утром 19 апреля 1803 г. он вошел с небольшим военным конвоем в царский дом. О последующих событиях обстоятельно рассказал в своих мемуарах генерал С. А. Тучков, препровождавший царское семейство в Россию: «Царица, увидя ген. Лазарева, сказала: „Как вы немилосердно со мною поступаете! Посмотрите, как я больна. Какой у меня жар?" И при этом подала левую свою руку. Но лишь только взял он ее за руку, как правой ударила она его в бок кинжалом, повернула кинжал и в то же мгновение выдернула его из тела. Говорят, яко бы она за несколько дней пред тем брала уроки у одного известного лезгинского разбойника, оставившего свой промысел, как действовать сим оружием. <...> Генерал-маиор Лазарев едва мог дойти до дверей, упал и кончил жизнь" (Тучков 1908: 203). Лазарев умер не на «лоне» (т. е. не на груди) мстительной грузинки — неточность объясняется тем, что Пушкин использовал в тексте формулу из ранней редакции поэмы (и, может быть, недостаточным знанием деталей этих драматических событий). Видимо, не в последнюю очередь интерес к драматическим обстоятельствам присоединения Грузии (и желание узнать подробности «из первых рук») заставил Пушкина нанести визит опальному генералу Тучкову во время поездки в Измаил вместе с И. П. Липранди в декабре 1821 г. (см.: Пушкин в воспоминаниях 1998, I: 308).

с. 190 *Когда на Терекѣ сѣдомъ / Впервые грянулъ битвы громъ / И грохотъ Рускихъ барабановъ*... Ср. замечание А. И. Бухарского: «Мне, однако ж, один стих показался пятнышком на сей прекрасной картине: „И грохот русских барабанов". Он ослабляет силу предыдущего стиха, который грянул громом; притом приметно, что барабаны грохочут здесь для рифмы к Цицианову" (Долгова 1980: 177–178). Это проницательное замечание точно указывает на сдвиг, совершенный Пушкиным традиции военной поэзии. См., в частности, у Державина в «Гимне лиро-эпическом на прогнание французов из Отечества» (1812): «И грянулъ бородинскiй громъ» (Державин 1870, III: 111). Ср. у молодого Пушкина в стихотворении «Наполеон на Эльбе»: «Но туча грозная нависла над Москвою, / И грянул мести гром!» (I: 117). О судьбе образа «грома» у Пушкина (в связи с метафорическим образом войны как грозы) см. также: Григорьева 1969: 81–82. На абстрактно-одическом фоне стих о «русских барабанах» мог прочитываться как вызывающе «натуралистичный».

с. 190 *Явился пылкій Циціановъ...* Князь Павел Дмитриевич Цицианов (1754–1806) — выходец из аристократического грузинского рода, генерал от инфантерии; воевал в Закавказье с 1796 г. (сперва — под началом воспетого Державиным гр. Зубова). С 1802 г. — главнокомандующий в Грузии. Играл ключевую роль в присоединении восточной Грузии к Российской империи. Воевал в основном на восточном Кавказе — против дагестанских властителей и азербайджанских ханов, союзных Персии (следовательно, упоминание в данном месте поэмы *Терека* — не только метонимия Кавказа, но и конкретное географическое указание). В начале февраля 1806 г. был вероломно убит на переговорах о сдаче крепости Баку.

с. 190 *О Котляревскій, бичь Кавказа! ~ Скучая миромъ, въ язвахъ чести, / Вкушаешь праздный ты покой...* Генерал-лейтенант С. П. Котляревский (1782–1852) получил множественные тяжелые ранения при штурме Ленкорани, центра Талышинского ханства (31 декабря 1812 г.), после чего вышел в отставку. В момент создания КП проживал в своем имении близ Бахмута. Молва приписывала Котляревскому конфликт с Александром I. Если Пушкин знал подобные слухи, это придавало специфический фрондерский смысл его восхвалениям Котляревскому (так удивившим Вяземского). Об использовании слова-образа «бич» при характеристике завоевателей и полководцев в поэзии XVIII — начала XIX в. см.: Григорьева 1969: 92. Пушкин употребляет образ как символ кары и возмездия. Ср. оду «На побѣду Россійскаго флота надъ Турецкимъ» (1770) В. П. Петрова: «...Орловъ, / Кичливыхъ бичь враговъ...» (Петров 1811, I: 70). Ср. в «Певце во стане русских воинов» В. А. Жуковского: «О Святослав, бич древних лет, / Се твой полет орлиной» (Жуковский 1999, I: 226).

с. 190 *Но се — востокъ подъемлетъ вой!.. ~ Смирись, Кавказъ: идетъ Ермоловъ!* От истории Пушкин переходит к современности. А. П. Ермолов (1777–1861), знаменитый герой антинаполеоновских войн, в 1816 г. был назначен главноуправляющим Грузией и командующим Отдельным Кавказским корпусом; в 1818 г. произведен в генералы от инфантерии. В 1819 г. начались его систематические действия по усмирению Северного Кавказа. Ермолов пользовался среди русских кавказцев (и вообще в самых широких слоях русского общества) исключительной популярностью. «Ермоловский культ» поддерживался генералом Н. Н. Раевским — давним сослуживцем и другом «кавказского проконсула». Ср. в дневнике Г. Геракова запись от 9 августа 1820 г.: «…съ Генераломъ Н. Н. Раевскимъ и его фамиліею обѣдали. Читали старыя газеты у себя, вечеръ провели въ разговорахъ и въ чтеніи приказовъ Ермолова; всѣ почти имѣютъ отпечатокъ отличнаго человѣка; между тѣмъ отдавали справедливость и покойному Главнокомандовавшему въ Грузіи, Князю Циціанову» (Гераков 1828: 104; чтение и обсуждение приказов Ермолова, несомненно, происходило в присутствии Пушкина). Ср. письмо Пушкина к брату Льву от 24 сентября 1820 г.: «Кавказский край, знойная граница Азии — любопытен во всех [своих] отношениях. Ермолов наполнил его своим именем и благотворным гением. Дикие черкесы напуганы; древняя дерзость их исчезает. Дороги становятся час от часу безопаснее, многочисленные конвои — излишними. Должно надеяться, что эта завоеванная сторона, до сих пор не приносившая никакой существенной пользы России, скоро сблизит нас с персиянами безопасною торговлею, не будет нам преградою в будущих войнах — и, может быть, сбудется для нас химерической план Наполеона в рассуждении завоевания Индии» (XIII: 17). Позднейшие отзывы Пушкина о Ермолове значительно более критичны.

с. 191 *И смолкнулъ ярый крикъ войны: / Все Рускому мечу подвластно.* Летом 1820 г., когда Пушкин находился на Кавказе, Ермолов был занят подавлением антирусских выступлений в дагестанских и азербайджанских владениях. К началу 1821 г. очаги сопротивления были в основном ликвированы; некоторые из «замиренных» территорий были формально присоединены к Российской империи. Ермолов рапортовал о победоносном завершении боевых действий на Кавказе императору Александру I. Однако кавказские победы не получили должного освещения и оценки. В письме М. С. Воронцову от 19 июня 1845 г. Ермолов ретроспективно сам разъяснял ситуацию: «…Покойный Император, почти ежегодно появлявшийся на конгрессах, где влияние его было могущественнейшее, не мог не скрывать, что Кавказ вмещал народы непокорствующие его власти и дерзающие оказывать ей противоборствие, и потому все, что я делал, покрывалось полною безгласностью и можно сказать тайною. <…> Удобно было происшествия на Кавказе сохранить в неизвестности, а самого меня покрыть мраком» (Архив князя Воронцова. М., 1880. Кн. XXXVI. С. 230–231). В этом контексте «воспевание» побед Ермолова приобретало направленность, во многом противоположную принятой Александром политике замалчивания: оно должно было стимулировать атмосферу общественного фавора по отношению к «кавказскому проконсулу» и подтолкнуть власть к назначению Ермолова на должность командующего русской армией в ожидавшейся войне с Турцией. Формула «Все русскому мечу подвластно» в известном смысле описывает не только настоящее, но и будущее.

«Мир» на Кавказе, однако, оказался и недолгим и непрочным: в 1824 г. началось восстание в Чечне, которое скоро переросло в «газават» (священную войну против неверных) и перекинулось на ряд соседних кавказских территорий. Ермолов был занят подавлением мятежа до середины 1826 г.

с. 191 *Сражались, гибли вы ужасно…* Эти стихи отражают формирование «философии истории» Пушкина: поэт прокламирует обреченность тех, кто, по его мнению, становится на пути исторического хода и утверждения Российской империи, — при том, что сохраняет личную симпатию к героическому сопротивлению, даже безнадежному (ср. позднейшие высказывания Пушкина о польском восстании). КП предваряет «историософию» таких пушкинских сочинений, как «Полтава», цикл 1831 г., «Медный всадник».

с. 191 *Подобно племени Батыя, / Измѣнитъ прадѣдамъ Кавказъ…*
Племя Батыя — крымские татары. Противопоставление усмиренного (и, как считалось, благоденствующего) Крыма воинственному Кавказу — распространенный в 1810–1820-х гг. аргумент за необходимость «замирения» кавказских народов. Такие представления бытовали, в частности, в арзамасском кругу. В описательном послании А. Ф. Воейкова подобные взгляды выражены в формулах, предвосхищающих пушкинские: «Под тихой ясностью Таврических небес / При чистом блеске их лазури / Набеги диких не страшат, / Батыевы потомки мирны!» (Арзамас 1994, II: 325). Когда Пушкин писал «Эпилог», он имел возможность освежить петербургские впечатления от стихотворения Воейкова: оно было опубликовано в «Сыне Отечества» (1821. № 4), под заглавием «Послание к жене и друзьям».

<ПРИМЕЧАНИЯ К ПОЭМЕ>

«Примечания» к КП появились в Первой кишиневской тетради (ПД 831. Л. 19–20), после перебеливания основного текста. Там они именовались «Замечания»; в печати заголовок был устранен. Своим содержанием и структурой они ориентированы на примечания к «восточным поэмам» Байрона, имевшие целью кратко разъяснить европейскому читателю экзотические восточные реалии. Некоторые из пушкинских примечаний почти целиком переписываются из французского перевода Байрона, некоторые — опираются на сведения, полученные Пушкиным на Кавказе; но даже последние конфигурируются по байроновской модели. Так, примеч. 4 — «*Шашка*, Черкеская сабля» — составлено по образцу примечаний Байрона (и его переводчиков) к «Гяуру»: «Tophaïque. C'est le mousquet des Turcs» (Byron 1820, II: 50); «La dague des musulmans s'appelle ataghan…» (Ibid., 51). Примеч. 10 — «Черкесы, какъ и всѣ дикіе народы…» — также использует примечание к той же поэме: «Avez-vous partagé le repas de votre hôte; avez-vous reçu le pain et le sel de sa main; votre personne est sacrée pour lui (эту часть фразы Пушкин повторяет почти буквально: «Гость становится для нихъ священною особою». — *О.П.*), quand même il découvrirait que vous êtes son ennemi» (Ibid., 50). Примеч. 11 — «*Байранъ* или *Байрамъ ~ Рамазанъ*, Музульманскій постъ» (первоначально в рукописи было: «Баиранъ или Баирамъ (л<ордъ>. Байронъ)» [ПД. 831. Л. 19 об.]) — представляет собою дословный перевод (с инверсией) французского перевода байроновских примечаний: «Le rhamazzan est le carême, et le bairam le ñarnaval des musulmans» (Byron 1820, II: 50; отмечено в работе: Рак 2003: 90–91). Впрочем, упрек в неоригинальности Пушкин должен делить со своим образцом: сам Байрон позаимствовал часть примечаний к восточным поэмам из романа «Ватек» («Vathek») У. Бекфорда.

В «Примечаниях» Пушкин приводит также строфы из оды «На возвращение графа Зубова из Персии» Г. Р. Державина и «кавказские» фрагменты из послания В. А. Жуковского «Воейкову» — тексты, с которыми он вступает в литературный диалог-состязание на протяжении всей поэмы.

«Бахчисарайский фонтан»

Сохранившиеся автографы

1   Черновые автографы:

a) первоначальные наброски интродукции БФ (апрель 1821 г.?) в Первой кишиневской тетради (ПД 831. Л. 39 об., 48 об., 49 об., 50). Воспроизведено: Рабочие тетради 1995–1997, III;

b) черновой текст ряда эпизодов во Второй кишиневской тетради: описание гарема, юность и пленение Марии, Мария в гареме, реакция Гирея на смерть Марии, рассказ о сооружении фонтана, лирический эпилог (март, май–июнь 1822 г.? — ПД 832. Л. 8 об., 19–23 об., 24 об. — 29). Воспроизведено: Рабочие тетради 1995–1997, III;

c) черновой набросок, связанный с характеристикой Заремы (1822?) в Записной книжке 1820–1823 гг. (ПД 830. Л. 47 об.). Воспроизведено: Рабочие тетради 1995–1997, II;

d) черновой проект «Вступления» с посвящением [Н. Н. Р.] (?) в Первой масонской тетради (весна 1823 г.? — ПД 834. Л. 1 об.). Воспроизведено: Рабочие тетради 1995–1997, IV.

2   Беловые автографы с поправками:

a) перебеленный проект «Вступления» на отдельном листе (весна 1823 г.? — ПД 52. Л. 1–1 об.);

b) фрагменты «Вступления» (начала и концы стихов); фрагменты лирического эпилога и финала поэмы с описанием Тавриды в Первой масонской тетради (весна 1823 г.? —

ПД 834. Л. 1а–1а об., л. 3 об.). Воспроизведено: Рабочие тетради 1995–1997, IV;

  с) «Татарская песня» (под заглавием «Съ турецкаго») в Первой кишиневской тетради (1821–1823 г.? — ПД 831. Л. 70). Воспроизведено: Рабочие тетради 1995–1997, III.

3 План поэмы (весна–лето 1823 г.?) в Первой масонской тетради (ПД 834. Л. 1 об.). Воспроизведено: Рабочие тетради 1995–1997, IV.

4 Поправки к отдельным стихам и цитаты из поэмы в письмах Пушкина к П. А. Вяземскому:

  а) черновой автограф письма от <1–8 декабря> 1823 г. в Первой масонской тетради (ПД 834. Л. 41). Воспроизведено: Рабочие тетради 1995–1997, IV;

  b) беловой автограф письма от 11 декабря (?) 1823 г. (ПД 1272)*;

  с) беловой автограф письма от 20 декабря 1823 г. (ПД 1273. Л. 1).

5 Посвящение П. А. Вяземскому, предназначенное для БФ3, — черновой автограф на отдельном листе (октябрь 1829 г. — февраль 1830 г. — ПД 109. Л. 1 об.).

6 «Отрывок из письма к Д.»:

  а) черновой автограф во Второй масонской тетради (декабрь 1824 г. — ПД 835. Л. 42 об. — 44). Воспроизведено: Рабочие тетради 1995–1997, IV;

  b) беловой автограф без заглавия на отдельном листе (апрель 1825 г.? — ПД 249. Л. 1).

---

* Ранее О. С. Соловьева выдвинула гипотезу о том, что настоящее письмо, в ПСС 1937–1959 датированное <1–8 декабря> (XIII: 80–81, 385–386), составляло одно целое с письмом-припиской Вяземскому от 11 ноября 1823 г. о «Братьях-разбойниках» (Соловьева 1964: 13, 92); однако по содержанию и обстоятельствам переписки, а также учитывая пометы в рукописном окружении черновика, дату написания беловика и отправки письма, по заключению Т. И. Краснобородько, следует сдвинуть на месяц позже относительно 11 ноября 1823 г. Соглашаясь в целом с этим предположением, мы, тем не менее, в дальнейшем — во избежание путаницы — будем употреблять, наряду с новой, и старую дату <1–8 декабря>, поскольку она принята в авторитетном ПСС 1937–1959 и постоянно используется в исследовательской литературе.

«Бахчисарайский фонтан»

Прижизненные издания

1   Бахчисарайскій Фонтанъ. Сочиненіе Александра Пушкина. Москва. Въ типографіи Августа Семена, при Императорской Медико-Хирургич<еской> Академіи. 1824. Далее: БФ1.

2   Бахчисарайскій Фонтанъ. Сочиненіе Александра Пушкина. Съ 4-мя гравированными картинами. Санктпетербургъ. Въ Типографіи Департамента Народнаго Просвѣщенія. 1827. Далее: БФ2.

3   Бахчисарайскій Фонтанъ. Сочиненіе Александра Пушкина. Санктпетербургъ. Въ Типографіи Департам<ента> Народн<аго> Просвѣщенія. 1830. Далее: БФ3.

4   Бахчисарайскій Фонтанъ // Поэмы и повѣсти Александра Пушкина. Часть первая. С.-Петербургъ. Печатано въ Военной Типографіи. 1835 (репринт см. в настоящем издании). Далее: БФ4.

Отрывки из БФ при жизни Пушкина публиковались и перепечатывались также в альманахах, хрестоматиях и песенниках (подробную роспись см.: Синявский, Цявловский 1938; Винокур, Каган 1974; Мельц 2000): Мнемозина 1824, IV, приложение III («Татарская песня», текст при нотах, муз. В. Ф. Одоевского; тогда же вышла отдельным оттиском); СЦ 1826: 101–106 («Отрывок из письма к Д.»); Невский альманах 1827: IX–XVI (фрагменты поэмы помещены в качестве пояснений к гравюрам С. Ф. Галактионова); Собрание новых русских стихотворений 1826: 1–11 (фрагменты поэмы); Эвтерпа 1828: 47–48 («Татарская песня»; 2-е издание песенника вышло в 1836 г.); Эрато 1829: 67–68 («Татарская песня»; 2-е издание песенника вышло в 1833 г.); Лефранк 1830: 308–310 («Отрывок из письма к Д.»); Новейшее собрание романсов 1830: 12–13 («Татарская песня»); Жасмин и Роза 1830: 36 («Татарская песня»); Лира Граций 1832: 39–40 («Татарская песня»); Лирический альбом 1832: 13–16 («Татарская песня», муз. В. С. Голицына); Цветник 1833: 12 («Татарская песня»); Пенинский 1833–1834, I: 294–297 («Отрывок из письма к Д.»); Там же, II: 155–156 (фрагменты поэмы); Карманный песенник 1835: 106 («Татарская песня»); Полный новейший песенник 1835: 123 («Татарская песня»). Кроме того, «Татарская песня» дважды выходила отдельным изданием с нотами: Дарует

Небо человеку // Романсы с акомпаниементом Форте-Пиано. Слова А. Пушкина. Музыка Н. С. Титова. СПб., [1829], [1830]. № 3.

В собрания сочинений Пушкина БФ входит начиная с так называемого «посмертного издания» (Сочинения 1838–1841, II: 157–190). Наиболее полный свод вариантов см.: ПСС 1937–1959, IV: 153–176, 382–404; XVII: 40–43.

Творческая история

Первые попытки последовательно воссоздать историю замысла и текста БФ были сделаны П. О. Морозовым и Н. О. Лернером (Морозов 1903; Лернер 1908; Морозов 1912), однако основной вклад в изучение творческой истории и установление критического текста БФ принадлежит, бесспорно, Г. О. Винокуру, который подготовил поэму для четвертого тома ПСС 1937–1959 (работа велась в основном в 1935–1936 гг.). Лишь в небольшой степени результаты этой работы отразились в печатных публикациях (см.: Винокур 1936; Винокур 1941; Бонди 1936). Обширный комментарий Винокура к тексту поэмы так и не был издан; в настоящее время он, по-видимому, утрачен: в РГАЛИ (Ф. 2164) сохранились лишь разрозненные его фрагменты, а также цикл из трех заметок «Из комментария к Пушкину», две из которых связаны с БФ (1945; предназначались для сборника в честь А. И. Белецкого, не вышедшего в свет). Некоторые разыскания по истории текста БФ отразились в эпистолярии Винокура. Все эти материалы, несмотря на свою неполноту и отрывочность, сохраняют первостепенный практический интерес и частично использованы в настоящем издании.

Рукописи поэмы сохранились очень неполно (перечень известных автографов см. выше), что ставит исследователя ее творческой истории перед целым рядом запутанных проблем. БФ принято считать результатом художественной переработки впечатлений от пребывания Пушкина в Крыму в июне–сентябре 1820 г. Замысел поэмы вызревал постепенно и медленно. Иногда в предысторию БФ вводят сохранившиеся в нескольких редакциях недоработанные октавы «Кто видел край, где роскошью природы…» (последняя редакция — в ПД 831. Л. 25–25 об.; датируется апрелем 1821 г.; текст и варианты: ПСС 1937–1959, II:

190–191, 666–672). По мнению Г. О. Винокура, «к апрелю 1821 г. относится черновик стихотворения „Кто видел край…". По сопоставлению с началом „Аб.<идосской> н.<евесты>" Байрона, к-рым навеяны эти стихи <…> можно высказать предположение, что они были задуманы Пушкиным как лирическое вступление к этой новой поэме. Впоследствии тема этого стихотворения повторена в заключительных стихах Б. Ф.» (автоцитата из неопубликованного комментария к БФ в письме Г. О. Винокура Б. В. Томашевскому от 30 декабря [1940] // ОР РГБ. Ф. 645. Карт. 35. Ед. хр. 77. Л. 6–6 об.; глухую — по условиям времени — ссылку на эту информацию см.: Томашевский 1956: 491 и примеч. 142*). В том же письме Винокур высказывал предположение, что «этот замысел сменился замыслом иного лирич. Вступления, тоже 5 стопн. ямбом, т. е. „Там некогда, мечтаньем упоенный", к-рый я датирую маем–июнем 1821 г.» (Там же. Л. 6 об.). Речь идет о двустишии в тетради ПД 831 (Л. 39 об.; IV: 382):

> Тамъ нѣкогда [мечтаньемъ упоенный]
> Я посѣтилъ дворецъ уединенный.

Дата создания этого наброска также может быть сдвинута к апрелю 1821 г.: ближайшая предшествующая запись в тетради, поддающаяся датировке, — черновик стихотворения «Христос воскрес, моя Ребекка…» (л. 33 об.), в перебеленной рукописи (ПД 833. Л. 8) имеющего авторскую дату — *12 апреля* (т. е. Пасха), а сразу под двустишием о «дворце» находится черновик стихотворения «Подруга милая…» (ПД 831. Л. 39 об.), которое правдоподобно датируется временем до 30 апреля 1821 г. (аргументацию этой датировки, на основании другого автографа, см.: Иезуитова 1995: 246). Правда, С. А. Фомичев недавно предположил, что двустишие лишь замещает зачеркнутые стихи в первой строфе стихотворения «Кто видел край…» (Фомичев 1996: 10) и, таким образом, не может рассматриваться как «но-

---

* Здесь же Томашевский указывает, что соответствующие «стихи Байрона несомненно навеяны известным стихотворением Гете из „Вильгельма Мейстера": „Kennst du das Land, wo die Zitronen bluhn" („Знаешь ли край, где лимоны цветут"), хорошо знакомый и Пушкину. Стихи Гете естественно ассоциировались с Крымом». Ср.: Тарлинская 2002.

вый замысел»; никаких аргументов в пользу своей реконструкции исследователь, однако, не приводит. Впрочем, остается недоказанной и остроумная гипотеза Винокура о том, что крымские октавы и набросок «Там некогда…» следует соотносить с замыслом «лирического вступления» к поэме. Дискуссионным является также и тезис о тесной связи первоначальных черновиков БФ с неоконченной элегией (поэмой?) «Таврида», работа над которой относится к середине апреля 1822 г. (Фомичев 1986а: 238–239; Фомичев 1986б: 81–85; Шварцбанд 2004: 78–79; более осторожное сопоставление сквозных мотивов в произведениях «крымского цикла» см.: Томашевский 1949; Томашевский 1956: 479–498).

Очевидную близость к замыслу БФ демонстрирует другой сохранившийся отрывок (ПД 831. Л. 48 об.):

[Безмолвный ханъ] Девлетъ Гирей задумчиво сидитъ;
Драгой янтарь въ устахъ его дымится,
Угрюмый дворъ кругомъ его [стоитъ] молчитъ —

Набросок этот может быть достаточно уверенно датирован концом августа — началом сентября 1821 г.: непосредственно предшествующий ему черновик стихотворения «Мой друг, забыты мной следы минувших лет…» (л. 47 об. — 48) снабжен авторской пометой: *24 августа*. На л. 49 об. — 50 тема развивается уже четырехстопным ямбом (см. транскрипцию Винокура: IV: 382–383). Эти наброски прямо соотносятся с экспозицией БФ, а некоторые стихи почти без изменений войдут в его окончательный текст (ст. 10–17).

К «бахчисарайскому» замыслу Пушкин возвращается только весной 1822 г. в Кишиневе. В тетради ПД 832, в верхней части л. 8 об. (IV: 393), он записывает строки о фонтане, которые с изменениями будут включены в финал БФ:

Журчитъ за мраморомъ —
[Таится хладная] вода
И каплетъ [вѣчн.] тихими слезами —
Не умолка нико<г>да —

Запись эта всего вероятнее относится к марту 1822 г.: расположенный двумя листами ранее беловик «Песни о вещем Олеге» снабжен авторской датировкой: *1 марта 1822* (л. 6 об.); записи на л. 7 правдоподобно связываются с обстоятельствами домашнего ареста Пушкина и датируются 11–12 марта (Фомичев 1986а: 226; Летопись 1999, I: 277)*. Непосредственно к работе над поэмой Пушкин приступил, видимо, несколько позже. Черновики ее ранней редакции, находящиеся на л. 19–29, поддаются лишь приблизительной датировке: на предшествующих вырванных листах (16а об. — 17) сохранился фрагмент письма П. А. Катенину, которое, судя по содержанию, могло быть написано не ранее второй половины апреля 1822 г.**; записи на л. 33 об. помечены 30 июня. Таким образом, основная работа над поэмой в этой редакции, скорее всего, приходится на май–июнь 1822 г.

Сохранившийся текст ранней редакции в основном соответствует стихам 31–79, 166–228 и 482–552 БФ: картина гарема, юность и пленение Марии, Мария в гареме, реакция хана на смерть Марии, рассказ о сооружении «памятника» — Бахчисарайского фонтана, лирический эпилог, вводящий тему безымянной и безнадежной любви Автора. Многие эпизоды не доработаны, в частности, даже не намечены финальные строки эпилога, посвященные южному берегу Крыма. При этом, однако, в черновике имеются небольшие стиховые блоки, которые не войдут в окончательный текст ни в каких модификациях. Перед сохранившимся текстом в тетради вырвано три листа (л. 18а–18в): там, вероятно, находилось утраченное начало поэмы (первые 30 стихов). Между стихами о «эвнухе» (л. 20 об.) и началом рассказа о Марии (л. 21) вырвано еще три листа; в окончательном тексте этому месту соответствуют экспозиция у фонтана, «татарская песня», портрет Заремы, пассаж об «измене» Гирея — всего 79 стихов. «Такой отрывок, — указывал Г. О. Винокур, — несколько длинен для того, чтобы он мог по-

---

* Впрочем, не исключено, что эти стихи могли быть вписаны на свободном листе и позже, как и то, что они связаны не с началом, а с окончанием работы над ранней редакцией поэмы.

** Традиционная датировка — май 1822 г. Однако Т. И. Краснобородько (см.: Рабочие тетради 1995–1997, I: 81) не исключает, что это может быть и черновик письма Катенину, отправленного 19 июля 1822 г. (XIII: 41).

меститься на шести страничках тетради, т. е. на 3 листах, записанных с обеих сторон. Средняя норма для одной страницы чернового текста Б. Ф. — около 10 стихов. <…> нужно принять во внимание, что в эти 79 стихов входит также Татарская песня, которая вероятно сочинялась отдельно <…>. Поэтому возможно, что три выдранных листа между л. 21 и 22 тетради ЛБ 66 [ПД 832] были заняты черновым текстом, соответствующим ст. 88—165 окончательного текста, исключая Татарскую песню» (РГАЛИ. Ф. 2164. Оп. 1. Ед. хр. 63. Л. 25). В тексте тетради имеются, однако, куда более значительные лакуны — описание ночного Бахчисарая, сцена посещения Заремой Марии, монолог Заремы, смерть Марии и Заремы (по характеристике Винокура, «очень большой пробел, приблизительно в 250 стихов, заключающий в себе всю центральную часть поэмы и ее сюжетное ядро»). При этом на соответствующем месте в тетради вырвано только два листа (между л. 23 и 24), что заставило Винокура констатировать: «Совершенно очевидно, что такой большой кусок текста не мог быть умещен на двух выдранных листах. Чем были заняты эти выдранные листы и где Пушкин писал центральную часть Б. Ф. — остается пока <неясно?>» (РГАЛИ. Ф. 2164. Оп. 1. Ед. хр. 63. Л. 26; лист с окончанием фразы утрачен).

С. А. Фомичев, независимо от Винокура проделавший аналогичные подсчеты и пришедший к сходным выводам, выдвинул остроумную гипотезу, отчасти объясняющую возникающие недоумения. Он предположил, что отсутствие в тетради ПД 832 центральной части поэмы вызвано не тем, что Пушкин по неясным причинам записал важнейшую часть текста в какой-то другой (ныне утраченной) рукописи, а тем, что сюжетная линия, связанная с Заремой, в редакции 1822 г. вообще отсутствовала: «Редакция 1822 г. заключала в себе только легенду о польской княжне, узнице гарема, и лирическое повествование о „брегах Салгира"» (Фомичев 1986б: 77). При всех возможных оговорках, гипотеза Фомичева на сегодняшний день наиболее удовлетворительно объясняет состав черновой рукописи БФ в ПД 832. Она позволяет также пролить дополнительный свет на перипетии творческой истории текста и объяснить некоторые структурные особенности окончательной редакции (в частности, ее смысловые «противоречия»). Против этой гипотезы можно выдвинуть лишь одно возражение: в заключительной части поэмы, на корешке вырванного листа между л. 27 и 28 (л. 27а) сохранились с трудом читаемые окончания стихов; часть их попытался дешифровать Винокур. На л. 27 он прочел: «Невол | Неиз | въ М | Чей милы | звукъ | вездѣ», а на л. 27 об. — «душа» и «я Зарема» (РГАЛИ. Ф. 2164. Оп. 1. Ед. хр. 63. Л. 24 об.). По его заключению, «обрывки текста, сохранившиеся на корешке вырванного листа <…> соответствуют ст. 535–544 окончательного текста» — от «Невольно предавался ум / Неизъяснимому волненью» до «Марии ль чистая душа / Являлась мне, или Зарема» (см.: IV: 170). Однако решительность такого вывода может быть поколеблена тем обстоятельством, что реконструкция утраченных строк проведена на основе *окончательного* текста БФ, в то время как финальная часть черновика (о чем свидетельствуют сохранившиеся фрагменты) существенно отличалась от беловой редакции. Вызывает сомнение и чтение густо зачеркнутого слова на л. 27 об. как «Зарема». Впрочем, Зарема могла упоминаться и в черновой редакции, но только как эпизодическое лицо: на этой стадии разработки замысла она вряд ли могла быть самостоятельным персонажем, наделенным биографией, характером и этнической определенностью. К такому заключению подталкивают стихи черновика, посвященные «эвнуху» (IV: 387; ср.: ПД 832. Л. 20 об.):

> Его душа любви не просит
> [Она мертва] он хладно сносит
> И слезы пленницы младой
> И шутки шалости нескромной
> И смех черкешенки живой
> И тихий вздох [*первоначально:* взгляд, взор] грузинки томной

Меланхоличная грузинка, противопоставленная смешливой черкешенке, не имеет ничего общего с необузданной Заремой, соперницей горестной Марии. «Грузинка» ранней редакции — не действующее лицо, а часть этнографического антуража, образцом которого для Пушкина послужил, видимо, гаремный каталог из «Лаллы Рук» Томаса Мура, знакомой Пушкину по французскому переводу А. Пишо (подробнее см. ниже): «…les

Géorgiennes, au visage imposant; les filles d'Azas, au séduisant sourire; et les beautés des îles d'occident, à la chevelure d'or; toutes sont réunies dans ces jardins» (Moore 1820, I: 44).

Следующая стадия работы Пушкина над БФ, приходящаяся уже на 1823 г., отражена в рукописях крайне неполно. В тетради ПД 834 сохранилось только несколько фрагментов поэмы. На л. 1 об. записано «Посвящение» к ней (не вошедшее в окончательную версию БФ) и наброски плана. После л. 1 вырвано 29 листов, где, видимо, находился основной текст поэмы; на нескольких корешках сохранились только незначительные остатки текста (части слов и букв). Листы 2–3 заполнены черновиком незаконченной статьи, написанной в феврале–марте 1823 г. (Левкович 1993: 143–146; Левкович 1995: 203–205). На обороте текста статьи (л. 3 об.) записано перебеленное, но затем подвергшееся правке окончание поэмы. Далее вырвано еще два листа, а на л. 4 начинается послание Льву Пушкину («Брат милый, отроком расстался я с тобой...» [IV: 281, 792–793]), которое писалось к совершеннолетию последнего — 18 апреля 1823 г. и правдоподобно датируется 1–15 апреля. Таким образом, время окончания основной работы над БФ в этой редакции — март или начало апреля 1823 г. (хотя поправки в текст могли вноситься и позже). К концу апреля относится и первое свидетельство о работе Пушкина над поэмой, тогда еще носившей название «Гарем» (см. письмо П. А. Вяземского к А. И. Тургеневу от 30 апреля 1823 г.: Архив Тургеневых VI: 16). Скудный рукописный материал не позволяет сделать определенных выводов о составе БФ в этой редакции. Однако сохранившиеся фрагменты и характер правки заставляют предположить, что зафиксированный в ПД 834 текст подвергся дальнейшей переработке, коснувшейся как лирических сегментов поэмы, так и ее повествовательной части.

Об этом, прежде всего, свидетельствует интенсивная правка автобиографических стихов о знакомстве с «печальным преданьем», не вошедших в окончательный текст БФ. Разные варианты этого фрагмента сохранились в тетрадях ПД 832 (л. 26) и ПД 834 (л. 1 об.; там же на л. 1а обрывки текста на корешке); а также на отдельном листке из собрания Л. Н. Майкова (ПД 52). В отчете о работе над четвертым томом ПСС

1937—1959 утверждалось, что в комментариях Винокура «детально разобран и окончательно решен вопрос о происхождении и истории в композиции поэмы» данного отрывка (Бонди 1936: 467), однако результаты исследования с необходимой аргументацией обнародованы не были. В настоящий момент последовательность редакций «биографических» стихов видится следующим образом. Самая ранняя редакция появилась в черновике поэмы (предположительно — в июне 1822 г.*), на стыке повествовательной и «лирической» частей (далее начинался рассказ о посещении Бахчисарая): «[Мой другъ], я конч[илъ свой] разказъ — / Исполнилъ [я твое желанье] / [Ты мнѣ повѣдалъ] въ 1 разъ / Сіе печальное преданье». Тогда же эти стихи подвергаются правке и приобретают следующий вид: «Онъ конченъ вѣрный мой разказъ — / Исполнилъ я друзей желанье / Давно я слышалъ въ 1 разъ / Сіе печальное преданье» (ПД 832. Л. 26). К этой версии, наверху л. 26, был приписан набросок продолжения: «[Тогда] я [сердцемъ] приунылъ / И на минуту позабылъ / [Пировъ <и> дружбы] Безумныхъ огрій <sic!> ликованье — О возрастъ» (ср.: IV: 394). Этот фрагмент Пушкин использовал и в редакции весны 1823 г.: листы с соответствующей частью текста в тетради ПД 834 вырваны, но Винокур убедительно реконструировал утраченный текст по сохранившимся обрывкам на л. 1а: «Я [кончил верный мой рассказ] / И[сполнил я друзей желанье.] / Д[авно, когда мне в первый раз] / Пов[едали сие преданье...]» (IV: 403; ср.: Винокур 1936: 235). Затем, после кардинальной правки, весь фрагмент (со следующими непосредственно за ним стихами о посещении Бахчисарая) был переписан на отдельный листок (ПД 52. Л. 1). Первоначально текст на листке имел заголовок «Эпилог». Но Пушкин не удовлетворился таким композиционным

---

* С. А. Фомичев в свое время датировал соответствующий фрагмент в тетради ПД 832 временем не ранее мая 1824 г. — на том основании, что рядом записана эпиграмма «Певец Давид был ростом мал...», которую традиционно считали направленной против М. С. Воронцова и относили к маю 1824 г. (Фомичев 1986б: 90). Однако через десять лет тот же исследователь убедительно передатировал пушкинскую эпиграмму временем не позже сентября 1822 г., связав ее не с Воронцовым, а с Федором Толстым-Американцем (Фомичев 1995: 78—86). Таким образом, основания сомневаться в том, что текст относится к 1822 г., отпали.

решением: он зачеркнул слово «Эпилог» и заменил его словом «Вступление» (при этом начальная строка «Печаленъ верный мой разсказъ» была исправлена на «Печаленъ будетъ мой разсказъ»). Но и это решение не устроило Пушкина: он превращает начальную часть эпилога/вступления в посвящение, которое записывает в тетради ПД 834 на л. 1 об. — т. е. на свободный лист непосредственно перед началом основного текста поэмы (впоследствии вырванного). Таким образом, текст на л. 1 об. — 1а в тетради ПД 834 — не ранняя, а конечная стадия рукописной разработки данного мотива (к подобному выводу, судя по сохранившемуся фрагменту комментария, пришел и Винокур — см.: РГАЛИ. Ф. 2164. Оп. 1. Ед. хр. 63. Л. 30)*. Первоначально рукопись «Посвящения», видимо, представляла собой аккуратный беловик (корректное чтение первого слоя «Посвящения» было дано еще в работе: Щеголев 1911: 145–146):

> Исполню я твое желанье,
> Начну обѣщанный разказъ.
> Давно печальное преданье
> Повѣдали мнѣ въ первый разъ
> Тогда я въ думы углубился;
> Но не надолго рѣзвый умъ
> Забывъ веселыхъ оргій шумъ
> Невольной грустью омрачился.
> Какою быстрой чередой
> Тогда смѣнялись впечатлѣнья:
> Веселье — тихою тоской,
> Печаль — восторгомъ наслажденья!

Но и этот текст Пушкин подверг существенной правке (наиболее интересное изменение было сделано в четвертом стихе: вме-

---

* В недавних работах Я. Л. Левкович итоговое «Посвящение» на л. 1 об. объявлено одной из ранних редакций «биографических» стихов и отнесено (как и набросанный на том же листе план поэмы) не к весне 1823 г., а к 28 мая — июню 1822 г. (Летопись 1999, I: 285, со ссылкой на: Левкович 1995: 202–203, где, однако, датировка менее категорична). Новая датировка, построенная на весьма субъективных интерпретациях палеографических особенностей рукописи, на наш взгляд, не принимает во внимание смысловых и лексических соотношений разных редакций текста.

сто «Повѣдали мнѣ въ первый разъ» стало «Ты мнѣ повѣдалъ въ первый разъ» — т. е. Пушкин вернулся к чтению черновика 1822 г. [свод вариантов см.: IV: 400–402]), а в итоге вообще отказался от включения этих автобиографических стихов в текст БФ (неоднократно отмечалось, что ряд строк отвергнутого «Посвящения» Пушкин использовал в черновиках «Медного всадника», а стих «Печален будет мой рассказ» завершает вступление к петербургской поэме — ср.: V: 137, 440–441*). Вопрос об адресате «Посвящения» (выступавшем в ряде редакций и в роли рассказчика предания) не может считаться окончательно разрешенным. Над «Посвящением» надписаны инициалы (судя по характеру почерка — позже стихотворного текста), но они густо замазаны чернилами и очень неразборчивы (ср.: ПД 834. Л. 1 об.). П. Е. Щеголев уверенно расшифровал их как «Н. Н. Р.», т. е. «Н. Н. Раевскому» (Щеголев 1911: 145). Это чтение стало общепризнанным, принято оно и П. О. Морозовым (Сочинения 1900–1929, III: 277), и Г. О. Винокуром (IV: 401), и Б. В. Томашевским (ПСС 1977–1979, IV: 381), и С. М. Бонди (СС 1959–1962, III: 442). Однако С. А. Фомичев резонно отметил, что зачеркнутые Пушкиным буквы «уверенному чтению… не поддаются» (Фомичев 1986б: 90). То обстоятельство, что Раевскому-младшему уже был посвящен «Кавказский пленник» (отправленный в печать в апреле 1822 г.), не может служить аргументом в пользу принятой расшифровки; скорее, оно создает дополнительные основания для сомнений: случаи посвящений нескольких поэм одному и тому же адресату не только не встречаются в практике Пушкина, но и вообще исключительно редки в литературе первой четверти XIX в. Тем не менее никаких альтернативных кандидатов на роль адресата «Посвящения» в исследовательской литературе пока не предложено.

В тетради ПД 834 (л. 3 об.) зафиксированы попытки переработать и завершающие поэму лирические фрагменты —

---

* Показательно, что ремаркой о «печальном рассказе» завершается и интродукция байроновского «Гяура» (Винокур 1936: 234; Фомичев 1986b: 88): «Yet this will be a mournful tale, / And they who listen may believe, / Who heard it first had cause to grieve» (Byron 1945: 254); ср. использовавшийся Пушкиным фр. перевод: «L'histoire que je retrace arriva dans leur pays, elle est triste, et l'on croira sans peine qu'elle fit couleur les larmes de ceux qui l'entendirent pour la première fois» (Byron 1820, II: 12).

стихи о «несчастной любви» (ст. 547–558), а также следующий за ними финальный пассаж с описанием Тавриды («Поклонник муз, поклонник мира ~ Вокруг утесов Аю-Дага» [ст. 559–578]). Автобиографические ламентации «безумца» (так называемый «любовный бред»), появившиеся уже в черновой редакции 1822 г. (ПД 832. Л. 28–29; IV: 398–400), в версии весны 1823 г. обретают относительно законченный вид (в перебеленный текст вносится легкая правка, однако новые варианты снова заменяются на старые):

> Я помню столь же милый взгляд
> И красоту еще земную,
> Все думы сердца к ней летят,
> Об ней в изгнании тоскую — ...
> [Безумец!] полно! Перестань,
> Не оживляй тоски напрасной,
> Мятежным снам любви несчастной
> Заплачена тобою дань —
> Опомнись; долго ль, узник томной,
> Тебе оковы лобызать
> И в свете лирою нескромной
> Свое безумство разглашать?
>
> (реконструкция Г. О. Винокура:
> IV: 170–171; варианты: IV: 403–404)

Финальные «крымские» стихи, не представленные в более ранних версиях поэмы, подвергаются более серьезной правке (поверх перебеленного текста), которая, однако, в этой тетради так и не была завершена — окончательная их редакция известна нам лишь по печатному тексту (БФ1).

Можно предположить, что дальнейшие изменения коснулись не только лирических, но и собственно повествовательных сегментов поэмы. В левой части л. 1 об. (ПД 834), под текстом «Посвящения» Пушкин набрасывает (а потом густо зачеркивает) план повествовательной части БФ. Его вычленил в массиве зачеркнутых строк и частично дешифровал П. Е. Щеголев (Щеголев 1911: 144); общепринятое ныне чтение принадлежит Винокуру (IV: 402):

«Бахчисарайскій фонтанъ»

 Гаремъ
 Марія
 Гирей и Зарема
 Монахъ — Зарема и Марія
 Ревность. Смерть М. и Зар<емы>
 Бахчисарай<скій> Ф.

План, вероятно, появился уже *после* завершения версии, зафиксированной в тетради ПД 834, — на той стадии работы, когда Пушкин приступил к композиционным перестройкам в лирическом сегменте БФ. Чтобы придать сюжету недостающую драматическую остроту, Пушкин, видимо, решает ввести в действие вторую героиню — Зарему, которой до того, судя по всему, еще не отводилась важная сюжетная роль* (здесь заметно влияние сюжетной схемы «герой и две контрастные героини», отразившейся в планах «Братьев-разбойников» — ср.: Морозов 1912: 181; Бонди 1936: 467–468; Томашевский 1956: 456–457). Но намеченный в плане состав эпизодов несколько отличается и от структуры окончательного текста. В частности, не получает развития пункт «Монах» — обычная трактовка этого слова как описки (вместо «Евнух» [Фомичев 1986b: 85]) не может считаться вполне убедительной; не исключено, что Пушкин предполагал ввести в сюжет нового персонажа, аналогичного герою байроновского «Гяура» (заслуживают внимания в этой связи текстуальные пересечения «исповеди безумца» в БФ с репликой *монаха*, исповедующего грешника,

---

* Первая (и единственная) пушкинская рукопись, в которой достоверно читается имя Зарема, — беловой автограф (с немногими поправками) будущей «Татарской песни», записанный автономно в самом конце тетради ПД 831 (л. 70) и снабженный заголовком «Съ турецкаго» (сколько-нибудь точная датировка автографа не представляется возможной; допустимы колебания в диапазоне 1821–1823 гг.; подробнее см. ниже, в комментарии к соответствующим строчкам поэмы). С характеристикой Заремы ассоциируется еще один текст, предположительно датируемый 1822 г.: «Чей голосъ выразитъ яснѣй / И нѣжность и тоску желаній / Чей страстный поцалуй живѣй / Твоихъ язвительныхъ лобзаній» (ПД 830. Л. 47 об.; IV: 400). Вполне правдоподобно, что этот черновой набросок в первоначальном своем замысле также «не был, по-видимому, связан с поэмой» (Фомичев 1986b: 78; более сомнительна связь этого черновика со стихотворением «На языке тебе невнятном...», заголовок которого расшифровывается С. А. Фомичевым как «Гр<узинке>»).

Комментарии

в отрывке 1822 г. «Вечерня отошла давно»: «Несчастный, — полно, перестань? / Ужасна исповедь злодея! / Заплачена тобою дань…» etc. [II: 298; см.: Соколов 1955: 515; Фомичев 1986b: 87–88]).

Остается лишь гадать, где и когда реализовывался новый план поэмы. Гипотетически можно отнести последнюю стадию работы над БФ к августу–октябрю 1823 г., т. е. к началу одесского периода жизни поэта (переезд в Одессу происходит в первых числах августа [Летопись 1999, I: 335]). К концу августа относится первое упоминание БФ самим Пушкиным (уже с дефинитивным названием): «…я прочел ему [В. И. Туманскому] отрывки из Бахчисарайского фонтана (новой моей поэмы)» (письмо к Л. С. Пушкину от 25 августа 1823 г.: XIII: 67). Именно в это время, видимо, окончательно определяется статус лирических сегментов поэмы — стихи, поддающиеся прямому автобиографическому прочтению, отныне не предназначаются для печати или публичного распространения. Об этом, в частности, свидетельствует приписка к тому же письму: «Так и быть я Вяземскому пришлю *Фонтан* — выпустив любовный бред — а жаль!» (XIII: 68; под «любовным бредом», скорее всего, подразумеваются строки об «утраченной любви», а возможно, и посвящение к поэме); позднее Пушкин декларировал эти установки более отчетливо: «Я выбросил то, что цензура выбросила б и без меня, и то, что не хотел выставлять перед публикою» (письмо к П. А. Вяземскому от 4 ноября 1823 г.: XIII: 73)*.

---

* Ссылка на цензуру и автоцензуру в дальнейшем стала основанием для инкорпорации выпущенных строк в основной текст БФ, хотя они не только не печатались в прижизненных изданиях поэмы, но и, судя по сохранившимся спискам, никогда не распространялись в рукописи. В печатной версии БФ Пушкин оставил лишь первые два стиха «любовного бреда», завершенные отточием и дополнительным межстрочным интервалом: «Я помню столь же милый взгляд / И красоту еще земную…» (БФ1 и последующие издания, вплоть до ПП1). Остальные десять строк, реконструированные по рукописи ПД 834, были обнародованы — в качестве отдельного фрагмента — только в 1857 г. (Сочинения 1855–1857, VII: 68). В отличие от первого публикатора, П. В. Анненкова, большинство последующих издателей, начиная с Г. Н. Геннади (Сочинения 1859, II: 151–151), смело включали «любовный бред» в основной текст БФ (иногда даже не оговаривая ни статус данной конъектуры, ни то, что реконструкция отражала *промежуточную* стадию работы над текстом поэмы). Эта практика, к сожалению, была возрождена и канонизирована Г. О. Винокуром в ПСС 1937–1959 (IV: 170–171; ср. его высказывание по

«Бахчисарайский фонтан»

Между объявлением Пушкина о намерении послать поэму Вяземскому и ее действительной отсылкой (с письмом от 4 ноября: XIII: 73–74) прошло свыше двух месяцев: основной причиной замедления, видимо, была необходимость доработки новых частей поэмы. Некоторые формальные особенности текста БФ служат дополнительным основанием для такого заключения. В сценах, связанных с Заремой, отмечается «максимальная концентрация enjambements, превышающая средний показатель в 3–4 раза» (Матяш 2000а: 25; см. также: Матяш 2000b). Обострение интереса к enjambements отразилось в пушкинских пометах на полях «Опытов…» Батюшкова (вероятно, относящихся к августу–сентябрю 1823 г.); осенью 1823 г. существенно возрастает значение стиховых переносов в лирике Пушкина (подробнее см.: Проскурин 2003: 277–281). Особенности стиха в эпизодах, посвященных Зареме, обнаруживают отчетливую связь с этими процессами.

Автограф, послуживший основанием для первого издания поэмы, ныне утрачен. Между тем рукопись, отосланная Пушкиным Вяземскому в первых числах ноября 1823 г., и печатная версия поэмы (БФ1), вышедшая в свет 10 марта следующего года, отличались в частностях. Так, в процессе подготов-

поводу этих стихов: «…в последние два-три десятилетия установилась дурная традиция опускать их в собраниях сочинений Пушкина, так что, вероятно, они неизвестны нескольким поколениям широких читательских кругов Советского Союза» [Винокур 1936: 234]). Между тем заявления поэта нельзя расценивать как документальное основание для изменения состава текста. Исключение «любовного бреда» было фактом не столько биографическим, сколько эстетическим, программирующим читательскую рецепцию поэмы. Специально обозначенный пропуск после начала биографического «признания» создавал атмосферу многозначительной недоговоренности и таинственности, заставляя предполагать в выпущенном эпизоде гораздо бо́льшую (по сравнению с тем, что там было в действительности) степень интимности. Впоследствии Пушкин использовал часть отвергнутых стихов из «любовного бреда» в «Полтаве» («Теперь плачу безумства дань» [V: 43]) и — пространно и в близком контексте — в главе VII «Евгения Онегина»: «Но полно, полно; перестань: / Ты заплатил безумству дань» (строфа LII [VI: 162]). Пушкин поступал подобным образом только с оставленными текстами, рассматривая их как материал, пригодный для дальнейшего использования. Поэтому соответствующий фрагмент корректнее публиковать не в основном тексте БФ, а в приложении (дополнительные аргументы в пользу такого решения см.: Фомичев 1986b: 87).

ки издания Пушкин под давлением Вяземского разрешил сделать несколько изменений: «Конечно ты прав, и вот тебе перемены — Язвительные лобзания напоминают тебе твои <хуерики>? поставь *пронзительных*. Это будет ново. Дело в том, что моя Грузинка кусается, и это непременно должно быть известно публике. *Хладного скопца* уничтожаю из уважения к давней девственности А<нны> Л.<ьвовны>

> Не зрит лица его гарем.
> Там ~~~~~ [обреченные мученью]
> И не утешены никем,
> Стареют жены.
> <...>
> Но верой матери моей
> Была твоя — —

если найдешь удачную перемену, то подари меня ею; если ж нет, оставь так, оно довольно понятно. Нет ничего легче поставить *Равна, Грузинка, красотою*, но *инка кр*... а слово Грузинка тут необходимо — впроччем делай, что хочешь» (письмо к Вяземскому от 1–8 [11?] декабря 1823 г.: XIII: 80–81). Издатель, однако, воспользовался этим разрешением лишь частично: в БФ1 вместо «Твоихъ язвительныхъ лобзаній» появилось «Твоихъ пронзительныхъ лобзаній». Еще с одной переменой Пушкин соглашается в письме от 20 декабря: строчка «Чтобъ ни было ея вина» по предложению Вяземского заменяется на «Какая бъ ни была вина» (при этом Пушкин указывает на употребление этого варианта в черновике: «так и у меня начерно» [XIII: 82]). Еще одна редакторская замена была сделана, видимо, по рекомендации Д. В. Дашкова, который писал И. И. Дмитриеву 4 января 1824 г. из Петербурга: «С живым удовольствием читали мы *Бахчисарайский фонтан* — отрывок показывающий какую-то зрелость таланта, по крайней мере в описаниях. <...> Говорят, что Вяземский печатает в Москве это стихотворение. В таком случае сделайте милость заметьте ему одно место, требующее исправления. Зарема умирает от рук *немых кизляров*, а *кызляр* по-турецки значит просто девушки. Название *Кызляр-Агасси*, вероятно обманувшее Пушкина, значит начальника над девушками Харема» (РА. 1868. № 4–5. Стлб. 600). Замечание Дашкова своевременно дошло по назначению: в печатном тексте БФ1 соответствующее место читается: «Давно грузинки нѣтъ; она / Гарема стражами нѣмыми / Въ пучину водъ опущена» (БФ1: 29)*.

Г. О. Винокур на основании письма Дашкова делал вывод, что «если бы нашелся хоть один список „Бахчисарайского фонтана", в котором в качестве палачей Заремы фигурируют эти порожденные недоразумением „кизляры", то это давало бы возможность судить вообще об особенностях текста поэмы, присланного Пушкиным из Одессы, потому что такой список восходил бы по тексту не к печатной, а к рукописной редакции „Бахчисарайского фонтана"» (Винокур 1936: 236). Основываясь на одном из таких списков, обнаруженном в архиве Н. П. Вульфа (ПД), Винокур реконструировал ряд разночтений утраченной рукописи и БФ1, признавая в то же время, что найденный список снят «несомненно не с подлинной рукописи Пушкина или авторизованного им списка» и «не является вполне доброкачественным» (Винокур 1936: 237). Разыскания Винокура были суммированы и продолжены Б. В. Томашевским на основе четырех других списков, предположительно восходя-

---

* Высказывалось предположение, что слово «кизляр» «пришло в поэму Пушкина из молдавской песни, которая стала известна поэту в период его кишиневской ссылки» (Добродомов 1998: 135–136). Однако вряд ли можно сомневаться в том, что действительным источником Пушкина был Байрон. См. подобное словоупотребление в «Абидосской невесте» (далее курсив мой): «The *Cyslar* only and his Moors / Watch well the Haram's massy doors» (Byron 1945: 267); во французском переводе (которым пользовался Пушкиным): «Le *kislar* et les Mores qu'il commande veillent seuls aux portes massives du harem» (Byron 1820, I: 283). В авторском примечании Байрона к «Гяуру» дан более точный термин: «Athens is the property of *Kislar Aga* (the slave of the seraglio and guardian of the women)» (Byron 1945: 891). Во французском переводе примечание было дополнено этнографическими подробностями, отсутствовавшими в оригинале: «Athènes est la propriété du *Kislar Aga* (chef des eunuques noirs du sérail)» (Byron 1820, II: 50; давая пояснение, переводчик, вероятно, использовал формулировку из книги Castellan, Langlès 1812, III, вклейка между с. 106 и 107: здесь помещена гравюра с подписью «Qizlar-âghâ. Chef des Eunuques noirs»). Пушкин попросту повторил ошибку своего образца и его переводчиков в «Абидосской невесте» и не принял во внимание примечание к «Гяуру» (или не понял значения составного термина).

щих к предпечатной версии БФ (Томашевский 1956: 512–513; к сожалению, подробное описание и архивные адреса списков здесь отсутствуют), а также в ПСС 1937–1959 (XVII: 40–43), где дается сводка вариантов по шести спискам, хранящимся в ПД (включая рукопись из архива Н. П. Вульфа). При подготовке настоящего издания удалось отыскать еще один список БФ, который в значительной мере сохраняет черты последней авторской редакции (ОР РГБ. Ф. 99. Карт. 17. Ед. хр. 4). Список выполнен рукой А. П. Елагиной, родственницы В. А. Жуковского, впоследствии хозяйки знаменитого московского литературного салона. Рукопись очень исправна; заведомые искажения имеют характер описок. Основные разночтения данного списка с текстом БФ1 таковы* (стихи нумерованы по ПСС 1937–1959, IV):

Ст. 23. Открытъ ли въ войскѣ заговоръ?
Ст. 33. Нѣтъ! жены вѣрныя Гирея
Ст. 59. Межъ ими ходитъ злой Евнухъ.
Ст. 66. Святую Заповѣдь Корана
Ст. 105. За дверью знака ждетъ Евнухъ
Ст. 122. Вдругъ огласился весь Гаремъ.
Ст. 187. И много юношей объ ней.
Ст. 379. Ни клевета, ни подозренье,
Ст. 380. Ни злобной ревности мученье,

---

* Особую проблему составляют пунктуационные отличия Елагинского списка от печатного текста БФ. Так называемые пропуски текста в поэме (обозначенные в БФ1 точками и тире) отмечены в Елагинском списке точками à la ligne. Существенное отличие списка от печатного текста состоит в том, что строка точек появляется здесь и после заключительного стиха поэмы — «Вокругъ утесовъ Аю-Дага». Это обстоятельство заставляет со вниманием отнестись к выводу С. А. Фомичева о возможном продолжении текста БФ на одной из вырванных страниц после л. 3 об. в тетради ПД 834: «Строка „Вокруг утесов Аю-Дага" кончает страницу, но здесь мы не находим обычного для Пушкина знака концовки. Таким образом, текст „Бахчисарайского фонтана", очевидно, заканчивался <…> на следующей странице (л. 3а)...» (Фомичев 1986b: 91). Но даже если финальная строка точек à la ligne обозначает фиктивный пропуск, само ее наличие в авторитетном списке свидетельствует о том, что фрагментарная структура текста в авторской рукописи графически подчеркивалась сильнее, чем в печатной версии.

Ст. 381. Ни скука, не смущали насъ.
Ст. 413. Какъ хочешь, отврати его
Ст. 451. Какъ кроткій Ангелъ озарила.
Ст. 476. Давно Кизлярскими <sic!> немыми
Ст. 477. Въ пучину волнъ опущена.
Ст. 480. Чтобъ ни было ея вина
Ст. 481. Ужасно было наказанье.

Стих «Святую Заповедь Корана» — несомненно пушкинский: исключенный в БФ1 цензурой (с заменой на «И самыя главы Корана»), он был восстановлен в БФ2 (в других известных списках этот стих дается в цензурованном виде). Аутентичность стиха «Чтобъ ни было ея вина» верифицируется пушкинской перепиской (ср. упомянутое письмо Вяземскому от 20 декабря 1823 г.: XIII: 82). Хоть и в искаженном виде, но присутствует в списке и скорректированная Дашковым строка «Давно Кизлярами немыми» (в списке искажено: «Кизлярскими»; примечательно, что «немые кизляры» сохраняются и в других известных ранних списках). Однако в Елагинском списке находим и варианты, отражающие авторизованную редактуру Вяземского: «пронзительныхъ лобзаній» вместо «язвительныхъ». Можно предположить, что Елагинский список относится к той ранней генерации списков БФ, которые распространялись в декабре 1823 — январе 1824 г. (после того, как Вяземский получил письмо Пушкина от 1–8 [11?] декабря, но до того, как им было учтено письмо Пушкина от 20 декабря и поправка Дашкова от 4 января).

Прижизненные издания

Отправляя рукопись БФ П. А. Вяземскому, Пушкин в сопроводительном письме от 4 ноября 1823 г. писал: «Вот тебе, милый и почтенный Асмодей, последняя моя поэма. Я выбросил то, что цензура выбросила б и без меня, и то, что не хотел выставить перед публикою. Если эти бессвязные отрывки покажутся тебе достойными тиснения, то напечатай, да сделай милость, не уступай этой суке цензуре, отгрызывайся за каждый стих и загрызи ее если возможно, в мое воспоминание. Кроме тебя у меня там нет покровителей…» (XIII: 73). 29 ноября Вяземский отдает рукопись в московскую цензуру (Гурьянов 1964: 82); 10 декабря было подписано разрешение на публикацию. Вмешательство цензора (А. Ф. Мерзлякова) в пушкинский текст оказалось, против ожидания, минимальным, о чем Вяземский сообщал Н. И. Кривцову в письме от 15 мая 1824 г.: «В Пушкинском Фонтане цензура переменила один стих: вместо „Святую заповедь Корана", поставила она „и самые главы Корана", а пропуски означены самим автором» (Отчет ИПБ 1895, Приложения: 47). Значительно бо́льшие цензурные затруднения вызвала открывающая книжку статья Вяземского — «Вместо предисловия. Разговор между Издателем и Классиком с Выборгской стороны или Васильевского острова» (БФ1: I–XX). Кроме своего предисловия Вяземский по просьбе Пушкина включил в издание «Выписку из путешествия по Тавриде И. М. Муравьева-Апостола». Изображение фонтана, которое Пушкин, видимо, предполагал приложить к изданию, изготовлено не было (XIII: 82). Из печати БФ1 вышел 10 марта 1824 г.

25 октября 1827 г. Пушкин заключил договор с книгопродавцем и издателем А. Ф. Смирдиным на новое издание поэмы, закрепленный в соответствующем письме: «По желанию Вашему позволяю Вам напечатать вторично поэму мою *Бахчисарайский фонтан* числом тысячу экземпляров» (XIII: 346; об этом, как и о предшествующих попытках переиздания БФ, см.: Оксман 1934).

В БФ2, вышедшем в свет 18–20 декабря 1827 г., были сделаны единичные грамматические и стилистические изменения: «Презрѣньемъ, *просьбою* [вместо *просьбами* в БФ1], тоскою»; «Какъ духъ, она *проходитъ* [вместо *промчалась*] мимо»; «Нѣтъ, жены робкія [вместо вѣрныя] Гирея»; «Но *вѣра* [вместо *вѣрой*] матери моей» (возможность изменения этого места специально обсуждалась в переписке Пушкина с Вяземским; см. письмо Пушкина Вяземскому от 1–8 [11?] декабря 1823 г.: XIII: 80). Кроме того, было восстановлена авторская строка «Святую заповедь Корана». В БФ2 были ликвидированы точки и тире, обозначающие мнимые пропуски текста; на их месте появились увеличенные межстрочные интервалы (в конце стихов перед пробелами были поставлены многоточия). Неизвестно, впрочем, сам ли Пушкин санкционировал эту замену, устраняющую один из важных графических признаков «байронической» поэмы (начиная с БФ2 орфография и пунктуация Пушкина стали исправляться издателями, стремившимися унифицировать пушкинский язык и привести его в соответствие с формирующимися, хотя еще достаточно зыбкими, грамматическими стандартами). БФ2 был снабжен иллюстрациями — четырьмя гравюрами работы С. Ф. Галактионова: 1) Гирей на троне, 2) Жены гарема в саду у фонтана, 3) Зарема с кинжалом, входящая в покои Марии, 4) Зарема у Марии (ранее гравюры появились в сопровождении соответствующих отрывков из поэмы в издании: Невский альманах 1827). О книгоиздательских аспектах публикации БФ2 см.: Смирнов-Сокольский 1962: 163–178.

БФ3 вышел из печати 1 или 2 апреля 1830 г. Из издания был исключен «Разговор…» Вяземского — видимо, как утративший свою литературную актуальность. Пушкин предполагал заменить его посвящением Вяземскому, которое сохранилось в черновом автографе:

> К.<нязю> П. А. В.<яземскому> в знак уважения к его характер<у>, <и> любви [к его] таланту.
> Посвящаю тебе стихотв<орение>, некогда явивш<ее>ся под твоим покровительством и которое тебе обязано было большею частью успех<а>. Да будет оно залогом нашей неизменной дружбы и скромным памятником мое<го> уважения [к] благородно<му> тв<оему> характеру <и> любви к твоему прекрасному талант<у>. А. П.
>
> (ПД 109; XVII: 40)

Однако посвящение в издании так и не появилось. 2 мая 1830 г. Пушкин писал Вяземскому: «Отчего <не> напечатано мое посвящение тебе в третьем изд. Фонтана? Не уж то мой цензор не пропустил? Это для меня очень досадно. Узнай, пожалуйста, как и за чем» (XIV: 87; «мой цензор» — император Николай I). В БФ3 впервые появилось второе приложение к поэме — «Отрывок из письма [к Д.]» (IV: 175–176, 404; VIII: 437–439, 997–1001).

Текст ПП1 в основном соответствует БФ3; в Приложениях были сделаны некоторые сокращения (подробнее см. ниже, комментарий к «Отрывку из письма»).

КОММЕНТАРИИ

Исторические источники поэмы

Исторические погрешности и анахронизмы в БФ показывают, что специальные познания Пушкина в области крымской истории и древностей не следует преувеличивать (обратное мнение см., например: Гроссман 1960: 86), хотя круг доступных ему источников, тем не менее, нуждается в дальнейшем уточнении и исследовании (об этом, в частности, см.: Формозов 1979: 23–41; о соотношении исторических данных и поэтического предания в БФ см. также: Лобикова 1974: 39–49). В период работы над поэмой Пушкин, видимо, был знаком с отдельными сочинениями по истории Крыма и с литературой «путешествий». Так, в Кишиневе он читал некую франкоязычную книгу по истории Крыма, о чем свидетельствует фраза в записке к В. Ф. Раевскому (условно датируется 1821 — началом февраля 1822 г.): «Пришли мне, Раевской, Histoire de Crimée, книга не моя, и у меня ее требуют» (XIII: 36). Принято считать, что речь идет о книге Станислава И. Сестренцевича-Богуша (Siestrzencewicz de Bohusz) «Histoire de la Tauride» (Braunswick, 1800. Vol. 1–2; рус. пер.: История царства Херсонеса Таврийского, сочиненная Станиславом Сестренцевичем-Богушем. СПб., 1806). Б. В. Томашевский, однако, предположил, что в записке могло подразумеваться и сочинение маркиза Габриэля де Кастельно (Castelnau 1820; см.: Томашевский 1956: 504). Правдоподобность этой версии подтверждается и некоторыми мотивными перекличками БФ с книгой Кастельно, содержавшей, между прочим, подробное описание Бахчисарая и ханского дворца, основанное на личных впечатлениях. Судя по всему, Пушкин был знаком и с путевыми записками Павла Ивановича Сумарокова «Путешествие по всему Крыму и Бессарабии. В 1799 году» (Сумароков 1800): к ним, возможно, восходят некоторые подробности в описании «турецкого быта» и Бахчисарайского дворца. Знакомство Пушкина со второй «крымской» книгой Сумарокова, обычно привлекающей внимание исследователей (Досуги Крымского судьи или Второе путешествие в Тавриду. СПб., 1803–1805. Ч. 1–2; см.: Сумароков 1803), более сомнительно. Также же указывалось (Маленко 2002) на возможность чтения Пушкиным записок его одесского знакомого Шарля Сикара (*Si-*

card Ch. Lettres sur la Crimée, Odessa et la Mer d'Azof. M., 1810), однако исторические и этнографические сведения о Бахчисарае, содержащиеся в этой книге, минимальны.

Отчасти сходный исторический и этнографический материал давали Пушкину и поэмы С. С. Боброва. Вопрос о том, *какой именно* текст Боброва читал Пушкин, удовлетворительно не разрешен по сей день. Крымская поэма Боброва существует в двух редакциях — «Таврида» (Бобров 1798) и «Херсонида» (Бобров 1804), существенно отличающихся друг от друга. В библиотеке Пушкина сохранилась «Херсонида» (Модзалевский 1910: 13). Однако о «Тавриде» Пушкин говорит в письме к брату от 27 февраля 1821 г. («Пришли мне Тавриду — Боброва» [XIII: 31]) и в письме к Вяземскому от 1–8 [11?] декабря 1823 г. («Меня ввел во искушение Бобров: он говорит в своей Тавриде: *Под стражею скопцов Гарема*» [XIII: 80]). Исследователи, основываясь на этих высказываниях, пришли к выводу, что Пушкин в пору работы над БФ читал именно «Тавриду» (Винокур 1936: 241–242; Фомичев 1986b: 82–83; Коровин 1999: 5–6; Коровин 2004: 150–151; Люсый 2000: 68–69). Между тем результаты сопоставлений пушкинского текста и этой поэмы Боброва оказались очень скромными: в сущности, на интертекстуальном уровне не обнаружилось почти ничего, кроме указанного самим Пушкиным стиха о «скопце» (осторожно отмечалось также некоторое сходство в приемах конструирования «восточного» портрета; более прямые аллюзии на «Тавриду» были найдены в послании «Чедаеву», сопровождавшем текст поэмы в БФ3, и в «Евгении Онегине»). Однако, судя по всему, Пушкин в своей переписке использовал название «Таврида» не как точный заголовок, а лишь как *обозначение* бобровского сочинения на крымский сюжет; читал же он, видимо, как раз «Херсониду» (причем, вероятно, еще до того, как вплотную приступил к работе над БФ). К тексту «Херсониды» отсылает и приведенная цитата в письме Вяземскому (в «Тавриде» соответствующий текст несколько иной). Только «Херсонида» содержит материал, отозвавшийся в некоторых «крымских» деталях БФ (картины гарема и татарского быта; ориентализированная метафорика, отдельные поэтические формулы); при этом многие из использованных Пушкиным эпизодов в «Тавриде» вообще отсутствуют.

Комментарии

В основание сюжета БФ легла легенда о любви одного из крымских ханов (Гиреев) к пленнице-христианке. Такое «предание» существовало, вероятно, как конгломерат разнородных слухов и вымыслов и было — в разных версиях — зафиксировано в многочисленных травелогах. Одним из источников для его формирования послужило наличие на территории Бахчисарайского дворца мавзолея («дюрбе») некоей Дилары-бикеч, умершей, согласно надписи в мавзолее, в 1764 г. (1176 г. хиджры). Предание объявило ее любимой женой Керим (Крым)-Гирея (правил Крымским ханством в 1758–1769 гг., с перерывами). П.-С. Паллас (Pallas), путешествовавший по Крыму в 1794 г., говорит о «мавзолее для грузинки»; далее она упоминается у него как «любимая жена Крым-Гирея Дилира-Бикез, бывшая христианкой» (Паллас 1999: 31). Из книги Палласа, опубликованной на немецком языке (Pallas 1799–1801), заимствовал информацию о «прекрасной грузинке» И. М. Муравьев-Апостол в своем «Путешествии по Тавриде в 1820 году» (Муравьев-Апостол 1823), выписка из которого была приложена к тексту поэмы в БФ1 и в последующих изданиях (см.: ПП1: 225–229). Попала она и в справочные пособия (см., например: Vsévolojsky 1813; переизд. 1819 и 1823). Однако далеко не все путешественники сообщали о грузинском происхождении «любимой жены» хана, ограничиваясь указанием на то, что она была христианкой. Элизабет Крэвен (в письме из Бахчисарая от 8 апреля 1786 г.) пишет о мавзолее следующее: «…j'ai appris que c'étoit un monument que le Cham avoit élevé à la mémoire d'une épouse chrétienne, qu'il avoit chérie si tendrement, qu'il étoit inconsolable de sa perte, et il l'avoit placé-là pour jouir souvent de la satisfaction de contempler un lieu qui contenoit ces chères dépouilles» (Craven 1789a: 146–147; английский оригинал: Craven 1789b: 238; ср.: Гроссман 1960: 73). Ср. также в описании Бахчисарайского дворца у П. И. Сумарокова: «Немного подалѣе виденъ еще каменной куполъ, воздвигнутой надъ прахомъ одной Ханской жены Христіанки, которая имъ страстно была любима» (Сумароков 1800: 137). Между тем справедливо отмечалось, что нет никаких оснований считать Дилару-бикеч ни грузинкой, ни христианкой: «Дилара имя турецкое (персидского происхождения) и буквально значит

„украшающая сердце"» (Томашевский 1956: 503). Более того: нет достаточных данных, чтобы считать Дилару и «любимой женой» Керим-Гирея. В этой связи отмечалось, что «*бикечами* в Крыму назывались высокопоставленные придворные распорядительницы, экономки», и высказывалось предположение, что самый факт посвящения умершей мусульманского мавзолея-дюрбе (как и упоминание ее имени в надписях так называемой Зеленой мечети Бахчисарая, разрушенной в середине 1950-х гг.) может говорить о том, что Дилара-бикеч была благочестивой и, скорее всего, пожилой женщиной (см. текст А. Гайворонского на официальном сайте Бахчисарайского музея-заповедника: http://www.hansaray.org.ua/r_obj_dil.html). Примечательно сообщение о том, что в первые десятилетия XIX в. слухи связывали мавзолей Дилары с судьбой некоей «свергнутой княгини» (без уточнения ее этнической и конфессиональной принадлежности): «...quoiqu'il soit très-moderne, on ne rapporte que des fables à l'occasion de la princesse qui y est déposée: je serais ridicule en les racontant» (Castelnau 1820, III: 174).

Вопреки мнению, утвердившемуся после выхода книги И. М. Муравьева-Апостола, предание о «польской княжне» имеет под собой больше исторических оснований, чем легенда о любимой жене-грузинке. В рукописном трактате (его автор — Сейид-Мухаммед-Риза) «Семь планет в известиях о царях татарских», известном также по пересказам и компиляциям, упоминается пленница, дочь польского шляхтича (по другим источникам — «невольница-молдаванка»), полученная в подарок Фетх-Гиреем I (правил в 1596 г.) и вскоре отпущенная за выкуп. На пути домой она родила мальчика, которого Фетх-Гирей не признал за своего сына. По смерти Фетх-Гирея сын пленницы и его потомки тем не менее были причислены к ханскому роду и считались родоначальниками ветви Чобан-Гиреев. Историк Крымского ханства указывает, что в этой польке «предполагают прославленную в народной молве и в поэзии Марию Потоцкую» (Смирнов 1887: 500–502; Е. Бронштейн ошибочно относит это известие ко времени Фетх-Гирея II, правившего Крымом в 1736–1737 гг. [Бронштейн 2000: 23–24]).

Легендарные, исторические и литературные сюжеты об отношениях мусульманского властителя с христианкой санкционировались преданием о любви пророка Магомета к коптской девушке Марии. Это предание упоминалось, в частности, в «Лалле Рук» Томаса Мура (прочитанной Пушкиным во французском переводе А. Пишо); здесь легенда представлена как сюжет росписи на стене гарема: «Du côté opposé, c'est Mahomet qui, né tendre et rusé, oublie le Koran dans les yeux de Marie, et fait signe à un ange indulgent de venir lui apporter un nouveau texte pour consacrer sa flamme» (Moore 1820, I: 124). К этому месту Мур дал специальное разъясняющее примечание, которое воспроизведено и во французском переводе: «Les particularités des amours de Mahomet et de Marie, la jeune fille Copte, se trouvent dans les notes de Gagnier sur Abulféda, page 151. Mahomet ajouta un chapitre au Koran pour justifier cette amourette» (Ibid., 124). К преданию, изложенному в «восточном романе» Мура, могло восходить и само имя героини БФ — *Мария* (не имеющее никаких оснований в крымских легендах).

Наиболее «поэтическая» часть изложенной в БФ истории — о фонтане в Бахчисарайском дворце как памятнике любви безутешного хана к умершей пленнице — скорее всего, не могла восходить ни к каким местным (изустным или письменным) преданиям: мусульманская традиция не знала фонтанов как памятников (Westcoat 1994). Фонтан, воспетый в поэме, относился к типу фонтанов *Сельсебиль* (название райского источника), имеющих религиозно-культовое значение и сооружавшихся в особо священных местах или на кладбищах; предполагается, что и «фонтан слез», перенесенный во внутренний дворцовый дворик (вестибюль) накануне визита Екатерины II в Крым (1787), первоначально находился в саду или на дворцовом кладбище. Символическая связь фонтана с женщиной (и, как следствие, интерпретация фонтана в качестве *памятника* любимой женщине) могла быть подсказана Пушкину тем же «ориентальным романом» Томаса Мура, в частности, впечатлениями одного из героев, Азима, от фонтана в гареме: «...tous ces rayons de lumière se reflètent en arcs brisés dans les ondes d'un jet d'eau <...>. Azim reconnaît aussi les tendres objets des soins de la femme dans ces créatures vivantes de l'air et des ondes, que leur beauté et leur faiblesse rendent esclaves comme elle» (Moore 1820, I, 102–103); в оригинале (Moore 1915: 362): «Where, in the midst, reflecting back the rays / In broken rainbows, a fresh fountain plays <…> Here too he traces the kind visitings / Of woman's love in those fair, living things / Of land and wave, whose fate — in bondage thrown / For their weak loveliness — is like her own!» (переводчик А. Пишо отходит от оригинала: эквивалент «рабыням» — esclaves — у Мура отсутствовал).

Биографический подтекст

Еще до завершения БФ Пушкин писал брату Льву (25 августа 1823 г.): «Здесь Туманский <…> я прочел ему отрывки из Бахчисарайского фонтана (новой моей поэмы), сказав, что я не желал бы ее напечатать, потому что многие места относятся к одной женщине, в которую я был очень долго и очень глупо влюблен, и что роль Петрарки мне не по нутру» (XIII: 67). Препровождая текст БФ Вяземскому, Пушкин вновь намекал на особую интимность своей поэмы: «Я выбросил <…> то, что не хотел выставить перед публикою» (письмо от 4 ноября 1823 г. [XIII: 73]). Незадолго до выхода поэмы из печати Пушкин писал А. А. Бестужеву (8 февраля 1824 г.): «Радуюсь, что мой Фонтан шумит. Недостаток плана не моя вина. Я суеверно перекладывал в стихи рассказ молодой женщины

> Aux douces loix des vers je pliais les accents
> De sa bouche aimable et naïve» (XIII: 88)*.

Пушкинское письмо Бестужеву оказалось в руках Ф. В. Булгарина, и отрывок о «молодой женщине» был обнародован в «Литературных листках» (1824. № 4). После того как нескромность Бестужева сделала эти сведения достоянием печати, Пушкин отправил тому же корреспонденту новое письмо (29 июня), из которого следовало, что поэма была написана, когда автору

---

* Пушкин цитирует (неточно) строки из Оды XI Андре Шенье «La jeune captive», подразумевая параллелизм своей судьбы изгнанника и судьбы пленницы Марии — параллелизм, эксплицированный в опущенных стихах БФ, обращенных к неназванному объекту любви: «в изгнании тоскую», «узник томный» (IV: 170–171; тем самым Пушкин воспроизводит конструкцию мотива Шенье «узник пишет об узнице»).

«случилось быть влюблену без памяти» (XIII: 100), и что объект его любви и женщина, изложившая поэту сюжет БФ, — одно и то же лицо; с ней связывались и другие сообщенные Бестужеву и опубликованные им в «Полярной Звезде на 1824 год» любовные стихи (элегия «Редеет облаков летучая гряда»).

После того как П. В. Анненков опубликовал по рукописи выпущенный из БФ «любовный бред», убежденность, что в пушкинской биографии была некая «утаенная любовь», стала почти всеобщей. Поиски объекта «чистой любви, которую он <Пушкин> хранил как тайну» (Незеленов 1882: 141), неоднократно становились предметом академических и любительских исследований. Список претенденток на роль «утаенной любви» и, соответственно, возможной вдохновительницы БФ и целого ряда других стихотворений велик и неоднороден*. Одни исследователи связывали «утаенную любовь» с Севером (Петербургом): соответственно среди кандидатур оказались кн. М. А. Голицына (урожд. Суворова), внучка генералиссимуса (Гершензон 2000а), гр. Н. В. Строганова (урожд. Кочубей), дочь министра внутренних дел (Губер 1923: 232–278), Е. А. Карамзина, жена историографа (Тынянов 1939; Тынянов 1969: 209–232; Есипов 1997; Есипов 1998: 26–57; Несмеянова 2006), С. С. Киселева (урожд. Потоцкая), жена начальника штаба Второй армии (Гроссман 1960; Святелик 1988; Святелик 1989; Святелик 2000). Другие пушкинисты искали «утаенную любовь» в Крыму, среди дочерей генерала Н. Н. Раевского. Здесь основными претендентками оказались Екатерина (Лобода 1908: 107–108; Мануйлов 1937: 9–13; Томашевский 1946; Галушко 1991: 76–86) и Мария (Щеголев 1911). В число претенденток была включена и наперсница (компаньонка) Раевских, крестница генерала Раевского Анна Казим-Гирей (Дарский 1924: 311; позднюю версию работы см.: Люсый 1997; Люсый 2000: 74–81). Наконец, тема «таврической любви» нашла свое логическое завершение: Пушкин оказался «влюблен во всех сразу, но по-разному», т. е. одновременно в С. С. Потоцкую-Киселеву, трех

---

* Избранные работы на эту тему см.: Любовный быт 1994, II; Утаенная любовь 1997 (в примечаниях и во вступительной статье к этому изданию сделана попытка анализа основных концепций); см. также: Видова 2004; объяснение некоторых гипотез об «утаенной любви» спецификой культурно-исторического контекста см. в работах: Осповат 1999; Булгакова 2001.

сестер Раевских (к каноническому списку добавлена Елена) и в их компаньонку (Лукьянов 1999).

Г. О. Винокур, уклонившийся от разрешения вопроса об *объекте* «утаенной любви», не сомневался в самом ее существовании и в ее важности для понимания поэмы: «...даже и без точных дат, имен и топографических списков видно, что „Бахчисарайский фонтан" — это поэма, рожденная „утаенной любовью"» (Винокур 1936: 232). Само это положение представляется, однако, далеко не бесспорным. Проблематично уже наличие *рассказчицы* сюжета: творческая история БФ показывает, что в двух версиях отброшенного «Посвящения» рассказчиком выступал *мужчина*: «Ты мне поведал в 1 раз / Сие печальное преданье» (IV: 394); «Давно печальное преданье / Ты мне поведал в первый раз» (IV: 401). При этом во всех вариантах ситуация первого знакомства с преданием неизменно связывается с разгульным времяпрепровождением столичных молодых людей. «Младые девы», фигурирующие в основном тексте, в роли рассказчиц не выступают (да и само упоминание их во множественном числе делает сомнительной связь этих героинь с «утаенной любовью»)*. В черновике «Отрывка из письма к Д.», который был написан, предположительно, в декабре 1824 г., Пушкин сначала воспроизводит самую раннюю версию получения сюжета о фонтане: «К** поэтически описал мне его и называл la fontaine des larmes» (VIII: 1000). Лишь после исправления фраза приобретает иной облик и в таком виде попадает в печать: «К** поэтически описывала мне его, называя *la fontaine des larmes*» (IV: 176; VIII: 438)**.

---

* П. О. Морозов прочел первые зачеркнутые слова раннего варианта «Посвящения» (ПД 832. Л. 26) как «[Когда] [онѣ] [повѣдали]», что, по его мнению, указывало на рассказчиц-женщин и соответствовало «младым девам» в окончательной редакции (Морозов 1912: 275). Однако это прочтение (само по себе не вполне однозначное), на наш взгляд, не может служить основанием для гендерной идентификации источника предания.

** Предпринимались попытки объяснить эти колебания этическими причинами: «неожиданный (!) мужской род глагольной формы в письме к А. А. Дельвигу вызван желанием поэта устранить неприятные для него толки о женщине, сообщившей ему бахчисарайскую легенду»; финальная же замена мужского рода на женский объясняется «чувством творческой правды, столь свойственным Пушкину» (Гроссман 1960: 93). Эти объяснения, конечно, неубедительны.

Все это, на наш взгляд, свидетельствует скорее о фиктивности пушкинского утверждения «Я суеверно перекладывал в стихи рассказ молодой женщины». Более того, не может быть безоговорочно принято на веру и само сообщение Пушкина о том, что история «фонтана Керим-Гирея» (VIII: 1000; это именование уже в черновике «Отрывка» было заменено на «странный памятник влюбленного хана») была ему кем-то рассказана*. «Поэтическое воображение К**» (VIII: 1000), назвавшего этот странный памятник «la fontaine des larmes», могло быть воображением самого Пушкина.

Рассказывать своим многочисленным корреспондентам (а затем и читателям) о своей любви Пушкин мог только будучи уверенным, что скандальная тень не падет ни на кого из реальных лиц. Есть поэтому все основания полагать, что тайной любви, с которой связывается поэма, *вообще не было*. Творческие усилия Пушкина были направлены не на то, чтобы скрыть «объект любви», а на то, чтобы *создать* его и привлечь к нему максимальное внимание. Наиболее последовательно и убедительно мысль

---

* Недавно выдвинута гипотеза, согласно которой «предание» о похищенной княжне Потоцкой было выдумано кн. С. К. Потоцкой и через ее дочь С. С. Потоцкую (в замужестве Киселеву) передано Пушкину. Поэма, созданная на основе полученного сюжета, «по замыслу ее вдохновителей Потоцких, должна была служить рекламе их коммерческих начинаний» — модного курорта Софиополиса на юге Крыма (Святелик 2000: 70; подробнее см.: Святелик 1988; Святелик 1989). Остроумие этой гипотезы равно ее обоснованности. Другая новейшая версия идентифицирует пушкинского информанта с поручиком А. В. Капнистом, по косвенным свидетельствам, встречавшимся с поэтом в Киеве в 1820–1821 гг. «Важнейшим документом, подтверждающим, что именно Алексей Капнист мог рассказать Пушкину известное бахчисарайское предание, являются мемуары его сестры, С. В. Капнист-Скалон, с описанием их пребывания в 1819 г. в Бахчисарайском дворце и свидетельствующие о том, что семья знала это предание» (Маленко 2000: 102). Для того чтобы рассматривать эту версию, саму по себе довольно зыбкую, необходимо сначала твердо исключить из числа гипотетических рассказчиков Н. Н. Раевского, которому до сих пор приписывалась (хотя и не бесспорно) эта функция, как и роль адресата посвящения к поэме (дружеская близость Капниста с Пушкиным, напомним, никак не документирована). Наконец, последнее по времени предположение отождествляет рассказчика легенды К** с Н. М. Карамзиным, которого Пушкин при беловой отделке поэмы якобы замаскировал под Е. А. Карамзину (Несмеянова 2006: 62–70).

о том, что «утаенная любовь» является не биографической реальностью, а литературной условностью и что Пушкиным создавалась «необходимая для восприятия текста биографическая легенда», отстаивал Ю. М. Лотман (Лотман 1995: 68–71, 253–265). Исходя из иных посылок (в частности, из представлений о «двух женщинах Бахчисарая» как феномене фигуративного языка, позволяющего автору конструировать свою идентичность), к выводу о фиктивном характере биографизма БФ пришла и Стефани Сандлер (Sandler 1989: 165–183). Поиски в БФ ключа к раскрытию тайны «утаенной любви» (как и объяснение фактом этой любви самого появления поэмы) — занятие, при всей эвристической увлекательности, малопродуктивное. Образ «утаенной любви» в БФ был задан не столько биографическим, сколько литературным контекстом: легенда о «тайной возлюбленной» опиралась как на канонизированные, так и на создававшиеся на глазах литературные биографии (Петрарка и Байрон) и, не в последнюю очередь, — на те литературные тексты, которые служили основанием для этих биографических легенд.

Литературный фон

Литературные планы Пушкина на 1822 г. в значительной мере были связаны с разработкой «русской поэмы» (в ее «арзамасской» интерпретации) — «оссианического» «Вадима» и *волшебно-сказочных* поэм «Бова» и «Мстислав», опирающихся на поэтику «Руслана и Людмилы» (Томашевский 1956: 469–479). В БФ, хотя и построенном на легендарном «преданьи», Пушкин навсегда распрощался с волшебно-сказочным родом. БФ в значительно меньшей степени, чем «Кавказский пленник», связан и с традициями *описательной поэмы* (ср.: Проскурин 1999: 109–113). Описательные части БФ не претендуют (в отличие от «Кавказского пленника») на этнографическую достоверность. Ориентализм поэмы имеет самый общий характер: крымский пейзаж чрезвычайно условен, составлен из словесных блоков, генетически с ориентальностью никак не связанных (использованы — в новых контекстах — поэтические тексты Г. Р. Державина, В. А. Жуковского, даже М. В. Ломоносова). Присутствуют лишь самые общие и условные словесные знаки ориентализма, давно усвоенные европейской и русской традицией, отдельные «этнографические» приметы. В БФ представлен не мир географически и исторически конкретного Крыма, а условный ориентальный хронотоп, мир «восточной легенды». Это «Восток вообще», лишенный всякой исторической и культурной специфики (см.: Karlinsky 1963: 114–115)*.

Допустимо ассоциировать эту абстрактную ориентальность с хорошо знакомой Пушкину европейской (в первую очередь французской) литературной традицией XVIII в., в рамках которой широчайшее бытование получили «восточные» повести, сказки, поэмы, драматические сочинения, а также реальные и фантастические травелоги, свободно контаминирующие черты арабской, тюркской, персидской и даже индийской культур. Более того, при внимательном изучении этой традиции довольно велика вероятность обнаружить отдельные сюжетные или мотивные параллели с БФ**, те или иные

---

* Эта условность пушкинского Крыма не позволяет, между прочим, признать удачными попытки усмотреть в БФ идеологию «русского империализма», в частности мотивировку аннексии Крыма Россией. Подобные попытки в середине 1930-х гг. предпринимались с позиций марксистской исторической школы М. Н. Покровского (см.: Свирин 1935b; исследователь стремился здесь использовать тот же метод, что и при демонстрации «империализма» «Кавказского пленника»), в последнее время — с позиций «постколониализма» и «ориентализма» в духе Э. Саида (Hokanson 1998). Убедительную критику концепции Свирина см. в работах: Винокур 1936; Винокур 1936a; доводы Винокура сохраняют свою силу и по отношению к новейшим работам.

** Характерны в этом смысле предположения В. А. Мануйлова о том, что возможным источником одного из сюжетных мотивов БФ (любовь магометанского владыки к пленнице-христианке) могли быть «нравоучительный рассказ» Ж.-Ф. Мармонтеля «Soliman II» (чрезвычайно вольно использующий предание о Роксолане — христианке, ставшей любимой женой турецкого султана Сулеймана I) и/или созданная на его основе комедия (и комическая опера) Ш.-С. Фавара «Soliman II, ou Le trois sultanes» (в русской постановке, которую Пушкин теоретически мог видеть в Петербурге в 1817 г., — «Солиман второй, или Три султанши» [Мануйлов 1937: 53–54; Scandura 2001: 117]). Однако, несмотря на отдаленное сходство сюжетных коллизий, произведения Мармонтеля и Фавара нельзя признать прямыми *источниками* пушкинской поэмы: принадлежа к иронически-дидактическому направлению литературы Просвещения (см.: Yeazell 2000: 71–72), они предельно чужды идеологии и поэтике БФ (тем большим преувеличением выглядит утверждение, что «образ черкешенки Делии несо-

схождения в описаниях*. Однако можно достаточно уверенно утверждать, что в БФ Пушкин впервые отчетливо и последовательно ориентируется на *актуальный* европейский литературный контекст — жанр ориентальной поэмы, прежде всего, в версиях Дж. Г. Н. Байрона и Томаса Мура. При этом, адаптируя новый жанр на русской почве, он опирается в немалой степени на русскую поэтическую традицию.

В своей незаконченной статье «<Опровержение на критики>» (1830) Пушкин подчеркивал «байронизм» БФ: «Бах-

мненно сходствует с Заремой» [Мануйлов 1937: 54]). Кроме того, сама коллизия, послужившая основанием для сравнения, многократно обыгрывалась в литературе и театре XVIII в. — одним из самых известных примеров является, безусловно, трагедия Вольтера «Zaïre» (показательно, что Муравьев-Апостол, рассказывая о «мавзолее прекрасной грузинки», называет ее «Новой Заирой»), где ряд положений прямо ассоциируется с БФ. К той же сюжетной традиции принадлежит и опера В.-А. Моцарта «Похищение из сераля» (1782; либретто Г. Стефани по пьесе К. Бретцнера), возможно, отразившаяся в раннем стихотворении «К Наталье»: «Не владелец я сераля, / Не арап, не турок я» (1811; ср.: ПСС 1999, I: 13, 553). Любопытная параллель к сюжетам одновременно КП и БФ обнаруживается в сказке И. К. А. Музеуса «Мелексала» («Melechsala», 1786; выходила по-русски в 1811 и 1822 гг.): тюрингский граф-крестоносец Эрнст фон Глейхен попадает в рабство к сарацинам; дочь хозяина влюбляется в него и убегает вместе с ним; вернувшись домой, по настоянию своей жены-христианки граф берет в жены и сарацинку. Сюжет, разработанный Музеусом, был включен в «Исторический и критический словарь» Пьера Бейля, был использован Карамзиным в «Письмах русского путешественника», а также был пересказан Гете в драме «Стелла» (подробнее см.: Листов 2000: 228–232). Однако и хорошо известную Пушкину пьесу Вольтера, и упомянутые произведения его младших современников следует относить не к корпусу потенциальных источников БФ, а к тому широкому литературному фону, в со- и противопоставлении с которым складывался романтический ориентализм Пушкина и его непосредственных учителей — Байрона и Мура. Изучение этого фона и его рефлексов в текстах Пушкина выходит за рамки настоящего комментария.

* Можно предположить, что значимым материалом для формирования пушкинского «образа Востока» были изобразительные источники. Ориентальные сюжеты, интерес к которым в Европе рос с середины XVIII в. (J.-É. Liotard, Fr. Zuccarelli, J.-M. Vien, etc.), широко тиражировались в печатной графике (книжной и станковой гравюре), получив особенную популярность в 1790–1820 гг. Приходится только сожалеть, что вопрос о знакомстве Пушкина с подобной продукцией остается практически неизученным (между тем само появление иллюстраций к БФ2 и французскому переводу 1826 г. [Chopin 1826], может быть, косвенно указывает на потенциальное присутствие иконических подтекстов в пушкинской поэме).

ч.<исарайский> фонт<ан> слабее Пленника и, как он, отзывается чтением Байрона, от которого я с ума сходил» (XI: 145)*. Это высказывание, впрочем, верифицировало наблюдения, высказанные уже первыми рецензентами поэмы (ср. у М. М. Карниолина-Пинского, 1824: «Бейрон служил образцом для нашего поэта…» [ППК 1: 210]).

«Байронизм» БФ изучен очень тщательно и многосторонне: пушкинистикой был проделан путь от мотивно-тематических и «характерологических» сближений пушкинской поэмы и байроновского «Гяура» (Незеленов 1882: 138; сходство впервые было отмечено Карниолиным-Пинским: «Наружная форма стихотворения напоминает „Гяура"» [ППК 1: 212]) до многостороннего исследования структурных связей БФ с «восточными поэмами» Байрона, в частности, «Гяуром», «Абидосской невестой» и «Корсаром» (Жирмунский 1978; таблицу мотивных и композиционных соответствий между БФ и «восточными поэмами» Байрона см. на с. 179–180). В. М. Жирмунским была исследована и трансформация в БФ байронической поэтики — упрощение композиции, редукция лирической патетики, устранение метафорической пышности описаний, объективизация пейзажа и т. п. Последующие исследования добавили к наблюдениям Жирмунского лишь небольшое количество новых деталей (обобщенную справку о байронизме Пушкина и обзор литературы см.: Рак 2004а: 38–59)**.

---

* Вероятно, именно первые пространные отклики на «Кавказский пленник», дошедшие до Пушкина в конце зимы — начале весны 1823 г., усилили «байроническую» ориентацию Пушкина: П. А. Вяземский настойчиво сопоставлял главного героя с Child Harold'ом (ППК 1: 126), а П. А. Плетнев отмечал преимущества пушкинских описаний перед байроновскими («Байронова картина, поставленная подле этой, покажется легким, слабым очертанием» [Там же, 118]). Пушкин встретил эти отзывы (особенно Вяземского) с исключительным энтузиазмом. Во многом откликаясь на читательский запрос в «русском Байроне» (и на недвусмысленно выраженное желание критики именно его видеть в этой роли), он трансформирует первоначальный замысел БФ по модели «восточных» поэм Байрона.
** Стоит отметить, что в советской пушкинистике с конца 1930-х гг. широко использовался тезис о том, что, подражая Байрону, Пушкин далеко превзошел свой образец и вскоре преодолел это наносное влияние (тезис этот, впрочем, изредка выдвигался и в дореволюционной пушкинистике). Оставляя в стороне проблему «преодоления романтизма» и «перехо-

«Бахчисарайский фонтан»

Несомненно важно значение Байрона для *композиционной* организации БФ. Поэма оказалась фрагментирована в гораздо большей степени, чем «Кавказский пленник»; для нее характерны повествовательные разрывы, опущение сюжетных связок и стремительные прыжки с одной «композиционной вершины» на другую. Внешним графическим атрибутом композиционного байронизма стали точки à la ligne, обозначающие якобы «пропущенные» строки (прием заимствован в первую очередь из «Гяура»). Всеми без исключения рецензентами БФ эти особенности построения поэмы были восприняты как остро новаторские, хотя оценены по-разному.

В отличие от «Кавказского пленника» БФ не имеет авторского жанрового обозначения. Однако в письмах, написанных сразу же по завершении поэмы, Пушкин дважды называет БФ «бессвязными отрывками» — см. письмо Вяземскому от 4 ноября 1823 г. («Если эти бессвязные отрывки покажутся тебе достойными тиснения, то напечатай…» [XIII: 73]) и Дельвигу от 16 ноября 1823 г. («Это бессвязные отрывки, за которые ты меня пожуришь, и всё-таки похвалишь» [XIII: 75]). Это определение — точное, хотя и «неофициальное» указание на жанр БФ; оно отсылает к жанровому подзаголовку «Гяура» Байрона во французском переводе А. Пишо (Pichot) и Е. де Саля (de Salle): «Le Giaour, fragmens d'une nouvelle turque» (т. е. «*отрывки* из турецкой повести» [Byron 1820, II: 1]). Эта игровая перекличка подтверждает, что в пору работы над БФ Пушкин по-прежнему читал Байрона по-французски: в оригинале «Гяур» имеет подзаголовок в *единственном* числе: «A Fragment of a Turkish Tale» (подробнее о роли французского перевода байроновских поэм см. в комментарии к «Кавказскому пленнику» в настоящем издании).

Зависимость БФ от байроновских поэм не следует, однако, генерализировать: в частности, некоторые сюжетно значимые мотивы пушкинской поэмы опирались на иной поэтиче-

да к реализму» (она относится к сфере общей интерпретации творчества Пушкина), заметим, что постановка вопроса о «превосходстве» Пушкина была связана с идеологической конъюнктурой — прежде всего, с конструированием новой советской патриотической идеи, в структуре которой Пушкину было определено место национального гения par exellence.

ский опыт и возникли вне прямой связи с Байроном. Такова, например, антитеза «Мария–Зарема», которую традиционно принято связывать с противопоставлением «Медора–Гюльнара» в «Корсаре» (Жирмунский 1978: 164; Debreczeny 1997: 93–94). В этой связи уже отмечалось возможное воздействие на Пушкина романов Вальтера Скотта, в частности, контрастной пары «Ребекка–Ровена» из «Айвенго» (в конспективной записи плана к своему комментарию этого вопроса специально касался Г. О. Винокур: РГАЛИ. Ф. 2164. Оп. 1. Ед. хр. 57. Л. 22 об.; недавно сходное наблюдение бегло высказано в исследовании: Greenleaf 1994b: 126, 373). Однако противопоставление двух типов героинь (чувственно-страстной и недоступно-холодной) присутствует уже в лирике петербургского периода и, в качестве одного из «основных мифов», пройдет через всю пушкинскую поэзию вплоть до 1830-х гг. (ср.: Якобсон 1987: 188–196). Попытки эпической объективации двух женских типов предпринимались в «Кавказском пленнике», а затем — в первоначальном замысле «Братьев-разбойников» (откуда в БФ и был, вероятно, перенесен намеченный конфликт). Западноевропейские сочинения новейшего времени (Байрон в том числе) могли придать противопоставлению двух женских типов конфессионально-этническую мотивировку, но ни в коем случае не были его основным источником*.

Важнейшая особенность БФ — эксплицированное присутствие лирического начала. Лирический эффект достигался не с помощью автобиографической окрашенности персонажа, как в «Кавказском пленнике» (читатель должен был проецировать характер и судьбу автора на характер и судьбу героя), а несколько иначе: в текст вводился квазиисповедальный образ автора-повествователя. Именно в свете авторского «присут-

---

* Если рассматривать вопрос в более отдаленной исторической ретроспективе, то и Байрон, и Скотт, и Пушкин в разработке данного мотива апеллировали к устойчивому топосу, восходящему к Платону (Афродита Урания vs. Афродита Пандемос) и имеющему в европейской литературе долгую интерпретационную историю. Пушкин, безусловно, сознавал архетипичность этого мотива, говоря, что «давнишний спор между la brune et la blonde еще не решен» («<Гости съезжались на дачу…>», 1828 [VIII: 37]). О бытовании этого антитетического мотива в русской литературе начала XIX в. см.: Boele 1996: 184–196.

ствия» изложенное в поэме «печальное преданье» могло прочитываться как выражение любовных переживаний самого поэта, как завуалированный рассказ о *его* неразделенной любви. Одним из образцов для Пушкина в этом отношении, по-видимому, оказалась «Херсонида» Боброва (в «восточных» поэмах Байрона этот прием не используется). Присутствующий в ней «автор» — не только наблюдатель и резонер (как в описательной поэме, с традициями которой «Херсонида» тесно связана), но и персонаж, одержимый любовью (судя по намекам, неразделенной) к далекой северянке. Лирический образ возлюбленной возникает уже в «Тавриде», однако в «Херсониде» количество лирических резиньяций на порядок возрастает и становится одной из композиционных доминант поэмы (см.: Бобров 1804: 35, 85–88, 98, 196, 214–215, 227–228, 271, 286).

Принципиальное значение для понимания задач БФ имеет сравнение ориентальной поэзии Байрона и Томаса Мура, сделанное Пушкиным в письме Вяземскому от конца марта — начала апреля 1825 г.: «К стати еще — знаешь, почему не люблю я Мура? — потому что он черес чур уже восточен. Он подражает ребячески и уродливо — ребячеству и уродливости Саади, Гафиза и Магомета. — Европеец, и в упоении восточной роскоши, должен сохранить вкус и взор европейца. Вот почему Байрон так и прелестен в Гяуре, в Абидосской Невесте и проч.» (XIII: 160). В своей оценке «правильной» восточной поэмы Пушкин текстуально близко использовал высказывание М. М. Карниолина-Пинского о БФ (1824): «…стихи поэмы проникнуты духом восточных обычаев и цветут азиатскою роскошью, подчиненною законам образованного вкуса» (ППК 1: 209). Тем самым пушкинское одобрение именно «байроновского» типа восточной поэмы оказывается отчасти и ретроспективной самооценкой.

Наряду с итоговым суждением 1825 г. сохранилось еще несколько отрицательных отзывов Пушкина об ориентальной поэзии Мура. Первый из них — в письме Вяземскому от 2 января 1822 г.: «Жуковской меня бесит — что ему понравилось в этом Муре? чопорном подражателе безобразному восточному воображению? Вся Лалла-рук не стоит десяти строчек Тристрама Шанди…» (XIII: 34). «Уродливые повести Мура» упоминаются и в письме к Н. И. Гнедичу от 27 июня 1822 г. (XIII: 39). Ориентальный роман («eastern romance») Томаса Мура «Лалла Рук» («Lalla Rookh», 1817), представляющий собою композиционно сложное произведение, состоящее из нескольких частей, в которых стихотворные повести перемежались прозаическими интерполяциями, имел европейский успех. Пушкин читал его во французском прозаическом переводе А. Пишо (Moore 1820). Как следует из отзыва в письме от 2 января 1822 г., знакомство Пушкина с Муром состоялось не позднее конца 1821 г. Критическое отношение не помешало Пушкину довольно щедро использовать в БФ разнообразные детали «восточного романа»: к Муру восходят некоторые мотивы и образы поэмы, текст эпиграфа и прихотливые квазиориентальные сравнения, получившие одобрение современной критики. Резкость пушкинских отзывов о Муре объясняется, видимо, несколькими причинами. «Лалла Рук» являлась особым типом восточной поэмы, предполагавшим археологическое погружение в материал — штудирование документальных и критических материалов (в «Лалле Рук» содержатся сотни построчных примечаний с указаниями на источники), изучение восточной истории и культуры, разностороннюю стилизацию восточной поэзии, ее тематики и поэтики. Это резко противоречило установке Пушкина на минимизацию восточного колорита, подчинение его современному, интимно-лирическому («элегическому») плану.

Но основная причина неблагоприятных отзывов о Муре была обусловлена, судя по всему, *русской* литературной ситуацией. «Лалла Рук» стала известна в России в самом начале 1820-х гг.; тогда же появились первые переводы и подражания (см.: Алексеев 1982: 657–824, 658–701; ср.: Гиривенко 1999; Рак 2004b). Исключительную роль «ориентальный роман» Мура сыграл в творческой эволюции В. А. Жуковского. Образ индийской принцессы Лаллы Рук оказался этапным в его поэзии начала 1820-х гг. В 1821 г. Жуковский переводит третью из «повестей», вошедших в «Лаллу Рук», — «Пери и Ангел» (напечатана: СО. 1821. № 20; у Мура «Paradise and the Peri»; Жуковский пользовался немецким переводом Fr. de la Motte Fouquée). В это же время Жуковский создает ряд стихотворений, в которых Лалла

Рук предстает универсальным символом трансцендентного в земном бытии (ср.: Жуковский 1999, II: 595–603; комментарий О. Б. Лебедевой). Выступая против Мура, Пушкин не в последнюю очередь выступал против нового (условно-ориентального) мистицизма и новой поэтики Жуковского*. Полемика эта отразилась в БФ. Образы Марии и окружающей ее христианской обстановки буквально «выстроены» из материала поэзии Жуковского: использованы ее мотивные блоки, лексика и символическая система. При этом Пушкин использует как оригинальные поэтические тексты Жуковского (преимущественно конца 1810 — начала 1820-х гг.), так и перевод «Пери и Ангела». Насквозь аллюзионный поэтический диалог включает в себя и элемент состязательности (рационализация восточной образности Мура–Жуковского), и пародически окрашенную полемичность (ср.: Жилякова 2001).

Намеченная Пушкиным оппозиция «Байрон–Мур» в актуальном литературном контексте соответствовала противопоставлению разных типов *русской* ориентальной поэмы и знаменовала поэтическое соперничество Пушкина и Жуковского. Это почувствовали наиболее проницательные из совре-

---

* Возможно, «Лалла Рук» в интерпретации Жуковского ассоциировалась у Пушкина и с нелюбимым им придворным мистицизмом (ср.: «мистика придворного кривлянья» в «Послании кн. [А. М.] Горчакову», 1819 [II: 115]): как неоднократно отмечалось, и поэма «Ангел и Пери», и стихотворения «Лалла Рук» и «Явление поэзии в виде Лалла Рук», посвященные великой княгине Александре Федоровне, писались Жуковским под непосредственным впечатлением от придворных празднеств в Берлине (январь 1821 г.), где по мотивам романа Мура было устроено театрализованное представление с великой княгиней в главной роли (об эстетических и религиозных переживаниях Жуковского в связи с «живыми картинами» см.: Лямина, Самовер 2004). Тесная связь переложения Жуковского с придворным праздником могла быть через общих друзей известна и Пушкину: Жуковский подробно писал о своих впечатлениях и посылал стихотворение «Лалла Рук» А. И. Тургеневу 7/19 февраля 1821 г.; авторское примечание к стихотворению, содержавшееся в том же письме, сохранилось среди собственноручных бумаг Пушкина, правда, в несколько иной редакции (Рукою Пушкина 1935: 490–491; почерк начала 1820-х). Иронической реакцией Пушкина на квазирелигиозное переосмысление Жуковским берлинских придворных увеселений могло быть замечание о «Гавриилиаде» в письме к Вяземскому от 1 сентября 1822 г.: «Посылаю тебе поэму в мистическом роде — я стал придворным» (XIII: 44).

менников. Так, например, В. К. Кюхельбекер писал в конспекте статьи «Минувшего 1824 года военные, ученые и политические достопримечательные события в области российской словесности»: «*Жуковский и Пушкин*, — корифеи романтиков, — поэты, и поэты с истинным, не ежедневным дарованием. Слава Жуковского упадает приметно, Пушкина возрастает» (Кюхельбекер 1979: 498). Эта констатация имела самое прямое отношение к «состязанию» Пушкина с Жуковским в БФ. Именно в пушкинской версии ориентальная поэтика оказалась усвоена русской литературой 1820-х гг.

Ранняя рецепция поэмы

Летом 1823 г., еще до завершения поэмы, Пушкин начинает знакомить с нею избранных читателей. Тогда же последовали и первые реакции, о которых мы знаем со слов Пушкина: В. И. Туманский счел, что поэт выбрал его в поверенные любовных тайн (XIII: 67), а А. Н. Раевский «хохотал» над стихами о безутешном Гирее (XI: 145). Скоро поэма начинает в отрывках распространяться за пределами Одессы. Несколько фрагментов предназначались, судя по всему, для публикации в альманахе «Полярная звезда». Так, 26 сентября 1823 г. А. И. Тургенев пишет Вяземскому о том, что «достал два отрывка (стихов тридцать) из Пушкина „Бахчисарайского ключа" и две пиески, присланные им для „Полярной Звезды"» (ОА II: 352). 1 ноября К. Ф. Рылеев читает на заседании Вольного общества любителей словесности, наук и художеств «отрывок из новой поэмы Пушкина „Бахчисарайский фонтан"» (Кубасов 1899: 473; на заседании, наряду с Рылеевым, присутствовали: А. Е. Измайлов, Н. Ф. Остолопов, А. Х. Востоков, Н. Ф. Смирной, П. Л. Яковлев, Б. М. Федоров, А. А. Дельвиг, В. И. Соц, К. С. Сербинович, П. М. Яковлев, П. Г. Ободовский, А. А. Никольский — см. Протоколы заседаний ВОЛСНХ // ОРК НБ СПбГУ. Д. 55.2. Л. 45–46 об.; см. также: http://www.lib.pu.ru/rus/Volsnx/prot/prot23.html). 6 ноября Н. В. Путята посылает С. Д. Полторацкому «две пиэски, назначенные для помещения в сию „Полярную Звезду", между прочим отрывок из „Бахчисарайского фонтана"» (Зубкова, Сиренов 2004: 15–16; датировка: Летопись 1999, I: 350–351).

Вероятно, тот же «отрывок» попадает и в Дерпт к Н. М. Языкову, который 10 октября пишет братьям, А. М. и П. М. Языковым: «Замечу вам мимоходом и на ухо, что я, грешный, не понял в отрывке, присланном мне Погожевым, что значит стих: где под *влиянием луны*; не можете ли вы как-нибудь, проселочною дорогою, узнать, что выражается этой романтико-темною загадкою?» (Языковский архив 1913: 99–100).

4 ноября 1823 г. Пушкин посылает рукопись БФ Вяземскому для печатания (о получении ее Вяземский сообщил Тургеневу 18 ноября, с лаконичным комментарием: «Есть прелести» [ОА II: 367]). Рукопись переписывается для цензуры, а оригинал оказывается у отца Пушкина Сергея Львовича. 22 ноября М. П. Погодин у С. Л. Пушкина «прочел кое-что из Бахчисарая разсеянно» (Рогов 1997: 563). 29 ноября Погодин читает БФ у С. Е. Раича (помета в дневнике — видимо, оценка поэмы: «Вздор»; состав участников чтения неясен [Там же]).

В декабре 1823 г. В. А. Жуковский и А. И. Тургенев из Петербурга просят П. А. Вяземского поскорее выслать поэму (декабрьское письмо Жуковского: ЛН 58: 40; письмо А. И. Тургенева от 14 декабря: ОА II: 370), однако рукопись долго не удается вызволить у С. Л. Пушкина; она достигает столицы только к началу 20-х чисел декабря (см.: ОА II: 356, 370, 371). 23 декабря Жуковский, уже познакомившийся с поэмой, пишет Вяземскому: «"Бахчисарайский фонтан" — прелесть. Напечатай получше. <…> Для чего при нем не напечатать и тех мелочей, которые до сих пор уже были в разных журналах…» (ЛН 58: 40). 27 декабря Е. Н. Карамзина пишет (предположительно Вяземскому): «Тургенев недавно читал нам „Бахчисарайский фонтан", который нас совершенно очаровал: это очень, очень красиво» (Там же; подлинник по-французски; по всей вероятности, речь идет о чтении в доме Карамзиных). 4 января Д. В. Дашков сообщает И. И. Дмитриеву — возможно, имея в виду то же самое чтение у Карамзиных: «С живым удовольствием читали мы *Бахчисарайский фонтан*, отрывок показывающий какую-то зрелость таланта, по крайней мере в описаниях. Теперь Пушкину надобно учиться в пору останавливаться» (РА. 1868. № 4–5. Стлб. 600; далее следовало цитированное выше замечание о «немых кизлярах»).

Известность БФ вскоре выходит за пределы узкого литературного круга. 9 января 1824 г. Н. В. Путята шлет из Петербурга С. Д. Полторацкому (которому ранее высылал отрывки из БФ) восторженный отзыв о поэме: «Я имел случай прочесть ее в рукописи и, оставляя холодным рецензентам замечать недостатки в плане и др., восхищался прелестными описаниями гарема заключенных красавиц; вообще поэзия тут дышит какою-то восточною роскошью и негою. Это неоценимый подарок любителям отечественного слова» (ЛН 58: 40–41). Широкое распространение списков поэмы встревожило Пушкина, писавшего брату во второй половине января: «Плетнев пишет мне, что Бахч.<исарайский> Фонт.<ан> у всех в руках. Благодарю вас, друзья мои, за ваше милостивое попечение о моей славе! благодарю в особенности Тургенева, моего благодетеля; благодарю Воейкова, моего высокого покровителя и знаменитого друга! Остается узнать, раскупится ли хоть один экземпляр печатный теми, у которых есть полные рукописи…» (XIII: 85–86; принятая датировка письма: 13 января — 5 февраля)*.

Распространение поэмы в списках — отрывками или целиком — тем временем продолжалось, вызывая противоречивые толки. 7 февраля на заседании Вольного общества любителей словесности, наук и художеств БФ читается уже полностью (Благонамеренный. 1824. № 4. С. 300). 27 февраля (10 марта н. ст.) П. П. Татаринов шлет письмо Н. И. Бахтину за границу с восторженной оценкой БФ (Вацуро 1979: 105; Зубкова, Сиренов 2004: 18). 3 марта А. А. Бестужев пишет Я. Н. Толстому в Париж: «Пушкина

---

* Пути распространения списков БФ не вполне ясны. Сам Пушкин возлагал ответственность за это на своих родственников и друзей, снимая ее с себя и Вяземского: «Вот что пишет ко мне Вяземской: „В Благон.<амеренном> читал я, что в каком-то ученом обществе читали твой Фонтан еще до напечатания. На что это похоже? И в П.<етер>Б.<урге> ходят тысяча списков с него — кто ж после будет покупать; я на совести греха не имею и проч." Ни я» (письмо к Л. С. Пушкину от 1 апреля 1824 г.: XIII: 90). Однако это утверждение было справедливо лишь отчасти. Действительно, известно, что какие-то списки изготовлял С. Л. Пушкин, у которого хранилась рукопись, присланная Вяземскому в начале ноября, или ее копия (именно от отца поэта списки БФ попали в Петербург). Однако наличие списков, в которых была частично учтена авторизованная правка Вяземского, говорит о том, что и сам издатель БФ, вопреки своему заявлению, давал списывать текст поэмы до ее выхода в свет.

Фонтан слез — превосходен…» (РС. 1889. Ноябрь. С. 376). Высказывались и прямо противоположные мнения: 2 марта Н. М. Языков пишет братьям в Симбирск из Дерпта: «Я читал в списке весь Бахчисарайский Фонтан: эта поэма едва ли не худшая из всех его прежних; есть несколько стихов прекрасных, но вообще они как-то вялы, не выразительны и даже не так гладки, как в прочих его стихотворениях» (Языковский архив 1913: 118)*.

Задержка с изданием, беспокоившая и Пушкина, и его друзей из арзамасского кружка (см. письмо Тургенева Вяземскому от 11 января: ОА III: 2), объяснялась тем, что Вяземский был занят в это время сочинением предисловия к БФ (см. письма Вяземского Тургеневу от 17 января и от 31 января: ОА III: 4, 7). Вяземский заканчивает работу лишь в 20-х числах февраля: 26 февраля цензуровавший поэму А. Ф. Мерзляков шлет Вяземскому письмо, в котором сообщает, что рукопись статьи была представлена в цензурный комитет 25 февраля; в соответствии с замечаниями комитета Мерзляков предложил семь смягчающих поправок; Вяземский принял четыре из них (см.: Гиллельсон 1969: 102–103). 28 февраля Вяземский переслал Тургеневу свое письмо Мерзлякову (не разыскано) вместе с ответом последнего и комментарием: «Мерзляков уступил и написал мне ответ, в коем обнажается вся его добрая душа» (ОА III: 13; письмо Мерзлякова утрачено).

За неделю до выхода поэмы из печати, 3 марта, в «Литературных листках» (№ 4) появилась без подписи статья издателя, Ф. В. Булгарина, «Литературные новости», в которой сообщалось о печатании БФ, возносились хвалы новой поэме и пересказывалось ее содержание (ППК 1: 147–148). В заметке была приведена и выдержка из письма Пушкина к «одному из его приятелей» (т. е. из письма А. А. Бестужеву от 8 февраля; XIII: 88). 8 марта в газете «Русский инвалид» появилось анонимное сообщение о баснословном гонораре, полученном Пушкиным за поэ-

---

* Позднее Языков корректирует свою оценку: «Прежде читал я его в списках, и при этом женских, а женщины не знают ни стопосложения, ни вообще грамматики — и тогда стихи показались мне, большею частию, не дальнего достоинства; теперь вижу, что в этой поэме они гораздо лучше прежних, уже хороших» (письмо А. М. Языкову от 12 апреля 1824 г.: Языковский архив 1913: 128).

му: «Московские книгопродавцы купили новую поэму: „Бахчисарайский фонтан", сочинение А. С. Пушкина, за 3000 рублей. Итак, за каждый стих заплачено по пяти рублей!» (Летопись 1999, I: 377)*. Сообщение этих биографических подробностей резко подогревало читательские ожидания.

10 марта БФ вышел в свет тиражом в 1200 экземпляров (по цене 5 рублей экземпляр). Открывал книжку неподписанный текст Вяземского «Вместо предисловия. Разговор между Издателем и Классиком с Выборгской стороны или Васильевского острова» (Вяземский 1982, I: 94–100; Вяземский 1984: 48–53; ППК 1: 152–156). В письме от 18/31 марта Жуковский благодарил Вяземского за предисловие (ЛН 58: 40). В начале апреля Вяземскому ответил и Пушкин, до которого дошел наконец БФ, отосланный в Одессу сразу по выходе (см. письмо Вяземского А. Я. Булгакову от 9 марта: Ивинский 1994: 153): «Не знаю, как тебя благодарить; Разговор прелесть, как мысли, так и бли-

---

* Цифра гонорара подтверждается письмом Пушкина Вяземскому от 8 марта́ 1824 г., в котором Пушкин формулировал свою профессиональную позицию: «От всего сердца благодарю тебя, милый Европеец, за неожиданное послание или посылку. Начинаю почитать наших книгопродавцев и думать, что ремесло наше право не хуже другого. Одно меня затрудняет, ты продал всё издание за 3000 р., а сколько ж стоило тебе его напечатать? Ты всё-таки даришь меня, бессовестный! Ради Христа, вычти из остальных денег, что тебе следует, да пришли их сюда. Расти им не за чем. А у меня им не залежаться, хоть я право не мот. Уплачу старые долги и засяду за новую поэму. Благо я не принадлежу к нашим писателям 18-го века: я пишу для себя, а печатаю для денег, а ничуть для улыбки прекрасного пола» (XIII: 88–89). Уже после выхода поэмы Пушкин отмечал изменение в гонорарной политике русских книгоиздателей: «Жаль, если книгопродавцы, в первый раз поступившие по-европейски, обдернутся и останутся в накладе — да вперед невозможно и мне будет продавать себя с барышом» (Л. С. Пушкину от 1 апреля 1824 г.: XIII: 90). Общая стоимость издания составляла 4000 рублей: кроме авторского гонорара и возмещения полиграфических затрат (500 рублей, выплаченные Вяземским московскому типографщику А. Семену), книгопродавцы И. С. Ширяев и А. Ф. Смирдин заплатили 500 рублей М. П. Пономареву — комиссионеру, через которого Вяземский вел переговоры о продаже готового тиража (см.: Гессен 1930: 50–53; Смирнов-Сокольский 1962: 79–82). При последующем обсуждении БФ проблема оплаты авторского труда, имевшая исключительное значение для профессионализации русской литературы, выделилась в особую тему (см.: ППК 1: 189–197, 407–410). Впоследствии беспрецедентно высокий пушкинский гонорар будет обсуждаться и в западной прессе (ср., например, заметку в Revue de Paris от 5 августа 1832 г.: ППК 3: 197, 420).

стательный образ их выражения. Суждения неоспоримы. Слог твой чудесно шагнул вперед. <…> Знаешь ли что? твой Разговор более писан для Европы, чем для Руси. Ты прав в отношении романтической поэзии. Но старая <блядь> классическая, на которую ты нападаешь, полно существует ли у нас? это еще вопрос» (XIII: 91).

«Разговор» Вяземского, в котором была предпринята попытка встроить БФ в контекст европейского романтизма, вызвал исключительно бурный резонанс. 27 марта в «Вестнике Европы» (№ 5) появился язвительный отклик М. А. Дмитриева (за подписью NN) — «Второй разговор между Классиком и Издателем „Бахчисарайского фонтана"» (ППК 1: 156–161). Далее между Вяземским и Дмитриевым завязалась бурная полемика, в которую оказались вовлечены многие литераторы разных лагерей и которая продолжалась в нескольких журналах до мая 1824 г., породила ряд эпиграмм и сатир и выплеснулась на театральные подмостки — в частности, отразилась в куплетах в водевиле А. И. Писарева «Учитель и ученик, или В чужом пиру похмелье», представленном в Москве 24 апреля 1824 г. (ИРДТ II: 533) и в комедии В. И. Головина «Писатели между собою» (Москва, 31 декабря 1826 г. [ИРДТ III: 294]). Так или иначе статьи Вяземского касались почти все, писавшие о БФ в 1824 и в 1825 гг. Сам Пушкин, не вполне удовлетворенный механическим перенесением на русскую ситуацию оппозиции «классицизм–романтизм» и концепцией «германского влияния», в то же время счел необходимым печатно выступить в поддержку Вяземского в «Письме к издателю Сына Отечества» (СО. 1824. № 18; XI: 20). О полемике вокруг статьи Вяземского см.: Томашевский 1956: 512–521; Мордовченко 1959: 201–206; Гиллельсон 1969: 108–109; Ивинский 1994: 60–65; Проскурин 1992: 202–203; Дмитриев 1998: 219–223 и примеч. Представительную и хорошо откомментированную подборку материалов полемики и критических откликов на БФ см.: ППК 1: 147–247, 387–423.

Однако полемика эта, имевшая важное значение для эстетического самоопределения русской литературы, лишь косвенно затрагивала собственно БФ. Нередко критики Вяземского (начиная с М. А. Дмитриева) демонстративно отделяли «прекрасную поэму» Пушкина от предисловия к ней. Из журнальных разборов БФ наиболее значительной оказалась статья М. М. Карниолина-Пинского, вышедшая 31 марта (СО. 1824. № 13. С. 270–281; под статьей помета — «16 марта. Москва»). Критик провел параллель между Пушкиным и Байроном («Бейрон служил образцом для нашего поэта; но Пушкин подражал, как обыкновенно подражают великие художники…»), высоко оценил «местный колорит» в описаниях и специально взял под защиту новый для читателей принцип сюжетной недоговоренности («Иногда легкий туман способствует выразительности более, нежели свет»). Основной упрек: «Прекрасные стихи и живописные изображения не могут вознаградить читателя за неподвижность действия» (ППК 1: 209–213). Пушкин внимательно прочел статью Карниолина-Пинского: некоторые суждения критика, как упоминалось выше, были позднее использованы им для сравнительной характеристики поэзии Томаса Мура и Байрона.

31 марта 1824 г. в «Новостях литературы» (№ 11) начинает печататься и статья А. Ф. Воейкова «О поэмах А. С. Пушкина и в особенности о „Бакчисарайском фонтане"». Вторая часть статьи (3 апреля. № 12) оказалась целиком посвящена БФ, который был поставлен здесь выше других поэм Пушкина. Некогда строгий критик «Руслана и Людмилы», Воейков находит новую пушкинскую поэму соответствующей всем стандартам нормативных пиитик («*План* не хитрый, не многосложный, но искусно развернутый; *ход* легкий, *связь* естественная, *занимательность* час от часу возрастает; характеры привязывают, положения трогают» [ППК 1: 219]). В особенный восторг привело Воейкова «описание плена и несчастных приключений польской княжны Марии»: «До сих пор Пушкин не написал ничего благороднее, возвышеннее, святее!» (Там же, 221).

Возможно, отмеченные Воейковым «возвышенность и святость» предмета БФ подсказали мысль представить поэму императрице Елизавете Алексеевне, что могло улучшить участь Пушкина. Инициатором плана выступил Вяземский. 7 апреля 1824 г. он писал Тургеневу: «Отблагодарит ли чем-нибудь императрица? Надоумь Карамзина» (ОА III: 30). Правда, в тот же день Н. М. Карамзин, еще не посвященный в замыслы своих молодых друзей, отзывается о БФ в письме И. И. Дмитриеву без особого энтузиазма: «Полюбился ли тебе Фонтан Пушкина? Слог жив, черты прекрасные, но в целом не довольно силы и связи. О евнухе слишком много; речь Заремы слаба, кроме пяти или шести стихов; окончание хорошо» (Карамзин 1866: 370–371). Проект использовать Карамзина для представления БФ, однако, так и не состоялся. 15 апреля А. И. Тургенев уведомлял Вяземского: «Сергей Уваров впутался не в свое дело и отдал императрице экземпляр „Фонтана" прежде Карамзина и все испортил. Сидел бы за своим сукном» (ОА III: 33).

24 апреля в «Литературных листках» (№ 7) появляется статья В. Н. Олина «Критический взгляд на Бахчисарайский фонтан, соч. А. Пушкина». В начале статьи он провозгласил: «Пушкина, по справедливости, можно назвать первым русским поэтом нашего времени, особенно в отношении к слогу и легкости версификации» (ППК 1: 198). Но эти достоинства нейтрализуются фундаментальным недостатком: «…Главный недостаток сего стихотворения г. Пушкина заключается, по мнению моему, в плане» (Там же, 199). Олин подробно рассматривал этот «главный недостаток», критикуя Пушкина за неясность характеров и за фрагментарность композиции. В том же номере «Литературных листков» Олину возражал Ф. В. Булгарин; тот ответил Булгарину почти через год после публикации (Русский инвалид. 1825. 5 марта. № 52). Претензии Олина подверглись резкой критике также в «Письмах на Кавказ» Ж. К. <Н. И. Греч?> (СО. 1825. № 1; вышел 4 января). Пушкин был задет олинской рецензией: в незавершенном отзыве на трагедию Олина «Корсер» (по мотивам поэмы Байрона) он, явно имея в виду недавние упреки в недостатках плана БФ, писал: «Байрон мало заботился о планах своих произведений <…> Что же мы подумаем о писателе, который из поэмы Корсар выберет один токмо план, достойный нелепой испанской <?> повест<и> — и по сему детскому плану составит драм.<атическую> трилогию, заменив очаровательную глубокую поэзию Байрона прозой надутой и уродливой <…> Спрашивается: что же в байроновой [поэме] его поразило — неужели план? O miratores!..» (1826; XI: 64–65).

1 мая в «Благонамеренном» (1824. № 7) начинают печататься (анонимно) «Письма в Тамбов о новостях русской сло-

весности» Б.М. Федорова (авторство было известно А.И. Тургеневу; см. его письмо Вяземскому от 25 марта 1824 г.: ОА III: 27). Статья, в сущности, служит иллюстрацией двух тезисов: «Вообще *описательная* часть в „Бахчисарайском фонтане" совершенна» (ППК 1: 229). «Но, отдавая справедливость гению Пушкина, с другой стороны, нельзя не заметить, что он мало заботился о *повествовательной* части своей поэмы…» (Там же, 230). Сдержанно оценил Федоров и фрагментарную конструкцию поэмы, поэтику недосказанности: «Внезапности нравятся; но когда все внимание наше обращено на положение действующих лиц, одни намеки о судьбе их кажутся недостаточны и скорее убедят в утомлении поэта, нежели в красоте пиитической» (Там же, 232). Впрочем, по заключению Федорова, эти недостатки щедро искупаются красотами новой поэмы.

Летом–осенью 1824 г. по поводу БФ произошел любопытный обмен мнениями в стане, враждебном арзамасскому кругу. 13 июля П. А. Катенин (в 1822 г. высланный в свое имение Шаево) шлет Н. И. Бахтину в Париж убийственный отзыв о БФ: «…Фонтан что такое и сказать не умею; смыслу вовсе нет. В начале Гирей курит и сердится, потом встал и пошел куда-то, вероятно на двор, ибо после об этом ни слова, а начинается описание внутренности гарема, где, по мнению Пушкина, запертые невольницы, пылкие грузинки и пр. сидят, *беспечно*, ожидая хана!!! что за Мария? что за Зарема? как они умирают? Никто ничего не знает, одним словом это romantique. Стихи или лучше сказать, стишки сладенькие, водяные, раз читаются, а два никак» (Катенин 1911: 65). В журнальных похвалах Пушкину Катенин склонен был видеть литературный комплот: «А что вы скажете о дипломатических действиях „Арзамаса"? о предисловии Вяземского? О рецензиях в „Сыне Отечества"? О собственном каком-то отзыве Пушкина, что он с Вяземским заодно? Они без всякой совести хотят силой оружия завладеть Парнасом: это уже не война гигантов, а война пигмеев» (Там же). 16 июля П. П. Татаринов шлет Бахтину список БФ, но тот под влиянием Катенина уже предубежден против поэмы: отвечая на его несохранившееся письмо, Татаринов решительно берет БФ под защиту, в частности, отмечает упреки в композиционных просчетах, якобы допущенных Пушкиным (отсутствие начала и конца, отрывочность etc. — ср. письмо от 29 сентября: Вацуро 1979: 105–107; Зубкова, Сиренов 2004: 21–26).

В начале 1825 г. были подведены первые итоги суждений о БФ. Н. И. Греч (?) в «Письмах на Кавказ» (СО. 1825. № 1) уверенно объявлял БФ лучшей пушкинской поэмой, а самого поэта провозгласил «юным атлетом», «который победил всех своих соперников»; фигурой Пушкина он значимо открывал обзор текущей литературы (ППК 1: 241). Н. А. Полевой в «Обозрении русской литературы в 1824 году» (МТ. 1825. № 1) объявил БФ «жемчужиной новой поэзии» и констатировал, что Пушкин «получил новое право на славу изданием „Бахчисарайского фонтана"» (ППК 1: 243).

В 1830 г. Пушкин, вспоминая прием, оказанный БФ, писал: «Его, кажется, не критиковали» (XI: 145). Это заявление окрашено полемическим преувеличением: к концу 1820-х гг. Пушкин все чаще делается объектом жестких критических нападок (в том числе и ретроспективных — ср., например, отрицательные оценки БФ в статье Н. И. Надеждина о «Полтаве», 1829: ППК 2: 159–161). Однако общую атмосферу энтузиазма при появлении поэмы оно передает верно: ни одно из прежних и последующих пушкинских произведений не удостоилось столь единодушных похвал и не имело такого читательского успеха. Поэма, которую Пушкин считал слабее «Кавказского пленника», способствовала утверждению за ним репутации *первого русского поэта*.

Резко возросший репутационный статус Пушкина и успех БФ определили появление значительного числа переводов поэмы на иностранные языки. Самое раннее из известных переложений — «Татарская песня» на польском языке — появилось в печати в 1824 г. (Słowikowski 1824). Однако существует известие, восходящее к И. И. Козлову, что он сразу после появления поэмы полностью перевел ее на английский язык и послал Байрону (Алексеев 1982: 762–764; небольшой отрывок этого опуса, повторно посланный переводчиком в Англию, был напечатан в составе статьи F. Chamier в лондонском журнале The New Mounthly Magazine [1830. № 7])*. В 1826 г. почти одновременно

---

* М. П. Алексеев, как и ряд других исследователей, выражал сомнение в том, что Козлов успел перевести всю поэму с момента ее выхода в свет (10 марта 1824 г.) до получения в России известий о смерти Байрона (на-

появились французская, немецкая и польская версии БФ (Chopin 1826; Wulffert 1826; Rogalsky 1826). Издания польских и французских переводов осуществлялись при жизни Пушкина еще дважды: польские — в 1828 и 1834 гг. (Żaba 1828; Witkowski 1834), французские — в 1830 и 1838 гг. (Repey 1830; Galitzine 1838; начинание Н. Б. Голицына было санкционировано Пушкиным в ноябре 1836 г.: XVI: 184). Новейший обзор европейских переводов и отзывов о БФ см. в коллективной работе «Прижизненная известность Пушкина за рубежом» (Энциклопедия 2004: 245–287; авторы: В. Д. Рак, М. Хорват-Габорне, Р. Ю. Данилевский, А. О. Дёмин, С. И. Николаев, Н. Л. Дмитриева).

Крымская поэма Пушкина, как и «Кавказский пленник», вызвала к жизни множество подражаний. В. М. Жирмунский, проведший детальное обследование массовой «байронической» продукции (Жирмунский 1978: 239–356), выделил среди русских поэм 1820–1840-х гг. целый пласт подражательных текстов, тематика или, реже, сюжет которых в той или иной степени восходят к БФ. Сюжетно-тематическая линия «гаремной трагедии», которая нередко контаминируется с линией «пленников», представлена, например, поэмами Н. Гербановского «Хаджи-бей» (1829), Д. Ознобишина «Селам» (1830), М. Лермонтова «Две невольницы» (1830?, неопубл.), П. Иноземцева «Зальмара» (1834), П. Чернорутского «Зюлейка» (1839), М. Горева «Багир-Хан» (1842), В. Лизогуб «Зюлейка» (1846), etc. В значительно большем количестве текстов воспроизводится не сюжет БФ, а повествовательные клише (особенно экспозиции и финала), отдельные описания и мотивы поэмы, вплоть до поэтических формул. При этом многие элементы постпушкинских поэм, восходящие непосредственно к «восточным поэмам» Байрона, были тем не менее облечены в формы пушкинской поэтики. Это наблюдение, опиравшееся и на отзывы современной журнальной критики, позволило Жирмунскому сделать справедливый вывод о том, что «Байрон для авторов ро-

чало мая). Однако это возражение отчасти снимается, если учесть, что полные списки БФ начали распространяться в Петербурге с 20-х чисел декабря 1823 г. (впрочем, отсутствие рукописи и/или надежных свидетельств оставляет вопрос о полноте раннего козловского перевода по-прежнему открытым).

мантических поэм был всецело заслонен его русским последователем Пушкиным» (Там же, 356).

Приоритет Пушкина в разработке крымской темы заставлял уподоблять пушкинской поэме даже произведения, ей в какой-то степени оппонирующие. Так, Е. А. Боратынский в рецензии на сборник А. Н. Муравьева «Таврида» (М., 1827) отмечал, что вошедшая в сборник одноименная описательная поэма есть «риторическое распространение двух стихов Пушкина в Бахчисарайском Фонтане: Где скрылись ханы? где гарем / Кругом все пусто, все уныло…» (Боратынский 1914–1915, II: 208). Как «сознательного подражателя» Пушкина оценивает Муравьева и Ю. Н. Тынянов (Тынянов 1969: 174). Между тем более справедливо суждение Ю. В. Манна, писавшего, что в своей поэме Муравьев «стремится вернуть таврическую тему в русло традиционной описательной поэмы» (Манн 1976: 155; ср. также: Хохлова 2001: 80–82). Муравьев, по его собственному признанию, «не только не стремился ловить его [Пушкина] мысли, но даже и во всем избегал подражать ему» (письмо В. А. Муханову от 18 марта 1827 г.; цит. по: Хохлова 2001: 79). Тем не менее в ряде эпизодов это отталкивание носило характер стилистической перекодировки узнаваемых пушкинских мотивов.

Среди многочисленных поэтических отзвуков БФ (проследить которые в полном объеме здесь не представляется возможным) особое место занимают «Крымские сонеты» Адама Мицкевича (1826). Кроме прямой ссылки на Пушкина в примечании к сонету «Grób Potockiéj» (Мицкевич 1976: 47), в таврическом цикле польского поэта содержится ряд аллюзий на БФ. Своего рода ответом Мицкевичу стало незаконченное стихотворение Пушкина «В прохладе сладостной фонтанов» (1828; III: 129) и строки в «Путешествии Онегина» (1829; VI: 1999–200) — об этом см.: Измайлов 1975: 125–173; Ивинский 2003: 90–150 (ср. также мнения о связи стихотворения 1828 г. с именами Ш. Руставели и Саади: Азадовский 1938; Нольман 1979). Элементы поэтики БФ были обильно использованы в ранних русских переложениях «Крымских сонетов» (И. И. Козлов, 1827–1828; Ю. И. Познанский, 1827–1831; В. Н. Любич-Романович, 1829–1831; Ф. Я. Кафтарев, 1832; и др.).

Сценическая жизнь БФ началась вскоре после выхода первого издания поэмы. Уже летом 1824 г. А. А. Шаховской начинает писать по мотивам пушкинской поэмы «романтическую трилогию в пяти действиях» «Керим-Гирей, Крымский хан» (музыку к пьесе напишет К. А. Кавос). 21 июня А. С. Грибоедов сообщал Вяземскому: «Шаховской занят перекройкой „Бахчисарайского фонтана" в 3 действиях с хорами и балетом, он сохранил множество стихов Пушкина, и все вместе представляется в виде какого-то чудного поэтического салада» (Грибоедов 1988: 499). О работе над пьесой было известно и Катенину (см. письмо Бахтину от 13 июля 1824 г.: Катенин 1911: 66). Большой фрагмент из «Керим-Гирея» появился в альманахе Булгарина «Русская Талия» (СПб., 1825. С. 116–148; вышел в свет 11 декабря 1824 г.; целиком пьеса издана в 1841 г.), а премьера в постановке Ш. Дидло состоялась в Петербурге 28 сентября 1825 г. (ИРДТ II: 482). Хотя Шаховским была использована значительная часть пушкинского текста, общий фабульный рисунок подвергся кардинальной переделке: интрига первых двух актов («Татарский стан» и «Польский замок») целиком вымышлена драматургом, и лишь третье действие («Гарем») соответствует сюжету БФ (о соотношении пьесы с пушкинским текстом см.: Щербакова 1999: 43–75; Реппо-Шабарова 1999; Денисенко 2002: 228–230; Kiseleva 2003). Спектакль удержался на петербургской и московской сцене до конца 1850-х гг. (ИРДТ III: 264; ИРДТ IV: 337; Дурылин 1951: 21–28) и во многом определил драматургию последующих сценических версий БФ (Денисенко 2003). При жизни Пушкина появилась еще одна инсценировка БФ — одноименная опера композитора Н. А. Титова (Москва, 11 апреля 1836 г.), сведения о которой крайне скудны (см.: Винокур, Каган 1974: 21).

Большой популярностью пользовались романсы на слова «Татарской песни». Известно не менее пяти прижизненных переложений этого фрагмента поэмы — музыку к пушкинскому тексту писали: В. Ф. Одоевский (Мнемозина 1824), Л. В. Маурер (Wulffert 1826), Ж-М. Шопен (Chopin 1826), Н. С. Титов (отд. изд.: СПб., 1829), В. С. Голицын (Лирический альбом 1832). Романс также неоднократно включался в песенники.

Построчный комментарий

Бахчисарайскій фонтанъ. Ни в одной из сохранившихся пушкинских рукописей заголовка поэмы нет. Однако еще весной 1823 г. поэма называлась «Гарем», о чем свидетельствует письмо П. А. Вяземского к А. И. Тургеневу от 30 апреля: «На-днях получил я письмо от Беса-Арабского Пушкина. Он скучает своим безнадежным положением, но, по словам приезжего, пишет новую поэму *Гарем* о Потоцкой, похищенной которым-то ханом, событие историческое…» (Архив Тургеневых VI: 16). Впервые БФ фигурирует под своим окончательным названием только в письме Пушкина к брату Льву от 25 августа 1823 г. О первоначальном заглавии поэмы сам Пушкин говорит в «<Опровержении на критики>» (1830): «…Бахч.<исарайский> Фонт.<ан> в рукописи назван был Гаремом, но меланхолической эпиграф (который конечно лучше всей поэмы) соблазнил меня» (XI: 159; в опубликованной редакции употребляется форма *Харем*: «<Возражения критикам „Полтавы">» [XI: 165]). О достоинствах эпиграфа Пушкин пишет Вяземскому уже 14 октября 1823 г.: «Бахчисарайской фонтан, между нами, дрянь, но эпиграф его прелесть» (XIII: 70). Высокую оценку эпиграфа Пушкин повторил и в разговоре с М. П. Погодиным (состоявшемся, видимо, во второй половине 1820-х гг.); см. свидетельство последнего: «О „Бахчисарайском фонтане" Пушкин сказал мне однажды: „знаете ли, что я больше всего люблю в *Фонтане*, —эпиграф. Одних уж нет, а другие странствуют далече"» (Пушкин в воспоминаниях 1998, II: 41). Эпиграф предварял текст поэмы во всех трех отдельных изданиях и размещался на титульном листе. В БФ1 он напечатан следующим образом:

> Многіе, также какъ и я, посѣщали
> сей Фонтанъ; но иныхъ уже нѣтъ,
> другіе странствуютъ далече.
>   *Сади.*

Мотивы и формулы эпиграфа Пушкин использовал еще дважды: в стихотворении «Все тихо — на Кавказ идет ночная мгла…» (зачеркнутая строфа рукописной версии стихотворения «На холмах Грузии…»: «Прошли за днями дни. / Сокрылось много лет. / Где вы, бесценные созданья? / Иные далеко, иных уж в мире нет — / Со мной одни воспоминанья» [1829; III: 723]) и в заключительной строфе «Евгения Онегина» (глава VIII, строфа LI: «Но те, которым в дружной встрече / Я строфы первые читал… / Иных уж нет, а те далече, / Как Сади некогда сказал» [VI: 190]).

В БФ4 любимый Пушкиным эпиграф, однако, не вошел, что привело к разнобою в публикаторской практике: в большинстве изданий XIX — начала XX в. поэма печаталась без эпиграфа. На случайность устранения эпиграфа в БФ4 (и, следовательно, на неоправданность исключения его из текста БФ) впервые указал Г. О. Винокур (Винокур 1927: 52–54). В неопубликованном комментарии к ПСС 1937–1959 Винокур писал, обосновывая восстановление эпиграфа при основном тексте поэмы: «Восстановление эпиграфа в изданиях последнего времени объясняется тем, что выяснился случайный характер опущения эпиграфа в последнем прижизненном воспроизведении поэмы. В первых трех изданиях Б. Ф. эпиграф печатался не непосредственно перед самим текстом поэмы, а на обложках и титульных листах. Когда подготовлялся текст Б. Ф. для четвертого, последнего прижизненного издания, в составе Поэм и повестей 1835 г., то титульный лист отдельного издания, с которого производилась последняя перепечатка, очевидно был механически отброшен, как не подлежащий воспроизведению. Лица, подготовлявшие текст для собрания Поэм и повестей<,> не заметили при этом, что отбрасывая ненужные титульные листы, они одновременно выбрасывают эпиграф к Б. Ф. Это предположение <…>, оценивающее пропуск эпиграфа к ПП как случайную порчу текста, гораздо более правдоподобно, чем предположение, что этот пропуск эпиграфа является сознательной художественной поправкой Пушкина в тексте поэмы. Совершенно аналогичный случай представляет история эпиграфа к „Полтаве". И здесь эпиграф, напечатанный в отдельном издании Полтавы 1829 г. на титульном листе, при перепечатке поэмы в ПП оказался отброшенным. Приведенная выше заметка Пушкина об эпиграфах не позволяет видеть в отсутствии эпиграфов в ПП результат намеренного исправления» (РГАЛИ. Ф. 264. Оп. 1. Ед. хр. 63. Л. 33; нами опущена ссылка на: Винокур 1927). К мнению Винокура о том, что эпиграф отпал в БФ4 «по случайным причинам», присоединился и С. М. Бонди (Бонди 1936: 459). Однако при републикации статьи исследователь счел необходимым снабдить этот вывод примечанием: «А может быть и по цензурным причинам, поскольку в это время (в 1830-х годах) слова „Иных уже нет, а другие странствуют далече" воспринимались как намек на казненных и сосланных декабристов» (Бонди 1971: 74). Беспочвенность этого допущения, навеянного работами Н. О. Лернера (Лернер 1932; Лернер 1935), убедительно обнаруживается в комментарии Винокура: «Н. О. Лернер, считая приведенные стихи из заключительной строфы Евгения Онегина политическим намеком на декабристов, был склонен видеть в отсутствии эпиграфа к Б. Ф. результат политической автоцензуры Пушкина <…>, но без достаточных оснований. Если политический намек в заключительной строфе Евгения Онегина благополучно воспроизводился в отдельных изданиях Онегина 1833 и 1837 г., то очевидно он не был настолько явным, чтобы выбрасывать из печати эпиграф о фонтане из Саади, где, по словам самого Лернера, никакого политического привкуса не чувствуется» (РГАЛИ. Ф. 264. Оп. 1. Ед. хр. 63. Л. 44; нами опущена ссылка на: Лернер 1935). Справедливость этого рассуждения, тем не менее, не отменяет самой возможности политически острого прочтения эпиграфа: именно применительно к судьбе декабристов восприняли цитату из эпиграфа в III Отделении (пассаж, содержащий намек на друзей-изгнанников, был вставлен Вяземским в одну из статей Н. А. Полевого в «Московском телеграфе» за 1827 г. [см.: Гиллельсон 1969: 158–161]).

Эпиграф восходит к стихотворному сборнику «Бустан» («Плодовый сад»; 1257) персидского поэта Муслихаддина Абу Мухаммеда Абдаллаха ибн Мушрифаддина, известного под именем Саади. Этот факт впервые установлен (по просьбе Г. О. Винокура) востоковедом К. И. Чайкиным; он же указал на то, что Пушкин пользовался каким-то французским переводом (см.: Бонди 1936: 468). Однако в пушкинскую эпоху ни на русском, ни на европейских языках доступных переводов «Бустана» не существовало; как показал Б. В. Томашевский (Томашевский 1956: 505–506), Пушкин заимствовал текст Саади из французского перевода «восточного романа» Томаса Мура «Лалла Рук», а именно из прозаической интерполяции перед поэмой «Рай и Пери»: «…ces mots si connus du Jardin de Sadi: „Plusieurs ont vu, comme moi cette fontaine; mais ils sont loin, et leurs yeux sont fermés à jamais". La beauté mélancolique de ce passage lui fournit l'occasion de parler des charmes de la poésie en général» (Moore 1820, I: 205; пер. А. Пишо). В черновике письма к Винокуру (1946?) Томашевский обозначил свои наблюдения детальнее, чем в монографии, указав на изменения, сделанные Пушкиным по сравнению с источником: «Несомненно, что именно французский текст послужил непосредственным источником для Пушкина: gone — sont loin — далече. Пушкин внес нового то, что заменил vu — посещали и разделил ils, leurs на „иных" — „другие"» (ОР РГБ. Ф. 645. Карт. 39. Ед. хр. 45. Л. 1–1 об.). Отсутствующее у Мура—Пишо противопоставление «иных — другие» могло быть подсказано строчкой из стихотворения В. С. Филимонова «Друзьям отдаленным»: «Друзей — иных уж нет, другие в отдаленье» (ВЕ. 1815. № 18; см.: Иваск 1957: 78; Nabokov 1964, III: 245; Набоков 1997: 596)*. Вторая часть эпиграфа также имеет точное соответствие во французском переводе поэмы Байрона «Осада Коринфа» (1816): «Mais les uns sont morts, les autres sont loin,

---

* Высказывалась мысль, что литературным источником этой строки Филимонова могло быть посвящение «Фауста» Гете (третья строфа), где содержалась соответствующая оппозиция: «Wenn es noch lebt, irrt in der Welt zerstreuet» (см.: Зубков 1982: 111–112). Перевод гетевского посвящения, выполненный Жуковским (и превратившийся в посвящение «Двенадцати спящих дев»), Пушкин прекрасно знал и использовал в качестве модели для «крымских октав», но противопоставление было в нем перенесено в середину строфы и значительно развернуто, утратив четкость оригинала («Прекрасный сон их жизни улетел. / Других умчал могущий Дух разлуки…» [Жуковский 1959, II: 84]). Однако соответствующее противопоставление с разной степенью выраженности встречается и в оригинальных текстах Жуковского (ср. «Вечер», 1806: «Один — минутный цвет — почил, и непробудно <…> Другой… о небо правосудно!..» [Жуковский 1999, I: 77]).

d'autres sont dispersés et isolés…» (Byron 1836, II: 104; см.: Рак 2004c), однако в период создания БФ эти строчки Пушкину известны не были (вводная главка «Осады Коринфа», куда входили эти стихи, была впервые напечатана по-английски в 1830 г., в корпус поэмы включена в 1832 г., а в переводе Пишо появилась еще позднее).

Сравнительно недавно было предложено новое истолкование смысла и происхождения эпиграфа к БФ (Ветловская 1986): первой, прозаической его части противопоставлена вторая, якобы ямбическая; цель этого противопоставления — осмеяние «восточной поэзии» (которая *на самом деле* «есть просто проза») и увлеченного ею Жуковского. Противопоставление «иных — другие», в свою очередь, отсылает к триаде из письма Цицерона Л. Месцинию Руфу: «Hoc vere tempore, quum alii interierint, alii absint, alii mutati voluntate sint…» («При нынешних обстоятельствах, когда одни погибли, другие далеко, а третьи изменили своим убеждениям…» [Cicero, Ad Familiares, V, 21]). Произвольность, а иногда и несомненная ошибочность фактографических, стиховедческих и историко-эстетических аргументов этой концепции (некоторые возражения см.: Нольман 1991) не позволяет согласиться с выводом, что в работе В. Е. Ветловской «дается, наконец, разгадка вопроса об источнике эпиграфа „Бахчисарайского фонтана"» (ПиМ XII: 6); формулу Цицерона, видимо, следует числить среди «отдаленных параллелей» к эпиграфу БФ и последней строфе «Евгения Онегина» (Рак 2004c).

Новейший обзор литературы об эпиграфе к БФ см.: Рак 2004c. Здесь учтены также прижизненные цитаты и парафразы пушкинской формулы: Е. А. Боратынский (стансы «Судьбой наложенные цепи…», 1828; предполагается возможность намека на судьбу декабристов), В. Г. Тепляков (Письмо III из Турции // СЦ. 1831. С. 194), А. А. Бестужев-Марлинский («Фрегат „Надежда"», 1833), В. Г. Белинский («Литературные мечтания», 1834).

с. 199 *Гирей сидѣлъ, потупя взоръ; ~ Безмолвно раболѣпный дворъ / Вкругъ хана грознаго тѣснился.* Гиреи (Гераи) — родовое имя крымских ханов (см.: Гайворонский 2003). Распространенное представление (несомненно, инспирированное выпиской из книги И. М. Муравьева-Апостола и предисловием П. А. Вяземского) о том, что в поэме Пушкина имеется в виду Керим-Гирей (Крым-Гирей), коему предание приписывает любовь к Диларе-бикеч, не соответствует действительности: в пору создания поэмы Пушкин ничего не знал о мавзолее Дилары и не соотносил времени действия БФ с конкретной эпохой (ср. также появление *Дивлет*-Гирея в ранних набросках, предваряющих работу над поэмой). Упомянутые ниже «козни Генуи лукавой» определенно выводят действие поэмы за пределы исторического пространства и времени: Генуя утратила влияние в Крыму в XV в., еще до основания Бахчисарая как столицы Крымского ханства (начало XVI в.). Пушкинский Гирей — хан не исторический, а легендарный.

Экспозиция поэмы (связанная с черновыми набросками 1821 г.) восходит к «Абидосской невесте» Байрона. Непосредственным источником сцены послужил не оригинал, а французский перевод А. Пишо и Э. де Саля: «Le vieux Giaffir est assis dans son divan: ses esclaves dévoués sont rangés autour de lui…» (Byron 1820, I: 276). Французский текст соответствует пушкинскому описанию и синтаксически, и лексико-грамматически («вкруг хана» — autour de lui); в английском оригинале конструкция и последовательность образов иные: «Begirt with many a gallant slave, / Apparell'd as becomes the brave, / Awaiting each his lord's behest / To guide his steps, or guard his rest, / Old Giaffir sate in his Divan…» (Byron 1945: 264). Экспозиция БФ — элемент текста, наиболее часто воспроизводимый в подражательных романтических поэмах (ср.: Жирмунский 1978: 261–263).

с. 199 *Такъ бурны тучи отражаетъ / Залива зыбкое стекло.* Это квазиориентальное сравнение вызвало специальное внимание и одобрение Б. М. Федорова: «Сравнение сие, по живости, принадлежит к счастливейшим стихам, даже между стихами Пушкина» (ППК 1: 229). Имитируя ориентальные сравнения Томаса Мура и, отчасти, Байрона, Пушкин, однако, опирается здесь на опыт русской поэзии. Модель сравнения была задана М. В. Ломоносовым: «Когда пучину не смущает / Стремление насильных бурь, / В зерцале жидком представляет / Небесной ясности лазурь <…> Так Ты, о наших дней Венец…» («Ода… Петру Федоровичу… на 1762» [Ломоносов 1959: 758–759]). Лексико-фразеологический состав пушкинской формулы восходит к посланию Жуковского «Государыне Императрице Марии Федоровне» (1821): «Глядится в зыбкое стекло / Реки, извившейся дугою» (Жуковский 1999, II: 161; «зыбкое стекло» представляет собою вариацию любимого Жуковским образа «зерцало зыбких вод» (см. комментарий И. А. Пильщикова: Боратынский 2002, I: 376); ср. также у Пушкина: «И отразилася в кристалле зыбких вод» в «Воспоминаниях в Царском Селе» (1814; I: 78); и «Зерцалом вод отражено» в «Послании к Юдину» (1815; I: 168); ср.: Григорьева 1969: 46.

с. 200 *На Русь ли вновь идетъ войною, / Несетъ ли Польшѣ свой законъ*… «Вотъ комната, именуемая Диванъ, гдѣ нѣкогда величавый Ханъ, поджавши ноги на парчевой подушкѣ, или внималъ съ подобострастіемъ посреди своихъ капыхалковъ <„Капыхалки были чиновные царедворцы“ — примеч. источника> присланные къ нему ферманы Султанскіе, или предписывалъ уставы трепещущей Тавридѣ, либо злоумышленіямъ своимъ противъ Россіи полагалъ основанія» (Сумароков 1803, I: 141).

с. 200 *Гяуру сердце отдала?* Отсылка к поэме Байрона «Гяур» (запретная любовь к неверному). В. М. Жирмунский относит этот образ к числу „рудиментарных мотивов“, не получивших самостоятельного развития» и возникающих «благодаря навязчивому воспоминанию о поэме Байрона» (Жирмунский 1978: 121).

с. 200 *Цвѣтутъ въ унылой тишинѣ; / Подъ стражей бдительной и хладной / На лонѣ скуки безотрадной…* В своем описании Пушкин обыгрывает описание времяпрепровождения «скифских» (татарских) женщин в «Херсониде» Боброва: «Ихъ *Гуріи* прелестны, — правда; / Но розы устъ, багрецъ ланитъ / И алебастровыя груди / Подъ кисеею погребаютъ, <…> Иль заключенныя сидятъ, / Какъ бы *Данаи*, въ мѣдныхъ башняхъ / Подъ стражею скопцовъ въ *Гаре-*

махъ. / Имъ неизвѣстны тѣ бесѣды, / Гдѣ съ недостаткомъ совершенство / Открыто въ просвѣщенномъ мiрѣ…» (Бобров 1804: 83–84; ср.: Бобров 1798: 69–70).

с. 201 *Такъ аравiйскiе цвѣты / Живутъ за стеклами теплицы.* Сравнение гарема с цветником, а его пленниц — с экзотическими цветами, видимо, восходит к «Лалле Рук» Томаса Мура (ср.: «…toutes sont réunies dans ces jardins. Chaque terre a donné sa fleur pour former cette pépinière du ciel»; «Quelque brilliant que fût son harem, parterre vivant des plus belles fleurs de cette planète» [Moore 1820, I: 44; Moore 1820, II: 157]).

с. 201 *Заводятъ игры, разговоры, / Или при шумѣ водъ живыхъ, ~ Гуляютъ легкими роями.* Пушкин продолжает обыгрывать описание из «Херсониды» Боброва: «Лишь мыльня въ вкусѣ *Азiатскомъ* / Роскошнымъ служитъ имъ гульбищемъ, / Свиданья мѣстомъ, и бесѣдъ» (Бобров 1804: 84; Бобров 1798: 70). Сохраняя соответствие мотивов, Пушкин стилистически трансформирует свой источник: иронически описанный Бобровым быт простых татарских («скифских») женщин превращается в роскошный плен ханского гарема.

с. 201 *Въ прохладѣ яворовъ густыхъ.* Первоначальные варианты: «Под хладной сенью древ густых»; «Под сению дер<ев густых?>» (IV: 385). Ближайшим источником формулы, видимо, послужило стихотворение В. И. Туманского «Стансы к другу (Из деревни)»: «В спокойном сем уединеньи, / Под тенью яворов густых, / Я провождаю дни в весельи, / Забот, печалей чужд мирских» (1818; Туманский 1912: 61). В основании образа — поэтическая фразеология Батюшкова (ср. в стихотворении «Веселый час», 1810: «Под сенью тополей густою» [Батюшков 1977: 227]; строка повторяется в тексте четыре раза).

с. 202 *<…> Воля хана / Ему единственный законъ…* Возможно, смысловая и синтаксическая модификация формулы из «Переложения псалма 103» М. В. Ломоносова: «Их воля — твой единый взгляд» (Ломоносов 1959: 229).

с. 202 *Святую заповѣдь Корана…* Эта строка была изменена по требованию цензора в БФ1 (см. выше). Претензии А. Ф. Мерзлякова, вероятно, объясняются специфическим ханжеством цензурной политики нач. 1820-х гг., вызывавшим дружное негодование современников: в частности, слова, связанные с сакральной сферой, предлагалось использовать только в прямом значении — т. е. исключительно по отношению к христианским святыням. Выражение «святая заповедь» применительно к Корану, «мнимо боговдохновенной» книге, могло расцениваться как соблазнительное кощунство. Тем не менее в тексте БФ1 Вяземскому удалось оставить для посвященных своеобразный знак цензурного вмешательства: слова, заменившие подлинный пушкинский текст, оказались набраны курсивом: «И *самыя главы* Корана» (БФ1: 5). Вынужденное искажение стиха воспринималось Пушкиным как один из символов идеологической реакции начала 20-х гг. В связи с известиями о смещении с поста министра народного просвещения А. Н. Голицына (на которого возлагалась бо́льшая часть ответственности за тогдашнюю цензурную политику) и о назначении на его место А. С. Шишкова Пушкин писал Вяземскому 24–25 июня 1824 г.: «Хотелось мне с тобою поговорить о перемене министерства. Что ты об этом думаешь? я и рад и нет. Давно девиз всякого русского есть *чем хуже, тем лучше*. Опозиция русская, составившаяся, благодаря русского бога, из наших писателей, каких бы то ни было, приходила уже в какое-то нетерпение, которое я из под тишка поддразнивал, ожидая чего-нибудь. А теперь, как позволят Фите Глинке говорить своей любовнице, что она божественна, что у ней очи небесные, [и] что любовь есть священное чувство, вся эта сволочь опять угомонится, журналы пойдут врать своим чередом, чины своим чередом, Русь своим чередом — вот как Шишков сделает всю обедню <говном>. С другой стороны деньги, Онегин, святая заповедь Корана — вообще мой эгоизм» (XIII: 99–100)*. Авторская версия стиха была восстановлена в БФ2.

---

* Последняя сентенция обычно комментировалась весьма произвольно. Б. Л. Модзалевский толкует ее следующим образом: «Здесь, в письме, вместо стиха „святая заповедь Корана" надо, вероятно, читать рифмующие с ним слова, т.-е. „воля хана" — воля императора Александра, державшего поэта в ссылке» (Письма 1926–1935, I: 335). В последнем комментированном издании переписки Пушкина это высказывание трактуется так: «Здесь, вероятно, намек на то, что при теперешних обстоятельствах для

с. 202 *Какъ идутъ плѣнницы младыя / Купаться въ жаркіе часы, / И льются волны ключевыя / На ихъ волшебныя красы...* Ср. картину купания «княжны Тавридской» Цульмы и ее подруг в «Херсониде» Боброва: «Подруги раздѣляютъ съ ней / Дѣвичьи рѣзвости невинны. / Въ струи сребристы погружая / Стыдливыя красы свои...» (Бобров 1804: 224; в «Тавриде» сцены с Цульмой нет). В первоначальных черновиках БФ картина была более эротизирована: «На обнаженныя красы» (IV: 386) — ср. у Боброва в том же описании: «Какой красотъ видъ обнажился?» (Бобров 1804: 224).

с. 202 *Забавъ ихъ сторожъ неотлучный, / Онъ тутъ; онъ видитъ, равнодушный...* Здесь, вероятно, обыграна формула из стихотворения Жуковского «Узник к мотыльку» (перевод романса Ксавье де Местра): «Забав их зритель равнодушный» (1813; Жуковский 1999, I: 256). Рифмовка «неотлучный ‖ равнодушный» отражает так называемую старомосковскую произносительную норму: написанию [čn] регулярно соответствовало произношение [šn]; в начале XIX в. эта норма уже размывалась, особенно в петербургском изводе литературного произношения (справка А. А. Зализняка).

с. 203 *И горе той, чей шопотъ сонной / Чужое имя призывалъ...* Возможно, здесь в рудиментарном виде отразился сюжет «Паризины» Байрона: герцог Азо подслушивает признание неверной жены, вырвавшееся у нее во сне (Жирмунский 1978: 121).

с. 203 *Чубукъ въ рукахъ его потухъ...* Хотя к 1820-м гг. слово «чубук» давно обрусело, однако здесь (как и в КП) оно выступает как элемент восточного колорита и ориентировано на соответствующие описания у Байрона. Ср. в «Корсаре»: «Des nuages de fumée s'échappent des chibouques ardentes...» (Byron 1820, I: 32) и авторское примечание: «Les chibouques. C'est le nom turc de la pipe» (Ibid., [81]). Более пространное

Пушкина деньги не менее драгоценны, нежели „святая заповедь Корана" для мусульманина» (Переписка 1982, I: 183). Эти объяснения, не принимающие во внимание цензурной истории БФ, ошибочны: в действительности речь идет об ожидаемом смягчении цензурной политики при новом министре (в одном ряду с восстановлением стиха «Святая заповедь Корана» — возможность напечатать «Евгения Онегина» в России).

объяснение дано в примечаниях к «Абидосской невесте»: «La pipe s'appelle chibouque en Turquie. La pièce où s'applique la bouche est ordinairement faite d'ambre; cette pièce et quelquefois le fourneau lui-même sont ornés de pierres précieuses dans les pipes des Turcs les plus riches» (Ibid., 323). Любопытно, что в «Песне татарской девы» В. И. Туманского (1825), где также разрабатывается гаремная тема, употребляется иное, этимологическое значение слова (тюрк. *čybyk* — 'прут' [Фасмер 1996, IV: 376]): «От проницательных очей / Не ускользнет и тень обмана. / Всегда готов его *чубук* / Казнить нескромный взгляд иль звук» (Туманский 1912: 158).

с. 203 *У двери знака ждетъ эвнухъ*. Пушкин ориентируется на описания Байрона — в частности, на строки из «Корсара»: «Soudain on voit s'avancer lentement l'esclave chargé de veiller à la porte. <...> Le pacha fait un signe à l'esclave, qui introduit en silence le saint personnage» (Byron 1820, I: 32–33). Интересно, что в шести (из семи известных) ранних списках БФ этот стих читается как «За дверью знака ждет евнух» (XVII: 41; см. также выше), что, в принципе, может свидетельствовать в пользу аутентичности такого чтения. В свое время Г. О. Винокур не исключал, что здесь имеет место обычная при списывании порча текста (Винокур 1936: 237) — исследователь, видимо, сомневался в возможности отреагировать на знак, поданный за закрытой дверью. Однако можно предположить, что Пушкин помнил этнографически мотивированное описание жестов Джиафира в «Абидосской невесте»: «Il frappe trois fois dans ses mains, et demande son cheval…» (Byron 1820, I: 283); в авторском примечании объяснялся смысл этого знака: «Les Turcs frappent dans leurs mains pour appeler les esclaves; ils n'aiment pas de dépenser inutilement leurs paroles, et n'ont point de sonnettes» (Ibid., 322–323). Хлопок в ладоши прекрасно воспринимается и за дверью, поэтому вариант с предлогом «за» семантически точен и вполне мог содержаться в рукописи, присланной Вяземскому (итоговая поправка могла быть вызвана его сомнениями в адекватности описания, т. е. теми же соображениями, которыми столетие спустя руководствовался и Винокур).

с. 204 *Какъ рыба въ ясной глубинѣ / На мраморномъ ходила днѣ*. Рыба, видимо, попала в БФ из французского перевода «Лаллы Рук» Т. Мура: «D'un côté, de petits poissons aux écailles dorées fendent avec grâce des flots limpides…» (Moore 1820, I: 103). У Мура, как и у Пушкина, образ рыбки в роскошном бассейне символически связан с судьбой узниц гарема. В строке «На мраморном ходила дне» можно усмотреть ритмическую, фонетическую, и, отчасти, лексическо-грамматическую перекличку со стихом из «Херсониды» Боброва: «На марморной <sic!> твоей стѣнѣ» (Бобров 1804: 277; Бобров 1798: 262).

с. 204 *Нарочно къ ней на дно иныя / Роняли серьги золотыя*. Возможно, здесь отразился эпизод из биографии самого Пушкина: вскоре после выпуска из Лицея во время лодочной прогулки по Неве он (на глазах отца, известного своей скупостью) бросал в воду золотые монеты, любуясь их блеском (Летопись 1999, I: 103; анекдот известен в пересказе В. П. Горчакова, с которым Пушкин близко общался в Кишиневе, в пору работы над БФ).

с. 204 *Татарская пѣсня*. В так называемой «Первой кишиневской тетради» (ПД 831) песня записана как отдельное стихотворение под названием «Съ турецкаго» (л. 70; последний заполненный лист тетради). Это недатированный беловой автограф с правкой, имеющий ряд существенных разночтений с текстом БФ1 (см.: IV: 402). Делались попытки связать автограф с рисунком на обороте предыдущего листа (ПД 831. Л. 69 об. — две мужские фигуры в восточных костюмах). Так, в неопубликованном описании тетради ПД 831 С. А. Фомичев предположил, что располагающиеся на соседних листах рисунок и текст (еще никак не связанный с замыслом БФ) датируются мартом–апрелем 1821 г. и связаны с впечатлениями от столкновения отрядов Ипсиланти с турками на Дунае (рукопись в ИРЛИ). Предлагались и другие гипотезы о датировке рисунка на л. 69 об., прямо не связанные с вопросом о датировке автографа на соседней странице. К апрелю 1821 г. отнесла рисунок Т. Г. Цявловская, без каких бы то ни было обоснований декларировавшая, что изображенные фигуры — этеристы (Цявловская 1983: 360,

441; с неверным указанием листа). Не привела основания атрибуции и Р. Г. Жуйкова, датировавшая рисунок 1820–1821 гг. и, со ссылкой на доклад Г. Ф. Богача, идентифицировавшая фигуры как гетеристов Дуку и Пендадеку (Жуйкова 1996: 159, 265). Наконец, в каталоге рисунков Пушкина С. В. Денисенко датировал рисунок 1822 г., в свою очередь назвав изображенных мужчин гетеристами (Рисунки 1996: 79, 430). Все эти датировки и атрибуции, как затрагивающие, так и не затрагивающие вопрос о стихотворном автографе, остаются в высшей степени гадательными. Точно определить время записи стихотворения «С турецкого» (и предварительной работы над ним), на наш взгляд, пока затруднительно; видимо, наиболее корректным будет решение соотнести его датировку с общим периодом работы Пушкина над БФ: весна 1821 — лето 1823 г.

Не менее темен и вопрос о статусе данного стихотворения: неизвестно, было ли оно изначально связано с замыслом БФ или же мыслилось как самостоятельное произведение и было инкорпорировано в поэму лишь на сравнительно поздних стадиях работы. В пользу первого предположения говорит присутствие в тексте имени *Зарема* — трудно допустить несоотнесенность двух текстов, создающихся в один и тот же период времени и имеющих общую героиню*. В пользу второго можно выдвинуть несколько аргументов: во-первых, — это изолированное положение автографа в тетради ПД 831, а во-вторых, что существенней, — наличие в автографе названия, под которым стихи заведомо не могли быть включены в текст поэмы. Однако намеченное противоречие отчасти снимается, если допустить, что написанные для БФ стихи Пушкин собирался одновременно использовать и как законченный, автономный опус. Ср., например, письмо К. Ф. Рылеева к В. И. Туманскому от 3 октября 1823 г.: «Просим позволения у Пушкина напечатать *Турецкую песню* и маленькую пиэску к малютке,

---

* Если полагать, что создание песни было тесно связано с замыслом БФ, то ее датировка поддается некоторому уточнению: самостоятельная сюжетная линия Заремы разрабатывается Пушкиным, видимо, не ранее весны–лета 1823 г.

которые здесь ходят по рукам» (Рылеев 1987: 307, 379; курсив мой. — *О.П.*). Синхронно распространяются и «отрывки из БФ», куда та же песня входила без названия, — за неделю до письма Рылеева, 26 сентября, А. И. Тургенев сообщал Вяземскому о двух отрывках из БФ, которые ему удалось достать в Петербурге (ОА II: 352). По содержанию эти «два отрывка», по всей видимости, совпадают с теми, которые к 10 октября попали к Н. М. Языкову в Дерпт (Языковский архив 1913: 99–100), а 6 ноября были посланы Н. В. Путятой С. Д. Полторацкому (Зубкова, Сиренов 2004: 15–16): сюда вошли два фрагмента (12-го и 10-го стихов): «Дарует небо человеку ~ Ласкает, милая, тебя» (т. е. «Татарская песня»; ср.: IV: 158–159, ст. 123–134) и «Как милы темные красы ~ И вдохновений сладострастных» (ср.: IV: 163, ст. 287–296)*.

Сам прием вставной лирической песни, метрически и строфически контрастирующей с основным корпусом поэмы, Пушкин, видимо, заимствует у Байрона (ср., например, песню Медоры в «Корсаре», песню Чайльд Гарольда и песню сулиотов в «Паломничестве Чайльд Гарольда»; подобный прием встречается и в поэмах Вальтера Скотта). Песни в КП и БФ, в свою очередь, послужили образцом для подражания — такие этнографически окрашенные вставки вошли в канон русской романтической поэмы (Жирмунский 1978: 91–92, 327, 418–419). О месте песни в структуре поэмы, ее стиле и возможных восточных параллелях см.: Сумцов 1900: 179–184; Гуковский 1946: 240; Федорова 1977; Тартаковская 1978.

с. 204 *Блаженъ факиръ, узрѣвшiй Меку...* Неоднократно отмечалось, что Пушкин неточен в выборе термина: паломник, посетивший священный город Мекку, называется «хаджи»

---

* В сравнении с редакцией БФ1 в тексте «Татарской песни» имеются разночтения, которые трудно объяснить неаккуратностью переписчика — не исключено, что в Петербурге стала известна промежуточная версия, отличная как от редакции автографа в тетради ПД 831, так и от окончательного текста, переданного для издания Вяземскому (любопытно, что варианты в письме Путяты последовательно совпадают с одним из сохранившихся списков поэмы — с так называемым «списком Н. И. Ильина» [ср.: XVII: 40–41]).

(совершивший хаджж, поклонение и тем самым очистившийся от грехов [ср.: Коран, 2: 153]). Однако в исламской традиции в понятие *факир* (араб. *faķīr* 'нищий', 'бедняк') входит идея как физического, так и духовного странствования, взыскания истины. Возможно, что странствующий нищий заимствован Пушкиным из «Гяура» Байрона: «…mais la terreur semble fixée sur le seuil de la porte: le fakir lui-même n'oserait y chercher une retraite; le derviche voyageur ne s'y arrêterait pas; il n'y trouverait ni l'hospitalité ni l'aumône…» (Byron 1820, II: 17; в оригинале: «But gloom is gathered o'er the gate, / Nor there the Fakir's self will wait; / Nor there will wandering Dervise stay, / For bounty cheers not his delay» [Byron 1945: 255]).

с. 205 *Блаженъ, кто славный брегъ Дуная / Своею смертью освятитъ*… В сохранившейся рукописной редакции первоначальный вариант читался: «Блажен, кто руских поражая / Собой умножит мертвых ряд» (IV: 402; затем переправлено: «Блажен кто на брегу Дуная / Собой умножит падших ряд»). Оба варианта второй строфы восходят к одному источнику — вставной песне сулиотов (воинственного греко-албанского племени, промышлявшего разбоем) из Второй песни «Паломничества Чайльд Гарольда» Байрона. В переводе А. Пишо — Э. де Саля соответствующее место звучало так: «Son fils, le brave Muchtar, est sur les bords du Danube: que les Russes aux blonds cheveux tremblent devant ses étendards; lorsque ses delhis vont fondre sur leurs bataillons au milieu des torrens de sang, ils ne reverront plus les remparts de Moscou!» (Byron 1820, III: 91). В английском оригинале «*берегов* Дуная» нет и «русские» прямо не названы: «Dark Muchtar his son to the Danube is sped, / Let the yellow-hair'd Giaurs view his horsetail with dread» (Byron 1945: 205; пояснение, что под «желтоволосыми гяурами» подразумеваются русские, дано в примечании). Более отдаленный фон этих строк — русская поэтическая (в частности, одическая) традиция, в которой Дунай фигурирует не только как арена русско-турецких сражений XVIII и начала XIX в. (с участием крымских татар в последний раз в 1768–1771 гг.), но и как определенный исторический рубеж, место столкновения христианской и мусульманской цивилизаций — см. стихотворения В. П. Петрова («На войну с турками», 1769; «Поэма на победы Российского воинства…», 1771; «Его сиятельству гр. Румянцеву…», 1775), М. Н. Муравьева («Ода на победы, одержанные российским оружием…», 1773), Е. П. Кострова («Эпистола его сиятельству гр. Суворову-Рымникскому на взятие Измаила», 1791), Г. Р. Державина («На взятие Измаила», 1792), Ю. А. Нелединского-Мелецкого («Ода его сиятельству кн. Репнину…», 1791), С. Н. Глинки («На взятие Измаила», 1809), Ф. Н. Глинки («Мечтания на берегу Волги…», 1810), Д. И. Хвостова («На мир с Оттоманскою Портою 1812 года», 1812) и мн. др. К этой традиции в какой-то мере отсылают и стихи самого Пушкина, затрагивающие тему греческого восстания 1821 г.: «Скитался я в те дни, как на брега Дуная / Великодушный грек свободу вызывал» («К Овидию», 1821–1822; II, 221), «И с горя на брегах Дуная / Бунтует наш безрукой князь» («<В. Л. Давыдову>», 1821; II, 178)*.

Черновые варианты делают смысл строфы более ясным: речь идет о блаженстве смерти в священной войне с неверными. Ср. у Пушкина в «Подражаниях Корану» (№ VI; 1824): «Блаженны падшие в сраженьи: / Теперь они вошли в эдем / И потонули в наслажденьи, / Не отравляемом ничем» (II: 356; стихотворение является вольным переложением 48-й суры Корана).

с. 205 *Къ нему навстрѣчу дѣва рая / Съ улыбкой страстной полетитъ*. Образ восходит к «Гяуру» Байрона (описание могилы Гассана и посмертной участи правоверного мусульманина, погибшего с оружием в руках): «…les vierges du paradis s'empressent de le recevoir dans les demeures célestes» (Byron 1820, II: 29). Ср. английский оригинал: «But him the maids of

---

* Сомнителен тезис М. Ф. Мурьянова о связи «дунайской» строфы, как и всей «Татарской песни», с темой Овидия (Мурьянов 1996: 101–102): ассоциация Дуная с местом ссылки римского поэта («И жил он на брегах Дуная, / Не обижая никого» [«Цыганы»; IV: 186]) не отменяет исторических коннотаций (Дунай как место военных и конфессиональных конфликтов), которые в контексте БФ очевидным образом выступают на первый план. Также не имеет под собой оснований предположение исследователя, что Пушкин заменил фразу «русских поражая», исходя из цензурных соображений.

Paradise / Impatient their halls invite» (Byron 1945: 259). В рукописной редакции песни сохранялось множественное число английского оригинала и французского перевода: «К нему на встречу девы рая / Толпою страстной полетят» (IV: 402). В связи с жанровым контекстом пушкинских стихов интересно примечание Байрона: «C'est presque la traduction littérale d'un *chant guerrier des Turcs*: „Je vois la fille du paradis aux yeux noirs; elle fait flotter un voile couleur d'émeraude; elle me crie, viens, accorde-moi les baisers, car je t'aime, etc., etc"» (Byron 1820, II: 54; курсив мой. — *О. П.*).

с. 205 *Онѣ поютъ. Но гдѣ Зарема, ~ Похвалъ не слушаетъ она…*
Ср. в «Херсониде» Боброва описание Цульмы, страдающей от разлуки с Селимом: «Подруги примѣчаютъ вздохъ; / Подруги тщатся на прерывъ / Ея грусть пѣснью облегчить; / Но тщетно; — *Цульма* не внимаетъ» (Бобров 1804: 224–225). Имя героини БФ традиционно связывают с «Тавридой» Боброва. Ср.: «…у Боброва Пушкин заимствовал имя для своей Заремы, переделав его из „Зарены", которой посвящены лирические отступления в „Тавриде"» (Винокур 1936: 242; см. также: Морозов 1912: 289; Фомичев 1986b: 82; Люсый 2000: 68; Коровин 2004: 150). Однако Пушкин, скорее всего, пользовался при работе над БФ не «Тавридой», а «Херсонидой», где имя героини было изменено и стало звучать как «Сашена» (примечательно, что и сцена первого появления Заремы обнаруживает связь именно с «Херсонидой» — в «Тавриде» соответствующий эпизод отсутствует). У Боброва и Пушкина имена героинь построены по разным словообразовательным моделям, их культурный ореол также существенно разнится. Героиня Боброва — «северная любовь», никак не связанная с восточным контекстом; Зарена — искусственное псевдославянское имя, произведенное от слова «заря» (ср. искусственное имя Светлана, сконструированное по сходной модели и популяризованное Жуковским). Напротив того, у Пушкина имя Зарема имеет отчетливый восточный колорит и не поддается разложению в рамках русских (славянских) словообразовательных моделей. В то же время антропоним, кажется, не находит прямых соответствий в арабской, тюркской и персидской пись-

менной традиции, не известен в европейской рецепции, а его «восточная» этимологизация не дает убедительных результатов*. В этой связи можно предположить, что автор БФ, выбирая имя своей героини, руководствовался скорее всего не этимологическими, а эстетическими соображениями: европейская литературная традиция давно использовала подлинные и искусственные женские имена, начинавшиеся на «з», как знак ориентального колорита. Соответствующие имена Пушкин обнаружил и в новейших британских поэмах, с которыми он соотносил БФ: в «Абидосской невесте» Байрона (во французском переводе — Zuléika) и в «Лалле Рук» Томаса Мура (Zuleika и Zelica, во французском переводе — Zélica). Во французской литературе эта номинативная традиция была особенно длительной, устойчивой и разветвленной**. Видимо, особенно важной для выбора имени пушкинской героини оказалась «элегическая песня» Шарля Мильвуа «Le mancenillier» (см., например:

---

* Ср.: «По-татарски название Венеры — Заре, отсюда русифицированная Зарена у С. Боброва и Зарема у Пушкина» (Люсый 2000: 77). По отношению к Боброву это утверждение определенно неверно. В пушкинском случае — учитывая, что *Зарема* впервые появляется в песне «С турецкого», — было бы корректнее связывать ее имя с *турецким* названием Венеры — *Zühre* (из араб. *zahr* — блестящий, сияющий). Распространенное на Востоке женское имя *Зухра/Захра* с тюркским аффиксом принадлежности первого лица -*m* может образовать антропонимические дериваты — ср. современное турецкое *Zuhrem/Zahrem*, новоуйгурское *Зэхрэм*, современное татарское *Зурема* и т. п. (арабское *h* во многих тюркских адаптациях может опускаться, особенно в западной части тюркского языкового ареала [справка А. В. Дыбо]). То есть гипотетически в тюркских языках западной ветви могло существовать имя Зарема, однако бытовое знакомство Пушкина с этой формой остается в высшей степени проблематичным (широкое современное распространение этого имени на территории России — бывшего СССР вероятнее всего вторично и объясняется массовым чтением Пушкина с 1930-х гг.). Еще одна предложенная этимология *Заремы* из арабского «залог» (без указания арабского соответствия [см.: Новикова 1999: 215]) по указанию арабистов является очевидным нонсенсом (справка Л. Е. Когана).
** Таковы *Заира* (Zaïre) в одноименной трагедии Вольтера, *Зельмира* (Zelmira) у Дю Белуа и Де Сада, *Зюлима* (Zulime) у Лану, *Зелида* (Zélide) у Дидро, *Земида* (Zémide) у Лоре, *Земина* (Zémine) у Лесажа, *Земира* (Zémire) в опере Гретри «Земира и Азор», написанной по либретто Мармонтеля, *Замира/Земира* (Sémire) в повести Вольтера «Задиг», *Зарюкма* (Zaruckma) у Кордье, *Зюлика* (Zulica) у Дора и т. д.

Millevoye 1823, IV: 194–198; текст песни считается одним из возможных источников пушкинского «Анчара»): в этом стихотворении влюбленная героиня носит имя *Zarina*. Соответствующая антропонимическая традиция была усвоена и русской литературой, в частности поэзией старших современников Пушкина: показательны *Зафна* в «Источнике» Батюшкова (переложении одной из «Мадагаскарских песен» [Chansons Madécasses] Парни — «Le torrent») и *Зара* в «Песни Араба над могилою коня» Жуковского (переложение одной из «Элегических песен» Мильвуа — «L'Arabe au tombeau de son coursier»); последний случай особенно любопытен: во французском оригинале героиня имеет имя *Azéide* (Ibid., III: 193) — Жуковский, вероятно, счел его недостаточно ориентально звучащим (впоследствии Пушкин использовал имя *Зара* в набросках «гаремного» стихотворения «Пока супруг тебя, красавицу младую» [1824; II: 876])*. К общеевропейским традициям ориентальной антропонимии Пушкин, видимо, приспособил *национальный* поэтический материал: в Девятой песни поэмы М. М. Хераскова «Владимир» упоминается сын киевского вельможи *Зарем* («Заремъ, Кифаровъ сынъ…» [Херасков 1787: 125]; это искусственное имя должно было выражать условно «древний» колорит). Созданное Пушкиным «восточное» имя, с одной стороны, вписывалось в рамки традиции, с другой — оказывалось тесно связано с центральным словом-символом поэмы — *Гарем* (созвучие неоднократно использовано в рифмах БФ). Оно оказалось также органично включено в своеобразный фонетический (и семантический) треугольник, образуемый именами центральных персонажей поэмы: *Гирей–Мария–Зарема* (см.: Выгодский 1922).

с. 205 *Какъ пальма, смятая грозою, / Поникла юной головою…*
Имитация дендрологических ориентальных сравнений из

---

* Современный исследователь обнаружил ряд подобных ориентализованных имен на «з» в поэзии 1820–1830-х гг. (см.: Гаджиев 1991: 160–161), но ошибочно заключил, что они созданы «по аналогии с именами пушкинских героинь»; в действительности многие из них восходят к западным и русским источникам, известным задолго до Пушкина. Об именах в постпушкинских «байронических» поэмах см. также: Жирмунский 1978: 308.

«Лаллы Рук» Томаса Мура (ср.: «...ressemblent à une forêt de platanes dont la cime touffue est couverte des neiges de l'hiver» [Moore 1820, I: 42]). В своем «восточном» сравнении Пушкин, однако, использует образную систему и лексический ряд «Изображения Фелицы» Г. Р. Державина (1789; речь идет о Екатерине II): «Как пальма клонит благовонну / Вершину и лице свое...» (Державин 2002: 106). В генеалогии образа следует учесть также «Песнь Араба над могилою коня» (вольный перевод из Мильвуа) В. А. Жуковского: «Как юная пальма долины, цвела» (1810; Жуковский 1999, II: 154; ср. у Мильвуа, 1808: «Des verts palmiers elle avait la fraocheur...» [Французская элегия 1989: 286]). Ориентальное сравнение, вероятно, было подкреплено образом из Песни Песней (7: 7), которую Пушкин вообще рассматривал как образец восточной поэзии: «Votre taille est semblable a un palmier» (Bible 1817: 805).

с. 206 *Твои плѣнительныя очи / Яснѣе дня, чернѣе ночи. ~ Чей страстный поцѣлуй живей...* Отвечая на критику Д. В. Давыдова, Пушкин писал Вяземскому в конце марта — начале апреля 1825 г.: «Он критиковал <...> в Бахч.<исарайском> Фонт.<ане> Заремины очи. Я бы с ним согласился, если б дело шло не о востоке. Слог восточный был для меня образцом, сколько возможно нам, благоразумным, холодным европейцам» (XIII: 160). В качестве *европейского* фона «восточного слога» Пушкин, бесспорно, подразумевал портреты героинь в байроновских «восточных поэмах» (в том же письме содержатся открытые похвалы Байрону). Ср. изображение Леилы во французском переводе «Гяура»: «Le vermillon de ses joues le disputait aux fleurs pourprées de la grenade; sa chevelure, semblable à la tige pendante de l'hyacinthe, descendait jusqu'à ses pieds...» (Byron 1820, II: 22); сам автор специально отметил в примечании стилизаторский характер этого портрета; см.: «Comparaison orientale qui, quoique bien véritablement recueillie dans le pays, sera regardée peut-être comme „*plus arabe que l'Arabie*"» (Ibid., 53). Тем не менее пушкинские приемы портретирования в БФ существенно отличаются от байроновских: сравнивая портрет Заремы с портретом Леилы в «Гяуре», В. М. Жирмунский обоснованно противопоставлял «скупое и строгое живописание» Пушкина нагромождению условно-экзотических сравнений и «декламационно-патетическому тону» у Байрона (Жирмунский 1978: 184–187; ср. не слишком удачные попытки связать портрет Заремы с портретом Зюлейки из «Абидосской невесты» [Herdmann 1982: 127]).

Одним из основных *русских* источников пушкинского «восточного слога» можно считать поэмы С. С. Боброва. Ср. изображение Зарены-Сашены (почти без перемен перенесенное из «Тавриды» в «Херсониду»): «Твои небесны очи влажны / Блестятъ — какъ утреннія звѣзды; / Въ твоихъ живутъ ланитахъ алыхъ / Улыбки нѣжныя весны; / А розовые поцѣлуи / Въ устахъ любезныхъ расцвѣтаютъ» (Бобров 1798: 71–72; Бобров 1804: 85; показательно, что к предшествующим строкам Боброва восходит и описание неизвестной московской красавицы в строфе LII седьмой главы «Евгения Онегина» [VI: 161–162]; в этой же строфе содержится парафраз стихов из лирического эпилога БФ: «Но полно, полно, перестань, / Ты заплатил безумству дань» [см.: Морозов 1912: 289–290]). Однако особенно показателен в качестве параллели портрет Цульмы в «Херсониде» (образ развертывается — как и у Пушкина — через повтор вопросительных конструкций): «Стройна, какъ миртъ, — легка, какъ серна, <…> Видалъ ли гдѣ нибудь рѣсницы / Длиннѣе, какъ у милой *Цульмы*? / Видалъ ли ты съ лилеей розу / Такую, какъ въ ланитахъ *Цульмы*?» (Бобров 1804: 223–224).

с. 206 *Твоихъ язвительныхъ лобзаній*. Отвечая на не дошедшие до нас замечания Вяземского, видимо, опасавшегося цензурных придирок, Пушкин писал ему 1–8 [11?] декабря 1823 г.: «Язвительные лобзания напоминают тебе твои <хуерики>? поставь *пронзительныхъ*. Это будет ново. Дело в том, что моя Грузинка кусается, и это непременно должно быть известно публике» (XIII: 80). В БФ1 строка читалась: «Ея пронзительныхъ лобзаній» (в БФ2 первоначальное чтение было восстановлено). М. М. Карниолин-Пинский, один из первых критиков БФ, знакомый с поэмой по рукописи или первоначальным спискам, выразил неодобрение произведенной замене: «Не знаю почему здесь <…> встречается известная читателю перемена? Между поцелуем страстным и язвою поэт усмотрел соотношение смелое, новое, но справедливое. Язва и пламень удобнее сравниваются нежели пронзительность и пламень. Если словом *пронзительные* лобзания хотя не близко переведем baisers pénétrans, то словом *язвительные* лобзания неподражаемо выразим другой эпитет, изобретения Руссо. Что я говорю? baisers âcres холодны перед огненным выражением Пушкина» (ППК 1: 213). Рецензент определенно имел в виду пассаж из письма Сен-Пре к Юлии в «Новой Элоизе» Ж.-Ж. Руссо (1761): «Non, garde tes baisers, je ne les saurois supporter…… ils sont trop âcres, trop pénétrans, ils percent, ils brûlent jusqu'à la moëlle…… ils me rendrîient furieux» (Partie I, lettre XIV; Rousseau 1782–1789, II: 50). Соседство «пронзительных» и «жгучих» поцелуев в «Новой Элоизе» заставляет думать, что Пушкин в письме к Вяземскому намекал именно на словоупотребление Руссо. Скорее всего, и в БФ словосочетание «язвительные лобзанья» было модифицированной калькой выражения «baisers âcres». Это тем более вероятно, что данный оборот речи был отнюдь не безвестным и не нейтральным: его необычность заметил еще Вольтер, неоднократно цитировавший указанный фрагмент Руссо в ироническом контексте (например, в сочинениях: «Lettres a M. de Voltaire sur *la nouvelle Héloïse ou Aloïsia*…», 1761; «Dictionnaire philosophique», 1764 [статьи «Bourreau» и «Pierre le Grand et J. J. Rousseau»]; «Lettre de M. de Voltaire au docteur Jean-Jacques Pansophe», 1766; etc.). Вольтера, видимо, смущал эпитет *âcre* (острый, жгучий, едкий) в применении к поцелую — во французском литературном языке середины XVIII в. этим прилагательным обычно характеризовался вкус или запах, но никак не эротический жест (см.: Dictionnaire de l'Académie françoise / Quatrième édition. Paris: Chez la veuve de B. Brunet, impr. de l'Académie françoise, 1762. T. I: A–K. P. 22). Взяв у Руссо смелое выражение, Пушкин стилистически трансформировал его в архаизирующем ключе, стремясь «оставить русскому языку некоторую библейскую похабность» (XIII: 80). При этом он, возможно, опирался на лингвистические рекомендации А. С. Шишкова, протестовавшего против галлицизмов в поэтической фразеологии — ср. наблюдение В. В. Виноградова: «Шишков берет на себя защиту простонародных старинных выражений любви и нежности: „Мы ныне говорим: *я пленился тобою*, а в старину говаривали: *я уязвился тобою*" (Разговоры о словесности между двумя лицами АЗЪ и БУКИ. СПб., 1811. С. 76)». По мнению Виноградова, «в слово *язвительный* Пушкин намеревался вложить значение „пленительный, упоительный, полный глубокой страсти, пылкий"» (Виноградов 1977: 202–204).

Любопытно, что «язва и пламень» сочетаются у Пушкина и в более поздних текстах: «В крови горит огонь желанья, / Душа тобой уязвлена» (1825; II: 442; стихотворение являет собою поэтическую вариацию Песни Песней); «Порывом пылких ласк и язвою лобзаний / Она торопит миг последних содроганий» (1830; III: 213; в антитезе «вакханки» и «смиренницы» можно усматривать модификацию антитетической пары героинь БФ).

с. 206 *Но, равнодушный и жестокой, / Гирей презрѣлъ твои красы / И ночи хладные часы / Проводитъ мрачный, одинокой…* Описание «равнодушного» Гирея представляет собой вариацию характеристики «разочарованного» элегического героя, оформившейся в поэзии Пушкина к началу 1820-х гг. Одним из лексико-стилистических источников «психологического портрета» героя этого типа оказался «Вадим» Жуковского (1817) — вторая часть «Старинной повести в двух балладах» «Двенадцать спящих дев» (Вадим, устремленный к иному, лучшему миру, чужд окружающему веселью): «…один Вадим / Не весел — мысль далеко. / Сердечной думою томим, / Безмолвен, одинокой, / Ни песням, ни приветам он / Не внемлет, равнодушный…» (Жуковский 1959, II: 125–126). Однако генезис образно-мотивной структуры у самого Жуковского парадоксальным образом связан с ориентальной темой; ср. в его «Песни Араба над могилою коня»: «Забыл о победе, и в мышцах нет силы; / Брожу одинокий, задумчив, унылый» (Жуковский 1999, I: 153; прямых соответствий этой образности в тексте Мильвуа, использованном Жуковским, нет). Для пушкинского элегического портрета характерны не только повторяющиеся тематиские мотивы, но и устойчивая лексика (в частности, эпитеты «жестокой» и «одинокой», обычно рифмующиеся). Первый опыт такого портрета — в элегии «Я пережил свои желанья...» (1821), которую Пушкин одно время предполагал включить в монолог героя «Кавказского пленника»: «Под бурями судьбы жестокой / Увял цветущий мой венец — / Живу печальный, одинокой, / И жду: придет ли мой конец?» (II: 165). Эти стихи трансформировались в «Братьях-разбойниках» (1822), получив новую мотивировку «охлаждения»: «...Но прежних лет / Уж не дождусь: их нет, как нет! / Пиры, веселые ночлеги / И наши буйные набеги — / Могила брата все взяла. / Влачусь угрюмый, одинокой. / Окаменел мой дух жестокой, / И в сердце жалость умерла» (IV: 151; здесь использован также материал ранней элегии «Наездники», 1816 [I: 206]). Гирей — очередная квазиэпическая реинкарнация элегического героя (об этом см. также: Проскурин 1999: 134–135).

с. 207 *Все въ ней плѣняло: тихiй нравъ, / Движенья стройныя, живыя / И очи темно-голубыя.* Литературный генезис портрета Марии отчетливо проясняется черновой рукописью, где первоначальное «Улыбка, локоны льняныя / И очи томно голубыя» было заменено на «Улыбка очи голубыя / И кудри легкiя льняныя» (ПД 832. Л. 21; IV: 388). Во всех этих вариантах сохраняется связь портрета Марии с элегической героиней стихотворения Батюшкова «Мой гений» (1815): «Я помню звуки милых слов, / Я помню очи голубые, / Я помню локоны златые / Небрежно вьющихся власов» (Батюшков 1977: 220; стихотворение получило высокую оценку Пушкина — ср. помету на полях «Опытов...» Батюшкова: «Прелесть кроме первых 4» [XII, 262]). Ср. модификацию того же портрета в «Послании к Т<ургене>ву» (1816): «И кудри льняно-золотые» (Батюшков 1977: 273). Пушкин уже использовал батюшковскую модель при создании портрета юного героя-славянина в незавершенной поэме «Вадим» (1822): «Славян вот очи голубые, / Вот их и волосы златые, / Волнами падшие до плеч» (IV: 140–141; в портрете не вполне обоснованно усматривалась этнографическая адаптация портрета байронического героя [см.: Проскурин 1999:

122–123]). Элегическая природа портрета Марии очевидна и в окончательном варианте БФ. Однако уже осенью 1823 г., давая иронический портрет Ольги в строфе XXIII второй главы «Евгения Онегина» («Глаза как небо голубые, / Улыбка, локоны златые / Движенья, голос, легкий стан, / Всё в Ольге…» [VI: 41]), Пушкин спародировал не только Батюшкова, но и свою недавнюю поэтику. Условность женского элегического портрета ко времени завершения БФ уже перестала Пушкина удовлетворять (подробнее см.: Проскурин 2003: 269–271).

Перечисление достоинств героини с обобщающим оборотом «В ней все пленяло» — прием, неоднократно использовавшийся Пушкиным в текстах 1820-х гг. при описании женской красоты «с головы до ног» (Левинтон, Охотин 2004: 13–14). Ср. обобщение инвентаря совершенств в сказке «Царь Никита» (1822): «Словом с головы до ног / Душу, сердце все пленяло» (II: 248), а ранее — в эпиграмме «На Колосову» (1819): «Все пленяет нас в Эсфири: / Упоительная речь…» (II: 110). Рефлексы описания «с головы до ног» сохранились и в черновых набросках к портрету Марии: «Когда на играх Терпсихоры / Она полетом стройных ног» (вариант: «Когда движеньем легких ног» [IV: 389]); эти строки заставляют вспомнить еще один перечень женских красот и «ножку Терпсихоры» в строфе XXXII первой главы «Евгения Онегина» (1823; VI: 18); о литературном происхождении «культа ножки» (Брантом, Ретиф де ла Бретон) и его эротическом значении см.: Томашевский 1930; Левинтон, Охотин 2004: 13–14.

с. 208 *…Тмы Татаръ / На Польшу хлынули рѣкою: / Не съ столь ужасной быстротою / По жатвѣ стелется пожаръ*. При создании метафорического сравнения использованы содержание и конструкция развернутого сравнения из «Херсониды» Боброва (рассказ о вторжении монголов в Крым): «*Монгалы* ворвавшись потопомъ, / Все, что ни встрѣтили въ пути, / Пожгли, посѣкли, потребили; <…> / Такъ лавы пламенный протокъ / Исторгшись изъ горы ревущей; / Бѣжитъ, и губитъ, что ни встрѣтитъ…» (Бобров 1804: 165–166; ср.: Бобров 1798: 134–135).

с. 208 *Скупой наслѣдникъ въ замкѣ правитъ / И тягостнымъ ярмомъ безславитъ / Опустошенную страну.* Здесь Пушкин, возможно, отталкивался от байроновского описания запустелого замка Гассана («Гяур»), трансформируя мотив былой благотворительности и гостеприимства («Le riche et le pauvre évitent également ce séjour. La bienveillance et la pitié en sont exilées…» [Byron 1820, II: 17]) в мотив скупости и нищеты.

с. 210 *Святыню строгую скрываетъ ~ Одно божественное чувство…* Возможно, здесь содержится скрытая отсылка к «Заире» Вольтера (гаремной пленнице напоминают о том, что она рождена христианкой): «Cette croix qui sur vous fut trouvée, / parure de l' enfance, avec soin conservée, / ce signe des chrétiens, que l' art dérobe aux yeux / sous le brillant éclat d' un travail précieux, / cette croix, dont cent fois mes soins vous ont parée, / peut-être entre vos mains est-elle demeurée / comme un gage secret de la fidélité / que vous deviez au dieu que vous avez quitté» (акт I, сцена 1; Voltaire 1877, II: 550). Последняя строка перед отточием остается без рифменной пары — этот прием, ломающий повествовательную интонацию, призван подчеркнуть автобиографическую важность последующего умолчания (об этом и других случаях отсутствия рифмы в БФ см.: Шоу 2002: 91–92).

с. 210 *Настала ночь; покрылись тѣнью ~ Сіянье томное наводитъ…* Б. В. Томашевский видел в неперифрастичности этого описания «освобождение от поэтических условностей» (Томашевский 1956: 508). Между тем пушкинская картина ночного Бахчисарая — сгущение условно-литературной топики. С одной стороны, рассказ о наступлении ночи опирается на стихи Ломоносова в «Вечернем размышлении о Божием величестве…» (1743): «Поля покрыла мрачна ночь, / Взошла на горы чорна тень…» (Ломоносов 1959: 120); а с другой — на державинскую оду «Соловей» (1799): «Под кровом тихой Майской нощи / Вдали я слышу соловья / <…> Тобой цветущий *дол* смеется, / Дремучий *лес* пускает гул <…> Стоящий *холм* чело нагнул» (Державин 2002: 215; курсив мой. — *О.П.*). Любопытно, что условный характер носит и наиболее очевидная примета «юга» — лавр (в саду Бахчисарайского дворца лавры не культивировались).

с. 210 *Покрыты бѣлой пеленой, / Какъ тѣни легкія мелькая…* Вопреки мнению В. М. Жирмунского, который считал, что здесь «описание становится особенно точно в самых своих деталях» (Жирмунский 1978: 194), пушкинское описание представляет собою плод изощренной интертекстуальной игры. Пушкин, скорее всего, не мог видеть в Бахчисарае жен «простых татар» — татарские женщины в силу культурно-религиозных запретов избегали появляться перед посторонними мужчинами (тем более «неверными»); ср., например, запись Г. Геракова от 19 сентября 1820 г. (менее чем через две недели после посещения Бахчисарая Пушкиным): «Ходилъ по городу, погода была ясная, теплая, но ни одного лица женскаго не встрѣтилъ; точно по-Азіатски — не пускаютъ женъ и дочерей своихъ глазѣть на чужихъ…» (Гераков 1830: 23–24). «Легкие тени» татарских жен на улицах Бахчисарая взяты Пушкиным из литературных источников — прежде всего из «Путешествия» П. Сумарокова (раздел «Бакчисарай»): «Базаръ есть сборище всего мужескаго пола, но женщинъ никогда на немъ не увидишь. Онѣ имеетъ право проходить только по переулкамъ и не иначе, какъ закрытыя; для чего носятъ бѣлыя покрывала и оными такъ обвертываютъ свои лица, что оставляютъ только мѣсто для глазъ, въ каковомъ нарядѣ онѣ походятъ на бродящія тѣни» (Сумароков 1800: 130). Под несомненным влиянием Сумарокова дал портрет татарки («скифянки») и Бобров в «Херсониде»: «Едва, — едва уловишь взоромъ / Младую *Скиѳянку* страшливу, — / И то — какъ нѣкій полу-образъ… / Покрытый блѣднымъ покрываломъ» (Бобров 1804: 34). Пушкин учитывает тексты предшественников, однако картина, восходящая к Сумарокову и Боброву, модифицируется им в соответствии с поэтикой новой школы — ср. описание Элизия в «Элегии из Тибулла» Батюшкова: «Там девы юные, сплетяся в хоровод, / Мелькают меж дерев, как легки привиденья…» (Батюшков 1977: 208).

с. 211 *Простыхъ Татаръ…* «Простых» в данном контексте означает: не испорченных роскошью и цивилизацией, «близких к природе». В этом значении слово употреблялось уже в «крымских октавах»: «Где бедные простых татар семьи»

(II: 669). Подобная поэтическая репрезентация крымских татар, видимо, восходит к Боброву: «Тамъ смуглы чада камней дикихъ, / Враги мятежныхъ козней свѣта, / Въ блаженной простотѣ живутъ» (Бобров 1804: 61). Ср. также: «Простая жизнь нагорныхъ Скиѳовъ / Добро-сердечныхъ, — неразвратныхъ…» (Там же, 91); «Все здѣсь вливаетъ в грудь любовь / Къ простой пустынѣ, къ сельской жизни» (Там же, 92). «Простота» у Боброва (как и в пушкинских «крымских октавах») связывается с *сельской* жизнью и первобытной дикостью *скифов*. В контексте БФ, где действие перенесено в столицу Крымского ханства, первоначальная оппозиция несколько теряет свою однозначность.

с. 211 *И съ милой розой неразлучны / Во мракѣ соловьи поютъ*. Любовь соловья и розы — штамп европейского преромантического (а потом и романтического) ориентализма, один из первых плодов адаптации персидской поэзии новоевропейской культурой. В данном случае восточный мотив опосредован байроновским «Гяуром» («C'est là que l'on rencontre dans les valées et sur les collines la rose amante du rossignol» [Byron 1820, II: 7]) и примечаниями к нему: «Les amours du Rossignol et de la Rose sont une fable orientale bien connue. Le Bulbul des mille contes d'amour est, je crois, une des noms de l'amant de la Rose» (Ibid., 49). Этот же образ развернут в стихотворении «О, дева-роза…», написанном в конце 1824 г., но фиктивно отнесенном ко времени пребывания поэта в Крыму: в поэтических сборниках Пушкина 1826 и 1829 гг. стихотворение имеет характерное название/подзаголовок «Подражание турецкой песне» и дату «1820» (II: 866; показательно, что в первоначальном замысле восточный колорит стихотворения был выражен еще сильнее: черновой текст начинается со слова «Бюльбюль» [II: 865]). Позднее, в стихотворении «Соловей и роза» (1827), Пушкин снова использовал этот ориентальный мотив.

с. 212 …*Во тмѣ ночной / Ступаетъ легкою ногой*… Ср. во французском переводе «Корсара» Байрона: «Minuit a sonné; un pas léger s'approche de sa porte massive» (Byron 1820, I: 63).

с. 213 *Вошла, взираетъ съ изумленьемъ*… / *И тайный страхъ въ нее проникъ*. Ср. эпизод из «Вадима» Жуковского (1817):

«Объял Вадима тайный страх / Глядит в недоуменье» (Жуковский 1959, II: 129).

с. 213 *Лампады свѣтъ уединенный, ~ Грузинка, все въ душѣ твоей / Родное что-то пробудило, / Все звуками забытыхъ дней / Невнятно вдругъ заговорило…* Обыгрывается мотивно-тематический (и, соответственно, лексический) репертуар Жуковского, наделенный специфической символикой трансцендентности: «Ему луна сквозь темный бор / Лампадой та́инственной светит; / И все, что изумленный взор / Младого путника ни встретит, / С его душою говорит / О чем-то горестно-ужасном, / О чем-то близком и прекрасном…» («Подробный отчет о луне», 1820; Жуковский 1999, II: 196). Ср. также послание «Василию Алексеевичу Перовскому» (1819): «В ней что-то искреннее дышит, / И в милом голосе ея / Доверчиво душа твоя / Какой-то звук знакомый слышит, / Всему в нем лучшему родной» (Там же, 146–147). Послание В. А. Перовскому, написанное в 1819 г., впервые появилось в печати только в 1827 г., но было, несомненно, известно Пушкину еще в Петербурге: оно содержит цитатную игру с посланием Пушкина «Жуковскому» (1818; см. комментарий Н. Ж. Ветшевой: Там же, 553) и в этом отношении заключает в себе «поэтический привет» Пушкину. Пушкинское послание, опубликованное в 1821 г., в свою очередь было известно Жуковскому в рукописи (о рецепции послания Пушкина в арзамасском кругу см. в комментарии В. Э. Вацуро в издании: Арзамас 1994, II: 550–552). В БФ Пушкин продолжает эту «домашнюю» поэтическую игру.

с. 213 *И жаромъ дѣвственнаго сна / Ея ланиты оживлялись…* Ср. в послании Жуковского «Василию Алексеевичу Перовскому» (1819): «Души глубокой чистым жаром / Сия краса оживлена» (Жуковский 1999, II: 147).

с. 213 *И, слезъ являя свѣжій слѣдъ, / Улыбкой томной озарялись: / Такъ озаряетъ лунный свѣтъ / Дождемъ отягощенный цвѣтъ…* Сравнение слез с влагой на цветке восходит к «Пери и Ангелу» Жуковского (1821) — поэтическому переложению из «Лаллы Рук» Томаса Мура: «И ангельского сострадания / Слезой блеснули очеса… / Так чистой каплею роса /

В сиянье райского востока, / Так капля райского потока / Блестит на цвете голубом, / Который дышит лишь в одном / Саду небес...» (Жуковский 1959, II: 254). Употребления слова «цвет» в значении «цветок» у Пушкина единичны (см.: Словарь языка Пушкина 2000, IV: 888–890), зато характерны для Жуковского. Пушкин одновременно и усложняет образ Мура–Жуковского (образ становится двуступенчатым: в сравнение включаются не только слезы, но и улыбка), и освобождает его от избыточной ориентальной пышности.

с. 213 *Спорхнувшій съ неба, сынъ эдема, / Казалось, ангелъ почивалъ / И сонный слезы проливалъ / О бѣдной плѣнницѣ гарема...* Структура сравнения, его образная система и его лексический состав также восходят к «Пери и Ангелу». При этом обыгрывается несколько ключевых мест повести Мура–Жуковского. Это зачин («И быстрые потоки слез / Бежали по ланитам Пери. / Но Ангел, страж эдемской двери, / Ее прискорбную узрел; <...> И ангельского состраданья / Слезой блеснули очеса...»); описание умирающих влюбленных («Два чистых праведника, мнилось, / Тут ясным почивали сном, / Уж озаренные лучом / Святой денницы воскресенья; / И ангелом, для пробужденья / Их душ слетевшим с высоты...»); молитва младенца («Казалось, о конце разлуки / С Эдемом радостным своим / Молился чистый Херувим, / Земли на время поселенец» [см.: Жуковский 1959, II: 254, 262, 266]).

с. 218 *Что дѣлать ей в пустынѣ міра? ~ Какъ новый ангелъ, озарила.* «Пустыня мира» — устойчивый образ христианской духовной традиции. Ср., в частности: «Подобно сему и душа, одичав и став непокорною <...> *в пустыне мира* сближается со зверями — лукавыми духами» (Макарий Египетский. Духовные беседы, 23: 3); «Шествуя *пустынею міра сего*...» (Сочиненія Іоанна Бюніана. Часть первая, содержащая путешествіе христіанина къ блаженной вѣчности. М., 1819. С. 11); также ср. французский эквивалент «désert du monde» (например, у Ж.-Б. Массильона: «Ils voudraient être au fond des déserts, mais ils n'ont pas la force de se faire un *désert du monde* lui-même» [Massillon 1821, VIII: 312]). Возможно, однако, для Пушкина был более актуален прецедент Ламартина, употребившего формулу в контексте трансцендентальной любви к «сестре ангелов», «гостье» из другого мира: «Ô toi qui m'apparus dans ce *désert du monde*, / Habitante du ciel, passagère en ces lieux!» (Méditations poétiques. XVII. Invocation // Lamartine 1963: 48; стихотворение, написанное в 1816 г. и опубликованное в марте 1820 г., было несколько раз переведено на русский язык в 1821–1822 гг. [см.: Французская элегия 1989: 374–377, 538–542, 661]). Позднее Пушкин неоднократно использовал эту и близкие формулы: «Недаром темною стезёй / Я проходил пустыню мира» («Козлову», 1825 [II: 391]); «В степи мирской, печальной и безбрежной» («Три ключа», 1827 [III: 57]); «В бесплодной жизненной пустыне» («Увы! язык любви болтливый», 1828 [III: 650]); etc. (см. также: Муравьева 2005: 426–430).

с. 218 *И въ небеса, на лоно мира / Родной улыбкою зовутъ.* Формула «на лоне мира» употреблялась молодым Пушкиным в ином значении: «Где, льва сразив, почил орел России мощный / На лоне мира и отраде» («Воспоминания в Царском Селе», 1814 [I: 79]). «Чета духов с начала мира, / Безмолвная на лоне мира, / Дремучий берег стережет…» («Руслан и Людмила» [IV: 80]). В этом значении формула близка поэтическому словоупотреблению XVIII в. Ср. в «Вельможе» Г. Р. Державина: «И, опочив на лоне мира, / Возвесели еще Царя…» (Державин 2002: 168). Возможно, что смысловой сдвиг — связь «лона мира» с темой смерти — произошел у Пушкина под воздействием Батюшкова: ср. в элегии «К другу» (1815–1816): «И тень чистейшую — дыханье клеветы / На лоне мира возмутило» (Батюшков 1977: 251). Вместе с тем здесь не исключен и отголосок «Херсониды» С. С. Боброва (просветленный проповедью мудреца крымский пастух размышляет о посмертной судьбе своей возлюбленной): «Тамъ, — тамъ на тихомъ лоне неба / Тебя лелеить будетъ миръ…» (Бобров 1804: 194; Бобров 1798: 169).

с. 218 *Мгновенно сирота почила.* Ср. в стихотворении К. Н. Батюшкова «К другу» (1815–1816): «Она в страданиях почила…» (в экземпляре «Опытов…» Батюшкова Пушкин подчеркнул эту строку и приписал на полях: «Прекрасно!» [XII: 267]).

Комментарии

с. 219 *Онъ часто въ сѣчахъ роковыхъ / Подъемлетъ саблю, и съ размаха / Недвижимъ остается вдругъ...* В <Опровержении на критики> (1830) Пушкин вспоминал: «А. Р.<аевский> хохотал над следующими стихами:

> Он часто в сечах роковых
> Подъемлет саблю — и с размаха
> Недвижим остается вдруг,
> Глядит с безумием вокруг,
> Бледнеет etc.

Молодые писатели вообще не умеют изображать физические движения страстей. Их герои всегда содрагаются, хохочут дико, скрежещут зубами и проч. Всё это смешно, как мелодрама» (XI: 145).

Тема любви, побеждающей воинственные наклонности, дана, в частности, в «Послании к женщинам» Н. М. Карамзина: «Ах! самый лютый воин, / Который ввек на ратном поле *жил* / (*И жизни был едва ль достоин!*), / Смягчается душой, восчувствовав любовь; / Услышав имя той, которою пылает, / Щадит врагов сраженных кровь / И меч подъятый... опускает» (Карамзин 1966: 173). У Пушкина сентиментальный мотив драматизируется. Для изображения «физического движения страстей» Пушкин, видимо, использовал «Сон воинов» (1808–1811) К. Н. Батюшкова (переложение отрывка из оссианической поэмы Э. Парни «Иснель и Аслега»): «Иный чудовище сражает — / Бесплодно меч его сверкает; / Махнул еще, его рука / Подъята вверх... окостенела» (Батюшков 1977: 290). Батюшков в свою очередь использовал изображение битвы в трагедии М. В. Ломоносова «Тамира и Селим» (д. V, явл. последнее): «Иной с размаху мечь занес на сопостата; / Но прежде прободен, удара не скончал...» (Ломоносов 1959: 362; ср.: Виноградов 1941: 384–385).

с. 219 *...и порой / Горючи слезы льетъ рѣкой*. Автопародию этих стихов (ощутимую в свете позднейшего иронического автокомментария в <Опровержении на критики>) можно усмотреть в рассказе о любовном поведении героя в первой главе «Евгения Онегина» (строфа X): «Как взор его был быстр и нежен, / Стыдлив и дерзок, а порой / Блистал послушною слезой!» (VI: 9).

с. 220 *Подъ стражей хладнаго скопца…* Слово «скопец» вызвало сомнения П. А. Вяземского, видимо, опасавшегося цензурных придирок. Пушкин отвечал ему в письме от 1–8 [11?] декабря 1823 г.: «*Хладного скопца* уничтожаю <…>. Меня ввел во искушение Бобров: он говорит в своей Тавриде: *Под стражею скопцов Гарема*. Мне хотелось что-нибудь у него украсть, а к тому же я желал бы оставить русскому языку некоторую библейскую похабность. Я не люблю видеть в первобытном нашем языке следы европейского жеманства и фр.<анцузской> утонченности. Грубость и простота более ему пристали. Проповедую из внутреннего убеждения, но по привычке пишу иначе» (XIII: 80; написание «Гарем» с заглавной буквы восстанавливается по автографу: ПД 834. Л. 41). Строку Боброва Пушкин цитирует с небольшой неточностью, однако и в таком виде ясно, что она отсылает к тексту «Херсониды»: «Подъ стражею скопцовъ въ *Гаремахъ*» (Бобров 1804: 84). В «Тавриде» слово использовалось в форме, впоследствии отвергнутой самим Бобровым: «Под стражею скопцовъ въ *Гарамахъ*» (Бобров 1798: 70). Навеянную Бобровым строку удалось опубликовать в БФ1 без изменений.

с. 220 *Гарема стражами нѣмыми…* Первоначально строчка читалась: «Давно Кизлярами немыми» (см. выше; ср.: XVII: 43; ПСС 1977–1979, IV: 419). Поспешностью исправления (в соответствии с указанием Д. В. Дашкова) можно объяснить повторение однокоренных слов в близко расположенных стихах (строка «Гарема *стражами* немыми», как и «Под *стражей* хладного скопца»). Г. О. Винокур так объяснял пушкинский эпитет: «Кстати сказать, „немыми" здесь надо понимать буквально: речь идет о людях с отрезанными языками — таково было европейское представление о гаремных служителях, против которого Дашков протестует в том же письме к Дмитриеву» (Винокур 1936: 236). Винокуру обоснованно возразил Б. В. Томашевский: «Вряд ли это верно. В примечании к „Абидосской невесте" Байрон пишет, что выражение „молчаливые рабы" (в оригинале — „silent serves", в переводе А. Пишо — „esclaves muets") происходит от того, что турецкие правила благопристойности препятствовали публичному выражению скорби со стороны служителей» (Томашевский 1956: 505, примеч.; у Томашевского небольшая неточность: в оригинале — «The silent slaves»).

с. 220 *Въ пучину водъ опущена*. Первые критики БФ истолковывали эти стихи как указание на гибель Заремы в *море*. Об этом писали, в частности, В. Н. Олин («Зарема немыми гаремскими стражами брошена в море…») и А. Ф. Воейков («Сия ревнивая грузинка <…> брошена в море») (ППК1: 201, 219). Подобные толкования вызвали возражение Б. В. Томашевского: «Распространенное убеждение, что Зарему утопили в море, является механическим перенесением на „Бахчисарайский фонтан" эпизода из „Гяура" Байрона. По всему смыслу поэмы Пушкина Зарему бросили в водоем в стенах Бахчисарайского дворца» (Томашевский 1956: 523, примеч. 177). Томашевский исходил из противоречия такой интерпретации с географической реальностью: близ Бахчисарая *нет моря*, куда можно было бы бросить провинившуюся жену. Между тем в истолковании эпизода более правы первые рецензенты, чем прекрасно знавший географию Крыма Томашевский. Рассказывая о гибели Заремы, Пушкин думал не о реальном Бахчисарае, а о литературном романтизированном Востоке (ср. также: Слонимский 1963: 231). Утопление в морских волнах как казнь за неверность было литературно канонизировано Байроном — в «Гяуре» (в переводе А. Пишо: «Le fardeau précipité dans l'abîme disparut peu à peu; la vague recula doucement jusqu'au rivage…» [Byron 1820, II: 18]; образ отразился и в «Кавказском пленнике» в сцене гибели Черкешенки: «И при луне в водах плеснувших / Струистый исчезает круг [IV: 112]) и в «Корсаре», где Гюльнара рассуждает о своей возможной судьбе: «Elle attendra que mes appas cessent de plaire. Alors s'ouvrira pour moi le sac fatal, et la mer coule à deux pas» (Byron 1820, I: 66; в оригинале: «When wearier of these fleeting charms and me, There yawns the sack, and younder rolls the sea!» [Byron 1945, 298]). Характерно, что в Елагинском списке БФ соответствующее место читается: «Въ пучину *волнъ* опущена». Однако даже компромиссная формула печатного текста «пучина вод» не могла указывать на дворцовый бассейн: в языке Пушкина «пучина» всегда значит «морская глубина, бездна; море» (см.: Словарь языка Пушкина 2000, III: 936).

с. 220 *Надъ нимъ Крестомъ осѣнена / Магометанская луна. / (Сѵмволъ конечно дерзновенный, / Незнанья жалкая вина.)* По поводу последних двух строк Пушкин писал П. А. Вяземскому из Одессы 20 декабря 1823 г.: «*Вина*, culpa, faute. Symbole téméraire, faute déplorable de l'ignorance. У нас слово *вина* имеет два значенья; одно из них здесь не имело бы смысла. Оставь эти стихи, пускай они Aux Saumaise futurs préparent des tortures» (XIII: 82). Декоративное навершие фонтана Сельсебиль весьма отдаленно напоминает описанную Пушкиным композицию: сомнительно наличие в нем не только креста, но и «магометанской луны». Современные интерпретаторы видят в изображении либо растительную (Малиновская 1993: 178–180), либо орнитологическую символику (Бронштейн 2000: 32). Однако это не снимает вопроса о том, какой смысл вкладывал Пушкин в «дерзновенный символ», который никоим образом не смог бы инспирировать исторический Гирей (усмотревший бы в нем откровенное кощунство — игра с полумесяцем и крестом отнюдь не свойственна мусульманской традиции [см.: Бартольд 1966: 489]). Вопрос этот остается по-прежнему темным. Сомнительна версия М. Ф. Мурьянова, связывавшего пушкинские стихи с известным сочетанием креста и полумесяца на куполах православных церквей, которое, по мнению исследователя, знаменовало «триумф христианства над Исламом» (Мурьянов 1996: 22): получается, что Пушкин заставляет владыку мусульманской державы водрузить на могиле возлюбленной эмблему геополитического поражения своей религии*

---

* Кроме того, М. Ф. Мурьянов не оговаривает, что приведенная им «традиционная» трактовка креста и полумесяца в навершиях православных церквей — лишь одна из многих, к тому же относительно поздняя (XVI в.). Разнообразные сочетания креста и полумесяца зафиксированы в искусстве Византии (а до того — в раннехристианских граффити римских катакомб) и служили эмблемой императорской власти и самого Константинополя (полумесяц в основании креста воспринимался как знак основания и императорской поддержки). Полумесяц под крестом интерпретировался также как чаша евхаристии, как якорь надежды (так называемый «процветший крест»), как корабль церкви и, наконец, как змий, попираемый крестом. О символике креста и полумесяца и ее языческой солярно-лунарной подоплеке см., в частности: Успенский 2006: 225–307.

(исследователь, видимо невольно, воспроизводит смягченный и инвертированный вариант концепции об «империализме» Пушкина [ср.: Свирин 1935b: 220–221]). С другой стороны, представляется несколько утрированной трактовка А. А. Шеймана, увидевшего в «ключевом образе» поэмы символ «могущества любви, которая преодолевает „вражду племен"; которая проницает межрелигиозные и межцивилизационные препоны; которая торжествует и над самой смертью» (Шейман, Соронкулов 2000: 48). Крест и полумесяц на фонтане, придуманные Пушкиным, бесспорно, стоят в ряду антитез, образующих сюжетную и семантическую структуру поэмы, однако этот ряд нигде не замыкается однозначным оценочным толкованием — и в данном случае оппозиция не снимается, а подчеркивается (ироническое замечание в скобках очевидным образом адресовано читателю-«цензору» и лишь заостряет внимание на уравновешенной противоречивости эмблемы).

с. 220 *Есть надпись…* ~ *За чуждыми ея чертами…* Пушкин мог любоваться арабской вязью надписи на фонтане, но не знал ее содержания. Перевод этой «странной и любопытной надписи», выполненный местным муллой для бахчисарайского полицеймейстера Ананьича, приведен в книге И. М. Муравьева-Апостола «Путешествие по Тавриде в 1820 году», но в «Выписку» из нее (см. ниже) он не вошел: «Слава всевышнему Богу! Возвеселилося вновь лице Бакчисарая, благотворнымъ о немъ попеченіемъ Свѣтлѣйшаго Керимъ-Гирея Хана. Онъ то утолилъ жажду страны своея щедрою рукою и тщится еще вящшее оказать благодѣяніе, когда будетъ на то помощь Божія. Попечительнымъ стараніемъ своимъ онъ открылъ славный токъ воды. Ежели есть другой подобной красоты фонтанъ, да предстанетъ онъ! — Видѣли мы города Шамъ ? <…> и Багдадъ, но такого прекраснаго фонтана ни гдѣ не видывали. — Сочинявшій надпись сію писецъ, по имени Шейхій. — Человѣкъ томимый жаждою, сквозь воду, изъ тоненькой какъ палецъ его трубки, истекающую, прочтетъ начертаніе сіе на фонтанѣ. Но что же оно гласитъ? Прійди, пей сію прозрачную воду, изъ самаго чистаго источника текущую: *она здравіе даетъ…*» (Муравьев-Апостол

1823: 110–111; смутивший Муравьева-Апостола «Шам» — Дамаск)*. Пушкин познакомился с этим переводом в конце 1824 г., когда читал книгу Муравьева-Апостола. Это отразилось в написанном тогда же стихотворении «Фонтану Бахчисарайского дворца» («И я твой мрамор вопрошал: / Хвалу стране прочел я дальной, / Но о Марии ты молчал…» [II: 343]). Ср. также строки в набросках позднейшего стихотворения (1835–1836?): «[Кто б ни был ты: пастух, / Рыбак иль странник утомленный], / Приди и пей» («Сей белокаменный фонтан…» [III: 472]).

с. 220 *За чуждыми ея чертами / Журчитъ во мраморѣ вода…* Ср. в «Пери и Ангеле» В. А. Жуковского: «За неприступными вратами, / Журчали звонкими струями / Живые райские ключи…» (Жуковский 1959, III: 253).

с. 221 *И каплетъ хладными слезами…* Первоначально: «И каплет вечными слезами» (IV: 393). В таком виде образ обнаруживал отчетливую связь с финалом «Абидосской невесты» Байрона: «…un génie la relève doucement et l'arrose de larmes célestes» (Byron 1820, I: 318); в оригинале: «The stalk some spirit gently rears, / And waters with celestial tears» (Byron 1945: 276).

с. 221 *Такъ плачетъ мать во дни печали / О сынѣ, падшемъ на войнѣ.* Квазивосточное сравнение здесь сконструировано из русского материала. Возможно, Пушкин использовал сравнение из «Оды на прибытие из Голштинии… Великого Князя Петра Федоровича 1742 года Февраля 10 дня» М. В. Ломоносова: «Как мать стенаньем и слезами / Крушится о сыне своем…» (Ломоносов 1959: 63).

с. 221 *И мрачный памятникъ онъ / Фонтаномъ слезъ именовали.* Происхождение формулы «*фонтан слез*» (переданной курсивом, как цитата) остается не вполне ясным. Пушкинская отсылка в «Отрывке из письма к Д.» («К** поэтически описывала мне его, называя *la fontaine des larmes*» [IV: 176]) лишь дублирует комментируемые строки БФ. Реальный фонтан

---

* На нижней части фонтана выбита надпись, не приведенная у Муравьева-Апостола и восходящая к 18-му стиху 76-й суры Корана: «[В раю праведные будут пить воду] из источника, называемого Сельсебиль» (www.hansaray.iatp.org.ua/r_obj_sls.html).

Бахчисарайского дворца, вопреки сообщениям позднейших путеводителей и травелогов, не был символом поминовения и горя и не имел в своем названии и облике ничего, связанного со слезами, — эти ассоциации, скорее всего, закрепились в результате распространения пушкинской легенды, поддержанной Мицкевичем (сонет «Бахчисарай»: «I perłowe łzy sącząc woła przez pustynie» [Мицкевич 1976: 34]). Не имеют под собой оснований и нередко приводимые визуальные аргументы (форма отверстия у фонтана подобна человеческому глазу). В то же время регулярная полисемия 'глаз' / 'источник, ключ' в литературных языках мусульманского ареала (ср.: араб. *'ayn*, тур. *göz*, перс. *čäšm*) открывает широкие возможности для догадок*. Не исключено также, что источником пушкинской формулы являлся латинский эпиграф к раннему стихотворению Байрона «The Tear» (1806), принадлежащий перу Томаса Грея (Gray): «O lacrymarum fons, tenero sacros / Ducentium ortus ex animo! quater / Felix! in imo qui latentem / Pectore te, pia nympha, sensit» («О, источник слез, ведущих свое святое рождение из чувствительной души; четырежды счастлив тот, о благая нимфа [влага], кто ощущает тебя, сокрытую в глубине сердца» [Byron 1820, I: 269]; во французском прозаическом переводе стихотворение имеет название «Stances», но сохраняет латинский эпиграф)**. Инициальные слова эпиграфа «lacrymarum fons» («источник слез») имеют библейское происхождение (ср.: «Quis dabit capiti meo aquam et oculis meis fontem lacrimarum…» [Ierem 9: 1]; французский эквивалент: «Qui donnera

---

* Нельзя исключить, что на Востоке действительно существовали какие-либо «фонтаны слез», о которых Пушкин мог узнать по литературным текстам. Так, например, в Гранаде до сих пор есть источник и оросительный канал, именуемый Aynadamar (от араб. *'Ayn al-Dam* = Fuente de las Lagrimas, источник слез).

** Стихи Т. Грея датируются 1738 г. По наблюдению А. Глассе (Глассе 1997: 72), в английской литературе выражение «фонтан слез» как гиперболизированная метафора плача популяризовалось после появления «The Spanish Tragedy» Томаса Кида (1592; ср. в монологе Иеронимо: «O eyes, no eyes, but fountaines fraught whith tears!») и стало расхожим сентименталистским клише, благодаря роману Генри Макензи «The man of feeling» (1771).

de l'eau à ma tête, et à mes yeux une fontaine de larmes…» [Bible 1817: 966]; «О, кто даст голове моей воду и глазам моим — источник слез!») и широко употреблялись в духовных сочинениях для обозначения «слезного дара». Пушкин, подобрав к латинской идиоме французский эквивалент, смог придать выражению вещественный, хотя и метафорический смысл (по-французски «fontaine de<s> larmes» может значить и «[душевный] источник слез», и перифрастическое именование глаз, и буквально «ключ/фонтан слез»). Характерно, что почти одновременно с Пушкиным тот же эффектный латинский оборот («O lacrymarum fons…») использовал Ф. И. Тютчев, взяв его эпиграфом к стихотворению «Слезы» (1823), но найдя ему соответствие, сохранившее сакральные коннотации: «Но что все прелести пафосския царицы, / И гроздий сок, и запах роз / Перед тобой, святой источник слез, / Роса божественной денницы!..» (Тютчев 2002: 45, 301).

с. 221 *Среди безмолвныхъ переходовъ ~ И злато блещетъ на стѣнахъ.* Пушкин писал П. А. Вяземскому 20 декабря 1823 г.: «Впроччем в моем эпилоге описание дворца в нынешнем его положении подробно и верно…» (XIII: 83). Это уверение — дань модному этнографизму, требовавшему точности и экзотических подробностей. В действительности Пушкин опирается здесь преимущественно на описание П. И. Сумарокова. Ср.: «Въ верьхнемъ ярусѣ великое число комнатъ съ лѣстницами въ нихъ изъ одной въ другую, являютъ въ себѣ богатыя украшенія; тамъ на потолкахъ и стѣнахъ расписанныхъ арабесками блеститъ золото…» (Сумароков 1800: 133). В промежуточных рукописных вариантах БФ Пушкин делал акцент не на блещущем золоте, а на стенных росписях. Сначала было: «На ярко писанныхъ стѣнахъ». Затем стих поправлен: «На изукрашѣнныхъ стѣнахъ» (ПД 832. Л. 27; ср.: IV: 396). На листке из архива Л. Н. Майкова появляется новая версия: «И позолота на стѣнахъ» (IV: 403). Видимо, расписанные стены дворца (упомянутые и у Сумарокова) были отвергнуты не в последнюю очередь потому, что могли восприниматься как простая *цитата* из «Абидосской невесты» Байрона; во французском переводе: «Sur le pavé et sur les murs peints» (Byron 1820, I: 285; в оригинале: «The pictured roof and marble floor» [Byron 1945: 267]). Эта строка была снабжена у Байрона подробным этнографическим пояснением, касающимся сюжетов настенных изображений, благодаря чему помнилась именно как «байроновская». Между тем в «биографическом» эпилоге БФ Пушкину важно было создать иллюзию достоверного присутствия повествователя в Бахчисарайском дворце.

с. 221 *Еще понынѣ дышетъ нѣга / Въ пустыхъ покояхъ и садахъ; / Играютъ воды, рдѣютъ розы…* Ср. описание Бахчисарайского дворца у Сумарокова: «Внутреннее онаго великолѣпie, разные при немъ дворики съ цвѣтниками, насыпанные сады, изобилующie лучшими плодами, и множество фонтановъ представляютъ придуманной восточной вкусъ, и все дышетъ тутъ роскошью, нѣгою и сладострастieмъ» (Сумароков 1800: 134). Галлицизм «дышать» (в переносном значении) обычен для языка карамзинской школы, а слово «нега» активно используется в поэзии Пушкина начала 1820-х гг. (см.: Томашевский 1956: 646, 647; Набоков 1997: 198), однако стихи из БФ — единственный во всем корпусе поэзии Пушкина случай употребления конструкции «дышет нега» (ср. французские обороты: «respirer la mollesse», «respirer la volupté»). Любопытен факт использования сходной фразеологии в «южном» стихотворении С. Е. Раича «Вечер в Одессе» (авторская датировка — 1823): «На море легкий пал туман, / Повеяла прохлада с брега — / Очарованье южных стран, / И дышит сладострастна нега» (Северная лира 1984: 214).

с. 221 *И вьются виноградны лозы…* Первый вариант описания: «И рдѣютъ виноградны своды» (ПД 832. Л. 27; ср.: IV: 396). Ср.: «Вотъ неотдѣленные отъ строеній розовые садики съ мраморными водометами и басейнами, въ которыхъ, переплетающійся виноградъ густыми гроздами, застилаетъ оныхъ предѣлы» (Сумароков 1803, I: 142). Ср. также впечатления Г. Геракова: «Видѣлъ запущенный садъ, но преисполненный вкуснѣйшимъ виноградомъ» (Гераков 1830: 23).

с. 222 *Я видѣлъ ветхія рѣшетки, ~ Вздыхали жены въ тишинѣ.* Ср. описание Сумарокова: «Въ чертогахъ женъ вставлены вмѣсто стеколъ плетенныя рогожки, сквозь которыя онѣ будучи невидимыми, могли на все смотрѣть свободно, и въ семъ отгорженномъ для нихъ отдѣленіи находится особой съ бесѣдками и фонтанами садъ» (Сумароков 1800: 134).

с. 222 *Сіи надгробные столбы, / Вѣнчанны мраморной чалмою…* Ср. описание Сумарокова: «Подлѣ мечети сооружены два круглыя на подобіе башенъ съ куполами строенія, покрытыя какъ и мечеть свинцомъ. Тамъ стоятъ надъ тѣлами погребенныхъ въ нихъ Хановъ, женъ ихъ и дѣтей многія гробницы; иныя изъ нихъ всѣ мраморныя, другія обиты чернымъ бархатомъ, и воткнутыя при нихъ на столпахъ чалмы отличаютъ мужеской отъ женскаго пола» (Сумароков 1800: 136–137). Вместе с тем пушкинское описание ханского кладбища ориентировано на «Гяура» Байрона (могила Хассана): «Un turban sculpté sur un rocher sauvage, une colonne que des ronces entourent, et sur laquelle est presque effacé le verset du Koran qu'on grave sur les tombes, voilà ce…» (Byron 1820, II: 29). Ср. английский оригинал: «A turban carved in coarsest stone, / A pillar with rank weeds o'ergrown, / Whereon can now be scarcely read / The Koran verse that mourns the dead…» (Byron 1945: 259). Эти стихи Байрона были чрезвычайно популярны; их цитирует (по-английски и не совсем точно) И. М. Муравьев-Апостол в своем описании бахчисарайского кладбища, не вошедшем в «Выписку…» (Муравьев-Апостол 1823: 117). Непосредственная связь стихов Пушкина с байроновским описанием подтверждается вариантом стиха в черновике БФ 1822 г.: «Заглохши дикою травою» (ПД 832. Л. 27 об.). Это соответствует и английскому оригиналу («A pillar with rank weeds o'ergrown»), и, в особенности, переводу на французский («Une colonne que des ronces entourent»). Ликвидация слишком очевидного «байронизма» продиктована, вероятно, теми же соображениями, которые заставили отказаться от «ярко писанных стен».

с. 222 *Казалось мнѣ, завѣтъ судьбы / Гласили внятною молвою.* В этих стихах усматривалось «свидетельство об интересе поэта к поэтическим эпитафиям» (Гроссман 1960: 81). Это толкование ошибочно: Пушкину не у кого было получить сведения о содержании «поэтических эпитафий». Их не мог прочесть даже И. М. Муравьев-Апостол, в других случаях пользовавшийся помощью гида-полицеймейстера Ананьича (в свою очередь опиравшегося на познания местного муллы). Приведенная в «Выписке...» фраза из «Путешествия...» Муравьева-Апостола («Всѣ памятники покрыты надписями» [ПСС 1977–1979, IV: 148]) имеет в оригинале продолжение (не вошедшее в текст «Выписки...», приложенной к БФ): «...но онѣ, какъ говорится, не при мнѣ были писаны; а мнѣ оставалось только пожалѣть, что до сихъ поръ не нашелся любопытный, знающiй Аравскiй языкъ, который бы захотѣлъ потрудиться списать надгробныя и перевести ихъ» (Муравьев-Апостол 1823: 116). В БФ речь идет не о надписях, а о надгробных монументах, своим обликом безмолвно говорящих о суете мира. Пушкин, вслед за Байроном, апеллирует в своем описании заброшенного дворца и кладбища к поэтике «говорящих руин», популярной в западной и русской преромантической эстетике (об этом см., например: Mortier 1974). Этой же традиции при описании Бахчисарая следовал и Мицкевич (1825): «Skróś okien różnofarbnych powoju roślina, / Wdzierając się na głuche ściany i sklepienia, / Zajmuje dzieło ludzi w imię przyrodzenia / I pisze Balsazara głoskami „RUINA"» (Мицкевич 1974: 34).

с. 222 *Кругомъ все тихо, все уныло...* В черновике было: «Все тихо, сумрачно уныло»; «Все мертво сумрачно уныло»; «Все было сумрачно уныло» (ПД 832. Л. 27 об.; ср.: IV: 397). Строка перекликается с сентенцией в «Херсониде» Боброва: «Все здѣсь уныло, — все здѣсь пусто...» (Бобров 1804: 33; Бобров 1798: 28; сентенция вызвана созерцанием «развалин деревни»). Ср. также в тренической элегии К. Н. Батюшкова «На смерть супруги Ф. Ф. К<окошкин>а»: «Все вокруг уныло!..» (Батюшков 1977: 247).

с. 222 *Дыханье розъ, фонтановъ шумъ / Влекли къ невольному забвенью, ~ И по дворцу летучей тѣнью / Мелькала дѣва предо мной!...* В. М. Жирмунский полагал, что эта сцена связана с традициями «готической» литературы XVIII в., повлиявшей и на Байрона. Но если в этой традиции призраки и ночные видения обладают «полной реальностью», у Пушкина вместо них «поэтическая метафора, идеальное видение-мечта поэта» (Жирмунский 1978: 122). Однако Пушкин опирался и на другую «кладбищенскую» традицию — резиньяций на развалинах. Наиболее близкая параллель пушкинской сцене — раздумья в Бахчисарайском дворце, в книге маркиза Кастельно: «Ce murmure continuel des eaux qui tombent, de celles qui ruissèlent; cette fraîcheur qui tempère l'air que les fleurs enbaument, <…> suffiraient sans doute pour rendre ce séjour délicieux; mais la solitude laisse un grand vide, et les sentiments qu'elle inspire ne peuvent le remplir: quelle différence dans ces mêmes objets, s'ils étaient animés de la présence de ce sexe aimable qui promet le bonheur, et en laisse encore l'illusion et l'espoir lors même qu'il ne tient pas sa promesse!» (Castelnau 1820, III: 164). Ср. также, например, картину заброшенного ханского дворца (с актуализацией темы памяти: «На память тех, которых нет») в отрывке «Бакчисарай» из описательной поэмы «Таврида» А. Н. Муравьева (впервые опубликован в альманахе «Северная лира на 1827 год» [Северная лира 1984: 88–89]).

с. 222 *Чью тѣнь, о други, видѣлъ я? ~ Маріи ль чистая душа / Являлась мнѣ или Зарема…* А. Л. Слонимский усматривал «в этой чисто лирической недосказанности <…> синтез представленных в поэме противоположных начал» (Слонимский 1963: 235). Этот же мотив был акцентирован Пушкиным и в более позднем стихотворении «Фонтану Бахчисарайского дворца» (1824): «Иль только сон воображенья / В пустынной мгле нарисовал / Свои минутные виденья, / Души неясный идеал?» (II: 343; при публикации в 1826 г. помечено 1820 г., т. е. временем крымского путешествия).

с. 223 *Я помню столь же милый взглядъ / И красоту еще земную…* За этими стихами в рукописи 1823 г. следовал «любовный бред», в ряде изданий без достаточных оснований включающийся в основной текст поэмы (см. выше, раздел «Творческая история»).

с. 223 *Поклонникъ музъ, поклонникъ мира…* Концовка, использующая и развивающая мотивы «крымских октав» 1821 г., появляется в рукописи только весной 1823 г. Автохарактеристика, воспроизводящая топику «мирного поэта», содержит в себе дополнительную семантику, понятную только посвященным. Ек. Н. Орлова (урожд. Раевская) писала из Кишинева 23 ноября 1821 г. брату, Александру Раевскому:

«Мы очень часто видим Пушкина, который приходит спорить с мужем о всевозможных предметах. Его теперешний конек — вечный мир аббата Сен-Пьера. Он убежден, что правительства, совершенствуясь, постепенно водворят вечный и всеобщий мир, и что тогда не будет проливаться иной крови, как только кровь людей с сильными характерами и страстями, с предприимчивым духом, которых мы теперь называем великими людьми, а тогда будут считать лишь нарушителями общественного спокойствия. Я хотела бы видеть, как бы ты сцепился с этими спорщиками» (Гершензон 2000b: 29–30; подлинник по-французски). Речь идет о концепции «вечного мира» аббата де Сен-Пьера (Charles-Irénée Castel de Saint-Pierre; «Projet de trait é conclu pour rendre la paix perpétuelle en Europe entre les souverains chré tiens», 1713), с которой Пушкин познакомился по изложению в «Суждении относительно проекта о вечном мире» («Jugement sur la paix perpétuelle», 1756/1760) Ж.-Ж. Руссо и набросал собственный текст на французском языке (подробнее см.: Томашевский 1956: 534–537; Алексеев 1972b). Формула «поклонник мира» намекает на эту социально-политическую проблематику и на кишиневские споры. Пушкинские заметки о «вечном мире» датируются ноябрем 1821 г. на основании письма Орловой, однако наличие соответствующей формулы уже в стихотворении, отосящемся к апрелю 1821 г. (как и сохранение ее в поэме 1823 г.), не позволяет датировать текст заметок столь определенно.

с. 223 *О, скоро вас увижу вновь, / Брега веселые Салгира!* Вариация стихов из крымских октав 1821 г. (ср.: II: 670). Мелководная речка Салгир протекает через Симферополь. В Бахчисарае же протекает река Чурук-Су. Упоминание в БФ «брегов Салгира» (не имеющих отношения ни к Бахчисараю, ни к Юрзуфу) вызвало ряд разноречивых исследовательских толкований (Бертье-Делагард 1913: 114, 115; Недзельский 1929: 53–54; Набоков 1997: 213; Строганов 2002, I: 33, 35; Там же, II: 146, 147). В архиве Г. О. Винокура в составе неопубликованной работы «Из комментариев к Пушкину» (датирована 1 мая 1945 г.) сохранилась заметка «Берега Салгира», наиболее убедительно разъясняющая смысл этого образа у Пушкина: «<...> выражение „берега Салгира" означает просто Крым и представляет собой традиционную литературную привычку, связанную с общим для европейских литератур известного времени обычаем описательно называть страну или город по имени соответствующей реки, т. е. точно так, например, как „брега Невы" для Пушкина означали Петербург. В этом убеждает множество параллелей, которые можно привести к выражению „брега Салгира" из различных русских литературных памятников конца XVIII и начала XIX века. <...> В книге Павла Сумарокова „Досуги крымского судьи или второе путешествие в Тавриду" СПб., 1803, ч. I, стр. 14 читаем: „Итак, прощай прелестный град, я в мирную Тавриду еду, прощай горделивая Нева, я на брега Салгира быстрого переселяюсь"*. В поэме Боброва „Таврида" (1798) и ее более поздней переделке „Херсонида" (1804) это выражение встречается постоянно, например:

> Благотворящая природа,
> Котора на хребтах высоких,
> На мшистых берегах Салгира...

или:

> Но что оратай ощущает
> Живущий на брегах Салгира...

Ср. „Салгира берега тенисты", „дубы при брегах Салгира" и пр., при чем во всех этих местах речь идет не о каком-нибудь отдельном населенном пункте Крыма, а о Крыме вообще. <...> Таким образом, в языке Пушкина выражение „берега Салгира" представляет собой не что иное, как своего рода поэтическое клише, в котором напрасно было искать каких-нибудь реальных топографических указаний» (РГАЛИ. Ф. 2164. Оп. 1. Ед. хр. 52. Л. 41–43). О метонимическом употреблении слова «брег/берег» в поэзии «для обозначения страны, города, пространства, расположенного на этих берегах» см.: Григорьева 1969: 50 (здесь же указаны и французские прецеденты). М. С. Альтман усматривал

---

* Цитата из книги Сумарокова приведена Винокуром неточно — ср.: «И такъ прощай прелестный градъ, я въ мирную Тавриду ѣду; прощай горделивая Нева, я на брега быстраго Салгира преселяюсь <...>» (Сумароков 1803, I: 14).

в этой строке анаграмму: «Само звучание *Салгира*, все его согласные звуки: с, л, г, р — дублированы в „*веселых брегах*" (с, л, р, г)» (Альтман 1974: 410). Следует также отметить синтаксический и семантический параллелизм данного фрагмента со стихами из первой главы «Евгения Онегина», создававшейся в это же время: «Адриатические волны! О Брента! нет увижу вас…» (VI: 25).

с. 223 *Волшебный край! очей отрада!* Формула пришла из наброска: «Волшебный край чудес…» Примечательно, что теми же словами будет характеризоваться Петербург (в частности, петербургский театр) в первой главе «Евгения Онегина» (строфа XVIII): «Волшебный край! Тамъ въ стары годы…» (VI: 12).

с. 223 *Янтарь и яхонтъ винограда…* Лексические, фонетические и интонационные отголоски стиха содержатся в строфе XXIV первой главы «Евгения Онегина»: «Янтарь на трубкахъ Цареграда» (VI: 15).

с. 224 *Въ горахъ, дорогою прибрежной / Привычный конь его бѣжитъ…* Выражение «привычный конь» перешло из крымских октав 1821 г. в концовку БФ вместе с окружающими его мотивами. Отмечено в отклике Б. М. Федорова: «Слово *привычный* дает понятие о всей трудности пути вдоль морского берега, среди гор и ввиду утесов, вкруг коих и кипят и шумят волны» (ППК 1: 229). Пушкинские стихи спорят с традиционными описаниями крымских горных троп (в ту пору действительно крайне неблагоустроенных и местами смертельно опасных). Так у П. И. Сумарокова, который описывал примерно тот же маршрут, коему следует пушкинский «путник», читаем: «Дорога идетъ излучистая по косогорамъ между гряды чудовищныхъ въ утесъ горъ и разверстой пропасти къ морю, такою въ иныхъ мѣстахъ узкою стезею, что лошадь едва переставлять можетъ ноги, и я смѣло скажу, что ни одна наша Руская лошадь по оной пройти бы не осмѣлилась и не могла. <…> надлежало избирать изъ двухъ одно, верьхомъ ли проѣзжать, или итти лучше пѣшкомъ. Испытанное мною при затруднительныхъ переходахъ искусство горныхъ лошадей рѣшило меня не довѣрять боязненнымъ своимъ стопамъ, и предпочесть первое. И такъ я далъ свободу моему коню, отъ котораго зависѣлъ мой жребій, и всякой шагъ онаго угрожалъ гибелью» (Сумароков 1800: 95–96). Описанием Сумарокова воспользовался С. С. Бобров в «Херсониде» при описании Чертовой лестницы — перехода между Ялтинской и Байдарской долинами (в «Тавриде» эти стихи отсутствуют): «Не чувствовалъ ли ты закруги, / Когда по омрачнымъ ступенямъ / Пробитымъ въ каменномъ ребрѣ / Переставлялъ ты робку ногу? / Ты не обыкъ; — почтожь итти? / Здѣсь горный, осторожный конь, / Привычный къ облачнымъ путямъ, / Твой вождь, и другъ, и колесница» (Бобров 1804: 58). Скорее всего, описание Боброва стало ближайшим источником формулы «привычный конь». Образ этот использован в обеих редакциях наброска «Кто видел край…», связанного с БФ. В первой версии: «Как в ясный день дорогою прибрежной / Привычный конь в горах бежит…» (перекличка отмечена: Люсый 2000: 27), в другой редакции: «И с седоком приморскою дорогой / Привычный конь над бездною бежит…» (II: 170, 671), это заставляет предположить, что Пушкин имел возможность познакомиться с «Херсонидой» еще до того, как получил ее от брата.

Финальные стихи БФ создают картину абсолютной гармонии Поэта и южной природы, которая *для него* — в отличие от других литературных путешественников по Крыму — перестает быть угрожающе дикой.

Выписка изъ Путешествія по Тавридѣ И. М. М.<уравьева>-А.<постола>*

Входит во все издания поэмы начиная с БФ1 (краткое предуведомление П. А. Вяземского в ПП1 опущено). Текст «Выписки…» представляет собой выдержку из книги И. М. Муравьева-Апостола «Путешествие по Тавриде в 1820 году» (СПб.: В Тип. состоящей при особенной Канцелярии Министерства Внутренних Дел, 1823; цензурное разрешение 19 апреля 1823 г., цензор А. Красовский). Цитируется письмо X «Бакчисарай» (с. 107–119).

---

* Текст И. М. Муравьева-Апостола здесь не комментируется.

Отправляя Вяземскому 4 ноября 1823 г. текст поэмы, Пушкин писал: «…еще просьба: припиши к Бахчисараю предисловие или послесловие <…>. Посмотри также в Путешествии Апостола-Муравьева статью Бахчисарай, выпиши из нее что посноснее — да заворожи всё это своею прозою, богатой наследницею твоей прелестной поэзии, по которой ношу траур» (XIII: 73). Репутация Ивана Матвеевича Муравьева-Апостола (1762–1851) как блестящего эрудита, знатока древностей, наделенного к тому же редким даром доступно излагать ученые предметы «светской» аудитории (о нем см.: Кубасов 1902; Бокова 1999; Кошелев 2002), видимо, позволяла Пушкину заключить, что отрывок из «Путешествия…» сможет успешно выполнить роль историко-этнографического комментария к БФ (Муравьев-Апостол следовал приблизительно по тому же маршруту, что и Пушкин). Вяземский несколько недель не мог отыскать «Путешествия…» и, видимо, поделился своими затруднениями с Пушкиным (письмо не сохранилось). Из ответа Пушкина (в письме от 1–8 [11?] декабря 1823 г.) явствовало, что тот сам не только не читал книги Муравьева-Апостола, но даже и не знал о том, что она уже вышла в свет: «Апостол написал свое путешествие по Крыму; оно печатается — впроччем, ожидать его нечего» (XIII: 81).

Когда Вяземский получил книгу Муравьева-Апостола и приступил к ее изучению, обнаружилось, что она не поясняла, а опровергала легенду о польской княжне — пленнице крымского хана. Вяземский в своем предисловии к БФ остроумно превратил это противоречие между текстом поэмы и «историческими» сведениями из книги Муравьева-Апостола в конструктивный факт. Для этого ему, помимо прочего, пришлось выстроить отношения между текстом Муравьева-Апостола и текстом Пушкина как отношения «прозы» и «поэзии».

Выписка из «Путешествия по Тавриде» содержит неоговоренные (иногда — довольно значительные) пропуски. В системе этих пропусков прослеживается определенная стратегия по созданию «образа» книги Муравьева-Апостола. Вопреки распространенному мнению, книга эта вовсе не является сухим «ученым путешествием». В ней исключительно велика роль автора; эпистолярная форма изложения носит на себе черты «стернианской» манеры; путешественник нередко шутит над окружающими и над собою, признается в своем незнании и слабостях. Вместе с тем в книге демонстрируется не только эрудиция, но и «литературность», поэтический вкус, широкая начитанность в европейской литературе. Все эти качества «Путешествия…» в выписке оказались приглушены, нивелированы. Исчезло «стернианство» (ср. сентенцию оригинала: «Я не знаю, чтобы я далъ вчера за то чтобы имѣть 1001 ночь; конечно на пролетъ всю вчерашнюю прослушалъ бы Шехерасаду: по щастію моему здѣсь нѣтъ Рускихъ лавочниковъ; и я не проспалъ прекраснаго сегодняшняго утра» [Муравьев-Апостол 1823: 107–108]). Выпущены оказались большие фрагменты текста с описаниями дворцовых интерьеров, в том числе воспетого Пушкиным фонтана (!), а также с переводами надписей (Там же, 108–109, 110–111). Эти фрагменты, помимо прочего, демонстративно обнажали относительность познаний повествователя: к примеру, Муравьев-Апостол признается здесь в незнании «аравского языка» и указывает на то, что сведениями по истории Бахчисарая обязан бахчисарайскому полицеймейстеру. Выпущено и пространное лирическое описание ханского кладбища, украшенное цитатами из «Гяура» Байрона (на английском языке) и из идиллии Фосса «Луиза» (на немецком языке) (Там же, 116–118). Препарируя оригинальный текст Муравьева-Апостола, Вяземский целенаправленно создает образ ученого путешественника, *противопоставленный* образу вдохновенного поэта — автора БФ. Своей цели он добился блестяще; в пушкинистике утвердился тот именно тот образ Муравьева-Апостола и его книги, который требовался Вяземскому. Ср.: «…Перед нами типичное „ученое путешествие", дающее слогом научной прозы сжатую, фактологическую справку о нынешнем состоянии бахчисарайского дворца…» (Лотман 1996: 232). Неизвестно, был ли Пушкин знаком с подготовленной Вяземским выпиской до выхода БФ из печати (с самой книгой Муравьева-Апостола Пушкин познакомился только в конце 1824 г., в Михайловском), но, во всяком случае, тот факт, что текст выписки вошел без перемен в последующие три издания, свидетельствует о том, что Пушкин фактически «авторизовал» решение Вяземского.

За исключением неоговоренных выпусков, текст Муравьева-Апостола скопирован для БФ1 в общем корректно: при переписывании допущены лишь небольшие неточности. Однако от издания к изданию текст выписки подвергался изменениям и языковой редактуре — в общем, в том же направлении, что и текст самого БФ: заглавные буквы превращались в строчные, раздельное написание *не* заменялось слитным; ликвидировались архаичные написания («сперьва» превращено в «сперва», «деревцы» в «деревца» и т. д.), «упорядочивались» знаки препинания и т. д. В ПСС 1937–1959 места выпусков Г. О. Винокур обозначил многоточиями. В соответствии с общими принципами издания, не были восстановлены написания, вступающие в противоречие с нормами, утвердившимися в 1930-х гг. («паралелограмъ», «корридоръ» и др.). Винокур также отмечал: «При перепечатке допущены некоторые погрешности, выправленные в основном тексте настоящего издания по тексту Путешествия» (РГАЛИ. Ф. 2164. Оп. 1. Ед. хр. 63. Л. 34).

Тем не менее Винокур заметил далеко не все «погрешности» перепечаток. Так, фраза Муравьева-Апостола «Иные говорятъ, *что* будто бы тутъ Ханъ любовался фазанами…» (Муравьев-Апостол 1823: 115) воспроизведена (как и в ПП1) с правкой Вяземского: «Иные говорятъ, будто бы тутъ Ханъ любовался фазанами…» (IV: 174). Фраза «Можетъ быть нѣкогда Мурзы-Царедворцы, уподобляя Гиреевъ съ владыками Вавилона, сравнивали и терасы ихъ съ висящими садами Семирамисы…» (Муравьев-Апостол 1823: 116) оказалась «отредактирована» в двух местах: «уподобляя Гиреевъ *владыкамъ* Вавилона» и «висящими садами *Семирамиды*». Винокур восстановил оригинальное написание «Семирамисы» (галлицизм, отсылающий к названию трагедии Вольтера), но оставил в неприкосновенности «уподобляя <…> *владыкамъ*» (IV: 174). Сохранились в тексте и некоторые более мелкие исправления (*из фасада* вместо оригинального «*изъ фасады*» и пр.).

Отрывокъ из письма <к Дельвигу>

Впервые опубликовано в «Северных Цветах на 1826 год» (альманах вышел 7 апреля 1826 г.) под названием «Отрывок из письма к Д.». В качестве приложения к поэме — впервые в БФ3. В ПП1 — впервые под настоящим заголовком, с небольшими изменениями в тексте. Текст отрывка и его варианты см.: IV: 175–176, 404; VIII: 437–439, 997–1001.

Считается, что текст написан как отклик на предложение издателя «Северных цветов» А. А. Дельвига прислать что-нибудь в прозе для альманаха (см. письмо Дельвига Пушкину от 10 сентября 1824 г.). Черновик «Письма…» (ПД 834. Л. 42–44) написан в начале декабря 1824 г. Текст является несомненным откликом на чтение «Путешествие по Тавриде» Муравьева-Апостола, которое Пушкин получил от брата только во второй половине ноября. Однако письмо с текстом было послано Дельвигу лишь весной 1825 г. Принятая в ПСС 1937–1959 широкая датировка этого письма (середина декабря 1824 г. — первая половина декабря 1825 г.) сейчас может быть уточнена: в пояснительных приписках к нему содержатся несомненные намеки на обсуждение текста в беседах с Дельвигом, имевших место в апреле 1825 г., когда тот приезжал в Михайловское (отмечено: Вацуро 1978: 48). Это означает, что Пушкин отправил письмо не раньше апреля 1825 г., но вряд ли много позже: намеки на апрельские беседы имели смысл только в том случае, если последние происходили недавно и были свежи в памяти. Предположение Я. Л. Левкович о сложной судьбе пушкинского текста и о его двух редакциях («Пушкин после выхода БФ решил вдогонку к этому изданию напечатать свое „послесловие" в альманахе Дельвига „Северные цветы" на 1825 г., но текст, очевидно, был утерян или не дошел до Дельвига, и Пушкин послал ему его второй раз» [Пушкин 1995: 304]) не подкреплено фактическими данными. На самом деле Пушкин попросту *не успевал* в «Северные Цветы на 1825 год»: черновик «Письма…» писался тогда, когда все материалы для альманаха были собраны.

«Отрывок из письма» оправданно рассматривается как особого рода литературный текст, изначально предназначенный для печати. Честь установления его жанровой природы приписывается обычно Д. Д. Благому (см.: Левкович 1985: 254; Кошелев 2002: 220). В действительности заслуга эта принадлежит Г. О. Винокуру, подытожившему результаты своих наблюдений в цитированном комментарии к БФ: «Изложенные соображения, явившиеся результатом занятий историей текста „Бахчисарайского фонтана", были признаны достаточно вескими редакцией нового академического юбилейного собрания сочинений Пушкина, что и отразилось в композиции VIII т. означенного издания, где „Отрывок из письма к Д." помещен в качестве самостоятельного литературного произведения Пушкина» (РГАЛИ. Ф. 2164. Оп. 1. Ед. хр. 63. Л. 40).

Жанровая природа и назначение «Отрывка...» издавна являются предметом дискуссий: И. Л. Фейнберг предполагал, что «Отрывок...» представляет собой фрагмент «крымской» главы из несохранившихся записок Пушкина (Фейнберг 1955: 202–203). Это предположение было аргументированно оспорено (см.: Томашевский 1956: 567; Фомичев 1983b: 64–65; Левкович 1988: 235 и след.). Левкович дала другое истолкование «Отрывка...»: Пушкин, недовольный предисловием Вяземского к БФ, «отрицает все предложенные Вяземским позиции», опасается, что напечатанное без подписи предисловие Вяземского «вполне могло быть приписано самому поэту», и в своем письме стремится «нейтрализовать предисловие Вяземского, отключить его от поэмы». «Таким образом, „Отрывок" с самого начала сопутствовал изданию поэмы, имел утилитарное значение, был своеобразным послесловием к ней, только это послесловие не сразу было включено в книгу, а вышло вслед за ней» (Левкович 1988: 240, 241). В позднейшем комментарии к биографической прозе Пушкина исследовательница суммарно повторила свои соображения, дополнив их новой деталью: «В качестве приложения к поэме оно попало во все ее издания после 1826 г.» (Пушкин 1995: 304; последнее утверждение не соответствует действительности). Предложенное истолкование противоречит фактам: опасаться того, что читатели спутают Пушкина и Вяземского, не было никаких оснований, поскольку авторство Вяземского немедленно обнаружилось с началом полемики вокруг его статьи; Пушкин был вполне удовлетворен предисловием Вяземского; отдельные же разногласия в «Отрывке...» никак не отразились; в очень важном пункте (право поэта на вымысел, не совпадающий с «историей») текст «Отрывка из письма к Д.» не дезавуирует суждения Вяземского, а развивает их. В. А. Кошелев, подвергший концепцию Левкович убедительной критике (Кошелев 2002: 220–221), предположил, что назначение пушкинского текста — сгладить противоречия между своей поэмой и документальной прозой Муравьева-Апостола и, в частности, «как-то объяснить свою ошибку» («Пушкин должен был ощутить всю нелепость создавшейся ситуации: при прямом сопоставлении его поэтического описания с описанием документальным оказывалось, что для „исторической" поэмы избран ложный символ: не тот памятник ханской любовнице!» [Кошелев 2002: 225–226; ср.: Кошелев 1999]). Такое толкование тоже не вполне разъясняет вопрос: «нелепость» ситуации, в которой оказался Пушкин, явно преувеличивается (фонтан вместо мавзолея — «ошибка» ничуть не более разительная, чем «польская княжна» вместо грузинки); право же на использование поэтом предания уже было декларировано Вяземским в предисловии и не подвергалось сомнению ни одним из рецензентов.

Практически все новейшие интерпретаторы «Отрывка…» (видимо, под влиянием самого факта включения текста в «Приложения» к БФ) полагают, что он изначально задумывался как «послесловие» к БФ. Между тем в этом заставляет усомниться уже то обстоятельство, что «Отрывок…» не вошел в издание 1827 г., когда этому ничто не мешало. Да и самому посещению Бахчисарая посвящено в тексте письма только два заключительных абзаца; остальная часть повествования с сюжетом и материалом БФ не связана. «Основной сюжет» крымского мифа, каким он выстраивается в «Отрывке…», — столкновение Азии и Европы; сюжет обыгрывается на разных уровнях и углубляется в процессе работы. Так, фраза, вводящая крымскую тему и обозначающая отплытие на корабле в Крым 15 августа 1823 г., в черновике звучала так: «Изъ Тумана приехалъ я въ Керчь на кораблѣ» — в беловом (и печатном) тексте стало: «Из Азии переехали мы в Европу на корабле» (VIII: 437); топонимически конкретное указание «Из Тамани в Керчь» превратилось в ироническое пояснение. Пушкин, возможно, вспомнил остроту, обыгрывавшуюся на борту корабля, следовавшего из одного захолустного портового городка Российской империи в другой. Ср. в дневниковых записках Г. Геракова, перемещавшегося пушкинским маршрутом (и, видимо, на том же корабле, что и Пушкин): «Въ девять часовъ утра оставили за собою *Азію*, а въ пять по полудни бросили якорь въ *Европѣ* — у Керчи» (Гераков 1828: 118; запись от 15 августа 1820 г.). Следует иметь в виду, что для словоупотребления Пушкина той поры «Азия» — это синоним России, деспотизма и неволи, а «Европа» — синоним свободы. См. письма к Вяземскому от 20 декабря 1823 г. и начала апреля 1824 г. и к брату Льву от первой половины ноября 1824 г. (XIII: 82, 91–92, 120). Возвращение с «полуденного берега» представлено не только как возвращение на Север, но и как *возвращение в Азию*: именно на этом обратном пути мучимый лихорадкой автор посещает Бахчисарай и знакомится с «памятником влюбленного хана», послужившим мотивировкой для создания поэмы о печальной судьбе пленной европеянки в азиатском гареме.

Высказанная в «Отрывке…» мысль о том, что «мифологические предания» могут оказаться для поэта продуктивнее, чем «воспоминания исторические», ретроспективно объясняет БФ. Однако само сообщение о «рифмах», будто бы вызванных посещением «баснословных развалин храма Дианы», имеет фиктивный характер. В публикации «Отрывка…» в «Северных цветах» и в БФЗ за словами «по крайней мере здесь посетили меня рифмы» следовало продолжение:

Я думал стихами. Вот они:

К чему холодные сомненья?
Я верю: здесь был грозный храм,
Где крови жаждущим богам
Дымились жертвоприношенья;
Здесь успокоена была
Вражда свирепой эвмениды:
Здесь провозвестница Тавриды
На брата руку занесла;
На сих развалинах свершилось
Святое дружбы торжество,
И душ великих божество
Своим созданьем возгордилось.
………………………………………
Ч-<адаев>, помнишь ли былое?
Давно ль с восторгом молодым

> Я мыслил имя роковое
> Предать развалинам иным?
> Но в сердце, бурями смиренном,
> Теперь и лень и тишина,
> И в умиленьи вдохновенном,
> На камне, дружбой освященном,
> Пишу я наши имена
>   (VIII: 438).

Это стихотворение — послание к П. Я. Чаадаеву (Чедаеву), давнему другу Пушкина, с 1823 до 1826 г. находившемуся за границей, — было впервые напечатано в «Северной пчеле» (1825. 27 января. № 12), под заглавием «К Ч.» и с пометой: «1820. Морской берег Тавриды». При повторной публикации в «Стихотворениях Александра Пушкина» (1826; книга вышла в конце декабря 1825 г.) помета стала частью заголовка: «Ч***ву. С морского берега Тавриды. 1820» (ср.: II: 364).

Однако стихотворение создано отнюдь не в Крыму и не в 1820 г.: черновик стихотворения сохранился в тетради ПД 834 среди записей 1824 г. (сама тетрадь начата никак не раньше 1822 г.). Г. О. Винокур в неопубликованной заметке «Храм Дианы» показал, что послание Чаадаеву является откликом на критику в книге И. М. Муравьева-Апостола (которую Пушкин прочел только в конце 1824 г.) расхожих представлений о местоположении храма Дианы — где развернулась драма встречи Ифигении с ее братом Орестом и его другом Пиладом (РГАЛИ. Ф. 2164. Оп. 1. Ед. хр. 52). Исследование Винокура осталось неопубликованным, но к сходным выводам самостоятельно пришел Б. В. Томашевский (Томашевский 1956: 500–501; Томашевский 1960: 48–49); именно благодаря ему датировка текста послания 1824 г. стала общепринятой (исключения единичны: к примеру, послание по-прежнему датировал 1820 г. С. Карлинский [Karlinsky 1963: 111]); попытки датировать вторую часть послания 1820 г., а первую — 1824 г. (Громбах 1980) основываются на некорректной интерпретации черновой рукописи.

Проблема осложняется тем, что черновой текст послания располагается в тетради среди рукописей не *конца*, а *начала* 1824 г., меж тем в ноябре–декабре 1824 г. Пушкин давно уже работал с другой тетрадью (там записан и черновик «Письма к Д.», и черновики ряда стихотворений, бесспорно навеянных чтением «Путешествия...» Муравьева-Апостола). Это подвигло недавно группу крымских исследователей пересмотреть установившуюся датировку: по их мнению (провозглашенному неоднократно), стихотворение «было задумано <...> в крымский период»; полемизировал же Пушкин не с Муравьевым-Апостолом, а с кем-то из других скептиков (Казарин, Андрейко, Шавшин 1999: 32). Впрочем, ни одно из приведенных исследователями разноречивых мнений относительно местоположения «храма Дианы» нельзя квалифицировать как «холодные сомненья».

Между тем для знакомства со скептическими соображениями Муравьева-Апостола Пушкину не нужно было специально читать текст «Путешествия...». В «Северном архиве» (1824. Май. № 9) — журнале, который Пушкин получал от издателя с начала 1824 г. (см. письмо Пушкина Булгарину от 1 февраля с благодарностью за присылку первого номера), — была опубликована обширная рецензия на «Путешествие...» Муравьева-Апостола, где, в частности, говорилось: «Взглянув на развалины, или лучше сказать, признаки развалин древнего Херсонеса, опровергнув мнение Палласа о месте капища Богини Девы и о мысе Партенионе, мнение, будто основанное на словах Страбона, Г. Муравьев-Апостол разрушает любимую мечту древних и новых Поэтов, о пребывании на берегах дикой пустынной Таврии, Ифигении, дочери Агамемнона. Не льзя в сем случае неподосадовать на светильник критики, выводящий нас из приятного заблуждения» (с. 156). Факт почти бесспорного знакомства Пушкина с этой рецензией позволяет удовлетворительно разрешить накопившиеся противоречия и относительно точно датировать черновик послания Чаадаеву. Девятый номер «Северного архива» должен был оказаться в руках Пушкина к середине месяца. Новая рабочая тетрадь (ПД 835) еще не была начата: первая запись в ней датируется 22 мая 1824 г. (попытки более ранней датировки нуждаются в дополнительной аргументации [ср.: Фомичев 1982: 30–35]). Зато в середине подошедшей к концу тетради ПД 834 оставались незаполненные страницы, связанные с зимним перерывом в работе (этот перерыв отмечался в пушкинистике, но вопрос о времени заполнения лакуны решался прямолинейно-упрощенно [см.: Левкович 1995: 232–233]). На этих страницах Пушкин и набрасывает первоначальный текст послания «Чедаеву», скорее всего — вскоре после прочтения рецензии. Таким образом, текст черновой редакции послания всего правдоподобнее датировать *второй половиной мая* (видимо, до 22 мая) 1824 г. Завершено и отделано стихотворение, вероятно, в ноябре–декабре 1824 г.

В БФ2 (1827) «Отрывок из письма к Д.» не вошел (что дополнительно свидетельствует о том, что он изначально *не предназначался* быть послесловием к БФ). Впервые он был включен в качестве приложения в БФ3 (1830). В ПП1 (1835) из текста «Отрывка…» оказалось удалено послание к Чаадаеву, что можно объяснить спецификой момента. Итоговое собрание поэм выходило в ситуации, когда Пушкин состоял в придворной службе и был обременен ответственностью перед семьей, и отсылки к вольнолюбивым устремлениям молодости могли ощущаться рискованным фрондерством (в строках «Я мыслил имя роковое / Предать развалинам иным» с очевидностью прочитывались строки первого, неподцензурного послания к Чаадаеву: «И на обломках самовластья / Напишут наши имена» [1818; II: 72]). Кроме того, отношения Пушкина и Чаадаева к этому времени утратили дружескую интимность и идеологическую близость.

с. 231 *…страшный переходъ его по скаламъ Кикенеиса не оставилъ не малѣйшаго слѣда въ моей памяти.* Пушкин неточен. Кикинеис — это не страшные скалы, а место, которым помечено письмо Муравьева-Апостола, описывающее трудности только что проделанной части крымского путешествия: «Объѣхавъ мысъ Куртуры и поднявшись въ гору, версты четыре отъ ночлега, все еще было изрядно до небольшаго селенія, Симеиса; но отъ него начался ужаснѣйшій спускъ, который однимъ помышленіемъ о немъ наводитъ трепетъ. Сколько я ни наглядѣлся на пропасти, сколько ни увѣрился въ надежности Татарскихъ лошадей, не менѣе того сердце во мнѣ содрогалось отъ ужаса, когда случалось что коню моему надобно было переступать съ камня на камень, надъ самою стремниною, такъ что если бы онъ только оступился, не говорю уже споткнулся, то не было бы спасенія ни ему, ни всаднику» (Муравьев-Апостол 1823: 165). Ср. также описание Кикинеиса в книге маркиза Кастельно: «Kékéneis n'est qu'une touffe de noyers, de cerisiers, de pruniers couvrant les maisons; les vignes de ce village, aussi mal soignées que celles des précédens, leur disputent à qui produira du plus mauvais vin» (Castelnau 1820, III: 220; см. также изображение вида Кикинеиса на вклейке между с. 220 и 221). Примечательно, что и Муравьев в свою очередь не вполне точен: тропа от Симеиза в этом месте шла не вниз, а вверх (Медведева, Томашевский 2000: 205).

с. 231 *К** поэтически описывала мнѣ его...* В рукописи варианты: «Поэтическое воображеніе К*** называло его...»; «К*** описалъ мнѣ его...» (ПД 835. Л. 43 об.; ср.: VIII: 1000). Многочисленные попытки отыскать за этим инициалом женщину — объект «утаенной любви» Пушкина — безосновательны (см. выше раздел «Биографический подтекст»). На основании сопоставительного изучения рукописных вариантов БФ и «Письма» П. Е. Щеголев заключил, что К** — это условный инициал, а действительным *рассказчиком легенды* Пушкину был Н. Н. Раевский-младший (в соответствии с предложенной им — небесспорной — расшифровкой инициалов в отброшенном посвящении). Однако текст «Отрывка из письма к Д.» позволяет лишний раз усомниться в такой расшифровке: рассказчик предания К** (превращенный затем в рассказчицу) и спутник Пушкина в Бахчисарае NN (т. е., вероятно, Н. Н. Раевский-младший) обозначены здесь как *разные* лица. Недавно была предпринята попытка рассмотреть инициал К** как обозначение реального мужского имени: согласно гипотезе, за инициалом скрывается поручик А. В. Капнист (сын поэта В. В. Капниста), который бывал в Крыму в 1819 г. и *мог* встречаться с Пушкиным в 1820–1821 гг. (Маленко 2000: 100–102). По другому, еще менее вероятному, предположению, «легенду Пушкин <...> услыхал в Бахчисарае от полицмейстера И. Д. Ананьича, который принимал во дворце <...> Н. Н. Раевского со спутниками» (Бронштейн 2000: 25). Следует отметить, что факт личного знакомства Пушкина ни с одним из новых кандидатов на роль рассказчика легенды документально не подтвержден; выведение бахчисарайского полицеймейстера в роли проводника Раевских и Пушкина — не более чем гипотеза, основанная на убеждении, что «принять знаменитого генерала <…> он был обязан лично» (Там же, 33). Ни Капнист, ни Ананьич, близко с Пушкиным не связанные, конечно, не могли выступать и в качестве адресата «Посвящения».

с. 232 *Что касается до памятника ханской любовницы, о которомъ говоритъ М.* Характерно, что о мавзолее, давней достопримечательности Бахчисарая, упоминаемой всеми почти путешественниками по Крыму, ни слова не говорит и Г. Гераков, прибывший в Бахчисарай из Симферополя через 12 дней после Пушкина (19 сентября 1823 г.) и также посетивший кладбище: «Видѣлъ гробницы Татарскихъ Хановъ; не могу сказать, чтобъ онѣ заслуживали вниманія, такъ какъ Константинопольская комната и гаремъ или сераль бывшихъ Хановъ. <…> Видѣлъ все сіе, и вздохнулъ; все грубо, скучно и мрачно» (Гераков 1830: 22–23). Гераков посетил Бахчисарай в отсутствие полицеймейстера Ананьича — историка-любителя, служившего гидом Муравьеву-Апостолу. Его принимал один из подчиненных полицеймейстера, видимо, не обративший внимание путешественника на легендарный мавзолей. Если Пушкин действительно побывал в Бахчисарайском дворце, то, по всей вероятности, и ему не довелось воспользоваться услугами гида-полицеймейстера, уехавшего на недавно приобретенные хутора.

Литература

Азадовский 1938 — *Азадовский М. К.* Руставели в стихах Пушкина // Звезда. 1938. № 1. С. 228–231.

Айрапетов 1988 — *Айрапетов О. Р.* Взгляды А. С. Пушкина на восточную политику России XVIII — начала XIX в. // Вестник МГУ. Сер. История. 1988. № 2. С. 64–68.

Аксенова 1999 — *Аксенова О. В.* Пушкинская поэма «Руслан и Людмила» и ее предшественники (к литературной истории богатырской поэмы) // Статьи о Пушкине: К 200-летию со дня рождения А. С. Пушкина / Под ред. проф. В. И. Коровина. М.: Прометей, 1999. С. 69–77.

Алексеев 1972a — *Алексеев М. П.* Пушкин и наука его времени: (Разыскания и этюды) // Алексеев М. П. Пушкин: Сравнительно-исторические исследования. Л.: Наука. 1972. С. 5–159.

Алексеев 1972b — *Алексеев М. П.* Пушкин и проблема «вечного мира» // Алексеев М. П. Пушкин: Сравнительно-исторические исследования. Л.: Наука, 1972. С. 160–206.

Алексеев 1982 — *Алексеев М. П.* Русско-английские литературные связи (XVIII век — первая половина XIX века. М.: Наука, 1982 (= Литературное наследство. Т. 91).

Альтман 1974 — *Альтман М. С.* Пушкинские эпитеты // Прометей: Историко-биографический альманах серии «ЖЗЛ». М.: Молодая гвардия, 1974. Т. 10. С. 410–412.

Альтшуллер 2003 — *Альтшуллер М. Г.* «Руслан и Людмила» и традиции ирои-комической поэмы // Альтшуллер М. Г. Между двух царей: Пушкин, 1824–1836. СПб.: Академический проект, 2003. С. 201–214.

Андроников 1977 — *Андроников И. Л.* Лермонтов в Грузии // Андроников И. Л. Лермонтов: Исследования и находки / 4-е изд. М.: Художественная литература, 1977. С. 264–362.

Аникин 1977 — *Аникин В. П.* Лиро-эпическая структура поэмы «Руслан и Людмила» и фольклор // Вопросы поэтики литературы и фольклора. Воронеж: Изд-во Воронежского ун-та, 1977. С. 34–46.

Литература

Анненков 1855 — *Анненков П. В.* Материалы для биографии Александра Сергеевича Пушкина. СПб.: В Военной типографии, 1855 (= Сочинения Пушкина с приложением материалов для его биографии, портрета, снимков с его почерка и с его рисунков, и проч. Т. 1).

Анненков 1874 — *Анненков П. В.* Александр Сергеевич Пушкин в Александровскую эпоху. 1799–1826 гг. СПб.: Тип. М. Стасюлевича, 1874.

Анненков 1998 — *Анненков П. В.* Пушкин в Александровскую эпоху. Минск: Лимариус, 1998.

Арзамас 1994 — «Арзамас»: Сборник: В 2 кн. / Под общ. ред. В. Э. Вацуро и А. Л. Осповата. М.: Художественная литература, 1994.

Архив опеки 1939 — Архив опеки Пушкина / Ред. и коммент. П. С. Попова. М.; Л.: Изд. Гос. лит. музея., 1939 (= Летописи Государственного Литературного музея. Кн. V).

Архив Тургеневых I–VI — Архив братьев Тургеневых. СПб. (Пг.): Изд. Отделения рус. яз. и словесности Российской академии наук, 1911–1921. Вып. I–VI.

Ахметшин 1999 — *Ахметшин Б. Г.* Сказочные и эпические мотивы поэмы А. С. Пушкина «Руслан и Людмила» // Вестник Челябинского ун-та. Сер. 2: Филология. 1999. № 2 (9). С. 60–67.

Баевский 1994 — *Баевский В. С.* Из предыстории пушкинской элегии «Погасло дневное светило...» // Проблемы современного пушкиноведения. Псков, 1994. С. 78–93.

Базанов 1949 — *Базанов В. Г.* Вольное общество любителей российской словесности. Петрозаводск: Гос. изд-во Карело-Финской ССР, 1949.

Барсуков 1888 — *Барсуков Н. П.* Жизнь и труды М. П. Погодина. С прил. подробного указателя ко всем 22-м книгам. СПб.: Изд. А. Д. и П. Д. Погодиных, 1888. Кн. 1.

Бартенев 1914 — *Бартенев П. И.* Пушкин в Южной России. М.: Русский архив, 1914.

Бартенев 1992 — *Бартенев П. И.* О Пушкине. Страницы жизни поэта. Воспоминания современников / Сост. А. М. Гордина. М.: Советская Россия, 1992.

Бартольд 1966 — *Бартольд В. В.* К вопросу о полумесяце как символе ислама // Бартольд В. В. Сочинения: В 9 т. М.: Изд-во восточной лит., 1966. Т. 6. С. 489–491.

Батюшков 1977 — *Батюшков К. Н.* Опыты в стихах и прозе. / Изд. подготовила И. М. Семенко. М.: Наука, 1977.

Батюшков 1989 — *Батюшков К. Н.* Сочинения / [Сост. и подготовка текста В. А. Кошелева и А. Л. Зорина]. М.: Художественная литература, 1989. Т. 1–2.

Бем 1911 — *Бем А. Л.* К вопросу о влиянии Шатобриана на Пушкина // Пушкин и его современники: Материалы и исследования. СПб.: Имп. академия наук, 1911. Вып. XV. С. 146–163.

Бертье-Делагард 1913 — *Бертье-Делагард А. Л.* Память о Пушкине в Гурзуфе // Пушкин и его современники: Материалы и исследования. СПб.: Имп. академия наук, 1913. Вып. XVII–XVIII. С. 77–155.

Комментарии

Благой 1950 — *Благой Д. Д.* Творческий путь Пушкина: 1813–1826. М.: Изд-во АН СССР, 1950.

Бобров 1798 — *Бобровъ С. С.* Таврида, или мой лѣтнiй день въ Таврическомъ Херсонисѣ: Лирико-Эпическое пѣснотворенiе сочиненное Капитаномъ Семеномъ Бобровымъ. Николаевъ: Въ Черноморской Адмиралтейской Типографiи, 1798.

Бобров 1804 — *Бобровъ С. С.* Херсонида, или Картина лучшаго лѣтняго дня въ Херсонисѣ Таврическомъ: Лиро-Эпическое пѣснотворенiе. Вновь исправленное и умноженное. Часть четвертая Разсвѣта полночи. СПб.: Въ Типографiи И. Глазунова, 1804.

Бобров 1919 — *Бобров Е. [А.]* Пушкиниана (I–X). Ростов на Дону: Тип. Т-ва «Ашхатанк», 1919.

Богданович 1957 — *Богданович И. Ф.* Стихотворения и поэмы / Вступ. статья, подготовка текста и примеч. И. З. Сермана. Л.: Советский писатель, 1957.

Бокова 1999 — *Бокова В. М.* Муравьев-Апостол Иван Матвеевич // Русские писатели: Биографический словарь. М.: Большая Российская энциклопедия, 1999. Т. 4: М–П. С. 166–169.

Бонди 1936 — *Бонди С. М.* Отчет о работе над 4-м томом академического издания Пушкина // Пушкин. Временник Пушкинской комиссии. М.: Изд-во АН СССР, 1936. Вып. 2. С. 458–468.

Бонди 1960 — *Бонди С. М.* Поэмы Пушкина // СС 1959–1962, III: 481–521.

Бонди 1971 — *Бонди С. М.* Черновики Пушкина: Статьи 1930–1970 гг. М.: Просвещение, 1971.

Боратынский 1914–1915 — *Боратынский Е. А.* Полное собрание сочинений / Под ред. и с примеч. М. Л. Гофмана. СПб.: Изд. Разряда изящной словесности Имп. акад. наук, 1914–1915. Т. 1–2.

Боратынский 2002 — *Боратынский Е. А.* Полное собрание сочинений и писем / Руководитель проекта А. М. Песков. Т. 1: Стихотворения 1818–1822 годов / Ред. А. Р. Зарецкий, А. М. Песков, И. А. Пильщиков. М.: Языки славянской культуры, 2002.

Ботвинник 1979 — *Ботвинник Н. М.* О стихотворении Пушкина «Нет, я не дорожу мятежным наслажденьем» // Временник Пушкинской комиссии, 1976. Л.: Наука, Ленингр. отд-ние, 1979. С. 147–156.

Боцяновский 1902 — *Боцяновский В. [Ф.]* Новый список поэмы А. С. Пушкина «Кавказский Пленник» // Памяти Леонида Николаевича Майкова. СПб.: Тип. Имп. академии наук, 1902. С. 469–488.

Бронштейн 2000 — *Бронштейн А. [И.]* Трансформация легенды Фонтана слез: Из комментариев к поэме А. С. Пушкина «Бахчисарайский Фонтан» // Коран и Библия в творчестве А. С. Пушкина / Под ред. Д. Сегала и С. Шварцбанда. Jerusalem: The Center for the Study of Slavic Languages and Literatures at the Hebrew University of Jerusalem, 2000. С. 21–36.

Булгакова 2001 — *Булгакова О.* Пушкинские мотивы у Эйзенштейна // Пушкинская конференция в Стэнфорде, 1999: Материалы и исследования / Под ред. Дэвида М. Бетеа, А. Л. Осповата, Н. Г. Охотина и др. М.: ОГИ, 2001. С. 472–484.

Вацуро 1966 — *Вацуро В. Э.* Неизвестная статья А. А. Перовского о «Руслане и Людмиле» // Временник Пушкинской комиссии, 1963. М.; Л.: Наука, 1966. С. 48–55.

Вацуро 1978 — *Вацуро В. Э.* «Северные цветы»: История альманаха Дельвига–Пушкина. М.: Книга, 1978.

Вацуро 1979 — *Вацуро В. Э.* Из неизданных отзывов о Пушкине // Временник Пушкинской комиссии, 1976. Л.: Наука, 1979. С. 98–109.

Вацуро 1994 — *Вацуро В. Э.* Лирика пушкинской поры: «Элегическая школа». СПб.: Наука, 1994.

Вацуро 1999 — *Вацуро В. Э.* Спящая красавица и поцелуй любовника (к истории поэтического мотива у А. С. Пушкина) // Традиция и литературный процесс / Отв. ред. А. Б. Соктоев. Новосибирск: Изд. СО РАН, 1999. С. 206–214.

Вацуро, Гиллельсон 1986 — *Вацуро В. Э., Гиллельсон М. И.* Сквозь «умственные плотины». Очерки о книгах и прессе пушкинской поры / 2-е изд. М.: Книга, 1986.

Великодная 1999 — Университетская Пушкиниана: Прижизненные публикации и издания А. С. Пушкина: Каталог. / Сост. И. Л. Великодная; под ред. И. Н. Врубель. М.: Книжный дом «Университет», 1999.

Веселовский 1904 — *Веселовский А. Н.* В. А. Жуковский: поэзия чувства и «сердечного воображения» СПб.: Тип. Имп. академии наук, 1904.

Ветловская 1986 — *Ветловская Е. В.* «Иных уж нет, а те далече…» // Пушкин: Исследования и материалы. Л.: Наука, 1986. Т. XII. С. 104–123.

Ветшева 1983 — *Ветшева Н. Ж.* Проблема поэмы в теории и практике арзамасцев // Проблемы метода и жанра. Томск: Изд-во Томского ун-та, 1983. Вып. 10. С. 60–70.

Ветшева 1985 — *Ветшева Н. Ж.* К вопросу об арзамасской традиции в поэме А. С. Пушкина «Руслан и Людмила» // Проблемы метода и жанра. Томск: Изд-во Томского ун-та, 1985. Вып. 11. С. 101–114.

Ветшева 1988 — *Ветшева Н. Ж.* «Русская поэма» в концепции арзамасцев // Проблемы метода и жанра. Томск: Изд-во Томского ун-та, 1988. Вып. 14. С. 93–103.

Видова 2004 — *Видова О. И.* Души неясный идеал: Идеал А. С. Пушкина и проблема утаенной любви поэта в пушкиноведении. М.: Дрофа, 2004.

Виноградов 1941 — *Виноградов В. [В.]* Стиль Пушкина. М.: ОГИЗ ГИХЛ, 1941.

Виноградов 1977 — *Виноградов В. В.* Вопрос об историческом словаре русского литературного языка XVIII–XX вв. [1941] // Виноградов В. В. Избранные труды: Лексикология и лексикография. М.: Наука, 1977. С. 192–205.

Винокур 1927 — *Винокур Г. О.* Критика поэтического текста. М.: Гос. академия художественных наук, 1927.

Винокур 1936 — *Винокур Г. О.* Крымская поэма Пушкина //

Красная новь. 1936. № 3. С. 230–243.

Винокур 1936а — *Винокур Г. О.* [Рецензия на статью:] Н. Свирин. Пушкин и Восток. Статья первая. «Бахчисарайский фонтан» (Звезда. 1935, № 4, стр. 204–229) // Пушкин: Временник Пушкинской комиссии. М.; Л.: Изд-во АН СССР, 1936. [Вып.] 1. С. 346–348.

Винокур 1937 — *Винокур Г. О.* Бахчисарайский фонтан // Литературное обозрение. 1937. № 1. С. 54–60.

Винокур 1941 — *Винокур Г. О.* Орфография и язык Пушкина в академическом издании его сочинений: (Ответ В. И. Чернышеву) // Пушкин: Временник Пушкинской комиссии. М.; Л.: Изд-во АН СССР, 1941. [Вып.] 6. С. 462–494.

Винокур, Каган 1974 — *Винокур Н. Г., Каган Р. А.* Пушкин в музыке: Справочник. М.: Советский композитор, 1974.

Виролайнен 1996 — *Виролайнен М. Н.* Посвящение «Андрея Шенье» // Новые безделки: Сборник статей к 60-летию В. Э. Вацуро. М.: Новое литературное обозрение, 1996. С. 354–365.

Владимиров 1895 — *Владимиров П. [В.]* Происхождение «Руслана и Людмилы» А. С. Пушкина (1817–1820 гг.) // Университетские известия (Киев). 1895. № 6. С. 1–11.

Владимиров 1899 — *Владимиров П. В.* А. С. Пушкин и его предшественники // Памяти Пушкина: Научно-литературный сборник, составленный профессорами и преподавателями Императорского ун-та св. Владимира. Киев: Тип. Императорского ун-та св. Владимира, 1899. Отд. I. С. 1–84.

Волков 1955 — *Волков Р. М.* Народные истоки поэмы-сказки «Руслан и Людмила» А. С. Пушкина // Ученые записки Черновицкого гос. ун-та. 1955. Т. 14. Сер. филологическая. Вып. 2. С. 3–74.

Выгодский 1922 — *Выгодский Д. И.* Из эвфонических наблюдений: «Бахчисарайский Фонтан» // Пушкинский сборник памяти профессора Семена Афанасьевича Венгерова. М.; Пг.: Государственное издательство, 1922. С. 50–58 (= Пушкинист. Вып. IV).

Вяземский 1982 — *Вяземский П. А.* Сочинения: В 2 т. / Сост., подготовка текста, коммент. М. И. Гиллельсона. М.: Художественная литература, 1982.

Вяземский 1984 — *Вяземский П. А.* Эстетика и литературная критика / Сост., подготовка текста, вступ. статья и коммент. Л. В. Дерюгиной. М.: Искусство, 1984.

Вяземский 1986 — *Вяземский П. А.* Стихотворения / Вступ. статья Л. Я. Гинзбург; сост., подготовка текста и примеч. К. А. Кумпан. Л.: Советский писатель, 1986.

Гаджиев 1991 — *Гаджиев А. Дж.* Ориентальная антропонимика в творчестве Пушкина и его современников // Творчество Пушкина и Зарубежный Восток: Сборник статей / Сост. Д. И. Белкин. М.: Наука, Главная редакция восточной литературы, 1991. С. 156–163.

Гайворонский 2003 — *Гайворонский А.* Созвездие Гераев. Симферополь: Доля, 2003.

Галушко 1991 — *Галушко Т. К.* «Раевские мои…». Л.: Лениздат, 1991.

Гаспаров 1992 — *Гаспаров Б. М.* Поэтический язык Пушкина как факт истории русского литературного языка. Wien, 1992 (= Wiener Slawistischer Almanach. Sonderband 27).

Гераков 1828 — *Гераков Г. [В.]* Путевыя записки по многимъ Российскимъ губерніямъ 1820. Статскаго Советника Гавріила Геракова. Петроградъ: В тип. Имп. Воспитательнаго Дома, 1828.

Гераков 1830 — *Гераков Г. [В.]* Продолженіе Путевыхъ записокъ по многимъ Россійскимъ губерніямъ, 1820-го и начала 1821-го, Статскаго Советника Гавріила Геракова. Петроградъ: В тип. Н. Греча, 1830.

Гершензон 2000а — *Гершензон М. О.* Северная любовь Пушкина // Гершензон М. О. Избранное: В 4 т. М.; Иерусалим: Университетская книга; Gesharim, 2000. Т. III: Образы прошлого. С. 7–30.

Гершензон 2000b — *Гершензон М. О.* История молодой России // Гершензон М. О. Избранное: В 4 т. М.; Иерусалим: Университетская книга; Gesharim, 2000. Т. II: Молодая Россия. С. 7–156.

Гессен 1930 — *Гессен С. [Я.]* Книгоиздатель Александр Пушкин: литературные доходы Пушкина. Л.: Academia, 1930.

Гиллельсон 1969 — *Гиллельсон М. И.* П. А. Вяземский: Жизнь и творчество. Л.: Наука, 1969.

Гиппиус 1930 — *Гиппиус В. В.* К вопросу о пушкинских «плагиатах» // Пушкин и его современники: Материалы и исследования. Л.: Изд. АН СССР, 1930. Вып. 38/39. С. 37–46.

Гиривенко 1999 — *Гиривенко А. Н.* Тема гаремной пленницы в русском романтизме и ее английский источник // Национальная специфика произведений зарубежной литературы XIX–XX веков. Иваново, 1999. С 105–114.

Гиривенко 2002 — *Гиривенко А. Н.* Из истории русского художественного перевода первой половины XIX века: Эпоха романтизма: Учебное пособие. М.: Флинта; Наука, 2002.

Глассе 1967 — *Глассе А.* Кюхельбекер — издатель журнала «Невский зритель» // Научные доклады высшей школы. Филологические науки. 1967. № 3. С. 111–113.

Глассе 1997 — *Глассэ А.* О мужичке без шапки, двух бабах, ребеночке в гробике, сапожнике немце и о прочем // Новое литературное обозрение. 1997. № 23. С. 87–117; № 28. С. 47–75.

Глинка 1957 — *Глинка Ф. Н.* Избранные произведения / Вступ. статья, подготовка текста и примеч. В. Г. Базанова. Л.: Советский писатель, 1957.

Гнедич 1955 — *Гнедич Н. И.* Стихотворения / Вступ. статья, подготовка текста и примеч. И. Н. Медведевой. Л.: Советский писатель, 1955.

Гозенпуд 1986 — *Гозенпуд А. А.* Пушкин и русский театр десятых годов XIX в. // Пушкин: Исследования и материалы Л.: Наука, 1986. Т. XII. С. 28–59

Горобцова 1988 — *Горобцова Л. Г.* «Руслан и Людмила» Пушкина и Глинки // Временник Пушкинской комиссии: Сборник научных трудов. Л.: Наука, 1988. Вып. 22. С. 16–28.

Городецкий 1936 — *Городецкий Б. П.* К истории издания «Кавказского Пленника» // Пушкин: Временник Пушкинской комиссии. М.; Л.: Изд. АН СССР, 1936. Вып. 2. С. 290–293.

Грибоедов 1988 — *Грибоедов А. С.* Сочинения / Сост., подготовка текста, вступ. статья и примеч. С. А. Фомичева. М.: Художественная литература, 1988.

Григорьева 1969 — *Григорьева А. Д.* Поэтическая фразеология Пушкина // Поэтическая фразеология Пушкина / Отв. ред. В. Д. Левин. М.: Наука, 1969. С. 5–292.

Громбах 1980 — *Громбах С.* О датировке стихотворения Пушкина «Чаадаеву» («К чему холодные сомненья...») // Известия Академии наук СССР. Серия литературы и языка. 1980. Т. 39. № 3. С. 267–268.

Гроссман 1926 — *Гроссман Л. [П.]* Пушкин в театральных креслах. Картины русской сцены 1817–1820 годов. Л.: Брокгауз-Ефрон, 1926.

Гроссман 1960 — *Гроссман Л. П.* У истоков «Бахчисарайского фонтана» // Пушкин: Исследования и материалы. М.; Л.: Изд-во АН СССР, 1960. С. 49–100. Т. III.

Губер 1923 — *Губер П. К.* Дон-Жуанский список Пушкина: Главы из биографии. Пб.: Петроград, 1923.

Гуковский 1946 — *Гуковский Г. А.* Очерки по истории русского реализма. Ч. I: Пушкин и русские романтики. Саратов: [Изд-во Саратовского гос. ун-та], 1946.

Гуревич 1993 — *Гуревич А. М.* Романтизм Пушкина. М.: Московский ин-т развития образовательных систем, 1993.

Гурьянов 1964 — *Гурьянов В.* Историко-литературные заметки о Пушкине. I. Первые издания поэта в Москве // Вестник МГУ. Сер. 9: Филология. 1964. № 1. С. 82–84.

Давыдов 1984 — *Давыдов Д. В.* Стихотворения / Вступ. статья, сост., подготовка текста и примеч. В. Э. Вацуро. Л.: Советский писатель, 1984.

Дарский 1924 — *Дарский Д. С.* Три любви Пушкина [изложение доклада] // Пушкин. Сб. первый. / Под ред. Н. К. Пиксанова. М.: Гос. изд-во, 1924. С. 310–314.

Девичья игрушка 1992 — Девичья игрушка, или Сочинения господина Баркова / Изд. подготовили А. Зорин и Н. Сапов. М.: Ладомир, 1992.

Дела III Отделения 1906 — Дела III Отделения Собственной Его Императорского Величества канцелярии об А. С. Пушкине / Ред. и предисл. С. Сухонина. СПб., 1906.

Дельвиг 1986 — *Дельвиг А. А.* Сочинения. Л.: Художественная литература, 1986.

Денисенко 2002 — *Денисенко С. В.* Переработки пушкинских текстов и сюжетов для музыкальной и драматической сцены при жизни поэта // Пушкин и его современники: Сборник научных трудов. СПб.: Академический проект, 2002. Вып. 3 (42). С. 217–243.

Денисенко 2003 — *Денисенко С. В.* История «театрального текста»: «Бахчисарайский фонтан» // Театр и литература: Сб. статей к 95-летию А. А. Гозенпуда. СПб.: Наука, 2003. С. 63–68.

Литература

Денисенко, Фомичев 2001 — *Денисенко С. В., Фомичев С. А.* Пушкин рисует: Графика Пушкина. СПб.: Нотабене; Нью-Йорк: Туманов и Ко, 2001.

Державин 1870 — Сочинение Державина с объяснительными примечаниями Я. Грота / 2-е академическое издание. СПб.: Тип. Императорской Академии наук, 1870. Т. 3: Стихотворения. Ч. III.

Державин 2002 — *Державин Г. Р.* Сочинения / Вступ. статья, сост., подготовка текста и примеч. Г. Н. Ионина. СПб.: Академический проект, 2002.

Дмитриев 1967 — *Дмитриев И. И.* Полное собрание стихотворений / Вступ. статья, подготовка текста и примеч. Г. П. Макогоненко. Л.: Советский писатель, 1967.

Дмитриев 1998 — *Дмитриев М. А.* Главы из воспоминаний моей жизни / Подготовка текста и примеч. К. Г. Боленко, Е. Э. Ляминой и Т. Ф. Нешумовой. М.: НЛО, 1998.

Добродомов 1998 — *Добродомов И. Г.* Немые кизляры: (из комментария к «Бахчисарайскому фонтану») // Philologica. 1998. Т. 5. № 11/13. С. 133–138.

Долгова 1980 — *Долгова С. Р.* А. И. Бухарский о «Кавказском пленнике» // Русская литература. 1980. № 3. С. 176–178.

Долинин 2003 — *Долинин А. А.* Пушкин и Англия // Эткиндовские чтения. I. Сборник статей по материалам Чтений памяти Е. Г. Эткинда (27–29 июня 2000 г.). СПб.: Европейский ун-т в Санкт-Петербурге, 2003. С. 56–107.

Древние российские стихотворения 1977 — Древние российские стихотворения, собранные Киршею Даниловым / 2-е изд., доп.; подготовили А. П. Евгеньева и Б. Н. Путилов. М.: Наука, 1977.

Дурылин 1951 — *Дурылин С. Н.* Пушкин на сцене. М.: Изд-во АН СССР, 1951.

Егунов 1964 — *Егунов А. Н.* Гомер в русских переводах XVIII–XIX веков. М.; Л.: Наука, 1964

Ершофф 1983 — *Ершофф Г.* О двух первых переводах на немецкий язык поэмы А. С. Пушкина «Кавказский пленник» // Проблемы пушкиноведения: Сб. научных трудов. Рига: Латвийский ун-т им. П. Стучки, 1983.

Ершофф 1987 — *Ершофф Г.* Прижизненная известность Пушкина в Германии // Временник Пушкинской комиссии. Л.: Наука, Ленингр. отд-ние, 1987. Вып. 21. С. 68–78.

Есипов 1997 — *Есипов В. М.* «Скажите мне, чей образ нежный...»: К проблеме «утаенной любви» // Московский пушкинист. Ежегодный сборник / Сост. и научн. редактор В. С. Непомнящий. М.: Наследие, 1997. С. 86–118. [Вып.] IV.

Есипов 1998 — *Есипов В. [М.]* Царственное слово: Статьи о творчестве А. С. Пушкина и Анны Ахматовой. М.: Ред.-изд. центр САМПО, 1998.

Жасмин и Роза 1830 — Жасмин и Роза, подарок для туалета на 1830 год любительницам и любителям пения или новейшее собрание романсов и песен. М.: В Типографии Н. Степанова, 1830.

Желтухина 1996 — *Желтухина О. А.* «Бывало, в светлый Байран...» (Какой же праздник описал А. С. Пушкин?) // Литература и религия: Шестые Крымские Международные Пушкинские чтения: Материалы. Крым: Министерство культуры Республики Крым, 1996. С. 22–24.

Жилякова 2001 — *Жилякова Е. М.* «Воздушный цветок» Востока в поэзии европейских романтиков: (Т. Мур — Жуковский — Пушкин) // Американский и сибирский фронтир. Томск, 2001. Вып. 3. С. 137–149.

Жирмунский 1978 — *Жирмунский В. М.* Байрон и Пушкин; Пушкин и западные литературы. (Избранные труды). Л.: Наука, 1978.

Жуйкова 1996 — *Жуйкова Р. Г.* Портретные рисунки Пушкина: Каталог атрибуций. СПб.: Дмитрий Буланин, 1996.

Жуковский 1878 — Сочинения В. А. Жуковского / 7-е изд., испр. и доп., под ред. П. А. Ефремова. СПб.: И. И. Глазунов, 1878. Т. 6: Проза и письма.

Жуковский 1959 — *Жуковский В. А.* Собрание сочинений: В 4 т. М.; Л.: ГИХЛ, 1959–1960.

Жуковский 1999 — *Жуковский В. А.* Полное собрание сочинений и писем: В 20 т. / Гл. ред. А. С. Янушкевич. М.: Языки русской культуры, 1999. Т. 1: Стихотворения 1797–1814 годов; 2000. Т. 2: Стихотворения 1815–1852 годов.

Западов 1999 — *Западов В. А.* М. Н. Муравьев // Словарь русских писателей XVIII века. СПб.: Наука, 1999. Вып. 2 (К–П). С. 305–313.

Зорин, Немзер 1989 — *Зорин А. Л., Немзер А. С.* Парадоксы чувствительности. Н.М.Карамзин. «Бедная Лиза» // «Столетья не сотрут...»: Русские классики и их читатели / Сост. А. А. Ильин-Томич. М.: Книга, 1989. С. 7–54.

Зубков 1982 — *Зубков Н. Н.* О возможных источниках эпиграфа к «Бахчисарайскому фонтану» // Временник Пушкинской комиссии, 1978. Л.: Наука, 1982. С. 109–112.

Зубкова, Сиренов 2004 — Два века с Пушкиным: Материалы об А. С. Пушкине в фондах Отдела рукописей Российской национальной библиотеки: Каталог / Сост. Н. А. Зубкова, А. В. Сиренов. СПб.: Дмитрий Буланин, 2004.

Зуева 1985 — *Зуева Т. В.* Художественная структура поэмы А. С. Пушкина «Бахчисарайский фонтан» // Идейно-эстетическая функция изобразительных средств в русской литературе XIX века. М.: МГПИ им. В. И. Ленина. 1985. С. 29–45.

Иванова 1969 — *Иванова Н. Н.* Поэтическая глагольная перифраза у Пушкина // Поэтическая фразеология Пушкина / Отв. ред. В. Д. Левин. М.: Наука, 1969. С. 293–372.

Иваск 1957 — *Иваск Ю. [П.]* Философ в дурацком колпаке: (Владимир Филимонов) // Опыты. 1957. № 8. С. 73–82.

Ивинский 1994 — *Ивинский Д. П.* Князь П. А. Вяземский и А. С. Пушкин. Очерк истории личных и творческих взаимоотношений. М.: Филология, 1994.

Ивинский 1995 — Из переписки П. А. Вяземского с Н. И. Гнедичем / Публ. Д. П. Ивинского // Лица: Биогр. альманах / Ред.-составитель А. Рейтблат. М.; СПб.: Феникс; Atheneum, 1995.[Вып.] 6. С. 431–452.

Ивинский 2003 — *Ивинский Д. П.* Пушкин и Мицкевич: История литературных отношений. М.: Языки славянской культуры, 2003.

Игнатович 1963 — *Игнатович И. И.* Крестьянское движение в России в первой четверти XIX века. М: Изд-во социально-экономической литературы, 1963.

Иезуитова 1995 — *Иезуитова Р. В.* Рабочая тетрадь Пушкина ПД, № 833: (История заполнения). // Пушкин: Исследования и материалы: Сборник научных трудов. СПб.: Наука, 1995. Т. XV. С. 235–264.

Иезуитова 1999 — *Иезуитова Р. В.* «Утаенная любовь» Пушкина // Легенды и мифы о Пушкине: Сб. статей / Под ред. М. Н. Виролайнен. СПб.: Академический проект, 1999. С. 216–240.

Измайлов 1975 — *Измайлов Н. В.* Очерки творчества Пушкина. Л.: Наука, 1975.

Ильин-Томич 1979 — *Ильин-Томич А. А.* А. С. Пушкин в письмах В. Л. Пушкина. (Дядя о племяннике) // Вопросы литературы. 1979. № 6. С. 150–154.

ИРДТ — История русского драматического театра: В 7 т. М.: Искусство, 1978–1987.

Ирои-комическая поэма 1933 — Ирои-комическая поэма / Ред. и примеч. Б. В. Томашевского. Л.: Изд-во писателей в Ленинграде, 1933.

Казарин 1999 — *Казарин В. П., Андрейко Е. В., Шавшин В. Г.* «К чему холодные сомненья?..» К вопросу о пребывании А. С. Пушкина в Георгиевском монастыре на мысе Фиолент // Крымский архив. 1999. № 5. С. 28–37.

Калаушин 1962 — *Калаушин М. М.* Ранние неопубликованные иллюстрации к «Руслану и Людмиле» // Пушкин и его время. Исследования и материалы. Л.: Изд. Гос. Эрмитажа, 1962. Вып. 1. С. 368–380.

Карамзин 1803 — *Карамзин Н. М.* Сочиненія Карамзина. Повести. М.: Въ Типографіи С. Селивановскаго, 1803. Т. 6.

Карамзин 1866 — *Карамзин Н. М.* Письма Н. М. Карамзина к И. И. Дмитриеву / По поручению Отделения русского языка и словесности Императорской Академии наук издали с примеч. и указателем Я. Грот и П. Пекарский. СПб.: В Тип. Имп. академии наук, 1866.

Карамзин 1966 — *Карамзин Н. М.* Полное собрание стихотворений / Вступ. статья, подготовка текста и примеч. Ю. М. Лотмана. Л.: Советский писатель, 1966.

Карамзин 1989 — *Карамзин Н. М.* История Государства Российского: В 12 т. М.: Наука, 1989– .

Карманный песенник 1835 — Карманный песенник, или Собрание новейших российских песен и романсов, выбранных из лучших авторов. СПб., 1835. Ч. 3.

Карпов 2002 — *Карпов А. А.* К истории первого издания поэмы Пушкина «Кавказский пленник» // Пушкин и его современники: Сборник научных трудов. СПб.: Академический проект, 2002. Вып. 3 (42). С. 278–290.

Катенин 1911 — Письма П. А. Катенина Н. И. Бахтину (материалы для истории русской литературы 20-х и 30-х годов XIX века) / Вступ. статья и примеч. А. А. Чебышева. СПб., 1911.

Катенин 1954 — *Катенин П. А.* Стихотворения / Вступ. статья, подготовка текста и примеч. Вл. Орлова. Л.: Советский писатель, 1954.

Кибальник 1986 — *Кибальник С. А.* Две записки А. И. Тургенева к Н. И. Гнедичу // Временник Пушкинской комиссии. Л.: Наука, Ленингр. отд-ние, 1986. Вып. 20. С. 191–196.

Кирпичников 1899 — *Кирпичников А.* [*И.*] Мелкие заметки о Пушкине // РС. 1899. № 2. С. 439–441.

Китанина 2005 — *Китанина Т. А.* Материалы к указателю сюжетов предпушкинской прозы // Пушкин и его современники: Сборник научных трудов. СПб.: Академический проект; Нестор-История, 2005. Вып. 4 (43). С. 525–612.

Коровин 1999 — *Коровин В. Л.* Пушкин и Бобров // Научные доклады высшей школы. Филологические науки. 1999. № 4. С. 3–10.

Коровин 2004 — *Коровин В. Л.* Семен Сергеевич Бобров: Жизнь и творчество. М.: Academia, 2004.

Костин 1988 — *Костин В. М.* «Кавказский пленник» А. С. Пушкина как романтическая общественно-философская поэма // Проблемы метода и жанра. Томск: Изд-во Томского ун-та, 1988. Вып. 14. С. 104–122.

Кошелев 1993 — *Кошелев В. А.* Пушкин и «Бова Королевич» // Русская литература. 1993. № 4. С. 17–34.

Кошелев 1997 — *Кошелев В. А.* Первая книга Пушкина. Томск: Водолей, 1997.

Кошелев 1999 — *Кошелев В. А.* О двух «приложениях» к поэме «Бахчисарайский фонтан» // Проблемы современного пушкиноведения / Под ред. Н. Л. Вершининой и Н. В. Цветковой. Псков: Псковский гос. педагогический институт, 1999. С. 39–50.

Кошелев 2001a — *Кошелев В. А.* Пушкин и Голова // Литература и история. (Исторический процесс в творческом сознании русских писателей и мыслителей XVIII–XIX вв.). СПб.: Наука, 2001. Вып. 3. С. 226–251.

Кошелев 2001b — *Кошелев В. А.* «Разные народы разные каши едят»: Об одной цитате Пушкина из Львова // Гений вкуса: Материалы научной конференции, посвященной творчеству Н. А. Львова. Тверь: Тверской гос. ун-т, 2001. С. 339–347.

Кошелев 2002 — *Кошелев В. А.* О жизни и сочинениях И. М. Муравьева-Апостола // Муравьев-Апостол И. М. Письма из Москвы в Нижний Новгород. Изд. подготовил В. А. Кошелев. СПб.: Наука, 2002. С. 191–230.

Красовская 1967 — *Красовская В. М.* Сюжеты Пушкина в искусстве русской хореографии // Пушкин: Исследования и материалы. Т. V. Пушкин и русская культура. Л.: Наука, 1978. С. 255–277.

Криницын 1999 — *Криницын А. Б.* Пушкин и Фортегуэрри: (К генезису сюжета «Руслана и Людмилы») // Пушкин: Сборник статей. М.: Изд. МГУ, 1999. С. 198–206.

Кубасов 1899 — *Кубасов И. А.* Пушкин — член С.-Петербургского «Вольного общества любителей словесности, наук и худо-

Литература

жеств» // РС. 1899. № 5. С. 471–474.

Кубасов 1902 — *Кубасов И. А.* И. М. Муравьев-Апостол, автор «Писем из Москвы в Нижний Новгород» // РС. 1902. Т. 112. № 10–11. С. 87–104; 347–359.

Кюхельбекер 1979 — *Кюхельбекер В. К.* Путешествие. Дневник. Статьи / Изд. подготовили [М. Г. Альтшуллер], Н. В. Королева, В. Д. Рак. Л.: Наука, 1979.

Левинтон, Охотин 2004 — *Левинтон Г. А., Охотин Н. Г.* О литературных и фольклорных источниках сказки А. С. Пушкина «Царь Никита и 40 его дочерей». Рукопись статьи, предоставленная авторами; переработанный вариант работы: *Левинтон Г. А., Охотин Н. Г.* «Что за дело им — хочу…»: О литературных и фольклорных источниках сказки А. С. Пушкина «Царь Никита и 40 его дочерей» // Литературное обозрение. 1991. № 11. С. 28–35.

Левкович 1978 — *Левкович Я. Л.* Литературная и общественная жизнь пушкинской поры в письмах А. Е. Измайлова к П. Л. Яковлеву // Пушкин: Исследования и материалы. Л.: Наука, 1978. Т. VIII. С. 151–194.

Левкович 1988 — *Левкович Я. Л.* Автобиографическая проза и письма Пушкина. Л.: Наука, 1988.

Левкович 1993 — *Левкович Я. Л.* К датировке ранних критических текстов Пушкина // Временник Пушкинской комиссии. СПб.: Наука, 1993. Вып. 25. С. 143–147.

Левкович 1995 — *Левкович Я. Л.* Рабочая тетрадь Пушкина ПД, № 834: (История заполнения) // Пушкин: Исследования и материалы. Сборник научных трудов. СПб.: Наука, 1995. Т. XV. С. 201–234.

Лейбов 2000 — *Лейбов Р.* К генеалогии «кавказских пленников» // Пушкинские чтения в Тарту 2: Материалы международной научной конференции 18–20 сентября 1998 г. Тарту: Tartu University Press, 2000. С. 91–103.

Лекманов 2004 — *Лекманов О. А.* О чем не забыло Отечество?: Из комментария к одной пушкинской рецензии // Лотмановский сборник. М., 2004. [Вып.] 3. С. 230–239.

Лекарство от задумчивости 1815 — Лѣкарство отъ задумчивости и безсонницы, или Вторая часть настоящихъ рускихъ сказокъ, гдѣ помѣщены слѣдующія: о славномъ и сильномъ Витязѣ Ерусланѣ Лазаревичѣ, о его храбрости и о неизобразимой красотѣ Царевны Анастасіи Вахрамѣевны; о храбромъ и смѣломъ Кавалерѣ Иванѣ Царевичѣ и о прекрасной супругѣ его Царь Дѣвицѣ; о семи Семіонахъ родныхъ братьяхъ; о Игнатьѣ Царевичѣ и о Суворѣ невидимкѣ мужичкѣ; о Иванушкѣ дурачкѣ; о Силѣ Царевичѣ и о Ивашкѣ бѣлой рубашкѣ. СПб.: Въ Типографіи Ивана Глазунова, 1815.

Лемке 1909 — *Лемке М.* Николаевские жандармы и литература 1826–1855 гг. По подлинным делам собственной Е. И. Величества каенцелярии / 2-е изд. СПб., 1909.

Ленина 1992 — *Ленина Л. И.* Пародийные элементы в поэме А. С. Пушкина «Руслан и Людмила» // Литературный процесс: Традиции и новаторство:

Межвузовский сборник научных трудов / Под ред. Е. Ш. Галимовой. Архангельск: Изд-во Поморского гос. педагогического ун-та им. М. В. Ломоносова, 1992. С. 15–31.

Лернер 1908 — *Лернер Н. [О.]* Бахчисарайский фонтан // Библиотека великих писателей под ред. С. А. Венгерова: Пушкин. СПб.: Брокгауз-Ефрон, 1908. Т. II. С. 180–188, 616–618.

Лернер 1930 — *Лернер Н. [О.]* «Рассказ про доброго Роберта» // Пушкин и его современники: Материалы и исследования. Л.: Изд-во АН СССР, 1930. Вып. XXXVIII–XXXIX. С. 108–112.

Лернер 1932 — *Л[ернер] Н. [О.]* Привет Пушкина декабристам // Каторга и ссылка. 1932. № 4. С. 102–105.

Лернер 1935 — *Лернер Н. О.* Пушкинологические этюды. 22. Последний привет Пушкина декабристам // Звенья: Сборники материалов и документов по истории литературы, искусства и общественной мысли XIX века. М.; Л.: Academia, 1935. [Вып.] V. С. 88–91.

Летопись 1999 — Летопись жизни и творчества Александра Пушкина. В 4 т. / Сост. М. А. Цявловский (1799 — сент. 1826), Н. А. Тархова (сент. 1826 — 1837); отв. ред. Я. Л. Левкович. М.: Слово, 1999.

Лефранк 1830 — Краткая французская грамматика, введенная в число классических книг во Франции <…> Сочинение Е. Лефранка, <…> с присовокуплением краткой хрестоматии французской и российской, выбранной из лучших писателей и разделенной по степеням слога <…> СПб.: Печатано в типографии Х. Гинце, 1830.

Лира Граций 1832 — Лира Граций, подарок на Новый Год любительницам и любителям пения, или новейшее собрание романсов и песен. М.: В Типографии Н. Степанова, 1832.

Лирический альбом 1832 — Лирический альбом на 1832 год. Издан И. Ласковским и Н. Норовым. М.: Лит. у И. Беггрова на Невском Проспекте, [1831].

Листов 2000 — *Листов В. С.* Новое о Пушкине: История, литература, зодчество и другие искусства в творчестве поэта. М.: Стройиздат, 2000.

ЛН 16–18 — Литературное наследство. Т. 16–18: А. С. Пушкин. М.: Изд-во АН СССР, 1934.

ЛН 58 — Литературное наследство. Т. 58: Пушкин. Лермонтов. Гоголь. М.: Изд-во АН СССР, 1952.

Лобикова 1974 — *Лобикова Н. М.* Пушкин и Восток: Очерки. М.: Наука, Главная редакция восточной литературы, 1974.

Лобода 1899 — *Лобода А. М.* А. С. Пушкин в Каменке // Памяти Пушкина: Научно-литературный сборник, составленный профессорами и преподавателями Императорского ун-та св. Владимира. Киев: Тип. Императорского ун-та св. Владимира, 1899. Отд. II. С. 81–99.

Лобода 1908 — *Лобода А. [М.]* Пушкин и семейство Раевских // Библиотека великих писателей под ред. С. А. Венгерова: Пушкин. СПб.: Брокгауз-Ефрон, 1908. Т. II. С. 104–118.

Ломоносов 1959 — *Ломоносов М. В.* Полное собрание сочинений. М.; Л.: Изд. АН СССР, 1959. Т. VIII.

Лотман 1995 — *Лотман Ю. М.* Пушкин: Биография писателя; Статьи и заметки; «Евгений Онегин»: Комментарий. СПб.: Искусство-СПб, 1995.

Лотман 1996 — *Лотман Ю. М.* «Сады» Делиля в переводе Воейкова и их место в русской литературе // Лотман Ю. М. О поэтах и поэзии: Анализ поэтического текста. Статьи и исследования. Заметки. Рецензии. Выступления. СПб.: Искусство-СПб, 1996. С. 468–486.

Лукницкий 1997 — *Лукницкий П. Н.* Встречи с Анной Ахматовой. Париж; М.: YMCA-Press; Русский путь, 1997. Т. II: 1926–1927.

Лукьянов 1999 — *Лукьянов А. [В.]* Пушкин в любви: Интимная психобиография поэта. Ростов-на-Дону: Феникс, 1999.

Любовный быт 1994 — Любовный быт пушкинской эпохи / Сост., предисл., подготовка текста С. А. Овчинникова. М.: Васанта, 1994. Т. 1–2.

Люсый 1997 — *Люсый А. [П.]* Ангел утешенья // Октябрь. 1997. № 6. С. 171—174.

Люсый 2000 — *Люсый А. П.* Пушкин. Таврида. Киммерия. М.: Языки русской культуры, 2000.

Лямина, Самовер, 2004 — *Лямина Е. Э., Самовер Н. В.* Религиозное в эпоху поэтических манифестов: «Теснятся все к тебе во храм…» В. А. Жуковского // Пушкинские чтения в Тарту, 3: Материалы международной научной конференции, посвященной 220-летию В. А. Жуковского и 200-летию Ф. И. Тютчева / Ред. Л. Н. Киселева. Тарту: Tartu Ülikooli Kirjastus, 2004. С. 99–111.

Маленко 2000 — *Маленко А. Ю.* Пушкин и легенда о Бахчисарайском фонтане слез // Пушкин и Крым. IX Крымские Пушкинские Международные Чтения. Крым, Гурзуф, 18–21 сентября 1999 г. Материалы. Симферополь: Крымский архив, 2000. Кн. 2. С. 100–103.

Маленко 2002 — *Маленко А. Ю.* Пушкин-читатель и Бахчисарай // Крымский пушкинский научный сборник. Вып. 2 (11): Морской вектор в русской культуре. Симферополь: Крымский архив, 2002. С. 107–112.

Малиновская 1993 — *Малиновская Л. Н.* Семантическое поле Бахчисарайского фонтана («Слез») в контексте исламской традиции // История и археология Юго-Западного Крыма: Сборник научных трудов / Ред.-сост. Ю. М. Могарычев. Симферополь: Таврия, 1993. С. 174–187.

Манн 1976 — *Манн Ю. В.* Поэтика русского романтизма. М.: Наука, 1976.

Мануйлов 1937 — *Мануйлов В. А.* «Бахчисарайский фонтан» А. С. Пушкина. Л.: Пушкинское общество, 1937.

Маркелов 2000 — *Маркелов Н. В.* «Где рыскает в горах воинственный разбой…»: (Кавказские пленники) // Сборник Русского исторического общества. Т. 2 / Под ред. О. М. Рапова. М.: РИО; Русская панорама, 2000. С. 98–108.

Матяш 2000а — *Матяш С. А.* Композиционные функции переносов (enjambements) в восточных поэмах Жуковского и Пушкина: («Пери и ангел» и «Бахчисарайский фонтан») //

Актуальные проблемы изучения творчества А. С. Пушкина: Жанры, сюжеты, мотивы: Материалы Всероссийской конференции, посвященной 200-летию со дня рождения А. С. Пушкина. Новосибирск, 21–23 сентября 1999 г. / Отв. ред. и сост. М. Н. Дарвин. Новосибирск: Изд-во Сибирского отделения РАН, 2000. С. 23–35.

Матяш 2000b — *Матяш С. А.* Структура и функции переносов (enjambements) в поэме А. С. Пушкина «Бахчисарайский фонтан» // Онтология стиха: Памяти Владислава Евгеньевича Холшевникова. СПб.: Филологический фак-т СПбГУ, 2000. С. 133–146.

Медведева, Томашевский 2000 — *Медведева И. Н., Томашевский Н. Б.* За Пушкиным по Крыму // Люсый А. П. Пушкин. Таврида. Киммерия. М.: Языки русской культуры, 2000. С. 166–233.

Медриш 1993 — *Медриш Д. Н.* Сказочное пространство в прологе к «Руслану и Людмиле» // Фольклор народов России. Уфа, 1993. Вып. 20. С. 97–105.

Мельц 2000 — *Мельц М. Я.* Поэзия А. С. Пушкина в песенниках 1825–1917 гг. и русском фольклоре: Библиографический указатель (по материалам Пушкинского Дома). СПб.: Дмитрий Буланин, 2000.

Милонов 1812 — *Милонов М. [В.]* Падение листьев: Элегия // Вестник Европы. 1812. Ч. 61. № 3. С. 202–203.

Милонов 1819 — *Милоновъ М. [В.]* Сатиры, посланія и другія мѣлкія стихотворенія Михаила Милонова. СПб.: Въ типографіи Ив. Глазунова, 1819.

Михайлов 1995 — *Михайлов В. Д.* К локализации пушкинского Лукоморья // Временник Пушкинской комиссии: Сборник научных трудов. СПб.: Наука, 1995. Вып. 26. С. 192—196.

Мицкевич 1976 — *Мицкевич А.* Сонеты / Изд. подготовил С. С. Ланда. Л.: Наука, 1976 (сер. «Лит. памятники»).

Мнемозина 1824 — Мнемозина, собрание сочинений в стихах и прозе, издаваемая кн. В. Одоевским и В. Кюхельбекером. Ч. I—IV. М.: В Типографии Императорского Московского Театра, 1824.

Могилянский 1956 — *Могилянский А. П.* К уточнению некоторых данных первого тома «Летописи жизни и творчества А. С. Пушкина» // Пушкин: Исследования и материалы. М.; Л.: Изд-во АН СССР, 1956. Т. I. С. 388–395.

Модзалевский 1910 — *Модзалевский Б. Л.* Библиотека А. С. Пушкина: (Библиографическое описание) // Пушкин и его современники: Материалы и исследования. СПб., 1910. Вып. IX–X [репринт: М.: Книга, 1988].

Модзалевский 1933 — *Модзалевский Л. Б.* Новые материалы об изданиях Пушкина (1831-1937) // Звенья: Сборники материалов и документов по истории литературы и общественной мысли XIX века. М.; Л.: Academia, 1933. [Вып.] II. С. 241–253.

Мордовцев 1894 — *Мордовцев Д. Л.* Железом и кровью // Наблюдатель. 1894. Июнь. С. 26–33.

Мордовченко 1959 — *Мордовченко Н. И.* Русская критика первой четверти XIX века. М.; Л.: Изд-во АН СССР, 1959.

Морозов 1903 — *Морозов П. О.* [Введение и примечания к «Бахчисарайскому фонтану»] // Сочинения и письма А. С. Пушкина. СПб.: Тип. Товарищества «Просвещение», 1903. Т. III. С. 175–179, 623–626.

Морозов 1908 — *Морозов П. [О.]* Кавказский пленник // Библиотека великих писателей под ред. С. А. Венгерова: Пушкин. СПб.: Брокгауз-Ефрон, 1908. Т. II. С. 24–38.

Морозов 1912 — *Морозов П. О.* [Комментарий к «Бахчисарайскому фонтану] // Сочинения 1900–1929, III: 274–303 (2-й пагинации).

Муравьев-Апостол 1823 — [*Муравьев-Апостол И. М.*] Путешествiе по Тавридѣ въ 1820 годѣ. СПб.: Въ Тип. состоящей при особенной Канцеляріи Министерства Внутреннихъ Дѣлъ, 1823.

Муравьева 2005 — *Муравьева О. С.* «Бродячие метафоры» в текстах Пушкина // Пушкин и его современники: Сборник научных трудов. СПб.: Академический проект; Нестор-История, 2005. Вып. 4 (43). С. 420–432.

Мурьянов 1996 — *Мурьянов М. Ф.* Из символов и аллегорий Пушкина. М.: Наследие, 1996.

Набоков 1997 — *Набоков В. В.* Комментарий к роману А. С. Пушкина «Евгений Онегин» / Пер. с англ. СПб.: Искусство-СПб.; Набоковский фонд, 1997.

Назарова 1956 — *Назарова Л. Н.* К истории создания поэмы Пушкина «Руслан и Людмила» // Пушкин: Исследования и материалы. М.; Л.: Изд. АН СССР, 1956. Т. I. С. 216–221.

Невская 2002 — *Невская Д.* Гавриил Гераков и его неопубликованный дневник 1812–1813 годов: (К реконструкции личности забытого писателя) // Philologia: Рижский филологический сборник. Рига: Латвийский ун-т, 2002. Вып. 4. С. 23–72.

Невский альманах 1827 — Невский альманах на 1827 год, издаваемый Е. Аладьиным. СПб., 1826.

Недзельский 1929 — *Недзельский Б. Л.* Пушкин в Крыму. [Симферополь]: Крымское гос. изд-во, [1929].

Незеленов 1882 — *Незеленов А. [И.]* Александр Сергеевич Пушкин в его поэзии: Первый и второй периоды жизни и деятельности (1799–1826). СПб.: Тип. А. С. Суворина, 1882.

Некрасов 1934 — *Некрасов А. И.* К вопросу о литературных источниках «Кавказского пленника» Пушкина // Сборник статей к сорокалетию ученой деятельности академика А. С. Орлова. Л.: Изд-во АН СССР, 1934. С. 153–163.

Немзер 1987 — *Немзер А. С.* «Сии чудесные виденья…» Время и баллады В. А. Жуковского // Зорин А. Л., Зубков Н. Н., Немзер А. С. «Свой подвиг свершив…» О судьбе произведений Г. Р. Державина, К. Н. Батюшкова, В. А. Жуковского. М.: Книга, 1987. С. 155–264.

Немировский 2002 — *Немировский И. В.* Смывая «печальные строки» // Пушкин и его современники: Сборник научных трудов. СПб.: Академический проект, 2002. Вып. 3 (42). С. 58–79.

Несмеянова 2006 — *Несмеянова М. А.* Кто Вы, «утаенная любовь» Пушкина? М.: Наука, 2006.

Новейшее собрание романсов 1830 — Новейшее собрание романсов и песен, избранных из лучших авторов <...>. М.: В Типографии Селивановского, 1830. Ч. 1.

Новиков 1951 — *Новиков И. А.* Пушкин и «Слово о полку Игореве» М.: Советский писатель, 1951.

Новикова 1999 — *Новикова М. А.* Студенты вчитываются в «Бахчисарайский фонтан» // Московский пушкинист. Ежегодный сб. / Сост. и науч. ред. В. С. Непомнящий. М.: Наследие, 1999. [Вып.] VI. С. 203—220.

Нольман 1979 — *Нольман М. Л.* Гипотеза Лахути. Современные выводы из давней дискуссии // Памир. 1979. № 4. С. 51–57.

Нольман 1991 — *Нольман М. Л.* Саади или Цицерон? Об одной необоснованной замене // Творчество Пушкина и Зарубежный Восток: Сборник статей / Сост. Д. И. Белкин. М.: Наука, Главная редакция восточной литературы, 1991. С. 219–228.

ОА I–V — Остафьевский архив князей Вяземских / Под ред. и с примеч. В. И. Саитова, П. Н. Шеффера. СПб.: Изд. гр. С. Д. Шереметева, 1899–1913. Т. I–V.

Оксман 1925 — *Оксман Ю. Г.* Нарушение авторских прав ссыльного Пушкина в 1824 г. // Пушкин: Статьи и материалы / Под ред. М. П. Алексеева. Одесса, 1925. Вып. I. С. 6–11.

Оксман 1934 — *Оксман Ю. Г.* Публикация и примечания к тексту: Пушкин А. С. Письмо Смирдину А. Ф., 25 октября 1827 г., Петербург // ЛН 16–18: 539–542.

Оксман 1936 — *Оксман Ю. Г.* К истории высылки Пушкина из Петербурга в 1820 г.: Неизвестное письмо С. Л. Пушкина к В. А. Жуковскому // Пушкин: Временник Пушкинской комиссии. М.; Л.: Изд-во АН СССР, 1936. [Вып.] 1. С. 191—195.

Отчет ИПБ 1895 — Отчет Императорской публичной библиотеки за 1892 год. СПб., 1895.

Осповат 1999 — *Осповат Л. С.* Дальняя подруга: Пушкинский миф о безыменной любви в творчестве Тынянова — Эйзенштейна // Киноведческие записки. 1999. № 42. С. 74–105.

Охотин, Осповат 1985 — Комментарии к Материалам для биографии Пушкина [П. В. Анненкова] / [Авторы комментария А. Л. Осповат и Н. Г. Охотин]. М.: Книга, 1985.

Паллас 1999 — *Паллас П.-С.* Наблюдения, сделанные во время путешествия по южным наместничествам Русского государства в 1793–1794 годах / Пер. с нем. [А. Л. Бертье-Делагарда и С. Л. Белявской]. М.: Наука, 1999 (= Научное наследство. Т. 27).

Пенинский 1833–1834 — *Пенинский И.* Российская христоматия, или отборные сочинения отечественных писателей в прозе и стихах. СПб.: Печатано при Императорской академии наук, 1833–1834. Ч. 1–2.

Переписка 1982 — Переписка А. С. Пушкина / Сост. и коммент. В. Э. Вацуро, М. И. Гиллельсона, И. Б. Мушиной, М. А. Турьян. М.: Художественная литература, 1982. Т. 1–2

Петров 1811 — *Петров В. П.* Сочиненія В. Петрова / Изданіе второе. СПб.: Въ Медицинской Типографіи, 1811. Ч. 1–3.

Петрунина 1992 — *Петрунина Н. Н.* К творческой истории поэмы А. С. Пушкина «Руслан и Людмила» // Русская литература. 1992. № 4. С. 182–201.

Пильщиков 1995 — *Пильщиков И. А.* «Les Jardins» Делиля в переводе Воейкова и «Воспоминания» Баратынского // Лотмановский сборник. М.: ИЦ-Гарант, 1995. [Вып.] 1. С. 365–374.

Пильщиков, Добродомов 2003 — *Пильщиков И. А., Добродомов И. Г.* Из заметок о лексике и фразеологии «Евгения Онегина»: («У ночи много звезд прелестных...») // Известия Российской академии наук. Серия литературы и языка. 2003. Т. 62. № 1. С. 67–70.

ПиМ — Пушкин: Исследования и материалы. М.; Л.: Изд-во АН СССР; Л.: Наука. Ленингр. отд-ние; СПб.: Наука, 1956–2004. Т. I–XIX.

Письма 1926–1935 — *Пушкин А. С.* Письма / Под ред. и с примеч. Б. Л. Модзалевского, Л. Б. Модзалевского. М.; Л.: Гос. изд-во; Academia, 1926–1935. Т. 1–3.

Погодин 1914 — Пушкин по документам Погодинского архива / Предисл. и публ. М. Цявловского // Пушкин и его современники: Материалы и исследования. Пг., 1914. Вып. XIX–XX. С. 63–94.

Поливанов 1904 — Сочинения А. С. Пушкина с объяснением их и сводом отзывов критики / Издание Льва Поливанова, 3-е изд. М., 1904. Т. II.

Полный новейший песенник 1835 — Полный новейший песенник, в тринадцати частях, содержащий в себе собрание всех лучших песен известных наших Авторов <...>. М.: В Типографии Н. Степанова, 1835. Ч. 3.

Поэты XVIII века 1972 — Поэты XVIII века / Сост. Г. П. Макогоненко и И. З. Сермана. Л.: Советский писатель, 1972. Т. 1–2.

Поэты-радищевцы 1979 — Поэты-радищевцы: А. Х. Востоков, И. П. Пнин, И. М. Борн, В. В. Попугаев и другие поэты Вольного общества любителей словесности, наук и художеств / Вступ. статья, биогр. справки, составление и подготовка текста П. А. Орлова, примеч. П. А. Орлова и Г. А. Лихоткина. [Л.]: Советский писатель, 1979.

ППК 1–3 — Пушкин в прижизненной критике. [Т. 1]: 1820–1827; [Т. 2]: 1828–1830; [Т. 3]: 1831–1833 / Под общ. ред. В. Э. Вацуро, С. А. Фомичева, Е. О. Ларионовой. СПб.: Государственный пушкинский театральный центр в Санкт-Петербурге, 1996–2003.

Принцева 1983 — *Принцева Г. А.* Николай Иванович Уткин: 1780–1863. Л.: Искусство, 1983.

Проскурин 1992 — *Проскурин О. А.* Зоил: Мемуары М. А. Дмитриева и литературная жизнь Москвы 1820-х годов // Новое литературное обозрение. 1992. № 1. С. 191–204.

Проскурин 1999 — *Проскурин О. [А.]* Поэзия Пушкина, или Подвижный палимпсест. М.: НЛО, 1999.

Проскурин 1999а — *Проскурин О. [А.]* «Евгений Онегин» и русская стихотворная комедия // Russian Language Journal. 1999. Vol. 53. № 174–176. P. 7–42.

Проскурин 2003 — *Проскурин О. [А.]* Пометы Пушкина на полях «Опытов в стихах» Батюшкова: датировка, функция, место в литературной эволюции // Новое литературное обозрение. 2003. № 6 (64). С. 251–283.

Проскурина 2006 — *Проскурина В. [Ю.]* Мифы империи: Литература и власть в эпоху Екатерины II. М.: НЛО, 2006.

ПСС 1937–1959 — *Пушкин А. С.* Полное собрание сочинений, 1837–1937: В 17 т. М.; Л.: Изд-во АН СССР, 1937–1959.

ПСС 1977–1979 — *Пушкин А. С.* Полное собрание сочинений: В 10 т. / 4-е изд. Л.: Наука, Ленингр. отд-ние, 1977–1979. Т. 1–10.

ПСС 1999 — *Пушкин А. С.* Полное собрание сочинений: В 20 т. СПб.: Наука, 1999. Т. 1; 2004. Т. 2. Кн. 1.

Пушкарев 1980 — *Пушкарев Л. Н.* Сказка о Еруслане Лазаревиче. М.: Наука, 1980.

Пушкин 1995 — *Пушкин А. С.* Дневник. Записки / Изд. подготовила Я. Л. Левкович. СПб.: Наука, 1995.

Пушкин в воспоминаниях 1998 — Пушкин в воспоминаниях современников / 3-е изд.; вступ. статья В. Э. Вацуро; сост. и примеч. В. Э. Вацуро, М. И. Гиллельсона, Р. В. Иезуитовой, Я. Л. Левкович и др. СПб.: Академический проект, 1998. Т. 1–2.

Рабочие тетради 1995–1998 — *Пушкин А. С.* Рабочие тетради: [Факсимильное издание] = Pushkin Alexander. The working notebooks / Институт русской литературы (Пушкинский Дом) РАН. СПб.; Лондон; Болонья: Эдитриче Композитори, 1995–1998. Т. 1–8.

Радищев 1801а — Альоша Поповичь, богатырское пѣснотвореніе // Богатырскія повѣсти въ стихахъ. Сочиненіе Н....я Р....ва. М.: Въ Университетской Типографіи, у Христофора Клаудія, 1801. Ч. 1.

Радищев 1801b — Чурила Пленковичь, богатырское пѣснотвореніе // Богатырскія повѣсти въ стихахъ. Сочиненіе Н....я Р....ва. М.: Въ Университетской Типографіи, у Христофора Клаудія, 1801. Ч. 2.

Рак 2003 — *Рак В. Д.* Пушкин, Достоевский и другие. (Вопросы текстологии, материалы к комментариям): Сб. статей. СПб.: Академический проект, 2003.

Рак 2004а — *Рак В. Д.* Байрон // Пушкин: Исследования и материалы. СПб.: Наука, 2004. Т. XVIII–XIX. С. 38–59.

Рак 2004b — *Рак В. Д.* Мур // Пушкин: Исследования и материалы. СПб.: Наука, 2004. Т. XVIII–XIX. С. 213–214.

Рак 2004c — *Рак В. Д.* Саади // Пушкин: Исследования и материалы. СПб.: Наука, 2004. Т. XVIII–XIX. С. 298–300.

Рейсер 1982 — *Рейсер С. А.* «Бурый волк» // Временник Пушкинской комиссии, 1979. Л.: Наука, 1982. С. 157–159.

Рейтблат 2001 — *Рейтблат А. И.* Как Пушкин вышел в гении. Историко-социологические очерки о книжной культуре Пушкинской эпохи. М.: НЛО, 2001.

Реппо-Шабарова 1998 — *Реппо-Шабарова М.* Комедия А. А. Шаховского «Фин» как переложение поэмы А. С. Пушкина «Руслан и Людмила» // Русская филология, 9: Сборник научных работ молодых филологов / Отв. ред. Т. Степанищева, О. Паликова. Тарту, 1998. С. 24–29.

Реппо-Шабарова 1999 — *Реппо-Шабарова М.* «Керим-Гирей, крымский Хан» А. А. Шаховского и «Бахчисарайский фонтан» А. С. Пушкина: (трансформация образов главных персонажей) // Русская филология, 10: Сборник научных работ молодых филологов / Отв. ред. Т. Степанищева, О. Паликова. Тарту, 1999. С. 44–50.

Рисунки 1996 — *Пушкин А. С.* Полное собрание сочинений: В 17 т. М.: Воскресенье, 1996. Т. 18 (дополнительный): Рисунки.

Рогов 1997 — *Рогов К. Ю.* К истории «московского романтизма»: Кружок и общество С. Е. Раича // Лотмановский сборник. М.: ОГИ; Изд-во РГГУ, 1997. [Вып.] 2. С. 523–576.

Розанов 1937 — *Розанов М. Н.* Пушкин и Ариосто // Известия АН СССР. Отд. общественных наук. 1937. № 2–3. С. 375–412.

Рукою Пушкина 1935 — Рукою Пушкина. Несобранные и неопубликованные тексты / Подготовка к печати и коммент. М. А. Цявловского, Л. Б. Модзалевского, Т. Г. Зенгер. М.; Л.: Academia, 1935.

Рылеев 1987 — *Рылеев К. Ф.* Сочинения / Сост., вступ. статья, комментарии С. А. Фомичева. Л.: Художественная литература, 1987.

Сандомирская 1966 — *Сандомирская В. Б.* Поэмы // Пушкин: Итоги и проблемы изучения: Коллективная монография под ред. Б. П. Городецкого, Н. В. Измайлова, Б. С. Мейлаха. Л.: Наука, 1966. С. 354–406.

Сандомирская 1969 — *Сандомирская В. [Б.]* «Естественный человек» и общество: «Кавказский пленник» в творчестве поэта // Звезда. 1969. № 6. С. 184–190.

Свирин 1935a — *Свирин Н. [К.]* К вопросу о байронизме Пушкина // Литературный современник. 1935. № 2. С. 184–210.

Свирин 1935b — *Свирин Н. [К.]* Пушкин и Восток. Статья первая: «Бахчисарайский фонтан» // Звезда. 1935. № 4. С. 204–229.

Святелик 1988 — *Святелик В. А.* Ще про джерела поеми О. С. Пушкіна «Бахчисарайський фонтан» // Радянське літературознавство. 1988. № 11. С. 60–67.

Святелик 1989 — *Святелик В. А.* Легенда, пришедшая к Пушкину // Знамя. 1989. № 8. С. 211–220.

Святелик 2000 — *Святелик В. А.* Путем гипотезы Гроссмана // Пушкин и Крым. IX Крымские Пушкинские Международные Чтения. Крым, Гурзуф, 18–21 сентября 1999 г. Материалы: В 2 кн. Симферополь: Крымский архив, 2000. Кн. 1. С. 69–70.

Северная лира 1984 — Северная лира на 1827 год / Изд. подготовили Т. М. Гольц и А. Л. Гришунин. М.: Наука, 1984.

Селиванова 1980 — *Селиванова С. Д.* Над пушкинскими рукописями. М.: Наука, 1980.

Семенов 1937 — *Семенов Л. П.* Пушкин на Кавказе. Пятигорск: Северо-Кавказское краевое гос. изд-во, 1937.

Синявский, Цявловский 1938 — Пушкин в печати: Хронологический указатель произведений Пушкина, напечатанных при его жизни / Сост. Н. Синявский, М. Цявловский; 2-е изд., испр. М.: Соцэкгиз, 1938.

Сиповский 1899 — *Сиповский В. В.* Пушкин, Байрон и Шатобриан: Из литературной жизни Пушкина на юге России. СПб.: Тип. В. Демакова, 1899.

Сиповский 1906 — *Сиповский В. [В.]* Руслан и Людмила: (к литературной истории поэмы) // Пушкин и его современники: Материалы и исследования. СПб.: Имп. академия наук, 1906. Вып. IV. С. 59–84.

Словарь языка Пушкина 2000 — Словарь языка Пушкина / Отв. ред. В. В. Виноградов и др.; 2-е изд., доп. М.: Азбуковник, 2000. Т. 1–4.

Слонимский 1937 — *Слонимский А. Л.* Первая поэма Пушкина // Пушкин: Временник Пушкинской комиссии. М.; Л.: Изд-во АН СССР, 1937. [Вып.] 3. С. 183–202.

Слонимский 1963 — *Слонимский А. Л.* Мастерство Пушкина. 2-е изд., испр. М.: ГИХЛ, 1963.

Смирнов 1887 — *Смирнов В. Д.* Крымское ханство под верховенством Отоманской Порты до начала XVIII века. СПб., 1887.

Смирнов-Сокольский 1962 — *Смирнов-Сокольский Н. П.* Рассказы о прижизненных изданиях Пушкина. М.: Изд-во Всесоюзной книжной палаты, 1962.

Смирнов-Сокольский 1969 — *Смирнов-Сокольский Н. П.* Моя библиотека. Библиографическое описание: В 2 т. М.: Книга, 1969. Т. 1.

Собрание новых Русских стихотворений 1826 — Собрание новых Руских стихотворений, вышедших в свет с 1823 по 1825 год, служащее дополнением к Собранию Образцовых Руских сочинений и переводов. СПб., 1826. Ч. 2.

Соколов 1955 — *Соколов А. Н.* Очерки по истории русской поэмы XVIII и первой половины XIX века. М.: Изд-во МГУ, 1955.

Соловьева 1964 — Рукописи Пушкина, поступившие в Пушкинский Дом после 1937 года: Краткое описание / Сост. О. С. Соловьева. М.; Л.: Наука, 1964.

Сочинения 1838–1841 — Сочинения Александра Пушкина. СПб., 1838–1841. Т. I–XI.

Сочинения 1855–1857 — Сочинения Пушкина с приложением материалов для его биографии, портрета, снимков с его почерка и с его рисунков, и проч. / Под ред. П. В. Анненкова. СПб.: В Военной типографии, 1855–1857. Т. I–VII.

Сочинения 1859 — Сочинения А. С. Пушкина / Изд. Я. А. Исакова [под ред. Г. Н. Геннади]. СПб.: В тип. Э. Праца, 1859. Т. I–VI.

Сочинения 1900—1929 — Сочинения Пушкина / Издание Императорской академии наук. СПб. [Л.], 1900–1929. Т. I–IV, IX, XI.

СС 1959–1962 — *Пушкин А. С.* Собрание сочинений: В 10 т. / Под общей ред. Д. Д. Благого, С. М. Бонди, В. В. Виноградова, Ю. Г. Оксмана. М.: ГИХЛ, 1959–1962.

Стенник 1995 — *Стенник Ю. В.* Пушкин и русская литература XVIII века. СПб.: Наука, 1995.

Литература

Стефанович 1927 — *Стефанович В. Н.* Из истории «Кавказского пленника» Пушкина // Творческая история: Исследования по русской литературе / Ред. Н. К. Пиксанов. М.: Никитинские субботники, 1927. С. 7–42.

Строганов 1982 — *Строганов М. В.* Читатели-современники о поэме А. С. Пушкина «Руслан и Людмила» // Литературные произведения и читательское восприятие. Калинин, 1982. С. 84–101.

Строганов 1988 — *Строганов М. В.* «Кандид» Вольтера в «Руслане и Людмиле» Пушкина // Художественное восприятие: Проблемы истории и теории. Калинин, 1988. С. 62–72.

Строганов 2002 — Роман А. С. Пушкина «Евгений Онегин»: Материалы к энциклопедии: В 2 ч. / Науч. ред. М. В. Строганов. Тверь: Тверской гос. ун-т, 2002.

Сумароков 1800 — Путешествiе по всему Крыму и Бессарабiи. Въ 1799 году, Павломъ Сумароковымъ. Съ историческимъ и топографическимъ описанiемъ всѣхъ тѣхъ мѣстъ. М.: Въ Университетской типографiи, у Ридигера и Клаудiя, 1800.

Сумароков 1803 — Досуги Крымскаго судьи или Второе путешествiе въ Тавриду Павла Сумарокова. СПб.: Въ Императорской Типографiи, 1803. Ч. 1.

Сумцов 1900 — *Сумцов Н. Ф.* А. С. Пушкин: Исследования. Харьков, 1900.

Сушков 1854 — *Сушков Н. В.* Обоз к потомству с книгами и рукописями: Из записок Н. В. Сушкова // Раут. М., 1854. Кн. 3. С. 250–409.

СЦ 1826 — Северные Цветы на 1826 год, собранные бароном Дельвигом / Изд. И. Слениным. СПб.: Тип. Деп. нар. просвещения, 1826.

Тарлинская 2002 — *Тарлинская М. [Г.]* Через Гете и Байрона — к Пушкину: История одной межъязыковой формулы // Известия Академии Наук. Серия литературы и языка. 2002. Т. 61. № 2. С. 26–33.

Тартаковская 1978 — *Тартаковская Л. А.* Жанр песни в творчестве Пушкина — романтика // По страницам литературы. Ташкент, 1978. С. 81–103 (= Ташкентский гос. ун-т. Сб. научных трудов. № 571).

Татищев 1968 — *Татищев В. Н.* История Российская: В 9 т. Л.: Наука, 1968. Т. 7.

Тахо-Годи 1999 — *Тахо-Годи М. А.* Ксавье де Местр и Кавказ // Вестник Северо-Осетинского гос. ун-та. Гуманитарные науки. Владикавказ, 1999. № 1. С. 260–281.

Тахо-Годи 2001 — *Тахо-Годи М. А.* Кавказ и «кавказские пленники» глазами путешественников начала XIX в.: Ксавье де Местр и Фредерика Фрейганг // Дарьял: Литературно-художественный и общественно-политический журнал. 2001. № 1. С. 132–145.

Тень Баркова 2002 — *Пушкин А. С.* Тень Баркова: Тексты. Комментарии. Экскурсы / Изд. подготовили И. А. Пильщиков, М. И. Шапир. М.: Языки славянской культуры, 2002.

Тимофеева 1997 — [*Тимофеева Л. А.*] Puchkiniana // «Тень Пушкина меня усыновила...» Рукописи, книги, изобразительные материалы, памятные вещи из музея А. Ф. Онегина. Каталог выставки / Отв. ред. С. М. Некрасов, С. А. Фомичев. СПб.; Болонья; Кембридж: Эдитриче Композитори, 1997.

Томашевский 1930 — *Томашевский Б. В.* Мелочи о Пушкине. XI. Маленькая ножка // Пушкин и его современники. Л., 1930. Вып. XXXVIII–XXXIX. С. 76–78.

Томашевский 1934 — *Томашевский Б. В.* Издания стихотворных текстов: Обзор // Лит. наследство. М.: Журнально-газетное объединение, 1934. Т. 16–18. С. 1055–1112.

Томашевский 1937 — *Томашевский Б. В.* Пушкин и Лафонтен // Пушкин: Временник Пушкинской комиссии / АН СССР. Ин-т литературы. М.; Л.: Изд. АН СССР, 1937. [Вып.] 3. С. 215–254.

Томашевский 1940 — *Томашевский Б. В.* Пушкин и французская революционная ода (Экушар Лебрен) // Изв. Акад. наук СССР. Отд-ние литературы и языка. 1940. № 2. С. 25–55.

Томашевский 1949 — *Томашевский Б. В.* «Таврида» Пушкина // Ученые записки ЛГУ. 1949. № 122. Серия филологических наук. Вып. 16. С. 97—124.

Томашевский 1955 — *Томашевский Б. В.* Неизвестное стихотворение А. Бестужева // Ученые записки ЛГУ. № 200. Серия филологических наук. Вып. 25. Л., 1955. С. 205–207.

Томашевский 1956 — *Томашевский Б. В.* Пушкин. Книга первая: 1813–1824. М.; Л.: Изд. АН СССР, 1956.

Томашевский 1959 — *Томашевский Б. В.* Писатель и книга: Очерк текстологии / 2-е изд. М.: Искусство, 1959.

Томашевский 1960 — *Томашевский Б. В.* Пушкин и Франция. Л.: Советский писатель, 1960.

Томашевский 1961 — *Томашевский Б. В.* Пушкин. Книга вторая: Материалы к монографии (1824–1837). М.; Л.: Изд-во АН СССР, 1961.

Томашевский 1987 — *Томашевский Н. [Б.]* Пушкин — читатель Ариосто: (Заметки) // Альманах библиофила. М.: Книга, 1987. Вып. XXIII: Венок Пушкину (1837–1987). С. 107–112.

Туманский 1912 — *Туманский В. И.* Стихотворения и письма / Ред., биогр. очерк и примеч. С. Н. Браиловского. СПб.: Изд-во А. С. Суворина, 1912.

Тучков 1908 — Записки Сергея Алексеевича Тучкова, 1766–1808 / Под ред. и со вступ. статьею К. А. Военского. СПб.: Типо-литография Т-ва «Свет», 1908.

Тынянов 1939 — *Тынянов Ю. Н.* Безыменная любовь // Литературный современник. 1939. № 5/6. С. 243–262.

Тынянов 1969 — *Тынянов Ю. Н.* Пушкин и его современники / Сост. и подготовка текста В. А. Каверина и З. А. Никитиной, коммент. А. Л. Гришунина и А. П. Чудакова. М.: Наука, 1969.

Тютчев 2002 — *Тютчев Ф. И.* Полное собрание сочинений и писем: В 6 т. Т. 1: Стихотворения, 1813–1849 / Сост., подготовка текста и коммент. В. Н. Касаткиной. М.: Издат. центр «Классика», 2002.

Успенский 2006 — *Успенский Б. А.* Крест и круг: Из истории христианской символики. М.: Языки славянской культуры, 2006.

Утаенная любовь 1997 — Утаенная любовь Пушкина. Сб. статей / Сост., подготовка текста и примеч. Р. В. Иезуитовой, Я. Л. Левкович. СПб.: Академический проект, 1997.

Фадеев 1958 — *Фадеев А. В.* Россия и Восточный кризис 20-х годов XIX века. М.: Изд-во АН СССР, 1958.

Фадеев 1960 — *Фадеев А. В.* Россия и Кавказ первой трети XIX в. М.: Изд-во АН СССР, 1960.

Фасмер 1996 — *Фасмер М.* Этимологический словарь русского языка / Пер. с нем. и доп. О. Н. Трубачева; 3-е изд. СПб.: Азбука; Терра, 1996. Т. I–IV.

Февчук 1986 — *Февчук Л. П.* О некоторых прижизненных графических портретах Пушкина // Временник Пушкинской комиссии. Л.: Наука, Ленингр. отд-ние, 1986. Вып. 20. С. 121–134.

Федорова 1977 — *Федорова Г. Л.* Вставная песня в поэме А. С. Пушкина «Бахчисарайский фонтан» // Проблемы сюжета и жанра художественного произведения. Алма-Ата, 1977. Вып. 7. С. 3–8.

Фейнберг 1955 — *Фейнберг И. Л.* Незавершенные работы Пушкина. М.: Советский писатель, 1955.

Фомичев 1983 — *Фомичев С. А.* Рабочая тетрадь Пушкина ПД № 835: Из текстологических наблюдений // Пушкин: Исследования и материалы. Л.: Наука, 1983. Т. XI. С. 27–65.

Фомичев 1986а — *Фомичев С. А.* Рабочая тетрадь Пушкина ПД № 832 (из текстологических наблюдений) // Пушкин: Исследования и материалы. Л.: Наука, 1986. Т. XII. С. 224–242.

Фомичев 1986b — *Фомичев С. А.* Поэзия Пушкина: Творческая эволюция. Л.: Наука, 1986.

Фомичев 1993 — *Фомичев С. А.* Графика Пушкина. СПб., 1993.

Фомичев 1995 — *Фомичев С. А.* Эпиграмма «Певец Давид был ростом мал...»: (текст, датировка, сатирическая направленность) // Временник Пушкинской комиссии: Сборник научных трудов. СПб.: Наука, 1995. Вып. 26. С. 78–86.

Фомичев 1996 — *Фомичев С. А.* Новые тексты стихотворений А. С. Пушкина. СПб.: Нотабене, 1996 (= Неизданный Пушкин. Вып. 1).

Фомичев 2003 — *Фомичев С. А.* Записная книжка Пушкина ПД 830 (история заполнения: л. 43–66 об.) // Пушкин: Исследования и материалы. СПб.: Наука, 2003. Т. XVI–XVII. С. 43–56.

Формозов 1979 — *Формозов А. А.* Пушкин и древности: Наблюдения археолога. М.: Наука, 1979.

Французская элегия 1989 — Французская элегия XVIII–XIX веков в переводах поэтов пушкинской поры. М.: Радуга, 1989.

Халанский 1907 — *Халанский М. [Г.]* «Руслан и Людмила» // Библиотека великих писателей под ред. С. А. Венгерова: Пушкин. СПб.: Брокгауз-Ефрон, 1907. Т. I. С. 572–590.

Херасков 1787 — *Херасков М. М.* Владимиръ, эпическая поэма // Эпическія творенія Михайла Хераскова… / Изданіе второе, исправленное, пересмотрѣнное и дополненное. М.: Въ Университетской Типографіи у Н. Новикова, 1787. Ч. 2.

Херасков 1803 — [*Херасков М. М.*] Бахаріяна, или Неизвѣстный. Волшебная повѣсть, почерпнутая изъ русскихъ сказокъ. М.: Въ типографіи Платона Бекетова, 1803.

Херасков 1961 — *Херасков М. М.* Избранные произведения / Составление, вступ. статья и комментарии А. В. Западова. М.; Л.: Советский писатель, 1961.

Хохлова 2001 — *Хохлова Н. А.* Андрей Николаевич Муравьев — литератор. СПб.: Дмитрий Буланин, 2001.

Цветник 1833 — Цветник, или Новейшее собрание романсов и песен <...>. М., 1833. Ч. 1.

Цявловская 1974 — *Цявловская Т. Г.* «Храни меня, мой талисман» // Прометей. Историко-биографический альманах серии «ЖЗЛ». М.: Молодая гвардия, 1974. Т. 10. С. 12–84.

Цявловская 1983 — *Цявловская Т. Г.* Рисунки Пушкина. М.: Искусство, 1983.

Цявловский 1913 — *Цявловский М. А.* Пушкин и английский язык // Пушкин и его современники: Материалы и исследования. СПб., 1913. Вып. 17/18. С. 48–73.

Цявловский 1927 — *Цявловский М. А.* Письмо А. И. Тургенева к В. А. Жуковскому // Московский пушкинист: Статьи и материалы / Под ред. М. А. Цявловского. М.: Никитинские субботники, 1927. [Вып.] I: 1837–1927. С. 23–32.

Цявловский 1962 — *Цявловский М. А.* Статьи о Пушкине / Сост., ред. и примеч. Т. Г. Цявловской. М.: Изд-во АН СССР, 1962.

Черняев 1900 — *Черняев Н. И.* О «Руслане и Людмиле» // Черняев Н. И. Критические статьи и заметки о Пушкине. Харьков: Тип. «Южного Края», 1900. С. 592–625.

Шарыпкин 1972 — *Шарыпкин Д. М.* Исповедь Финна в поэме «Руслан и Людмила» // Временник Пушкинской комиссии, 1970. Л.: Наука, 1972. С. 79–91.

Шарыпкин 1980 — *Шарыпкин Д. М.* Скандинавская литература в России. Л.: Наука, 1980.

Шварцбанд 2004 — *Шварцбанд С. М.* История текстов: «Гавриилиада», «Подражания Корану», «Евгений Онегин» (Главы I–IV). М.: Изд-во РГГУ, 2004.

Шевырев 2006 — *Шевырев С. П.* Итальянские впечатления / Вступ. статья, подготовка текста, сост. и примеч. М. И. Медового. СПб.: Академический проект, 2006.

Шейман, Соронкулов 2000 — *Шейман Л. А., Соронкулов Г. У.* Пушкин и его современники: Восток — Запад: Очерки. Бишкек, 2000.

Шеффер 1902 — *Шеффер П. Н.* Из заметок о Пушкине: «Руслан и Людмила» // Памяти Леонида Николаевича Майкова. СПб.: Тип. Имп. академии наук, 1902. С. 503–522.

Шеффер 1926 — *Шеффер П. [Н.]* Из заметок о Пушкине // Сборник статей в честь академика Алексея Ивановича Соболевского, изданный ко дню 70-летия со дня его рождения. Л.: Изд. АН СССР, 1926. С. 77–80 (= Сборник Отделения русского языка и словесности Академии наук СССР. Т. CI. № 3).

Шлионский 1960 — *Шлионский Л. И.* К вопросу о дефинитивном тексте поэмы «Руслан и Людмила» // Пушкин: Исследования и материалы. М.; Л.: Изд-во АН СССР, 1960. Т. III. С. 378–401.

Шоу 2002 — *Шоу Дж. Т.* Поэтика неожиданного у Пушкина: Нерифмованные строки в рифмованной поэзии и рифмованные строки в нерифмованной поэзии. М.: Языки славянской культуры, 2002.

Щеголев 1911 — *Щеголев П. Е.* Из разысканий в области биографии и текста Пушкина // Пушкин и его современники: Материалы и исследования. СПб., 1911. Вып. XIV. С. 53–193.

Щербакова 1999 — *Щербакова С. Н.* Пушкин и современники. Страницы театральной истории. СПб.: Санкт-Петербургский центр истории идей, 1999.

Эвтерпа 1828 — Эвтерпа. Подарок любительницам и любителям пения на 1828 год. Собрание новейших романсов и песен. М.: В типографии Августа Семена, 1828.

Эйгес 1941 — *Эйгес И. [Р.]* Пушкин и Жуковский // Пушкин — родоначальник новой русской литературы: Сборник научно-исследовательских работ. М.; Л.: Изд-во АН СССР, 1941. С. 193–216.

Эйдельман 1987 — *Эйдельман Н. Я.* Пушкин: Из биографии и творчества, 1826–1837. М.: Художественная литература, 1987.

Эйхенбаум 1969 — *Эйхенбаум Б. М.* От военной оды — к «гусарской песне» // Эйхенбаум Б. М. О поэзии. Л.: Советский писатель, 1969. С. 148–168.

Элиаш 1914 — *Элиаш Н. М.* К вопросу о влиянии Батюшкова на Пушкина // Пушкин и его современники: Материалы и исследования. Пг., 1914. Вып. XIX–XX. С. 1–39.

Энциклопедия 2004 — Пушкин и мировая литература: Материалы к «Пушкинской энциклопедии» // Пушкин: Исследования и материалы. СПб.: Наука, 2004. Т. XVIII–XIX.

Эрато 1829 — Эрато, приношение прекрасному полу, или собрание новейших, отборных и употребительнейших романсов и песен. М.: В Типографии Н. Степанова, 1829.

Эфрос 1946 — *Эфрос А. М.* Пушкин портретист. Два этюда. [М.]: Гослитмузей, 1946.

Яворская 1986 — *Яворская Л. К.* Поэма Пушкина «Кавказский пленник» в оценке П. А. Плетнева // Русская поэзия XVIII–XIX вв. Куйбышев, 1986. С. 32–40.

Языковский архив 1913 — Письма Н. М. Языкова к родным за дерптский период его жизни (1822–1829) / Под ред. и с объяснит. примеч. Е. В. Петухова. СПб., 1913 (= Языковский архив. Вып. I).

Якобсон 1987 — *Якобсон Р. О.* Стихи Пушкина о деве-статуе, вакханке и смиреннице // Якобсон Р. О. Работы по поэтике. М.: Прогресс, 1987. С. 181–197.

Якушкин 1905a — *Якушкин В. Е.* [Комментарии к «Руслану и Людмиле»] // Сочинения 1900–1929, II: 180–298 (2-й пагинации).

Якушкин 1905b — *Якушкин В. Е.* [Комментарии к «Кавказскому пленнику»] // Сочинения 1900–1929, II: 370–488 (2-й пагинации).

Altshuller 1992 — *Altshuller M.* Pushkin's "Ruslan and Liudmila" and the Traditions of the Mock-Epic Poem // The Golden Age of Russian Literature and Thought / Ed. by Derek Offord. New York: St. Martin's Press, 1992. P. 7–23.

Andrew 1993 — *Andrew J.* Narrative and Desire in Russian Literature. New York: St. Martin's Press, 1993.

Arioste 1780 — Roland furieux: Poème héroïque de L'Arioste / Nouvelle traduction, par M. le Comte de Tressan. Paris: Chez Pissot, Libraire, Quai des Augustins, 1780. T. 1–4.

Atkin 1980 — *Atkin M.* Russia and Iran, 1780–1828. Minneapolis: University of Minnesota Press, 1980.

Austin 1997 — *Austin P. M.* The Exotic Prisoner in Russian Romanticism. New York: Peter Lang, 1997.

Beaudoin 1997 — *Beaudoin L. J.* Resetting the Margins: Russian Romantic Verse Tales and the Idealized Woman. New York, etc.: Peter Lang, 1997.

Bethea 1998 — *Bethea D. M.* Realizing Metaphors: Alexander Pushkin and the Life of the Poet. Madison: The University of Wisconsin Press, 1998.

Bible 1817 — La Sainte Bible, contenant l'Ancien et le Nouveau Testament, traduite sur la Vulgate par Mr Le Maistre de Saci. SPb., 1817.

Boele 1996 — *Boele O. F.* The North in Russian Romantic Literature. Amsterdam; Atlanta, GA: Rodopi, 1996 (= Studies in Slavic Literature and Poetics. Vol. XXVI).

Böhmig 2001 — *Böhmig M.* Oreiente e orientalismi in Ruslan e Ljudmila di Puškin // Puškin e l'Oriente / A cura di S. Bertolissi. Napoli: M. D'Aura Editore, 2001. P. 101–114.

Briggs 1983 — *Briggs A. D. P.* Alexander Pushkin: A Critical Study. London; Canberra; Totowa, NJ: Croom Helm; Barnes & Noble Books, 1983.

Byron 1820 — Œuvres complètes de lord Byron / Traduites de l'Anglais par A. E. de Chastopalli. Seconde édition, revue, corrigée et augmentée de plusieurs poëmes. Paris: Chez Ladvocat, Libraire, Éditeur des fastes de la gloire, 1820. T. 1–3; Œuvres complètes de lord Byron, traduites de l'Anglais par M. A. P*****. Paris: Chez Ladvocat, Libraire, Éditeur des fastes de la gloire, 1821. T. 4.

Byron 1836 — Œuvres complètes de Lord Byron, traduction de M. Amédée Pichot / Nouvelle édition augmentée d'une notice historique sur Lord Byron, de toutes les pièces inédites et de notes nouvelles contenues dans l'édition définitive publiée récemment à Londres, ornée du portrait de l'auteur et de douze vignettes gravées en taille-douce, d'après les tableaux de MM. Alfred et Tony Johannot. Paris, 1836.

Byron 1945 — *Byron.* Poetical Works. London; New York; Toronto: Oxford University Press, 1945 (Oxford Standard Authors).

Castellan, Langlès 1812 — *Castellan A. L., Langlès L. M.* Mœurs, usages, costumes des Othomans, et abrégé de leur histoire / Par A. L. Castellan, Auteur des Lettres sur la Morée et sur Constantinople; Avec des éclaircissemens tirés d'ouvrages orienteaux, et communiqués par M. Langlès. Paris: Nepveu, 1812. Vol. 1–6.

Castelnau 1820 — *Castelnau C., marquis de.* Essai sur l'histoire ancienne et moderne de la Nouvelle Russie. Statistique des provinces qui la composent. Fondation d'Odessa; ses progrès, son état actuel; détails sur son commerce. Voyage en Crimée, dans l'intérêt de l'agriculture et du commerce. Avec Cartes, Vues, Plans, etc. Dédié A S. M. L'Empereur Alexandre I-er. Paris: Chez Rey et Gravier, libraires, 1820. T. 1–3.

Chopin 1826 — La fontaine des pleurs, poème de M. Alexandre Pouchkine, traduit librement du russe par J.-M. Chopin. Orné de trois figures lithographiques, avec une feuille de musique — chant tartare — de Mme Chopin. Paris: Chez Ponthieu, 1826.

Craven 1789a — Voyage en Crimée et à Constantinople, en 1786. Par Milady Craven / Traduit de l'Anglois, par M. Guedon de Berchère, Notaire à Londres. Enrichi de plusieurs Cartes et Gravures. A Londres, et se trouve à Paris: Chez Maradan, Libraire, 1789.

Craven 1789b — *Craven E.* A Journey through the Crimea to Constantinople. In a Series of Letters. Dublin: Printed for H. Chamberlaine, etc., 1789.

Debreczeny 1997 — *Debreczeny P.* Social Functions of Literature: Alexander Pushkin and Russian Culture. Stanford, CA: Stanford University Press, 1997.

Diakonova, Vacuro 1981 — *Diakonova N., Vacuro V.* Byron and Russia: Byron and Nineteenth-Century Russian Literature // Byron's Political and Cultural Influence in Nineteenth-Century Europe: A Symposium / Ed. by P. G. Trueblood. London: Macmillan, 1981. P. 143–159.

Driver 1992 — *Driver S.* Chénier and Puškin: The Problem of the "Lofty-Spirited Gaul" // For Henry Kuèera: Studies in Slavic Philology and Computational Linguistics / Ed. by A. W. Mackie a. o. Ann Arbor, 1992 (= Papers in Slavic Philology. 6). P. 163–178.

Ebbinghaus 2004 — *Ebbinghaus A.* Puškin und Russland: zur künstlerischen Biographie des Dichters. Wiesbaden: Harrassowitz, 2004.

Frank 1998 — *Frank S.* Gefangenen in der russischen Kultur. Zur Spezifik der Aneinung des Kaukasus in der russischen Literatur // Die Welt der Slaven. 1998. Bd. 43. S. 61–84.

Galitzine 1838 — La fontaine de Bagtsché-Sarai. Poème russe d'Alexandre Pouchkine, traduit en vers libres par le prince Nicolas Boris Galitzine traducteur du Pénitent noir (Чернецъ). Moscou: Impr. chez A. Semen, 1838.

Greenleaf 1994a — *Greenleaf M.* Pushkin's Byronic Apprenticeship: A Problem in Cultural Syncretism // Russian Review: An American Quarterly Devoted to Russia Past and Present. 1994. Vol. 53. № 3. P. 382–398.

Greenleaf 1994b — *Greenleaf M.* Pushkin and Romantic Fashion: Fragment, Elegy, Orient, Irony. Stanford: Stanford University Press, 1994.

Henze 1992 — *Henze P. B.* Circassian Resistance to Russia // The North Caucasus Barrier: The Russian Advance to the Muslim World / Ed. by M. Broxup. New York: St. Martin's Press, 1992. P. 62–111.

Herdmann 1982 — *Herdmann U.* Die Südlichen Poeme A. S. Puškins: Ihr Verhältnis zu Lord Byrons Oriental Tales. Hildesheim; Zürich; New York: Georg Olms, 1982.

Hokanson 1994 — *Hokanson K.* Literary Imperialism, Narodnost' and

Комментарии

Pushkin's Invention of the Caucasus // The Russian Review: An American Quarterly Devoted to Russia Past and Present. 1994. Vol. 53. № 3. P. 336–352.

Hokanson 1998 — *Hokanson K.* Pushkin's Captive Crimea: Imperialism in The Fountain of Bakhchisarai // Russian Subjects: Empire, Nation and the Culture of the Golden Age / Ed. by M. Greenleaf, S. Moeller-Sally. Evanston, IL: Northwestern University Press, 1998. P. 123–148.

Karlinsky 1963 — *Karlinsky S.* Two Pushkin Studies: I. Pushkin, Chateaubriand, and the Romantic Pose; II. The Amber Beads of Crimea: The Image of Crimea in "The Fountain of Bakhchisaray" by Alexander Pushkin and in "Crimean Sonnets" by Adam Mickiewicz // California Slavic Studies. 1963. Vol. 2. P. 96–120.

Kiseleva 2003 — *Kiseleva L.* Pushkin in the Mirror of Shakhovskoi // Two Hundred Years of Pushkin / Ed. by J. Andrew, R. Reid. Amsterdam; New York, NY: Rodopi, 2003 (= Studies in Slavic Literature and Poetics. Vol. XXXVII). Vol. 1. P. 37–47.

Koehler 1971 — *Koehler L.* The Identity of Pushkin's "Sublime Gaul" // Slavic and East European Journal. 1971. Vol. 49. № 117. P. 487–489.

La Fontaine 1818 — Œuvres complètes de La Fontaine, précédées d'une nouvelle notice sur sa vie. Paris: Chez Lefèvre, libraire, 1818. T. 5: Psyché.

Langer 1983 — *Langer G.* V. A. Žukovskij und Ch. H. Spiess: "Dvenadcat' spjašèich dev" und "Die Zwölf schlafenden Jungfrauen" // Studia Slavica in honorem viri doctissimi Olexa Horbatsch. München, 1983. T. 2. S. 75–97.

Layton 1994 — *Layton S.* Russian Literature and Empire: Conquest of the Caucasus from Pushkin to Tolstoy. Cambridge: Cambridge University Press, 1994.

Layton 1997 — *Layton S.* Nineteenth-Century Russian Mythologies of Caucasian Savagery // Russia's Orient: Imperial Borderlands and Peoples, 1700–1917 / Ed. by D. R. Brower, E. J. Lazzerini. Bloomington: Indiana University Press, 1997. P. 80–101.

Mann 1990 — *Mann R.* Puškin's Kavkazskij Plennik // Russian Language Journal. 1990. Vol. 44. № 147–149. P. 109–126.

Marigny 1837 — *Taitbout de Marigny [E.]* Three voyages in the Black Sea to the coast of Circassia: including descriptions of the ports, and the importance of their trade: with sketches of the manners, customs, religion, &c. &c., of the Circassians. London: J. Murray, 1837.

Millevoye 1823 — Œuvres complètes de Millevoye, dédiées au Roi, et ornées d'un beau portrait et de six vignettes. Paris: Chez Ladvocat, Libraire, 1822–1823. T. 1–4.

Moore 1820 — *Moore T.* Lalla Roukh ou la princesse mogole, histoire orientale, par Thomas Moore / Traduite de l'Anglais. Par le traducteur des œuvres de Lord Byron [A. Pichot]. Paris: Chez Ponthieu, Libraire, 1820. T. 1–2.

Moore 1915 — The Poetical Works of Thomas Moore / Ed. by A. D. Godley. London etc.: Humphrey Milford; Oxford University Press, 1915.

Mortier 1974 — *Mortier R.* La poétique des ruines en France: Ses origines, ses variations de la Renaissance à Victor Hugo. Genève: Librairie Droz, 1974.

Литература

Nabokov 1964 — Eugene Onegin, A Novel in Verse by Aleksandr Pushkin / Translated from the Russian, with a Commentary, by Vladimir Nabokov. New York: Bollingen Foundation; Pantheon Books, 1964. Vol. 1–4.

Neuhäuser 1996 — *Neuhäuser R. A. S.* Puškin "Südliche Poeme": Structurell Besonderneiten des lyrischen Textes // Arion. 1996. Bd. 3. S. 184–199.

Pallas 1799–1801 — *Pallas P. S.* Bemerkungen auf einer Reise in die südlichen Statthalterschaften des russischen Reichs in den Jahren 1793 und 1794. Leipzig, 1799–1801. Vol. 1–2.

Parny 1808 — Œuvres d'Évariste Parny. Paris: Chez Debray, libraire, au Grand Buffon, 1808. T. 1–5.

Prousis 1994 — *Prousis T.* Russian Society and the Greek Revolution. DeKalb: Northern Illinois University Press, 1994.

Ram 2003 — *Ram H.* The Imperial Sublime: A Russian Poetics of Empire. Madison: The University of Wisconsin Press, 2003.

Repey 1830 — La fontaine de Bakhtchesserai: Poème de M. Al. Pouchkine / Traduit par L. Repey. Moscou: Impr. chez A. Semen, 1830.

Rogalsky 1826 — Fontanna w Bakczyseraiu: Poema Alexandra Puszkina / Przekład z rossyyskiego [Adam Rogalsky]. Wilno: Józef Zawadzki własnym nakładem, 1826.

Rousseau 1782–1789 — Collection complète des œuvres de J. J. Rousseau, Citoyen de Genève. Genève: [Ed. par P. A. du Peyrou et Moultou], 1782. T. II: La nouvelle Héloïse, ou lettres de deux amans…

Sandler 1989 — *Sandler S.* Distant Pleasures: Alexander Pushkin and the Writing of Exile. Stanford, CA: Stanford University Press, 1989.

Scandura 2001 — *Scandura C.* Motivi orientali nel poema di Puškin Bachèisarajskij fontan // Puškin e l'Oriente / A cura di Sergio Bertolissi. Napoli: M. D'Aura Editore, 2001. P. 115–127.

Scheffler 1968 — *Scheffler L.* Das erotische Sujet in Puškins Dichtung. München: In Kommission: W. Fink, [1968].

Słowikowski 1824 — *Słowikowski A.* Pieśń tatarska (z Poezji Alexandra Puszkina) // Dziennik Wileński. 1824. № 12.

Ugrinsky 1980 — *Ugrinsky A.* Chateaubriand and Pushkin: French and Russian Variations upon a Theme by Guillaume Thomas Raynal // Comparative Literature Studies. 1980. Vol. XVII. № 4. P. 469–476.

Voltaire 1877 — Œuvres complètes de Voltaire / Nouvelle édition avec notices, préfaces, variantes, table analytique. Paris: Garnier frères, libraires-éditeurs, 1877. T. II: Théâtre; T. IX: La Pucelle. Petits poëmes. Premiers contes en vers; T. X: Contes en vers. Satires. Épitres. Poésies mêlées.

Vsévolojski 1813 — *Vsévolojski N. S.* Dictionnaire géographique-historique de l'Empire de Russie. M., 1813. Vol. 1–2.

Wanner 2000 — *Wanner A. J.* Imperialism as an Infectious Disease: The Theme of Death in"Kavkazskii plennik" // Pushkin Review. 2000. Vol. 3. P. 133–150.

Westcoat 1994 — *Westcoat Jr. J. L.* L'aqua nei giardini islamici; religione, rappresentazione e ralta // Il giardino islamico: architettura,

Комментарии

natura, paesaggio / A cura di
A. Petruccioli. Milano: Electa,
1994. P. 109–126.
Witkowski 1834 — Fontanna w Bakczysaraju. Poemat Alexandra Puszkina. Nowy przekład Adolfa W[itkowski]. Warszawa, 1834.
Wulffert 1826 — Der Trauerquell. Von Al. Puschkin / Aus dem Russischen übersetzt von Alex. Wulffert. SPb.: Buchdruckerei der besondern Kanzellei des Ministerium des Innern, 1826.

Yeazell 2000 — *Yeazell R. B.* Harems of the Mind: Passages of Western Art and Literature. New Haven; London: Yale University Press, 2000.
Żaba 1828 — Fontanna Bakczyserajska. Dwa bracia rosbojnicy. Poemat tłomaczony z języka rossyjskiego z A. Puszkina. Przez N. F. Ż[aba]. Warszawa: W drukarni I. Wróblewskiego, 1828.

Принятые сокращения

БФ	«Бахчисарайский фонтан»
ВЕ	журнал «Вестник Европы»
ИВ	журнал «Исторический Вестник»
КП	«Кавказский пленник»
ЛГУ	Ленинградский государственный университет
МВ	журнал «Московский вестник»
МВед	газета «Московские ведомости»
МГУ	Московский государственный университет
МТ	журнал «Московский телеграф»
ОР	отдел рукописей
ОРК НБ СПбГУ	Отдел редкой книги Научной библиотеки Санкт-Петербургского государственного университета
ПД	Пушкинский Дом. Институт русской литературы РАН
РА	журнал «Русский архив»
РГАЛИ	Российский государственный архив литературы и искусства
РГБ	Российская государственная библиотека
РиЛ	«Руслан и Людмила»
РНБ	Российская национальная библиотека
РС	журнал «Русская старина»
СО	журнал «Сын Отечества»
СПч	газета «Северная пчела»
СЦ	альманах «Северные цветы»

Содержание

**Поэмы и повести. Часть первая.
Репринтное воспроизведение**
- 5   Руслан и Людмила
- 147   Кавказский пленник
- 197   Бахчисарайский фонтан

Комментарии
- 3 .   Preface / Предисловие
- 9 .   От комментаторов

- 11 .   «Поэмы и повести»
- 18 .   «Руслан и Людмила»
    - 19 .   Творческая история
    - 36 .   Прижизненные издания
    - 45 .   Литературный фон
    - 60 .   Ранняя рецепция поэмы
    - 81 .   Построчный комментарий

- 145 .   «Кавказский пленник»
    - 146 .   Творческая история
    - 168 .   Прижизненные издания
    - 180 .   Литературный фон
    - 193 .   Ранняя рецепция поэмы
    - 203 .   Построчный комментарий

- 251 .   «Бахчисарайский фонтан»
    - 254 .   Творческая история
    - 271 .   Прижизненные издания
    - 274 .   Исторические источники поэмы
    - 279 .   Биографический подтекст
    - 283 .   Литературный фон
    - 292 .   Ранняя рецепция поэмы
    - 305 .   Построчный комментарий

- 364 .   Литература
- 395 .   Принятые сокращения

Пушкин. Сочинения
Выпуск 1: Поэмы и повести. Часть I

Выпускающий редактор Андрей Романович
Корректор Мария Смирнова
Компьютерная верстка Тамара Донскова
Производство Семен Дымант

Новое издательство
103009, Москва, Брюсов переулок 8/10, строение 2
Телефон/факс: (495) 629 6493
e-mail: info@novizdat.ru
http://www.novizdat.ru

Подписано в печать 16 октября 2006 года.
Формат 60 x 90 1/16.
Гарнитура Minion. Объем 40,5 усл. печ. л.
Бумага офсетная. Печать офсетная.
Тираж 1200 экземпляров
Заказ № 454

Отпечатано с готовых диапозитивов
в ООО «Типография Момент»
141406, Московская область
Химки, улица Библиотечная 11